böhlau

Schriftenreihe des Forschungsinstitutes für politisch-historische Studien der Dr.-Wilfried-Haslauer-Bibliothek, Salzburg

Herausgegeben von Robert Kriechbaumer · Franz Schausberger · Hubert Weinberger

Band 72/1

SALZBURGER JAHRBUCH FÜR POLITIK 2018

Herausgeber
Christian Dirninger/Reinhard Heinisch/Robert Kriechbaumer/Franz Wieser

Wissenschaftliche Redaktion
Franz Fallend und Armin Mühlböck

BÖHLAU VERLAG WIEN · KÖLN · WEIMAR

Bibliografische Information der Deutschen Nationalbibliothek:
Die Deutsche Nationalbibliothek verzeichnet diese Publikation in der Deutschen Nationalbibliografie; detaillierte bibliografische Daten sind im Internet über http://dnb.d-nb.de abrufbar.

Umschlagabbildung: Walter Pichler

Korrektorat: Philipp Rissel, Wien
Umschlaggestaltung: Michael Haderer, Wien
Satz: Michael Rauscher, Wien
Druck und Bindung: Hubert & Co, Göttingen
Gedruckt auf chlor- und säurefrei gebleichtem Papier
Printed in the EU

Vandenhoeck & Ruprecht Verlage | www.vandenhoeck-ruprecht-verlage.com

ISBN 978-3-205-20864-8

Inhalt

Vorwort der Herausgeber

Das erstmals 1989 erschienene „Salzburger Jahrbuch für Politik“ bildete einen Meilenstein in der politikwissenschaftlichen und zeitgeschichtlichen Forschung zu Österreichs Regionen. Leider wurde das Erscheinen dieses Jahrbuchs im Jahr 2010 eingestellt, wodurch eine empfindliche Lücke in der wissenschaftlichen Erforschung des Landes entstand.

Nunmehr ist es in einer Zusammenarbeit des Fachbereichs Politikwissenschaft und Soziologie der Universität Salzburg, des Forschungsinstituts für politisch-historische Studien der Dr.-Wilfried-Haslauer-Bibliothek sowie des Landesmedienzentrum Salzburg gelungen, das Jahrbuch wieder zu beleben. Vor Ihnen liegt die erste Ausgabe der neuen Reihe, das „Salzburger Jahrbuch für Politik 2018“. Im Zwei-Jahres-Rhythmus werden die weiteren Ausgaben erscheinen.

Wie sein Vorgänger verfolgt auch das neue „Salzburger Jahrbuch für Politik“ als übergeordnetes Ziel, einen Reflexionsanstoß für den öffentlichen politischen Diskurs in Salzburg zu geben. Ein wissenschaftlich-analytischer Zugang und die Einbettung der Inhalte in einen größeren österreichischen und europäischen Kontext stellen dabei wichtige Aspekte dar. In einer Zeit, in der Gesellschaft und Politik von zunehmender Beschleunigung, Unübersichtlichkeit, Individualisierung und Partikularisierung der Interessen geprägt wirken, ist das öffentliche Reflektieren und Diskutieren darüber, was alle SalzburgerInnen betrifft, von erheblicher Bedeutung. Im Jahrbuch werden aktuelle und auch medial weniger beachtete, aber relevante Themen aus der Salzburger Politik ausgewählt, um ein möglichst breites Interesse für die Landespolitik und die Politik in den Gemeinden zu wecken.

Die inhaltliche Konzeption des Jahrbuches obliegt einem Wissenschaftlichen Beirat, dem namhafte Persönlichkeiten angehören und der die völlige parteipolitische Unabhängigkeit der Publikation garantiert. Für den Inhalt ihrer Beiträge sind letztlich die AutorInnen selbst verantwortlich, diese geben daher nicht Meinungen der Herausgeber oder der Redakteure wieder. Die Herausgeber, die Redakteure und die AutorInnen übernehmen auch keine Verantwortung für die Inhalte von verlinkten Webseiten.

Die Herausgeber bedanken sich bei allen AutorInnen, die mit ihren Analysen dazu beitragen, die politischen Prozesse in unserem Bundesland besser zu verstehen und bewerten zu können.

Salzburg, Dezember 2018

Christian Dirninger — Reinhard Heinisch

Robert Kriechbaumer — Franz Wieser

FRANZ FALLEND

Vom Finanzskandal zur „Normalisierung“

Eine Analyse der Salzburger Landtagswahlen 2013 und 2018

1. EINLEITUNG

Die jüngsten Landtagswahlen in Salzburg 2013 und 2018 fanden unter Bedingungen statt, die kaum unterschiedlicher hätten sein können. Bei der Wahl 2013 handelte es sich um eine infolge des Finanzskandals vorgezogene, unter dramatischen Begleitumständen abgehaltene Wahl. Eine in der Finanzabteilung des Landes tätige Beamtin hatte auf den internationalen Finanzmärkten 340 Mio. Euro Landesgelder verspekuliert. Der Skandal überschattete den Wahlkampf. Die These, dass hier nur eine Einzeltäterin am Werk gewesen war, musste bald zugunsten der These eines grundsätzlichen System- und Kontrollversagens aufgegeben werden, das die landespolitischen EntscheidungsträgerInnen, allen voran die Regierungsparteien SPÖ und ÖVP, zu verantworten hatten. Es war daher kein Wunder, dass besonders die SPÖ als führende Regierungspartei, aber auch die ÖVP erheblich an Stimmen verloren, während die Oppositionsparteien – die Grünen mehr, die FPÖ weniger – zulegen konnten und das Team Stronach als neue Partei den Sprung in den Landtag schaffte. Die Wahl 2013 war also klar von einem landespolitischen Thema geprägt, wenngleich sich auch in der Salzburger Bevölkerung, einem österreichweiten Trend folgend, schon seit einiger Zeit parteien- und elitenkritische Einstellungen ausgebreitet hatten und von Einfluss auf das Wahlergebnis waren. Um einen politischen Neuanfang zu signalisieren, wurde nach der Wahl eine Landesregierung aus ÖVP, Grünen und Team Stronach gebildet, die es in dieser Form in Österreich noch nicht gegeben hatte.

Die Wahl 2018 verlief unter ganz anderen Vorzeichen. Die 2013 gebildete Landesregierung hatte es geschafft, die Finanzprobleme des Landes ohne größere wirtschafts- und sozialpolitische Verwerfungen in den Griff zu bekommen und eine sachorientierte, von äußerer Harmonie zwischen den Regierungsparteien geprägte Politik zu betreiben. Die ÖVP unter ihrem populären Parteivorsitzenden und Landeshauptmann Wilfried Haslauer konnte folglich einen vorhersehbaren Wahlsieg einfahren. Dass die Grünen ihr den besonderen Umständen zu verdankendes Traumresultat von 2013 nicht würden halten können, war klar – ebenso, dass das Team Stronach, das sich inzwischen österreichweit aufgelöst hatte, wieder von der politischen Bühne verschwinden würde. SPÖ und FPÖ sollten hingegen absehbare Ergebnisse erzielen, wenngleich die Kandidatur der von der FPÖ abgespaltenen Freien Partei Salzburg (FPS) des FPÖ-„Urgesteins“ Karl Schnell einen gewissen Unsicherheitsfaktor bedeutete.

Wegen der im Land wieder eingekehrten weitgehenden Ruhe kam bei der Landtagswahl 2018 bundespolitischen Entwicklungen wieder ein größerer Einfluss zu, zumal dort kurz zuvor eine politische Wende eingeleitet worden war. Nach einem polarisierenden, um das Thema Flüchtlingspolitik kreisenden Wahlkampf zur Nationalratswahl 2017 hatte Ende des Jahres eine aus ÖVP und FPÖ zusammengesetzte Bundesregierung mit dem neuen ÖVP-Bundesparteivorsitzenden Sebastian Kurz als Bundeskanzler ihr Amt angetreten. Der von der neuen Regierung angekündigte Reformkurs stieß von Anfang an auf heftige Kritik der Opposition (SPÖ, NEOS, Liste Pilz). Die im Frühjahr 2018 angesetzten Landtagswahlen – in Niederösterreich, Tirol, Kärnten und Salzburg – boten daher für die WählerInnen auch eine Chance, ihre Unterstützung bzw. Missbilligung der Politik der neuen Bundesregierung kundzutun.

Der folgende Beitrag analysiert die beiden 2013 und 2018 in Salzburg abgehaltenen Landtagswahlen, wobei der jeweilige Einfluss landes- bzw. bundespolitischer Faktoren herausgearbeitet werden soll. Zu Beginn werden kurz einige theoretische Erklärungsansätze und Rahmenbedingungen dargestellt, die als Grundlage für die anschließende empirische Analyse dienen: Welche Faktoren beeinflussen individuelles Wahlverhalten? Welchen Einfluss haben nationale Verhältnisse bzw. Entwicklungen auf die Ergebnisse regionaler Wahlen? Welche österreichweiten Entwicklungen der politischen Kultur haben Auswirkungen auf Landtagswahlen? Darauf folgt für beide Wahlgänge eine systematische Analyse der politischen Ausgangslage, des Wahlkampfs, des Wahlergebnisses und der Regierungsbildung.[1] Um herauszufinden, ob die Salzburger WählerInnen in ihrem Stimmverhalten zwischen Nationalrats- und Landtagswahlen unterscheiden, sollen die Ergebnisse der beiden Landtagswahlen zudem mit der jeweils nächstgelegenen Nationalratswahl (2013 bzw. 2017) verglichen werden. Ein Resümee rundet den Beitrag ab.

1 Da zur Landtagswahl 2013 bereits einige politikwissenschaftliche Studien (u.a. von Herbert Dachs und Armin Mühlböck) veröffentlicht wurden und der Wahlkampf und die Regierungsbildung auch im Beitrag von Reinhard Heinisch und Ernestine Berger im vorliegenden Jahrbuch dargestellt werden, wird die Wahl 2013 in kürzerer Form als die Wahl 2018 behandelt.

2. ERKLÄRUNGSANSÄTZE UND RAHMENBEDINGUNGEN

2.1 Theorien individuellen Wahlverhaltens

Das individuelle Wahlverhalten – bei regionalen ebenso wie bei nationalen oder sonstigen Wahlen – wird von bestimmten allgemeinen Faktoren beeinflusst. In der politikwissenschaftlichen Literatur werden dazu drei klassische Erklärungsansätze verfolgt, die sich auch teilweise überschneiden:[2] Nach dem soziologischen Ansatz haben soziale Merkmale der BürgerInnen, wie z.B. ihr sozioökonomischer Status, ihre Religionszugehörigkeit oder ihre Wohnumgebung, einen bestimmenden Einfluss darauf, welche Partei sie wählen werden. Im Mittelpunkt des sozialpsychologischen Ansatzes steht hingegen die sogenannte Parteiidentifikation. Darunter wird eine durch politische Erfahrungen entwickelte affektive Bindung an eine bestimmte Partei verstanden, die ihrerseits wie ein Wahrnehmungsfilter bei der Beurteilung der von den Parteien nominierten KandidatInnen und der von ihnen beworbenen Themen wirkt. Beiden Ansätzen ist gemein, dass ihre Erklärungskraft in den letzten Jahrzehnten infolge gestiegener Mobilität, Bildungsexpansion, Säkularisierung und Individualisierung stark nachgelassen hat. Der dritte, auf der Annahme rationalen Wahlverhaltens beruhende Ansatz geht davon aus, dass mündige BürgerInnen bei ihrer Wahlentscheidung sorgfältig abwägen, welche Partei ihnen als Regierungspartei den größten Nutzen bringt. Sie orientieren sich dabei an aktuellen Themen („Issues“) und der den Parteien bzw. PolitikerInnen dafür zugeschriebenen Problemlösungskompetenz, bei mangelnden Informationen auch an ihrer Parteiidentifikation. An diesem Ansatz wird häufig dessen unrealistisches Bild von allseits mündigen, informierten BürgerInnen kritisiert.

Die nachfolgende Analyse der Salzburger Landtagswahlen wird versuchen herauszuarbeiten, welchen Einfluss die genannten Aspekte – soziale Merkmale der WählerInnen, Parteiidentifikation, KandidatInnen und Themen – bei der Wahlentscheidung der BürgerInnen jeweils hatten.

2.2 Regionale Wahlen vor nationalem Hintergrund

Neben den allgemeinen, das individuelle Wahlverhalten beeinflussenden Faktoren ist bei regionalen Wahlen außerdem zu berücksichtigen, dass diese nicht isoliert von den nationalen Verhältnissen bzw. Entwicklungen betrachtet werden können. Lange Zeit wurden regionale Wahlen nur als „Wahlen zweiter Ordnung“ betrachtet, bei denen es „um weniger geht“, sodass die WählerInnen

2 Eine umfassende Darstellung und Bewertung der verschiedenen Ansätze bietet das Werk von Jürgen W. Falter/Harald Schoen (Hg.) (2014). Handbuch Wahlforschung, Wiesbaden.

dabei eher ihre (Un-)Zufriedenheit über die nationale, weniger die über die regionale Politik artikulieren. Daraus wurde abgeleitet, dass die Wahlbeteiligung bei regionalen Wahlen häufig geringer ausfallen würde als bei nationalen Wahlen und dass an der nationalen Regierung beteiligte Parteien bei regionalen Wahlen eher Stimmen verlieren, während auf nationaler Ebene in Opposition befindliche Parteien eher Stimmen gewinnen würden.[3] Jüngere Analysen haben jedoch gezeigt, dass diese Effekte bei Vorhandensein starker regionaler Identitäten, umfangreicher Kompetenzen der regionalen Parlamente bzw. Regierungen und/oder genuin regionaler (also nicht auf nationaler Ebene antretender) Parteien weniger zum Tragen kommen. In diesen Fällen können regionale Wahlen sehr wohl zu „Wahlen erster Ordnung" aufsteigen.[4]

Laut einer bekannten Studie von Daniele Caramani zählte Österreich in der Periode 1945–1995 trotz seines föderalen Charakters zu den Staaten mit den am stärksten „nationalisierten" Parteiensystemen in Westeuropa, weil bei Nationalratswahlen die Landeswahlergebnisse für die einzelnen Parteien weniger vom nationalen Trend abwichen, als es bei vergleichbaren Wahlen in allen anderen 17 in seiner Studie berücksichtigten Ländern (mit Ausnahme von Schweden) der Fall war.[5] Zu diesem Befund passt, dass es in Österreich bis in die jüngste Vergangenheit genuin regionale Parteien, die also nur in einem Bundesland bei Landtagswahlen erfolgreich waren, so gut wie nicht gegeben hat.[6] Caramanis Diagnose ist jedoch insofern zu relativieren, als er nur regionale Wahlergebnisse der Parteien bei nationalen Parlamentswahlen analysierte – nicht jedoch regionale Wahlen (in Österreich: Landtagswahlen), bei denen zumindest in föderalen Staaten eine stärkere „Regionalisierung" des Wahlverhaltens zu erwarten ist.[7] Freilich gilt es auch hier zu differenzieren: in schwächer dezentralisierten Föderalstaaten, zu denen Österreich gehört,[8] sind

3 Karlheinz Reif/Hermann Schmitt (1980). Nine second-order national elections: A conceptual framework for the analysis of European election results, in: European Journal of Political Research, 8(1), S. 3–44, hier S. 8–10; Arjan H. Schakel/Charlie Jeffery (2013). Are Regional Elections really 'Second-Order' Elections?, in: Regional Studies, 47(3), S. 323–341, hier S. 325–326.

4 Arjan H. Schakel/Valentyna Romanova (2018). Towards a scholarship on regional elections, in: Regional & Federal Studies, 28(3), S. 233–252, hier S. 238–241.

5 Daniele Caramani (2004). The nationalization of politics: The formation of national electorates and party systems in Western Europe, Cambridge, S. 84–86.

6 Marcelo Jenny (2007). Die Volatilität der österreichischen Wählerschaft im Bundesländervergleich, 1945–2006, in: Fritz Plasser/Peter A. Ulram (Hg.): Wechselwahlen: Analysen zur Nationalratswahl 2006, Wien, S. 213–230, hier S. 215–216.

7 Arjan H. Schakel (2013). Nationalisation of multilevel party systems: A conceptual and empirical analysis, in: European Journal of Political Research, 52(2), S. 212–236, hier S. 216–217.

8 Franz Fallend (2006). Bund-Länder-Beziehungen, in: Herbert Dachs/Peter Gerlich/Herbert

die Unterschiede zwischen den Wahlergebnissen der Parteien bei regionalen und nationalen Parlamentswahlen im Schnitt geringer als in stärker dezentralisierten Staaten (wie z. B. den USA, Kanada oder der Schweiz).[9]

Aufgrund des eingeschränkten föderalen Charakters Österreichs sind bei Landtagswahlen daher auch nur eingeschränkte regionale Effekte zu erwarten. Im Fall von Salzburg ist außerdem zu berücksichtigen, dass das hiesige Landesbewusstsein im Vergleich zu anderen Bundesländern unterdurchschnittlich ausgeprägt ist. In einer 2009 durchgeführten Umfrage (n=1.900) des Instituts für Föderalismus gaben 26,1 % der befragten SalzburgerInnen an, dass es in Österreich keine Bundesländer mehr brauche. Salzburg lag damit klar über dem Österreichschnitt (20,7 %); nur in der Steiermark (26,7 %) äußerten sich noch mehr BürgerInnen in diesem Sinne.[10] Bei der Frage nach derjenigen territorialen Ebene, zu der sie die größte emotionale Verbundenheit empfinden würden (Mehrfachnennungen waren nicht erlaubt), nannten nur 9,7 % der SalzburgerInnen ihr Bundesland (41,9 % führten Österreich, 24,7 % ihre Stadt bzw. Gemeinde und 23,7 % Europa an). Der Österreichschnitt betrug 22,7 %. Salzburg war damit nach Wien dasjenige Bundesland mit dem geringsten Zugehörigkeitsgefühl seiner BürgerInnen.[11] Seit 1945 hat in Salzburg auch nie eine reine Regionalpartei, also eine nicht zugleich auf Bundesebene aktive Partei, den Einzug in den Landtag oder die Landesregierung geschafft – ein weiterer Indikator, dass bei den Landtagswahlen nicht allzu starke regionale Effekte zu erwarten sind.

2.3 Wandel der politischen Kultur Österreichs

Die vergleichsweise hohe Kongruenz zwischen nationalen und regionalen Wahlergebnissen in Österreich ist ein Hinweis darauf, dass nationale Entwicklungen, Themen und Stimmungen in die regionale Arena hineinwirken. Des-

---

Gottweis/Helmut Kramer/Volkmar Lauber/Wolfgang C. Müller/Emmerich Tálos (Hg.) (2006). Politik in Österreich. Das Handbuch, Wien, S. 1.024–1.040, hier S. 1.024–1.034; Ludwig K. Adamovich/Bernd-Christian Funk/Gerhart Holzinger/Stefan L. Frank (2011). Österreichisches Staatsrecht. Band 1: Grundlagen, Wien/New York., S. 176.

9 Lori Thorlakson (2007). An institutional explanation of party system congruence: Evidence from six federations, in: European Journal of Political Research, 46(1), 69–95, hier S. 80–81.

10 Peter Bußjäger/Gilg Seeber (2010). Zwischen Föderalismus und Unitarismus – das föderalistische Bewusstsein der Österreicherinnen und Österreicher nach der Föderalismusumfrage 2009, in: Peter Bußjäger/Ferdinand Karlhofer/Günther Pallaver (Hg.): Föderalistisches Bewusstsein in Österreich: Regionale Identitätsbildung und Einstellung der Bevölkerung zum Föderalismus, Wien, S. 27–49, hier S. 32.

11 Ebd., S. 34.

halb scheint es notwendig, als Hintergrund für die folgende Analyse der Landtagswahlen in Salzburg einen kurzen Blick auf die Entwicklung der nationalen politischen Kultur zu werfen.

Seit den 1980er-Jahren hat die Identifikation der BürgerInnen mit den politischen Parteien, vor allem den früheren Großparteien SPÖ und ÖVP, stetig abgenommen. Als Folge davon ist die Volatilität des Wahlverhaltens gestiegen, sprich: der Anteil der WechselwählerInnen (also derjenigen WählerInnen, die sich bei einer Wahl für eine andere Partei als bei der vorangegangenen Wahl entscheiden) ist angewachsen. Parallel dazu haben negative Gefühle gegenüber der Politik zugenommen und ist das Vertrauen in das Funktionieren der Demokratie im Land gesunken. So erklärten z. B. laut repräsentativen Umfragen des Meinungsforschungsinstituts GfK Austria 1983 noch 61 % der Befragten, dass sie einer Partei „auch gefühlsmäßig nahe stehen" würden; bis 2017 war dieser Anteil auf 34 % zurückgegangen. Der Anteil der WechselwählerInnen bei Nationalratswahlen kletterte im selben Zeitraum von 10 % auf 34 %.[12] In der Wahltagsbefragung der Institute SORA und ISA zur (letztlich aufgehobenen) BundespräsidentInnenstichwahl am 24.5.2016 beschrieben 40 % der Befragten ihr Gefühl gegenüber der Politik in Österreich mit „enttäuscht" und 36 % mit „verärgert"; lediglich 19 % äußerten sich „zufrieden".[13] Während im Jahr 2001 noch 70 % der Befragten laut Erhebungen von GfK Austria mit der Art und Weise, wie die Demokratie in Österreich funktioniert, sehr oder ziemlich zufrieden waren, waren es 2017 nur mehr 44 %.[14] Am stärksten manifestiert sich die generelle Krise des politischen Vertrauens, die mit skeptischen Einstellungen gegenüber der Europäischen Union (EU) und restriktiven Einstellungen in der Flüchtlingspolitik einhergeht, bei den WählerInnen der FPÖ.[15]

2017 zeichnet sich aber eine stimmungsmäßige Kehrtwende ab, die für die Salzburger Landtagswahl 2018 von Relevanz gewesen sein dürfte. Bei der im November dieses Jahres durchgeführten Standard-Eurobarometer-Umfrage[16]

12 Fritz Plasser/Franz Sommer (2018). Wahlen im Schatten der Flüchtlingskrise: Parteien, Wähler und Koalitionen im Umbruch, Wien, S. 19 und 21.

13 SORA/ISA (2016). Wahltagsbefragung und Wählerstromanalyse: BundespräsidentInnenwahl 2016, Wien, Folie 17. Abgerufen am 1.9.2018 unter http://www.sora.at/fileadmin/downloads/wahlen/2016_BP-Stichwahl_Grafiken-Wahltagsbefragung.pdf.

14 Plasser/Sommer, Wahlen im Schatten der Flüchtlingskrise, S. 41 (s. Fn. 12).

15 Fritz Plasser/Gilg Seeber (2017). Politische Kultur und Demokratiebewusstsein in der Zweiten Republik, in: Ludger Helms/David Wineroither (Hg.): Die österreichische Demokratie im Vergleich, 2., vollständig überarbeitete und aktualisierte Auflage, Baden-Baden/Wien, S. 337–364, hier S. 357–360.

16 Beim Standard-Eurobarometer handelt es sich um von der Europäischen Kommission in Auftrag gegebene, repräsentative Umfragen, die in allen EU-Mitgliedsländern und in Ländern, die sich

erklärten nämlich wieder 75 % (!) der Befragten, „mit der Art und Weise, wie Demokratie in (UNSEREM LAND) funktioniert“, sehr oder ziemlich zufrieden zu sein.[17] Bis März 2018, als die nächste Umfrage durchgeführt wurde, sollte dieser Wert sogar auf 80 % ansteigen.[18] Offenbar haben der Kurswechsel in der ÖVP und die neue ÖVP-FPÖ-Koalitionsregierung dazu geführt, dass viele BürgerInnen, die zuvor das Gefühl hatten, ihre Anliegen würden von der Politik zu wenig gehört, sich jetzt als politisch „wirksam“ empfanden. Dem entspricht der Befund aus der AUTNES-Studie[19] von 2017, dass sich von Oktober (kurz vor der Nationalratswahl) bis Dezember (rund um die Regierungsbildung) die Demokratiezufriedenheit bei FPÖ-AnhängerInnen sehr stark und bei ÖVP-AnhängerInnen stark erhöhte, während sie bei AnhängerInnen der künftigen Oppositionspartei SPÖ abflaute.[20]

Es ist zu erwarten, dass der skizzierte Wandel der politischen Kultur in Österreich – ebenso wie die jüngste Kehrtwende – sich auch auf die Landtagswahlen in Salzburg ausgewirkt hat.

3. DIE LANDTAGSWAHL 2013

3.1 Ausgangslage[21]

2004 war Salzburg in eine neue Ära eingetreten. Seit 1945 war das Land von der ÖVP dominiert gewesen, die auch durchgehend den Landeshauptmann gestellt hatte. Bei der Landtagswahl 2004 aber gelang es der SPÖ unter ihrer

---

um die EU-Mitgliedschaft beworben haben, jährlich zweimal durchgeführt werden. In Österreich befragte dazu das Institut „ipr Umfrageforschung“ in den letzten Jahren jeweils ca. 1.000 Personen. Die Berichte können auf der EU-Webseite abgerufen werden (http://ec.europa.eu/commfrontoffice/publicopinion/index.cfm/General/index).

17 Europäische Kommission (2018). Standard-Eurobarometer 88: Herbst 2017: Die öffentliche Meinung in der Europäischen Union, Brüssel, S. 128.

18 Europäische Kommission (2018). Standard-Eurobarometer 89: Frühjahr 2018: Die öffentliche Meinung in der Europäischen Union, Brüssel, S. 141.

19 Die „Austrian National Election Study“ (AUTNES) ist ein großes Forschungsprojekt, in dessen Rahmen zu den österreichischen Nationalratswahlen 2002–2017 Umfragedaten erhoben sowie Analysen von Wahlprogrammen und Medienberichten durchgeführt wurden. Die Daten können auf der Webseite von AUTNES (www.autnes.at) bzw. – für die Nationalratswahl 2017 – auf der Webseite des „Austrian Social Science Data Archive“ (AUSSDA, www.aussda.at) abgerufen werden.

20 Der Standard Online (14.3.2018). Regiert die eigene Partei, steigt die Zufriedenheit mit der Demokratie (Beitrag von Laurenz Ennser-Jedenastik für seinen Blog „Standardabweichung“).

21 Siehe zur Ausgangslage und zum Wahlkampf für die Landtagswahl 2013 auch den Beitrag von Reinhard Heinisch und Ernestine Berger im vorliegenden Jahrbuch.

populären Vorsitzenden Gabi Burgstaller, mit einem an modernen Kommunikations- und Marketing-Methoden orientierten Wahlkampf das Ruder zu übernehmen. Mit 45,4 % der Stimmen konnte sie die ÖVP (37,9 %) deutlich abhängen, und Burgstaller wurde zur Landeshauptfrau gewählt.[22] Die Landtagswahl 2009 brachte für die SPÖ einen Rückschlag, sie konnte jedoch ihren Vorsprung gegenüber der ÖVP knapp verteidigen. In den folgenden Jahren rückte die ÖVP unter ihrem Vorsitzenden und Landeshauptmann-Stellvertreter Wilfried Haslauer jun., der mehr Sach- statt Sympathiepolitik einforderte, in Meinungsumfragen wieder näher an die SPÖ heran.[23]

Am 6.12.2012 wurden die Karten im Land jedoch völlig neu gemischt. An diesem Tag informierte Landeshauptmann-Stellvertreter und Finanz-Landesrat David Brenner (SPÖ) die Öffentlichkeit darüber, dass durch Spekulationen einer Mitarbeiterin seines Ressorts 340 Mio. Euro aus dem Landesbudget verloren gegangen seien.[24] Der sogenannte „Finanzskandal" bedeutete für Salzburg „ein politisches Erdbeben, mit Kollateralschaden für die SPÖ".[25] Entgegen dem Wunsch der SPÖ, den Skandal in Ruhe gemeinsam aufzuarbeiten, setzte die ÖVP auf Neuwahlen. Die Partei fühle sich, so Haslauer, vom Regierungspartner mehrfach vorsätzlich falsch informiert, und wegen der Dimension des Skandals sei es „ein notwendiger Akt der politischen Hygiene, dass wir uns jetzt der Vertrauensfrage bei der Bevölkerung stellen".[26] Die SPÖ musste sich fügen. Am 23.1.2013 beschloss der Landtag einstimmig Neuwahlen für den 5. Mai.

3.2 Wahlkampf

Der Finanzskandal bildete das beherrschende Thema des Wahlkampfs, auf das sich auch die meisten Wahlplakate bezogen. Besonders die SPÖ, aber auch die ÖVP hatten dadurch schlechte Startbedingungen. 68 % der Befragten machten in einer Umfrage des Instituts für Grundlagenforschung (IGF) Anfang Fe-

22 Herbert Dachs (2013). Salzburgs Parteien – Zwischen Berg und Tal: Die Parteien-Arena Ende der 80er-Jahre bis 2004, in: Herbert Dachs/Christian Dirninger/Roland Floimair (Hg.): Übergänge und Veränderungen: Salzburg vom Ende der 1980er Jahre bis ins neue Jahrtausend, Wien/Köln/Weimar, S. 105–178, hier S. 164–175.

23 Herbert Dachs (2014). Zwischen Restauration und Neubeginn: Die Salzburger Landtagswahl 2013, in: Andreas Khol/Stefan Karner/Günther Ofner/Dietmar Halper (Hg.): Österreichisches Jahrbuch für Politik 2013, Wien/Köln/Weimar, S. 263–276, hier S. 265–266.

24 Siehe zum Finanzskandal und dessen Aufarbeitung auch den Beitrag von Walter Scherrer im vorliegenden Jahrbuch.

25 Kronen Zeitung Lokalausgabe (8.12.2012). Ein politisches Erdbeben erschüttert Salzburg: Warum David Brenner jetzt zurücktreten wird, S. 18–19.

26 Zit. nach: meinbezirk.at/Flachgau (28.1.2013). Er will jetzt alles oder nichts.

bruar 2013 beide Regierungsparteien gleichermaßen für den Finanzskandal verantwortlich. Im Vertrauensindex der LandespolitikerInnen, der den Saldo aus Vertrauen und Nicht-Vertrauen abbildet, stürzten Burgstaller und Haslauer von +37 % bzw. +39 % im November 2012 auf jeweils –21 % ab. Einzig die grüne Parteivorsitzende und Spitzenkandidatin Astrid Rössler wies mit 3 % einen positiven Saldo auf[27] – ein deutliches Indiz, wie sehr das Image so gut wie aller PolitikerInnen unter dem Skandal gelitten hatte.

Aufgrund des Finanzskandals, der „die Landespolitik und das Wahlvolk erschüttert und aufwühlt“, erlebte Salzburg wie selten zuvor einen „harten Wahlkampf, bei dem die Positionen der … Akteure zum Teil stark polarisierend wirkten.“[28] Die SPÖ versuchte, sich als Opfer einer ihre Befugnisse überschreitenden Finanzbeamtin zu inszenieren, und verwahrte sich dagegen, das Land Salzburg in den Dreck zu ziehen. Sie warf der ÖVP Flucht vor der Verantwortung und Machtgier vor.[29] Die ÖVP ihrerseits schob der SPÖ die Hauptverantwortung für den Finanzskandal zu und sprach ihr generell die Finanz- und Wirtschaftskompetenz ab. Es gelang ihr, etwas in die Offensive überzugehen, indem sie ein neues KandidatInnenteam vorstellte sowie grundlegende Reformen, insbesondere in der Finanzverwaltung, und einen neuen, kooperativen Regierungsstil ankündigte.[30] Die FPÖ betonte (wie auch die Grünen), dass beide Regierungsparteien für das Kontrollversagen beim Finanzskandal verantwortlich seien. Sie präsentierte sich als unbestechliche Kontrollpartei sowie – in bewährter Manier – als „soziale Heimatpartei“.[31] Insgesamt wirkte sie aber eher farblos.[32] Die Grünen traten als Garant für Kontrolle, Transparenz und Ökologie auf. Das Kontrollthema, ergänzt um das Versprechen einer Politik mit Herz, stellte auch das Team Stronach in den Mittelpunkt seines Wahlkampfs.[33] Die ebenfalls kandidierenden „Piraten“ und die KPÖ erzeugten wenig Aufmerksamkeit.

---

27 Salzburger Fenster (13.2.2013). Landespolitiker stürzen im Wählervertrauen dramatisch ab, S. 1.

28 ORF Salzburg Online (5.5.2013). Das war der Wahlkampf 2013.

29 Dachs, Zwischen Restauration und Neubeginn, S. 268–269 (s. Fn. 23); Armin Mühlböck (2014). Die Salzburger Landtagswahl 2013, in: Beatrix Karl/ Wolfgang Mantl/Klaus Poier/Anita Prettenthaler-Ziegerhofer/Manfred Prisching/Bernd Schilcher (Hg.): Steirisches Jahrbuch für Politik 2013, Wien/Köln/Weimar, S. 69–79, hier S. 70–71.

30 Dachs, Zwischen Restauration und Neubeginn, S. 268 (s. Fn. 23); Mühlböck, Salzburger Landtagswahl 2013, S. 71–72 (s. Fn. 29).

31 Dachs, Zwischen Restauration und Neubeginn, S. 268–269 (s. Fn. 23).

32 Mühlböck, Salzburger Landtagswahl 2013, S. 72 (s. Fn. 29).

33 Dachs, Zwischen Restauration und Neubeginn, S. 269–270 (s. Fn. 23); Mühlböck, Salzburger Landtagswahl 2013, S. 72 (s. Fn. 29).

Insbesondere die Grünen erfuhren dadurch nachhaltigen Auftrieb, dass ihre Spitzenkandidatin Rössler den am 23. Jänner zur Aufklärung des Finanzskandals eingesetzten Untersuchungsausschuss des Landtags leitete.[34] Der Ausschuss förderte zahlreiche „haarsträubende() Belege für Inkompetenz, Sorglosigkeit, arrogante Schlamperei ... und Kontrollversagen"[35] zutage, die von den Oppositionsparteien für ihre Wahlwerbung genutzt wurden. Die von der SPÖ favorisierte Einzeltäterin-These wurde dadurch bald vom Generalverdacht eines größeren Systemversagens abgelöst.[36] Zum Nachteil der SPÖ gereichte auch, dass die Kronen Zeitung ihre wohlwollende Berichterstattung zugunsten der Landeshauptfrau-Partei eingestellt hatte.[37]

3.3 Wahlergebnis

An der Landtagswahl vom 5.5.2013 nahmen 71 % der Wahlberechtigten teil. Gegenüber der Wahl von 2009 bedeutete das einen Rückgang von 3,4 % (siehe Tab. 1). In der Wahltagsbefragung der Institute SORA und ISA im Auftrag des ORF, in deren Rahmen 1.227 repräsentativ ausgewählte LandesbürgerInnen befragt wurden (Schwankungsbreite: +/– 2,8 %), gaben 56 % der befragten NichtwählerInnen an, deshalb nicht gewählt zu haben, weil sie „von der bisher gewählten Partei enttäuscht" gewesen seien. Bei möglichen Mehrfachantworten nannten 54 % „wegen Korruption/Skandalen" und 47 % „Protest gegen die Politik in Salzburg" als Nichtwahlmotive.[38] In einer anderen Umfrage, die von Peter Hajek mit dem IGF-Institut im Auftrag von ATV durchgeführt wurde (1.000 Befragte, Schwankungsbreite: +/– 3,1 %), nannten 33 % der NichtwählerInnen „Protest/politikverdrossen" als ihr Motiv, nicht wählen zu gehen.[39] Der Anteil der ungültigen Stimmen nahm von 1,4 % auf 3,7 % zu, was für die

34 Dachs, Zwischen Restauration und Neubeginn, S. 269 (s. Fn. 23); Mühlböck, Salzburger Landtagswahl 2013, S. 72 (s. Fn. 29).

35 Dachs, Zwischen Restauration und Neubeginn, S. 267–268 (s. Fn. 23).

36 Kurier Online (12.3.2013). Burgstaller ratlos vor dem U-Ausschuss; Salzburger Nachrichten (SN) Online (18.4.2013). U-Ausschussbericht zeichnet Bild des Versagens; Mühlböck, Salzburger Landtagswahl 2013, S. 69 (s. Fn. 29).

37 Dachs, Zwischen Restauration und Neubeginn, S. 270 (s. Fn. 23).

38 SORA/ISA (2013). Wahltagsbefragung und Wählerstromanalyse Landtagswahl Salzburg 2013, Wien, Folie 6. Abgerufen am 1.9.2018 unter http://www.sora.at/fileadmin/downloads/wahlen/2013_ltw-sbg_wahlanalyse-grafiken.pdf.

39 Peter Hajek Public Opinion Strategies (2013). Landtagswahl Salzburg 2013, Wien, Folie 5. Abgerufen am 1.9.2018 unter http://www.peterhajek.com/media/pdf/Wahltagsbefragung %20Landtagswahl %20Salzburg.pdf.

Zeit nach 1945 einen neuen Höchstwert bedeutete[40] und ebenfalls als Zeichen des Protests gedeutet werden kann.

Das deutlichste Signal für die Unzufriedenheit der Salzburger WählerInnen mit „ihren" PolitikerInnen stellten jedoch die dramatischen Machtverschiebungen zwischen den politischen Parteien dar (siehe Tab. 1). Die Regierungsparteien erhielten den erwarteten „Denkzettel". Die SPÖ stürzte von 39,4 % auf 23,8 % der abgegebenen Stimmen ab. Die ÖVP kam etwas glimpflicher davon, sie verlor „nur" 7,5 % (nunmehr 29 %) – damit lag sie immerhin wieder vor der SPÖ. Für beide Regierungsparteien setzte es das schlechteste Wahlergebnis seit 1945. Die FPÖ gewann zwar 4 % hinzu (nunmehr 17 %), allerdings reichte dies wegen des enormen Zuwachses der Grünen erstmals seit 1949 nur für den vierten Platz. Die Grünen, die um 12,8 % zulegten und sich damit fast verdreifachten, erzielten mit 20,2 % das beste Ergebnis ihrer Geschichte. Auch das Team Stronach, das bei seiner ersten Kandidatur gleich 8,3 % erzielte, konnte sich als Wahlsieger betrachten.

Tabelle 1: Ergebnisse der Landtagswahl 2013

	Landtagswahl 2013			**Gewinn/Verlust** gegenüber Landtagswahl 2009		
	Stimmen absolut	Stimmen in %	Mandate absolut	Stimmen absolut	Stimmen in %	Mandate absolut
Wahlbeteiligung						
Wahlberechtigte	389.789			+3.721		
abgegebene Stimmen	276.597	71,0		–10.468	–3,4	
davon ungültig	10.107	3,7		+6.077	+2,3	
Parteien						
SPÖ	63.460	23,8	9	–48.025	–15,6	–6
ÖVP	77.312	29,0	11	–26.073	–7,5	–3
FPÖ	45.387	17,0	6	+8.542	+4,0	+1
Grüne	53.779	20,2	7	+32.936	+12,8	+5
Piraten	3.456	1,3	–	+3.456	+1,3	–
KPÖ	879	0,3	–	+879	+0,3	–
Team Stronach	22.217	8,3	3	+22.217	+8,3	+3

Quelle: Land Salzburg/Landesstatistik (2013). Landtagswahl am 5. Mai 2013. Abgerufen am 1.9.2018 unter https://www.salzburg.gv.at/stat/wahlen/ltw/index2013.html.

40 Siehe Land Salzburg/Landesstatistik (2018). Landtagswahlen seit 1945. Abgerufen am 1.9.2018 unter https://www.salzburg.gv.at/stat/wahlen/ltw/index.html#hist.5.0.

Angesichts der gewaltigen Stimmenbewegungen ist es nicht überraschend, dass besonders SPÖ und ÖVP im Vergleich zu früheren Wahlen und zu den übrigen Parteien deutlich weniger ihrer WählerInnen „behalten" konnten, wie die WählerInnenstromanalyse von SORA/ISA im Auftrag des ORF zeigte (siehe Tab. 2). Der SPÖ gelang es nur mehr, 48 % ihrer WählerInnen von 2009 erneut für sich zu mobilisieren; bei der ÖVP waren es immerhin 64 %. Die SPÖ verlor auch besonders stark an die NichtwählerInnen (28 %), auch hier schnitt die ÖVP (–7 %) weniger schlecht ab. Interessant ist, dass auch die FPÖ lediglich eine Behalterate von 62 % schaffte. Aus ihrer Sicht wirkte sich die Konkurrenz durch das Team Stronach negativ aus, das 15 % der vormaligen FPÖ-WählerInnen an sich ziehen konnte. Die FPÖ verlor aber auch stärker an die NichtwählerInnen (13 %). Die Grünen dagegen waren am erfolgreichsten, nämlich zu 77 %, ihre WählerInnen von 2009 neuerlich von sich zu überzeugen.[41]

Welche sozialen Merkmale kennzeichneten die WählerInnen der einzelnen Parteien? Auch zur Beantwortung dieser Frage kann auf Daten von SORA/ISA zurückgegriffen werden (siehe Tab. 3). Dass die SPÖ nicht noch weiter abstürzte, hatte sie demnach vor allem den Frauen zu verdanken, die die einzige Gruppe bildeten, in der die Partei eine relative Mehrheit (31 %) gewinnen konnte. Unter den Männern landete sie mit 16 % Zuspruch nur an der vierten Stelle aller Parteien. Wie traditionell üblich, war die SPÖ darüber hinaus unter älteren WählerInnen (über 60-Jährigen bzw. PensionistInnen) überdurchschnittlich stark. Die ÖVP sprach ebenfalls die älteren WählerInnen – daneben die Selbstständigen – stärker an. Im Vergleich zu ihrem Gesamtergebnis (17 %) schnitt die FPÖ bei den Männern (24 %), den unter 30-Jährigen (25 %) und den ArbeiterInnen (32 %) besser ab. Die Grünen wiederum konn-

41 Wenngleich die festgestellten Tendenzen die gleichen sind, sei hier darauf hingewiesen, dass sich die von SORA/ISA veröffentlichten Zahlen für die WählerInnenströme von denjenigen des Referats Landesstatistik im Amt der Salzburger Landesregierung unterscheiden. So verlor z. B. die ÖVP gemäß SORA/ISA, wie erwähnt, 7 % ihrer WählerInnen von 2009 bei der Landtagswahl 2013 an die NichtwählerInnen; die Landesstatistik berechnete für denselben WählerInnenstrom hingegen 0 % (!). Die Behalterate für die Grünen betrug laut SORA/ISA 77 %, laut Landesstatistik hingegen 95 %. Siehe Land Salzburg/Landesstatistischer Dienst (2013). Landtagswahl am 5.5.2013: Endgültige Ergebnisse, Salzburg, S. 83, Tab. 4.2. Abgerufen am 1.9.2018 unter https://www.salzburg.gv.at/stat/wahlen/ltw/download/LTW-2013.pdf. Für den vorliegenden Beitrag wurden die Zahlen von SORA/ISA verwendet, die für verlässliche Hochrechnungen bekannt sind. Siehe SORA (2018). Beste Hochrechnung bei 12 von 14 Wahlen. Abgerufen am 1.9.2018 unter http://www.sora.at/themen/wahlverhalten/wahlanalysen/hochrechnungen/bilanz-wahlperiode-2012-2016.html. Man sollte sich jedoch bewusst sein, dass die verschiedenen Meinungsforschungsinstitute bzw. Statistikabteilungen der öffentlichen Verwaltung mit unterschiedlichen statistischen Methoden rechnen. Eine gewisse Vorsicht gegenüber derartigen Analysen ist daher sicherlich angebracht.

ten behaupten, nunmehr „im Zentrum der Gesellschaft präsent“[42] zu sein: bei den Frauen wie bei den 30–59-Jährigen lagen sie mit jeweils 24 % deutlich über ihrem Gesamtergebnis von 20,2 %; bei den Angestellten unterstützten sie gar 30 %. Das Team Stronach schließlich, das insgesamt auf 8,3 % gekommen war, beeindruckte vor allem ArbeiterInnen (18 %), während es bei Frauen (5 %) und PensionistInnen (3 %) abgeschlagen hinterherhinkte.[43] Den Theorien des Wahlverhaltens entsprechend (siehe Abschnitt 2.1), können soziale Merkmale die Wahlergebnisse aber nur teilweise erklären. Keine soziale Gruppe wählte mehrheitlich für eine bestimmte Partei; die Angehörigen der verschiedenen Gruppen verteilten ihre Stimmen vielmehr auf mehrere Parteien.

Tabelle 2: WählerInnenstromanalyse der Landtagswahl 2013; Stimmen in 1.000 (in Klammer Anteile in Prozent)

	2013						
2009	**SPÖ**	**ÖVP**	**FPÖ**	**Grüne**	**Team Stronach**	**Sonstige**	**Nicht-wähle-rInnen**
SPÖ	53 (48 %)	2 (2 %)	6 (6 %)	12 (11 %)	5 (5 %)	1 (1 %)	32 (28 %)
ÖVP	3 (3 %)	65 (64 %)	7 (7 %)	14 (14 %)	5 (5 %)	1 (1 %)	7 (7 %)
FPÖ	1 (2 %)	1 (2 %)	23 (62 %)	2 (4 %)	6 (15 %)	1 (2 %)	5 (13 %)
Grüne	0 (1 %)	1 (4 %)	1 (3 %)	16 (77 %)	2 (10 %)	1 (3 %)	0 (2 %)
BZÖ	0 (3 %)	1 (7 %)	4 (34 %)	3 (25 %)	2 (18 %)	0 (4 %)	1 (9 %)
NichtwählerIn-nen	5 (4 %)	8 (7 %)	5 (5 %)	6 (6 %)	2 (2 %)	1 (1 %)	80 (75 %)

Lesebeispiel: 53.000 oder 48 % der SPÖ-WählerInnen von 2009 wählten auch 2013 wieder SPÖ, 2.000 oder 2 % wanderten zur ÖVP usw.
Quelle: SORA/ISA, Wahlanalyse Landtagswahl Salzburg 2013, S. 2 (s. Fn. 44).

42 Dachs, Zwischen Restauration und Neubeginn, S. 273 (s. Fn. 23).
43 Leider enthält die SORA/ISA-Wahltagsbefragung keine Daten zum Wahlverhalten nach Bildungsgrad.

Tabelle 3: Wahlverhalten nach sozialen Merkmalen bei der Landtagswahl 2013

in Prozent der jeweiligen Gruppe	**SPÖ**	**ÖVP**	**FPÖ**	**Grüne**	**Team Stronach**
Geschlecht					
Männer	16	30	24	17	10
Frauen	31	29	8	24	5
Alter					
Unter 30-Jährige	21	21	25	22	9
30–59-Jährige	19	29	17	24	9
Über 60-Jährige	34	39	9	12	4
Beruf					
ArbeiterInnen	22	15	32	10	18
Angestellte	20	22	17	30	9
Selbstständige	5	41	19	24	11
PensionistInnen	37	37	10	12	3

Lesebeispiel: Von allen Männern, die zur Wahl gingen, wählten 16 % die SPÖ, 30 % die ÖVP usw.
Anmerkung: Auf 100 % fehlende Werte entfielen auf andere Parteien.
Quelle: SORA/ISA, Wahltagsbefragung und Wählerstromanalyse Landtagswahl Salzburg 2013, Folien 7, 8 und 10 (s. Fn. 38).

Welche Themen bzw. Motive gaben für die WählerInnen den Ausschlag, für die jeweils gewählte Partei zu stimmen? Laut SORA/ISA-Wahltagsbefragung ist zunächst davon auszugehen, dass in der Salzburger Bevölkerung zum Wahlzeitpunkt pessimistische und kritische Einstellungen gegenüber der Politik stark ausgeprägt waren. 63 % der Befragten waren der Auffassung, dass sich das Land seit der letzten Landtagswahl 2009 negativ entwickelt habe; nur 9 % sahen Verbesserungen, für 22 % waren keine Veränderungen erkennbar.[44] Der Finanzskandal dürfte also die generell kritische Sicht auf die Politik (siehe Abschnitt 2.3) noch verschärft haben. Laut SORA/ISA-Wahltagsbefragung machten 57 % der Befragten die SPÖ dafür hauptverantwortlich, 42 % die ÖVP.[45] Allerdings war der Finanzskandal laut Befragten für die eigene Wahlentscheidung bei weitem nicht das wichtigste Thema. Als „sehr wichtig" wurde

44 SORA/ISA (2013). Wahlanalyse Landtagswahl Salzburg 2013, Wien, S. 5. Abgerufen am 1.9.2018 unter http://www.sora.at/fileadmin/downloads/wahlen/2013_ltw-sbg_wahlanalyse.pdf.
45 Ebd., S. 6.

von 77 % das Thema „Arbeitsplätze“ genannt; dahinter rangierten die Themen „Bildung“ (69 %), „Kosten des täglichen Lebens“ (68 %) sowie „Gesundheit und Pflege“ (66 %). Erst auf Rang 8 schien der „Finanzskandal“ (56 %) auf.[46]

Bei den WählerInnen aller Parteien war das Motiv, ihre Partei in der Landesregierung sehen zu wollen, das wichtigste (siehe Tab. 4). Für die SPÖ- und ÖVP-WählerInnen war außerdem sehr wichtig, dass ihre Partei die Landeshauptfrau bzw. den Landeshauptmann stellen sollte. Die FPÖ- und Grün-WählerInnen führten die Kontrolle von Missständen als vorrangiges Motiv an. Interessant ist, dass der/die SpitzenkandidatIn bei den WählerInnen keiner Partei unter die drei wichtigsten Wahlmotive gereiht wurde; für die FPÖ- und GrünwählerInnen ist dieses Motiv zudem deutlich unwichtiger als für die SPÖ- und ÖVP-WählerInnen. Das Vertrauen der WählerInnen in das politische Führungspersonal hatte sichtbar gelitten: In der bereits zitierten Hajek-Studie wird berichtet, dass auf die Frage, wer für das „Finanzdesaster“ die Verantwortung trage, 38 % der Befragten spontan „Gabi Burgstaller“, 28 % „Wilfried Haslauer“ antworteten. Auf die Frage, wer als Landeshauptmann bzw. Landeshauptfrau „eher geeignet“ wäre, nannten 43 % Haslauer und 39 % Burgstaller – immerhin 25 % aber Red-Bull-Chef Dietrich Mateschitz, 12 % Ex-Skiläuferin Annemarie Moser-Pröll und 6 % Stratosphärenspringer Felix Baumgartner (!).[47]

Tabelle 4: Motive für die Wahlentscheidung bei der Landtagswahl 2013

in Prozent der deklarierten WählerInnen	**SPÖ**	**ÖVP**	**FPÖ**	**Grüne**
Vertritt meine Interessen	74	73	58	64
Vernünftigstes Programm	55	57	42	48
Bester Spitzenkandidat	68	57	37	38
Überzeugendster Wahlkampf	37	35	29	32
Bisher gute Arbeit	53	60	44	57
„KandidatIn“ soll Landeshauptfrau/-mann bleiben/werden	77	72	42	34
Soll in Regierung	82	83	73	77
Kontrolle von Missständen	36	51	70	75

Anmerkung: Ausgewiesen ist der jeweilige Anteil der ParteiwählerInnen, die das entsprechende Motiv für „sehr wichtig“ hielten. Die Motive der WählerInnen des Team Stronach wurden aufgrund der zu geringen Fallzahl nicht berücksichtigt.
Quelle: SORA/ISA, Wahlanalyse Landtagswahl Salzburg 2013, S. 7 (s. Fn. 44).

46 SORA/ISA, Wahltagsbefragung und Wählerstromanalyse Landtagswahl Salzburg 2013, Folie 19 (s. Fn. 38).

47 Hajek, Landtagswahl Salzburg 2013, Folien 9 und 10 (s. Fn. 39).

3.4 Regierungsbildung[48]

Nach geschlagener Landtagswahl, die bei beiden Regierungsparteien schlimme Blessuren hinterließ, legte Landeshauptfrau und SPÖ-Vorsitzende Gabi Burgstaller umgehend alle ihre politischen Ämter zurück.[49] Auch ohne sie war klar, dass sich die Regierungsbildung schwierig gestalten würde.

SPÖ und ÖVP waren trotz ihrer Verluste von zusammen 23,1 % (!) der Stimmen mit 9 bzw. 11 von 36 Mandaten im Landtag nach wie vor die stärksten Parteien (siehe Tab. 1) und hätten theoretisch eine auf eine knappe Mehrheit gestützte Regierung bilden können. Die Aussicht, als „Koalition der Verlierer" gebrandmarkt zu werden, und die heftigen Auseinandersetzungen während des Wahlkampfes rund um die Verantwortung für den Finanzskandal sprachen aber eindeutig gegen die Neuauflage einer ÖVP-SPÖ-Koalition. Zudem wies der mediale Druck in eine andere Richtung: Der Chefredakteur der „Salzburger Nachrichten", Manfred Perterer, ließ bereits am Tag nach der Wahl verlauten: „Eine Fortsetzung der Großen Koalition unter umgekehrten Vorzeichen wäre das Schlechteste für das Land, auch wenn die Wirtschafts- und Arbeiterkammer darauf drängen werden. Einen Auftrag der Wähler für eine solche Regierung kann nicht einmal der größte sozialpartnerschaftliche Verbiegungskünstler herleiten."[50] Laut einer SN-LeserInnen-Umfrage wollten nur 6 % (!) wieder Schwarz-Rot in der Regierung sehen, während selbst 51 % der SPÖ-nahen LeserInnen Schwarz-Grün-Gelb befürworteten.[51] Auch die „Kronen Zeitung" stellte aufgrund von „Blitzumfragen" vor Ort fest, dass „viele" SalzburgerInnen eine solche Koalition unterstützen würden.[52]

Andere Kombinationen als ÖVP-SPÖ schienen jedoch schwer umsetzbar. Die FPÖ hatte sich mit einer Äußerung ihres Parteivorsitzenden Karl Schnell über die in Österreich stattfindende „Umvolkung"[53] selbst aus dem Koalitionsspiel genommen. ÖVP und FPÖ allein hätten ohnehin über keine Landtagsmehrheit verfügt, und eine Koalition aus ÖVP, FPÖ und entweder Grünen oder Team Stronach bildete aufgrund der Unverträglichkeit der FPÖ mit beiden Parteien keine taugliche Option. Schnell erklärte folgerichtig, lieber in

48 Siehe zur Regierungsbildung nach der Landtagswahl 2013 auch den Beitrag von Reinhard Heinisch und Ernestine Berger im vorliegenden Jahrbuch.

49 ORF Salzburg Online (6.5.2013). Rekordverluste – Burgstaller tritt zurück.

50 SN (6.5.2013). Eine Große Koalition wäre das Schlechteste, S. 1.

51 SN (13.5.2013). Mehrheit der SN-Leser will Schwarz-Grün in der Regierung, S. 2.

52 Kronen Zeitung Lokalausgabe (8.5.2013). Viele Salzburger für schwarz-grün-gelbe Koalition, S. 18–19.

53 Zit. nach Die Presse (15.4.2013). „Umvolkung in gewissen Bereichen", S. 3.

der Opposition verbleiben zu bleiben.[54] Eine Koalition ÖVP-Grüne hätte zwar 50 % der Landtagsabgeordneten hinter sich vereint; für Mehrheitsbeschlüsse war das aber zu wenig. Deshalb legten sich die Grünen auch zunächst darauf fest, nur in eine Regierung mit ÖVP- und SPÖ-Beteiligung zu gehen.[55] Schließlich mussten sie aber zur Kenntnis nehmen, dass der Bruch zwischen ÖVP und SPÖ zu tief war, um eine solche Regierung sinnvoll erscheinen zu lassen, und sie willigten in Koalitionsverhandlungen mit ÖVP und Team Stronach ein, obwohl Bundesparteivorsitzende Eva Glawischnig für die Bundesebene eine gemeinsame Regierung mit dem Team mehrfach als No-Go bezeichnet hatte.[56]

Nach knapp dreiwöchigen, vertraulich geführten Verhandlungen einigten sich die drei Parteien auf ein 68-seitiges Arbeitsübereinkommen.[57] Am 19. Juni konstituierte sich der neue Salzburger Landtag und wählte mit 21 von 36 Stimmen, gegen die Stimmen aller SPÖ- und FPÖ-Abgeordneten, die neue Landesregierung, bestehend aus je drei VertreterInnen von ÖVP und Grünen und einem Vertreter des Team Stronach.[58] Diese bisher in keinem anderen Bundesland geübte Regierungskonstellation signalisierte einen Neuaufbruch, was nach dem Finanzskandal angebracht schien. Für den Politikwissenschaftler Herbert Dachs wurde damit „couragiert ein neues Kapitel in der Salzburger Landespolitik eröffnet“; das Land trat in die „Phase einer pluralistischen Konkurrenzdemokratie“ ein.[59] Erstmals nach 1945 musste die SPÖ damit – neben der FPÖ – auf den Oppositionsbänken Platz nehmen.

3.5 Vergleich Landtagswahl–Nationalratswahl

Um genauer abschätzen zu können, inwieweit bei der Landtagswahl 2013 regionale, Salzburg-spezifische Aspekte den Ausschlag gaben, soll das Landtagswahlergebnis im Folgenden mit dem Ergebnis der nächstgelegenen Nationalratswahl verglichen werden. Das war in diesem Fall die Nationalratswahl vom 29.9.2013, die also nur etwas mehr als vier Monate nach der Landtagswahl stattfand. Die SPÖ-ÖVP-Koalition auf Bundesebene, die seit 2008 regierte, hatte mit großen Herausforderungen zu kämpfen, insbesondere den Folgen der im

54 Kronen Zeitung Lokalausgabe (7.5.2013). Harter Weg zur neuen Regierung, S. 14–15.

55 Kurier (9.5.2013). Schock für ÖVP: Grüne wollen SPÖ in Regierung, S. 23.

56 SN Online (23.5.2013). Koalition in Salzburg: Grüne nehmen ÖVP-Angebot an.

57 Land Salzburg (2013). Arbeitsübereinkommen: Grundlagen für die Zusammenarbeit zwischen ÖVP, Grünen und Team Stronach. Abgerufen am 1.9.2018 unter https://www.salzburg.gv.at/politik_/Documents/arbeitsuebereinkommen2013.pdf.

58 Landeskorrespondenz (19.6.2013). Landtag wählte Regierung mit Wilfried Haslauer als Landeshauptmann.

59 Dachs, Zwischen Restauration und Neubeginn, S. 276 (s. Fn. 23).

selben Jahr ausgebrochenen weltweiten Finanzkrise. Nach Einschätzung von ExpertInnen und JournalistInnen konnte sie die Finanzkrise jedoch passabel meistern, sodass die wirtschaftliche Entwicklung im Vergleich mit anderen europäischen Ländern nicht schlecht verlief. Allerdings wurde bemängelt, dass echte Strukturreformen (z.B. im Steuersystem und in der Verwaltung) und wichtige Zukunftsinvestitionen (z.B. in Bildung und Forschung) nicht getätigt wurden.[60] Zugleich ging das Vertrauen in politische Parteien, Parlament und Bundesregierung insbesondere nach der Einsetzung des Korruptions-Untersuchungsausschusses des Nationalrats ab 2011 zurück, obwohl es immer noch deutlich über dem EU-Schnitt lag.[61]

Bei der Betrachtung der Ergebnisse der Nationalratswahl fällt zunächst auf, dass die Ergebnisse für Salzburg weitgehend dem nationalen Trend entsprachen (siehe Tab. 5). Die Wahlbeteiligung war nahezu ident (74,9 % österreichweit bzw. 74,5 % in Salzburg). Der Anteil der NichtwählerInnen lag mit 2,3 % nur geringfügig höher als auf Bundesebene (1,9 %). Dass die SPÖ im Land 3,8 % weniger Stimmen erzielte als im Österreichschnitt, die ÖVP hingegen 2,3 % mehr, könnte als Ausfluss der vor allem der SPÖ zugeschriebenen Verantwortung für den Finanzskandal interpretiert werden – auch wenn es hier um nationale Wahlen und andere Themen ging, handelte es sich doch um dieselbe Partei. Ein Blick auf die Ergebnisse der übrigen Parteien führt vor Augen, dass die Abweichungen vom nationalen Trend eher gering waren, sodass die Nationalisierungsthese von Caramani (siehe Abschnitt 2.2) weitgehend bestätigt wird.

Tabelle 5: Ergebnisse der Nationalratswahl 2013 in Salzburg

	NRW 2013 (Österreich)		**NRW 2013** (Salzburg)		**Gewinn/Verlust: NRW 2013** (Salzburg) im Vergleich zu **LTW 2013**	
Anzahl der Stimmen	absolut	in %	absolut	in %	absolut	in %
Wahlbeteiligung						
Wahlberechtigte	6.384.308		393.276		+3.487	+0,9
abgegebene Stimmen	4.782.410	74,9	292.958	74,5	+16.361	+3,5
davon ungültig	89.503	1,9	6.352	2,2	–3.755	–1,5

60 Julian Aichholzer/Sylvia Kritzinger/Marcelo Jenny/Wolfgang C. Müller/Klaus Schönbach/Ramona Vonbun (2014). Die Ausgangslage, in: Sylvia Kritzinger/Wolfgang C. Müller/Klaus Schönbach (Hg.): Die Nationalratswahl 2013: Wie Parteien, Medien und Wählerschaft zusammenwirken, Wien/Köln/Weimar, S. 9–38, hier S. 15–16.

61 Ebd., S. 18–19.

	NRW 2013 (Österreich)		NRW 2013 (Salzburg)		Gewinn/Verlust: NRW 2013 (Salzburg) im Vergleich zu LTW 2013	
Anzahl der Stimmen	absolut	in %	absolut	in %	absolut	in %
Parteien						
SPÖ	1.258.605	26,8	65.950	23,0	+2.490	–0,8
ÖVP	1.125.876	24,0	76.460	26,7	–852	–2,3
FPÖ	962.313	20,5	60.876	21,2	+15.489	+4,2
BZÖ	165.746	3,5	9.205	3,2	–	–
Grüne	582.657	12,4	42.389	14,8	–11.390	–5,4
Frank Stronach	268.679	5,7	14.894	5,2	–7.323	–3,1
NEOS	232.946	4,7	13.103	4,6	–	–
KPÖ	48.175	1,0	1.817	0,6	+938	+0,3
Piraten	36.265	0,8	1.912	0,7	–1.544	–0,6

Anmerkungen: Parteien mit weniger als 1 % der Stimmen wurden nur berücksichtigt, wenn sie bei der Landtagswahl kandidierten. Das BZÖ und die NEOS kandidierten bei der Landtagswahl nicht. Für beide Parteien wurden daher keine Gewinn-/Verlustwerte eingetragen.
Quellen: Bundesministerium für Inneres (2013). Nationalratswahl 2013. Abgerufen am 1.9.2018 unter http://www.bmi.gv.at/412/Nationalratswahlen/Nationalratswahl_2013/start.aspx; Land Salzburg/Landesstatistik (2013). Landtagswahl am 5. Mai 2013. Abgerufen am 1.9.2018 unter https://www.salzburg.gv.at/stat/wahlen/ltw/index2013.html.

Bemerkenswerterweise unterscheiden sich die Ergebnisse der Nationalratswahl in Salzburg auch nicht sehr von den Ergebnissen der vorhergehenden Landtagswahl. Zwar fiel die Wahlbeteiligung bei der Nationalratswahl um 3,5 % höher als bei der Landtagswahl aus, und der Anteil der ungültigen Stimmen verringerte sich um 1,5 %, was beides als Ausdruck des höheren Protestcharakters der Landtagswahl gedeutet werden kann. Auch dass sowohl SPÖ (-0,8 %) als auch ÖVP (–2,3 %) noch geringere Stimmenanteile als bei der Landtagswahl verbuchen mussten, könnte als – wenngleich eher geringfügige – Spätwirkung des Finanzskandals interpretiert werden. Am deutlichsten zeigt sich ein regionaler Effekt noch im Ergebnis der Grünen, die zwar auch bei der Nationalratswahl auf Landesebene einen Zuwachs verzeichnen konnten, der aber deutlich geringer ausfiel als bei der Landtagswahl, sodass der Unterschied an Stimmenanteilen letztlich –5,4 % ausmachte. Angesichts des Finanzskandals schien offenbar besonders auf Landesebene eine stärkere Kontrollpartei vonnöten. Dass die FPÖ bei der Nationalratswahl im Land 4,2 % über ihrem Ergebnis bei der Landtagswahl zu liegen kam, deutet darauf hin, dass sie die

Chance, die sich für sie aus dem Finanzskandal ergab, nicht so gut zu nutzen wusste, wie es vielleicht möglich gewesen wäre. Insgesamt „schalteten“ die Salzburger WählerInnen bei der Nationalratswahl im Vergleich zur Landtagswahl nur geringfügig um, was neuerlich die Nationalisierungsthese von Caramani (siehe Abschnitt 2.2) stützt.

4. DIE LANDTAGSWAHL 2018

4.1 Ausgangslage[62]

Die 2013 angetretene neue Landesregierung aus ÖVP, Grünen und Team Stronach bewältigte ihre Amtszeit lange Zeit ohne größere Turbulenzen. Budgetkürzungen rechtfertigte sie als infolge des Finanzskandals notwendige Maßnahmen. Nach außen hin trat sie harmonisch auf, womit sie sich vorteilhaft von der SPÖ-ÖVP-Koalitionsregierung auf Bundesebene abhob. Besonders Landeshauptmann Wilfried Haslauer genoss einen beträchtlichen Amtsbonus, der allerdings zunächst wenig auf die von ihm geführte ÖVP abfärbte.[63] Die Grünen dagegen hatten einige interne Auseinandersetzungen durchzustehen, insbesondere wegen der Ende 2015 von der zuständigen Landeshauptmann-Stellvertreterin und Grünen-Vorsitzenden Astrid Rössler genehmigten 380-kV-Leitung durch das Land.[64] Die dritte Partei im Bunde, das Team Stronach, zerfiel parallel zur bundesweiten Entwicklung der Partei 2015 ganz, wobei dessen Landesrat Hans Mayr als Parteiloser sein Regierungsamt behielt. Er gründete daraufhin seine eigene Partei, die Salzburger Bürgergemeinschaft (SBG).[65] Unter stärkeren Beschuss geriet er, als sich das in sein Ressort fallende Wohnbauförderungsgesetz als nicht finanzierbar erwies.[66] Schließlich musste er Ende Jänner 2018 sogar von seinem Amt zurücktreten, als sich herausstellte, dass er für seine neue Partei von Baufirmen Spenden erhalten hatte. Nicht nur

62 Siehe zur Ausgangslage für die Landtagswahl 2018 auch den Beitrag von Reinhard Heinisch und Ernestine Berger im vorliegenden Jahrbuch.

63 Der Standard Online (16.6.2016). Umfrage: Gute Noten für Haslauer, schlechte Werte für die Landes-ÖVP.

64 Salzburg24.at (15.12.2015). Gemischte Reaktionen zu 380-kV-Leitung: Von Notwendigkeit bis zum politischen Umfaller; Salzburg24.at (17.7.2017). 20 Jahre 380-kV-Leitung in Salzburg: Eine Chronologie.

65 Der Standard Online (20.4.2016). Ex-Stronach-Landesrat Mayr gründet Salzburger Bürgergemeinschaft.

66 Kurier Online (30.9.2016). Salzburg schärft bei Wohnbauförderung nach.

die Opposition, sondern auch ÖVP und Grüne entzogen ihm daraufhin ihr Vertrauen.[67]

Die SPÖ hatte nach der Landtagswahl 2013 den schweren Gang in die Opposition anzutreten. Ihre Strategie, die traditionelle Sozialkompetenz der Partei in den Vordergrund zu stellen, führte jedoch zu keinem sichtbaren Aufschwung in ihren Umfragewerten. Ein Jahr vor der Landtagswahl folgte ein weiterer Rückschlag: Ihr langjähriger Bürgermeister in der Landeshauptstadt, Heinz Schaden, wurde wegen des Vorwurfs, im Zuge des Finanzskandals negativ bewertete Zinspapiere an das Land übertragen zu haben, in erster Instanz gerichtlich verurteilt, worauf er von seinem Amt zurücktrat. In der vorgezogenen Neuwahl im Dezember 2017 ging der BürgermeisterInnensessel an die ÖVP verloren.[68] Damit war eine zentrale Bastion der SPÖ im Land gefallen, und das knapp vor der Landtagswahl.

Die FPÖ erlebte gar eine Spaltung. Um andauernden internen Streitereien ein Ende zu bereiten, griff Bundesparteivorsitzender Heinz-Christian Strache 2015 durch und schloss den seit 1992 amtierenden Landesparteivorsitzenden Karl Schnell aus der Partei aus.[69] Die Landespartei wurde neu aufgestellt. 2016 übernahm die erst 24-jährige Politikwissenschaftsstudierende Marlene Svazek, die zuvor im FPÖ-Landtagsklub gearbeitet hatte, die Parteiführung. Schnell gab jedoch nicht klein bei, sondern gründete die Freie Partei Salzburg (FPS), der sich fünf der sechs Landtagsabgeordneten der FPÖ anschlossen.[70]

Neben der spezifischen Ausgangslage der Landesparteien stellte auch der Ende 2017 vollzogene Regierungswechsel im Bund – von einer SPÖ-ÖVP- zu einer ÖVP-FPÖ-Koalition – einen wichtigen Einflussfaktor für die Landtagswahl 2018 dar. Die ÖVP unter ihrem neuen Bundesparteivorsitzenden Sebastian Kurz war bei der Nationalratswahl vom 15.10.2017 erstmals seit 2002 wieder zur stärksten Partei aufgestiegen und stellt erstmals seit 2007 wieder den Bundeskanzler. Der Regierungswechsel war eine Folge der steigenden Unzufriedenheit mit der Arbeit der „Großen Koalition“ aus SPÖ und ÖVP, der insbesondere bei der Bewältigung der 2015 ausgebrochenen, von der Bevölkerung zunehmend als bedrohlich empfundenen Flüchtlingskrise Versagen angelastet wurde. Das Thema Flüchtlinge stellte bei der Wahl 2017 für die WählerInnen klar das Thema Nummer 1 dar, und die von Kurz verfolgte restriktivere Flücht-

67 Der Standard Online (20.12.2017). Salzburgs Wohnbaulandesrat Mayr droht Misstrauensantrag; SN Online (18.1.2018). Nach Rücktritt: Mayr-Partei legte Spenden nur teilweise offen.

68 Siehe zur BürgermeisterInnendirektwahl den Beitrag von Armin Mühlböck im vorliegenden Jahrbuch.

69 SN Online (10.6.2015). Strache schmeißt Schnell und Doppler aus FPÖ Salzburg.

70 Der Standard Online (14.6.2015). Karl Schnell gründet Partei in Salzburg.

lingspolitik wurde laut Umfragen von GfK Austria als vernünftiger wahrgenommen als die unklare Linie der SPÖ. Die FPÖ, die dieses Thema seit Jahren erfolgreich „besetzt“ hatte, behielt hier aber immer noch die Nase vorne.[71] Kurz repräsentierte den starken Wunsch nach politischer Erneuerung offenbar am besten. Bereits unmittelbar nach seiner Bestellung zum ÖVP-Parteivorsitzenden im Mai 2017 zeigte sich der „Kurz-Effekt“,[72] der der ÖVP mit 31,5 % der Stimmen schließlich zum deutlichen Sieg bei der Nationalratswahl verhalf (SPÖ: 26,9 %; FPÖ: 26 %) und zur Bildung der „türkis-blauen“ Koalition aus ÖVP und FPÖ führte.

Die neue Regierung ging zügig an ihr angekündigtes Reformwerk, und laut bisher veröffentlichten Umfragen wird sie trotz immer wieder aufflammender oppositioneller Kritik weiterhin von der Mehrheit der ÖsterreicherInnen unterstützt.[73] Auch bei den vier im Frühjahr 2018 angesetzten Landtagswahlen erwarteten sich MeinungsforscherInnen daher Rückenwind für ÖVP und FPÖ.[74] Aus Salzburger Sicht stellte sich dabei die spannende Frage, welche Auswirkungen der neue ÖVP-Kurs unter Kurz, der sich auch in einer neuen Parteifarbe (Türkis) äußerte, haben würde. Die Salzburger ÖVP blieb ja ihrem traditionellen Schwarz treu, worin manche JournalistInnen eine Distanzierung gegenüber dem Kurz-Kurs zu erkennen meinten.[75]

4.2 Wahlkampf

Bevor der Wahlkampf in seine heiße Phase trat, deuteten Umfragen bereits an, dass es – gemäß der oben geschilderten Ausgangslage – zu größeren Machtverschiebungen kommen würde. Laut einer im November/Dezember 2017 im Auftrag der SPÖ durchgeführten Umfrage des Instituts für statistische Analysen Jaksch & Partner (n=808, Schwankungsbreite: 3,5 %) schnitten die Parteien bei der Sonntagsfrage wie folgt ab: ÖVP 34 %, FPÖ 24 %, SPÖ 23 %, Grüne 10 % und NEOS 8 %. Sowohl die FPS (Schnell) als auch die SBG (Mayr) würden mit 1 % klar den Einzug in den Landtag verpassen. ÖVP und FPÖ würden damit über eine satte Mehrheit verfügen, was den SPÖ-Vorsitzenden Steidl dazu veranlasste, vor der hohen Wahrscheinlichkeit einer schwarz-blauen Koalition auch in Salzburg zu warnen.[76] Eine kurze Zeit später erfolgte Umfrage

---

71 Plasser/Sommer, Wahlen im Schatten der Flüchtlingskrise, S. 35–36, 50–56 (s. Fn. 12).

72 Ebd., S. 71–76.

73 Ebd., S. 149–151; Kurier (1.7.2018). Kurz und Strache im stabilen Hoch.

74 SN Online (18.1.2018). Meinungsforscher sehen Plus für ÖVP und FPÖ bei LT-Wahlen.

75 Kurier Online (3.5.2018). Westachse regiert anders: Schwarz gibt sich bunter als Türkis.

76 SN Online (19.12.2017). Umfrage vier Monate vor der Landtagswahl: ÖVP voran, FPÖ Zweite.

des IMAS-Instituts im Auftrag der ÖVP (n=800, Schwankungsbreite: 3,5 %) sah die ÖVP (34–36 %) und die NEOS (8–10 %) in etwa gleich, die FPÖ deutlich schwächer (15–17 %), die SPÖ etwas schwächer (20–22 %) und die Grünen deutlich stärker (14–16 %).[77] Ein Wahlsieg der ÖVP schien damit sicher, der Kampf um Platz 2 zwischen SPÖ und FPÖ blieb offen, für die Grünen waren die Vorhersagen unsicher, und außer den NEOS würde wohl keine neue Partei den Einzug in den Landtag schaffen.

Der Wahlkampf verlief weitgehend unspektakulär, ohne gegenseitige verbale Ausritte.[78] Die ÖVP baute auf die sehr gute Wirtschaftslage, die erfolgreiche Konsolidierung der Landesfinanzen (seit 2015 waren alle Budgets ausgeglichen) und den politischen Rückenwind aus Wien („Kurz-Effekt").[79] Zu ihren Gunsten wirkte sich auch aus, dass laut einer knapp vier Wochen vor der Wahl durchgeführten IMAS-Umfrage im Auftrag der ÖVP (n=800, Schwankungsbreite: 3,5 %) 84 % der SalzburgerInnen mit der Landespolitik „sehr" oder „einigermaßen zufrieden" waren; nur 12 % meinten, damit „eher nicht" oder „überhaupt nicht zufrieden" zu sein.[80] Das ÖVP-Wahlprogramm rückte die Themen Wirtschaft und Arbeit, Bildung und Zukunft sowie Lebensqualität und Sicherheit in den Mittelpunkt. Konkret warb die ÖVP u. a. gegen neue Schulden, für die Lehrlingsausbildung, den Breitbandausbau und umfassende Sicherheit, einschließlich Sicherheit des Arbeitsplatzes und der Kinderbetreuung.[81] Wenig überraschend schnitt sie den Wahlkampf auf ihren populären Vorsitzenden und Landeshauptmann Haslauer zu, der laut der oben erwähnten IMAS-Umfrage in einer fiktiven Landeshauptmann-Direktwahl von 59 % der Befragten gewählt würde. An zweiter Stelle rangierte SPÖ-Vorsitzender Steidl mit 12 %, alle anderen KandidatInnen bewegten sich im einstelligen Bereich.[82] Auf Wahlplakaten wurde Haslauer als „weltoffen", manager-like mit Handy am Ohr und „souverän" porträtiert.[83]

Bezüglich möglicher Koalitionen nach der Wahl hielt sich die ÖVP bedeckt; man werde mit allen reden, wurde immer wieder betont.[84] Haslauer lobte zwar

---

77 SN Online (29.12.2017). Salzburg-Wahl: Umfragen sehen Volkspartei klar in Front.

78 Die Presse Online (15.4.2018). Salzburg: Streichelweiche Spitzenkandidaten bei Elefantenrunde; Der Standard Online (17.4.2018). Salzburg: Ein laues Lüfterl von einem Wahlkampf geht zu Ende.

79 SN Online (27.1.2018). Die ÖVP muss sich an viel Rückenwind gewöhnen.

80 SN Online (29.3.2018). Salzburger Landtagswahl: Für die ÖVP geht sich fast jede Koalition aus.

81 Der Standard Online (26.2.2018). Haslauer unterstreicht Eigenständigkeit der Salzburger ÖVP; SN Online (26.2.2018). ÖVP präsentiert Wahlprogramm für Salzburger Landtagswahl.

82 SN Online (29.3.2018). Salzburger Landtagswahl: Für die ÖVP geht sich fast jede Koalition aus.

83 SN Online (23.3.2018). Parteien buhlen auf Plakaten um die Gunst der Salzburger Wähler.

84 Der Standard Online (26.2.2018). Salzburgs ÖVP lässt sich alle Koalitionsvarianten offen.

den guten Regierungsstil der Grünen, vermied aber eine Festlegung auf eine neuerliche schwarz-grüne Koalition. Auch zur öffentlich diskutierten Rolle von Burschenschaftern in der FPÖ (siehe unten) wollte er nicht Stellung beziehen, erklärte nur allgemein: „Radikalismen sind ein Ausschließungsgrund, egal in welche Richtung sie gehen, egal ob nach rechts oder links."[85] Zur Aussage der FPÖ-Spitzenkandidatin, die ÖVP wieder auf Spur bringen zu wollen (siehe unten), reagierte er freilich mit der deutlichen Empfehlung, „die Rechtsabbieger ihrer Partei auf der Spur der Rechtsstaatlichkeit und Demokratie zu halten".[86]

Zur Politik der neuen Bundesregierung bzw. des neuen ÖVP-Bundesparteivorsitzenden Kurz äußerte sich Haslauer im Wahlkampf immer vorsichtig und ausgewogen bis ausweichend. So hätte die Bundesregierung seiner Ansicht nach ein „sehr brauchbares Arbeitsprogramm" vorgelegt, ihre Performance wäre „(u)nterm Strich ... nicht schlecht", und wie Kurz die Regierung führe und Österreich im Ausland vertrete, wäre „souverän".[87] Andererseits ließ er bei einzelnen Regierungsvorhaben durchaus Kritik im Detail erkennen: So unterstützte er zwar die geplante Vereinheitlichung und Kürzung der Mindestsicherung, um einem „Mindestsicherungstourismus" vorzubeugen. Zugleich unterstrich er jedoch, dass in Salzburg wegen seiner höheren Lebenshaltungskosten eine andere Situation vorliege. Er wollte auch „das Thema ganz bewusst aus dem Wahlkampf heraushalten, weil ich die Diskussion nicht am Rücken der Ärmeren in unserer Gesellschaft abgehandelt haben möchte".[88] In ähnlicher Weise hielt er die geplante Verringerung der Zahl der Sozialversicherungsanstalten von 21 auf fünf und eine Effizienzsteigerung bei der Allgemeinen Unfallversicherungsanstalt (AUVA) für wichtige Projekte – nicht ohne darauf hinzuweisen, dass dabei das Prinzip der Selbstverwaltung zu wahren sei.[89] Insgesamt verfolgte er damit einen pragmatischen Kurs, der Dialog und sachliche Lösungen vor Ideologie und Ausgrenzung stellte.

Für die Grünen war von Beginn an klar: sie konnten – nach dem fulminanten Wahlergebnis 2013 – bei der Landtagswahl 2018 nur verlieren. Dazu kam zu allem Überfluss noch, dass sie bei der Nationalratswahl trotz kapitaler eigener Fehler (wie dem Ausschluss der Jugendorganisation und dem Zulassen

85 Zit. nach: SN Online (5.4.2018). Landeshauptmann Haslauer im SN-Interview: „Ich bin auf der Überholspur".

86 Zit. nach: Der Standard Online (7.4.2018). Haslauer geht mit Seitenhieben ins Salzburger Wahlkampffinale.

87 Zit. nach: SN Online (5.4.2018). Landeshauptmann Haslauer im SN-Interview: „Ich bin auf der Überholspur".

88 Zit. nach: Der Standard Online (17.4.2018). Haslauer: „Die Wahl ist die Zeit des rhetorischen Rabaukentums".

89 Ebd.

des Abgangs von Peter Pilz) eher unerwartet an der Eingangshürde gescheitert und nach 31 Jahren aus dem Nationalrat geflogen waren. Es bestand also die Gefahr, dass die Salzburger Grünen in den Sog der Abwärtsspirale gerieten, wenngleich der Einzug in den Landtag – siehe oben zitierte Umfragen – gesichert schien.

Grünen-Spitzenkandidatin und Landeshauptmann-Stellvertreterin Rössler betonte die gute Bilanz der amtierenden Regierung in den Bereichen Umwelt- und Naturschutz (u. a. weniger Schadstoffe durch Tempo 80 auf der Stadtautobahn).[90] Damit konnte sie aber nicht darüber hinwegtäuschen, dass die Partei für so manche GrünsympathisantInnen auch bei grünen Kernthemen (wie z. B. der 380-kV-Leitung) zu wenig Profil gezeigt hatte und gegenüber der ÖVP zu zahm aufgetreten war.[91] Im Wahlkampf forderte Rössler 12 Verkehrsmaßnahmen, darunter eine bessere Bahn-Bus-Taktung bis in die ländlichen Regionen, ein 365-Euro-Jahresticket für das Bundesland und mehr Park&Ride-Plätze – für die „Salzburger Nachrichten“ ein Programm, das „keine ultra-grünen, sondern eher pastell-grüne Töne“ anschlug.[92] Darüber hinaus wollten die Grünen u. a. den ländlichen Raum durch eine konsequente Raumordnungspolitik lebendig erhalten, ein „Wohngeld neu“ einführen und die Kinderbetreuungseinrichtungen verbessern. Für Kopfschütteln sorgte ein Wahlplakat, das Rössler mit dem Spruch „Ich bin keine Politikerin“ zeigte[93] – immerhin war sie Parteivorsitzende und Landeshauptmann-Stellvertreterin. Auch das Plakatsujet „Heimat beschützen“, mit einem Bild von Kindern in Tracht, wurde – als Anklang von FPÖ-Stil – kritisiert.[94] Zum Abschluss des Wahlkampfes wurde unter Hinweis auf die von der schwarz-blau geführten oberösterreichischen Landesregierung beschlossene Kürzung der Sozial- und Kulturbudgets vor einer ÖVP-FPÖ-Koalition in Salzburg gewarnt.[95]

Die SPÖ wollte nach fünf Jahren Opposition unbedingt wieder in die Landesregierung aufrücken. Parteivorsitzender und Spitzenkandidat Steidl beklagte fünf Jahre Stillstand in der Landespolitik und ungelöste Probleme in der Gesundheits-, Wohnbau- und Verkehrspolitik, wofür er vor allem die Regierungsunerfahrenheit der Grünen verantwortlich machte.[96] An deren Stelle

90 SN Online (27.1.2018). Salzburgs Grüne zeigen sich betont einig.

91 Der Standard Online (26.2.2018). Salzburgs ÖVP lässt sich alle Koalitionsvarianten offen.

92 SN Online (8.2.2018). Rössler will Verkehrsressort.

93 Der Standard Online (13.3.2018). Grüne warnen vor Schwarz-Blau in Salzburg; SN Online (23.3.2018). Parteien buhlen auf Plakaten um die Gunst der Salzburger Wähler.

94 Die Presse Online (6.4.2018). Salzburger Grüne werben mit „Heimat beschützen“; Der Standard Online (10.4.2018). Astrid Rössler will „Heimatbegriff nicht rechten Parteien überlassen“.

95 SN Online (20.4.2018). Bangen und Hoffen beim Grünen „Wahlabtakt“ in Salzburg.

96 SN Online (3.4.2018). Walter Steidl: „In Opposition lerne ich nichts mehr“.

bot er Landeshauptmann Haslauer seine eigene Partei als verlässlichen Koalitionspartner mit Handschlagqualität an. Von den SPÖ-Wahlplakaten prangte die „Steidl-Garantie“, u. a. für Arbeits- und Kinderbetreuungsplätze, leistbares Wohnen und mehr PolizistInnen. Steidl trat auch für eine Erweiterung des Europarks ein, stellvertretend für alle Betriebe, die am Schaffen von Arbeitsplätzen gehindert würden. Ein 365-Euro-Jahresticket für alle öffentlichen Verkehrsmittel und die Entwicklung Salzburgs zum europaweiten Kompetenzzentrum für Holz gehörten ebenfalls zum Programm.[97] Kritik gab es vor allem an den ausgesprochenen „Garantien“, zumal das Land in manchen Bereichen nur über begrenzte Kompetenzen verfügte. Im Wahlkampffinale nutzte die SPÖ die von der türkis-blauen Bundesregierung angestoßene AUVA-Reform – die in ihren Augen einer „Zerschlagung“ gleichkam –, um WählerInnen zu mobilisieren.[98]

Die FPÖ wurde von ihrer neuen Landesparteivorsitzenden Svazek als Spitzenkandidatin in den Wahlkampf geführt, die im Oktober 2017 auch in den Nationalrat gewählt und zwei Monate später zur FPÖ-Generalsekretärin ernannt worden war. Um Kritik an ihrem Politikschwerpunkt außerhalb Salzburgs zu begegnen, kündigte sie an, nach der Landtagswahl nach Salzburg zu wechseln – „am liebsten als Landeshauptmann-Stellvertreterin“.[99] Darauf angesprochen, dass eine schwarz-blaue Koalition angesichts ihres angespannten Verhältnisses zu Landeshauptmann Haslauer doch eher unwahrscheinlich sei, meinte sie: „Unser Ziel ist, dass wir Zweitstärkste werden und die ÖVP nicht an uns vorbei kann.“[100] Den Ton gegenüber der Landes-ÖVP werde sie trotz Koalition ihrer Partei mit der ÖVP im Bund „sicher nicht mäßigen. Denn da muss man stark unterscheiden zu dem, was auf Bundesebene alles Gutes passiert und wo man da im Land Salzburg noch nachziehen könnte.“[101] Direkt an Landeshauptmann Haslauer gerichtet, erklärte sie: „Wir werden Ihnen zeigen, dass wir Sie wieder auf die richtige Spur bringen“[102] – starke Sprüche für eine junge, gerade erst in höhere Funktionen aufgerückte Politikerin. An inhaltlichen Forderungen für eine Koalition stellte sie u. a. auf, die Mindestsicherung zu deckeln, die ZweitwohnungsbesitzerInnen vor Enteignung zu schützen, im

97 Der Standard Online (8.3.2018). Salzburger SP-Chef Steidl bietet sich Haslauer als Regierungspartner an.

98 Die Presse Online (20.4.2018). SPÖ-Salzburg: „Kurz und Strache gefährden Ihre Gesundheit“.

99 Zit. nach: SN Online (18.12.2017). Marlene Svazek: „Werde Ton zur ÖVP nicht mäßigen“.

100 Zit. nach: Ebd.

101 Zit. nach: Ebd.

102 Zit. nach: Der Standard Online (16.3.2018). FPÖ will ÖVP „wieder auf die richtige Spur bringen“.

Interesse leistbaren Wohnens das Baugesetz zu entrümpeln und den „Heimatschutz“ auszubauen.[103]

Den geplanten Wahlkampfslogan „Marlene mag man eben“ musste die FPÖ nach Androhung rechtlicher Schritte seitens des Manner-Konzerns, an dessen Werbung der Slogan angelehnt war, wieder zurücknehmen.[104] Noch stärker wurde der unter dem Motto „Salzburger Frühling“ stehende Wahlkampf der FPÖ aber wegen der prominenten Rolle von Burschenschaftern auf den FPÖ-KandidatInnenlisten gestört. Das Thema „Burschenschafter“ wurde seit der sogenannten „Liederbuchaffäre“ in Österreich medial breit diskutiert.[105] Davon unbeeindruckt, ließ Svazek Reinhard Rebhandl, FPÖ-Ortsobmann von Golling und Mitglied der Burschenschaft Gothia, auf Platz 6 der Landesliste und Platz 2 der Tennengauer Liste setzen, was ihr auch seitens langjähriger Funktionäre der Bezirkspartei heftige Kritik eintrug.[106] Sie verteidigte sich mit dem Hinweis, dass es auf den ersten 20 Plätzen der Landesliste nur einen Corpsstudenten, einen Burschenschafter und einen „Landsmannschafter“ gebe. Die medialen Diskussionen um die Burschenschafter in der FPÖ bezeichnete sie als „Menschenjagd“ und „lächerlich“, da bei einem Amt die Qualifikation und nicht die Mitgliedschaft in einer Burschenschaft zähle.[107] Als der grüne Landtagsabgeordnete Simon Heilig-Hofbauer öffentlich machte, dass der Vater Rebhandls Landesleiter der 1988 wegen NS-Wiederbetätigung verbotenen Nationaldemokratischen Partei Österreichs (NDP) gewesen und selbst wegen NS-Wiederbetätigung verurteilt worden war, bezeichnete sein Sohn das Ganze als „Sauerei“, da er mit seinem Vater gebrochen habe; Svazek verurteilte die „Sippenhaftung“.[108] Die Medien ließen jedoch nicht locker und deckten weitere problematische Aktivitäten Rebhandls auf.[109]

---

103 Die Presse Online (30.3.2018). Salzburger FPÖ stellt Bedingungen für Regierungsbeteiligung.

104 Die Presse Online (15.3.2018). Manner-Claim: FPÖ beugt sich Süßwarenhersteller.

105 Der „Falter“ hatte im Jänner 2018 aufgedeckt, dass Udo Landbauer, FPÖ-Spitzenkandidat für die niederösterreichische Landtagswahl am 28.1.2018, Mitglied der Burschenschaft Germania zu Wiener Neustadt war, deren Liederbuch antisemitische und die NS-Zeit verharmlosende Texte enthielt. Nachdem die niederösterreichische Landeshauptfrau Johanna Mikl-Leitner (ÖVP) eine Zusammenarbeit mit Landbauer in der Landesregierung ausgeschlossen hatte, trat dieser – kurz nach der Landtagswahl – zurück. Siehe Der Standard Online (26.1.2018). Die Burschen und ihre Lieder: Was Sie zur Causa Landbauer wissen müssen; Der Standard Online (1.2.2018). FPÖ-Spitzenkandidat Landbauer legt alle politischen Funktionen zurück.

106 SN Lokalausgabe (9.2.2018). Konflikt um Wahlliste der FPÖ im Tennengau, S. 6.

107 SN Online (12.2.2018). FPÖ Salzburg präsentiert Liste für die Landtagswahl.

108 Der Standard Online (16.2.2018). Salzburger FPÖ-Funktionär aus dem ganz rechten Eck.

109 Der Standard Online (19.3.2018). Salzburger FPÖ-Kandidaten holt die Vergangenheit ein; Der Standard Online (20.3.2018). Salzburger FPÖ-Kandidat lobt „Tatenruhm“ eines Südtirol-Terroristen.

FPS-Vorsitzender Schnell – im Hauptberuf Arzt – versprach auf seinen Wahlplakaten „soziale Wärme". Daneben stellte er sich als „Unbestechlich. Erfahren. Kompetent" dar.[110] Inhaltlich trat er u.a. für ältere Menschen, Bürokratieabbau, ein flexibles Kleinbussystem auf weniger belebten Strecken, die Verhinderung unnötiger Zweitwohnsitze und einen Flüchtlingsstopp ein.[111] Er konnte mit seiner langjährigen politischen Erfahrung punkten. Sein Hauptproblem lag jedoch darin, dass ihn viele WählerInnen nach wie vor bei der FPÖ sahen, mit der es auch größere inhaltliche Überschneidungen gab.[112]

Die NEOS, die bei der Nationalratswahl 2017 mit 5,3 % ihre Position im Bundesparlament erfolgreich behaupten konnten, traten mit ihrem dortigen Wirtschafts- und Tourismussprecher und ehemaligen Präsidenten der Hoteliervereinigung, Sepp Schellhorn, als Spitzenkandidaten zur Landtagswahl an. Schellhorn erklärte freilich gleich vorweg, dass er – sofern die NEOS es in den Landtag schaffen sollten – sein Mandat nur dann annehmen werde, wenn er auch in die Landesregierung einziehen könne.[113] Dafür handelte er sich den Vorwurf des „Teilzeitspitzenkandidaten" ein.[114] Inhaltlich stand der Wahlkampf unter dem anti-bürokratischen Motto „Geht ned, gibt's ned", und dazu wurden medienwirksame Aktionen gesetzt. So wurde z.B. ein Video angefertigt, in dem Schellhorn 23 Prüfbescheide verbrannte und mit der daraus gerührten Paste Bilder malte, die er zum Verkauf anbot.[115] Weiters forderte er, die Parteienförderung zu verringern, die Wahlkampfkostenrückerstattung zu deckeln, die öffentlichen Verkehrsmittel und die Kinderbetreuungseinrichtungen auszubauen.[116] Damit das Land weder nach links (mit den Grünen) noch nach rechts (mit der FPÖ) drifte, stellte er sich der ÖVP an deren Stelle als Koalitionspartner zur Verfügung.[117]

Ex-Landesrat Mayr trat trotz seines erzwungenen Rücktritts mit der Liste Mayr zur Wahl an.[118] Er wurde im Wahlkampf von einem Komitee unterstützt, dem lokale Prominenz angehörte, darunter der ehemalige Intendant des Lan-

---

110 SN Online (23.3.2018). Parteien buhlen auf Plakaten um die Gunst der Salzburger Wähler.

111 SN Online (30.3.2018). Karl Schnell: Ein Widder gibt niemals auf.

112 Der Standard Online (28.3.2018). Karl Schnell: „Viele wissen nicht, dass ich nicht die FPÖ bin".

113 Der Standard Online (14.12.2017). Sepp Schellhorn führt Neos-Liste für Salzburg-Wahl an.

114 Der Standard Online (4.1.2018). Ein pinker Teilzeitspitzenkandidat für Salzburg (Blogbeitrag von Thomas Neuhold).

115 SN Online (13.2.2018). Salzburgs Neos-Chef malt „Beamtengrau" und verkauft „schikanöse Kunst".

116 Der Standard Online (6.3.2018). Neos: Schellhorn will Kinderbetreuung sieben Tage die Woche.

117 Die Presse (21.2.2018). Salzburg-Wahl: Neos streben schwarz-pinke Regierung an.

118 SN Online (23.1.2018). Landtagswahl: SBG will mit Hans Mayr an der Spitze antreten.

destheaters. In der Aktion „Sag's dem Hans" präsentierte sich Mayr als hemdsärmeliger Macher – die Sprüche auf seinen Wahlplakaten hießen z. B. „Mittendrin statt adabei" und „Anpacken statt blabla" – und bot sich für private Gesprächsrunden zu Hause, am Stammtisch oder im Vereinslokal an.[119]

Neben den erwähnten Parteien, die in allen Wahlkreisen kandidierten, traten in der Stadt Salzburg zudem die KPÖ Plus (ein Zusammenschluss von KPÖ und jungen Grünen) und im Flachgau (Salzburg-Umgebung) die KPÖ Plus und die Christliche Partei Österreichs (CPÖ) zur Wahl an. Beide Parteien galten aber als chancenlos, die Einstiegshürde in den Landtag (ein Grundmandat in einem Wahlkreis oder 5 % der abgegebenen Stimmen landesweit) zu überspringen. Die bereits erwähnte, knapp vier Wochen vor der Wahl durchgeführte IMAS-Umfrage bestätigte im Wesentlichen die Trends der IMAS-Umfrage drei Monate zuvor. Demnach sollte die ÖVP 32–25 %, die SPÖ 24–26 %, die FPÖ 16–18 %, die Grünen 14–16 % und die NEOS 6 % erreichen.[120] Teilweise deutlich andere Werte ergab die Sonntagsfrage allerdings bei einer etwa gleichzeitig von den Bezirksblättern durchgeführten Umfrage (n=900): ÖVP 40 %, SPÖ 21 %, FPÖ 18 %, Grüne 11 %, NEOS 6 %, FPS und Liste Mayr je 2 %.[121]

4.3 Wahlergebnis

Die Wahlbeteiligung ging bei der Landtagswahl 2018 um weitere 6 % zurück (siehe Tab. 6). Man kann dies als Fortsetzung eines langfristigen Trends sehen, nachdem seit 1945 bei jeder Landtagswahl – mit Ausnahme der Wahlen von 1949, 1959 und 2004 – ein geringerer Anteil der Salzburger Wahlberechtigten vom Stimmrecht Gebrauch machte als bei der Wahl zuvor. Laut ATV-Wahltagsbefragung (n=1.000, Schwankungsbreite: +/– 3,1 %) spielte bei den NichtwählerInnen das Motiv „Protest/politikverdrossen" mit 13 % der Nennungen diesmal aber eine deutlich geringere Rolle als noch 2013 (damals 33 %).[122] Dem entspricht, dass auch der Anteil der ungültigen Stimmen, der bei der letzten Wahl einen Höhepunkt erreicht hatte, mit 1,1 % wieder auf ein „normales" Niveau absank.

---

119 Der Standard Online (10.11.2017). Salzburger Landesrat: Von Stronach zur eigenen Namensliste; SN Online (23.3.2018). Parteien buhlen auf Plakaten um die Gunst der Salzburger Wähler.

120 SN Online (29.3.2018). Salzburger Landtagswahl: Für die ÖVP geht sich fast jede Koalition aus.

121 meinbezirk.at (22.4.2018). Landtagswahl 2018 – die Spannung steigt!

122 Peter Hajek Public Opinion Strategies (2018). ATV Wahltagsbefragung LTW Salzburg 2018: Wahlmotive, Wien, Folie 5. In der SORA/ISA-Wahltagsbefragung wurden die NichtwählerInnenmotive diesmal leider nicht aufgeschlüsselt.

Tabelle 6: Ergebnisse der Landtagswahl 2018

	Landtagswahl 2018			**Gewinn/Verlust** gegenüber Landtagswahl 2013		
	Stimmen absolut	Stimmen in %	Mandate absolut	Stimmen absolut	Stimmen in %	Mandate absolut
Wahlbeteiligung						
Wahlberechtigte	390.091			+302		
abgegebene Stimmen	253.396	65,0		–23.201	–6,0	
davon ungültig	2.857	1,1		–7.250	–2,5	
Parteien						
ÖVP	94.642	37,8	15	+17.330	+8,8	+4
SPÖ	50.175	20,0	8	–13.285	–3,8	–1
Grüne	23.337	9,3	3	–30.442	–10,9	–4
FPÖ	47.194	18,8	7	+1.807	+1,8	+1
FPS	11.386	4,5		+11.386	+4,5	
NEOS	18.225	7,3	3	+18.225	+7,3	+3
KPÖ	1.014	0,4		+135	+0,1	
Liste Mayr	4.385	1,8		+4.385	+0,1	
CPÖ	181	0,1		+181	+0,1	

Quelle: Land Salzburg/Landesstatistik (2018). Landtagswahl am 22. April 2018. Abgerufen am 1.9.2018 unter https://www.salzburg.gv.at/stat/wahlen/ltw/index2018.html.

Das Wahlergebnis wich in mancher Hinsicht von den Vorhersagen der meisten Meinungsforschungsinstitute ab. So fiel der Wahlsieg der ÖVP mit 37,8 % noch um einiges deutlicher aus als vorhergesagt (wenngleich es sich immer noch um das drittschlechteste Ergebnis nach 1945 handelte), und die SPÖ verlor gegenüber ihrem vermeintlichen Tiefpunkt 2013 noch weiter an Boden (nunmehr 20 %). Auch die Grünen erreichten bei weitem nicht die optimistischen Werte der letzten IMAS-Umfragen, sondern wurden mehr als halbiert auf nur mehr 9,3 %. Überraschend war auch, dass Schnell mit seinem FPÖ-Ableger FPS – entgegen allen Umfragen – auf 4,5 % der Stimmen kam und damit den Einzug in den Landtag nur knapp verpasste. Kein Wunder, dass er den MeinungsforscherInnen eine Mitschuld an seinem Scheitern zuschob: „Das ist Manipulation. Wer wählt dich denn noch, wenn alle sagen, der kommt sowieso nicht rein."[123] Das gute Abschneiden der FPS ging auf Kosten der FPÖ, die sich mit

123 Zit. nach: SN Online (22.4.2018). Karl Schnell war stark, aber nicht stark genug.

einem Zuwachs von 1,8 % bescheiden musste. Die NEOS übertrafen mit 7,3 % wie erwartet deutlich die 5 %-Hürde, während die Liste Mayr, die KPÖ Plus und die CPÖ – ebenfalls wie erwartet – weitab von einem Mandat landeten.

Tabelle 7: WählerInnenstromanalyse der Landtagswahl 2018; Stimmen in 1.000 (in Klammer Anteile in Prozent)

	2018							
2013	**ÖVP**	**SPÖ**	**Grüne**	**FPÖ**	**FPS**	**NEOS**	**Sonstige**	**NichtwählerInnen**
ÖVP	68 (88 %)	0 (1 %)	1 (1 %)	3 (4 %)	1 (1 %)	2 (2 %)	0 (0 %)	3 (3 %)
SPÖ	10 (15 %)	38 (60 %)	0 (0 %)	2 (4 %)	2 (3 %)	1 (1 %)	0 (0 %)	10 (16 %)
Grüne	4 (7 %)	7 (13 %)	19 (36 %)	2 (4 %)	0 (0 %)	10 (18 %)	0 1 %)	11 (20 %)
FPÖ	4 (8 %)	2 (5 %)	0 (0 %)	26 (58 %)	7 (15 %)	2 (4 %)	1 (1 %)	4 (9 %)
Team Stronach	3 (14 %)	1 (3 %)	1 (2 %)	10 (43 %)	1 (3 %)	2 (10 %)	0 (2 %)	5 (23 %)
Sonstige	1 (31 %)	1 (14 %)	0 (6 %)	1 (14 %)	0 (11 %)	0 (11 %)	0 (3 %)	0 (10 %)
NichtwählerInnen	4 (3 %)	1 (1 %)	1 (1 %)	3 (2 %)	1 (1 %)	1 (1 %)	3 (3 %)	110 (89 %)

Quelle: SORA/ISA, Wahlanalyse Landtagswahl Salzburg 2018, S. 2–3 (s. Fn. 126).

Die WählerInnenstromanalyse von SORA/ISA (n=1.231, Schwankungsbreite: +/– 2,8 %) zeigte, dass die ÖVP mit Abstand am erfolgreichsten dabei war, ihre WählerInnen von 2013 neuerlich zu motivieren, für sie zu stimmen (Behalterate von 88 %), während die Grünen hier stark abfielen (36 %). Aber auch SPÖ (60 %) und FPÖ (58 %) glänzten diesbezüglich nicht (siehe Tab. 7). Neben ihren StammwählerInnen konnte die ÖVP auch 15 % ehemalige SPÖ-WählerInnen und 14 % ehemalige Team Stronach-WählerInnen an sich ziehen. Die Grünen verloren 20 % an die NichtwählerInnen, 18 % an die NEOS und 13 % an die SPÖ. Der Politikwissenschaftler Reinhard Heinisch machte dafür den „Kuschelkurs“ gegenüber der ÖVP hauptverantwortlich. Dazu kam gemäß seiner Analyse ein Wahlkampf, in dem es nicht gelang, die eigenen Erfolge während der Regierungsarbeit herauszustreichen, und in dem man mit fragwürdigen Slogans („Ich bin keine Politikerin") aufwartete.[124] Auch die SPÖ litt darunter, dass 16 % ihrer WählerInnen von 2013 diesmal gar nicht zur Wahl gingen. Möglicherweise spielte dabei auch eine Rolle, dass laut ATV-Wahltagsbefragung immer noch 56 % aller Befragten der Finanzskandal „sehr" oder „eher" ärgerte.[125] Die FPÖ hatte, wie zu erwarten, ihren stärksten Verlust (15 %) gegenüber der FPS zu verzeichnen, ihren zweitstärksten (9 %) gegenüber den NichtwählerInnen. Die niedrigere Wahlbeteiligung schadete also vor allem Grünen, SPÖ und FPÖ.

Tabelle 8: Wahlverhalten nach sozialen Merkmalen bei der Landtagswahl 2018

in Prozent der jeweiligen Gruppe	**ÖVP**	**SPÖ**	**Grüne**	**FPÖ**	**NEOS**
Geschlecht					
Männer	36	17	7	26	7
Frauen	40	23	11	12	8
Alter					
Unter 30-Jährige	24	28	14	18	10
30–59-Jährige	37	17	10	23	8
Über 60-Jährige	52	20	4	11	3
Beruf					
ArbeiterInnen	28	23	0	41	3
Angestellte	33	22	9	21	9
PensionistInnen	50	20	5	13	3
Formale Bildung					
Pflichtschule	34	27	3	22	5
Lehre	41	19	2	29	1
BMS	49	16	5	15	7
Matura	36	19	18	8	13
Universität	25	18	29	5	19

Quelle: SORA/ISA, Wahltagsbefragung und Wählerstromanalyse Landtagswahl Salzburg 2018, Folien 9, 11 und 12 (s. Fn. 128).

124 Der Standard Online (23.4.2018). Grüne zwischen hohen Gipfeln und tiefen Jammertälern.

125 Hajek, ATV Wahltagsbefragung LTW Salzburg 2018, Folie 11 (s. Fn. 122); Der Standard Online (22.4.2018). Salzburg-Wahl: Großer Generationen-Gap bei ÖVP, kleinerer Gender-Gap bei FPÖ.

Mithilfe der Daten aus der SORA/ISA-Wahltagsbefragung können auch wieder Aussagen über die sozialen Merkmale der WählerInnen der einzelnen Parteien getroffen werden (siehe Tab. 8). Die ÖVP erzielte bei den Frauen, älteren WählerInnen (hier besonders), Lehrlingen und BerufsschülerInnen noch über ihrem Gesamtergebnis von 37,8 % liegende Werte. Auch die SPÖ war unter den Frauen stärker (wenngleich bei weitem nicht mehr so stark wie 2013); darüber hinaus wählten sie besonders jüngere WählerInnen und PflichtschulabsolventInnen. Die Grünen wurden überdurchschnittlich von MaturantInnen und Personen mit Universitätsausbildung gewählt, die aber nur einen geringen Teil der Bevölkerung ausmachen. Darüber hinaus wählten diese Gruppen – ebenso wie die unter 30-Jährigen – auch überdurchschnittlich die NEOS. Die FPÖ schließlich wurde wie üblich stärker von Männern, ArbeiterInnen und Lehrlingen gewählt. Im Unterschied zu 2013 erzielte diesmal eine Partei, nämlich die ÖVP, in einer sozialen Gruppe, nämlich den über 60-Jährigen, eine Mehrheit (und schrammte bei den BerufsschülerInnen knapp daran vorbei), womit es eine kleine Abweichung vom generellen Muster gab, dass die einzelnen sozialen Gruppen heutzutage breit gestreut wählen (siehe Abschnitt 2.1).

Bei der Frage nach den Themen bzw. Motiven, die die Entscheidung der WählerInnen bestimmten, ist zu berücksichtigen, dass die Stimmungslage der Salzburger Bevölkerung zum Wahlzeitpunkt deutlich positiver ausgeprägt war als 2013. Laut SORA/ISA-Wahltagsbefragung fanden nur 20 %, dass sich das Land seit der letzten Wahl negativ entwickelt habe (2013: 63 %), während ein Drittel positive Veränderungen sah (2013: 9 %). Allerdings blickten nur 25 % optimistisch, 30 % hingegen pessimistisch in die Zukunft.[126] Die häufigsten im Wahlkampf diskutierten Themen umfassten Zuwanderung (29 %), Gesundheit und Pflege (28 %), Maßnahmen der Bundesregierung und Sozialleistungen (jeweils 27 %), Bildung und Ausbildung (26 %) sowie Arbeitsplätze (25 %).[127]

Bei den WählerInnen aller Parteien – mit Ausnahme der ÖVP – bildeten die inhaltlichen Schwerpunkte, also das Parteiprogramm, das wichtigste Wahlmotiv (siehe Tab. 9). Als einziger Partei ist bei der ÖVP der Spitzenkandidat wichtiger, was nochmals den hohen Amtsbonus von Landeshauptmann Haslauer unterstreicht. Bei der Frage zur fiktiven Direktwahl des Landeshauptmannes sprachen sich laut SORA/ISA 46 % der Befragten für den Haslauer aus; SPÖ-

126 Vgl. SORA/ISA (2018). Wahlanalyse Landtagswahl Salzburg 2018, Wien, S. 5–6. Abgerufen am 1.9.2018 unter https://strategieanalysen.at/wp-content/uploads/2018/04/ISA-SORA-Wahlanalyse-Salzburg-2018.pdf.

127 SORA/ISA (2018). Wahltagsbefragung und Wählerstromanalyse Landtagswahl Salzburg 2018, Wien, Folie 20. Abgerufen am 1.9.2018 unter http://www.sora.at/fileadmin/downloads/wahlen/2018_LTW-Sbg_Wahlanalyse-Grafiken.pdf.

Vorsitzender Steidl erhielt 16 % Zuspruch, FPÖ-Vorsitzende Svazek 14 %, die übrigen SpitzenkandidatInnen lagen unter 10 %.[128] Für den Meinungsforscher Peter Hajek hatte sich damit bei der Salzburger Landtagswahl – wie auch bei den anderen im Frühjahr 2018 abgehaltenen Landtagswahlen – der „neue Typ des sachlichen Landeshauptmannes" durchgesetzt.[129] Interessant ist, dass auch bei der häufig als „Männerpartei" bezeichneten FPÖ die Tatsache, dass erstmals eine junge Frau als Spitzenkandidatin antrat, ein wichtiges Wahlmotiv darstellte.

Tabelle 9: Motive für die Wahlentscheidung bei der Landtagswahl 2018

in Prozent der deklarierten WählerInnen	**ÖVP**	**SPÖ**	**Grüne**	**FPÖ**
SpitzenkandidatIn	37	3	5	13
Inhaltliche Schwerpunkte	22	39	50	21
Bisherige Arbeit	18	15	7	7
Glaubwürdigkeit	4	5	6	7
Ist gut für Zukunft Salzburgs	8	5	7	12
Keine andere Partei wählbar	4	7	3	1
Partei soll in Regierung	1	6	8	13

Anmerkung: Ausgewiesen ist der jeweilige Anteil der ParteiwählerInnen, die das entsprechende Motiv als Hauptgrund anführten (keine Antwortvorgabe, nur eine Antwort). Die Motive der WählerInnen der NEOS wurden aufgrund der zu geringen Fallzahl nicht berücksichtigt.
Quelle: SORA/ISA, Wahlanalyse Landtagswahl Salzburg 2018, S. 8 (s. Fn. 126).

4.4 Regierungsbildung

Auch wenn ÖVP und Grüne nach der Landtagswahl 2018 über keine ausreichende Landtagsmehrheit verfügten, um allein weiterregieren zu können, gab es diesmal, rein rechnerisch, mehr Koalitionsmöglichkeiten als 2013. Die ÖVP hätte mit der SPÖ ebenso eine Zweierkoalition bilden können wie mit der FPÖ. Daneben bestand die Möglichkeit einer Dreierkoalition aus ÖVP, Grünen und NEOS. Eine Koalition ohne die ÖVP schien unrealistisch. Die WählerInnen zeigten keine eindeutige Präferenz, wie in der ATV-Wahltagsbefragung ersichtlich wurde: 32 % befürworteten eine Koalition ÖVP-FPÖ, 27 % ÖVP-SPÖ und 24 % ÖVP-Grüne-NEOS.[130]

---

128 Ebd., Folie 18.
129 profil Online (23.4.2018). Peter Hajek zur Salzburg-Wahl: „Gewinner ist die Verlässlichkeit".
130 Hajek, ATV Wahltagsbefragung LTW Salzburg 2018, Folie 9 (s. Fn. 122); Der Standard Online (22.4.2018). Salzburg-Wahl: Großer Generationen-Gap bei ÖVP, kleinerer Gender-Gap bei FPÖ.

Für alle drei Varianten ließen sich Pro- wie Contra-Argumente ins Treffen führen. Für eine Koalition ÖVP-FPÖ sprach, dass damit das auf Bundesebene nach der Nationalratswahl 2017 (und auch in Oberösterreich 2015) geschlossene schwarz-blaue Bündnis logisch fortgesetzt würde. Dagegen sprachen die rechten Abweichungen in der Salzburger FPÖ, die ÖVP-Landeshauptmann Haslauer erkennbar ablehnte. Einer ÖVP-SPÖ-Koalition konnten nicht nur der SPÖ-Vorsitzende Steidl, sondern auch die sozialpartnerschaftlich gesonnenen WirtschaftsvertreterInnen in beiden Parteien etwas abgewinnen. Allerdings waren in den Parteiapparaten auch noch starke gegenseitige Ressentiments wegen des Umgangs mit dem Finanzskandal vorhanden. Darüber hinaus würde eine solche Koalition klar dem Kurs von Bundeskanzler und ÖVP-Vorsitzendem Kurz zuwiderlaufen. Eine Koalition aus ÖVP, Grünen und NEOS würde, ÖVP und Grüne betreffend, die Fortsetzung einer funktionierenden Partnerschaft bedeuten.[131] Zudem würden Grüne und NEOS, wie die WählerInnenstromanalyse (Tab. 7) und das Wahlverhalten nach sozialen Merkmalen (Tab. 8) bestätigten, eine ähnliche WählerInnenklientel vertreten. Andererseits war NEOS-Spitzenkandidat Schellhorn im Wahlkampf als wortgewaltiger Kritiker der bisherigen Landespolitik aufgetreten, und es fehlte seiner Partei an Regierungserfahrung.

Wie in Art. 35 der Salzburger Landesverfassung (LGBl. Nr. 96/1999 idgF) festgelegt, lud Landeshauptmann Haslauer zunächst alle Parteien zu Sondierungsgesprächen über die Bildung der neuen Landesregierung ein.[132] Im Anschluss an die erste Runde der Gespräche, über deren Inhalt Sillschweigen vereinbart worden war, verkündete er, dass alle in guter, sachlicher Atmosphäre verlaufen seien.[133] Schon früh zeichnete sich ab, dass es eine Koalition ÖVP-Grüne-NEOS werden könnte. Die grüne Spitzenkandidatin und Landeshauptmann-Stellvertreterin Rössler übernahm zwar die Verantwortung für das Wahldebakel der Grünen und trat als Parteivorsitzende zurück, sie führte aber die Parteidelegation für die Gespräche mit der ÖVP an. NEOS-Spitzenkandidat Schellhorn wiederum deutete an, nicht auf einem Regierungssitz für sich zu bestehen.[134] Zur gleichen Zeit sprachen sich Stimmen aus der ÖVP gegen eine Koalition mit der SPÖ aus, da unklar sei, wie lange deren angeschlagener Parteivorsitzender sich noch halten könne.[135]

---

131 Der Standard Online (23.4.2018). Haslauer und die Qual der Partnerwahl.

132 Die Presse Online (23.4.2018). Haslauer offen für Dreierkoalition.

133 Der Standard Online (26.4.2018). Salzburg-Wahl: Erste Runde von Sondierungsgesprächen abgeschlossen; SN Online (27.4.2018). Schwarz-Blau oder Schwarz-Grün-Pink? Haslauer will „in sich gehen“.

134 Der Standard Online (24.4.2018). In Salzburg bleibt Schwarz-Grün-Pink eine Option.

135 SN Online (2.5.2018). Koalitionsfrage: Haslauer muss Farbe bekennen.

Am 2. Mai, knapp eineinhalb Wochen nach dem Wahltag, verkündete Landeshauptmann Haslauer schließlich den einstimmigen Beschluss des ÖVP-Parteivorstands, in Koalitionsverhandlungen mit den Grünen und den NEOS einzutreten, um eine „politische Allianz der Mitte" zu schmieden. Haslauer ergänzte, dass er Bundeskanzler Kurz darüber informiert hätte: „Der Bundeskanzler hätte gern Schwarz-Blau gesehen. Aber er hat mir nicht dreingeredet."[136] Aufgrund ihres klaren Wahlsiegs beanspruchte die ÖVP fünf der sieben Regierungssitze; Grüne und NEOS sollten je einen erhalten.[137] SPÖ-Vorsitzender Steidl bezeichnete die Entscheidung als „mutlos"; FPÖ-Vorsitzende Svazek beklagte, dass damit der „Wählerwille … leider nicht ernst genommen" werde – sie hätte sich „(v)on den ÖVP-Granden, die die Grünen partout nicht mehr in der Regierung haben wollten, … mehr Rückgrat bei der Entscheidung im ÖVP-Vorstand erwartet", fügte sie hinzu.[138] Die „Kronen Zeitung" glaubte in der Koalitionsentscheidung Haslauers eine „Machtdemonstration" und ein „erstes Warnsignal an Kurz" zu erkennen.[139]

Die hinter verschlossenen Türen geführten Koalitionsverhandlungen verliefen laut VerhandlungsteilnehmerInnen in einem konstruktiven Klima und konnten binnen knapp drei Wochen mit einem 105-seitigen Regierungsprogramm abgeschlossen werden.[140] Bei der Zusammensetzung des ÖVP-Regierungsteams überraschte Landeshauptmann Haslauer, indem er statt der ursprünglich kolportierten Landtagspräsidentin Brigitte Pallauf den Bundesobmann der Jungen Volkspartei (JVP) und Vertrauten von Bundeskanzler Kurz, Stefan Schnöll, zum Verkehrslandesrat bestimmte[141] – eine Entscheidung, die er wohl auch mit Blick auf das künftige Verhältnis zur Bundesregierung traf. Mit der neuen Landesrätin Maria Hutter (ÖVP), zuständig für Bildung, Naturschutz und Nationalpark, ist Innergebirg wieder in der Landesregierung vertreten. Nachfolger der scheidenden grünen Parteivorsitzenden und Landeshauptmann-Stellvertreterin Rössler wurde in beiden Funktionen Heinrich Schellhorn, der bisher Kultur- und Soziallandesrat gewesen war. Bei

136 Zit. nach: SN Online (3.5.2018). Salzburg: ÖVP, Grüne und Neos sollen die neue Landesregierung bilden.

137 Ebd.

138 Zit. nach: SN Online (3.5.2018). Neue Salzburger Landesregierung: Haslauer will „Allianz der Mitte".

139 Kronen Zeitung Online (4.5.2018). Haslauers Koalition als erstes Warnsignal an Kurz.

140 Land Salzburg (2018). Koalitionsvertrag 2018–2023: Abgeschlossen zwischen ÖVP, Grünen und NEOS. Abgerufen am 1.9.2018 unter https://www.salzburg.gv.at/politik_/Documents/Koalitionsvertrag2018.pdf.

141 SN Online (27.5.2018). Überraschung im ÖVP-Team: Stefan Schnöll und Maria Hutter sind die neuen Landesräte.

der Ressortneuverteilung mussten die Grünen Raumordnung und Naturschutz an die ÖVP abgeben, dafür erhielt Schellhorn Energie dazu. Die neue NEOS-Landesrätin Andrea Klambauer ist für ein Großressort aus Kinderbetreuung, Familien, Wissenschaft, Erwachsenenbildung, Frauen, Chancengleichheit, Jugend und Generationen, Integration und Wohnbau zuständig.[142]

SPÖ-Vorsitzender Steidl sah die ÖVP, die alle wichtigen Ressorts innehabe, im „Machtrausch“; Grün-Pink wäre „nicht mehr als der modern-liberale Koalitionsanstrich ohne Kompetenzen“. Auch FPÖ-Vorsitzende Svazek erkannte eine „schwarze Machtdemonstration“ und nur eine „Komparsenrolle“ für Grün und Pink.[143] Während die SPÖ aber am 13. Juni, dem Tag der Konstituierung des neu gewählten Landtags, allen sieben Regierungsmitgliedern ihre Zustimmung erteilte, stimmten die FPÖ-Abgeordneten nur für Haslauer, Schnöll und Agrar-Landesrat Sepp Schwaiger, die somit einstimmig gewählt wurden – die anderen hätten in den Hearings nicht überzeugt, begründete Svazek das Abstimmungsverhalten ihrer Fraktion.[144]

4.5 Vergleich Nationalratswahl–Landtagswahl

Auch hier soll wieder ein Vergleich der Landtagswahl (2018) mit der nächstgelegenen Nationalratswahl (2017) erfolgen, um möglichen Abweichungen von bzw. Einflüssen der Bundespolitik auf die Spur zu kommen. Vergleicht man zunächst die Salzburg- und die Österreich-Ergebnisse bei der Nationalratswahl 2017, die die politische Wende in Österreich zur türkis-blauen ÖVP-FPÖ-Regierung einleitete, erkennt man, dass die Ergebnisse von SPÖ und ÖVP in unterschiedliche Richtungen wiesen (siehe Tab. 10). Während die ÖVP in Salzburg um 6,2 % stärker als im nationalen Trend abschnitt, verhielt es sich bei der SPÖ umgekehrt (–4,7 %). Ob bei den ÖVP-WählerInnen der „Kurz-Effekt“ oder – im Gegenteil – die hohe Zustimmung zur Landes-ÖVP und deren nicht auf „Türkis“ umschwenkender, sondern „Schwarz“ bleibender Kurs ausschlaggebend waren und ob noch Spätwirkungen des Finanzskandals die SPÖ schwächten, lässt sich mangels Umfragedaten über die Motive der Salzburger WählerInnen bei der Nationalratswahl nicht eindeutig sagen. Die Ergebnisse der übrigen Parteien folgten weitgehend den österreichweiten Ergebnissen.

---

142 Der Standard Online (11.5.2018). Salzburger Dreierkoalition steht bis 27. Mai; SN Online (12.5.2018). Salzburger Dreier-Koalition: Das neue Team steht schon fast; SN Online (25.5.2018). Salzburgs neue Landesregierung präsentiert ihr Programm.

143 Zit. nach: SN Online (26.5.2018). Opposition hat nur harte Worte für die neue Salzburger Landesregierung.

144 SN Online (14.6.2018). „So wahr mir Gott helfe“: Die Landesregierung ist im Amt.

Tabelle 10: Ergebnisse der Nationalratswahl 2017 in Salzburg

	NRW 2017 (Österreich)		**NRW 2017** (Salzburg)		**Gewinn/Verlust: NRW 2017** (Salzburg) im Vergleich zu **LTW 2018**	
Anzahl der Stimmen	absolut	in %	absolut	in %	absolut	in %
Wahlbeteiligung						
Wahlberechtigte	6.400.993		395.723		+5.632	+1,4
abgegebene Stimmen	5.120.881	80,0	319.159	80,7	+65.763	+15,7
davon ungültig	50.952	1,0	3.376	1,1	+519	+0,0
Parteien						
SPÖ	1.361.746	26,9	70.191	22,2	+20.016	+2,2
ÖVP	1.595.526	31,5	119.072	37,7	+24.430	–0,1
FPÖ	1.316.442	26,0	77.120	24,4	+29.926	+5,6
Grüne	192.638	3,8	12.714	4,0	–10.623	–5,3
NEOS	268.518	5,3	17.985	5,7	–240	–1,6
Liste Pilz	223.543	4,4	11.149	3,5	–	–
Liste Düringer (GILT)	48.234	1,0	2.778	0,9	–	–
KPÖ	39.689	0,8	1.928	0,6	+914	+0,2
FPS / FLÖ	8.889	0,2	2.202	0,7	–9.184	–3,8
CPÖ	425	0,0	–	–	–	–

Anmerkungen: Parteien mit weniger als 1 % der Stimmen wurden nur berücksichtigt, wenn sie bei der Landtagswahl kandidierten. Bei der Nationalratswahl kandidierte die FPS als FLÖ (Freie Liste Österreich), die Liste Mayr kandidierte gar nicht, die CPÖ nicht in Salzburg. Bei der Landtagswahl kandidierten die Listen Pilz und GILT nicht. Für die vier letztgenannten Parteien wurden daher keine Gewinn-/Verlustwerte eingetragen.

Quellen: Bundesministerium für Inneres (2017). Nationalratswahl 2017. Abgerufen am 1.9.2018 unter https://www.bmi.gv.at/412/Nationalratswahlen/Nationalratswahl_2017/start.aspx; Land Salzburg/Landesstatistik (2018). Landtagswahl am 22. April 2018. Abgerufen am 1.9.2018 unter https://www.salzburg.gv.at/stat/wahlen/ltw/index2018.html.

Interessanter ist der Vergleich zwischen den Ergebnissen der Nationalratswahl 2017 in Salzburg und der Landtagswahl 2018 (siehe Tab. 10). Die ÖVP erzielte dabei nahezu das idente Ergebnis, der Unterschied zwischen beiden Wahlen beträgt lediglich -0,1 % (!). Die SPÖ schnitt bei der Nationalratswahl gegenüber der Landtagswahl um 2,2 % besser ab, die FPÖ sogar um 5,6 %. Die Grünen schafften, auch wenn sie bei der Landtagswahl einen kräftigen Aderlass hinnehmen mussten, mit 9,3 % immerhin klar den Einzug in den Landtag, während sie bei der Nationalratswahl nicht über 4 % hinauskamen (was aber immerhin der Eingangshürde für den Nationalrat entsprochen hätte).

Es gibt allerdings einen bedeutsamen Unterschied zwischen Nationalrats- und Landtagswahl, der einfache Vergleiche problematisch macht: die Wahlbeteiligung lag bei Ersterer um 15,7 % (!) höher als bei Letzterer. So wählten die ÖVP bei der Nationalratswahl ca. 24.000 Personen mehr als bei der Landtagswahl. Die unterschiedlich hohe Wahlbeteiligung ist ein deutliches Indiz für den höheren Stellenwert, den die BürgerInnen der nationalen im Vergleich zur regionalen Parlamentswahl zumessen, und spricht für die Gültigkeit der Nationalisierungsthese von Caramani (siehe Abschnitt 2.2) im Fall Salzburgs.

In Verbindung mit der Tatsache, dass die ÖsterreicherInnen, wie erwähnt, die Politik der neuen Bundesregierung mehrheitlich unterstützen, lässt sich vermuten, dass der „Kurz-Effekt" zum Wahlsieg der ÖVP bei der Salzburger Landtagswahl beigetragen hat. In welchem Ausmaß er das zu erwartende gute Ergebnis für die Landes-ÖVP noch gesteigert hat, lässt sich freilich schwer beziffern. Von der anderen Seite betrachtet: die Verluste der SPÖ und der Grünen bei der Landtagswahl, besonders auch an die NichtwählerInnen, dürften nicht nur regionalspezifische Ursachen gehabt haben, sondern auf einen tiefer gehenden Stimmungsumschwung in Österreich hindeuten. Tabelle 11 mit Daten aus der SORA/ISA-Wahltagsbefragung zur Landtagswahl erhärtet diese Behauptung. Die ÖVP-WählerInnen waren zu diesem Zeitpunkt in hohem Ausmaß (zu 85 %!) mit der Arbeit der Bundesregierung sehr oder ziemlich zufrieden (die FPÖ-WählerInnen mit 88 % sogar noch mehr). SPÖ- und GrünwählerInnen waren damit in ähnlich hohem Maße (zu 81 % bzw. 82 %) unzufrieden. Die auf Bundesebene sichtbare Polarisierung zwischen den Parteien bzw. in der österreichischen Gesellschaft schlug also – wenig überraschend – auch in Salzburg durch.

Tabelle 11: Zufriedenheit mit der Arbeit der Bundesregierung

	sehr zufrieden	ziemlich zufrieden	wenig zufrieden	gar nicht zufrieden	weiß nicht / keine Angabe
Gesamt	16	39	25	12	7
ÖVP-WählerInnen	33	52	9	1	5
SPÖ-WählerInnen	1	17	56	25	1
Grün-WählerInnen	2	15	38	44	1
FPÖ-WählerInnen	36	52	52	7	13

Quelle: SORA/ISA, Wahltagsbefragung und Wählerstromanalyse Landtagswahl Salzburg 2018, Folie 24 (s. Fn. 127).

5. RESÜMEE

Die Salzburger Landtagswahlen 2013 und 2018 fanden unter verschiedenartigen Ausgangsbedingungen statt und brachten unterschiedliche politische Machtverschiebungen mit sich. Die im Schatten des Finanzskandals stattfindende Wahl 2013 ermöglichte der ÖVP die Rückkehr zur führenden Kraft im Land, da die Bevölkerung sie weniger als die SPÖ für den Skandal verantwortlich machte. Neben der ÖVP-Rückkehr an die Spitze hatte die Wahl aber noch eine zweite Neuerung zu bieten, nämlich die Bildung einer bisher nirgendwo in Österreich praktizierten Koalition aus ÖVP, Grünen und dem erstmals kandidierenden Team Stronach. Damit wurde zumindest teilweise ein Neuaufbruch signalisiert. 2018 wirkten viel mehr als fünf Jahre zuvor bundespolitische Entwicklungen, insbesondere die politische Wende von einer SPÖ-ÖVP- zu einer ÖVP-FPÖ-Regierung, auf die Landtagswahl ein. Die Wiedererstarkung der ÖVP auf Bundesebene fand ihre Fortsetzung auf Landesebene, jedenfalls was das Wahlergebnis anging. Bei der Regierungszusammensetzung blieb man hingegen beim „Salzburger Weg" einer „bunten" Koalition, diesmal aus ÖVP, Grünen und den erstmals kandidierenden NEOS.

Letztlich waren beide Landtagswahlen von einem hohen Grad der „Nationalisierung" des Wahlverhaltens geprägt. Besonders für die Wahl 2013 kommt es überraschend, dass deren Ergebnisse trotz des epochalen Ereignisses des Finanzskandals nicht sehr von den Ergebnissen der knapp vier Monate später stattfindenden Nationalratswahl abwichen. Bei der wieder unter „normalen" landespolitischen Bedingungen, aber nach einer größeren politischen Weichenstellung auf Bundesebene abgehaltenen Wahl 2018 ist dies weniger überraschend.

Es wird spannend sein zu beobachten, ob bzw. wie lange die positive Stimmung im Land für die ÖVP anhalten wird. Wenn die Auswirkungen der Politik der neuen Bundesregierung vor allem im Sozialbereich deutlicher „spürbar" werden, könnte es auch wieder zu einer „Nationalisierung" des Wahlverhaltens in dem Sinne kommen, dass die auf Bundesebene in Opposition stehende(n) Partei(en) auf Landesebene gestärkt werden. Das würde aus heutiger Sicht in erster Linie der SPÖ zugutekommen, die aber ihr Oppositionspotenzial auch nutzen muss. Gleichzeitig werden sich auch Grüne und NEOS in der kommenden Regierungsperiode anstrengen müssen, damit ihr Profil angesichts der gegenwärtigen ÖVP-Übermacht nicht ganz verblasst.

ARMIN MÜHLBÖCK

Wahlen im Schatten des Salzburger Finanzskandals

Die vorgezogenen BürgermeisterInnenwahlen in der Stadt Salzburg im Herbst 2017

1. EINLEITUNG

In der Salzburger Landeshauptstadt wurde der/die BürgermeisterIn erstmalig im Jahr 1999 direkt gewählt. In den Salzburger Landgemeinden gibt es die Direktwahl der Ortschefs bereits seit 1994.[1] Grundsätzlich ist aber auch eine Wahl des Gemeindeoberhaupts durch das Gemeindeparlament möglich,[2] wie das in Niederösterreich, der Steiermark und in Wien nach wie vor der Fall ist. In Österreich werden nur zwei politische Funktionen durch Direktwahl vergeben: das BürgermeisterInnenamt und das Amt des Bundespräsidenten. BürgermeisterInnen können durch ihren unmittelbaren Kontakt zu den BürgerInnen als Bindeglied zwischen Politik, Verwaltung und Bevölkerung fungieren. Die überaus exponierte Position eines/einer BürgermeisterIn kann die AmtsträgerInnen aber auch schnell zur Zielscheibe von Unzufriedenheiten der BürgerInnen machen.[3] Sie führen den Vorsitz im Gemeindeparlament (Gemeinderat oder Gemeindevertretung) und in der Gemeinderegierung (Stadtsenat oder Gemeindevorstehung). Die BürgermeisterInnen sind die Chefs der Gemeindeverwaltung bzw. des Magistrats in Städten mit eigenem Statut, führen den Gemeindehaushalt, vertreten die Gemeinde nach außen und erledigen im übertragenen Wirkungsbereich staatliche Aufgaben für den Bund und das Land. Nach Manfried Welan[4] vereinen die BürgermeisterInnen die Funktionen eines Staatsoberhaupts (auf lokaler Ebene), eines/einer RegierungschefIn, ParlamentspräsidentIn, AußenministerIn, InnenministerIn, Ver-

---

1 Walter Thaler (2007). Bürgermeister-Direktwahl: Show business, big business oder demokratiepolitischer Fortschritt, in: Herbert Dachs/Roland Floimair (Hg.): Salzburger Jahrbuch für Politik 2007, Wien, Böhlau Verlag, S. 23–45.

2 Bundes-Verfassungsgesetz (B-VG) Art. 117 Abs 6.

3 Franz Fallend/Armin Mühlböck/Elisabeth Wolfgruber (2001). Die österreichische Gemeinde, in: Forum Politische Bildung (Hg.): Informationen zur politischen Bildung: Regionalismus – Föderalismus – Supranationalismus, S. 45–61.

4 Manfried Welan (1998). Der Bürgermeister in Niederösterreich, Vol. 13-Dok-98. Wien: Institut für Wirtschaft, Politik und Recht, Universität für Bodenkultur.

waltungschefIn, PersonalchefIn, WirtschaftschefIn und ParteichefIn in einer Person. Der mit der Direktwahl verbundene „Personalisierungseffekt" und der daraus ableitbare Anspruch, alle GemeindebürgerInnen über die Parteigrenzen hinweg zu vertreten, hat zweifelsohne eine weitere Stärkung der Stellung der BürgermeisterInnen mit sich gebracht.[5]

Allein schon deshalb lohnt es sich immer, einen genaueren Blick auf BürgermeisterInnenwahlen zu werfen, noch dazu, wenn es um das höchste Amt in einer Landeshauptstadt geht. Die BürgermeisterInnenwahl in der Stadt Salzburg im Jahr 2017 hatte aber darüber hinaus noch eine besondere Vorgeschichte.

2. DIE VORGESCHICHTE

Die Wahl des Stadtoberhaupts im Herbst 2017 war ein vorgezogener Urnengang. In der Stadt hätten die nächsten Wahlen, im üblichen Fünf-Jahres-Rhythmus, erst im Jahr 2019 stattfinden sollen. Mit einem Paukenschlag wurden am 31.7.2017 die vorverlegten Wahlen eingeleitet. An diesem Tag gab der Salzburger Langzeitbürgermeister Heinz Schaden (SPÖ) in einer „emotionalen Erklärung"[6] seinen Rücktritt bekannt. Dieser Schritt war unabwendbar und erfolgte nicht aus freien Stücken. Schaden war wenige Tage zuvor am 28.7.2018 wegen Beihilfe zur Untreue im sogenannten „Swap-Prozess" zu drei Jahren Haft – eines davon unbedingt – verurteilt worden.[7] Wie kam es dazu? Im Jahr 2012 war der Salzburger Finanzskandal[8] aufgeflogen, der vorrangig das Land Salzburg betraf. Dabei rückten aber auch die Spekulationsgeschäfte der Stadt Salzburg ins Blickfeld. Im Besonderen ging es um die Übertragung negativ bewerteter Zinstauschgeschäfte von der Stadt zum Land im Jahr 2007. Der Vorwurf bezog sich darauf, dass durch den Transfer dieser „Swaps", ohne entgeltliche Gegenleistung, dem Land ein Schaden von rund fünf Millionen Euro entstanden wäre. Mit den Urteilen im Juli 2017 wurden erstmals PolitikerInnen im Salzburger Finanzskandal strafrechtlich zur Verantwortung gezogen, wenngleich die Übertragung der Zinstauschgeschäfte nur einen Nebenschauplatz im Finanzskandal darstellt.[9] Im „Swap-Prozess" gab es neben Heinz Schaden

5 Barbara Steininger (2006). Die Gemeinden, in: Herbert Dachs/Peter Gerlich/Herbert Gottweis (Hg.): Politik in Österreich: Das Handbuch, Wien, Manz, S. 990–1007, hier S. 995.

6 ORF-Salzburg-Online (31.7.2017). Bürgermeister Schaden gibt Rücktritt bekannt.

7 Anmerkung: Das Urteil war zum Zeitpunkt der Arbeit an diesem Beitrag nicht rechtskräftig. Siehe dazu: ORF-Salzburg-Online (31.7.2017). Bürgermeister Schaden gibt Rücktritt bekannt.

8 Siehe dazu den Beitrag von Walter Scherrer zum Salzburger Finanzskandal in diesem Jahrbuch.

9 ORF-Salzburg-Online (28.7.2017b). Swap-Prozess: Schuldsprüche für alle – Haft für Schaden und Raus.

noch weitere sechs Mitangeklagte, darunter waren der langdienende, ehemalige SPÖ-Landesrat Othmar Raus (Landesrat von 1984 bis 2007) sowie der ehemalige Leiter der Finanzabteilung im Amt der Salzburger Landesregierung, Eduard Paulus, und Monika Rathgeber, die im Zuge des Finanzskandals entlassene und für die Spekulationsgeschäfte zuständige Beamtin in der Abteilung von Paulus. Zu den Mitangeklagten gehörten auch der Salzburger Magistratsdirektor Martin Floss und der Finanzdirektor der Stadt, Axel Maurer. Alle Angeklagten wurden am 28.7.2017, unterschiedlich im Ausmaß, verurteilt.[10]

3. DER RÜCKTRITT

„Ich bin zutiefst betroffen von dem Urteil. Ich hätte mir das nicht erwartet. Aber ich ziehe die Konsequenz daraus."[11], erklärte Heinz Schaden bei seiner Rücktrittsankündigung am letzten Julitag 2017. Er würde am 20. September in der ersten Gemeinderatssitzung nach der Sommerpause formal das Amt niederlegen.[12] Der Bürgermeister gab zu bedenken, er habe immer nur das Beste für die Stadt gewollt und das würde auch für den Fall der Übertragung der Zinstauschgeschäfte gelten. Er führte weiter aus, dass dem/der SteuerzahlerIn kein Schaden entstanden wäre und „sich in diesem ganzen Vorgang niemand persönlich bereichert" habe.[13]

Das Urteil löste sogleich eine Debatte darüber aus, ob es richtig wäre, einen langdienenden Bürgermeister zu einer unbedingten Haftstrafe zu verurteilen, „weil er vor zehn Jahren mit einer Vereinbarung seine Stadt vor Verlusten bewahren wollte?"[14] In der Bevölkerung waren die Meinungen zu den Vorgängen kontrovers und gingen von einer ungeteilten Zustimmung bis hin zu einer strikten Ablehnung der richterlichen Entscheidung. Die Bandbreite der Reaktionen reichte von „Schade ... ein guter Mann" oder „Einen so guten Bürgermeister werden wir in Salzburg lange Zeit nicht mehr bekommen!" bis hin zu „... richtig so und sofort Rücktritt."[15] Auch Strafrechtsexperten waren sich

10 Anmerkung: Die Urteile waren zum Zeitpunkt der Arbeit an diesem Beitrag nicht rechtskräftig. Siehe dazu: ORF-Salzburg-Online (28.7.2017b). Swap-Prozess: Schuldsprüche für alle – Haft für Schaden und Raus.

11 Kurier-Online (31.7.2017). Salzburgs Bürgermeister Schaden tritt zurück.

12 ORF-Salzburg-Online (31.7.2017). Bürgermeister Schaden gibt Rücktritt bekannt.

13 Ebd.

14 Der-Standard-Online (31.7.2017). Schaden-Urteil zu hart? Strafrechtsexperten uneins.

15 Salzburg-24-Online (28.7.2017). Dritter Salzburger Finanzskandal-Prozess: Schuldsprüche für alle Angeklagten. Siehe dazu z. B. auch die Online-Postings zum zitierten Der-Standard-Artikel (Fußnote 14). Die kontroverse Haltung in der Bevölkerung zeigte sich z. B. auch bei der ORF-

uneins. Allerdings nicht hinsichtlich des Tatbestandes der Untreue, der unstrittig als gegeben erachtet wurde. Diskutiert wurde vielmehr die Angemessenheit des Strafausmaßes. „Ich finde es zu hart“, erklärte Helmut Fuchs, Professor für Strafrecht an der Universität Wien und meinte, dass eine bedingte Haftstrafe gereicht hätte. Der finanzielle Schaden, der das Land Salzburg bei der Übertragung der Derivate traf, wäre „mit knapp fünf Millionen Euro relativ gering gewesen, zumindest im Vergleich zu anderen Verlusten für die öffentliche Hand durch Politiker-Fehlverhalten.“ Der Schaden wäre zudem bereits eingetreten gewesen und „wurde bloß von einer öffentlichen Körperschaft zu einer anderen, mit der sie eng verbunden ist, übertragen.“[16] Andreas Scheil von der Universität Innsbruck hingegen hielt das Urteil weder für überraschend noch falsch, weil der Strafrahmen zehn Jahre Haft betragen würde und das Strafausmaß somit im unteren Drittel bliebe, was „für einen Ersttäter angemessen“ sei.[17] Einvernehmlich stellten die Rechtsexperten fest, dass Heinz Schaden unabhängig vom Strafausmaß und auch wenn die unbedingte Haft infolge der Berufung wegfallen würde, jedenfalls „schwer bestraft wäre“, weil das Urteil auch zivilrechtliche Folgen in Form zu erwartender Klage(n) auf Schadenersatz nach sich ziehen würde. Nicht zu vergessen sei zudem, dass der Bürgermeister, so oder so, seines Amtes verlustig gegangen wäre und „sein Lebensende ist vermiest durch diese Geschichte.“[18] An der Frage nach der Angemessenheit des Urteils entflammte auch eine Diskussion, ob das Risiko, das BürgermeisterInnen in der Ausübung ihres Amtes eingehen müssen, unter diesen Umständen noch tragbar wäre und ob das Urteil negative Auswirkungen auf die Bereitschaft haben könnte, ein BürgermeisterInnenamt zu übernehmen.[19] Diese Debatte sollte sich in weiterer Folge aber nicht verdichten.

Die ersten Reaktionen der Stadt-Parteien auf das Bürgermeister-Urteil im Swap-Prozess fielen unterschiedlich aus. Während die Stadt-Neos und die Stadt-FPÖ spontan den sofortigen Rücktritt des Bürgermeisters forderten, verhielt sich die Bürgerliste zunächst zurückhaltend und der ÖVP-Chef und Bürgermeisterstellvertreter Harald Preuner sprach von einer „menschlichen Tragödie“. Die Salzburger Sozialdemokratie erklärte sich „fassungslos und schockiert“ und sah aufgrund der Beweislage keine Grundlage für eine Schuld von Heinz Schaden und meinte, dass „alle Angeklagten (...) wohl in der Berufung sehr gute Erfolgsaussichten“

Radio-Salzburg-Publikumssendung „Mittagszeit“ am 31.7.2017, bei der der Autor als Gast eingeladen war.

16 Der-Standard-Online (31.7.2017). Schaden-Urteil zu hart? Strafrechtsexperten uneins.

17 Ebd.

18 Ebd.

19 ORF-Salzburg-Online (31.7.2017). Bürgermeister Schaden gibt Rücktritt bekannt.

haben würden. Der SPÖ-Landesgeschäftsführer Hannes Mathes ließ sich sogar zu der Aussage hinreißen, „dass heute ein Bürgermeister wegen Untreue verurteilt wurde, weil er seine Stadt vor finanziellem Schaden bewahrt hat.“[20]

4. HEINZ SCHADEN

Heinz Schaden war der erste direkt gewählte Bürgermeister der Stadt Salzburg. Er wurde erstmalig im Jahr 1999 gewählt und folgte damals Josef Dechant (1992–1999) nach, dem einzigen gewählten ÖVP-Stadtoberhaupt in der Zweiten Republik.[21] Alle anderen Bürgermeister stellte die SPÖ. Bis zu seinem Rücktritt war Schaden 18 Jahre im Amt. Damit war er der am längsten dienende Amtsinhaber.[22]

Seine Funktion im Kuratorium der Festspiele, die Olympiabewerbung[23] (der er skeptisch gegenüber stand), seine Tätigkeit als Vizepräsident des Städtebundes oder seine Haltung zu bundespolitischen Vorgängen haben Schaden zu einem gleichermaßen geschätzten wie umstrittenen Bürgermeister werden lassen. Vor der Nationalratswahl im Jahr 2008 sprach er sich gegen den EU-kritischen Kurs der Bundes-SPÖ aus. Anfang 2017 rief er entgegen der früheren Parteilinie auf, das Anti-CETA/TTIP-Volksbegehren ja nicht zu unterschreiben.[24] Herausstechend ist, dass es in der Amtszeit von Schaden gelungen ist, die Landeshauptstadt finanziell zu konsolidieren. „Kaum eine Stadt steht heute wirtschaftlich so solide da“, war auf ORF-Online bei der Würdigung der Amtszeit von Heinz Schaden zu lesen.[25] Für die BürgermeisterInnenwahl im Jahr 2014 plakatierte Heinz Schaden mit „Ein sturer Hund, aber total verlässlich.“ Politische BeobachterInnen waren sich einig, dass Schaden mit dieser Aussage als Mensch und Amtsträger gut charakterisiert war. KritikerInnen bezeichneten ihn allerdings auch als „Dickschädel, Egomanen oder beratungsresistent.“[26] Mit einem Handstreich entsorgte er 2015 das über Jahre hinweg aufwendig entwickelte Salzburger Demokratiepaket für mehr BürgerIn-

20 ORF-Salzburg-Online (28.7.2017). Schadens Urteil: SPÖ „fassungslos“ – NEOS, FPÖ für Rücktritt.

21 Anmerkung: Der ÖVP-Bürgermeister Richard Hildmann in den Jahren 1945 bis 1946 wurde nicht gewählt, sondern von der US-Besatzungsmacht als provisorischer Bürgermeister eingesetzt.

22 Stadt-Salzburg (18.4.2018). Die Bürgermeister der Stadt Salzburg.

23 Salzburg bewarb sich 2007 erfolglos um die Ausrichtung der Olympischen Winterspiele 2014. Es war schon der zweite Versuch. Salzburg hatte sich bereits für die Spiele im Jahr 2010 beworben.

24 ORF-Salzburg-Online (28.7.2017a). Schaden: Unrühmliches Ende einer langen Karriere.

25 Ebd.

26 Ebd.

nenmitbestimmung.[27] Ebenso erging es dem „Jahrhundertprojekt" Stadtregionalbahn im Jahr 2017.[28] In der Verkehrsfrage fuhr er einen Zick-Zack-Kurs. So näherte er sich einmal dem eher autofreundlichen Kurs der ÖVP an, um sich in weiterer Folge aber wieder für strengere Maßnahmen zur Bewältigung des Stauproblems zu begeistern. Mit Schaden an der Spitze entwickelte sich die Stadt-SPÖ nach und nach zu einer „One-Man-Show". Seine viermalige direkte Wahl machte Schaden stark. Seine Meinung war es, die Gewicht hatte und die gehört wurde. Der Einschätzung von PolitikbeobachterInnen zufolge ging in der Stadtpolitik ohne Heinz Schaden wenig bis gar nichts.[29]

5. ANKÜNDIGUNG DER NEUWAHL

Zum Zeitpunkt der Rücktrittsankündigung war schon klar, dass der Wahltermin im Spätherbst sein würde. Die Neuwahl des Bürgermeisters bzw. der Bürgermeisterin war notwendig, weil die Bestimmungen der Salzburger Gemeindewahlordnung vorsehen, dass eine vorgezogene Direktwahl stattfinden muss, wenn „der Bürgermeister in den ersten vier Jahren der Amtsperiode aus dem Amt scheidet." Wird das BürgermeisterInnenamt erst im fünften Jahr va kant, ist der/die BürgermeisterIn gemäß den Bestimmungen nicht über eine Direktwahl, sondern vom Gemeindeparlament „aus dessen Mitte zu wählen."[30] Nachdem es zur Frage, wann die Neuwahl nun konkret stattfinden sollte, zunächst unterschiedliche Vorstellungen gab[31] (die SPÖ peilte einen eher späteren Wahltermin an, ähnlich die Bürgerliste, die ÖVP bevorzugte hingegen einen möglichst frühen Wahlgang, ebenso wie NEOS und FPÖ), verständigten sich am 1.8.2017 schließlich alle Fraktionen im Salzburger Stadtparlament auf den 26.11.2017 als Termin für die BürgermeisterInnendirektwahl. Für die Stichwahl zwischen den beiden KandidatInnen mit den meisten Stimmen ergab sich daraus der 10.12.2017. Die Terminfindung war auch von formalen Fristen bestimmt, weil zwischen dem Neuwahlbeschluss und dem Wahltermin mindestens acht Wochen liegen müssen.[32]

27 Der-Standard-Online (2.2.2015). Modell für direkte Demokratie in der Stadt Salzburg versenkt.

28 Salzburger Nachrichten (SN) Online (3.11.2017). 100-prozentige Kehrtwende: Stadtregionalbahn soll in zehn Jahren fahren.

29 ORF-Salzburg-Online (28.7.2017a). Schaden: Unrühmliches Ende einer langen Karriere.

30 Salzburger Gemeindewahlordnung. §25 Abs. 2 lit b.

31 ORF-Salzburg-Online (1.8.2017). Termin vermutlich erst im November; Salzburg-24-Online (1.8.2017). Nach Schaden-Rücktritt: Stadtratskollegium soll Neuwahl-Fahrplan festlegen; Die-Presse-Online (1.8.2017). Salzburg wählt am 26. November einen neuen Bürgermeister.

32 Salzburger-Gemeindewahlordnung 1998, § 37 Abs. 1.

6. DER ERSTE WAHLGANG IM NOVEMBER 2017

6.1 Der Wahlkampf

Von vornherein stand fest, dass aus der vorgezogenen Wahl ein/e Kurzzeit-BürgermeisterIn hervorgehen würde. Das neue Stadtoberhaupt würde nur rund 15 Monate im Amt sein, weil im Frühjahr 2019, im üblichen Fünf-Jahresrhythmus, die nächsten Gemeinderats- und BürgermeisterInnenwahlen stattfinden werden.

Unabhängig von seiner Rücktrittsankündigung hatte Heinz Schaden schon geraume Zeit früher avisiert, bei der Wahl 2019 nicht mehr antreten zu wollen. Nach längerer Suche und Diskussion um seine/n NachfolgerIn präsentierte er im Mai 2016 seinen „Kronprinzen" Bernhard Auinger. Auinger, zu dieser Zeit noch Betriebsratsvorsitzender bei der Porsche Holding in Salzburg, gehört dem Stadt-Gemeinderat seit dem Jahr 2005 an und wurde im Jahr 2013 Klubobmann. Zuvor wurden auch noch Vizebürgermeisterin Anja Hagenauer und der Bezirksparteivorsitzende Michael Wanner als mögliche NachfolgerInnen gehandelt.[33]

Bei der vorgezogenen BürgermeisterInnenwahl im Jahr 2017 lag das Wahlziel klar auf der Hand. Die SozialdemokratInnen wollten den Bürgermeistersessel behalten. Auinger musste die Nachfolge allerdings früher als geplant antreten und Auinger musste versuchen, allen anderen Dingen voran, den Nachteil der relativen Unbekanntheit auszugleichen; vor allem im Vergleich zum unmittelbaren Konkurrenten Preuner (ÖVP). In seinem Wahlkampf betonte Auinger, die Stadt Salzburg zur „Nummer 1 in Österreich" entwickeln zu wollen. Er versprach zudem, Salzburg zur Hauptstadt der E-Mobilität zu machen. Auinger befürwortete darüber hinaus die kontrovers diskutierte Erweiterung des Europarks und positionierte sich damit entlang der Linie der Landes-SPÖ, aber klar gegen die Haltung der Schwarz-Grünen Koalition auf Landesebene. Anders als Heinz Schaden signalisierte er, die Regionalstadtbahn umsetzen zu wollen.[34] Diese Richtung schlug er wohl auch deswegen ein, weil sich beim Thema Verkehr gezeigt hatte, dass die tradierten Haltungen wenig zur Lösung der Stauproblematik in der Stadt und im Umland beitragen können. Ein zentraler Problembereich waren die bei der verkehrspolitischen Maßnahmenplanung stets konfliktträchtigen und häufig gescheiterten Abstimmungsversuche zwischen der Stadt und dem Land sowie zwischen der Stadt und den Umlandgemeinden. Um sowohl seinen Willen als auch seine Fähigkeit zur Zusammenarbeit mit den Umlandgemeinden zu demonstrieren, prä-

33 SN-Online (12.5.2016). Schadens Nachfolge: Der Kronprinz heißt Bernhard Auinger.

34 ORF-Salzburg-Online (24.11.2017). Bürgermeisterwahl: Positionen der Kandidaten.

sentierte Auinger sein Verkehrskonzept auch medienwirksam mit der Anifer Bürgermeisterin Gabriella Gehmacher-Leitner (Liste Krüger – KRÜ) und dem Thalgauer ÖVP-Bürgermeister Martin Greisberger, beide aus typischen Speckgürtelgemeinden.[35] Beim Thema Wohnen wollte er mit dem „Nachverdichten bestehender Wohnanlagen, dem Bau von zusätzlichen Mietwohnungen sowie der Realisierung … der 7-Euro-Mietwohnung“ dem wachsenden Wohnraumbedarf und den stetig steigenden Wohnkosten entgegentreten.[36] Auinger nahm sich im Wahlkampf zudem der Kinderbetreuung an und versprach, im Fall seiner Wahl zum Bürgermeister bis 2020 insgesamt 400 Betreuungsplätze für Kinder unter drei Jahren einrichten zu wollen. So würde er die Betreuungsquote auf rund 60 Prozent heben und rund 100 neue Arbeitsplätze für PädagogInnen entstehen lassen.[37]

Die ÖVP schickte Vizebürgermeister Harald Preuner ins Rennen. Er saß seit 1999 im Gemeinderat und war seit 2004 Vizebürgermeister. Preuner war der logische ÖVP-Kandidat, obwohl er nach den hohen Verlusten beim Wahlgang im Jahr 2014 bereits mit Rücktrittsaufforderungen konfrontiert war.[38] Gegenüber der Wahl im Jahr 2009 hatte die ÖVP 8,4 Prozente und drei Mandate verloren. Bei der Bürgermeisterwahl im Jahr 2014 war er gegenüber seinem SPÖ-Konkurrenten Heinz Schaden chancenlos. Im Jahr 2017 wurden die Karten aber neu gemischt und Preuner übernahm nach dem offiziellen Rücktritt von Schaden interimistisch das Bürgermeisteramt. Der ÖVP-Kandidat war sich seiner Chance bewusst, unter den gegebenen Vorzeichen das Bürgermeisteramt für die ÖVP erobern zu können: wenn nicht jetzt, wann dann. So zeigte sich Preuner auch siegessicher und stützte sich dabei auf ÖVP-interne Wahlumfragen. Ende Oktober, Anfang November 2017 bescheinigten ihm 52 Prozent der Befragten wahlberechtigten Stadt-SalzburgerInnen eine sehr gute Chance auf das Bürgermeisteramt zu haben, während Auinger 15 Prozent, Padutsch zwei Prozent, Unterkofler, Reindl und Ferch jeweils ein Prozent sehr gute Chancen attestierten.[39] In einer Kontraposition zum neuen und relativ unbekannten

35 Salzburg-24-Online (22.11.2017). Das Wichtigste zu den Kandidaten der Salzburger Bürgermeisterwahl; Salzburg-24-Online (24.10.2017). Wahlkampfauftakt zur Bürgermeisterwahl 2017: 200.000 Euro für SPÖ-Bürgermeistersessel; Kurier-Online (25.10.2017). Nächster Wahlkampf: Sechs Kandidaten rittern um den Bürgermeister-Sessel; Der-Standard-Online (5.11.2017). Thema Verkehr macht Salzburger Bürgermeisterwahl spannend.

36 Mein-Bezirk.at (24.10.2017). So will Bernhard Auinger die Stadt gestalten.

37 Salzburg-24-Online (24.10.2017). Wahlkampfauftakt zur Bürgermeisterwahl 2017: 200.000 Euro für SPÖ-Bürgermeistersessel; ORF-Salzburg-Online (24.11.2017). Bürgermeisterwahl: Positionen der Kandidaten.

38 Kurier-Online (23.3.2014). Klarer Sieg für Heinz Schaden.

39 Salzburg-24-Online (3.11.2017a). Bürgermeisterwahl 2017: Harald Preuner zeigt sich siegessi-

SPÖ-Kandidaten Auinger setzte Preuner auf seine Erfahrung und damit auf Stabilität und Berechenbarkeit. Zudem kündigte er – in Abgrenzung zu Schaden – einen neuen politischen Stil an und stellte seinen Wahlkampf unter das Motto „Besser gemeinsam". Preuner betonte die gerade brennenden Themen der Stadtpolitik: Verkehr und Wohnen. Beim Dauerbrenner Verkehr hob auch er in puncto Lösungsansätze die dringend notwendige Zusammenarbeit von Stadt, Land und Umlandgemeinden hervor. Zum Langzeitprojekt Stadtregionalbahn nahm er eine eher zurückhaltende Haltung ein und plädierte vielmehr für rasche Lösungen, die „die Bürger in den kommenden Wochen und Monaten … spüren werden."[40] Beim Thema Wohnen postulierte er wie Auinger die Notwendigkeit der Ausweitung des Wohnungsangebotes in der Stadt und brachte die soziale Treffsicherheit bei der Wohnungsvergabe mit ins Spiel. Hinzu kam unter anderem das Thema Sicherheit.[41]

Die Bürgerliste einigte sich auf den Bürgermeisterkandidaten Johann Padutsch, einem Urgestein der Salzburger Stadtpolitik. Padutsch war seit 1982 im Gemeinderat und seit 1992 durchgehend Stadtrat für Verkehr und Raumplanung. Nach 1999, 2004, 2009 und 2014 war es bereits seine fünfte Kandidatur bei Stadt-BürgermeisterInnenwahlen. Ähnlich wie Preuner setzte der Kandidat der Bürgerliste auf seine Erfahrung. Es gab schon vor Heinz Schadens Rücktritt Gerüchte, dass sich Padutsch aus der Politik zurückziehen und bei den kommenden Gemeindewahlen im Jahr 2019 nicht mehr kandidieren würde. Der Umstand der vorgezogenen BürgermeisterInnenwahlen zwang ihn aber zum neuerlichen Antritt. Er selbst stellte dazu in einem Pressegespräch zum Wahlkampfauftakt wie folgt fest: „Es war in meiner Lebensplanung eigentlich nicht mehr vorgesehen. Ich bin allerdings der bekannteste Export der Bürgerliste, insofern war es keine Frage, dass ich für das Amt kandidiere."[42] So rechnete sich Padutsch auch Chancen auf die Stichwahl aus.[43] Auch er sprach vordergründig die Themen Verkehr und Wohnen an. Padutsch erklärte, dass im Kampf gegen den Verkehrsstau „kein Weg an der Stadtregionalbahn vorbei" führen würde. In puncto Wohnen forderte er mehr Transparenz bei der Woh-

---

cher. Kurier-Online (25.10.2017). Nächster Wahlkampf: Sechs Kandidaten rittern um den Bürgermeister-Sessel.

40 ORF-Salzburg-Online (24.11.2017). Bürgermeisterwahl: Positionen der Kandidaten.

41 Salzburg-24-Online (22.11.2017). Das Wichtigste zu den Kandidaten der Salzburger Bürgermeisterwahl; Salzburg-24-Online (3.11.2017a). Bürgermeisterwahl 2017: Harald Preuner zeigt sich siegessicher.

42 Salzburg-24-Online (27.10.2017). Bürgermeisterwahl: Johann Padutsch steigt für Bürgerliste in Wahlkampf ein.

43 Kurier-Online (25.10.2017). Nächster Wahlkampf: Sechs Kandidaten rittern um den Bürgermeister-Sessel.

nungsvergabe. Ähnlich wie Auinger brachte er zudem die Kinderbetreuung in den Wahlkampf mit ein und wollte diese günstiger machen wollen. Padutsch setzte sich zudem für die Wiederbelebung des Salzburger Modells der BürgerInnenmitbestimmung ein, das Schaden 2015 gekippt hatte.[44]

Die Neos-Baustadträtin Barbara Unterkofler war die einzige Frau unter den BewerberInnen um das Stadtoberhaupt. Die Neos zogen erstmalig 2014 in das Salzburger Gemeindeparlament ein und erhielten gleich einen Sitz im Stadtrat, dank eines Vorsprungs von nur sechs Stimmen auf die FPÖ. Unterkofler gab sich ob der offenen Kostenfrage beim Thema Stadtregionalbahn abwartend bis skeptisch.[45] Wie ihre MitbewerberInnen forderte sie leistbares und damit kostengünstigeres Wohnen. Neben Beiträgen zu den Top-Themen Verkehr und Wohnen ließ Unterkofler mit der Forderung nach einer klaren Abgrenzung zwischen Regierung und Opposition und somit dem Ende des Regierungsproporzes auch auf lokaler Ebene aufhorchen. Ähnlich wie Padutsch forderte auch sie, mit Bezug auf das Salzburger Demokratiemodell, mehr BürgerInnenmitbestimmung ein. Mit dem Appell, die Amtszeit des Bürgermeisters bzw. der Bürgermeisterin auf zwei Perioden und damit 10 Jahre beschränken zu wollen, und der Forderung, die Parteienförderung zu kürzen, setzte Unterkofler zudem auf zwei klassische Neos-Themen. Als Wahlziel gab Unterkofler mindestens zehn Prozent an.[46]

Die Freiheitlichen stellten ihren Klubobmann Andreas Reindl auf, der seit 2014 ein Mandat innehatte. Sein erklärtes Wahlziel war der Einzug in die Stichwahl. Inhaltlich setzte er beim Thema Verkehr auf den oberirdischen Ausbau der Regionalbahn[47] und beim Thema Wohnen, ähnlich wie Padutsch, auf mehr Transparenz bei der Wohnungsvergabe. Das zentrale Wahlkampfthema von Reindl war allerdings das klassische FPÖ-Thema „Sicherheit".[48] Er forderte eine „Stadtwache" für Salzburg, wie sie bereits in Graz und Linz eingesetzt wird. Diese sollte die Polizei unterstützen und Aufgaben wie die Parkraumbewachung übernehmen.[49]

---

44 Salzburg-24-Online (22.11.2017). Das Wichtigste zu den Kandidaten der Salzburger Bürgermeisterwahl; Salzburg-24-Online (27.10.2017). Bürgermeisterwahl: Johann Padutsch steigt für Bürgerliste in Wahlkampf ein.

45 ORF-Salzburg-Online (24.11.2017). Bürgermeisterwahl: Positionen der Kandidaten.

46 Salzburg-24-Online (22.11.2017). Das Wichtigste zu den Kandidaten der Salzburger Bürgermeisterwahl; Salzburg-24-Online (6.11.2017). Bürgermeisterwahl 2017: Barbara Unterkofler will Amtszeiten begrenzen und Parteiförderungen kürzen; Kurier-Online (25.10.2017). Nächster Wahlkampf: Sechs Kandidaten rittern um den Bürgermeister-Sessel.

47 ORF-Salzburg-Online (24.11.2017). Bürgermeisterwahl: Positionen der Kandidaten.

48 Kurier-Online (25.10.2017). Nächster Wahlkampf: Sechs Kandidaten rittern um den Bürgermeister-Sessel.

49 Salzburg-24-Online (22.11.2017). Das Wichtigste zu den Kandidaten der Salzburger Bürgermeis-

Christoph Ferch von der Liste „Bürger für Salzburg“ war auch seit 2014 Mitglied im Stadtparlament. Ferch strich seine Parteiunabhängigkeit hervor und die Chancen, die sich daraus für eine Politik des Ausgleichs und der Vermeidung von Blockaden ergeben würden. Darüber hinaus setzte er sich für die Stadtregionalbahn ein und brachte die Variante einer Streckenführung durch die Stadtberge in die Diskussion ein. In puncto leistbares Wohnen forderte er einen Quadratmeterpreis von sechs Euro für die Miete.[50]

Die Top-Themen des Wahlkampfes waren über alle KandidatInnen hinweg der Verkehr und das Wohnen. Diese können als Standardthemen abgetan werden, weil es die naheliegenden waren. Gerade deswegen kann in ihnen aber auch das Aufgreifen der tatsächlich brennenden Problemlagen der Stadt Salzburg erkannt werden. Gleich welcher Standpunkt dazu bezogen werden mag, kann bei den dahingehenden Positionen der KandidatInnen allerdings nicht von einem hohen Profilierungsgrad gesprochen werden. Die unterschiedlichen Haltungen der KandidatInnen zeigten sich nur im Detail und erst bei genauer Betrachtung und dabei mehr beim Thema Verkehr als beim Thema Wohnen.[51]

Freilich versuchten sich die KandidatInnen mit auf ihnen zugeschnittenen Wahlkampfprofilen gezielt von den MitbewerberInnen abzuheben. So bemühte sich Auinger mit seinem Motto „Salzburg zur ‚Nummer eins‘ machen“ seine Zukunftsorientierung zu betonen. Preuner versprach einen neuen Politikstil unter dem Titel „Besser gemeinsam“ und hob seine Erfahrung und damit Berechenbarkeit hervor. Ausgehend von den Plakatsujets setzte Padutsch mit den Slogans „Ehrlich – Offen – Stark“ vor allem auf seine Person und damit auf Bekanntheit und wie Preuner auf seine Erfahrung. Für Reindl war das Thema „Sicherheit“ prägend. Unterkofler forderte „eine Systemkur für die Politik“.[52] Ferch setzte – wie erwähnt – auf seine Unabhängigkeit. Die Frage, in welchem Ausmaß die KandidatInnen mit den erarbeiteten Profilen erfolgreich waren und diese zur Wahlentscheidung der WählerInnen signifikant beitrugen, lässt sich mangels Wahltagsbefragungen, die die Gründe für die Wahlentscheidung transparent werden lassen könnten, aber nicht fundiert beantworten.

---

terwahl; Salzburg-24-Online (30.10.2017). Bürgermeisterwahl 2017: Salzburger FPÖ setzt mit Andreas Reindl auf Sicherheit.

50 Salzburg-24-Online (22.11.2017). Das Wichtigste zu den Kandidaten der Salzburger Bürgermeisterwahl; Salzburg-24-Online (3.11.2017b). Christoph Ferch will bei Bürgermeisterwahl mit Unabhängigkeit punkten.

51 ORF-Salzburg-Online (24.11.2017). Bürgermeisterwahl: Positionen der Kandidaten.

52 Ebd.

6.2 Die Ausgangssituation

Wie stand es um die Chancen der KandidatInnen vor dem ersten Wahlgang? Die Salzburger Nachrichten beauftragten unmittelbar nach der Rücktrittsankündigung von Schaden das Salzburger Institut für Grundlagenforschung (IGF) mit einer Blitzumfrage. Dazu wurden 403 wahlberechtigte Stadt-SalzburgerInnen befragt.[53] Zu diesem Zeitpunkt, Ende Juli/Anfang August, waren freilich noch fast 40 Prozent der Befragten unentschlossen. Die Umfrageergebnisse bereiteten aber schon auf ein Kopf-Kopf-Rennen zwischen dem SPÖ- und dem ÖVP-Kandidaten vor. Sowohl Auinger als auch Preuner kamen bei der Befragung auf 18 Prozent der Stimmen. Padutsch, auf Rang drei, kam auf zehn Prozent, Reindl auf sieben, Unterkofler auf sechs und Ferch auf zwei. Wenngleich klar war, dass bis zum ersten Wahlgang am 26. November noch viel Bewegung möglich wäre, stand nunmehr so gut wie fest, dass keine/r der AnwärterInnen mehr als 50 Prozent der Stimmen erreichen würde und die Entscheidung erst im zweiten Wahlgang fallen würde. Mit den weiteren Umfragen[54] sollte sich das schon bekannte Bild verfestigen: Die Wahl würde sich auf ein Duell zwischen Auinger und Preuner zuspitzen, mit leichten Vorteilen für den langjährigen ÖVP-Vizebürgermeister. Die anderen vier Kandidaten lagen weit abgeschlagen und die Hoffnungen von Padutsch und Reindl auf einen Einzug in die Stichwahl erwiesen sich als unrealistisch. Darüber hinaus konnte sich Preuner berechtigte Hoffnungen darauf machen, als Sieger aus dem ersten Wahlgang hervorzugehen. Ausgehend von den Umfragen, schienen für die Stadt-SPÖ die Chancen, den Sessel des Stadtchefs verteidigen zu können, intakt zu sein. Interessant war auch, dass für den ersten Wahlgang eine höhere Wahlbeteiligung als bei den letzten Bürgermeisterwahlen im Jahr 2014 (49,7 %) erwartet wurde.[55] Im Jahr 2014 wurde allerdings nicht nur der/die BürgermeisterIn gewählt, sondern, wie bei regulären Gemeindewahlen Usus, auch das Stadtparlament.

6.3 Die Ergebnisse des ersten Wahlgangs

Am 26.11.2017 waren 113.258 Stadt-SalzburgerInnen (60.770 Frauen und 52.488 Männer) aufgerufen, eine/n neue/n BürgermeisterIn zu wählen. Wenn-

53 SN-Online (5.8.2017). SN-Umfrage: Knappes Duell um Bürgermeister in Salzburg.

54 Der-Standard-Online (5.11.2017). Thema Verkehr macht Salzburger Bürgermeisterwahl spannend; ORF-Salzburg-Online (26.11.2017b). Stadt Salzburg wählt neuen Bürgermeister; ORF-Salzburg-Online (12.11.2017). Bürgermeisterwahl: Filzmaier sieht Zweikampf.

55 Der-Standard-Online (5.11.2017). Thema Verkehr macht Salzburger Bürgermeisterwahl spannend; SN-Online (5.8.2017). SN-Umfrage: Knappes Duell um Bürgermeister in Salzburg.

gleich klar war, dass dieser erste Wahlgang nicht den endgültigen Sieger hervorbringen würde, wurden die Ergebnisse mit Spannung erwartet. Um etwa 20.15 Uhr, knapp eine Stunde nach Wahlschluss, konnte auch schon das Endergebnis (inklusive Briefwahlstimmen) verkündet werden.[56]

Harald Preuner hatte es tatsächlich geschafft. Er erzielte 1.545 Stimmen mehr als sein unmittelbarer Konkurrent Bernhard Auinger. Mit 35 zu 31,9 Prozent fiel das Ergebnis, nach dem prognostizierten Kopf-an-Kopf-Rennen, letztlich doch recht deutlich für den ÖVP-Kandidaten aus. Preuner erkämpfte 17.254 Stimmen und mit einem Plus von 7.123 Stimmen (+15,5 %) erheblich mehr als bei der Wahl im Jahr 2014 (10.131 Stimmen = 19,5 %), als er gegen Heinz Schaden angetreten war. Auinger hingegen erhielt um 7.796 Stimmen weniger (–13,4 %) als Schaden im Jahr 2014 im ersten Wahlgang (23.505 Stimmen = 45,3 %). BürgermeisterInnenwahlen sind Personenwahlen und so sind die KandidatInnen oft wichtiger als deren parteiliche Zugehörigkeit. WählerInnen tendieren aber auch zu einem konsistenten Wahlverhalten. BürgermeisterIn und Gemeinderat bzw. Gemeindevertretung werden zwar getrennt gewählt und so können die Stimmen für die Bürgermeister-KandidatInnen und ihre Partei differieren. Es gibt aber nur relativ wenige Gemeinden, in denen die Partei des Bürgermeisters/der Bürgermeisterin nicht auch die Mehrheit im Gemeindeparlament hat.[57] Wenn also Wahlberechtigte bei den Wahlen zur Gemeindevertretung einer bestimmten Partei die Stimme geben, neigen diese im hohen Ausmaß dazu, bei gleichzeitiger Direktwahl des Bürgermeisters/der Bürgermeisterin, ihr Kreuz bei dem/der KandidatIn eben dieser Partei zu machen – oder umgekehrt. Deshalb ist schon allein aufgrund des Umstandes, dass bei den vorgezogenen BürgermeisterInnenwahlen im November 2017 nicht gleichzeitig auch das Gemeindeparlament gewählt wurde, die Gegenüberstellung der Wahlgänge 2014 und 2017 nur eingeschränkt aussagekräftig.

Wenig überraschend war, dass Johann Padutsch (11,8 %), der „mehr erwartet hätte“,[58] und auch Andreas Reindl (6,9 %), ihr Wahlziel, die Stichwahl, nicht nur nicht erreichen konnten, sondern dieses vielmehr in weiter Ferne lag. Barbara Unterkofler, deren eigene Vorgabe bei mindestens 10 Prozent lag, erkämpfte 11,1 Prozent. Christoph Ferch erlangte 3,2 Prozent. Insgesamt wurden 49.600 Stimmen abgegeben (davon waren 319 ungültig).

56 SN-Online (26.11.2017). Stichwahl muss entscheiden: Preuner liegt 1545 Stimmen vor Auinger.

57 Walter Thaler, 2007, Bürgermeister-Direktwahl: Show business, big business oder demokratiepolitischer Fortschritt (s. Fn. 1).

58 ORF-Salzburg-Online (26.11.2017a). Preuner und Auinger zufrieden mit Ergebnis.

7. DIE STICHWAHL IM DEZEMBER 2017

7.1 Der Wahlkampf

Nach der ersten Wahlrunde hatten die Konkurrenten zwei Wochen Zeit ihre Profile zu stärken. Hoffnungen auf neue Inhalte oder eine spezifische Strategie, um den Stichwahlkampf zu beleben, wurden aber wohl weitgehend enttäuscht. Harald Preuner setzte weiterhin auf seine Erfahrung als langjähriger Stadtpolitiker und Vizebürgermeister und betonte neuerlich den neuen politischen Stil, für den er stehen würde. Dieser hätte sich auch schon in seinem Handeln als interimistischer Bürgermeister seit dem Rücktritt Schadens gezeigt und bewährt.[59] Mit dieser Argumentation verband Preuner wohl auch die Hoffnung, die Monate als geschäftsführender Bürgermeister in einen Kurzzeit-Amtsbonus ummünzen zu können. SPÖ-Kandidat Bernhard Auinger hob wieder seine Zukunftsorientierung hervor. Er verwies, in Abgrenzung zum altgedienten ÖVP-Mann Preuner, auf seine „Jugend" (mit 43 Jahren war er 15 Jahre jünger als Preuner) und betonte seinen beruflichen Background als Betriebsratsvorsitzender bei der Porsche Holding Salzburg: „... ich bin seit 27 Jahren in der Privatwirtschaft tätig und ich möchte das Tempo, das die Wirtschaft heutzutage vorgibt, in die Politik reinbringen. Ich möchte auch den Magistrat moderner, kundenorientierter machen."[60]

Inhaltlich standen nach wie vor die Themen Verkehr und Wohnen im Mittelpunkt. Bei den Vorschlägen zur Lösung des Stauproblems im Zentralraum wurden – grosso modo – die jeweiligen Ideen aus der ersten Wahlkampfrunde wiederholt. Leichte inhaltliche Abweichungen zwischen den Kandidaten wurden bei den Varianten der Bahnlösung hörbar.[61] Beim Individualverkehr waren sich die Kandidaten grundsätzlich darüber einig, dass die Anzahl der Autos in der Stadt reduziert gehört. Uneinigkeiten gab es lediglich bei der Art und Weise der Parkraumbewirtschaftung und bei der Berücksichtigung der Interessen der PendlerInnen (erweiterte Kurzparkzonen und Parkautomaten vs. BewohnerInnenparkzonen und monatliche Pauschal-Gebühren für PendlerInnen).[62] Bei aller Konkordanz gab es beim Thema Wohnen und dabei der Frage, ob die Stadt selbst Wohnungen bauen sollte oder nicht, unterschiedliche Ansichten. Während sich Auinger klar dafür aussprach, hielt Preuner dagegen, weil die Stadt ohnehin nicht kostengünstiger als die gemeinnützigen

---

59 Mein-Bezirk.at (4.12.2017). Preuner oder Auinger: Wer ist die bessere Wahl?

60 Ebd.

61 Siehe dazu z. B. die Darstellung der Positionen von Preuner und Auinger unter: Mein-Bezirk.at (4.12.2017). Preuner oder Auinger: Wer ist die bessere Wahl?

62 Mein-Bezirk.at (4.12.2017). Preuner oder Auinger: Wer ist die bessere Wahl?

Wohnbaugesellschaften würde bauen können.[63] Konkurrierende Haltungen nahmen die Kandidaten auch beim Thema Finanzen ein. Preuner bestand darauf, den unter Heinz Schaden eingeschlagenen und als erfolgreich erachteten „Pfad der Budgetkonsolidierung" weiter fortsetzen zu wollen.[64] Auinger sprach hingegen davon, kräftig investieren und dazu auch Darlehen aufnehmen zu wollen. Diese Strategie argumentierte er wie folgt: „Aufgrund der vorausschauenden Budgetplanungen der letzten Jahre können wir einen beträchtlichen Teil dieser Investitionen aus unseren Rücklagen finanzieren."[65]

Alles in allem setzte ÖVP-Kandidat Preuner weiterhin auf Kontinuität und Berechenbarkeit. SPÖ-Mann Auinger ließ hingegen einen gewissen „Innovationsdrang" durchscheinen und drängte mehr auf Veränderung und neue inhaltliche politische Akzente.[66] Das jeweilige Profil war der jeweiligen Ausgangssituation geschuldet. Diese gab die spezifische Strategie der beiden Kandidaten logisch vor: Preuner als altgedienter Stadtpolitiker, bei dem man nicht Gefahr lief „die Katze im Sack zu kaufen", und Auinger als der Neue, als „Mann der Zukunft" mit frischem Wind und neuem Kehrbesen.[67]

7.2 Die Ausgangssituation

Nach dem ersten Wahlgang zeigte sich Harald Preuner verständlicherweise „überglücklich". Er hatte sein Ziel, beim ersten Wahlgang als Sieger hervorzugehen, erreicht und damit die Poleposition für das entscheidende Rennen erkämpft. Bernhard Auinger gab sich vom Ergebnis „überrascht" und meinte dann aber, es sei sein „Wunschergebnis" und wäre „eine tolle Motivation für die Stichwahl". Beide Stichwahlkandidaten waren sich sicher, aus dem „Runoff" am 10. Dezember als Gewinner hervorgehen zu können. Während die DemoskopInnen für den ersten Wahlgang leichte Vorteile für Preuner prognostiziert hatten, zeigten die Umfragen für die Stichwahl zunächst ausgeglichene Chancen.[68] Bei Stichwahlen kann allerdings viel passieren. So kann es sein, dass sich das Ergebnis aus der ersten Runde umkehrt. Es können sich Wahlbündnisse über die Parteigrenzen hinweg ergeben. Mehr oder weniger deutliche Wahlempfehlungen der VerliererInnen aus der ersten Runde können zudem die

63 Ebd.

64 SN-Online (1.12.2017). Bürgermeister-Stichwahl: Preuner und Auinger trafen im SN-Saal aufeinander.

65 SPÖ-Salzburg-Stadt-Online (28.9.2017). Investitionen in Kinderbetreuung, Bildung, Verkehr.

66 Mein-Bezirk.at (11.12.2017). Zeit nutzen bis zur nächsten Wahl.

67 Ebd.

68 Mein-Bezirk.at (30.10.2017). Bürgermeisterwahl in der Stadt Salzburg: In der Stichwahl holt Bernhard Auinger auf.

Konstellation beeinflussen. Hinzu kommt der Aspekt der Wahlbeteiligung. Die politikwissenschaftliche Forschung konnte zeigen, dass es einen generellen Trend gibt, dass die Partizipationsrate bei Stichwahlen gegenüber den ersten Wahlrunden sinkt.[69]

Für die Kontrahenten in der Stichwahl stellte sich die Frage, in welchem Ausmaß Preuner und Auinger überhaupt WählerInnen mobilisieren können. Würde es gelingen, neue WählerInnen zu gewinnen, die sich am ersten Wahlgang nicht beteiligt hatten? Würden die WählerInnen aus der ersten Runde auch zur Stichwahl gehen und wie können die WählerInnen der KandidatInnen aus der ersten Runde, die den Einzug in die Stichwahl nicht schafften, gewonnen werden? Johann Padutsch (11,8 %), Barbara Unterkofler (11,1 %), Andreas Reindl (6,9 %) und Christoph Ferch (3,2 %) hatten im ersten Wahlgang gemeinsam 33 Prozent erreicht (= 16.318 Stimmen). Nach dem ersten Wahlgang wollten Padutsch, Unterkofler, Reindl und Ferch allerdings keine explizite Wahlempfehlung abgeben.[70] Aus Umfragen konnte aber abgeleitet werden, dass eine deutliche Mehrheit der Padutsch-WählerInnen (fast drei Viertel) bei der Stichwahl den SPÖ-Kandidaten präferierte. Wenn auch nicht so ausgeprägt, tendierten die WählerInnen von Unterkofler auch eher zu Auinger. Zu den Haltungen der Reindl- und Ferch-WählerInnen boten die Umfragen keine Informationen. Mutmaßlich waren die UnterstützerInnen des FPÖ-Kandidaten aber mehr Preuner und die Ferch-WählerInnen mehr Auinger zugetan.[71] Preuner und Auinger versuchten auch die Erst-Runden-WählerInnen von Padutsch, Unterkofler, Reindl und Ferch auf die eine oder andere Art anzusprechen. So signalisierte Preuner, im Falle eines Wahlsieges, Unterkofler die Zuständigkeit für das Hallenbad wieder zurückzugeben.[72] Der Baustadträtin war Ende Oktober 2014 das Projekt entzogen worden. Unterkofler hatte die Kosten und den Standort des Projekts infrage gestellt. SPÖ, ÖVP und die Bürgerliste sahen darin einen Bruch des Parteienübereinkommens.[73]

---

69 Charles S. Bullock (1990). Turnout in Municipale Elections, in: Review of Policy Research, 9(3), S. 539–549, DOI: 10.1111/j.1541-1338.1990.tb01061.x; Heiko Holste (2007). Alternativ-Stimme statt Stichwahl! Ein Ausweg aus dem kommunalen Direktwahl-Dilemma, in: Zeitschrift für Rechtspolitik, 40(3), S. 94–96.

70 Salzburg-24-Online (26.11.2017). Bürgermeisterwahl in der Stadt Salzburg: Fünf der sechs Kandidaten zufrieden.

71 Mein-Bezirk.at (30.10.2017). Bürgermeisterwahl in der Stadt Salzburg: In der Stichwahl holt Bernhard Auinger auf.

72 ORF-Salzburg-Online (11.12.2017). Neues Hallenbad: Tauziehen um Kompetenz.

73 ORF-Salzburg-Online (28.102014). Hallenbad-Entscheidung noch nicht öffentlich.

7.3 Die Ergebnisse der Stichwahl

Ganz anders als in den vorangegangenen Wahlgängen, die Heinz Schaden dominierte, blieb im Jahr 2017 der Ausgang des Kampfes um den Bürgermeistersessel bis zum Wahltag ungewiss. Würde Harald Preuner, der aus dem Schatten Schadens getreten war und die erste Wahlrunde für sich entschieden hatte, auch die Stichwahl gewinnen? Würde mit Preuner wieder ein ÖVP-Bürgermeister regieren, nachdem die SPÖ über Jahrzehnte hinweg die Stadtpolitik dominierte? Oder würde Bernhard Auinger, der im Laufe des Wahlkampfes zur BürgermeisterInnenwahl seine Bekanntheit laufend steigern konnte, die Wahl gewinnen? Würde er nicht nur die wichtigste Bastion der Salzburger SPÖ erfolgreich verteidigen können, sondern auch der Landespartei für die kommende Landtagswahl im April 2018 eine günstigere Ausgangssituation ermöglichen? Oft schon wurde eine Wahlauseinandersetzung zu einem Kopf-an-Kopf-Rennen hochstilisiert. Häufig kam es dann aber nicht dazu und am Wahltag konnte sich ein/e KandidatIn oder eine Partei als mehr oder weniger deutliche/r WahlsiegerIn feiern lassen.[74] Diesmal sollte es anders kommen.

Nach Wahlschluss waren die 167 Wahlsprengel schnell ausgezählt. Das Rennen war aber noch nicht entschieden. Zu gering war der Abstand zwischen den Kontrahenten. Die Briefwahlstimmen würden den Ausschlag geben. Letztlich lag die Differenz zwischen den Kandidaten bei nur 294 Stimmen und es war Harald Preuner, der für die ÖVP den Bürgermeistersessel in der Salzburger Landeshauptstadt erobern konnte. Er hatte die sich bietende Chance der vorgezogenen Neuwahl nutzen können (Harald Preuner: 23.306 Stimmen = 50,32 % / Bernhard Auginger 23.012 Stimmen = 49,68 %).[75]

Ein genauer Blick auf die Wahlergebnisse[76] zeigt, dass der SPÖ-Kandidat in der Stichwahl aufholen konnte. Auinger verzeichnete gegenüber der ersten Wahlrunde ein Plus von 7.303 Stimmen und verringerte den Abstand zu seinem Kontrahenten von 1.545 auf 294 Stimmen. Preuner erkämpfte in der Stichwahl zusätzliche 6.052 Stimmen. Wo kamen die WählerInnen her? Leider gibt es weder Wählerstromanalysen noch Wahltagsbefragungen, die das

74 Sieglinde K. Rosenberger/Gilg Seeber (2003). Kopf an Kopf – Meinungsforschung im Medienwahlkampf. Wien: Czernin Verlag.

75 SN-Online (14.12.2017). Harald Preuner ist neuer Bürgermeister von Salzburg.

76 Stadt-Salzburg Magistrat MA 2/01 – Stadtarchiv und Statistik (2014). Die Gemeinderats- und Bürgermeisterwahl im März 2014; Stadt-Salzburg Magistrat MA 2/01 – Stadtarchiv und Statistik (2017a). Die Wahl der Bürgermeisterin/Bürgermeister am 26.11.2017; Stadt-Salzburg Magistrat MA 2/01 – Stadtarchiv und Statistik (2017b). Bürgermeisterstichwahl 2017. Alle abgerufen am 1.10.2018 unter https://www.stadt-salzburg.at/internet/politik_verwaltung/stadtpolitik/wahlergebnisse.htm.

Nachzeichnen der WählerInnenbewegungen erlauben würden. Stellt man aber die Stichwahlergebnisse im Jahr 2017 dem Ausgang der Bürgermeisterstichwahl im Jahr 2014 (Heinz Schaden vs. Harald Preuner) gegenüber, fallen Besonderheiten ins Auge. Schaden erkämpfte beim Runoff im Jahr 2014 die Stimmen von 23.012 Stadt-SalzburgerInnen. Für Bernhard Auinger wurden im Jahr 2017 exakt gleich viele Kreuze, also 23.012, gezählt. Das ist mehr als erstaunlich und die Angabe einer Wahrscheinlichkeit für einen derartigen Zufall erscheint schier unmöglich. Betrachtet man aber nicht die absoluten Zahlen, sondern die Stimmenanteile, genügten im Jahr 2014 23.012 Stimmen für einen Anteil von 68,9 Prozent und einen klaren Wahlsieg von Schaden. Der Grund dafür liegt in der unterschiedlichen Wahlbeteiligung. Diese lag im Jahr 2014 bei der Stichwahl bei nur 31,2 Prozent (=34.515 Stimmen). Im Jahr 2017 drängten deutlich mehr Stadt-SalzburgerInnen, alles in allem 46.318, zu den Urnen (+11.803 gegenüber 2014). Mit 41,37 Prozent (2017) ergab sich bei der Partizipationsrate gegenüber der 2014er-Stichwahl ein Plus von 10,17 Prozentpunkten.

Die SPÖ hatte – in absoluten Zahlen – also weder Stimmen verloren noch Stimmen gewonnen, sondern in den Jahren 2014 und 2017 vertrauten exakt gleich viele Stadt-SalzburgerInnen dem jeweiligen SPÖ-Bürgermeisterkandidaten (jeweils 23.012). Aber waren es auch dieselben WählerInnen? Nicht vollständig, weil sich das Elektorat freilich verändert hatte. Neue WählerInnen kamen hinzu und WählerInnen fielen weg. Zudem ist anzunehmen, dass es WechselwählerInnen gab. Dennoch kann vermutet werden, dass WählerInnen, die im Jahr 2014 Schaden unterstützten, im Jahr 2017 in hohem Ausmaß seinem Nachfolger Auinger das Vertrauen schenkten.

Harald Preuner erhielt im Jahr 2014 10.384 Stimmen; im Jahr 2017 waren es 23.306. Somit ergab sich für den ÖVP-Kandidaten ein Plus von 12.922 WählerInnen. Die Wahlbeteiligung stieg um 10,17 Prozentpunkte bzw. 11.803 Stimmen. Auch wenn diese zusätzlichen WählerInnen, die sich im Jahr 2014 ihres Stimmrechts enthielten oder (noch) nicht wahlberechtigt waren, nicht „Eins zu eins" Preuner zugerechnet werden können, kann doch gefolgert werden, dass Preuner von der höheren Stichwahl-Beteiligung profitierte.

Die Wahlbeteiligung ist bei der 2017er-Wahl zwischen dem ersten Wahlgang und der Stichwahl leicht zurückgegangen, von 43,8 auf 41,37 Prozent. Offen bleibt dabei die Frage, wie sich die WählerInnen verhielten, die in der ersten Wahlrunde Johann Padutsch, Barbara Unterkofler, Andreas Reindl oder Christoph Ferch unterstützt hatten. Wie verteilen sich diese Stimmen auf Preuner und Auinger bzw. in welchem Ausmaß blieben diese WählerInnen bei der Stichwahl den Wahlrunen fern, weil sie weder dem ÖVP- noch dem SPÖ-Kandidaten ihre Stimme geben wollten? Wie viele WählerInnen gab es, die beim ersten Wahlgang nicht mit dabei waren und erst bei der Stichwahl in die Wahl einstiegen? Leider liegen zu diesen Fragen keine Daten vor oder wenn diese existieren, wurden sie nicht publiziert und zugänglich gemacht. Einmal mehr wird das Fehlen von Wählerstromanalysen und Wahltagsbefragungen bedauert. Es bleibt nur der Versuch einer Interpretation auf der Basis der vorliegenden Informationen. Die darauf aufbauend Aussagen müssen aber bis zu einem gewissen Grad spekulativ bleiben. So führt ein weiterer Blick auf die BürgermeisterInnenwahl im Jahr 2014 (Heinz Schaden vs. Harald Preuner) vor Augen, dass beide in der ersten und zweiten Wahlrunde nahezu exakt gleich viele Stimmen erhielten: Schaden jeweils rund 23.000 und Preuner jeweils rund 10.000. Zudem ist die Wahlbeteiligung zwischen der ersten Runde und der Stichwahl relativ stark gesunken: von 49,7 auf 31,2 Prozent.[77] Offenbar ist ein Großteil der WählerInnen der Erst-Runden-KonkurentInnen bei der Stichwahl lieber zu Hause geblieben und hat sich nicht mehr am „Runoff" beteiligt. Der Grund mag sein, dass sie weder Schaden noch Preuner unterstützen wollten, weil ihnen der Ausgang der Wahl egal war oder sie mit beiden Kandidaten „leben konnten". Was heißt das für die Wahl im Jahr 2017? Anders als im Jahr 2014 wiesen sowohl Preuner als auch Auinger in der Stichwahl deutlich mehr UnterstützerInnen auf als im ersten Wahlgang (Preuner +6.052 / Auinger +7.303). Zunächst ist davon auszugehen, dass es zwischen der ersten Runde und der Stichwahl wenig WählerInnenaustausch zwischen den Stichwahlkandidaten gab. Kamen die zusätzlichen Stimmen, die Preuner und Auinger im Stichwahlkampf erobern konnten, nun von den Erst-Runden-WählerInnen von Padutsch, Unterkofler, Reindl und Ferch? Zieht man die gerade dargestellte 2014er-Konstellation zur Interpretation der Vorgänge heran, kann gemutmaßt werden, dass sich diese WählerInnen an der Stichwahl nur mehr wenig beteiligten. Die Wahlbeteiligung zwischen der ersten Runde und der Stichwahl ist aber nur wenig gesunken (von 43,8 auf 41,37 %).[78] Wo kamen dann die zusätzlichen WählerInnenstimmen von Preuner (+6.052) und Auinger (+7.303) her? Vermutlich handelte es sich um „neue" WählerInnen, die sich am ersten Wahlgang nicht beteiligt hatten und erst bei der Stichwahl einstiegen. Das heißt auch, dass sich das Elektorat des ersten Wahlganges recht deutlich von jenem

---

77 Stadt-Salzburg Magistrat MA 2/01 – Stadtarchiv und Statistik (2014). Die Gemeinderats- und Bürgermeisterwahl im März 2014 (s. Fn. 76).

78 Die niedrige Wahlbeteiligung bei den BürgermeisterInnenwahlen in der Stadt, schon 2014 und sodann auch 2017, wurde in den Medien häufig diskutiert. Dieser Aspekt wurde hier aber nicht weiter vertieft, weil sich die Beiträge von Stefan Wally und Markus Pausch in diesem Jahrbuch ausführlich mit dem Thema politische Partizipation (in Salzburg) beschäftigen.

der Stichwahl unterschied. Die nun folgende Betrachtung der Wahl in den Stadtteilen macht dazu eine verfeinerte Aussage möglich.

8. DIE ERGEBNISSE IN DEN STADTTEILEN: 1. WAHLGANG UND STICHWAHL

Werden die Stadtteilergebnisse näher betrachtet, wird einmal mehr klar, in welch hohem Ausmaß die Persönlichkeit eines/einer KandidatIn insbesondere bei Gemeindewahlen eine Rolle spielt. Im Jahr 2014, als Harald Preuner gegen Heinz Schaden antrat, konnte der ÖVP-Kandidat keinen einzigen Stadtteil gewinnen. Schaden lag in allen Wahlbezirken vorne. Im ersten Wahlgang im Jahr 2014 war nur in „Altstadt-Mülln" das Ergebnis mit 2,6 % Differenz relativ knapp. Ansonsten lag der Abstand zwischen rund 10 Prozent (Gneis-Leopoldskron-Morzg-Moos/1. Wahlgang) und fast 40 Prozent (Lehen/1.Wahlgang). In den Stadtteilen lag der durchschnittliche Abstand zwischen Schaden und Preuner im ersten Wahlgang bei rund 25 Prozent. Im Jahr 2017 konnte der ÖVP-Kandidat das Rennen in der ersten Runde aber in 10 von 16 Stadtteilen für sich entscheiden, allerdings lag der durchschnittliche Abstand zwischen den beiden Kandidaten bei nur rund drei Prozent. Besonders deutlich konnte sich Preuner in Aigen-Abfalter-Glas, Altstadt-Mülln, Gneis-Leopoldskron-Morzg-Moos, Nonntal-Herrnau, Parsch und Riedenburg von seinem SPÖ-Konkurrenten absetzen. Das waren exakt die Wahlbezirke, in denen Preuner schon im Jahr 2014 seine besten Ergebnisse einfahren konnte. Man kann mutmaßen, dass es sich hierbei um ÖVP-affine Wahlbezirke handelt, in denen in der Vergangenheit wohl vor allem die Person Heinz Schaden für die SPÖ die Mehrheit brachte. Im Jahr 2017 verbuchte der SPÖ-Kandidat Auinger im ersten Wahlgang seine besten Resultate mit jeweils rund 40 % in Elisabethvorstadt, Lehen, Itzling-Kasern-Sam und Schallmoos. In diesen Wahlbezirken erzielte auch Schaden im Jahr 2014 seine Top-Werte, allerdings mit jeweils fast 50 % (1. Wahlgang).

In der Stichwahl schmolzen die Abstände zwischen Preuner und Auinger dahin. Allerdings war der ÖVP-Kandidat neuerlich besonders stark in Aigen-Abfalter-Glas, Altstadt-Mülln, Gneis-Leopoldskron-Morzg-Moos, Nonntal-Herrnau, Parsch und Riedenburg. In diesen Stadteilen lagen in der Stichwahl die Anteile von Preuner zwischen rund 66 und 55 Prozent. Der SPÖ-Kandidat konnte sich, wie schon in der ersten Runde, in Elisabethvorstadt, Lehen, Itzling-Kasern-Sam und Schallmoos besonders deutlich von seinem Konkurrenten abheben. In diesen Stadtteilen errang Auinger zwischen rund 63 und rund 56 Prozent der Stimmen. Für Auinger kam in der Stichwahl auch noch der Bezirk Neustadt-Äußerer Stein als neuer Top-Bezirk hinzu. Dort lag sein Anteil im ersten Wahlgang bei 29,6 Prozent. In der Stichwahl erreichte Auinger in Neustadt-Äußerer Stein 56,31 Prozent. In diesem Bezirk erzielte Johann Padutsch im ersten Wahlgang mit 20,5 Prozent sein Top-Ergebnis. Dieser Umstand führt zu einer Erweiterung der zuvor getätigten Aussagen über die „neue" Zusammensetzung des Elektorats in der Stichwahl, insofern als Auinger, neben „neuen" WählerInnen, offenbar auch Padutsch-WählerInnen an sich ziehen konnte, die in der Stichwahl den ÖVP-Kandidaten verhindern wollten. Der Befund, dass vor allem Preuner von der Wahlbeteiligung in der Stichwahl profitierte, bleibt aber evident. Vermutlich trieb es ÖVP- bzw. Preuner-SymphatisantInnen mehr als in der Vergangenheit zu den Wahlurnen. Bei der Dominanz eines Heinz Schadens war der Ausgang der Wahl vorhersehbar und das Rennen wurde von vielen WählerInnen als bereits entschieden erachtet. Im Jahr 2017 war der Kampf um die Spitze aber offen, was deutlich mehr WählerInnen zur Teilnahme motiviert und offenbar vor allem UnterstützerInnen von Preuner mobilisiert hatte.

Im Jahr 2017 waren die Ergebnisse von Preuner und Auinger sowohl im ersten Wahlgang als auch in der Stichwahl in Gnigl-Langwied, Josefiau-Alpenstraße, Liefering, Maxglan-Aiglhof und Taxham relativ ausgeglichen. Hier lagen die Differenzen zwischen den Kandidaten nur zwischen maximal –3 und +3 Prozent. Drei dieser fünf Wahlbezirke konnte Preuner 2017 in beiden Wahlgängen knapp gewinnen (Josefiau-Alpenstraße, Liefering und Taxham), in zwei sicherte Auinger die SPÖ-Mehrheit hauchdünn ab (Gnigl-Langwied und Maxglan-Aiglhof). Es gab nur einen Stadtteil, der in der Stichwahl „gedreht" werden konnte: Maxglan-Aiglhof. Zunächst, im ersten Wahlgang, konnte Preuner den Bezirk holen. In der Stichwahl fiel der Stadtteil aber seinem Konkurrenten Auinger zu. Die Differenz zwischen Auinger und Preuner lag in Maxglan-Aiglhof in der Stichwahl allerdings nur bei 47 Stimmen.

Die fünf Stadtteile Gnigl-Langwied, Josefiau-Alpenstraße, Liefering, Maxglan-Aiglhof und Taxham werden bei den kommenden Gemeindewahlen im Jahr 2019 jedenfalls für Spannung sorgen. Die Performance von Preuner und Auinger in diesen potenziellen „Swingstates" könnte entscheidend für einen Wahlsieg sein. Ein knappes Rennen könnte es eventuell auch in Nonntal-Herrnau geben. Dort lag die Differenz zwischen Preuner und Auginer im Runoff bei nur rund 6 Prozent (=181 Stimmen). Die anderen Stadtteile scheinen relativ sicher in der Hand des einen oder anderen Kandidaten zu liegen.

9. DISKUSSION UND AUSBLICK

Die BürgermeisterInnenwahl im Jahr 2017 in der Salzburger Landeshauptstadt hat keinen ausgeprägten und damit profilierten Wettbewerb der Ideen geboten, weder im Wahlkampf für die erste Runde noch im Stichwahlkampf. Politische BeobachterInnen attestierten den KonkurrentInnen einen fairen Wahlkampf geführt zu haben. Dies sei auch ganz im Sinne von ÖVP und SPÖ gelegen, betonten beide Bürgermeisterkandidaten, weil „man will sich ja auch morgen noch in die Augen schauen können."[79] Freilich könnten die hochgradige Polarisierung aus dem Bundespräsidentenwahlkampf im Jahr 2016 und das Dirty Campaigning in der Auseinandersetzung um die Nationalratswahl im Jahr 2017 eine solche Wahlkampfausrichtung nahegelegt haben. Vielleicht war es auch eine latente Wahlmüdigkeit in der Bevölkerung, die zum Charakter des Wahlkampfes beitrug. Österreich hatte gerade zwei Wahlkämpfe hinter sich gebracht, die nahezu nahtlos ineinander übergingen und mehr als eineinhalb Jahre andauerten. Die Unaufgeregtheit könnte aber auch bedeuten, dass die Wahlauseinandersetzung als eher aufgezwungen erachtet wurde. War es eine Wahl, die eigentlich niemand wollte? Eine Wahl, die aus der Zeit fiel? Heinz Schaden musste unrühmlich die politische Bühne verlassen. Kein/e StadtpolitikerIn würde an dieser persönlichen Tragödie auch noch „verdienen" wollen. Freilich war auch allen klar, dass nur ein Kurzzeitbürgermeister aus der vorgezogenen Wahl hervorgehen und alsbald, in den ersten Monaten im Jahr 2019, wieder ein Wahlgang anstehen würde. Bernhard Auinger war noch nicht so weit. Johann Padutsch wollte bei der kommenden Wahl eigentlich gar nicht mehr antreten. Und schließlich: Sollte alles Pulver schon jetzt verschossen werden? Nicht zu vergessen sind dabei die finanziellen Ressourcen. Wahlkämpfe kosten Geld und ein zusätzlicher Wahlgang in nur knapp zwei Jahren würde die Budgets der Stadtparteien empfindlich belasten. Für eine Person stellte sich die Situation aber mutmaßlich völlig anders dar. Für Harald Preuner hatte sich ein Zeitfenster aufgetan. Die vorgezogenen BürgermeisterInnenwahlen boten die Chance schlechthin, um doch noch das Bürgermeisteramt erobern zu können; eventuell sogar seine letzte Chance überhaupt. Und er hatte die Gunst der Stunde nutzen können und der SPÖ den Bürgermeistersitz abgerungen. Und nicht nur das: Anders als die Stadt Salzburg war und ist das Land Salzburg traditionell schwarz dominiert. Im Jahr 2004 konnte allerdings die SPÖ mit Gabi Burgstaller der ÖVP die Führung im Land entreißen. Im Jahr 2013, im durch den Salzburger Finanzskandal ausgelösten Wahlgang, konnte Wilfried Haslauer den Sitz des Landeshauptmannes für die ÖVP aber wieder

79 Mein-Bezirk.at (11.12.2017). Zeit nutzen bis zur nächsten Wahl.

zurückerobern und für die ÖVP die Dinge wieder zurechtrücken.[80] So waren nach der geschlagenen BürgermeisterInnenwahl im Jahr 2017 sowohl die Stadt als auch das Land in den Händen der ÖVP. Das gab es nur einmal seit 1945, in der Zeit von 1992 bis 1999, als Josef Dechant (ÖVP) in der Stadt regierte und die ÖVP-Landeshauptleute Hans Katschthaler (1989–1996) und Franz Schausberger (1996–2004) das Land führten.[81]

Es lässt sich nicht sagen, in welchem Ausmaß externe Vorgänge auf Bundes- und Landesebene die Wahl in der Landeshauptstadt im Jahr 2017 beeinflusst haben. Evident ist, dass sich die ÖVP, mit Sebastian Kurz an der Spitze, nach dem Wahlsieg bei den Nationalratswahlen im Oktober 2017 auf einer Welle des Erfolges befand. Die SPÖ hingegen musste die Kanzlerschaft abgeben. Im Land saß die regierende ÖVP mit Landeshauptmann Wilfried Haslauer jun. unangefochten fest im Sattel und konnte sich im Herbst 2017 schon siegesgewiss auf die Landtagswahl im Frühjahr 2018 vorbereiten. Über der Salzburger SPÖ lag dagegen immer noch der Schatten des Finanzskandals und die Partei hatte sich vom politischen Absturz bei den Landtagswahlen im Jahr 2013 noch immer nicht erholt. Hat diese Konstellation Harald Preuner Rückenwind gegeben? Derartige – atmosphärische – Effekte sind freilich denkbar, ja wahrscheinlich, aber nur schwer messbar.

Das Ergebnis der Salzburger BürgermeisterInnenwahl im Jahr 2017 macht einmal mehr die „dominierende Bedeutung der Persönlichkeit der Kandidaten bei Direktwahlen für die Wahlentscheidung"[82] deutlich. So wird im konkreten Fall die enorme Zugkraft der Person Heinz Schaden, über Parteigrenzen hinweg, vor Augen geführt, gegen die Harald Preuner – und damit auch die Stadt-ÖVP – in den vergangenen Wahlen chancenlos war. Es zeigte sich, was bei BürgermeisterInnenwahlen passieren kann, wenn ein/e langgediente/r AmtsträgerIn abtritt. Es öffnet sich ein Zeitfenster für einen politischen Wechsel. Der Schaden-Nachfolger Bernhard Auinger (SPÖ) musste sich geschlagen geben, auch wenn der Abstand denkbar knapp war. Zweifelsohne war seine Ausgangssituation nicht günstig. Er konnte aber auf einer gegebenen SPÖ-Dominanz in der Stadt aufbauen. Preuner musste erst den Nimbus des ewigen Zweiten

80 Wie es dazu kam, kann in folgenden Publikationen nachgelesen werden: Herbert Dachs (2014). Zwischen Restauration und Neubeginn. Die Salzburger Landtagswahl 2013, in: Andreas Kohl/Günther Ofner/Stefan Karner/Dietmar Halper (Hg.): Österreichisches Jahrbuch für Politik 2013, Wien, Böhlau Verlag, S. 263–278; Armin Mühlböck (2014). Die Salzburger Landtagswahl 2013, in: Beatrix Karl/Klaus Poier/Anita Ziegerhofer/Manfred Prisching/Bernd Schilcher (Hg.): Steirisches Jahrbuch für Politik 2014, Wien, Böhlau Verlag, S. 69–80.

81 SN-Online (11.12.2017). Harald Preuner ist eine politische Zäsur gelungen.

82 Erich Holzwarth (2016). Erfolgsfaktoren für Oberbürgermeisterwahlen: Norderstedt: Books on Demand. (ohne Seitenangabe, Punkt 3.1.3. im Text)

ablegen. Auinger konnte in der Stichwahl auch aufholen und den Abstand zu Preuner deutlich verringern, aber es reichte nicht. Für die Landes-SPÖ bedeutete dieses Ergebnis, auch mit Blick auf die kommende Landtagswahl im Frühjahr 2018, freilich einen herben Schlag.[83]

Alles in allem scheinen Auingers Chancen für eine Revanche bei den Gemeindewahlen im Jahr 2019 aber in Takt. Preuner kann dann als amtierender Bürgermeister allerdings auf einen Amtsbonus aufbauen. Es ist aber noch nicht absehbar, in welchem Ausmaß die Amtsführung seine Ausgangsposition tatsächlich verbessern wird, zumal Preuner gegen eine Rot-Grüne Mehrheit im Gemeindeparlament regieren muss. Diese wird ihm das Leben als Bürgermeister nicht einfach machen und nichts unversucht lassen, um den Wahlvorteil eines amtierenden Bürgermeisters so gering wie möglich halten zu können.

Es stellt sich eine weitere Frage: War es tatsächlich nur die relative Unbekanntheit des Schaden-Nachfolgers gegenüber dem langgedienten ÖVP-Kandidaten, die der SPÖ den Bürgermeistersessel kostete? Wenn dem so ist, sollte Auinger dieses Manko bis zur Wahl im Jahr 2019 abbauen und mit der Rückeroberung des Bürgermeisteramtes für die SPÖ die Dinge wieder in Ordnung bringen können. Es könnte aber auch sein, dass einzig die Person Heinz Schaden eine tieferliegende Krise der Sozialdemokratie im Land Salzburg – und darüber hinaus – überlagerte. Spiegelte der Ausgang der vorgezogenen Wahl die aktuellen politischen Kräfteverhältnisse in der Stadt so wider, wie sie ohne die Person Heinz Schaden sind und sich erst durch seinen Abgang manifestierten? Wenn dem so ist, wäre die Dominanz der SPÖ in der Landeshauptstadt nachhaltig gebrochen und sowohl Landeshauptstadt als auch Bundesland blieben auch nach der kommenden Gemeindewahl im Frühjahr 2019 in schwarzer Hand. Auf Landesebene konnte die ÖVP bei den Wahlen im Frühjahr 2018 ihre Vormachtstellung bereits auf weitere fünf Jahre absichern bzw. ausbauen. Die SPÖ hingegen musste, nach dem Rückschlag bei den Landeswahlen im Jahr 2013, neuerlich Verluste hinnehmen.[84] Für Spannung ist bei der Neuauflage des Duells Harald Preuner vs. Bernhard Auinger im Frühjahr 2019 allemal gesorgt.

83 SN-Online (10.12.2017). ÖVP gewinnt mit Harald Preuner Bürgermeisterwahl.

84 Siehe dazu den Beitrag von Franz Fallend zur Landtagswahl in Salzburg 2018 in diesem Jahrbuch.

STEFAN WALLY

Politische Partizipation in Salzburg

1. EINLEITUNG

Die Demokratie befinde sich in der Defensive. Diese These wird auf verschiedenen Ebenen vorgetragen. Drei Beispiele: Es komme zu spürbaren Veränderungen zu Ungunsten der Demokratiequalität in Schwellenländern wie der Türkei, Ungarn und anderen.[1] Der Verlust von Gestaltungskraft der demokratischen Nationalstaaten in einer internationalisierten Wirtschaft gefährde die Demokratie.[2] Nur 52 Prozent von 6.000 befragten jungen EuropäerInnen stimmten 2017 der Aussage zu „Die Demokratie ist alles in allem die beste Staatsform".[3]

Demokratische Systeme leben von der Beteiligung der BürgerInnen. Die Partizipation der Bevölkerung bei Wahlen und anderen Beteiligungsformen führt zur Repräsentation der Bevölkerung und der verschiedenen gesellschaftlichen Interessen bei den Entscheidungen in der Politik. Die Beteiligung der Bevölkerung legitimiert das Handeln demokratischer Staaten.

Der Begriff „politische Partizipation" steht für alle Tätigkeiten, die BürgerInnen freiwillig mit dem Ziel unternehmen, Entscheidungen auf den verschiedenen Ebenen des politischen Systems zu beeinflussen.[4] Konventionelle politische Partizipation äußert sich in der Teilnahme an vom Staat strukturierten Prozessen (Wahlen, Volksabstimmungen etc.). Unkonventionelle Formen der Beteiligung (Demonstrationen, lokale Initiativen etc.) ergänzen diese.

Im folgenden Text wird die Frage nach der Beteiligung am politischen System im Land Salzburg gestellt. Der Fokus liegt dabei auf den Jahren 2013 bis 2018. Zuerst wird die Beteiligung an Wahlen in Salzburg systematisch erfasst. Die dabei festzustellenden Veränderungen werden mit bestehenden Erklärungsansätzen konfrontiert. Im zweiten Schritt wird versucht, die Beteiligung über Formen der direkten Demokratie und über Bürgerinitiativen zu erfassen.

---

1 Bertelsmann Stiftung (Hg.) (2018). Transformation-Index BTI 2018: Governance in International Comparison, 1. Auflage, Gütersloh, S. 6.

2 Colin Crouch (2018). Postdemokratie, Frankfurt/Main, S. 10.

3 6.000 Befragte zwischen 16 und 26 Jahren in Deutschland, Polen, Großbritannien, Frankreich, Spanien, Italien, Griechenland. Siehe Yougov (2017). Junges Europa 2017: So denken Menschen zwischen 16 und 26 Jahren: Die Jugendstudie der TUI-Stiftung, Hannover, S. 42.

4 Max Kaase (1996). Partizipation, in: Dieter Nohlen (Hg.): Wörterbuch Staat und Politik, 4. Auflage, Bonn, S. 521–527, hier S. 521.

Schließlich werden aktuelle Veränderungen bei der Gestaltung der Partizipation durch Stadt und Land Salzburg diskutiert.

2. ÜBERSICHT

Nach 2013 hat sich die Wahlbeteiligung im Bundesland Salzburg bei verschiedenen Wahlgängen wie folgt entwickelt:[5]

- Die Wahlbeteiligung bei der Wahl zum Salzburger Landtag am 22.4.2018 lag bei 65,0 Prozent. Das ist die niedrigste Wahlbeteiligung seit 1945. Fünf Jahre zuvor war sie noch bei 71 Prozent gelegen, das höchste Niveau hatte sie 1949 mit 93 Prozent erreicht.
- Bei den Nationalratswahlen 2017 lag sie zuletzt mit 80,7 Prozent deutlich höher. Gegenüber 2013 entsprach dies einer Zunahme um 6,2 Prozent. Man erreichte damit das Niveau der 1990er-Jahre. Vor diesem Jahrzehnt war die Wahlbeteiligung stets bei rund 90 Prozent gelegen.
- Bei der Wahl des Bundespräsidenten 2016 gingen im ersten Wahlgang 69,5 Prozent der Wahlberechtigten zu den Urnen, im zweiten Wahlgang waren es 74,4 Prozent. War nach 1945 vorerst die Wahl des Bundespräsidenten der Wahlgang mit der höchsten Beteiligung, hatte sich dies über die Jahrzehnte, auch durch die Abschaffung der Wahlpflicht 1982, gewandelt. 2010 hatten nur 52,9 Prozent der SalzburgerInnen abgestimmt, damals war die Wiederwahl von Heinz Fischer als sicher angesehen worden.
- Die Wahlen zum Europäischen Parlament verzeichneten 2014 eine Beteiligung von lediglich 40,5 Prozent. Direkt nach dem Beitritt zur EU war die Beteiligung immerhin noch bei 65 Prozent gelegen.
- Für Gemeindewahlen wurde landesweit 2014 eine Beteiligung von 64,8 Prozent errechnet. Dies war ein deutlicher Rückgang gegenüber 2009, als der Wert bei 72,1 Prozent lag (Rückgang um 7,3 Prozent). Berücksichtigt man die Stadt Salzburg nicht, so sank die Wahlbeteiligung von 77,7 Prozent auf 70,2 Prozent. Berechnet man die durchschnittliche Höhe der Beteiligung in den Gemeinden ohne die Stadt Salzburg, so liegt der Wert 2014 bei 75,2 Prozent (2009: 81 Prozent, Rückgang um 5,8 Prozent).

Abbildung 1 stellt die Entwicklung der Wahlbeteiligung seit 1970 graphisch dar. In Tabelle 1 wird die Wahlbeteiligung bei den jüngsten Wahlgängen mit

5 Daten nach Landesstatistik Salzburg. Abgerufen am 1. Juni 2018 unter https://www.salzburg.gv.at/stat/wahlen/ltw/index.html. Darauf aufbauend eigene Berechnungen.

der jeweils vorhergehenden Wahl, der Wahl mit dem höchsten und derjenigen mit dem niedrigsten Wert verglichen.

Abbildung 1: Wahlbeteiligung in Salzburg nach 1970

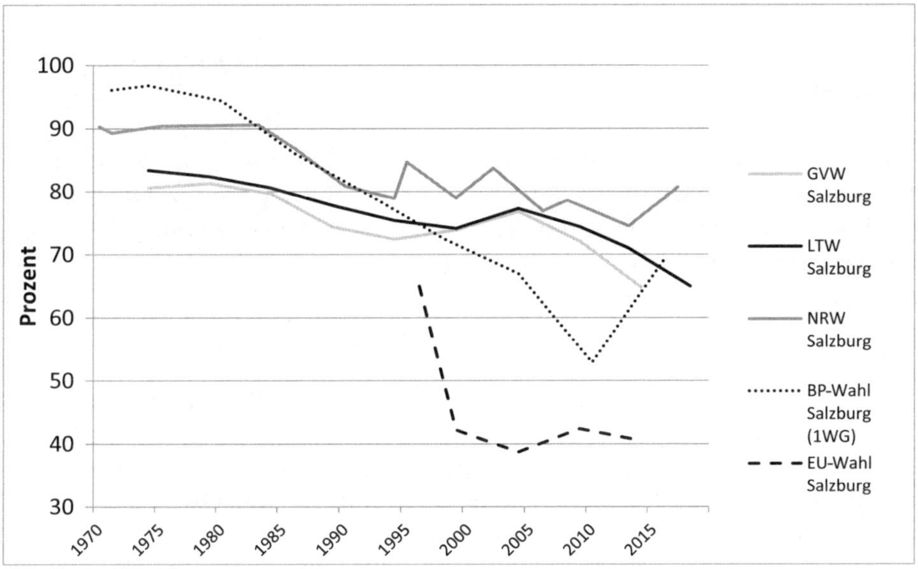

Quelle: Daten nach Landesstatistik Salzburg. Abgerufen am 1. Juni 2018 unter https://www.salzburg.gv.at/stat/wahlen/ltw/index.html.

Tabelle 1: Übersicht der Wahlbeteiligung im Land Salzburg nach 1945

	Aktuellste Wahl	**Vorher-gehende Wahl**	**Höchster Wert seit 1945**	**Niedrigster Wert seit 1945**
Bundespräsident (1. Wahlgang)	69,5 % (2016)	52,9 % (2010)	97,5 % (1957)	52,9 % (2010)
Nationalrat	80,7 % (2017)	74,5 % (2013)	94,9 % (1953)	74,5 % (2013)
Landtag	65,0 % (2018)	74,5 % (2013)	93,0 % (1949)	65,0 % (2018)
Gemeindevertretungen	64,8 % (2014)	72,1 % (2010)	90,2 % (1954)	64,8 % (2014)
Europäisches Parlament	40,5 % (2014)	42,4 % (2009)	65,0 % (1996)	40,5 % (2014)

Quelle: Daten nach Landesstatistik Salzburg. Abgerufen am 1. Juni 2018 unter https://www.salzburg.gv.at/stat/wahlen/ltw/index.html.

3. DIE BETEILIGUNG AN DER LANDTAGSWAHL 2018

390.091 SalzburgerInnen waren bei der Landtagswahl 2018 wahlberechtigt. Davon gaben 253.396 ihre Stimme ab. Das waren 65,0 Prozent. 2.857 Stimmen waren ungültig (1,1 Prozent). Bei der Landtagswahl 2018 haben damit nur 46 Prozent der BewohnerInnen Salzburgs gewählt.

Die Wahlbeteiligung bei Landtagswahlen in Salzburg ist seit 1959 bei fast jeder Wahl gesunken. Es gab eine einzige Ausnahme. Das war die Wahl 2004,[6] bei der es auch zu einem Wechsel an der Landesspitze kam. Bereits in den Jahren vor der Wahl hatte sich die SPÖ in den Umfragen den Werten der seit 1945 den Landeshauptmann stellenden ÖVP angenähert. Ein Kopf-an-Kopf-Rennen um die Position des Landeshauptmannes mobilisierte WählerInnen. Die Wahlbeteiligung stieg damals von 74,1 auf 77,3 Prozent.

3.1 Die Beteiligung an der Landtagswahl 2018 im österreichischen Vergleich

Die sinkende Wahlbeteiligung bei Landtagswahlen in Salzburg ist keine regionale Besonderheit. In allen österreichischen Bundesländern sinken die Werte. Dies kann man statistisch zeigen, wenn man die durchschnittliche Wahlbeteiligung bei allen Landtagswahlen eines Jahrzehnts in ganz Österreich berechnet.[7] In den Jahren 2010 bis 2018 betrug dieser Wert 69,5 Prozent. Im Jahrzehnt davor nahmen im Durchschnitt 72,7 Prozent an den Landtagswahlen teil, in den 1990ern waren es 80,7 Prozent. Es gab kein Jahrzehnt nach 1945, in dem die durchschnittliche Beteiligung nicht zurückgegangen wäre. An den zwei mal neun Landtagswahlen nach Kriegsende bis 1949 nahmen im Durchschnitt noch 94,3 Prozent der Wahlberechtigen teil.

Im Vergleich der zuletzt erreichten Einzelhöhen der Wahlbeteiligung bei Landtagswahlen in Österreich ist Salzburg leicht unterdurchschnittlich. Die Wahlbeteiligung bei den Landtagswahlen 2018 war mit 65,0 Prozent höher als in Tirol (60 Prozent im Jahr 2018) und Vorarlberg (64,3 Prozent), aber niedriger als in sechs anderen Bundesländern.

---

6 Zur Landtagswahl 2004 siehe Herbert Dachs (2004). Machtwechsel! Landtags- und Gemeinderatswahlen in Salzburg 2004, in: Herbert Dachs/Roland Floimair (Hg.): Salzburger Jahrbuch für Politik 2003, Salzburg, S. 9–22.

7 Eigene Berechnungen auf der Basis der Wahlbeteiligungsdaten der Landtagswahlen in Österreich. Fortschreibende Sammlung durch die Robert-Jungk-Bibliothek.

3.2 Regionale Struktur der Beteiligung an der Landtagswahl 2018

Am niedrigsten war die Beteiligung in der Stadt Salzburg mit 57,3 Prozent, im Pinzgau betrug sie 65,1, im Flachgau 67,4, im Tennengau 68,3, im Pongau 68,6, im Lungau waren es 71,4 Prozent. Im Durchschnitt verringerte sich die Wahlbeteiligung um sechs Prozentpunkte. Stärker war der Rückgang im Pinzgau (–7,4) und im Tennengau (–6,5). In der Stadt Salzburg lag er exakt bei der Durchschnittsmarke von minus 6,0. Geringer war der Rückgang im Pongau (–5,7), im Flachgau (–5,6) und im Lungau (–4,5).

Die Differenz bei der Wahlbeteiligung lag zwischen den Bezirken Stadt Salzburg und Lungau damit bei 14,1 Prozentpunkten. Vergleicht man die Entwicklung der Differenz, so sind zwei Bewegungen zu erkennen: 1945 war noch gar kein Unterschied in der Höhe der Wahlbeteiligung festzustellen. Bis 2009 öffnete sich die Schere auf 24,1 Prozentpunkte. In der folgenden Wahl ging der Unterschied auf 12,4 Prozentpunkte im Jahr 2013 und die erwähnten 14,1 Prozentpunkte im Jahr 2018 zurück.

Festzuhalten ist: Die Wahlbeteiligung ging in allen Bezirken zurück. Zur Erklärung der regionalen Besonderheiten gibt es einige Hinweise in der Folge zu diskutieren, genauso wie zur Frage, warum die Beteiligung überall sank.

4. DISKUSSION DER MÖGLICHEN GRÜNDE FÜR DIE SINKENDE BETEILIGUNG AN WAHLEN

Errechnet man einen Durchschnitt aller Landtags-, Nationalrats-, Gemeindevertretungs- und EU-Wahlen eines Jahrzehnts in Salzburg, heben sich die Besonderheiten der Wahlen weitgehend auf. In den Jahren 2010 bis 2018 beteiligten sich im Durchschnitt 65 Prozent der Wahlberechtigten. 2000 bis 2009 waren es noch 69 Prozent, in den 1990ern 73 Prozent. Dieser allgemeine Trend legt allgemeine Erklärungen nahe, genauso wie die Unterschiede der Entwicklung zwischen Wahltypen und einzelnen Wahlen spezifische zusätzliche Erklärungen notwendig machen.

Über die Veränderung der Wahlbeteiligung gibt es umfangreiche politikwissenschaftliche Diskussionen. Weitgehender Konsens besteht darüber, dass nicht ein einzelner Faktor die Veränderungen begründet.[8] Die Palette der Gründe für eine sinkende (oder steigende) Beteiligung ist breit gefächert. In der Folge werden verschiedene Faktoren diskutiert. Diese reichen von Verän-

---

8 Angelika Vetter/Uwe Remer-Bollow (2017). Bürger und Beteiligung in der Demokratie (Grundwissen Politik), Wiesbaden, S. 214.

derungen beim Wahlrecht und der Wahlorganisation, demographischen Verschiebungen, über die Verschiebung von Werthaltungen in der Gesellschaft und den Folgen, bis hin zur konkreten Ausgestaltung des Parteienwettbewerbs bei den jeweiligen Wahlen. Neun Erklärungsansätze werden in der Folge mit den Erfahrungen in Salzburg kontrastiert.

4.1 Effekte von Alterung und Staatsbürgerschaft

Erstens können demographische Veränderungen die Wahlbeteiligung in Relation zur Wohnbevölkerung verändern. Die Anzahl der Personen, die sich für das Wahlrecht qualifizieren, hängt (in der Regel) davon ab, wie viele Personen über die Staatsbürgerschaft verfügen und das Wahlalter erreicht haben.

Dabei ist im Land Salzburg zu erkennen, dass sich die Anzahl der Wahlberechtigten im Verhältnis zur Wohnbevölkerung wenig ändert. Der Anteil der Wahlberechtigten lag 1999 bei 69 Prozent, 2017 bei 71 Prozent. Dazwischen war der Wert 2009 auf 73 Prozent angestiegen.

Die vermeintliche Stabilität entsteht aus zwei Entwicklungen, die sich teilweise ausgleichen. Die Anzahl der Personen, die aufgrund ihrer Staatsbürgerschaft von Landtagswahlen ausgeschlossen sind, nimmt zu. 1999 waren 11 Prozent der Wohnbevölkerung ohne österreichischen Pass, 2017 waren es 16 Prozent. Im Gegenzug nimmt die Anzahl der von der Wahl aufgrund ihres (niedrigen) Alters ausgeschlossenen Personen ab. 2017 waren nur 16 Prozent der Bevölkerung unter 16 Jahren, 1999 waren 22 Prozent unter 18 Jahren gewesen (20 Prozent waren unter 16).[9] 2009 war das Wahlalter von 18 auf 16 Jahre gesenkt worden.

4.2 Effekte von Änderungen beim Wahlrecht und der Wahlorganisation

Zweitens haben, wie bereits ersichtlich wurde, Fragen des Wahlrechts und der Wahlorganisation Auswirkungen auf die Beteiligung. Eine Ausweitung der Anzahl der Wahlberechtigten begünstigt die Erhöhung der Anzahl der abgegebenen Stimmen. Auch von einem Zusammenlegen von Wahlterminen sind positive Effekte auf die Wahlbeteiligung erwartet worden.[10]

Seit der Landtagswahl 2009 haben auch Jugendliche im Alter von 16 und 17 Jahren die Möglichkeit zu wählen. Dies erhöhte den Anteil der Wahlberechtig-

9 Daten: Eigene Berechnungen auf Basis der Auswertung STATcube (www.statistik.gv.at) und Landesstatistischer Dienst.

10 Z.B. Salzburger Nachrichten (SN) Lokalausgabe (6.3.1999). Dem Wähler nicht einfach gemacht, S. 2.

ten im Verhältnis zur Wohnbevölkerung um zwei Prozent. Der Effekt auf den Anteil der Wählenden an der Gesamtheit der Wahlberechtigten ist gering. Einer Studie zufolge lag beispielsweise bei der Nationalratswahl 2013 die Wahlbeteiligung bei den 16- und 17-Jährigen bei 63 Prozent, während sie allgemein 80 Prozent betrug.[11] Nimmt man dieselbe Relation bei der Landtagswahl 2018 in Salzburg an, so wäre die allgemeine Wahlbeteiligung ohne die 16- und 17-Jährigen um 0,4 Prozent höher gelegen, als sie tatsächlich ausfiel.

Das Zusammenlegen von Landtagswahlen mit Gemeindevertretungs- und BürgermeisterInnenwahlen sollte neben der Reduzierung der Anzahl der Wahlsonntage auch die Wahlbeteiligung heben. 1999, 2004 und 2009 fanden diese Wahlen am selben Tag statt. Davor und danach wurde an verschiedenen Terminen gewählt. Der Anstieg der Wahlbeteiligung im Jahr 2004 legt nahe, dass die Gemeindevertretungswahlen den Effekt einer spannenden Landtagswahl auch positiv bei der eigenen Beteiligung spürten. Die erste wieder entkoppelte Wahl (2014) brachte einen deutlichen Rückgang der Beteiligung, auch außerhalb der Stadt (siehe Tabelle 2).[12]

Tabelle 2: Wahlbeteiligung bei Gemeindevertretungswahlen im Vergleich (1994–2014)

	1994 getrennt	**1999 gemeinsam**	**2004 gemeinsam**	**2009 gemeinsam**	**2014 getrennt**
Gemeindevertretungswahl alle Gemeinden	76,8 %	73,9 %	76,8 %	72,1 %	64,8 %
Landtagswahl	75,4 %	74,1 %	77,3 %	74,4 %	71,0 % (2013)
Gemeindevertretungswahl exkl. Stadt Salzburg	82,5 %	81,7 %	83,8 %	77,7 %	70,2 %
Gemeindevertretungswahl Stadt Salzburg	55,2 % (1992)	60,5 %	64,8 %	57,2 %	49,7 %

Anmerkung: Am selben Tag durchgeführte Wahlen sind grau unterlegt.
Quellen: Daten nach Landesstatistik Salzburg, eigene Berechnungen. Abgerufen am 1. Juni 2018 unter https://www.salzburg.gv.at/stat/wahlen/ltw/index.html.

11 Sylvia Kritzinger/Eva Zeglovits/Patricia Oberluggauer (2013). Wählen mit 16 bei der Nationalratswahl 2013, Wien, S. 30.

12 Für eine umfassende Darstellung bis zur Wahl 2009 siehe Armin Mühlböck (2013). Die Gemeinden im Bundesland Salzburg seit den 1980er-Jahren, in: Herbert Dachs/Christian Dirninger/Roland Floimair (Hg.): Übergänge und Veränderungen: Salzburg vom Ende der 1980er-Jahre bis ins neue Jahrtausend, Salzburg, S. 221–272, hier S. 249–259.

Die seit 1994 stattfindenden BürgermeisterInnendirektwahlen hatten nicht den Effekt, die Wahlbeteiligung bei Gemeindewahlen steigen zu lassen. Der „durch den Persönlichkeitsfaktor der Bürgermeister-Direktwahl angestrebte Effekt einer höheren Wahlbeteiligung als Indikator für höheres Politikinteresse konnte nicht erzielt werden. Lag die Wahlbeteiligung 1989 (also ohne Direktwahl) bei 79,7 %, so betrug sie 1994 trotz Personalisierungsfaktor nur 79,5 % (–0,2 %)", fasst Walter Thaler in seiner Untersuchung zum Wahlverhalten auf Gemeindeebene zusammen.[13] Bis 2014 ging die Beteiligung bei Gemeindevertretungswahlen im Vergleich zu 1989 um knapp ein Achtel zurück. Das ist etwas mehr als der Rückgang bei Landtagswahlen 1989 zu 2013.[14]

Ein Zusammenlegen von Gemeinden würde jedenfalls bei Gemeindewahlen negative Auswirkungen haben, argumentieren die Salzburger Politikwissenschaftler Reinhard Heinisch und Armin Mühlböck anhand von Zeitreihen der Wahlbeteiligung bei sieben Kommunalwahlen im Land (ohne die Stadt Salzburg) zwischen 1979 bis 2009. Sie können nachweisen, dass die Größe der Gemeinde die Wahlbeteiligung in hohem Maße negativ beeinflusst. „Geht es um die Diskussion des Pros und Kontras in punkto Strukturreformen auf lokaler Ebene, so liefern die Ergebnisse unserer Arbeit einen klaren Hinweis darauf, dass eine Zusammenlegung von Gemeinden Kosten in Gestalt einer sinkenden Wahlbeteiligung verursacht."[15]

Nach Gemeinden verzeichneten bei der Landtagswahl 2018 die kleinen Dörfer Krispl, Göriach, St. Koloman, Forstau, Göming und Weißpriach die höchsten Wahlbeteiligungen mit jeweils über 80 Prozent. Die niedrigsten Werte lieferten größere Orte wie die Stadt Salzburg, Zell am See, Hallein, Oberndorf, Saalfelden, Bürmoos, Mittersill und Neumarkt (zwischen 57,3 und 62,0 Prozent). Heinisch und Mühlböck verweisen darauf, dass starke Zuwanderung in größere Gemeinden Heterogenität begünstigt, was wiederum (zumindest bei Gemeindewahlen) negative Auswirkung auf die Beteiligung habe.[16]

---

13 Walter Thaler (2007). Bürgermeister-Direktwahl: Show business, big business oder demokratiepolitischer Fortschritt? Untersuchungen nach drei Bürgermeister-Direktwahlen im Land Salzburg, in: Herbert Dachs (Hg.): Salzburger Jahrbuch für Politik 2007, Salzburg, S. 23–45, hier S. 42.

14 Die Stabilität der Wahlbeteiligung unter Herausrechnung der Stadt Salzburg scheint im Angesicht des (nachholenden?) Absturzes 2014 eventuell der oben diskutierten Zusammenlegung der Wahlen mit den Landtagswahlen in den drei Wahlgängen zuvor geschuldet zu sein.

15 Reinhard Heinisch/Armin Mühlböck (2016). Auf die Größe kommt es an! Neue empirische Befunde zur Wahlbeteiligung in Gemeinden, in: Zeitschrift für Vergleichende Politikwissenschaft, 10, S. 165–190, hier S. 187.

16 Ebd., S. 187.

4.3 Effekte der gesellschaftlichen Werteverschiebung

Drittens spielen Verschiebungen der gesellschaftlichen Organisation eine Rolle. Vetter/Remer-Bollow schreiben über die Erklärungen des Rückgangs der Wahlbeteiligung bei den Bundestagswahlen in Deutschland:

> *An erster Stelle stehen Veränderungen der Gesellschaft im Zuge der Modernisierung, der Auflösung klassischer Milieus, eines Wertewandels hin zu einer stärkeren Präferenz von Freiheits- und Selbstverwirklichungswerten, einer zunehmenden individuellen Mobilität sowie einer stärkeren Individualisierung von Lebensstilen und Lebensverläufen. … Die längerfristige Nähe zu oder Mitgliedschaft in den größeren gesellschaftlichen Gruppen (z. B. Parteien, Kirchen, Gewerkschaften, Vereinen) verliert zu Gunsten von kleinen, häufig kurzfristigen Gruppenmitgliedschaften an Bedeutung, sodass sich auch andere eingespielte Normen und Verhaltensmuster, die sich beispielsweise in der Form einer Parteiidentifikation ausdrückten, an Prägekraft für das Verhalten der Wähler verlieren …*[17]

Auch in Salzburg wurde in den Medien die These diskutiert, dass mit abnehmender Parteitreue auch die Bereitschaft, für die eigene Partei wählen zu gehen, sinkt.[18] Der Rückgang der Beteiligung an Wahlen im Land Salzburg ist weniger stark als der Rückgang der Mitgliedschaften in politischen Parteien im Land.[19] Die Anzahl der SalzburgerInnen, die in Parteien organisiert sind, lag 1982 bei über 90.000. Addiert man die zuletzt veröffentlichten Zahlen, so kann man heute von höchstens 40.000 SalzburgerInnen mit Parteibuch ausgehen. Setzt man das in Relation zur Bevölkerung, so sank der Anteil der Wohnbevölkerung, der in Parteien organisiert ist, von 19 Prozent auf acht Prozent. Übrigens hält die ÖVP unter den Parteimitgliedern im Bundesland einen Anteil von 75 Prozent (rund 30.000).[20]

Für die Landtagswahlen zeigt sich, basierend auf dem Wahlverhalten, eine kontinuierliche Zunahme der Wechselbereitschaft. Die theoretische Basis für die Berechnung der Volatilität ist der Pedersen-Index. Dabei werden die Differenzen zwischen zwei Wahlen für jede Partei addiert und schließlich durch zwei dividiert. Je höher die Zahl ist, desto mehr Wechselbereitschaft besteht bei

---

17 Vetter/Remer-Bollow, Bürger und Beteiligung in der Demokratie, S. 204–205 (s. Fn. 8).

18 SN Lokalausgabe (24.4.2018). Die stärkste Partei trägt die Farbe Weiß, S. 6.

19 Siehe zum Rückgang der Mitgliedschaften z. B. Herbert Dachs (2013). Salzburger Parteien – Zwischen Berg und Tal, in: Herbert Dachs/Christian Dirninger/Roland Floimair (Hg.): Übergänge und Veränderungen: Salzburg vom Ende der 1980er-Jahre bis ins neue Jahrtausend, Wien, S. 105–178, hier S. 114.

20 Eigene Berechnungen auf Basis von Dachs, Salzburger Parteien, S. 114 (s. Fn. 19).

den WählerInnen.[21] Der Index lag bei den Landtagswahlen in den 1950er-Jahren im Durchschnitt bei 5,0 Prozentpunkten. Er stieg in den 60er-Jahren auf 5,6 Punkte, in den 70er-Jahren auf 5,9. Bei den Wahlen 1984 und 1989 ergibt sich ein Durchschnitt von 9,4 Punkten, es folgen die 90er mit 7,8 Punkten, ehe bei den ersten beiden Landtagswahlen nach der Jahrtausendwende der Wert auf 11,9 Punkte und für die zuletzt geschlagenen Wahlen (2013 und 2018) auf den Rekordwert von 22,7 Prozentpunkte stieg.

Abbildung 2: Anzahl der Parteien bei Landtagswahlen in Salzburg (Kalkulation nach Laakso/Taagepera)

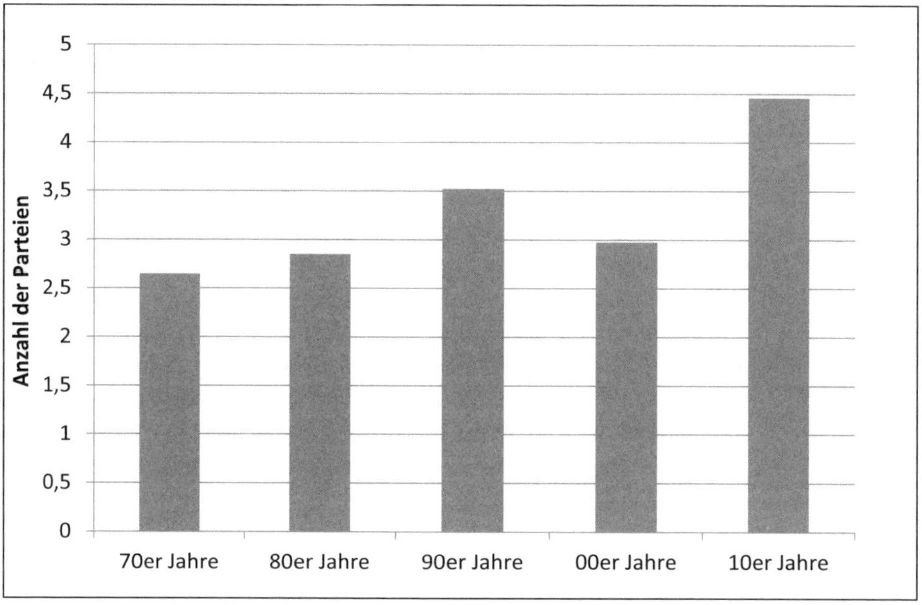

Quellen: Daten nach Landesstatistik Salzburg, eigene Berechnungen. Abgerufen am 1.6.2018 unter https://www.salzburg.gv.at/stat/wahlen/ltw/index.html.

Die geringere Bedeutung der Bindung an „Großparteien" zeigt sich auch in der Anzahl der in den Landtag gewählten Parteien. Hierzu verwenden wir den Index der effektiven Parteienzahl nach Laakso/Taagepera,[22] der den Größen-

21 Mogens Pedersen (1979). Electoral Volatility in Western Europe 1948–1977, in: European Journal of Political Research, 7, S. 1–26.

22 Markku Laakso/Rein Taagepera (1979). Effective Number of Parties: A Measure with Application to West Europe, in: Comparative Political Studies, 12, S. 3–27.

verhältnissen Rechnung trägt. Der Index ergibt für die Landtagswahl im Jahr 1974 eine Anzahl von 2,09, der Wert stieg bis 1989 auf 3,11 und liegt nach der Landtagswahl 2018 bei 4,36 effektiven Parteien (siehe Abbildung 2).

Michael Mooslechner schrieb dazu bereits 1988, auf der Grundlage von Umfragedaten von 1979, dass der Rückgang der Wahlbeteiligung durch das Verhalten neuer Alterskohorten zu erklären sei, die nicht mehr auf die Großparteien orientierten. „Die spezifische Form der Landespolitik, bis Mitte der siebziger Jahre ein verfestigtes Konkordanzsystem, sah sich also zunehmenden Legitimitätsproblemen seitens junger, nicht an die Großparteien gebundener Wählerschichten gegenüber."[23]

4.4 Effekte sozialer Ungleichheit

Viertens: Umfangreiche Literatur ist in den vergangenen Jahrzehnten publiziert worden, die den Zusammenhang zwischen Ungleichheit und Wahlbeteiligung ausleuchtet. „Dieser enge Zusammenhang zwischen politischer Beteiligung und der Ressourcenausstattung eines Individuums ist in der Politwissenschaft ein wiederholt bestätigter Befund, nicht nur für Deutschland, sondern auch für andere Demokratien."[24] Auch für Salzburg gibt es entsprechende Hinweise.

Im Jahr 2012 wurde in einem Arbeitspapier der Robert-Jungk-Bibliothek für Zukunftsfragen in Kooperation mit dem Institut für Grundlagenforschung[25] erhoben, welche Gruppen den Wahlen in Salzburg fernbleiben. Neben einigen anderen Untersuchungen wurde auch die Entwicklung der Wahlbeteiligung in verschiedenen städtischen Bezirken verglichen. Ausgesucht wurden Elisabeth-Vorstadt beim Salzburger Hauptbahnhof und die weniger dicht verbauten Wahlsprengel Gneis-Leopoldskron-Morzg-Moos. Dabei konnte gezeigt werden, dass die Wahlbeteiligung im wirtschaftlich schwächeren Stadtteil Elisabeth-Vorstadt nicht nur niedriger ist, sondern sogar noch schneller sinkt als in dem begüterten Stadtbezirk (Indikator u. a. die höheren Immobilienwerte). Bei der Landtagswahl 2018 hat sich dieser Trend nun sogar weiter verstärkt. Der Unterschied in der Wahlbeteiligung liegt nun bei 19 %, er ist so hoch wie noch nie (siehe Abbildung 3).

---

23 Michael Mooslechner (1988). Landespolitik und Landtag in der Ära Lechner, in: Herbert Dachs (Hg.): Die Ära Lechner: Das Land Salzburg in den sechziger und siebziger Jahren, Salzburg, S. 191–218, hier S. 205.

24 Vetter/Remer-Bollow, Bürger und Beteiligung in der Demokratie, S. 216 (s. Fn. 8).

25 Ernestine Depner-Berger/Stefan Wally (2012). Wer sich von der politischen Teilhabe verabschiedet (JBZ-Arbeitspapier 20), Salzburg.

Abbildung 3: Höhe der Wahlbeteiligung in zwei Wahlbezirken der Stadt Salzburg bei Landtagswahlen

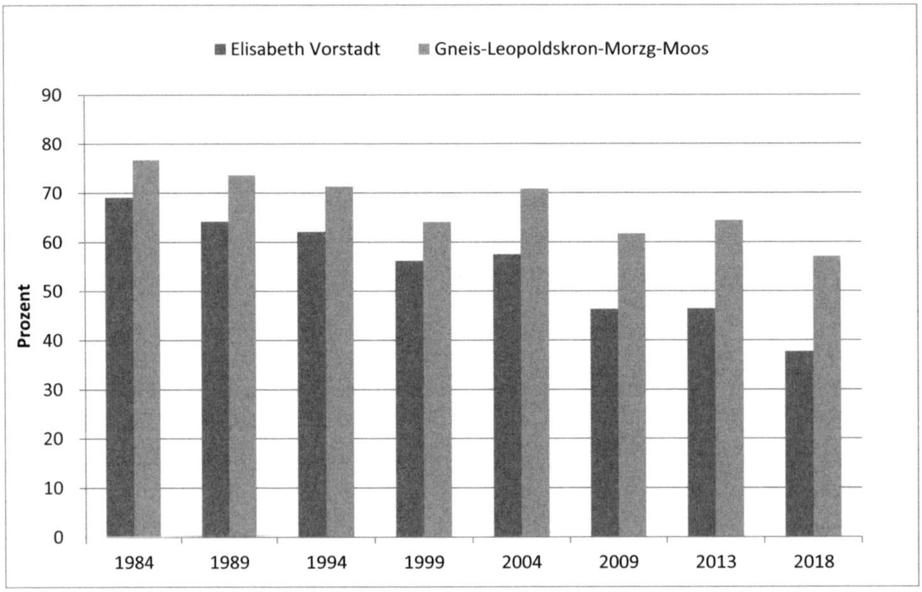

Quelle: Stadt Salzburg. Abgerufen am 2. Mai 2018 unter https://www.stadt-salzburg.at/internet/politik_verwaltung/stadtpolitik/wahlergebnisse.htm.

Dies hat erhebliche Folgen: Wirtschaftliche schwächere Bezirke verlieren zunehmend die politische Kraft, ihre Interessen im politischen System einzubringen. Wahlpolitisches Kalkül muss diesen Teil der WählerInnenschaft in immer geringerem Ausmaß berücksichtigen.

4.5 Effekte „erlernter“ Wahlabstinenz

Fünftens können solche grundlegenden gesellschaftlichen Veränderungen eine eigene Dynamik begründen. Es gibt das Argument, dass Wahlbeteiligung ein erlerntes Verhalten sei. Einmalige Nichtwahl begünstige fortgesetztes Fernbleiben von der Wahlurne. Wachsen Menschen auf, die Wahlen nicht als Pflicht erleben und der Meinung sind, dass die Nicht-Teilnahme an Wahlen vertretbar sei, so senke dies die Wahlbeteiligung strukturell.[26]

26 Mark Franklin (2011). The legacy of lethargy: How elections to the European Parliament depress turnout, in: Electoral Studies, 1, S. 67–76.

Auch für Salzburg gibt es Hinweise, dass sich Nichtwählen wiederholt. In der Wählerstromanalyse der Landesstatistik für die Landtagswahl 2018 werden 75.000 SalzburgerInnen ausgewiesen, die sowohl 2013 als auch 2018 nicht wählen gegangen sind. Von zehn NichtwählerInnen des Jahres 2013 sind somit sechs erneut nicht zur Wahl gegangen.[27] Die Wählerstromanalyse des Landes weist schon für 2013 75.000 Personen aus, die erneut nicht gewählt haben.[28] 2018 waren somit 19 Prozent der Wahlberechtigten Personen, die erneut nicht bei der Landtagswahl gewählt haben.

Das Meinungsforschungsinstitut SORA spricht sogar von 110.000 Wahlberechtigten, die sowohl 2013 als auch 2018 auf die Nutzung ihres Wahlrechts verzichteten.[29] Diese Zahl entspricht 28 Prozent der Wahlberechtigten. Das Erlernen des „Nichtwählens" ist für Salzburg ein relevantes Thema, mit dem man sich beschäftigen muss.

4.6 Effekte einer „Krise" der Landesebene des politischen Systems

Sechstens: Es besteht ein Zusammenhang zwischen der Wahlbeteiligung und der Ebene des politischen Systems. Wahlen zum Europäischen Parlament werden in Österreich beispielsweise in geringerem Ausmaß wahrgenommen als zum Nationalrat. Ist ein Sinken der Wahlbeteiligung bei den Salzburger Landtagswahlen im Gegensatz zur Entwicklung der Beteiligung bei anderen Wahlen zu sehen?

Bei Betrachtung der vergangenen knapp 50 Jahre verringerte sich die Wahlbeteiligung bei Gemeindevertretungswahlen im Landesdurchschnitt von 80,6 Prozent (1974) auf 64,8 Prozent (2014). Bei Nationalratswahlen sank sie in Salzburg von 90,3 (1970) auf 80,7 (2017). Bei den chronisch schlecht wahrgenommenen Wahlen zum Europäischen Parlament sank die Beteiligung von 65 Prozent direkt nach dem EU-Beitritt auf 40,5 Prozent im Jahr 2018.

Das langfristige Sinken der Wahlbeteiligung bei Salzburger Landtagswahlen ist kaum als Krise der Landesebene des politischen Systems zu sehen. Schließlich geht auch die Beteiligung an anderen Wahlgängen nicht nur kurzfristig, sondern bereits über einen längeren Zeitraum gesehen zurück.

Auch bei Wahlen anderer Institutionen verzeichnet man in Salzburg zuletzt überwiegend sinkende Werte. Das absolute Niveau der Beteiligung bei diesen Wahlen ist durch verschiedene Faktoren zu erklären (unter anderem Identi-

---

27 Land Salzburg (2018). Landtagswahl 2018: Endgültige Ergebnisse, Salzburg, S. 89.

28 Land Salzburg (2013). Landtagswahl am 5.5. 2013: Endgültige Ergebnisse, Salzburg, S. 83.

29 SORA (2018). Wahltagsbefragung und Wählerstromanalyse Landtagswahl Salzburg 2018, 22. April 2018, Wien.

fikation, Nähe, Organisation der Wahl). Für den Kontext dieser Analyse ist die Entwicklung der Höhe der Wahlbeteiligung interessant. Bei der Arbeiterkammerwahl 2014 lag die Beteiligung bei 36 Prozent (zwei Prozent weniger als bei der Wahl davor), bei der Wirtschaftskammerwahl 2015 bei 49 Prozent (ebenfalls zwei Prozent weniger als 2010) und bei der Landwirtschaftskammerwahl 2015 bei 51 Prozent (minus 4,9 Prozent gegenüber 2010). Bei den Wahlen zur Österreichischen Hochschülerschaft der Universität Salzburg sank die Beteiligung im Jahr 2017 auf 18,4 Prozent (2015 23,1). Lediglich an den Pfarrgemeinderatswahlen beteiligten sich im Jahr 2017 mit ca. 20 Prozent der Wahlberechtigten etwas mehr als 2012.

4.7 Effekte „knapper Rennen"

Siebtens wird argumentiert, dass Wahlen, die eine Veränderung bringen könnten, mobilisierender seien als Wahlen, deren Ergebnis scheinbar „feststeht".[30] Auch die SalzburgerInnen reagierten auf solche „Zuspitzungen" mit einer höheren Bereitschaft, sich an Wahlen zu beteiligen.

Bei den Nationalratswahlen der vergangenen Jahre war die Wahl im Jahr 2002 während der ersten Regierungsperiode ÖVP-FPÖ (2000–2006) eine Richtungswahl, 2008 stand die Wahl im Zeichen des vorzeitigen Scheiterns der Großen Koalition. Tatsächlich stieg 2002 die Wahlbeteiligung bei der Nationalratswahl in Salzburg (von 79 auf 83,7 Prozent). Sie stieg auch 2008 im Vergleich zu 2006 (von 76,9 auf 78,6 Prozent).

Im Vorfeld der Nationalratswahl 2017 gab es in den zwölf Monaten bis zur Wahl drei Parteien, die zeitweise die meiste Zustimmung in Umfragen erzielten.[31] Darüber hinaus war der Wechsel der Regierungskoalition von SPÖ und ÖVP zu ÖVP und Freiheitlichen absehbar. Die Wahlbeteiligung unter den SalzburgerInnen stieg bei dieser Wahl deutlich – ohne freilich über das Niveau der 1990er-Jahre hinauszukommen. Die Beteiligung stieg 2017 im Vergleich zu 2013 von 74,5 auf 80,7 Prozent.

Die Bundespräsidentenwahl 2016/17 war geprägt von der Polarisierung zwischen dem Kandidaten der Grünen Alexander Van der Bellen und dem Kandidaten der Freiheitlichen Norbert Hofer, die aus der ersten Runde (Be-

30 André Blais (2010). Political Participation, in: Lawrence LeDuc/Richard G. Niemi/Pippa Norris (Hg.): Comparing democracies 3: Elections and voting in the 21st century, Los Angeles, S. 165–183, hier S. 170.

31 SPÖ in Führung, z. B. Tiroler Tageszeitung (7.4.2017); FPÖ in Führung, z. B. Österreich (28.4.2017); ÖVP in Führung, z. B. Österreich (19.5.2017). Daten aus der Datenbank von www.neuwal.com. Abgerufen am 8.6.2018 unter https://neuwal.com/wahlumfragen.

teiligung in Salzburg bei 68,5 Prozent) als Stärkste hervorgingen. Der sich abzeichnende knappe Wahlausgang sorgte dafür, dass die Wahlbeteiligung in der zweiten Runde der Wahl zunahm (72,7 Prozent) und als diese wiederholt werden musste, erneut stieg (74,2 Prozent).

In Salzburg waren vor allem die Landtagswahlen 2004[32] und 2013 durch die Zuspitzung des Kampfes um den ersten Platz in der WählerInnengunst gekennzeichnet. Steigende Wahlbeteiligung gegenüber vorhergehenden Urnengängen gab es bei Landtagswahlen tatsächlich lediglich einmal, nämlich im Jahr 2004 (von 74 auf 77 Prozent). 2013 wurde die Zuspitzung überschattet durch einen Skandal im Finanzmanagement des Landes. Ein Drittel der NichtwählerInnen gab damals an, sich aus „Protest" und aus „Politikverdrossenheit" der Wahl entzogen zu haben.[33] Bei den Landtagswahlen 1999,[34] 2009[35] und 2018 hatten BeobachterInnen eine politische Wende für wenig wahrscheinlich gehalten. „Die ÖVP steht als Siegerin schon fest", schrieb „Der Standard" am 20.4.2018 über die anstehende Landtagswahl.[36]

Bei der Stichwahl um das Amt des Salzburger Bürgermeisters hatten die SalzburgerInnen 2014 und 2017 beide Male die Wahl zwischen Kandidaten der SPÖ (2014 Heinz Schaden, 2017 Bernhard Auinger) und der ÖVP (beide Male Harald Preuner). Während 2014 mit einem Sieg Heinz Schadens gerechnet wurde,[37] war der Wahlausgang 2017 weniger sicher.[38] Die Wahlbeteiligung lag 2014 bei 31,2 Prozent, 2017 bei 41,4 Prozent.

Die Sorge um eine niedrige Wahlbeteiligung, weil eine Wahl schon entschieden schien, trieb SalzburgerInnen schon in der 1. Republik um. In Anbetracht erwarteter Zugewinne der Sozialdemokraten bei den anstehenden Nationalratswahlen sorgte man sich um die Wahlbeteiligung im bürgerlichen Lager. Das Salzburger Volksblatt – eine dem Dritten Lager nahestehende Zeitung –

---

32 Dachs, Machtwechsel (s. Fn. 6).

33 Der Standard (6.5.2013). Wahlbeteiligung stabil dank mobilisierender „Negativthemen", S. 3.

34 Elisabeth Wolfgruber (1999). „Im Westen nichts Neues?" Landtags- und Gemeinderatswahlen in Salzburg im Superwahljahr 1999, in: Herbert Dachs/Roland Floimair (Hg.): Salzburger Jahrbuch für Politik 2001, Salzburg, S. 30–56.

35 Herbert Dachs (2009). More of the same? Die Salzburger Landtagswahlen am 1. März 2009, in: Herbert Dachs/Roland Floimair (Hg.): Salzburger Jahrbuch für Politik 2010, Wien, S. 9–27.

36 Der Standard (20.4.2018). Salzburger ÖVP startet aus der Pole-Position, S. 7.

37 Der Standard (21.3.2014). Zweiter Wahlgang in Salzburg, S. 8: „Auch heuer lautet das Match wieder Schaden gegen Preuner, wobei Schaden Favorit ist. Er erreichte im ersten Wahlgang rund 45 Prozent, Preuner liegt mit 19,5 Prozent weit abgeschlagen dahinter."

38 Z. B. Kronen Zeitung Lokalausgabe (7.12.2017). Stichwahl: Interesse wächst, S. 20: „Jetzt rechnen Experten aber mit einem Kopf-an-Kopf-Rennen zwischen Bernhard Auinger (SPÖ) und Harald Preuner (ÖVP) – sprichwörtlich könnte tatsächlich jede Stimme zählen."

warnte am 2.2.1927 davor, dass „viele ohnehin für den Gang zur Urne nicht begeisterte Wähler sich durch einen ungünstigen Ausgang der Landtagswahl dazu verleiten ließen, mit der Begründung, es nütze nichts mehr, auch der Nationalratswahl fern zu bleiben.“[39] Die Wahlbeteiligung bei den Wahlen lag damals in der Folge bei rund 85 Prozent (Nationalratswahl 1927: 86,4 Prozent).[40]

4.8 Effekte von Parteien mit „Systemdistanz“

Achtens wurde lange Zeit argumentiert, dass der Rückgang der Wahlbeteiligung mit der programmatischen Annäherung der Parteien zu tun habe, denn: „Unabhängig von der Wahl werden keine großen politisch-inhaltlichen Veränderungen erwartet.“[41] Das Auftreten von neuen, klar anderen politischen Angeboten sollte folglich positive Effekt auf die Wahlbeteiligung haben.

Auch Rudolf Ardelt argumentierte 1985 in Bezug auf Salzburg ähnlich, wenn er auf die Effekte des Verbands der Unabhängigen (VdU), der Vorläuferorganisation der FPÖ, zu sprechen kam:

> *Es wäre schlicht falsch, wollte man in der Wahlenthaltung – sei es durch Fernbleiben am Wahltag oder durch Abgabe ungültiger Stimmen – ein neues Phänomen der Geschichte der Zweiten Republik erblicken. Vor allem in der Landeshauptstadt, aber auch außerhalb, war die Tendenz zur Wahlenthaltung bereits in den zwanziger Jahren stark ausgeprägt – sie wird eher durch die Tatsache verschleiert, daß es in den ersten Wahlgängen der Zweiten Republik zu einer exponentiellen Mobilisierung der Wahlberechtigten gekommen war, teils durch stärkere Hinwendung zu den beiden Großparteien, teils durch die offensichtliche hohe Attraktivität des VdU für das Signalement von Protestverhalten oder ‚Systemdistanz‘.*[42]

Der Zusammenhang zwischen dem Auftreten einer Partei mit Systemdistanz und einer höheren Wahlbeteiligung muss aber angesichts der Datenlage relativiert werden. In der österreichischen Innenpolitik kann vor allem die Wende der Freiheitlichen Partei auf den populistischen Kurs mit Jörg Haider ab der Mitte der 1980er-Jahre als neues Angebot an ProtestwählerInnen gewertet wer-

---

39 Salzburger Volksblatt (2.4.1927), Der Wahltag, S. 1.

40 Historische Daten. Abgerufen am 5.5.2018 unter https://www.bmi.gv.at/412/Nationalratswahlen/Historischer_Rueckblick.aspx.

41 Vetter/Remer-Bollow, Bürger und Beteiligung in der Demokratie, S. 205 (s. Fn. 8).

42 Rudolf Gustav Ardelt (1984). Das Wahlverhalten im Bundesland Salzburg bei den Nationalrats- und Landtagswahlen 1945–1984, in: Herbert Dachs (Hg.): Das politische, soziale und wirtschaftliche System im Bundesland Salzburg (Schriftenreihe des Landespressebüros), Salzburg, S. 189–236, hier S. 207–208.

den. Die Wahlbeteiligung bei Nationalratswahlen stieg aber in den Jahren 1983 bis 1995 nicht, sondern sie sank signifikant (1983 90,6 Prozent bis 1994 78,9 Prozent). Jedenfalls war dieses Angebot nicht in der Lage, den Rückgang der Wahlbeteiligung zu stoppen.

4.9 Effekte einer „Normalisierung“

Neuntens: Die soeben zitierte These von Rudolf Ardelt argumentiert neben der Erwähnung der Parteien mit „Systemdistanz“ analog zur sogenannten „Normalisierungsthese“. Die VertreterInnen dieser These meinen, dass der Rückgang der Wahlbeteiligung eine Normalisierung darstelle, vielmehr das Niveau in Österreich und Deutschland eine Abweichung dargestellt hätte.[43]

Für Salzburg stand mit Ardelt die These im Raum, die gesunkene Wahlbeteiligung bis 1984 könnte eine Normalisierung in Bezug auf die „Tendenz zur Wahlenthaltung bereits in den zwanziger Jahren“[44] darstellen, die hohe Beteiligungsraten nach 1945 seien die Ausnahme gewesen. Das hätte die Annahme nahegelegt, dass nach dem Erreichen des Niveaus der 1920er-Jahre von rund 85 Prozent eine Stabilisierung der Beteiligung eintreten würde. Das war aber nicht der Fall, sie sank weiter.

4.10 Bewertung

Wie nicht anders zu erwarten, kann auch für Salzburg keine Erklärung allein herangezogen werden, um die durchschnittlich sinkende Wahlbeteiligung zu erklären. Die Diskussion der Wahlbeteiligung in Salzburg legt aber einige Hinweise nahe, wie die Legitimität des politischen Systems durch Wahlen verbessert werden kann.

Zum einen ist eine Antwort darauf zu suchen, wie größere Teile der Wohnbevölkerung in den demokratischen Prozess eingebunden werden können. Das kann auch durch die Ausweitung des Wahlrechts geschehen.

---

43 Dieter Roth (1992). Sinkende Wahlbeteiligung – eher Normalisierung als Krisensymptom, in: Karl Starzacher/Konrad Schacht/Bernd Friedrich (Hg.): Protestwähler und Wahlverweigerer: Krise der Demokratie?, Köln, S. 58–68, hier S. 61.

44 Die Wahlbeteiligung bei den Landtagswahlen 1927 lag bei etwa 84 Prozent, bei den Landtagswahlen 1922 lag sie niedriger, in der Stadt damals bei nur 65 Prozent. Siehe Salzburger Chronik (14.4.1927). Frauenstimmen und Wahlausgang, S. 1; Salzburger Volksblatt (10.4.1922). Die Landtagswahlen, S. 6.

Organisatorisch gibt es Hinweise auf die Sinnhaftigkeit des Zusammenlegens von Wahlterminen verschiedener Ebenen des politischen Systems und gegen das Zusammenlegen von Gemeinden zu größeren Wahleinheiten.

Weiters zwingen gesellschaftliche Veränderungen dazu, sich bei der Mobilisierung zum Wählen weniger auf traditionelle Strukturen wie Parteien und Verbände zu verlassen, sondern diesen neue Wege zur Seite zu stellen. Die Wahlmobilisierung soll möglichst bei ErstwählerInnen ansetzen, um eine Gewöhnung an das Nichtwählen zu verhindern. Ein Schwerpunkt muss auf wirtschaftlich Benachteiligte gelegt werden, da hier der Rückgang der Beteiligung überdurchschnittlich ist.

Da der Rückgang in Salzburg keine Besonderheit im österreichischen Kontext darstellt, ist nicht von einer Krise der Landesebene auszugehen. Andererseits deutet das fortschreitende Sinken der Beteiligung nicht darauf hin, dass der Rückgang von selbst auf einem „normalen Niveau" (wo immer das definiert wird) zum Ruhen käme, auch das Aufkommen von stärker polarisierenden Parteien leistete diese Stabilisierung nicht.

4. NUTZUNG DER INSTRUMENTE DER DIREKTEN DEMOKRATIE

Instrumente der direkten Demokratie wurden häufig als Möglichkeit gesehen, das politische System angesichts sinkender Integrationskraft der bestehenden Formen der Beteiligung zu stärken.

> *Direkte Demokratie sei ein Heilmittel gegen die Schwächen der modernen repräsentativen Demokratie, weil sie mehr Responsivität von den Entscheidungsträgern fordere, zu mehr Transparenz führe, intensivere und offenere Debatten über Themen impliziere, und dies wiederum zu mehr politischem Interesse und zu einer Stärkung des Verhältnisses zwischen Bürgern und Politik führen sollte.*[45]

Die Einführung von Volksbegehren, Volksabstimmungen und Volksbefragungen war immer als Ergänzung zur repräsentativen Demokratie gedacht.

Die Beteiligung an den Volksbegehren schwankt stark, abhängig vom Thema und der Mobilisation durch Organisationen, Medien und Parteien. In den vergangenen zwanzig Jahren (Stichtag Juni 1998) fanden 16 österreichweite Volksbegehren statt. 1998 bis Juni 2003 waren es sieben, in den fünf Folgejahren bis 2008 zwei, bis zum Jahr 2013 weitere fünf und zwischen 2013 und 2018 zwei Volksbegehren. Am höchsten war die österreichweite Beteiligung in dieser

45 Vetter/Remer-Bollow, Bürger und Beteiligung in der Demokratie, S. 250 (s. Fn. 8).

Periode von zwanzig Jahren am Volksbegehren gegen das Atomkraftwerk Temelin (2002: 15,5 Prozent). Es folgen die Begehren für den Sozialstaat Österreich (2002: 12,2 Prozent), gegen den Ankauf von Abfangjägern (2002: 10,7 Prozent) und das Pensionsvolksbegehren (2004: 10,5 Prozent). Alle weiteren Begehren erzielten weniger als 10 Prozent.[46]

In Salzburg kam es zu Abweichungen. Zwar waren auch hier die Volksgehren gegen das AKW Temelin (13,4 %) und für den Sozialstaat am erfolgreichsten (10,4 %). Als einziges weiteres Volksbegehren schaffte es in Salzburg aber die Initiative gegen die transatlantischen Handelsabkommen TTIP/CETA (2017: 10,25 %) über die Marke von 10 Prozent. Im Durchschnitt wurden die 16 Volksbegehren von 5,4 Prozent der ÖsterreicherInnen unterzeichnet. In Salzburg lag dieser Wert mit 5,1 Prozent etwas niedriger.

Die österreichweiten Volksabstimmungen zur Inbetriebnahme des Atomkraftwerkes Zwentendorf und zum Beitritt zur Europäischen Union fanden in den Jahren 1978 beziehungsweise 1994 statt. Die Beteiligung lag in Salzburg beide Male in der Nähe des österreichischen Durchschnitts bei 60 (Zwentendorf) bzw. 80 Prozent (EU-Beitritt).[47]

Daneben gibt es in Österreich das Instrument der Volksbefragung. Dies wurde im Jahr 2013 genützt, um die Meinung der Bevölkerung zur Einführung eines Berufsheeres zu erfragen. 52,4 Prozent der wahlberechtigten ÖsterreicherInnen gaben ihre Stimme ab. In Salzburg waren es 52,6 Prozent.[48]

In Salzburg besteht auch die Möglichkeit, Volksbegehren, Volksabstimmungen und Volksbefragungen auf Landesebene durchzuführen.[49] 1998 gab es eine Volksbefragung zu den Themen „Tempolimit – Umweltschutz – Energie" (Beteiligung 3,9 Prozent), 1990 zu einem Tempolimit 80 km/h auf Freilandstraßen, Tempolimit 100 km/h auf Autobahnen (Beteiligung 29,5 Prozent), 1993 wurde aufgrund des Vorliegens eines Volksbegehrens (10.000 Unterstützungen) eine Volksabstimmung zum Themenkreis „Angleichung der Landesgesetze an den EWR" durchgeführt (7,5 Prozent). 1997 wurde aufgrund eines Regierungsbeschlusses die erste Volksbefragung zum Thema „Bewerbung von Salzburg als Austragungsort für Olympische Winterspiele" durchgeführt (30,7 Prozent).

46 Daten: Bundesministerium für Inneres (2018). Volksbegehren. Abgerufen am 7.6.2018 unter www.bmi.gv.at/411.

47 Daten: Bundesministerium für Inneres (2018). Volksabstimmungen. Abgerufen am 7.6.2018 unter http://www.bmi.gv.at/410.

48 Daten: Bundesministerium für Inneres (2018). Volksbefragung. Abgerufen am 7.6.2018 unter http://www.bmi.gv.at/416.

49 Daten: Michael Bergmüller (2010). Wahlrecht: Recht der direkten Demokratie, Salzburg, S. 60.

In den Zeitraum der letzten zwanzig Jahre fällt die 1998 aufgrund eines Regierungsbeschlusses durchgeführte Volksabstimmung über eine Änderung der Landesverfassung (Abschaffung des Proporzes, Beteiligung 10,2 Prozent) und 2005 wurde aufgrund eines Regierungsbeschlusses abermals eine Volksbefragung zur Bewerbung von Salzburg als Austragungsort für Olympische Winterspiele durchgeführt (19 Prozent).

Auch in der Stadt Salzburg[50] und in den Gemeinden können diese Instrumente eingesetzt werden; sie heißen hier Bürgerbegehren, Bürgerabstimmung und Bürgerbefragung.[51] Besondere Bedeutung hatte dabei die Bürgerbefragung zum Erhalt der Grünlanddeklaration im Mai 2006. 96 Prozent stimmten für das Anliegen, die Beteiligung lag aber lediglich bei 13 Prozent der Stimmberechtigten. Bei einer Bürgerbefragung in der Stadt Salzburg sprachen sich 2005 60,53 Prozent der Bevölkerung (Beteiligung 22 Prozent) gegen eine Kandidatur der Stadt als Austragungsort der Olympischen Winterspiele aus. Bei einer landesweiten Volksbefragung hatten sich zuvor 60 Prozent für eine Bewerbung ausgesprochen. Die Stadt Salzburg bewarb sich in der Folge trotzdem, kam aber nicht zum Zug.

Auch in Gemeinden wird das Instrument der Bürgerabstimmung genutzt. In Seekirchen kam es 2016 zu einer intensiven Diskussion über den Abriss des zentral gelegenen Hofwirt-Gebäudes. 42,5 Prozent der SeekirchnerInnen beteiligten sich an der Abstimmung, die mit einem „Nein" zum Abriss endete.[52]

Diese Darstellung zeigt, dass direktdemokratische Instrumente in Salzburg regelmäßig genutzt werden. Das Ausmaß der Beteiligung war vor allem dann gering, wenn das Ergebnis für das politische System keinen verpflichtenden Charakter hatte oder vorhersehbar war. War die Politik hingegen rechtlich oder durch Bekenntnis an das Ergebnis gebunden, erfuhr der Vorgang höhere Beteiligung.

4.1 Leichte Zunahme der Präsenz von BürgerInneninitiativen

Neben den institutionalisierten Formen der Beteiligung stehen weitere Möglichkeiten offen, sich in das politische System in Salzburg einzubringen. Zu den nicht-institutionalisierten Formen zählen insbesondere BürgerInneninitiativen, die zu einem Thema ihre Interessen oder Ideen artikulieren.

50 Daten: Magistrat Salzburg (2018). Direkte Demokratie. Abgerufen am 7.6.2018 unter www.stadt-salzburg.at/internet/politik_verwaltung/stadtpolitik/direkte_demokratie_331732.htm.

51 Salzburger Gemeindeordnung 1994, §67–74.

52 SN Lokalausgabe (26.9.2016). Zwei Drittel wollen den Hofwirt in Seekirchen behalten, S. L2.

Das Ausmaß dieser nicht-institutionellen Beteiligung ist schwer zu messen. Um es trotzdem abschätzbar zu machen, wird für diese Untersuchung die mediale Berichterstattung über BürgerInneninitiativen herangezogen.[53] Dahinter steht die Annahme, dass die Veränderung des Ausmaßes der Berichterstattung über die Initiativen etwas über die Veränderung ihrer Bedeutung in der Zivilgesellschaft aussagt. Wenn diese Annahme stimmt, kann man für das Land Salzburg die folgenden Trends für die Jahre 1997 bis 2016 zeichnen und ernst nehmen (siehe Abbildung 4).

Abbildung 4: Partizipation in Salzburger Medien; Anzahl der Nennungen pro 1.000 Artikel

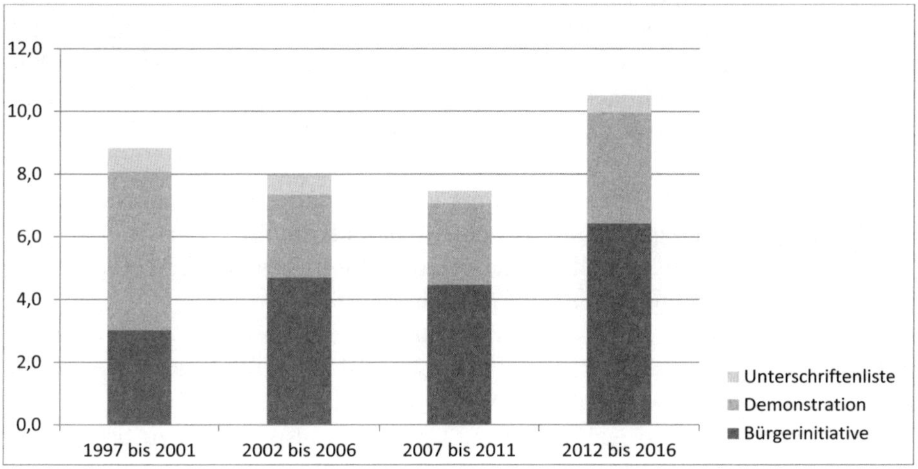

Anmerkung: Ausgehend vom Gesamtbestand der erfassten Artikel wurde die Presseclipping-Datenbank des Salzburger Landespressebüros für den jeweils genannten Zeitraum und zum jeweils genannten Stichwort durchsucht.
Quelle: Eigene Berechnungen anhand des Presseclippings des Landes Salzburg. Abgerufen am 2.5.2018 unter http://anwendung/presseclipping/search.

Schon aufgrund des Charakters von BürgerInneninitiativen als (zumeist) zeitlich befristet und themenbezogen ist mit starken Schwankungen in ihrer Präsenz in der Öffentlichkeit zu rechnen. Es macht deswegen wenig Sinn, kurze

53 Dazu wurde die Presseclipping-Datenbank des Salzburger Landespressebüros (http://anwendung/presseclipping/search) ausgewertet, dessen Aufgabe es ist, die landespolitisch relevanten Berichte in Printmedien und im Regionalradio zu erfassen.

Zeitspannen zu vergleichen, wenn man langfristige Trends bestimmen will. Deswegen wurden hier jeweils die Werte von fünf Jahren zusammengefasst.

Grundsätzlich kam in den vergangenen zwanzig Jahren in rund fünf von jeweils 1000 Berichten zur Politik in Stadt und Land Salzburg der Wortstamm bzw. das Wort „Bürgerinitiative“ vor. In drei von 1000 kam „Unterschriftenliste“ und in 0,5 „Demonstration“ vor. Diese relativen Zahlen unterliegen etlichen notwendigen Interpretationen und Einschränkungen. Aussagekräftiger ist der Vergleich der Daten im Zeitlauf, da sie auf weitgehend ähnliche Weise entstanden sind. Dabei zeigt sich, dass es zuletzt zu einer Zunahme der Berichterstattung über nicht-institutionelle Partizipation in Salzburg kam.

In den fünf Jahren von 1997 bis 2001 war in drei von 1000 Artikeln das Wort „Bürgerinitiative“ präsent, 2002 bis 2006 in 4,7, 2007 bis 2011 in 4,5, 2012 bis April 2016 aber in 6,1 von 1000 Artikeln. Im selben Zeitraum verringerte sich jeweils die Präsenz der Wörter „Unterschriftenliste“ und „Demonstration“. Um das Bild weiter zu vereinfachen: BürgerInneninitiativen sind in den medialen Berichten über Salzburgs Politik in den Jahren 2012 bis 2016 deutlich präsenter als früher.

Wie plausibel ist diese Entwicklung? In einer anderen Auswertung wurde der Präsenz der oben genannten Begriffe in der allgemeinen Berichterstattung österreichischer Medien nachgespürt. Hier ist ebenfalls eine leichte Steigerung der Häufigkeit zu verzeichnen, allerdings in deutlich geringerem Ausmaß. Pro 1000 Artikel in dieser anders zusammengesetzten Datenbank bezogen sich in den Fünfjahresperioden in der Zeit 2012 bis 2016 2,0 Artikel auf „Bürgerinitiativen“, zuvor waren es stets 1,7 bis 1,8 gewesen.[54]

Die Präsenz von BürgerInneninitiativen nahm also zuletzt zu, insgesamt, über einen längeren Zeitraum gesehen, ist sie allerdings in einem Ausmaß gestiegen, das als Kompensation für den Rückgang bei der Wahlbeteiligung gesehen werden kann.

4.2 Die wichtigsten Themen der BürgerInneninitiativen

Die gemessene Zunahme der Berichterstattung über BürgerInneninitiativen hängt mit konkreten Themen zusammen, die in Salzburg eine Rolle spielten.[55] Dies waren die Diskussion um die neue 380-kV-Stromleitung durch das Land, ein Bauprojekt am Rehrl-Platz in der Stadt Salzburg, die Einführung von

54 Auswertung der APA-defacto-Datenbank für den jeweils genannten Zeitraum und zum jeweils genannten Stichwort. Quellenbündel aus 18 für die Fragestellung relevanten Medien. Darauf basierend eigene Berechnungen.

55 Übersicht basierend auf Medienberichten, recherchiert in der APA-defacto-Datenbank.

Tempo 80 auf einem Abschnitt der Autobahn im Zentralraum Salzburg, eine geplante Erdgasleitung durch das Land, Pläne für die Ausweitung der Garagenplätze in der Salzburger Innenstadt, Forderungen von AnrainerInnen des Salzburger Flughafens, ein Wasserkraftwerk an der Mur sowie eine Initiative für Direkte Demokratie in der Stadt Salzburg.

Die 380-kV-Starkstromleitung soll von St. Peter am Hart in Oberösterreich bis nach Kaprun führen. Entlang der Strecke bildeten sich etliche BürgerInneninitiativen. Neben der Diskussion der Route und der Notwendigkeit der Leitung stand der Typus der Leitung im Mittelpunkt. BürgerInnen traten für eine Erdverkabelung ein, die Verbund AG als Betreiberin des Projekts lehnte dies ab. Die Forderungen nach einem Erdkabel wurden von PolitikerInnen aller im Landtag vertretenen Parteien unterstützt. Besondere Bedeutung kam darüber hinaus der Kronen Zeitung zu, die sich lautstark auf die Seite der ErdkabelbefürworterInnen stellte. Zur Ablehnung durch den Landtag, ein das Erdkabel erzwingendes Gesetz zu beschließen, titelte die Zeitung beispielsweise 2012, Naturschutz-Präsidenten Hans Kutil zitierend: „Ein abgekartetes Polit-Theater auf dem Rücken der 380KV-Anrainer".[56] 2018 titelt man über die Hürden für die Verwirklichung des Erdkabel bei der 380-kV-Leitung: „Steinzeit-Politik zerstört unsere Umwelt".[57] Da es sich bei der Genehmigung um ein Behördenverfahren handelte, war der Einfluss der Landes- und Gemeindepolitik begrenzt. Der erste Abschnitt der Leitung bis Elixhausen wurde 2011 in Betrieb genommen.

In der Stadt Salzburg wurde ein Bauvorhaben am Dr.-Franz-Rehrl-Platz Anlass für viele BürgerInnen, aktiv zu werden. Ursprünglich war der Teil des Platzes freigehalten worden, weil das Projekt eines Kapuzinerbergtunnels und einer Garage dies erfordert hatte. 2012 wurde ein Projekt vorgelegt, das die Errichtung hochpreisiger Wohnungen an dem Standort vorsah. 20.000 SalzburgerInnen unterschrieben gegen das Projekt. Das Projekt wurde immer wieder überarbeitet.

Die Einführung von Tempo 80 auf der Autobahn in der Stadt Salzburg führte zur ersten BürgerInneninitiative, die vor allem über die sozialen Medien ihre Kraft zeigte. Die bereits bestehende Facebook-Seite „Stau in Salzburg" wurde zum Träger des Widerstandes gegen das neue Tempolimit. 31.000 Personen drückten bei der Seite den „Gefällt mir!"-Button. Das Tempolimit war von der für Umweltschutz zuständigen Landeshauptmann-Stellvertreterin Astrid Rössler verordnet worden, um die Luftbelastung in der Stadt zu reduzieren. Dass grundsätzlich Maßnahmen zur Verbesserung der Luft zu setzen waren, ergab

56 Kronen Zeitung Lokalausgabe (12.5.2012). „Ein abgekartetes Polit-Theater auf dem Rücken der 380-kV-Anrainer", S. 24.

57 Kronen Zeitung Lokalausgabe (28.1.2018). Steinzeit-Politik zerstört unsere Umwelt, S. 20.

sich aus dem Immissionsschutzgesetz-Luft und Verpflichtungen gegenüber der Europäischen Union.

Nach sieben Jahren wurde 2014 das Projekt „Tauerngasleitung" von den Betreibern vorerst aufgegeben. Dabei hatte es sich um Energieunternehmen gehandelt, darunter auch die Salzburg AG. Im Prozess der Projektentwicklung hatte sich eine intensive Diskussion entwickelt, bei der auch BürgerInneninitiativen eine gewichtige Rolle spielten. In der lokalen Bevölkerung wurde vor allem mit dem Landschafts- und Naturschutz argumentiert, in der Landespolitik grundsätzlich die Förderung der Infrastruktur für fossile Energieträger hinterfragt.

Die Erweiterung der Parkgarage im Mönchsberg wurde von der Stadt Salzburg vorangetrieben. Bürgermeister Heinz Schaden und die Parkgaragengesellschaft strebten die Vergrößerung um mehrere hundert Stellplätze an. Dagegen regte sich Widerstand, der auf eine sehr lange Tradition zurückblicken kann: Immer wieder gingen SalzburgerInnen gegen Parkgaragenprojekte in der Innenstadt auf die Barrikaden, da sie damit verbunden eine Verschärfung der Belastung der Bevölkerung durch einen weiteren Zuwachs des Individualverkehrs erwarteten. BürgerInneninitiativen erhielten bei ihrem Widerstand die Unterstützung der Grünen in Stadt- und Landespolitik, was dem Konflikt eine zusätzliche politische Dimension verlieh.

Die Belastung der Bevölkerung durch Lärm und Abgase im Umfeld des Salzburger Flughafens führte über Jahrzehnte hinweg zu zivilgesellschaftlichem Widerstand. Der Konflikt wurden teilweise institutionalisiert durch die Schaffung eines Anrainerbeirates mit Regeln für den Informationsfluss. Die spätere Landeshauptmann-Stellvertreterin Astrid Rössler hatte in den Jahren bis 2013 als Sprecherin der AnrainerInnen gewirkt. Ihr politischer Aufstieg wurde von KommentatorInnen unter anderem mit ihrem Engagement in dieser Frage in Zusammenhang gebracht.

Ein weiterer wichtiger Anlass für BürgerInnenaktivismus war das das von der Salzburg AG geplante Mur-Ausleitungskraftwerk in Ramingstein. Der Verein Plattform Lebensader Mur will den natürlichen Zustand des Flusses in diesem Bereich erhalten und sorgt sich um die erwarteten niedrigen Restwassermengen bei einem Kraftwerksbetrieb. Der Druck führte zum Ausrufen einer „Nachdenkpause" durch den damaligen Landeshauptmann-Stellvertreter Wilfried Haslauer.

Besonders viel zivilgesellschaftliches Engagement zeigte sich im Jahr 2015, als eine sehr große Anzahl von Flüchtlingen nach Österreich einreiste. Am Salzburger Bahnhof wurde unter Mithilfe von Freiwilligen Assistenz geleistet, danach in vielen lokalen Gruppen Unterstützung für Geflüchtete geboten. Die Anzahl der freiwillig Helfenden dürfte in die Tausende gegangen sein.

5. BEREITSCHAFT ZUR PARTIZIPATION

In einer repräsentativen Umfrage zur Situation der Politischen Bildung in Salzburg (n=1.200) im Jahr 2017 erhob die Robert-Jungk-Bibliothek für Zukunftsfragen auch die Bereitschaft zu und Erfahrung mit Partizipation im Sinne des Kompetenz-Modells der Politischen Bildung.[58] Aus diesen Daten ergibt sich auch ein Bild über die Stellung von BürgerInneninitiativen im Land Salzburg (siehe Abbildung 5).

Abbildung 5: Beteiligung an BürgerInneninitiativen nach höchstem Bildungsabschluss

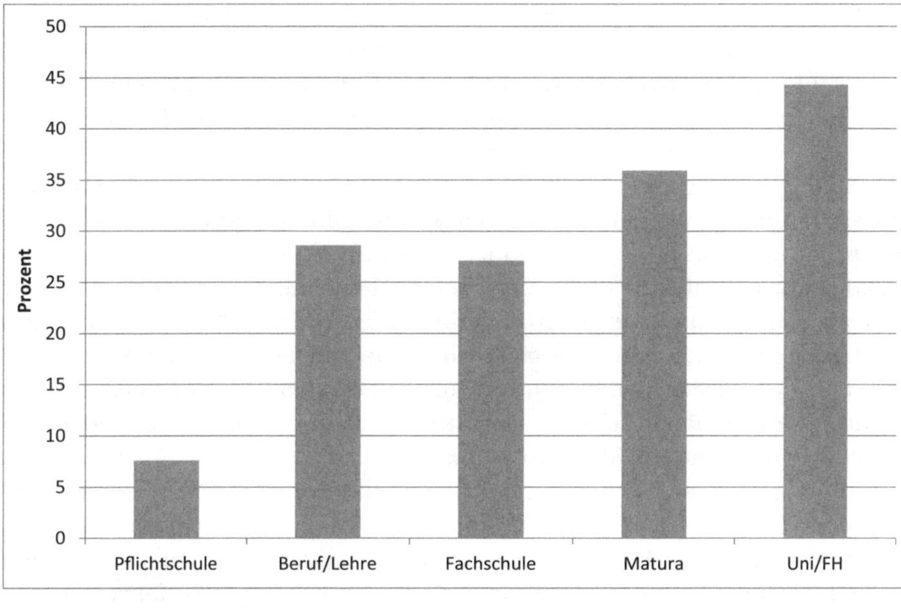

Quelle: Daten nach Umfrage des IGF für die Robert-Jungk-Bibliothek für Zukunftsfragen 2017 (n=1200, gewichtetes Sample).

31 von 100 SalzburgerInnen gaben an, sich über BürgerInneninitiativen bereits zumindest einmal am politischen Prozess beteiligt zu haben. Der Wert für Männer und Frauen war in etwa gleich hoch. Auch die Unterschiede nach Ortsgröße und Bezirk waren gering. Nach Altersgruppen unterschieden waren

58 Markus Pausch/Stefan Wally/Dagmar Baumgartner (2017). Politische Bildung in Salzburg (Arbeitspapier der Robert-Jungk-Bibliothek für Zukunftsfragen 43), Salzburg.

junge Menschen bis 29 Jahre bislang weniger häufig in BürgerInneninitiativen aktiv, was aber aufgrund der geringeren Anzahl der Möglichkeiten in einer kürzeren (Lebens-)Zeitspanne nicht überraschen soll. Sehr deutlich wird aber der Unterschied im Ausmaß der Beteiligung nach Bildungsniveau. Personen mit Pflichtschulabschluss haben nur zu 7,6 Prozent, Personen mit Berufsausbildung/Lehre zu 29 %, Maturanten zu 36 % und Personen mit Hochschul- oder Fachhochschulabschluss zu 44 % Erfahrungen in BürgerInneninitiativen. Auch nach Berufsgruppen finden wir analoge Unterschiede: Den niedrigsten Wert finden wir bei ArbeiterInnen mit 12 Prozent, bei Selbstständigen liegt der Anteil bei 40 Prozent.

An Volksabstimmungen und Volksbegehren haben laut Selbstauskunft 80 Prozent der SalzburgerInnen zumindest einmal teilgenommen. Auch hier findet sich dasselbe Muster. Je höher der Bildungsstand, desto größer der Anteil der Personen mit Erfahrungen in diesem Bereich der direkten Demokratie. Die Beteiligungswerte reichen von 52 Prozent unter Personen mit Pflichtschulabschluss bis zu 94 Prozent bei jenen mit Universität- oder Fachhochschulausbildung. Nach Beruf sind die Unterschiede messbar, aber geringer als bei der Beteiligung an BürgerInneninitiativen. Die Werte reichen von 76 Prozent bei ArbeiterInnen bis zu 85 Prozent bei Selbstständigen und 88 Prozent bei PensionistInnen.

Das an diesen beiden Fällen zu erkennende, sich auf die berufliche Stellung bzw. den Bildungsabschluss beziehende Gefälle in der politischen Partizipation in Salzburg prägt sich unterschiedlich aus, je nach Beteiligungsform. Um diese zu illustrieren, wurde berechnet, um welchen Faktor häufiger Personen mit Universitäts- bzw. Fachhochschulabschluss Erfahrungen mit Partizipationsformen haben als Personen mit Pflichtschulabschluss.

Bei Wahlen liegt die Beteiligung der AkademikerInnen um 28 Prozentpunkte über der von PflichtschülerInnen. Beim Engagement in Parteien erhöht sich der Vorsprung auf 73 Prozentpunkte. Noch etwas größer ist der Unterschied bei Volksabstimmungen/-begehren mit 81 Prozentpunkten. Bei BürgerInneninitiativen steigt der Wert schließlich auf 450 Prozent. Das bedeutet verkürzt dargestellt: Je stärker Beteiligungsformen von traditionellem Engagement der repräsentativen Demokratie abweichen, desto größer wird das bildungsbezogene Ungleichgewicht.

Sind die Personen, die bisher bestimmte Beteiligungsformen nicht genutzt haben, für die jeweilige Form der Partizipation verloren? Die Antwort ist in vielen der Fälle „Nein". 7 von 10 Personen, die noch nicht gewählt haben, können sich das in Zukunft vorstellen. 4 von 10, die noch nie an einer BürgerInneninitiative teilgenommen haben, halten das für die Zukunft für möglich. 4 von 10, die noch nie an einer Volksabstimmung oder -befragung teilgenommen haben, können sich dies vorstellen. Anders beim Engagement in Parteien: nur jeder zehnte, der damit keine Erfahrung hat, denkt für die Zukunft daran. Die anderen Personen halten eine Beteiligung in diesen Feldern für unwahrscheinlich oder lehnen diese prinzipiell ab.[59]

Damit zeigt sich leider auch bei den neuen Formen der Partizipation, dass das soziale Ungleichgewicht bei der Partizipation bei Wahlen durch neue Formen nicht kompensiert werden. Im Gegenteil: Das soziale Ungleichgewicht wird hier sogar verstärkt.

6. REFORM DER PARTIZIPATION IN DER STADT SALZBURG

Im Arbeitsübereinkommen des Salzburger Gemeinderates für die Jahre 2009 bis 2014 hatten Heinz Schaden (SPÖ), Harald Preuner (ÖVP) und Johann Padutsch (Bürgerliste) unterschrieben: „Die sinkende Wahlbeteiligung soll zum Anlass genommen werden, das Interesse der Bürger an der Politik wieder (zu) stärken. Der im Rahmen der Reform der Deklaration ‚Geschütztes Grünland' eingeleitete Prozess zur Einführung zusätzlicher Instrumente der direkten Demokratie soll fortgeführt werden."[60] Ab 2011 war zwischen BürgerInneninitiativen und den Gemeinderatsfraktionen über eine Stärkung der direkten Demokratie ein Salzburger Modell verhandelt worden. Die Gespräche führten schließlich im April 2013 zu einem Beschluss des Gemeinderates gegen die Stimmen der ÖVP, der eine deutliche Verschiebung der Entscheidungsmacht zugunsten der Instrumente der direkten Demokratie bringen sollte.

Das beschlossene Modell sah drei Stufen vor: Initiativantrag, Bürgerbegehren und Volksentscheid. Das vorgesehene Prozedere: Die Initiative kann von 50 Personen gestartet werden, dann müssen so viele UnterstützerInnen gesammelt werden, wie bei der vorhergehenden Wahl des Gemeinderates an WählerInnen nötig gewesen wären, um ein Mandat zu erreichen. Eine Initiative kann von der Gemeindepolitik abgelehnt werden.

BetreiberInnen einer abgelehnten Initiative können danach ein Bürgerbegehren einleiten. Sie müssen nun so viele Unterschriften sammeln, wie zuletzt für zwei Mandate im Gemeinderat nötig gewesen wären. Auch ein Begehren kann der Gemeinderat nun ablehnen.

---

59 Die soziale und bildungsbezogene Schieflage im politischen System wird im Beitrag von Markus Pausch in diesem Jahrbuch im Hinblick auf die Repräsentation der verschiedenen Gruppen ergänzt.

60 Stadt Salzburg (2009). Parteienübereinkommen für die Amtsperiode des Gemeinderates der Landeshauptstatt Salzburg 2009 bis 2014, Salzburg, S. 14.

Ein Volksentscheid braucht dann so viele UnterstützerInnen, wie zur Erlangung von drei Mandaten im Gemeinderat nötig wären. Der Volksentscheid ist bindend, wenn zehn oder mehr Prozent der Wahlberechtigten teilnehmen. Sollte die Beteiligung unter 25 % bleiben, hätte der Gemeinderat noch die Möglichkeit mit Drei-Viertel-Mehrheit (bei Anwesenheit und Quorum) den Entscheid nicht in Kraft setzen zu müssen. Weiters gab es eine Bestimmung, wonach bei drohenden finanziellen Belastungen der Stadt (15 Millionen Euro) der Volksentscheid nicht berücksichtigt werden müsste.

Dieser Wunsch nach Änderung des Stadtrechtes benötigte eine Mehrheit im Landtag. Die Vorzeichen für eine Bestätigung und gesetzliche Verankerung standen gut: In der neuen Landesregierung hatten sich Grüne, Team Stronach und auch die ÖVP zu dem Modell bekannt. Im Arbeitsübereinkommen der Koalition hieß es: „Bezüglich der Stadt Salzburg befürwortet die Regierung die Umsetzung des ‚Salzburger Modells für mehr Direkte Demokratie' im Salzburger Stadtrecht."[61]

Die Landeslegistik übersetzte die Intention der Stadt in eine Gesetzesform, die Widerstand erregte. Landeshauptmann Wilfried Haslauer erklärte frühzeitig im Salzburger Landtag:

> *Wir haben dann auch eine Regierungsvorlage erarbeitet, die aber auf gewisse rechtliche Bedenken gestoßen ist, insofern, als in einem bestimmten Bereich ein Beharrungsbeschluss, entgegen dem Ergebnis einer Volksbefragung oder Volksabstimmung, auch dann zulässig sein sollte, wenn 50 % des durchschnittlichen außerordentlichen Haushaltes von der gegenständlichen Maßnahme betroffen sind.*[62]

In der Vorlage der Landesregierung für die Änderung des Gesetzes wurden die Überlegungen zu den Problemen mit dem Modell später so dargelegt:

> *Nach den Erläuterungen (RV 466 BlgNR XVI.GP) soll die ‚unmittelbare Teilnahme' der zum Gemeinderat Wahlberechtigten darin bestehen, dass ihnen – wie dies etwa bei einer Volksabstimmung der Fall ist – in Angelegenheiten des eigenen Wirkungsbereichs der Gemeinde die Entscheidung anstelle der an sich zuständigen Gemeindeorgane überlassen wird. Dagegen erfasst der Begriff der Mitwirkung andere Formen direkter Demokratie, wie zB Volksbegehren oder Volksbefragungen. Ob allerdings das in den*

61 Land Salzburg (2013). Arbeitsübereinkommen, Grundlagen für die Zusammenarbeit zwischen ÖVP, Grünen und Team Stronach, Salzburg, Punkt 17.4.

62 Landtags-Informationssystem (LPI) (2018). Protokoll der 8. Haussitzung des Salzburger Landtags vom 2.7.2014, S. 820. Abgerufen am 1.10.2018 unter http://www.salzburg.gv.at/00201lpi/15Gesetzgebungsperiode/2Session/8s2s15gp.pdf.

Erläuterungen gebrauchte Wort „anstelle“ so ausgelegt werden kann, dass eine Handlung einer Gemeinde verfassungskonform nur aufgrund des Bürgerwillens zustande kommen kann, etwa aufgrund einer von BürgerInnen initiierten Bürgerabstimmung, ohne dass es die Einbindung eines Gemeindeorgans bedarf, oder dass sich der Gemeinderat über den so zum Ausdruck kommenden Bürgerwillen nicht hinwegsetzen kann, ist fraglich, in der rechtswissenschaftlichen Lehre umstritten und in der Judikatur des Verfassungsgerichtshofes (VfGH) nicht klar beantwortet. Eine einschlägige Rechtsprechung des VfGH findet sich jedenfalls zu entsprechenden direkt-demokratischen Elementen auf Landesebene, derzufolge eine Bindung eines Landtages an den Volkswillen, der sich in einer nach einem Volksbegehren durchzuführenden Volksabstimmung manifestiert, wegen Widerspruchs zu dem auch den Landesverfassungsgesetzgeber bindenden repräsentativ-parlamentarischen Grundprinzip verfassungswidrig ist (VfSlg 16.241/2001). Ob diese Rechtsprechung auch auf die Gemeindeebene übertragbar ist oder insoweit ein weiterer Spielraum für den Landesgesetzgeber besteht, lässt sich ohne darauf bezogene Aussage des VfGH nicht eindeutig klären.

Dass der Gerichtshof aber auch die Gemeindeebene betreffend davon ausgeht, dass direkt-demokratische Elemente das grundsätzlich repräsentativ-parlamentarische System nur ausnahmehaft ergänzen können, ergibt sich aus dem Erkenntnis VfSlg 13.500/1993 zur Bürgermeisterdirektwahl sowie aus dem Erkenntnis VfSlg 19.711/2012 zu einer Initiative bzw Volksbefragung nach der Niederösterreichischen Gemeindeordnung.[63]

Der Gemeinderat hätte in dem nun dem Landtag vorliegenden Gesetzesentwurf die Möglichkeit, mit einem Beharrungsbeschluss jeden Volksentscheid zu überstimmen. „Der Entwurf entspricht weder dem Verhandlungsergebnis der Bürgerinitiativen mit der Stadt Salzburg, noch dem mit überwiegender Mehrheit vom Gemeinderat der Stadt Salzburg beschlossenen Amtsbericht“, so die Initiatoren damals.[64]

In den Debatten im Landtag trat dann aber ein weiteres Thema zutage, das schließlich den Beschluss unterlief. Im Kontext der kontroversen Diskussion über den Ausbau der Mönchsberggarage stellte sich die Frage, ob ein Volksentscheid auch Einfluss auf Unternehmen haben könne, an denen die Stadt Salzburg (Mit-)Eigentümerin ist, wie zum Beispiel die Parkgaragengesellschaft. Es stellte sich damit eine Grundfrage der direkten Demokratie: Wie sind die

63 LPI (2018). Vorlage der Landesregierung betreffend ein Gesetz, mit dem das Salzburger Stadtrecht 1966 geändert wird, vom 1.10.2014, Nr. 119 der Beilagen zum Stenographischen Protokoll des Salzburger Landtages (3. Session der 15. Gesetzgebungsperiode). Abgerufen am 1.10.2018 unter http://www.salzburg.gv.at/00201lpi/15Gesetzgebungsperiode/3Session/119.pdf.

64 Der Standard Online (2.2.2015). Modell für direkte Demokratie in der Stadt Salzburg versenkt.

Instrumente der direkten Demokratie zu beschränken? Im konkreten Fall bestand Sorge, dass etwa AnrainerInneninitiativen Beschlüsse zum Betrieb des Salzburger Flughafens oder StromkundInnen zur Ausrichtung der Salzburg AG treffen könnten. Die Abgrenzung ist freilich schwer: In vielen Gemeinden sind Agenden ausgelagert, die in anderen innerhalb der Verwaltung verfolgt werden. Ausgliederungen könnten als Form der Umgehung des Einflusses der Instrumente der direkten Demokratie genutzt werden.

ÖVP und auch SPÖ lehnten die Einflussmöglichkeit auf die Unternehmen ab. In der Folge stellte im Gemeinderat die ÖVP den Antrag, den Antrag auf Änderung des Stadtrechts an das Land zurückzuziehen. Das bekam die Zustimmung der SPÖ und damit eine Mehrheit. Mit Ende der Legislaturperiode des Salzburger Landtages im Jahr 2018 war es zu keiner weiteren Beratung der Causa im Landtag gekommen.

7. REFORM DER PARTIZIPATION AUF LANDESEBENE

Im Arbeitsübereinkommen der Salzburger Landesregierung der Jahre 2013 bis 2018 hieß es: „Wir wollen die Abhaltung von BürgerInnenräten nach Vorarlberger Vorbild für Salzburger Gemeinden auf deren Antrag fördern. Zusätzlich werden wir ein Modell für einen landesweiten BürgerInnenrat entwickeln. Repräsentativ (nach Zufallsprinzip) ausgewählte BürgerInnen sollen dabei über wichtige Themen für Salzburg diskutieren und Anregungen und mögliche Lösungen erarbeiten, die von der Regierung aufgenommen werden.“[65]

Das Konzept der BürgerInnenräte sieht vor, dass nach dem Zufallsprinzip Personen ausgewählt werden, die eine bestimmte Zeit an einer konkreten Fragestellung arbeiten. Die BürgerInnenräte bringen ihre verschiedenen Ideen zu dem Thema ein und entwickeln Empfehlungen. Am Ende werden die einstimmig ausgewählten Empfehlungen präsentiert.[66]

Der erste landesweite BürgerInnenrat widmete sich der Frage „Wie wollen wir BürgerInnen-Beteiligung in Salzburg gestalten?“ und fand vom 17.–18.10.2014 auf Schloss Goldegg statt. Die Vorschläge wurden vom Salzburger Landtag diskutiert und mündeten in Empfehlungen der Enquete-Kommission zur Vorbereitung neuer Mittel der Teilhabe, Mitbestimmung und direkten Demokratie für Salzburgs BürgerInnen an den Verfassungs- und Verwaltungsausschuss des Landtages.[67]

---

65 Land Salzburg, Arbeitsübereinkommen, Punkt 17.4 (s. Fn. 61).

66 Land Salzburg (2015). Der Bürgerrat: Informationsblatt des Landes Salzburg, Salzburg.

67 Salzburger Landtag (2015). Empfehlungen der Enquete-Kommission zur Vorbereitung neuer

2016 wurde im Auftrag von Landeshauptmann-Stellvertreterin Astrid Rössler ein BürgerInnenrat zum Thema „Gelungene Integration – Was brauchen wir? Was können wir tun? Was dürfen wir erwarten?“ abgehalten. Unter allen Salzburger BürgerInnen wurden 300 Personen per Zufallsgenerator aus dem Melderegister ausgewählt, von denen sich 15 freiwillig für die Teilnahme meldeten. Die Empfehlungen wurden in der Folge mit anerkannten Flüchtlingen und der Integrationsplattform[68] diskutiert. Im Mai 2016 wurden die Ergebnisse auch der Landesregierung vorgestellt. BürgerInnenräte werden auch auf Gemeindeebene vor allem über das Salzburger Institut für Raumordnung und Wohnen (SIR) im Rahmen der Agenda 21 betrieben.[69]

In Fragen des Wahlrechts hatte das Land 2013 weitgehende Ziele. „Die beste Garantie für eine hohe Akzeptanz politischer Entscheidungen ist die möglichst unmittelbare Teilhabe an diesen. Die Potenziale direkter Demokratie, genauso wie die Möglichkeiten eines persönlichkeitsorientierten Wahlrechtes im Bundesland Salzburg sind bei weitem noch nicht ausgeschöpft und demnach ausbaufähig.“[70] Eine Stärkung des Persönlichkeitswahlrechts und damit in Verbindung eine Vereinfachung des Vorzugsstimmensystems waren angestrebt worden. Die Umsetzung blieb allerdings aus.

Umgesetzt wurde hingegen die Einführung von Anhörungen von KandidatInnen für die Landesregierung. Die Geschäftsordnung des Salzburger Landtages wurde 2017 so geändert, dass eine Befragung der Kandidatin oder des Kandidaten durchzuführen ist (LGBl. Nr. 38/2017).

Die Reformen auf Landesebene zeigen vor allem mit den ersten Versuchen betreffend der BürgerInnenräte Ansätze, neue Formen der Beteiligung zu etablieren. Die BürgerInnenräte wären aufgrund des Auswahlmechanismus der Teilnehmenden in der Lage, der sozialen Schieflage der Beteiligung entgegenzuwirken.

Mittel der Teilhabe, Mitbestimmung und direkten Demokratie für Salzburgs Bürgerinnen und Bürger an den Verfassungs- und Verwaltungsausschuss des Landtages, Salzburg.

68 Die Integrationsplattform ist 2016 gegründet worden und besteht vor allem aus VerteterInnen von MigrantInnenorganisationen und der Verwaltung. Ihre Aufgabe ist unter anderem die Beratung der Landesregierung und das Abgeben von Empfehlungen zur Verbesserung der Strukturen der Integrationsarbeit.

69 Land Salzburg (2016). Endbericht BürgerInnenrat „Gelungene Integration“: Was brauchen wir? Was können wir tun? Was dürfen wir erwarten?, Salzburg.

70 Land Salzburg, Arbeitsübereinkommen, Punkt 17.0 (s. Fn. 61).

8. SCHLUSSFOLGERUNGEN

Auch Salzburg steht vor der Herausforderung, die Legitimität des politischen Systems durch die Einbeziehung möglichst vieler BürgerInnen zu stärken. Die Beteiligung an den Wahlen im Land Salzburg weist aber eine sinkende Tendenz auf. Es ist daher Aufgabe des Gemeinwesens, diese Erosion zu stoppen. Aus der Diskussion der Gründe für den Rückgang haben sich einige Hinweise ergeben, wo anzusetzen Sinn macht. Von Fragen des Wahlrechts über Fragen der Organisation bis hin zu neuen Formen der Mobilisierung reicht das Arsenal. Manche Entwicklungen hingegen, wie gesellschaftliche Werteverschiebungen und ob es zu als „spannend" empfundenen Wahlen kommt, sind wenig planbar.

Die Instrumente der direkten Demokratie sind in ihrer Bedeutung nicht kompensierend zum Verlust der Beteiligung an den Instrumenten der repräsentativen Demokratie. Während die Beteiligung an Wahlen sank, stieg die Aktivität in BürgerInneninitiativen vergleichsweise gering an. Auch an Bürgerbegehren, -befragungen und -abstimmungen beteiligt sich zwar ein relevanter, aber in der Regel überschaubarer Anteil der Bevölkerung. Es ist auch keine nachhaltige Steigerung bei der Nutzung der Instrumente festzustellen.

Die bei Wahlen festgestellten Hinweise auf ein Ungleichgewichtig zu Ungunsten wirtschaftlich Schwächerer (bei der Analyse von städtischen Bezirken) haben ein Pendant beim Bildungshintergrund der AktivistInnen bei BürgerInneninitiativen, wo eine deutliche Überrepräsentation hoher Bildungsschichten messbar ist. Die eingeführten BürgerInnenräte versuchen diese Schieflagen zu vermeiden.

Reformen der Partizipationsmöglichkeiten werfen immer wieder sehr wichtige gesellschaftliche Fragen auf, etwa zur Demokratisierung wirtschaftlicher, in Unternehmen ausgegliederter Aktivitäten des Staates. Zuletzt gelang es deswegen nicht, Mehrheiten zugunsten einer deutlichen Aufwertung der direkten Demokratie in Salzburg herzustellen. Ein Ende der Diskussion über die Formen der Beteiligung stellte das nicht dar. Die Herausforderung, die Legitimität des politischen Systems zu sichern, bleibt bestehen.

REINHARD HEINISCH/ERNESTINE BERGER

Analyse der schwarz-grün-gelben Regierungsperiode 2013–2018

1. AUSGANGSLAGE

Im Frühjahr des Jahres 2012 hielt der SPÖ Landeshauptmannstellvertreter und Finanzreferent David Brenner einen Vortrag an der Abteilung Politikwissenschaft der Universität Salzburg. Die Thematik bezog sich auf die Herausforderungen des modernen Finanz- und Investitionsmanagement, mit denen sich Kommunen und Regionalregierungen allenthalben konfrontiert sahen. Die Welt befand sich im vierten Jahr einer globalen Finanz- und Wirtschaftskrise, die sich besonders in den Ländern der Eurozone zugespitzt und das Vertrauen in die gemeinsame Währung und sogar die Zukunft der Europäischen Union massiv erschüttert hatte. Das Land Salzburg, so Tenor der Rede, schien dennoch gut gewappnet und man konnte mit vorsichtigem Optimismus in die Zukunft blicken. Als ZuhörerIn konnte man sich denken, mögen andere Bundesländer, wie Kärnten, durch eine verantwortungslose Regierungspolitik an den Rand der Zahlungsunfähigkeit geschlittert sein, Salzburg wirkte wie ein Bollwerk der Solidität. Das Land schien nicht nur wirtschaftlich vergleichsweise gut dazustehen, sondern die Unsicherheiten und Immobilienkrisen anderswo hatten das stabile und als gut verwaltet geltende Salzburg als Investitionsort sogar noch attraktiver gemacht. Immerhin lag die Wirtschaftsleistung ab 2009 über dem österreichischen Durchschnitt.[1]

Nicht nur wirtschaftlich schien Salzburg in einer beneidenswerten Lage zu sein, auch politisch wirkte das Land wie ein Gegenentwurf zur ungeliebten und häufig krisengeschüttelten großen Koalition in Wien. Hier wie dort stellte die SPÖ den Regierungschef bzw. die Regierungschefin, doch die politische Situation der Landespartei schien ungleich besser. Mit Gabi Burgstaller hatte man eine populäre Landeshauptfrau und Spitzenpolitikerin, die, im traditionell schwarzen Land Salzburg, für rote Mehrheiten sorgte. Durch den Koalitionspakt zwischen SPÖ und ÖVP konnte man die überall im Land wieder erstarkenden Freiheitlichen nicht nur deutlich auf den dritten Platz verweisen, son-

1 Amt der Salzburger Landesregierung (2015). Raumordnungsbericht 2011-2014 – Teil 2, S. 106. Abgerufen am 4.10.2018 unter https://www.salzburg.gv.at/themen/bauen-wohnen/publikationen-bauen-wohnen.

dern vor allem von einer Regierungsbeteiligung fernhalten. Nachdem die FPÖ 1994 und 1999 bei 20 Prozent gelegen war, musste sie 2004 aber 10 Prozent an Verlusten hinnehmen und verlor im Jahr des Triumphes der Burgstaller-SPÖ über 8.000 Stimmen an die SPÖ.[2]

Mit dem relativ jungen und rasch in der Partei aufgestiegenen David Brenner hatte die SPÖ auch einen bereits designierten Nachfolger für Gabi Burgstaller. Somit konnte sich die Partei auf eine geordnete Hofübergabe einstellen, denn Burgstaller hatte angedeutet, bei den Landtagswahlen im Jahr 2014 nicht mehr antreten zu wollen. Zwar brachte der geplante Wechsel an der Spitze naturgemäß Unsicherheiten mit sich und der designierte Nachfolger Brenner war nicht überall in der Partei unumstritten, wie infolge noch ausgeführt werden wird. Dennoch konnte man 2012 getrost davon ausgehen, dass bis zu den nächsten Wahlen noch Zeit genug wäre, sich gut aufstellen können.

Landeshauptfrau Burgstaller war in jedem Fall eine Sympathieträgerin, die der Partei, nach Aussagen von SPÖ-FunktionärInnen jener Zeit den AutorInnen gegenüber, etwa 10 Prozent an Stimmen einbrachte. Sie stand auch für eine etwas anders positionierte SPÖ und kultivierte eine deutlich vernehmbare Distanz zur Bundespartei unter Kanzler Werner Faymann und der mächtigen, jedoch ideologisch stärker links ausgerichteten Wiener SPÖ. In einigen zentralen politischen Fragen verfolgte Burgstaller deutlich andere Positionen, so etwa bei der Frage der Studiengebühren oder beim verpflichtenden Grundwehrdienst.[3] Die Landeshauptfrau wusste, dass sie sich durch ihr Reiben an der in Salzburg wenig geliebten Bundesregierung unter einem Kanzler, der auch parteiintern zunehmend umstritten war, als eigenständig profilieren konnte. Immerhin hatte Burgstaller bei den Landtagswahlen 2009 für die SPÖ 39,37 Prozent der Stimmen geholt (siehe Tabelle 1), während bei der Nationalratswahl ein Jahr zuvor nur 23,8 Prozent der SalzburgerInnen für die SPÖ und Faymann votierten. Burgstaller konnte sich diesen Sympathie-Bonus durchaus persönlich zuschreiben. Die relative Stärke der SPÖ zeigte sich auch daran, dass sie vier der sieben LandesrätInnen-Positionen kontrollierte (siehe Tabelle 2).

Als einzige SPÖ-Frau in einer derartigen Spitzenposition war sie parteiintern unangreifbar. Im konservativen Salzburger Umfeld war es außerdem für alle verständlich, dass sich die Landes-SPÖ anders positionieren musste als die Bundespartei. Auch schuldete man aus Sicht der Landespartei der Faymann-

2 Amt der Salzburger Landesregierung – Landesstatistischer Dienst (2004). Ergebnisse der Landtagswahl vom 7. März 2004, Salzburg, S. 17. Abgerufen am 1.10.2018 unter https://www.salzburg.gv.at/20003stat/wahlen/ltw/download/LTW-2004.pdf.

3 Oberösterreichische Nachrichten Online (5.1.2013). Bundesheer: Burgstaller stimmt für Wehrpflicht.

SPÖ keine Dankbarkeit, da SalzburgerInnen bei der Zusammensetzung der Bundesregierung nach der Nationalratswahl 2008 abermals nicht zum Zug gekommen waren. Dies war ein Umstand, den die SPÖ mit der ÖVP teilte und der es für Salzburg insgesamt schwermachte, sich in Wien entsprechend Einfluss zu verschaffen.

Tabelle 1: Landtagswahl 2009 – Zusammensetzung des Landtages

Parteien	Stimmenanteile (%)	Mandate
SPÖ	39,4	15
ÖVP	36,6	14
FPÖ	13,0	5
Grüne	7,4	2

Quelle: Amt der Salzburger Landesregierung / Landesstatistischer Dienst (2009). Ergebnisse der Landtagswahl vom 1.3.2009, Salzburg, S. 6.

Tabelle 2: Landesregierung und Ressortaufteilung vor der Wahl 2013

Person	**Partei**	**Ressorts**
Landeshauptfrau **Gabi Burgstaller**	**SPÖ**	Arbeitsmarkt, Bildung, Schulen, Fachhochschulen, Universitäten, Erwachsenenbildung, Katastrophenschutz, Feuerwehr, Repräsentation und Außenbeziehungen, Wissenschaft und Forschung, Frauen, Europa
1. Landeshauptmannstellvertreter **Wilfried Haslauer**	**ÖVP**	Wirtschaft, Tourismus, Verkehr, Bauen, Gemeinden, Museen, Kulturelle Sonderprojekte, Unternehmensnahe Forschung
2. Landeshauptmannstellvertreter **Walter Steidl**[1] (Landesrat ab 3.10.2012, Landeshauptmann-Stellvertreter ab 23. Januar 2013)	**SPÖ**	Gesundheit, Soziales, Landesanstalten
Landesrat **Georg Maltschnig**[2] (ab 23.1.2013)	**SPÖ**	Finanzen und Vermögensverwaltung, Kultur, Sport
Landesrat **Walter Blachfellner**	**SPÖ**	Wohnbauförderung, Raumordnung, Umweltschutz, Umweltmedizin, Verbraucherschutz, Gewerbe, Betriebsanlagen
Landesrat **Josef Eisl**	**ÖVP**	Land- und Forstwirtschaft, Wasser (Wasserrecht und Wasserwirtschaft), Bau-, Feuerpolizei und Straßenrecht, Naturschutz, Energie, Personal

Person	Partei	Ressorts
Landesrätin **Tina Widmann**[3] (ab 10.11.2010)	**ÖVP**	Familie, Kinder, Jugend, Integration, Asylwesen, Grundversorgung, Senioren, Nationalpark Hohe Tauern, Volkskultur, Erhalt des kulturellen Erbes, Gemeindeentwicklung

Quelle: Salzburger Nachrichten Online (14.6.2018). Salzburger Landesregierungen (Salzburg-Wiki.at).

1 Walter Steidl folgte Erika Scharrer (bis 6.7.2011) und Cornelia Schmidjell (6.7.2011 bis 3.10. 2012) nach.

2 Georg Maltschnig folgte David Brenner (bis 23.1.2013) nach.

3 Tina Widmann folgte Doraja Eberle (bis 10.11.2012) nach.

Auch die ÖVP hielt zu der von Niederösterreich dominierten Bundes-ÖVP eine gewisse Distanz und sah sich als Vertreterin eines liberaleren Politikansatzes. Insgesamt hatte sich für die Landes-ÖVP das Blatt zum Besseren gewandelt. Nach dem Verlust des Landeshauptmannes und der Mehrheit 2004 hatte die Partei unter neuer Führung wieder Tritt gefasst. In jenem Jahr hatte Burgstaller mit 45,4 Prozent und einem Zugewinn von über 13 Prozent einen Machtwechsel erzwingen und die seit 1945 dominierende Volkpartei ablösen können. In jener Situation stand die ÖVP vor einer Art Neuanfang und wurde seitdem von Landeshauptmannstellvertreter Wilfried Haslauer jun. geführt und hatte ebenfalls wieder Grund zu Optimismus. Zwar war man bei den Landtagswahlen 2009 noch hinter der SPÖ gelegen, doch hatte man stetig Terrain gut gemacht. Die relativ geringen Verluste von 1,4 Prozent, verglichen mit jenen von 6 Prozent für die SPÖ, zeigten der ÖVP, dass man sich auf 2,9 Prozent an die Partei Burgstallers angenähert hatte und diese durchaus überholen konnte.[4]

Mit der Zeit war auch die Beziehung zwischen den beiden Koalitionspartnern längst nicht mehr so harmonisch, wie dies den Anschein hatte. Die höheren Verluste der SPÖ bei den Wahlen 2009 verdeutlichten, dass die von Burgstaller „vermittelte Sympathiepolitik"[5] erste Abnützungserscheinungen zeigte. Zwar war das harmonische „Salzburger Klima"[6] nach wie vor ein Faktor bei der Beliebtheit Burgstallers und der vergleichsweise hohen Akzeptanz der

4 Amt der Salzburger Landesregierung – Landesstatistischer Dienst (Hg.) (2009). Ergebnisse der Landtagswahl vom 1.3.2009, Salzburg, S. 21. Abgerufen am 1.10.2018 unter https://www.salzburg.gv.at/stat/wahlen/ltw/download/LTW-2009.pdf.

5 Herbert Dachs (2014). Zwischen Restauration und Neubeginn: Die Salzburger Landtagswahl 2013, in: Andreas Kohl et al. (Hg.): Österreichisches Jahrbuch für Politik 2013, Wien/Köln/Weimar, S. 263–276.

6 Der Standard Online (1.3.2009). Salzburger Klima in der Krise.

großen Koalition in Salzburg im Vergleich zu jener in Wien gewesen, doch bedeutete die zunehmende Verunsicherung anlässlich von Finanzkrise und Rezession auch ein wachsendes Bedürfnis nach gestaltender Politik. Statt dem Vermitteln von „Wohlfühlpolitik" und „Kuschelkurs", wie dies in den Medien bezeichnet wurde, rückten ideologische und interessensorientierte Präferenzen stärker in den Vordergrund.[7] Die SPÖ müsste verstärkt zeigen, dass sie in Krisenzeiten sozial- und arbeitsmarktpolitische Erfolge vorweisen konnte, wobei gerade in der Stadt Salzburg und Umgebung das Thema leistbares Wohnen eine Dauerproblematik darstellte. Für die ÖVP wiederum stand die Entlastung der Wirtschaft und Unternehmen im Vordergrund.

Mit Burgstaller und Haslauer gerieten auch zwei unterschiedliche Politikstile aneinander, wobei die Landeshauptfrau vielfach als exzellente Kommunikatorin und der ÖVP-Chef als ausgezeichneter Sachpolitiker galten. Diese Interessenskonflikte entluden sich an einer Reihe von Einzelthemen, wobei zunehmend der Eindruck entstand, die Parteien waren vor allem bemüht zu verhindern, dass der Koalitionspartner Erfolge für sich verbuchen könne.[8] Diese Auseinandersetzungen zerrütteten das persönliche Verhältnis und untergruben das gegenseitige Vertrauen zwischen den SpitzenvertreterInnen von SPÖ und ÖVP. Nach einem dieser Konflikte[9] ließ Haslauer etwa mit folgender Aussage aufhorchen, die für das sich wandelnde Koalitionsklima jener Zeit symptomatisch scheint:

> *Das ist eine niederträchtige Vorgangsweise, die ich nicht akzeptieren kann. Und es ist für Landeshauptfrau Burgstaller und ihren Erfüllungsgehilfen Meisl (von 2009 bis 2013 Vorsitzender des SPÖ Landtagsklubs; Anm. d. Verf.) auch demaskierend, dass man offensichtlich um den Preis, jemanden politisch anpatzen und verleumden zu können, ein sinnvolles Gesetzesprojekt und eine sinnvolle Entwicklung fallen lässt.*[10]

Die dritte Kraft im Bundesland war die Freiheitliche Partei Salzburg, die seit 1992 vom noch unter Jörg Haider bestellten Pinzgauer Arzt und Hotelbesitzer Karl Schnell geleitet wurde. Dieser war bundespolitisch immer wieder durch kontroverse und radikal klingende populistische Aussagen aufgefallen, stand

7 Ebd.
8 ORF Salzburg Online (20.1.2012). Campingplatz-Gesetz: Haslauer empört über SPÖ.
9 Beim Entwurf für ein neues Campingplatz-Gesetz fühlte sich ÖVP-Chef Wilfried Haslauer vom Koalitionspartner SPÖ hintergangen. Obwohl die SPÖ intern längst beschlossen hatte, das Gesetz in der geplanten Form zu kippen, hatte sie laut Haslauer signalisiert, dass es nur noch um Detailfragen gehe, um danach jedoch den zuständigen ÖVP-Landesrat Sepp Eisl bloßzustellen.
10 ORF Salzburg Online (20.1.2012). Campingplatz-Gesetz: Haslauer empört über SPÖ.

jedoch in Salzburger Politkreisen nicht für ein bis auf das Äußerste gehende Kampagnisieren.[11] Schnell galt aus Sicht der anderen Parteien als kalkulierbarer Faktor und trotz einer Stimmenzunahme von 4,33 Prozent auf insgesamt 13,02 Prozent herrschte der Eindruck vor, die FPÖ habe in Salzburg ein deutlich höheres Potenzial (siehe Tabelle 1). Immerhin hatte die Partei bei der vorangegangenen Nationalratswahl bereits 17,7 Prozent erreicht und ihr Spitzenwert bei Landtagswahlen war 1999 sogar bei 19,58 Prozent gelegen. Bei den Nationalratswahlen im selben Jahr konnte die FPÖ in Salzburg sogar den ersten Platz belegen.[12]

Die Grünen (Die Grüne Alternative) waren ebenfalls eine Partei, die ein zweistelliges Stimmenpotenzial zu haben schien, jedoch auf der Stelle traten. Mit 7,36 Prozent bei den Landtagswahlen von 2009 hielten sie zwar trotz leichter Stimmenverluste ihren Mandatsstand, konnten jedoch mit ihrem Abschneiden kaum zufrieden sein. Das erhoffte dritte Mandat blieb aus und die Wiederkandidatur von Johannes Voggenhuber bei der EU-Parlamentswahl 2009, für die sich der Grüne Listenführer Cyriak Schwaighofer einsetzte, scheiterte ebenfalls. Im Oktober 2011 war Schwaighofer dann als Landessprecher der Salzburger Grünen zurückgetreten. Ihm war die Juristin und Landtagsabgeordnete Astrid Rössler nachgefolgt. Die Zeit nach dem Führungswechsel war für die Grünen von einer gewissen Orientierungslosigkeit geprägt, wie es mit der Partei weitergehen sollte. Zum einen war der vorangegangene Wahlkampf mit Fokus auf Energiewende und Umstieg auf erneuerbare Energien nicht wirklich erfolgreich gewesen. Die Salzburger Grünen verstanden sich dennoch eher als sachpolitisch und weniger ideologisch oder gesellschaftskritisch orientiert als die Grünen auf Bundesebene oder in Wien, was ihnen immer wieder auch interne Kritik einbrachte, eher brav und etwas langweilig zu sein. Immerhin war 2012 das Jahr, in dem sich neue Protestparteien wie das Team Stronach und die Partei NEOS in Österreich formieren sollten. Im Mai 2012 konstituierte sich auch der Salzburger Ableger der Piratenpartei. In der Bevölkerung manifestierte sich viel Unzufriedenheit und das Protestpotenzial wuchs. Angesichts der sich abzeichnenden zunehmenden Konkurrenz mussten sich die Grünen überlegen, wie es programmatisch weitergehen sollte. Die wirtschaftliche Krise legte zudem die Verlagerung der inhaltlichen Schwerpunkte von der Umweltpolitik auf gesellschaftliche und vor allem soziale Themen nahe. Außerdem gab es noch die mit den Grünen verknüpfte Bürgerliste in der Stadt Salzburg,

11 Der Standard Online (1.5.2018). Karl „Charlie-Doktor" Schnell verlässt die politische Bühne.

12 Amt der Salzburger Landesregierung / Landesstatistischer Dienst (1999). Ergebnisse der Nationalratswahl am 3.10.1999, Salzburg, S. 20. Abgerufen am 1.10.2018 unter https://www.salzburg.gv.at/stat/wahlen/nrw/download/NRW-1999.pdf.

die jedoch bereits seit Jahren auf kommunaler Ebene in Regierungsverantwortung war. In gewisser Weise waren die Stadt Salzburg und Umgebung ein Grünes Kernland und überhaupt eine der Ursprungsregionen der politischen Grünbewegung in Österreich und so hätte man davon ausgehen können, dass die Landesgrünen diese Umstände stärker hätten nutzen können. Dennoch herrschte 2012 der Eindruck vor, die Landesgrünen und die Bürgerliste hätten relativ wenig miteinander gemeinsam.

In diese Gemengelage platzte am 6. Dezember 2012 die Ankündigung des Finanzlandesrates David Brenner, dass es in seinem Ressort einen Finanzskandal mit einer geschätzten Schadenssumme von 340 Millionen Euro gäbe.[13] Der designierte Nachfolger Burgstallers gab an, die zuständige Referatsleiterin habe eigenmächtig spekulative Finanztransaktionen mit großem Risiko getätigt, was in der Folge durch die Kursstürze auf den internationalen Finanzmärkten für Salzburg dramatisch negative Folgen gehabt hätte. Die Erklärung Benners sollte nicht nur für ihn unmittelbar negative Folgen haben, sondern die politischen Bedingungen für die Parteien im Bundesland Salzburg markant ändern.

2. FINANZSKANDAL UND VORGEZOGENE NEUWAHLEN

Konnte man am Vorabend der Ankündigung Brenners über den Finanzskandal noch davon ausgehen, dass die SPÖ selbst, ohne Gabi Burgstaller und bei entsprechender Vorbereitung, gute Chancen hatte, den Landeshauptmannsessel zu behalten, änderten sich diese Bedingungen schlagartig. Es ist im Nachhinein schwierig darüber zu spekulieren, inwieweit die Handlungen der SPÖ nach Bekanntwerden des Skandals schuld daran sind, dass die Sozialdemokratie letztlich den größten und dauerhaftesten politischen Schaden davontrug. Der Kern des Finanzskandals bestand aus dem Vorwurf, dass die Referatsleiterin der Salzburger Landes-Finanzabteilung Monika Rathgeber 340 Millionen Euro Steuergeld verspekuliert habe. Da sich in diesem Band ein eigenes Kapitel mit dieser Causa beschäftigt, soll hier nicht weiter auf Hintergründe und Schuldfragen eingegangen werden, sondern lediglich auf die Positionierung der Parteien und die politischen Folgen.[14]

Angesichts der Tragweite und großen Empörung in Öffentlichkeit und Medien, wie nachstehend dokumentiert wird, war es wohl unvermeidlich, dass eine Regierungspartei hierfür einen politischen Preis würde zahlen müssen.

---

13 Salzburger Nachrichten (SN) Online (6.12.2012). Finanzskandal in Salzburg: 340 Mill. Verlust durch Spekulationen.

14 Die Presse Online (3.1.2013). Überblick über den Salzburger Finanzskandal.

Laut Meinungsumfragen war für die WählerInnen die Schuld unter den Regierungsparteien relativ gleich verteilt (siehe Abbildung 1). Nur bei der Lösungskompetenz wurde der ÖVP, wie in Abbildung 2 ersichtlich, geringfügig mehr zugetraut. Somit lagen beide Parteien zunächst in etwa gleich auf. Die Umfragen zeigen auch deutlich, dass nach dem Platzen des Skandals beide Regierungsparteien, SPÖ und ÖVP, massiv an Vertrauen einbüßten. Von November 2012 bis März 2013 stürzte der Saldo des Vertrauens-Indexes für die SPÖ-Landeshauptfrau Burgstaller von +39 Prozent und für ÖVP-Landeshauptmannstellvertreter Haslauer von +37 Prozent[15] auf –20 bzw. –15 Prozent ab (siehe Abbildung 3).

Abbildung 1: Politische Verantwortung für den Finanzskandal
Frage: „Wer trägt Ihrem Gefühl nach die politische Verantwortung für diesen Finanzskandal?"

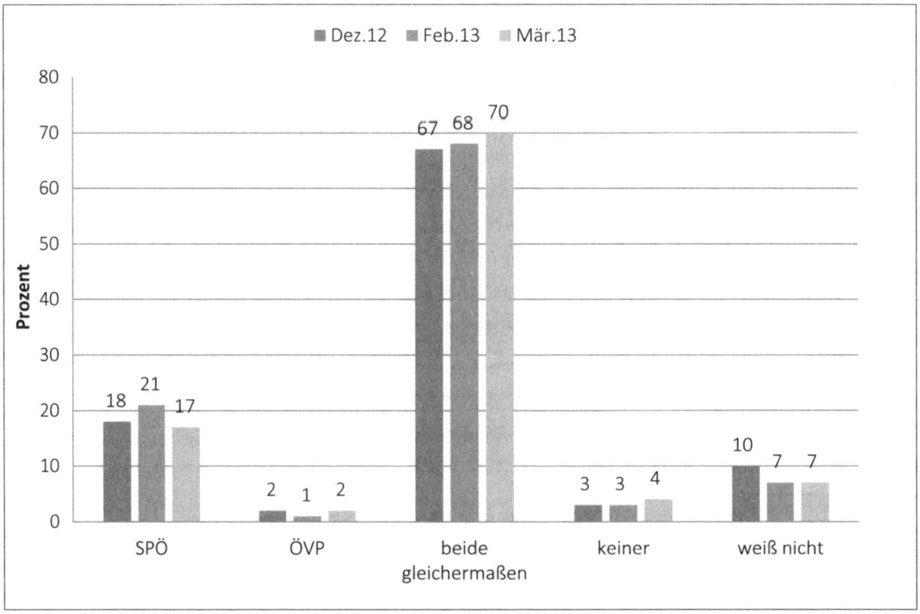

Quelle: IGF-Studie im Auftrag des „Salzburger Fensters", 7. März 2013, n=400

Für viele SalzburgerInnen offenbarte der Skandal ein Versagen der Landesregierung und der Politik insgesamt. Immerhin waren alle zentralen politi-

15 Salzburger Fenster (13.2.2013). Landespolitiker stürzen im Wählervertrauen dramatisch ab, S. 1.

schen Institutionen ihren Aufsichtspflichten nicht nachgekommen und das betraf sowohl die Landesregierung, die aus SPÖ und ÖVP bestand, als auch den Landtag, in dem auch die Oppositionsparteien FPÖ und Grüne vertreten waren. Die Politik stand in der Pflicht, so oder so: Selbst wenn in der Tat eine Einzelne den Schaden verursacht hätte, dann trug die Politik eine Mitschuld, so etwas überhaupt organisatorisch zugelassen zu haben, und selbst wenn diese Person vorsätzlich regelwidrig gehandelt hätte, dann hatte die Politik in ihrer Aufsichtspflicht versagt. Von Anfang an hätte der Salzburger Finanzskandal durchaus für beide Regierungsparteien ein politisches Fiasko werden können. Immerhin bemühten sich FPÖ und Grüne das politische Versagen von SPÖ und ÖVP zu thematisieren. Wie hoch jedoch die Chancen der SozialdemokratInnen standen, selbst nach Bekanntwerden der Finanzspekulationen relativ zur ÖVP die stimmstärkste Partei zu bleiben, kann aus heutiger Sicht nicht seriös beantwortet werden. In jedem Fall half sich die SPÖ durch ihre weitere Vorgehensweise nicht.

Abbildung 2: Lösungskompetenz nach dem Finanzskandal
Frage: „Welcher Partei trauen Sie am ehesten zu, diesen Finanzskandal für Salzburg gut zu meistern?"

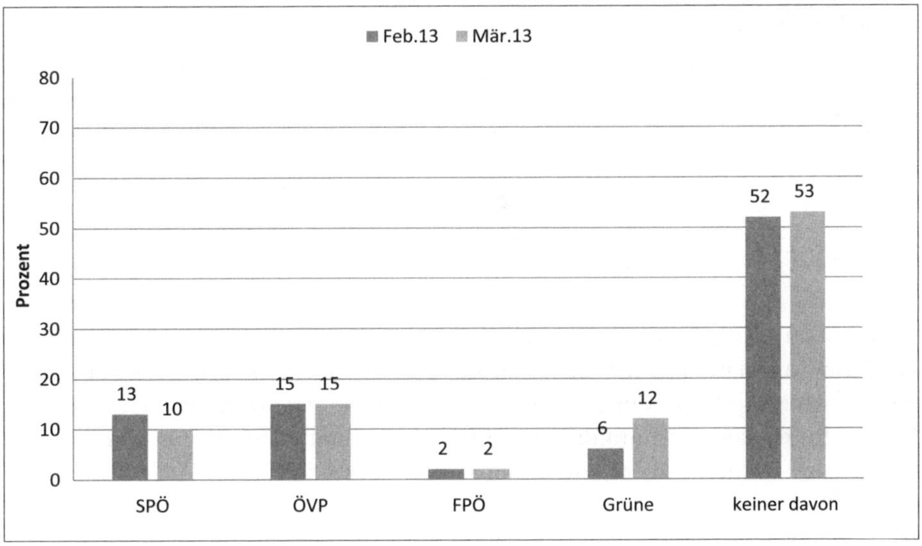

Quelle: IGF-Studie im Auftrag des „Salzburger Fensters", 7. März 2013, n=400

Der Vertrauensindex zeigte im März 2013 ein Bild, welches im Bundesland noch nie zu beobachten gewesen war. Mit Ausnahme von Astrid Rössler, die bereits einen Bonus aufgrund ihrer Führung des Untersuchungsausschusses mitnehmen konnte, wiesen alle PolitikerInnen einen negativen Vertrauensindex auf. Selbst nicht in den Finanzskandal involvierte PolitikerInnen genossen kaum noch Vertrauen.

Abbildung 3: Vertrauensindex nach dem Finanzskandal
Frage: „Sagen Sie mir bitte, ob Sie den folgenden Politikern vertrauen oder nicht"

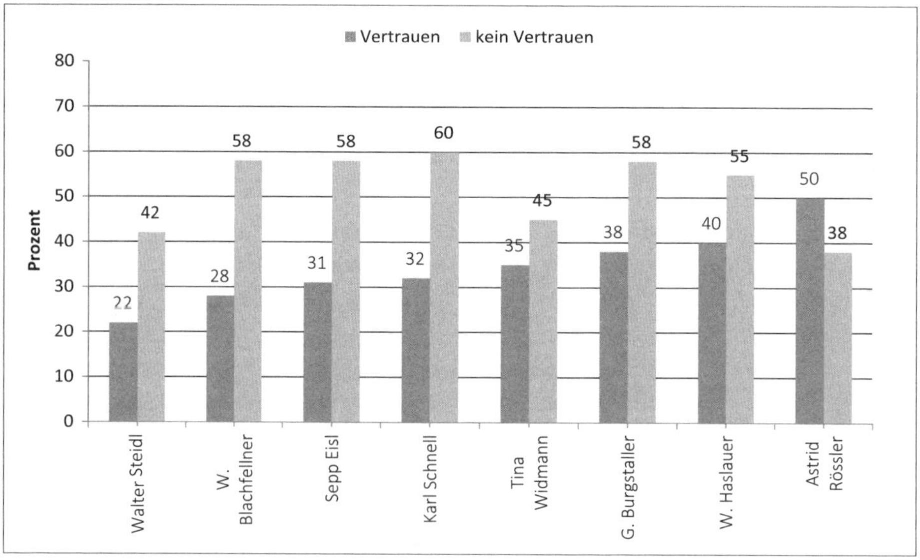

Quelle: IGF-Studie im Auftrag des „Salzburger Fensters", 7. März 2013, n=400

Besser noch als die klassische „Sonntagsfrage" bilden projektive Fragestellungen das Stimmungsklima in der Bevölkerung ab. Die IGF-Umfrage[16] Ende Februar 2013 zeigte eine hohe Verunsicherung der WählerInnen (Abbildung 4): 31 % wussten zu diesem Zeitpunkt nicht, welche Partei sie an der Spitze sehen möchten. In der „Sonntagsfrage" als Momentaufnahme lag die SPÖ im März 2013 in der Hochschätzung bei 29–31 %, die ÖVP bei 31 %. Der Aufwärtstrend der Grünen war bereits erkennbar: Die Grünen hatten eine Zustimmung von 14 %.[17]

16 IGF-Studie im Auftrag des „Salzburger Fensters", 7.3.2013.

17 Der Standard Online (13. März 2013). Salzburg: Umfragen prognostizieren SPÖ und ÖVP Debakel.

Nach dem Bekanntwerden des „Finanzskandals" konnte somit lange Zeit keine Partei, mit Ausnahme der Grünen, wie sich herausstellen sollte, politisches Kapital aus der Misere ziehen. Die Sichtweise der SalzburgerInnen blieb unverändert. SPÖ und ÖVP waren gleichermaßen schuld, so schien es, und trugen beide die politische Verantwortung (siehe Abbildung 2). Die ÖVP konnte sich daher zu jenem Zeitpunkt aus der „WählerInnensicht" der Verantwortung nicht entziehen. Die gesamte Regierung war betroffen, sämtliche Kontrollmechanismen hatten versagt. Gabi Burgstaller hatte zu diesem Zeitpunkt noch einen kleinen Vertrauensbonus. Bei den fiktiven Fragen, welchen Politiker, welche Politikerin man zum Landeshauptmann bzw. zur Landeshauptfrau wählen würde, erreichte Gabi Burgstaller 27 % an Zustimmung, Wilfried Haslauer 22 %.

Abbildung 4: Parteienpräferenz nach dem Finanzskandal
Frage: „Wenn Sie es sich wünschen könnten: Wer soll die stärkste Partei bei den nächsten Landtagswahlen werden?"

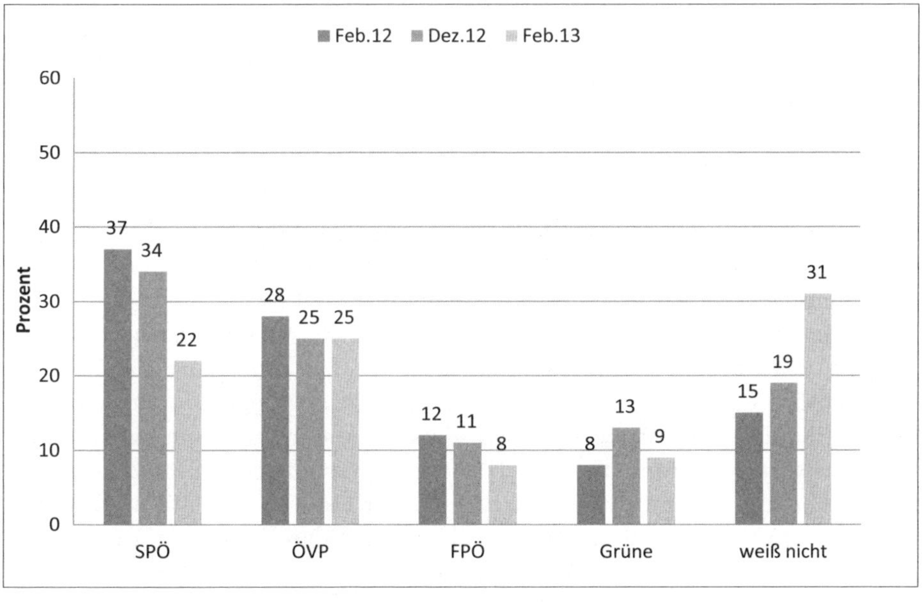

Quelle: IGF-Studie im Auftrag des „Salzburger Fensters", 7. März 2013, n=400

Durch die Generalverantwortung der Landeshauptfrau und die spezielle Zuständigkeit des Finanzreferenten standen natürlich Burgstaller und Brenner und somit die SPÖ von Anfang an im Zentrum der Causa. Dennoch war es offensichtlich, dass man ein finanzielles Fiasko dieser Größe nicht am Fehlverhalten Einzelner festmachen konnte, sondern auch strukturelle und systemische Ursachen vorlagen. Dies brachte jedoch die SPÖ in ein strategisches Dilemma. Sollte man versuchen, den Skandal als Kette von Verfehlungen Einzelner darzustellen oder als Systemversagen? Die SPÖ entschied sich für Ersteres. Zunächst versuchte David Brenner an der Einzeltäterinnenthese festzuhalten und die Schuld einer eigenmächtig agierenden verantwortungslosen Landesbeamtin zuzuschieben. Damit sollten die politische Mitschuld reduziert sowie Brenner und vor allem Burgstaller geschützt werden. Selbst als später offenkundig wurde, dass der Skandal ein politisches Opfer fordern würde, versuchte die SPÖ die Schuldfrage zu reduzieren, indem man die Aufmerksamkeit auf Brenner lenkte, der verlautbarte, „alle seine Energie aufzuwenden", um mit Sachverständigen Lösungen zu erarbeiten, aber vorsorglich gleich seinen Rücktritt für danach ankündigte.[18] Der Versuch der Reduktion des Skandals auf Einzelne sollte Partei und Regierungschefin schützen, half aber natürlich noch mehr den übrigen Parteien, vor allem der ÖVP, die sich somit erst recht vom Geschehenen mit dem Hinweis distanzieren konnten, nicht richtig informiert gewesen zu sein. Damit blieb Finanzreferent Brenner zunächst im Amt und trat erst mit 23. Jänner 2013 zurück. Zwar mag dies Teil der Strategie der SPÖ gewesen sein, Zeit zu gewinnen, um die Partei neuauszurichten und um Burgstaller zu schützen. Auch war sich Brenner gewiss längst bewusst, dass seine politische Karriere in Salzburg zu Ende war. Dennoch scheint das lange Festhalten an Brenner, das von KritikerInnen (wohl zu Unrecht) als Sesselkleben ausgelegt wurde, im Nachhinein ein Fehler gewesen zu sein, weil dadurch der Finanzskandal immer mehr zu einem SPÖ-Skandal wurde. Immerhin hatte es bereits im November 2012 davor eine Anzeige der anonymen Beamtenschaft gegeben. Mit dem verzögerten Rücktritt Brenners wurde die Hauptverantwortlichkeit der SPÖ nachdrücklich unterstrichen. Der Versuch, eine politische Einzeltäterinnenschaft zu konstruieren, scheiterte angesichts der Dimensionen des Skandals und verstärkte den Eindruck, dass sich die handelnden Personen weder ihrer Verantwortung noch der Trageweite bewusst waren. Daher kam Gabi Burgstaller zunehmend unter Druck, denn der Hinweis auf Ahnungslosigkeit nährte einen bereits bestehenden Eindruck, in Detail- und Sachfragen nicht immer sattelfest zu sein. Gerade in unsicheren Zeiten und Krisensituationen wünscht die Öffentlichkeit in erster Linie Kompetenz und erst in zweiter Hinsicht Sympathie und Harmonie.

Gerade in der Krise offenbarten sich die Probleme einer gespaltenen Sozialdemokratie. Denn die SPÖ der Stadt Salzburg, die mit Heinz Schaden dort den

18 Der Standard Online (14.12.2012) Salzburger Landesreferent David Brenner tritt zurück.

Bürgermeister stellte und regional gesehen die wichtigste Gruppierung in der Partei darstellte, war bereits lange vor den Turbulenzen des Dezembers 2012 zur Landes-SPÖ auf Distanz gegangen. Dass vor allem zwischen Bürgermeister Schaden und Landeshauptmannstellvertreter Brenner kein gutes Einvernehmen bestand, war ein offenes Geheimnis. Laut Mediendarstellung hatte der so genannte „Gewerkschaftsflügel" mit dem „neuen Stil" der SozialdemokratInnen „nie warm werden können", also mit jenem Stil, den Burgstaller und Brenner verkörperten.[19] Das Aus für den als „Manager-Politiker" apostrophierten Brenner und die Schwächung Burgstallers bedeuteten für die Arbeiterkammerführung um Sigfried Pichler einen innerparteilichen Machtzuwachs. Ähnliches galt für Salzburgs Bürgermeister Schaden, der auf den ersten Blick mit seiner Budget- und Finanzpolitik im Gegensatz zum Land alles richtig gemacht zu haben schien. Dennoch sollten auch ihn die Auswirkungen des Finanzskandals einholen und im Juli 2017 zum Rücktritt zwingen. Die deutliche Distanz und unterschwellige Kritik vonseiten Schadens an Burgstaller und ihrem Team verstärkten die Probleme der Landespartei, die ja auf die Mobilisierung der städtischen WählerInnen angewiesen war. Davon profitierten wiederum die Grünen.

Das nächste Problem war, dass mit dem Abtritt Brenners die SPÖ ihren Spitzenkandidaten und Burgstaller ihren logischen Nachfolger verloren hatte. Die Partei fand in dieser Situation niemanden, der einspringen hätte können – hier rächte sich möglicherweise die längst angebahnte geordnete Nachfolge – und somit musste Burgstaller, die für alle sichtbar zögerte, überzeugt werden, wieder zur Verfügung zu stehen. Ihre emotionale Entschuldigung am 12. Dezember im Landtag und sichtbare Betroffenheit waren zweifelsohne notwendige Zeichen an eine empörte Öffentlichkeit, verstärkten jedoch den Eindruck, dass es sich hierbei vor allem um einen SPÖ-Skandal handelte. Mangels realistischer Alternativen und im Vertrauen auf ihre traditionell hohen persönlichen Sympathiewerte entschloss sich Burgstaller letztlich doch, bei den vorgezogenen Landtagswahlen wieder anzutreten. Diese waren vom Landtag für den 5. Mai 2013 angesetzt worden. Die SPÖ hoffte, dass in einem direkten Duell mit dem eher zurückhaltenden und als spröde geltenden ÖVP-Chef Haslauer die Landeshauptfrau letztlich reüssieren würde können. Für die SPÖ war es wichtig gewesen, den Wahltermin möglichst hinauszuzögern. Sie hatte sich zunächst überhaupt gegen den Neuwahlantrag positioniert und betonte, dass es sinnvoller sei, „zusammenzuarbeiten und aufzuklären". [20] Burgstaller sprach

19 SN Online (28.1.2013). Gewinner und Verlierer des Salzburger Finanzskandals.

20 Armin Mühlböck (2014). Die Salzburger Landtagswahl 2013, in: Beatrix Karl et al. (Hg.): Steirisches Jahrbuch für Politik 2013, Wien/Köln/Weimar, S. 69–79.

davon nicht „davonzulaufen“ und kritisierte die ÖVP, „das Land im Stich gelassen zu haben“.[21] Doch nachdem sich im Landtag abzeichnete, dass alle anderen Parteien den Neuwalantrag der ÖVP unterstützen würden, konnten die SozialdemokratInnen nicht dagegen stimmen. Zum einen wären sie ohnehin überstimmt worden und zum anderen wäre die politische Optik fatal gewesen.

Die Vorgehensweise der Volkspartei war von vornherein anders. Sie riss früh das Gesetz des Handelns an sich, versuchte relativ rasch auf Distanz zu den Vorkommissen zu gehen und bemühte sich, den Eindruck zu verstärken, dass es sich um einen Skandal im Zuständigkeitsbereich der SPÖ handelte. Die ÖVP forderte rasch Neuwahlen, ließ gleichzeitig verlautbaren, mit der SPÖ unter Burgstaller nicht mehr zusammenarbeiten zu wollen und kündigte auch eigene Konsequenzen an, sollte die Rechnung bei den Wahlen nicht aufgehen. Korrekterweise muss angemerkt werden, dass auch Burgstaller eine weitere Regierungszusammenarbeit mit Haslauer ausschloss. Die Volkspartei stellte als Reaktion auf den Finanzskandal eine Reihe relativ konkreter grundlegender Reformen für die Finanzverwaltung in Aussicht und brachte ein neues KandidatInnenteam ins Spiel. Diesem „kompakteren Auftreten“ konnte die SPÖ nur eher vage umrissene und sich manchmal widersprechende Aussagen zu geplanten Maßnahmen entgegenhalten. Auch wirkte die Volkspartei insgesamt deutlich geschlossener.

Bei frühen Wahlen würde die Volkspartei in mehrerlei Hinsicht profitieren. Sie könnte einerseits die anfänglichen inneren Turbulenzen der SPÖ ausnützen, die sich mit der Zeit jedoch legen würden und andererseits könnte man etwaigen Erkenntnissen zuvorkommen, die auch die Rolle der zweiten Regierungspartei in ein schlechtes Licht rücken könnten. So etwa warf eine anonyme Gruppierung „Salzburger Beamtenschaft“ Landeshauptmannstellvertreter Haslauer vor, dass es „… (i)n Salzburger Bankenkreisen … ein offenes Geheimnis (wäre), dass Haslauer als stellvertretender Aufsichtsratsvorsitzender der Hypo, über die Machenschaften der Referatsleiterin und die hohen Verluste bereits im Jahr 2008 Bescheid wusste“,[22] was dieser vehement abstritt. Auch war der zuständige Leiter der Finanzabteilung Eduard Paulus und unmittelbare Vorgesetzte von der hauptbelasteten Finanzbeamtin der ÖVP angehörig – ein Umstand, der in den Medien immer wieder zur Kritik an der ÖVP führte.[23] Die Partei distanzierte sich jedoch von Paulus und unterstützte dessen Suspendierung.[24] Als dieser dann das Vorgehen der ÖVP scharf kritisierte, wurde er um-

21 Dachs, Zwischen Restauration und Neubeginn, S. 267 (s. Fn. 7).

22 SN Online (20.12.2012). Beamtenschaft hinterfragt Hauslauers Rolle.

23 SN Online (12.12.2012). Vom Paulus zum Saulus.

24 Die Presse Online (4.1.2013). Salzburg: Hauslauer verteidigt Paulus-Suspendierung.

gehend wegen parteischädigendem Verhalten ausgeschlossen.[25] Konkret warf er seiner Partei vor: „Die Spitze der ÖVP sucht mit aller Gewalt einen Skandal und einen Schaden, um eine Wahl zu gewinnen."[26] Bei dieser Gelegenheit warf Paulus dem zuständigen Personallandesrat Sepp Eisl (ÖVP) vor, zusammen mit Haslauer rein parteipolitische Motive zu verfolgen. Er sagte, er hoffe sogar, für seine Aussagen geklagt zu werden, um den Wahrheitsbeweis antreten zu können. Worauf Haslauer jedoch nicht einging. Eisl wiederum konterte im Untersuchungsausschuss, dass die „alleinige Verantwortung" bei Paulus und der SPÖ lag.[27]

Insgesamt war die ÖVP somit deutlich in einer besseren Situation. Es gelang der ÖVP einerseits sich weit genug von den Vorwürfen der Mitschuld zu distanzieren, und sie bot andererseits ein geschlosseneres Bild. Ihre Forderungen nach raschen Maßnahmen entsprachen auch eher dem öffentlichen Verlangen nach konkreten Konsequenzen. Das Problem der ÖVP war jedoch, dass sich Grüne und FPÖ zunächst nicht zum Entschluss durchringen konnten, den Landtag aufzulösen und Neuwahlen auszurufen. Die ÖVP begründete ihre Entscheidung, möglichst rasch vor die WählerInnen treten zu wollen, mit dem Hinweis, dass die Landesregierung Vertrauen eingebüßt habe und auf dieser Basis keine weitere Zusammenarbeit möglich sei. Die Grünen waren sich zunächst unschlüssig, wie weiter vorgegangen werden sollte. Die neue Parteivorsitzende Rössler war erst knapp über ein Jahr im Amt und man war gerade dabei, sich inhaltlich neu aufzustellen. Gewiss war man an sachlicher Aufklärung und Reformen interessiert, doch insgesamt war nicht von vornherein klar, ob die Thematik „Finanzskandal" für die Partei ein ausreichend gutes politisches Thema sei. Es stand zu befürchten, dass die weniger verhalten agierende Freiheitliche Partei sowie die neue Gruppierung Team Stronach den Finanzskandal deutlich besser zur eigenen Profilierung nützen würden können. Die Grünen wollten sich auch nicht vor den Karren der ÖVP spannen lassen. Doch diese hatten großes Glück, da per Losentscheid Astrid Rössler zur Vorsitzenden des am 23. Jänner 2013 berufenen parlamentarischen Untersuchungsausschusses bestimmt wurde. Damit ergab sich für die Grünen eine nie dagewesene Gelegenheit zur Profilierung. Dem Ausschuss und ihrer Vorsitzenden war auf regionaler Ebene eine ungeteilte Medienaufmerksamkeit sicher.

Auch die FPÖ war zunächst nicht sehr an raschen Neuwahlen interessiert – ihre KritikerInnen sprachen sogar davon, dass der Arzt und Hotelier Karl Schnell gerne die Skisaison abgewartet hätte. Eher war es eine Kombination von

---

25 ORF Salzburg Online (24.1.2013). Kritik an ÖVP: Paulus ausgeschlossen.

26 Mein-Bezirk.at (23.1.2013). „Ich bin im Weg gestanden."

27 ORF Salzburg Online (12.3.2013). Eisl & Finanzskandal: „Ganze Schuld bei SPÖ".

Faktoren, die die Freiheitlichen zögern ließ. Sie hatten bei den vorangegangenen Wahlen zugelegt, dennoch schien es unwahrscheinlich, dass sie sich trotz günstiger Themenlage stark genug steigern würden können, um sich als unvermeidlicher Koalitionspartner ins Spiel zu bringen. Die FPÖ hatte zwar immer ihr Interesse an einer Regierungsbeteiligung bekundet, doch hielten sowohl SPÖ wie auch ÖVP stets eine gewisse Distanz zu ihr. Nach einem Interview Schnells in der Tageszeitung „Die Presse" im April, in dem von „Umvolkung in gewissen Bereichen …"[28] die Rede war, hagelte es Kritik, woraufhin die übrigen Landtagsparteien eine Koalition mehr oder weniger deutlich ausschlossen. Gerade in jener Zeit mussten die Freiheitlichen auch die Konkurrenz durch das überall im Land stark auftretende Team Stronach fürchten, das einen ähnlichen WählerInnenkreis ansprach. Letztlich bestand auch eine gewisse Distanz zwischen der Landespartei, vor allem der Gruppe um Schnell, und der Bundespartei. Also konnte man sich von dort keine nennenswerten Impulse erwarten. Zwar galt Schnell früher als Intimus von Jörg Haider und war von diesem als Landesparteiobmann eingesetzt worden, doch blieb Ersterer nach der Abspaltung Haiders und des BZÖs bei den Freiheitlichen. Dennoch hätte sich Wien wohl gerne eine Verjüngung und Neuaufstellung der Partei gewünscht, da man in Salzburg – wie an den Nationalratswahlen ersichtlich – ein deutlich größeres Potenzial hatte.

In jedem Fall bot der Finanzskandal der FPÖ wie den Grünen eine einmalige Chance auf Profilierung, so konnten unter anderem Astrid Rössler und Karl Schnell in der Sendung „Zeit im Bild 2" vor großem Publikum ausführlich ihre Position zum Finanzskandal und der Landespolitik darlegen. Vor allem die FPÖ hatte jedoch mit der Konkurrenz einer neuen Protestpartei – dem Team Stronach – zu rechnen. In Salzburg hatte sich nach dem bundesweiten Auftreten der vom austrokanadischen Milliardär Frank Stronach gegründeten Partei rasch ein Ableger unter Führung von Hans Mayr etabliert. Dieser hatte sich als damaliger Bürgermeister der Gemeinde Goldegg mit der ÖVP überworfen, nachdem ihm seine Partei das Amt eines Bezirksobmanns im Pongau verwehrt hatte. Die Partei konnte nicht nur von einer positiven Stimmung für sie profitieren, sondern hatte mit Mayr auch einen politikerfahrenen Gemeindepolitiker mit einer gewissen regionalen Bekanntheit, die durchaus ähnliche ProtestwählerInnen ansprach wie die FPÖ. Somit waren im Vorfeld der Wahlen von 2013 die politischen Karten neu gemischt worden und das Ergebnis versprach spannend zu werden.

Andere Themen der ÖVP bezogen sich auf die Verkleinerung der Landesregierung, Unterstützung für „leistbares Leben" mit Schwerpunkten wie Woh-

---

28 Die Presse Online (14.4.2013). Karl Schnell: „Umvolkung in gewissen Bereichen"; Mühlböck, Die Salzburger Landtagswahl 2013, S. 69–79 (s. Fn. 21).

nen und Pflege, die unterirdische Verlängerung der Regionalbahn bis ins Stadtzentrum sowie den Ausbau der S-Bahn im Flachgau und im Pinzgau sowie eine Ausbildungsoffensive. Zudem warb die ÖVP für die Erstellung eines „Masterplans Energie für Wasser, Wind und Sonne". Die SPÖ hingegen forcierte den Privilegienabbau und positionierte sich für eine bessere Pflegebetreuung. Andere Themen betrafen das Verhindern weiterer Privatisierungen und den Ausbau der Ganztagsschule.

Abbildung 5: Die Landtagswahlen 2013 und ihr Ausgang in Stimmanteilen und Mandaten im Vergleich zur Wahl 2009 (hellgrau)

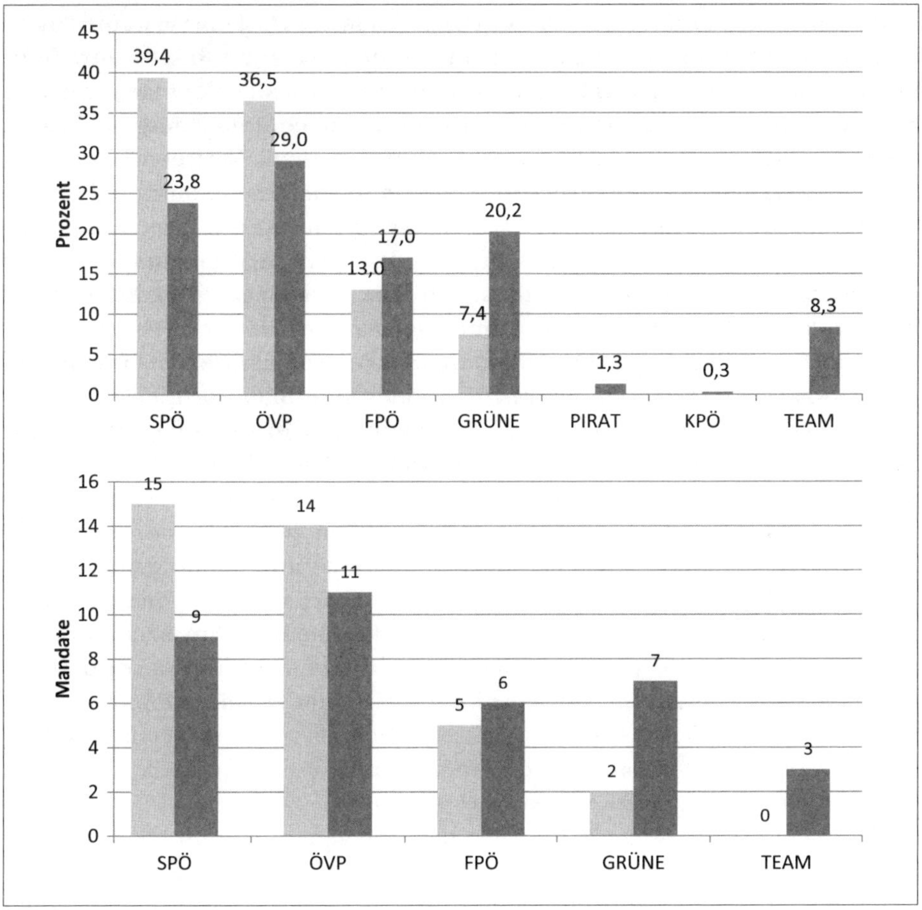

Quelle: Amt der Salzburger Landesregierung: Landesstatistischer Dienst (2013). Landtagswahl am 5.5.2013 – Endgültige Ergebnisse, S. 21.

3. REGIERUNGSBILDUNG

Die Landtagswahlen hatten für SPÖ und ÖVP massive Verluste gebracht (siehe Abbildung 5), dennoch war die Volkspartei eine Wahlsiegerin, während für die SozialdemokratInnen politisch eine neue Zeit anbrach. Letztere hatten nicht nur den Anspruch auf die Position des Landeshauptmannes verloren, sondern es ging sich auch eine Koalition ohne sie aus. Dennoch ließ zunächst die SPÖ mit der Ankündigung aufhorchen, der Grünen Vorsitzenden Astrid Rössler den Landeshauptfrau-Posten anzubieten.[29] Die Grünen zeigten sich jedoch diesbezüglich sehr reserviert und strebten eher eine Dreierkoalition mit ÖVP und SPÖ an.

Zwar hatte die ÖVP die besten Karten, doch stand Haslauer vor einer nicht einfachen Regierungsbildung und musste unter mehreren suboptimalen Optionen auswählen. Mit der FPÖ hatte man, ob der radikalen Aussagen von Karl Schnell, bereits im Wahlkampf eine formale Zusammenarbeit ausgeschlossen. Außerdem sah sich die Salzburger Volkspartei eher als Vertreterin des liberalen und gemäßigten bürgerlichen Lagers, also stieß die rechtspopulistische Kampfrhetorik der freiheitlichen Führungsriege auf wenig Gegenliebe. Mit der SPÖ wiederum wollte man nicht mehr koalieren, zu zerrüttet waren aus ÖVP-Sicht die persönlichen Beziehungen. Die vorangegangene Regierungszeit, der Finanzskandal und der Wahlkampf hatten tiefe Gräben aufgerissen – dennoch rechnete die SPÖ wohl damit, dass es wieder zu einer Neuauflage der schwarz-roten Koalition kommen würde. Ohne SPÖ war die Volkspartei auf eine Dreierkoalition angewiesen, was bedeutete, dass mit Grün und dem neuen Team Stronach koaliert werden müsste. Die Sache hatte jedoch mehrere Haken. Zum einen sind Dreierkoalitionen im rauen politischen Klima schwieriger zusammenzuhalten als eine Liaison zwischen zwei Parteien. Außerdem geben Dreierkoalitionen dem zur Mehrheitsbeschaffung notwendigen Dritten eine unverhältnismäßig starke Position. Die Rolle des Dritten würde nun einer neuen und politisch noch nie getesteten Partei, dem Team Stronach, zufallen, die vom abtrünnigen ÖVP-Bürgermeister Hans Mayr angeführt wurde und der quasi für seinen Abfall mit der Position eines Landesrates „belohnt" werden würde. Außerdem hatte sich das Team Stronach als gemäßigt rechtspopulistische Protestpartei positioniert und im Wahlkampf Haslauer und die ÖVP angesichts des Finanzskandals heftig kritisiert.

Vor allem die als zweite Wahlsieger hervorgegangenen und als Koalitionspartner von Haslauer stark präferierten Grünen waren allem Anschein nach wenig erbaut von der Vorstellung, mit dem Team Stronach in eine gemein-

---

29 SN Online (12.5.2013). SPÖ bietet Rössler den Posten der Landeshauptfrau an.

same Regierung gehen zu müssen. Sie hätten wohl stattdessen lieber die SPÖ in der Regierung gesehen, was jedoch selbst von jenen in der ÖVP abgelehnt wurde, die für eine Koalition mit den SozialdemokratInnen aus Gründen der Wirtschaftsräson noch eher offen gewesen wären. Einer Regierung, die dann zu zwei Dritteln aus nicht-bürgerlichen Kräften bestanden hätte, konnte man keinesfalls zustimmen.

Da letztlich der Wille, in die Regierung zu gehen, bei allen Beteiligten stärker war als allfällige Bedenken, wurde man sich handelseins. Außerdem konnte das Team Stronach mit Mayr einen erfahrenen Politiker in die Regierung entsenden, der als Bürgermeister Sachkompetenz und politische Pragmatik vorweisen konnte. Mit dem politisch eher unerfahrenen früheren Fußballer Otto Konrad und dem als politischer Aktivist („Freie Bürger Seekirchen") bekannten Helmut Naderer, also den respektive Zweit- und Drittgereihten auf der Parteiliste, wäre so eine Koalition wohl aus Sicht der anderen schwieriger zu bilden gewesen. So kam es, dass Mayr in die Landesregierung ging, während Naderer den Landtagsklub des Team Stronach anführte. In der Folge sollte jedoch auf Frank Stronachs Betreiben Mayr als Parteichef von Naderer abgelöst werden. Wie später noch genauer dargestellt werden wird, sollten schließlich die innerparteilichen Streitigkeiten zunehmen, was schließlich zu Auflösungserscheinungen und letztlich zum Ende des Salzburger Ablegers des Team Stronachs in seiner ursprünglichen Form führte.

Der neu gewählte Salzburger Landtag, der sich aus elf ÖVP- und neun SPÖ-Abgeordneten, sieben MandatarInnen der Grünen, sechs FPÖ-Abgeordneten und drei VertreterInnen vom Team Stronach zusammensetzte, konstituierte sich am 19. Juni 2013.[30] An diesem Tag wurde die Landesregierung Haslauer jun. angelobt, wobei 21 der 36 Abgeordneten für die neue Regierung stimmten. Brigitta Pallauf (ÖVP) wurde einstimmig zur Landtagspräsidentin gewählt. Zweite Präsidentin wurde die SPÖ-Abgeordnete Gudrun Mosler-Törnström, womit erstmals zwei Frauen an der Spitze des Landesparlaments standen. Des Weiteren wurden zehn Ausschüsse mit jeweils elf Mitgliedern gewählt, wobei die Aufgabenbereiche gegenüber der vergangenen Legislaturperiode etwas verändert wurden. Der Ausschuss für Wirtschaft und Energie wurde um die Agenda Lebensgrundlagen erweitert und im Gegenzug der Landwirtschaftsausschuss abgeschafft. Gleichzeitig wurde ein eigener Ausschuss für Infrastruktur, Verkehr und Wohnen geschaffen. In einer Vorwegnahme der sich anbahnenden grünen Note in der Regierungspolitik wurde der Ausschuss für Raumordnung und Umwelt um den Naturschutz erweitert. Andere Ausschüsse betrafen die

30 Landeskorrespondenz (19.6.2013). Landtag wählte Regierung mit Wilfried Haslauer als Landeshauptmann.

Bereiche Verfassung und Verwaltung, Finanzen, Bildung-Sport-Kultur, Soziales und Gesundheit sowie Petitionen, Europa, Integration und regionale Außenpolitik. Den Ausschüssen gehörten jeweils elf (vorher zehn) Mitglieder an. Davon entfielen je drei auf die ÖVP und die SPÖ, je zwei auf die Grünen und die FPÖ, und das Team Stronach stellte ein Ausschussmitglied.[31]

Bei der in einem Wahlgang durchzuführenden Wahl zur Landesregierung entfiel gegen die Stimmen aller FPÖ- und SPÖ-MandatarInnen die notwendige Mehrheit auf den Wahlvorschlag mit Wilfried Haslauer (ÖVP) als Landeshauptmann, Astrid Rössler (Grüne) als 1. Landeshauptmann-Stellvertreterin und Christian Stöckl (ÖVP) als 2. Landeshauptmann-Stellvertreter sowie Martina Berthold (Grüne) als Landesrätin und Hans Mayr (Team Stronach), Heinrich Schellhorn (Grüne), Josef Schwaiger (ÖVP) als Landesräte. Nach dem Verhältniswahlrecht wurden ferner Susanne Kurz (SPÖ), Heidi Reiter (Grüne), Josef Saller (ÖVP) und Dietmar Schmittner (FPÖ) einstimmig zu BundesrätInnen gewählt. Folgende Personen wurde die Fraktionsvorsitzenden der Parteien im Landtag: Helmut Naderer (Team Stronach), Gerlinde Rogatsch (ÖVP), Karl Schnell (FPÖ), Walter Steidl (SPÖ) und Cyriak Schwaighofer (Grüne).

Mit der Dreierkoalition traf man, wie eine Umfrage der Salzburger Nachrichten zeigte, auch die Stimmungslage im Land.[32] Laut einer IGF-Studie für das Salzburger Fenster vom 8. März 2013 wünschten sich 24 Prozent der WählerInnen das Team Stronach in einer Koalition.[33] Es war eine Wechselwahl gewesen und wenn neuerdings eine große Koalition entstanden wäre, hätte dies vor dem Hintergrund des Finanzskandals wohl nicht ausgiebig genug einen Bruch mit der bisherigen Politik signalisiert. Auch stand die große Koalition auf Bundesebene zunehmend unter Kritik und wurde mit „Stillstand und Lähmung“ identifiziert.[34] So gesehen konnte man sich von der Bundespolitik deutlich abheben und mit dieser Koalition gleich in mehrfacher Hinsicht Neuland betreten. Das durch den Untersuchungsausschuss aufgewertete Image der Grünen als Anti-Korruptionspartei half auch der ÖVP. Diese konnte sich wiederum gegenüber der niederösterreichisch dominierten Bundespartei als liberaler positionieren – der Begriff „Westachse“ wurde für die gegenseitige Abstimmung der Landesparteien Vorarlbergs, Tirols und Salzburgs gebräuchlich.[35] Mit den Grünen in der Regierung war man eher davor gefeit, von der Opposition glaubhaft als unsozial oder zu wirtschaftsfreundlich angegriffen zu

31 Ebd.

32 SN Online (7.5.2013). Umfrage: Salzburger wüschen sich Schwarz-Grün-Gelb.

33 IGF-Studie für das Salzburger Fenster, 8.3.2013.

34 Die Presse (30.9.2013). ÖVP droht SPÖ: „Koalition wie bisher, das geht nicht“.

35 Der Standard Online (22.1.2014). Raidl kritisiert schwarze „Westachse“.

werden. Grüne und Team Stronach standen auch für BürgerInnenprotest und neue Akzente in der Politik, was wiederum dem allgemeinen Veränderungswunsch entsprach.

Zwischen den drei Regierungsparteien wurde ein 74 Seiten langes Arbeitsübereinkommen mit sechs zentralen Punkten vereinbart.[36] Diese reichten von der Nachhaltigkeit über leistbares Wohnen sowie Bildung und Ausbildung bis hin zu einer zeitgemäßen Verwaltung. Ebenso auf der Agenda standen die Frage der Vollbeschäftigung – inmitten einer europaweiten Wirtschaftsflaute ein wichtiges Thema – sowie angesichts des Finanzentwicklung ein ausgeglichener Landeshaushalt, der stufenweise bis 2016 erreicht werden sollte. Danach war vorgesehen, dass die Schulden über einen Zeitraum von 25 Jahren zurückgezahlt werden sollten. Ein vor allem lokal brisantes Thema war die geplante 380-kV-Leitung vom Flachgau in den Pinzgau und der Salzburger Flughafen. Für Astrid Rössler und die Grünen waren dies besonders sensible Bereiche, da sie sich in der Vergangenheit stets auf die Seite von AnrainerInneninteressen gestellt und wachstumskritische Positionen vertreten hatten. Nun war man mit einer Wirtschaftspartei in der Koalition, musste gesamtheitliche Interessen mitberücksichtigen und war in der Landesregierung für die laufende Umweltverträglichkeitsprüfung ressortzuständig. Zwar vereinbarte man im Fall, dass die Errichtung der 380-kV-Leitung notwendig sein sollte,[37] „eine Teilverkabelung nach neuestem Stand der Technik". Jedoch erwarteten die lokalen AktivistInnen gewiss von Rössler, dass sie das Projekt zum Kippen bringen würde. Beim Flughafen bekannte sich Rössler zu einer „realistischen Sicht, zum Standort und zur Funktion".[38]

Die Regierung bekannte sich auch zum Ausbau der Bahnverbindungen, etwa die Verlängerung der Salzburger Stadtregionalbahn vom Hauptbahnhof zum Mirabellplatz und die Pinzgauer S-Bahn, was jedoch große finanzielle Unterstützung durch den Bund erforderlich machte und im Fall der Stadt Salzburg auch die Kommunalpolitik betraf. Ein weiterer Bereich waren geplante Einsparungen bei der Verwaltung.

Als Reaktion auf das Arbeitsübereinkommen räumte der SPÖ-Vorsitzende Walter Steidl „der Regierung eine Schonfrist von 100 Tagen ein", während FPÖ-Chef Karl Schnell verkündete: „Die Grünen hätten sich von ihren Kernthemen verabschiedet, um an die Macht zu kommen. Die neue Landesregierung sei schon vor ihrer Wahl umgefallen."[39]

36 SN Online (13.6.2013). Arbeitsprogramm: Viele heiße Themen auf 74 Seiten.

37 SN Online (18.6.2013). Neue Regierung präsentiert Pläne.

38 Ebd.

39 SN Online (19.6.2013). Neue Salzburger Landesregierung angelobt.

4. DER GANG DER SPÖ IN DIE OPPOSITION

Der Gang in die Opposition fiel der früheren Regierungs- und Landeshauptfrau-Partei naturgemäß sehr schwer. Selbst zu Zeiten der Proporzregierungen (bis 1999) war man die zweite Kraft im Lande gewesen und konnte die Sozial- und Wirtschaftspolitik wesentlich mitbeeinflussen. Nun befand sich die Partei in Opposition und war somit abgeschnitten von den Schaltstellen der Macht auf Landesebene. Der Finanzskandal, der eigentlich unter Rot-Schwarz entstanden war, lastete, dem öffentlichen Eindruck nach, zur Gänze auf der SPÖ – wenn immer von dieser in Richtung Landesregierung Forderungen nach mehr Leistung und Investitionen erhoben wurden, wusste diese darauf hinzuweisen, dass man sparen müsse, weil die vorherige SPÖ-geführte Regierung die Schulden verursacht hatte. Anders als die ÖVP war die SPÖ im Land Salzburg nicht in dieser Breite aufgestellt, sondern konzentrierte sich auf bestimmte Gemeinden. Gerade in der für die Partei wichtigen Stadt Salzburg hatte es, wie bereits erwähnt, seit längerem Konflikte zwischen Stadt- und Landespartei gegeben. Außerdem war den SozialdemokratInnen in den Grünen in und um die Stadt eine ernsthafte Konkurrenz entstanden. Die urbane Mittelschicht wählte immer öfter lieber Grün statt Rot.

Als Burgstaller nach der Wahl zurücktrat, übernahm in dieser schwierigen Situation der gebürtige Saalfeldener und eingefleischte Gewerkschafter Walter Steidl die Partei.[40] Seine Karriere in der Gewerkschaft hatte 1979 als Jugendsekretär begonnen. Schließlich wurde er 2003 Regional-Geschäftsführer, wobei er bereits vier Jahre zuvor Landtagsabgeordneter geworden war. Schlussendlich brachte er es 2012 zum Soziallandesrat, nachdem die amtierende Mandatarin Cornelia Schmidjell krankheitsbedingt zurückgetreten war. Im Zuge des Ausscheidens von David Brenner wurde Steidl auch Landeshauptmann-Stellvertreter. Der neue starke Mann in der SPÖ konnte sich auch der Unterstützung zweier Parteigranden, des Salzburger Bürgermeisters Heinz Schaden und des mächtigen AK-Präsidenten Siegfried Pichler, sicher sein. Offiziell zumindest priesen auch die politischen Gegner, wie etwa Finanzlandesrat Christian Stöckl oder Landeshauptmann Wilfried Haslauer, Steidl für seine Pragmatik und Korrektheit.

Die Hauptaufgabe war es zunächst, die Partei wieder zu konsolidieren und nach dem Machtverlust neu zu positionieren. Die internen Konflikte galt es zu befrieden. Gleichzeitig zeigten sich bald die Schwierigkeiten mit der Oppositionsrolle. Zum einen waren die von der SPÖ dominierten Interessengruppen, Gewerkschaft und Arbeiterkammer, an einer konstruktiven Gesprächsbasis mit

40 SN Online (7.5.2013). Steidl: Gewerkschafter soll die SPÖ aus der Krise führen.

der Regierung interessiert, immerhin war man über die Sozialpartnerschaft immer noch Teil einer wichtigen Institution. Hier konnten Pragmatik und behutsame Einflussnahme im eigenen Sinn vielleicht mehr bewirken als eine eher fundamentale Opposition. Mittelfristig würde sich die ÖVP-geführte Regierung zwar nicht ausheben lassen, aber die SozialdemokratInnen konnten sich als zukünftiger Koalitionspartner ins Spiel bringen, sollte die Koalition Schiffbruch erleiden. Daher schien es ratsam, nicht alle Brücken abzubrechen. Gleichzeitig musste die Partei danach trachten, angriffiger zu werden und politische Kanten zu zeigen, um in der Oppositionsrolle mehr aufzufallen und einen Neuanfang zu signalisieren.

Auch war das Themenumfeld für die SPÖ insgesamt ungünstig. Zum einen bot die sehr diszipliniert agierende und geschlossen auftretende Landesregierung wenig Angriffsflächen, zum anderen konnte die SPÖ ihre politischen Kernkompetenzen kaum in Szene setzen. Bei den Sozialthemen, wie leistbares Wohnen und den Sparmaßnahmen auf dem Gesundheitssektor, wusste die Regierung stets auf die notwendige Budgetkonsolidierung hinzuweisen und auch auf die Umstände, denen dies geschuldet war.[41] Außerdem konterte die ÖVP beim Thema Vollbeschäftigung ihrerseits mit dem Hinweis auf ihre Wirtschaftskompetenz und die Notwendigkeit, die heimischen Unternehmen zu entlasten. Man darf in diesem Zusammenhang den übergeordneten Kontext nicht vergessen, der durch die anhaltende Wirtschafts- und Eurokrise geprägt war. Beinahe überall wurden die Finanzhaushalte konsolidiert und Ausgabenprogramme zurückgefahren. Hier einer Landesregierung mit Beteiligung der Grünen eine außergewöhnliche und ideologisch motivierte soziale Härte vorzuwerfen, war wenig glaubwürdig. Allmählich sollte die Sozialthematik jedoch von der Zuwanderungsproblematik überlagert werden, und diese bot eher der rechten Opposition eine Angriffsmöglichkeit.

Die SPÖ hatte auch mit einigen selbstverschuldeten Schwierigkeiten zu kämpfen. Gleich zu Beginn der Amtszeit Steidls, mitten in der Finanzkrise, kam es zu einer Diskussion über Steidls hohe Gehaltsforderungen. Den Medien nach hatte Steidl zu seinem Bruttogehalt von 7.752 Euro als Klubchef noch zusätzlich 3.000 Euro von seiner Partei gefordert, was als sehr ungünstige Optik, auch parteiintern, kritisiert wurde.[42] Infolge traten immer wieder interne Reibereien zutage. Nach parteiinterner Kritik am neuen Geschäftsführer Felix Müller, den Steidl selbst installiert hatte, wurde dieser 2016 recht überraschend abgelöst.[43] Eine noch von Müller in Auftrag gegebene Umfrage unter

41 Kronen Zeitung Online (16.6.2014). Schwarz-Grün-Gelb zieht Bilanz: Alle müssen sparen.

42 SN Online (17.10.2013). Aufregung um Zusatzgage für SPÖ-Chef Walter Steidl.

43 SN Online (12.4.2016). Unzufriedenheit in SPÖ Salzburg: Geschäftsführer muss gehen.

Mitgliedern hatte ergeben, dass jedes dritte Salzburger SPÖ-Mitglied mit der Partei unzufrieden war. Bei diversen gesellschaftlichen Themen entpuppten sich die Mitglieder als mehrheitlich nicht auf Parteilinie, wie etwa der starke Wunsch nach mehr direkter Demokratie zeigt.[44]

Diverse von der SPÖ initiierte Kampagnen stießen auf Unverständnis und parteiinterne Kritik, so wurde eine auf einem SPÖ-Plakat angebrachte Forderung nach „Gratiskindergarten umsetzen" als versteckte Kritik der Landes-SPÖ an Bürgermeister Schaden und der Stadt-SPÖ verstanden oder konnte so ausgelegt werden.[45] In einer anderen Plakat-Serie forderte Steidl besseres Schulessen,[46] was jedoch eher in der SPÖ-geführten Großstadt ein Problem war und prompt von den GegnerInnen der SPÖ thematisiert wurde.[47] Abermals konnte man dies als Kritik an der Stadt und ihrer Führung verstehen.

Die Jahre 2015 bis 2017 wurden von der Flüchtlingskrise überlagert, die naturgemäß für die Salzburger SPÖ politisch eine größere Herausforderung darstellte als für ihre MitbewerberInnen und GegnerInnen. Die durch die Flüchtlingsbewegungen hervorgerufenen Ängste konnten von der politischen Rechten besser bedient werden als von den SozialdemokratInnen. Die Partei fühlte sich traditionell der internationalen Solidarität und dem Humanismus verpflichtet, weiß jedoch auch, dass viele ihre WählerInnen der Internationalisierung und Zuwanderung mit großer Sorge um die Zukunft entgegensehen. Gleichzeitig konnte die Salzburger SPÖ schwerlich die vom eigenen Kanzler geführte Bundesregierung kritisieren.

Kaum war die Intensivphase der Flüchtlingskrise vorbei, ereilte die Partei 2017 eine weitere Hiobsbotschaft. Der bekannteste und wichtigste Amtsträger der SPÖ, der Salzburger Bürgermeister Heinz Schaden, wurde unerwarteterweise erstinstanzlich, im sogenannten Swap-Prozess, verurteilt – die Causa hatte indirekt mit den Spekulationsgeschäften zu tun, die auch dem Finanzskandal zugrunde lagen. Infolgedessen trat Schaden im September des Jahres von seinen Funktionen zurücktrat, was vorgezogene Neuwahlen auslöste. Als die SPÖ in der Bürgermeisterwahl von der ÖVP geschlagen wurde, verlor die SPÖ nach dem Landeshauptmannsessel auch das Bürgermeisteramt in der Landeshauptstadt, also den zweitwichtigsten politischen Posten im Bundesland. Mit dem Rückzug von AK-Direktor Gerhard Schmidt und AK-Präsident Siegfried Pichler verließen zwei weitere Parteischwergewichte die politische Szene, die ein

44 Kleine Zeitung Online (13.8.2015). Jedes dritte Salzburger SPÖ-Mitglied mit Partei unzufrieden.

45 SN Online (12.7.2014). Heftiges Rumoren in der Salzburger SPÖ.

46 Mein-Bezirk.at (30.5.2016). Salzburgs SPÖ-Klubobmann Walter Steidl will beim Essen in der Schule umrühren.

47 FPÖ Salzburg Online (16.6.2016). SPÖ-Scheinheiligkeit bei Schulessen.

großes Machtvakuum hinterließen und einen weiteren Bedeutungsverlust der SPÖ im Land signalisierten. Bis die Nachfolger entsprechende Netzwerke und politischen Einfluss aufbauen, dürfte einige Zeit vergehen. Gleichzeitig bedeutete dies zwar einen parteiinternen Machtzuwachs Steidls, jedoch fehlten ihm entsprechende Parteigranden, die ihm bei der Mobilisierung der Partei und bei schwierigen Entscheidungen den Rücken stärken konnten.[48]

Auch bundespolitisch blies der SPÖ ein rauer Wind entgegen. Zwar konnte Steidl damit punkten, sich sehr früh und dezidiert für Christian Kern ausgesprochen zu haben, der 2016 die SPÖ-Parteiführung und das Kanzleramt übernahm. Doch mit dem Verlust des Kanzleramtes und der Regierungsverantwortung auf Bundesebene Ende 2017 war die Stimmungslage für die SPÖ insgesamt ungünstig.

5. POLITISCHE TURBULENZEN UND MACHTWECHSEL – ÖVP, FPÖ, GRÜNE UND TEAM STRONACH

Neben der vorher beschriebenen SPÖ und ihrem schwierigen Gang in die Opposition, hatten sich auch die drei anderen Landtagsparteien mit politischen Turbulenzen und Machtwechsel auseinanderzusetzten. Wie bereits erwähnt, machten sich beim Team Stronach von Anfang an Konflikte und personelle Unstimmigkeiten bemerkbar, wobei die ständigen Interventionen von Parteigründer Frank Stronach, oft aus der Ferne, weder für die Bundespartei noch für den Salzburger Ableger des Team Stronach hilfreich waren. Dies führte schließlich dazu, dass die bedeutendste und öffentlich sichtbarste Person der Salzburger Landespartei, Hans Mayr, 2015 aus dem Team Stronach austrat und 2016 eine eigene Liste gründete.

Bereits im Juni 2013 hatte der damalige Parteichef Mayr Karin Prokop von der Bundespartei als Landesgeschäftsführerin nach Salzburg geholt. Einige Monate später wurden Mayr und Prokop auf Betreiben des Bundesparteichefs Stronach abgelöst. Zwischen dem neuen Landesparteichef Helmut Naderer und Hans Mayr entstand Medienberichten zufolge ein Konflikt um die Arbeitsverträge Prokops und ihre beträchtlichen finanziellen Forderungen.[49] Daraufhin verließ Mayr im November 2015 das Team Stronach, behielt jedoch seine Funktion in der Landesregierung. Im selben Monat folgte auch der Landtagsabgeordnete Otto Konrad, blieb dort jedoch als freier Abgeordneter und versprach die mit Mandaten nur knapp abgesicherte Landesregierung weiterhin

48 SN Online (4.3.2017). Die schleichende Transformation der SPÖ Salzburg.

49 ORF Salzburg Online (1.9.2015). Streit im Team Stronach Salzburg.

zu unterstützen. Mayr verwies auch darauf, dass ihm vier BezirkssprecherInnen und der Jugendsprecher ebenfalls gefolgt seien. Mit dem Austritt Mayrs und seiner UnterstützerInnen verlor das Team Stronach in Salzburg jeglichen Rest des ursprünglichen Einflusses und trat als politischer Faktor nicht mehr in Erscheinung.

Turbulenzen gab es auch in der FPÖ, die 2015 sogar eine Parteispaltung und einen Wechsel an der Parteispitze erlebte. Nach der Wahl 2013, in der die FPÖ zwar eines ihre besten Ergebnisse in Salzburg erzielt hatte, jedoch den Eindruck nicht abschütteln konnte, es wäre mehr zu holen gewesen, und sie von den Grünen überholt wurde, übergab Schnell den Landesparteivorsitz am 16. November 2013 an Rupert Doppler, einem FPÖ-Nationalratsabgeordneten aus dem Pongau. Die beiden bildeten voran eine Doppelspitze, wobei Schnell den Landtagsklub führte. In der Folge gab es in der Partei zunehmend Unstimmigkeiten in Fragen um eine Neuausrichtung und Verjüngung der Partei. Der Abgeordnete Fritz Wiedermann trat sogar aus der Partei aus und dann wieder ein. Beinahe zeitgleich wurde der langjährige FPÖ-Gemeinderat und FPÖ-Klubobmann der Stadt-FPÖ in Salzburg, Andreas Schöppl, abberufen und durch Andreas Reindl ersetzt. Teile der Flachgauer Bezirkspartei und der Stadtorganisation lehnten sich gegen die Vorgehensweise der Parteiführung auf und die Landespartei gab insgesamt ein zerrüttetes Bild ab. In dieser Situation entschied sich die Bundespartei unter Heinz-Christian Strache dazu durchzugreifen. Als Strache mit Verstärkung aus dem Bundesparteipräsidium an einer Sitzung der Landespartei im Pinzgau teilnahm, die der Streitschlichtung dienen sollte, endete diese mit einer Überraschung. Gegen Mitternacht verkündete Strache den Medien, dass Schnell und Doppler „wegen Gefahr im Verzug“ mit sofortiger Wirkung aus der Partei ausgeschlossen worden waren. [50] Schnell bekannte dabei auch ein, dass ihn die Bundespartei bereits 2013 „habe loswerden wollen“. Der vorher abberufene Schöppl wurde nunmehr interimistischer Landesparteichef.

Schnell und seine Getreuen gaben jedoch ihre Landtagssitze nicht auf, sondern gründeten eine neue Partei, die Freie Partei Salzburg (FPS), und bildeten mit fünf Abgeordneten auch eine eigene Landtagsfraktion. Der FPÖ hielt nur die Landtagsabgeordnete Marlies Steiner-Wieser die Treue, was zunächst zur Folge hatte, dass die Partei 740.000 Euro an Parteienförderung verlor, welche an die FPS gingen. Erst ein Urteil des Verfassungsgerichtshofs hob diesen vom Landesverwaltungsgericht bestätigten Entscheid wieder auf[51]und sprach der FPÖ den Betrag zu. Auch den Namenstreit mit der FPÖ verlor die Gruppe um

50 SN Online (10.6.2015). Strache schmeißt Schnell und Doppler aus FPÖ Salzburg.

51 SN Online (27.10.2016): Parteienförderung: FPÖ siegt endgültig gegen Schnell-Partei.

Schnell, die zunächst den Begriff „Freiheitliche" im Namen führen wollte, was jedoch gerichtlich untersagt wurde.[52]

Die Spaltung der Partei führte zum Kuriosum, dass fortan zwei sehr ähnliche Listen miteinander konkurrierten, wobei die FPÖ zwar deutlich die größeren Ressourcen auf ihrer Seite hatte, allerdings kaum noch im Landtag vertreten war. Außerdem musste sie ihr neues Führungsteam erst aufbauen, während Schnell seit etwa 20 Jahren an der Parteispitze gestanden hatte und überall eine bekannte Marke war.

Dem neuen Führungsteam der FPÖ stand mit 10. Juni 2016 die damals erst 24-jährige Marlene Svazek als neue Parteichefin vor. Sie war mit 95,6 Prozent der Delegierten eines Parteitages gewählt worden. Svazek, die in jener Zeit vor dem Abschluss ihres Masterstudiums in der Politikwissenschaft an der Universität Salzburg stand, war vor 2015 politische Referentin im Salzburger FPÖ-Landtagsklub und nach der Parteispaltung Landesparteisekretärin gewesen. Noch im Landtagsklub war sie eine der jungen FunktionärInnen, die seinerzeit von Schnell entfernt worden waren. Ihre Parteikarriere schien somit am Ende, bevor sie noch richtig begonnen hatte. Im Anschluss folgte jedoch die für sie prägendste Zeit als Assistentin des FPÖ-Europaabgeordneten und Generalsekretärs Harald Vilimsky in Brüssel.

Mit Marlene Svazek konnte der Kontrast zur bisherigen FPÖ-Führung größer nicht sein. Für eine rechtsgerichtete und eher männerdominierte Partei war eine junge Studentin zweifelsohne ein ungewöhnlicher Schritt und naturgemäß wurde die Parteichefin von BeobachterInnen zunächst vor allem als Staffage und Frontfrau eingestuft. Sie sollte demnach für ein weicheres Image der Partei, die auf Bundesebene in die Regierung drängte, stehen. Trotz dieser Ausgangslage schaffte es Svazek, sich politisch zu behaupten, trat schließlich als Spitzenkandidatin für die Salzburger FPÖ bei den Nationalratswahlen 2017 an und schaffte den Einzug in Parlament. Danach stieg sie sogar zur Generalsekretärin der FPÖ auf. In der Folge sollte sie die Partei 2018 auch in die Landtagswahlen führen und konnte somit auch ihre Position als Parteichefin absichern.

In jener Zeit drängte ein weiterer Jungpolitiker ganz nach oben, und zwar an die Spitze seiner Partei, der Bundes-ÖVP. Mit der Übernahme der Volkspartei im Mai 2017 durch den damaligen Außenminister Sebastian Kurz kam es auch in der Partei des Landeshauptmannes Haslauer zu Umwälzungen. Sie hatte auf Bundesebene in kurzer Zeit zwei Parteichefs verbraucht und lag in Meinungsumfragen abgeschlagen an dritter Stelle. Die Landes-ÖVP hatte nach Kräften versucht, sich von der unglücklichen Situation der Mutterpartei und der Regierungskoalition zu distanzieren und Salzburg als Teil der Westachse

52 Die Presse Online (31.7.2015). FPÖ-Salzburg: Gericht untersagt Namen „Freiheitliche".

der Partei zu präsentieren.[53] Mit der Neuausrichtung der ÖVP unter Kurz, für das die türkise Parteifarbe im Gegensatz zum traditionellen Schwarz steht, musste sich auch die Salzburger Volkspartei auf die neue Situation einstellen. Die Frage war, ob sie versuchen würde, sich abzugrenzen oder die neue Richtung aufzunehmen. BeobachterInnenn zufolge pflegt Haslauer ein gutes Verhältnis zu Sebastian Kurz, was sich im Einsatz der Salzburger-ÖVP im Nationalratswahlkampf zeigte, bei der die Volkspartei einen Stimmenzuwachs um 11 Prozent auf fast 38 Prozent erreichte.[54] Inhaltlich lagen Haslauer und Kurz oft nahe beieinander, etwa bei den Themen Integration und einer strengen Obergrenze für die Aufnahme von Flüchtlingen oder in Fragen wirtschaftlicher Liberalisierung. Beide Politiker hatten gegen Bedenken, auch in den eigenen Reihen, Koalitionen mit der SPÖ aufgekündigt und pflegen einen Stil, der in der Sache hart ist, aber in der Kommunikation gemäßigt wirkt. Das Aufbrechen bestehender innerparteilicher Machtarrangements durch Kurz bot für die ÖVP-Westachse,[55] also für Delegierte aus Salzburg, Tirol und Vorarlberg, auch eine größere Chance, sich auf Bundesebene einzubringen.[56] In jedem Fall würde ein Stimmungsumschwung zugunsten der ÖVP auf Bundesebene auch der Landeshauptmannpartei nützen und so hatten beide Seiten allen Grund, die Situation zum gegenseitigen Vorteil zu nutzen. Der populäre neue Parteichef Kurz motivierte die Parteibasis wie kaum ein anderer Parteivorsitzender seit Schüssel. Gleichzeitig kamen ÖVP-Erfolge auf Landesebene etwa bei den BürgermeisterInnenwahlen in Salzburg 2017 oder den Landtagswahlen 2018 auch der neuen Bundesregierung und dem Kanzler zugute. Dennoch gibt es zwischen der „türkisen" und der „schwarzen" ÖVP auch politische Unterschiede. Haslauer betonte seine Unabhängigkeit und hatte sich stets nach rechts abgegrenzt und seine Betonung liberaler Werte bezog sich nicht nur auf Ökonomisches.[57] Aussagen der ÖVP im Bundeswahlkampf, etwa zu Immigration und Flüchtlingen, schienen im Ton und Inhalt deutlich weiter rechts zu sein, als dies etwa in Salzburger Kontext üblich war. Im Landtagswahlkampf

53 Die Presse Online (20.3.2017). Haslauer für Neuwahlen im Herbst; SN Online (12.10.2013). Koalition: Haslauer für West-Vertreter bei Verhandlungen.

54 SN Online (14.9.2017). Sebastian Kurz: „Haslauer hat mir Mut zugesprochen".

55 Ein Beispiel sei etwa die dominante Rolle der Niederösterreichischen ÖVP, die es unter Landeshauptmann Erwin Pröll 2016 sogar schaffte mitten im Bundespräsidentschaftswahlkampf einen Bundesministerwechsel aus landesparteistrategischen Überlegungen zu erzielen. Der neue Parteichef und Kanzler konnte sich seine Regierungsmitglieder und seine Abgeordnetenliste weitgehend selber aussuchen.

56 SN Online (20.5.2017). Haslauer und Kurz haben viel gemeinsam.

57 Der Standard Online (26.2.2018). Haslauer unterstreicht Eigenständigkeit der Salzburger ÖVP.

2018 gab es beispielsweise ein Plakat Haslauers, das bewusst Weltoffenheit thematisierte.

Ob es mit der Zeit dennoch sowohl in Sachfragen wie auch in der politischen Positionierung zu größeren Unterschieden zwischen Schwarz und Türkis kommen wird, ließ sich zu der Zeit, als diese Zeilen geschrieben wurden, noch nicht abschätzen. Sie lägen aber gewiss nicht im Interesse der beiden Gruppen. Es darf davon ausgegangen werden, dass etwa aus Sicht der türkisen Bundespartei eine Koalition mit der FPÖ wohl eher goutiert würde als andere Optionen, dass man jedoch dies kaum öffentlich ausrichten würde, auch da sich das Haslauer und die Salzburger ÖVP wohl verbieten würden. In jedem Fall war die Zeit von 2013 bis 2018 eine voller Turbulenzen, in der fast alle Parteien wichtige Wandlungsprozesse durchmachten, die die Landespolitik auf Jahre hinaus prägen sollten.

6. DAS MODELL SCHWARZ-GRÜN MIT BETEILIGUNG DRITTER – POLITIKGESTALTUNG

Mit der ersten Dreierkoalition (nach Abschaffung des Proporzsystems 1999) und der erstmaligen Regierungsbeteiligung von Grünen und Team Stronach stellte die Landesregierung Haslauer jun. gleich in mehrfacher Hinsicht ein Experiment dar. Die relativ knappe Mandatsmehrheit des Bündnisses, seine politische Heterogenität, die budgetären Belastungen, die auf das Land zukommen sollten, und die auf Bundesebene bald Auflösungstendenzen zeigende Partei Team Stronach gaben durchaus zu Spekulationen Anlass, dass die neue Landesregierung nicht von langer Dauer sein würde.

Vor allem der Sparkurs und die notwendige Profilbildung der drei unterschiedlichen Parteien würden, so mutmaßte man, schon bald zu Spannungen führen, die eine erstarkte und auf soziale Probleme hinweisende Sozialdemokratie geschickt ausnützen würde können. Diese Entwicklung stellte sich jedoch nicht ein. Schwarz und Grün gestanden einander wechselseitig eine relativ freie Hand in ihren jeweiligen thematischen Kernbereichen zu und das Team Stronach war zunehmend mit sich selbst beschäftigt. Dieses zeigte nämlich bald auch in Salzburg interne Risse und Unstimmigkeiten. Die anfängliche Skepsis gegenüber der neuen Salzburger Koalition lag auch darin begründet, dass sie zwischen anderen Koalitionsverbindungen eingebettet war, welche Loyalitätskonflikte auszulösen drohten. Auf Bundesebene koalierte die ÖVP mit der SPÖ, während es in der Stadt Salzburg wiederum die mit den Grünen verbundene Bürgerliste war, die mit der SPÖ kooperierte. Doch auch hier schienen die Befürchtungen unbegründet.

Nach hundert Tagen Regierung musste man feststellen, dass die Regierung fest im Sattel saß und bis dato wenig Fehler gemacht hatte.[58] Die Anfangsphase verlief wohl auch deswegen glimpflich, weil große, aber zwischen Koalitionspartnern umstrittene, Entscheidungen zunächst aufgeschoben wurden. Einschneidende Maßnahmen zum Abbau der Neuverschuldung sowie die Themenbereiche Raumordnung, Flughafen und die 380-kV-Leitung, die einiges an Konfliktstoff zwischen den Parteien zu bieten drohten, wurden erst danach angegangen.

Die neue Landesregierung fiel auch durch einen gewissen neuen Stil auf. Die Grünen bemühten sich beispielsweise bei der Bestellung von AufsichtsrätInnen auch unabhängige ExpertInnen und nicht nur Parteimitglieder zum Zug kommen zu lassen. Landeshauptmann Haslauer hatte, wohl auch mit Blick auf die große Koalition in Wien, seit Längerem einen neuen Stil in der Politik gefordert und profitierte gewiss davon, dass die Grünen hier andere Akzente setzten. Für die ÖVP, die in gewisser Weise viel stärker von Klientelgruppen abhängt, war das Nichtbedienen gewichtiger Interessengruppen wesentlich schwieriger. In jedem Fall schien sich der Eindruck zu bestätigen, dass die persönliche Ebene zwischen Haslauer und Grünen-Chefin Landeshauptmann-Stellvertreterin Astrid Rössler sehr gut war und bei beiden der Wille bestand, eine vom Stil her anders akzentuierte Politik zu machen, was ein auch von den Medien goutiertes, kontrastierendes Bild zur großen Koalition auf Bundesebene darstellte. Aus Sicht der Opposition, etwa der SPÖ, kam der zu erwartende Vorwurf, dass die ersten Monate schlecht genutzt worden seien und die Regierung „ausschließlich mit Postenbesetzungen" beschäftigt gewesen sei.[59]

Dennoch schaffte es die Landesregierung die gelegentlich als Wohlfühl- und Kuschelkoalition[60] apostrophierte Zusammenarbeit und einen insgesamt positiven Gesamteindruck aufrecht zu erhalten. Auch auf Ebene der MandatarInnen und im zweiten Glied pflegte man, laut Aussagen Beteiligter, einen respekt- und rücksichtsvollen Umgang, wobei es, trotz Murren des ÖVP-Wirtschaftsflügels angesichts grüner Forderungen, nie zu einer Eskalation oder zu einem offenen Schlagabtausch zwischen den Koalitionsparteien kam, so wie dies vorher bei Rot-Schwarz öfter der Fall gewesen war.[61]

Interessanterweise verstand es die Regierung gerade aus ihren Schwächen Stärken zu machen. So zum Beispiel hatte es bei Astrid Rössler als Oppositionsführerin mitunter den Vorwurf gegeben, sie sei zu farblos und würde daher

58 SN Online (20.9.2013). Erste Bilanz: 100 Tage Salzburger Landesregierung.

59 Ebd.

60 Der Standard Online (4.7.2013). „Politik ist angewandte Spiritualität."

61 Der Standard Online (16.12.2015). Schwarz-Grün lobt sich zur Halbzeit selbst.

nicht genügend wahrgenommen werden. Als stellvertretende Regierungschefin passte ihre eher sachliche und unaufgeregte Art besser zum Amt und sie konnte sich dennoch der medialen Aufmerksamkeit sicher sein. Auch Landeshauptmann Haslauer, der früher als zurückhaltender und weniger leutselig als sein Vater wahrgenommen wurde, wuchs in sein Amt und konnte sich im Laufe der Legislaturperiode einen wichtigen Amtsbonus zulegen, wie sein Wahlerfolg 2018 zeigen sollte. Der Finanzskandal, in Verbindung mit dem Sparzwang und der europaweit schwierigen Wirtschaftslage, schuf automatische und natürliche Prioritäten, die auch der Bevölkerung glaubhaft vermittelt werden konnten. Die schlechte Performanz der Koalition auf Bundesebene bildete zusätzlich einen Kontrast, demgegenüber die Landesregierung punkten konnte. Hierbei konnte sich die Salzburger ÖVP, gestützt durch ihre Koalition mit den Grünen, als liberaler und moderner präsentieren als die Bundespartei, die in den Umfragewerten kontinuierlich absackte und in der gleichen Zeit sogar zweimal Parteiobmänner wechselte (Michael Spindelegger 2014, Reinhold Mitterlehner 2017). Auch das in einem Dauerauflösungsprozess zu sein scheinende Team Stronach war kurioserweise ein wichtiger Faktor in der Performanz der Regierung. Einem politischen Profi wie Landesrat Mayr musste bald klar gewesen sein, dass es mit dem Team Stronach keine Zukunft gab und Neuwahlen auf jeden Fall das politische Aus bedeuten würden. Also bemühte sich Mayr um das Fortbestehen der Koalition und um einen Ausgleich der Interessen. Er musste sich auch mit den schwierigen und kaum zu lösenden Themen sozialer Wohnbau und Wohnkosten sowie dem Salzburger Dauerthema Verkehr beschäftigen. Zwar bot diese Thematik auch große Profilierungschancen, doch waren die zentralen Ursachen der Problematik, mangels knapper Budgetmittel und der allgemeinen Kostensteigerungen auf dem Wohnsektor, kaum befriedigend zu lösen. Das Thema Wohnen bot auch der Opposition Angriffsflächen, wobei die SPÖ die Knausrigkeit der Regierung sowie die Fördervergaben anprangerte[62] und die FPÖ die Präsenz von AusländerInnen auf dem Wohnungsmarkt.[63]

Dass die Salzburger Regierung dann nach der ersten Hälfte politisch wenig gefordert wurde, hatte auch damit zu tun, dass ab dem Sommer 2015 die Flüchtlingskrise alle anderen Themen zudeckte. Im Zuge dieses Ereignisses reisten von August bis Ende Dezember 2015 etwa 300.000 Flüchtlinge über Salzburg nach Deutschland aus. Die Hauptstadt und Umgebung standen, so wie andere Grenzregionen Österreichs, in jenen Tagen vor enormen logisti-

62 Mein-Bezirk.at (2.7.2017). SPÖ kritisiert: Wohnbauförderung ist ein Basar; Der Standard Online (1.10.2016). Neue Salzburger Wohnbauförderung folgt dem Windhundprinzip.

63 SN Online (10.6.2016). Marlene Svazek im Interview: „Sind der ÖVP auf den Fersen."

schen, humanitären, finanziellen und sicherheitspolitischen Herausforderungen, die es für die Regierung zu meistern galt. Da die politische Verantwortung jedoch, für alle ersichtlich, bei der Bundesregierung lag und Salzburg nur reagieren und improvisieren konnte, war man zunächst in dieser Frage politisch noch wenig exponiert. Schließlich konnte man sogar glaubhaft, trotz Sparkurs, eine Erhöhung der Ausgaben vornehmen.

Trotz aller Harmonie und politisch günstiger Rahmenbedingungen wollte die Landesregierung einige große Projekte umsetzen und bot somit potenziellen Stoff für Konflikt und Kritik. Hierbei war auch die Rollenverteilung in der Regierung nicht unwichtig. Die ÖVP dominierte die zentralen Politikfelder, vor allem Finanzen. Die Grünen waren für die für sie wichtigen Themenfelder Umwelt, Soziales, und Raumordnung verantwortlich und Mayr handhabte, wie gesagt, die unangenehmen Bereiche Wohnbau und Verkehr. Das erlaubte es Haslauer, die Bereinigung des Finanzskandals in Form des Abbaus der Spekulationspapiere sowie eine Strukturreform im Landesdienst, samt einem neuem Gehaltsschema im öffentlichen Dienst, als ÖVP-Erfolge zu verkaufen. Auch die Umsetzung des Museumsprojektes Domquartier – obwohl für Letzteres eigentliches Landesrat Schellhorn ressortzuständig war – und die relativ gute Beschäftigungsrate im Vergleich mit anderen Bundesländern konnte sich der Landeshauptmann als Erfolge auf seine Fahne heften[64].

Im Bereich der ÖVP hatte Finanzlandesrat Christian Stöckl wohl die unangenehmste Aufgabe. Der frühere Bürgermeister von Hallein hatte die Rolle des Sparmeisters der Koalition. Er musste nicht nur alle möglichen Begehrlichkeiten der RegierungskollegInnen und Interessensgruppen abwehren und in gewisser Weise als politischer Blitzableiter für den Landeshauptmann fungieren, sondern Stöckl war, als Ressortzuständiger für das Gesundheitswesen, auch gezwungen, im sensiblen Spitalsbereich durch einschneidende Strukturmaßnahmen Kostensenkungen zu erzielen. Der Landesfinanzreferent kündigte gleich zu Beginn an: „Die Kürzungen werden über weite Bereiche gehen müssen" und „alle Ressorts treffen."[65] Im Jahr 2014 sollten 57 Millionen Euro eingespart werden, um die Neuverschuldung von anstehenden 110 Millionen Euro auf knapp über 53 Millionen zu drücken. Im folgenden Jahr wollte Stöckl weitere 35 Millionen Euro sparen, um die neuerliche Verschuldung dann auf 30 Millionen Euro im Jahr 2015 und schließlich auf zehn Millionen im Folgejahr zu senken. 2017 plante man dann keine neuen Schulden mehr zu machen und im

64 Für eine Übersicht über die Arbeitsmarktentwicklung siehe: AMS Online (1.1.2017). Arbeitsmarktprofil 2017 Salzburg. Abgerufen am 11.11.2018 unter http://www.arbeitsmarktprofile.at/504/teil_02.html.

65 SN Online (27.3.2014). Finanzreferent Stöckl: „Das Sparen wird alle treffen."

Jahr darauf mit der Rückzahlung zu beginnen. Aufgrund der Flüchtlingskrise konnten diese Ziele nicht ganz eingehalten werden.

Durch die Zusammenlegung von Standorten, eine Reduktion der Betten und die Konzentration bestimmter medizinischer Verfahren an wenigen Bereichen, sollten im Spitalsbereich Synergieeffekte erzielt werden. Gleichzeitig sollten große neue Bauvorhaben, wie der mit 150 Millionen Euro bezifferte Neubau des sogenannten Hauses B des Salzburger Landes- und Universitätsklinikums, finanziert werden, ebenso wie die Generalsanierung des 2008 vom Land übernommenen Krankenhauses in Tamsweg. Einsparungen im Gesundheitsbereich sind in der Politik stets ein sensibler Bereich, der rasch zu einer regierungskritischen Mobilisierung der Bevölkerung führen kann. Gerade in den Gebirgsgauen sind die regionalen Krankenhäuser eine wichtige medizinische Versorgungseinrichtung und ein zentraler Wirtschaftsfaktor. Ohnehin von ärztlicher Abwanderung bedroht und durch ihre relative Kleinheit von ihrer Kostenstruktur benachteiligt, bieten diese Regionalspitäler für die lokale Bevölkerung dennoch eine wichtige Anlaufstelle, da Betroffene sonst einen langen Weg in die Hauptstadt in Kauf nehmen müssten. Als etwa die Zukunft des Tauernklinikums in Mittersill nicht gesichert schien, gingen vor Ort zahlreiche BewohnerInnen im Protest auf die Straße.[66]

Die Grünen wiederum mussten ihrer Klientel nicht nur beweisen, dass sie einen anderen Politikstil pflegten, sondern auch inhaltlich neue Akzente setzten konnten. Hierbei waren die Umsetzung des Naturparks Salzachauen – die Schaffung einer naturnahen Flusslandschaft samt eines neun Quadratkilometer großen Naturparks in unmittelbarer Stadtnähe – sowie Tempo 80 auf der Stadtautobahn wichtige Maßnahmen. Diese waren zwar nicht unumstritten, doch zielten sie, ebenso wie die Ausweisung eines 3500 Hektar großen Gebietes im Nationalpark Hohe Tauern als Wilderness-Zone, auf jene urbanen WählerInnengruppen der Grünen ab, für die Natur und Stadtrand in erster Linie Erholungsgebiete sind und die als AnwohnerInnen unter dem Verkehr litten. Hier spielte auch die Symbolpolitik eine wichtige Rolle. Die Maßnahme Tempo 80 kostete relativ wenig in der Umsetzung, polarisierte aber die SalzburgerInnen wie kaum eine andere.[67] In Medienforen, Informationsveranstaltungen und selbst in ExpertInnenanalysen prallten die mitunter sehr emotional geführten Argumente aufeinander.[68] Während sich die ÖVP eher bedeckt hielt, positionierte sich die Opposition kritisch. Vor allem Bürgermeister Schaden bezeichnete die Maßnahme als Abzocke und kündigte an, als zuständige Be-

66 Hallo-Salzburg.at (22.3.2017). 700 Menschen kamen, um das Krankenhaus Mittersill zu retten.

67 SN Online (2.3.2015). Tempo 80: Flexible Beschränkung startet am Mittwoch.

68 SN Online (24.10.2013). Tempo 80 auf der Stadtautobahn: Gegenwind für Rössler.

zirksbehörde, die TemposünderInnen nicht ahnden zu wollen.[69] Rössler verteidigte sich jedoch und erklärte die Umsetzung mit dem Hinweis auf eine erreichte Reduktion des Schadstoffausstoßes letztlich zum Erfolg.[70]

Das zentrale Projekt aus grüner Sicht, die umweltfreundliche Reform der Raumordnung, hob man sich für die zweite Amtshälfte auf. Das Vorhaben war insofern kritisch, als es in den sensiblen Bereich der örtlichen Raumplanung eingriff und außerdem in der Substanz mit wirtschaftlichen Interessen bestimmter Klientelgruppen der ÖVP kollidierte. Es war daher unklar, wie die Volkspartei darauf reagieren würde. Waren Haslauer und Rössler willens, den Koalitionsbruch zu riskieren? Immerhin liefen ÖVP-BürgermeisterInnen und Wirtschaftstreibende gegen dieses Vorhaben Sturm. Auch bei diesem Thema prallten eher städtische und ländliche Vorstellungen aufeinander.[71] Für die einen galt es, die Natur im Allgemeinen, die Schönheit der Landschaft, vor Zersiedelung und die Ortskerne vor Ausdünnung zu schützen. Für die anderen waren dies Wirtschaftsgebiete und Erwerbszonen, von denen man lebte und in denen man arbeitete. Nicht wenige kritisierten Rössler, dass sie städtisch-urbane Vorstellungen einer Bevölkerung aufzwinge, die sie nicht vertreten würde und die sie – im Umkehrschluss – nicht wählen würde.

Dennoch einigte sich die Landesregierung auf ein schärferes Raumordnungsgesetz, das mit Jänner 2018 in Kraft trat.[72] Das erklärte Ziel war es, Ortskerne zu stärken, Bauland zu mobilisieren sowie Spekulation und illegale Zweitwohnsitze besser bekämpfen zu können. Bauland durfte künftig nur noch befristet ausgewiesen werden und für unverbaute Parzellen musste eine Abgabe bezahlt werden.[73] Zur Eindämmung des Problems mit den vielen Zweitwohnsitzen versprach die Regierung ein neues Gesetz. Ein spezieller Punkt war das Bestreben, neue Handelsgroßbetriebe auf der „grünen Wiese“ zu unterbinden und so die „Nahversorger“ zu unterstützen. Kurioserweise führte dies ausgerechnet in der Stadt Salzburg zum Politikum, als das größte Einkaufszentrum am Stadtrand, der Europark, seine Verkaufsflächen ausweiten wollte, was diesem untersagt wurde. Bemerkenswerterweise wurde selbst die Umwidmung von Lagerflächen in Verkaufsflächen nicht genehmigt. Wenn man selbst in der Stadt dem einflussreichsten Handelskonzern im verbauten Gebiet, in Autobahnnähe, eine

---

69 Wiener Zeitung Online (20.2.2014). Salzburg nimmt Tempo raus.

70 Land Salzburg (2018). Fakten zum Tempo 80 – Salzburger Stadtautobahn. Abgerufen am 24.9.2018 unter https://www.salzburg.gv.at/umweltnaturwasser_/Documents/fakten_zum_tempo80.pdf.

71 SN Online (3.4.2015). Die Salzburger Raumordnung soll strenger werden.

72 Regionews.at (14.10.2017). Salzburg: Neues Raumordnungsgesetz in den Regionen vorgestellt und diskutiert.

73 SN Online (8.5.2014). Rössler will Bauland nur noch auf Zeit widmen.

Umwidmung verwehrt, dann hatte dies Signalwirkung. Insgesamt ist es wichtig anzumerken, dass dieses komplexe und nicht unumstrittene Vorhaben umgesetzt wurde und die Koalition diesen Prozess unbeschadet überstand.

Landesrat Hans Mayr wiederum initiierte eine Reform der Wohnbauförderung, die auch eine Erweiterung der Wohnbeihilfe beinhaltete. Allerdings musste die Landesregierung 2016 eingestehen, dass die einmaligen Zuschüsse des Landes für Private, die eine Wohnung kaufen oder ein Haus bauen wollen, und auch für gewerbliche und gemeinnützige Wohnbauträger, auf Dauer unfinanzierbar waren (die vorgesehenen 141 Millionen Euro waren bald aufgebraucht) und man wieder auf ein Darlehensmodell zurückkehren wollte. Letzteres erfolgte jedoch nicht, sondern der Modus des Einmalzuschusses wurde modifiziert aufrechterhalten. Mayr hatte jedoch nicht nur mit den Agenden Wohnbau und Verkehr[74] zu kämpfen, sondern auch mit andauernden Unstimmigkeiten in seiner Partei. Während das Salzburger Team Stronach in der Landesregierung mitwirkte, war die Bundespartei von internen Krisen geprägt, was schlussendlich in der Auflösung der Partei mündete.[75] Die Salzburger Landespartei versuchte so weit wie möglich unabhängig davon zu agieren. Schließlich trat Mayr im November 2015 aus dem Team Stronach aus und verblieb zunächst als parteifreies Mitglied in der Landesregierung.[76] Im April 2016 gründete er dann eine eigene Bürgerliste, die Salzburger Bürgergemeinschaft (SBG). Seine Mitgliedschaft in der Landesregierung kam 2018 zu einem jähen Ende, als er der unerlaubten Annahme von Parteispenden und Bürgschaften aus der Baubranche zugunsten seiner Partei bezichtigt wurde und schließlich zurücktrat.[77] Ihm folgte bis zum Ende der Legislaturperiode die ÖVP-Landtagspräsidentin Brigitta Pallauf.

Natürlich kann die Fülle der sonst noch gesetzten Maßnahmen der Landesregierung hier weder ausführlich diskutiert noch inhaltlich bewertet werden – damit werden sich andere Beiträge in diesem Heft auseinandersetzen. Darunter finden sich etwa auch der Masterplan Klima und Energie 2020 zur Reduzierung von Treibhausgasen, ein Impulspaket zur Ankurbelung der Wirt-

74 Das Thema Verkehr ist zu vielschichtig, um es hier befriedigend zu behandeln. Es sei nur erwähnt, dass gerade in diesem Bereich sowohl die Kompetenzen als auch Finanzierung zwischen Bund, Land und Gemeinden geteilt sind und gerade in der Region der Landeshauptstadt die Interessen von StädterInnen und UmlandbewohnerInnen sowie der Stadt und den Umlandgemeinden aufeinanderprallen. Auch die Verkehrsanbindung der Gebirgsregionen an die Stadt Salzburg ist ein sensibles Thema, zumal heute die Bundeshauptstadt mit öffentlichen Verkehrsmitteln rascher zu erreichen ist als Teile des Bundeslandes.

75 SN Online (5.10.2013). Stronach ist ein Spaltpilz.

76 SN Online (20.11.2015B). Trotz Streit im Team Stronach: „Die Koalition ist nicht gefährdet".

77 SN Online (22.12.2017). Der Druck auf Landesrat Hans Mayr steigt.

schaft, die Erweiterung der Mindestsicherung oder auch neue Kinderbetreuungsplätze.

Entgegen der geplanten Budgetentwicklung musste das Land letztlich auch neue Schulden machen, was einerseits der Flüchtlingskrise und den Integrationsmaßnahmen geschuldet war, ebenso wie der Steuerreform im Bund und dem neuen Gehaltssystem in den Landesspitälern.[78] Letzteres hatte insgesamt einen Mehrbedarf von 32 Millionen Euro verursacht. Aus Sicht der Landesregierung hatte man dennoch nicht nur ein Beispiel für eine harmonisch agierende Koalition abgegeben, sondern auch eine Bilanz vorzuweisen, die sich sehen lassen konnte. In den Landtagswahlen 2018 sollte jedoch allein Landeshauptmann Haslauer von dieser Bilanz und der guten Stimmung gegenüber der ÖVP-geführten Regierung profitieren.

Die Opposition sah die Leistungen der Dreierkoalition naturgemäß gänzlich anders. Das Dauerthema 380-kV-Leitung konnte nicht erfolgreich befriedet werden.[79] Eine extrem kostspielige Infrastrukturmaßnahme, der etwa 200 Millionen teure Bau des Gitzentunnels im Norden der Stadt Salzburg, wurde von der SPÖ als „Bankrotterklärung der Sonderklasse" und als „das sinnloseste und fragwürdigste" Verkehrsprojekt, das Salzburg je hatte, beklagt. Auch die Wohnbauförderung wurde massiv kritisiert, vor allem der Umstand, dass vor allem HausbesitzerInnen im Gegensatz zu MieterInnen in den Genuss dieser Maßnahme kamen. Auch die Blockade der Ausbaupläne des Einkaufszentrums Europark wurde vom SPÖ-Chef als Maßnahme zur Arbeitsplatzvernichtung kritisiert.[80]

7. RESÜMEE

In den Jahren 2013 bis 2018 sah die Salzburger Politik große und nachhaltige politische Umwälzung. Die bestehende Struktur zweier Großparteien mit einer deutlich kleineren freiheitlichen und einer noch kleineren Grünen Opposition wurde ebenso grundlegend verändert wie das Regierungsmodell, das vorher aus einer großen Koalition bestanden hatte. Infolgedessen gab es erstmals

78 Aufgrund der europäischen Gesetzeslage musste in Österreich das Entlohnungsschema für SpitalsärztInnen geändert werden, was für die Länder höhere Kosten verursachte und natürlich komplexe Verhandlungen auch in Salzburg nach sich zog. Salzburger Fenster Online (4.7.2016). SALK: Wirbel um neues Gehaltsschema – Ärztekammer befürchtet: „Keine Top-Ärzte mehr zu bekommen."

79 SN Online (10.5.2016). Gegner der 380-kV-Freileitung lösen Flut an Beschwerden aus.

80 Der Standard Online (6.11.2015). Salzburg: Schwarz-grün-gelbe Wohlfühlkoalition feiert Halbzeit.

in Salzburg eine Dreiparteienregierung und auch erstmals eine Regierung mit einer neuen Partei. Erstmal gelang es den Grünen drittstärkste Kraft im Land zu werden und ebenso erstmals fand sich die SPÖ in der Opposition wieder. In die hier beschriebene Zeit fällt auch der doppelte Wechsel der Landeshauptmannschaft, und zwar von Burgstaller zu Haslauer und von der SPÖ zur ÖVP. Der Finanzskandal sowie große europäische Krisen bilden den Hintergrund und liefern teilweise die politische Energie, die hinter den Umwälzungen stecken. Begünstigte der Finanzskandal vor allem die Oppositionsparteien und hier besonders die Grünen, so zeigte sich dennoch, dass die großen gesellschaftlichen Veränderungen auch in Salzburg ihre politischen Auswirkungen haben. Das äußerte sich wie beinahe überall in Europa in einem politischen Ruck nach rechts und einer gleichzeitigen Schwächung linker Zentrumsparteien. Dies gibt der gemäßigten Rechten, wie der ÖVP, die Möglichkeit, gleich unter mehreren politischen Optionen und Koalitionspartnern wählen zu können – denn politisch kann sie in alle Richtungen hin andocken, auch nach rechts. Im Gegensatz dazu ist die SPÖ – nicht nur in Salzburg – in wesentlichen Fragen vom Zeitgeist her benachteiligt und im Inneren uneins. Auch muss sie stärker als die ÖVP sehr unterschiedliche WählerInnen-Gruppen ansprechen, die von den großen Veränderungen dieser Zeit auch unterschiedlich betroffen sind. Die vergleichsweise größere Stärke der ÖVP birgt jedoch auch Gefahren für ihre Zukunft. Sie kann sich auch in Salzburg nicht mehr auf Altlasten ausreden und wird alle Entwicklungen zu verantworten haben. Eine mächtige Partei muss zunehmend mit dem Ruf rechnen, dass Macht auch Kontrolle braucht.

WALTER SCHERRER

Der Salzburger Finanzskandal

1. EINLEITUNG

Denkwürdiges begab sich am späten Nachmittag des 6. Dezember 2012 im Chiemseehof in Salzburg: der amtierende Landes-Finanzreferent, Landesrat David Brenner, hatte kurzfristig zu einem „Informationsgespräch über einen mutmaßlichen Kriminalfall in der Finanzabteilung des Landes Salzburg" eingeladen. „Nach einer Woche härtester Arbeit und Recherchen"[1] teilte er der erstaunten Öffentlichkeit bei dieser Pressekonferenz mit, dass eine Referatsleiterin in der Finanzabteilung des Landes vermutlich seit mehr als einem Jahrzehnt alle Kontrollinstanzen und Sicherheitssysteme des Landes und der Republik ausgehebelt habe. Die Mitarbeiterin habe, berichtet die Landeskorrespondenz von diesem Pressegespräch weiter, Geschäfte abgeschlossen und innerhalb der Abteilung verschwiegen, bei denen „ein rechnerisches Minus von derzeit 340 Millionen Euro" entstanden sei, was aber „nach heutigem Wissen keine negative Auswirkung auf das Landesbudget" habe.

Damit war der Startschuss für eine turbulente Zeit in der Landespolitik gefallen, in der über Monate hinweg die Medien praktisch täglich über neue Aspekte und Details im Zusammenhang mit dem Skandal berichteten und immer wieder neue Angaben zum Umfang der inkriminierten Geschäfte und über die Höhe des dadurch verursachten Schadens lieferten. Rasch war klar, dass dieser Skandal mehr war als nur ein finanzwirtschaftlicher Kriminalfall: die strafrechtlich relevanten Handlungen der (vermeintlichen) Einzeltäterin wurden durch Rahmenbedingungen ermöglicht oder zumindest erheblich erleichtert, die von der Landespolitik vorgegeben wurden. Diese Rahmenbedingungen waren unter anderem durch das Fehlen oder Versagen von administrativen und politischen Kontrollmechanismen, durch eine Kultur des Nicht-so-genau-hinsehen-Wollens und des Abblockens von lästigen Fragen sowie durch die fragwürdige fachliche Kompetenz handelnder Personen gekennzeichnet.

Die Frage der politischen Verantwortung rückte damit ins Zentrum der Debatte, und auf Antrag von ÖVP und FPÖ erfolgte als politisch logische Konsequenz der einstimmig gefasste Beschluss des Salzburger Landtages, einen

---

1 Landeskorrespondenz (6.12.2012). Finanzmanagerin des Landes soll Unterschriften und Protokolle gefälscht haben.

Untersuchungsausschuss zum „Finanzmanagement des Landes Salzburg“ einzusetzen. Noch bevor dieser seine Arbeit aufnahm, waren die zentralen Akteure nicht mehr in ihren Funktionen: der Finanzlandesrat trat zurück, der Leiter der Finanzabteilung wurde vom Dienst suspendiert und die verantwortliche Mitarbeiterin der Finanzabteilung aus dem Landesdienst entlassen. Die deutlichsten politischen Spuren hinterließ der Finanzskandal zweifellos bei der Landtagswahl am 5.5.2013, die eine drastische Änderung der politischen Landschaft mit sich brachte. Die SPÖ als größte Fraktion im Salzburger Landtag verlor mehr als 15 Prozentpunkte Stimmenanteil und die kleinere Regierungspartei ÖVP verlor 7,5 Prozentpunkte, während die Grünen (deren Spitzenkandidatin Astrid Rössler den Untersuchungsausschuss geleitet hatte) ihren Stimmenanteil um fast 13 Prozentpunkte steigern konnten. Die SPÖ ging in die Opposition, und auf die sozialdemokratische Landeshauptfrau Gabriele Burgstaller folgte Landeshauptmann Wilfried Haslauer jun. von der ÖVP. Auch in der Landeshauptstadt Salzburg führte ein „Nebenschauplatz“ des Finanzskandals zu politischen Änderungen. Nach einer erstinstanzlichen Verurteilung trat der sozialdemokratische Bürgermeister Heinz Schaden am 20.9.2017 zurück; aus der nachfolgenden BürgermeisterInnenwahl am 10.12.2017 ging Harald Preuner von der ÖVP als Sieger hervor. Somit führte der Finanzskandal sowohl im Land Salzburg als auch in der Landeshauptstadt Salzburg zu einem politischen Machtwechsel von der SPÖ zur ÖVP.

Der Umfang und die Tragweite der Geschehnisse im Zusammenhang mit dem Finanzskandal lassen es nicht zu, ihn in einem Aufsatz umfassend zu würdigen. So werden denn hier die gravierenden Auswirkungen des Finanzskandals auf die folgenden Landtagswahlen und die daraus resultierende Veränderung der politischen Landschaft Salzburgs infolge der veränderten Zusammensetzung von Landtag und Landesregierung nur kurz angesprochen, ebenso die Reorganisation und die Umstellung des Finanz- und Rechnungswesens in der Landesverwaltung im Gefolge des Finanzskandals. Selbst die Schilderung der Entstehungsgeschichte des Skandals muss sich auf einige Handlungsstränge konzentrieren und kann nicht alle Facetten erfassen. Auch sollen hier nicht Schuldzuweisungen an einzelne Personen im Vordergrund stehen, und schließlich ist der zeitliche Abstand zu den Geschehnissen noch zu kurz für eine umfassende historische Aufarbeitung. Es wurde deshalb von Interviews mit Akteuren Abstand genommen, die in die Entstehungsgeschichte des Finanzskandals (in welcher Funktion auch immer) involviert waren. Die Arbeit stützt sich vielmehr auf öffentlich zugängliche Dokumente und Medienberichte, die in großer Zahl vorliegen und interessante Einblicke ermöglichen. Alleine der von Richter Anton Wagner verfasste Endbericht zum Beweisaufnahmeverfahren im Rahmen des parlamentarischen Untersuchungsausschusses liefert eine stark geraffte Darstellung und umfasst 85 Seiten.[2] Der darauf aufbauende Bericht an den Salzburger Landtag,[3] der die Stellungnahmen der dort vertretenen politischen Parteien enthält, umfasst weitere 58 Seiten. Hinzu kommen einige hundert Seiten Rechnungshofberichte. Schließlich wurde der neueste Stand zu den Kosten der finanzwirtschaftlichen Aufarbeitung des Finanzskandals in einem Gespräch mit dem seit 2013 amtierenden Leiter der Finanzabteilung im Amt der Salzburger Landesregierung, Herbert Prucher,[4] erhoben.

In der Folge wird zunächst in drei Abschnitten die Entstehungsgeschichte des Salzburger Finanzskandals präsentiert. Darauf folgen Abschnitte mit einem Überblick über die finanzwirtschaftliche, die politische und die strafrechtliche Aufarbeitung des Skandals. Im letzten Abschnitt werden Schlussfolgerungen diskutiert, die aus dem Finanzskandal gezogen werden können.

2. DER EINSTIEG INS „AKTIVE SCHULDENMANAGEMENT“

Der Skandal, der an diesem Nikolaustag des Jahres 2012 an die Öffentlichkeit kam, nimmt mit einer überschießenden Auslegung von Empfehlungen des (Bundes-)Rechnungshofs (RH) seinen Ausgang. Der RH untersuchte im Jahr 2001 die Finanzierung der Länder- und Gemeindehaushalte, weil die Schulden und die Budgetsalden der Bundesländer und Gemeinden nach der Gründung der Europäischen Wirtschafts- und Währungsunion, der Österreich von Beginn an angehörte, eine zusätzliche wirtschaftspolitische Bedeutung erlangt hatten. Schulden und Budgetsalden der nachgeordneten Gebietskörperschaften wie Bundesländer und Gemeinden sind Teil der gesamtstaatlichen Verschuldung und des gesamtstaatlichen Budgetsaldos und waren nunmehr unmittelbar relevant für die Einhaltung der aus dem Vertrag von Maastricht und dem Stabilitäts- und Wachstumspakt vorgegebenen Stabilitätskriterien

2 Landtags-Informationssystem (LPI) (2013). Landesgericht Salzburg als Beweisaufnahmegericht gem. § 7 Abs. 1 Sbg LTUA-VO. Parlamentarischer Untersuchungsausschuss des Salzburger Landtages. Untersuchungsgegenstand: „Finanzmanagement des Landes Salzburg seit 2001“. Abgerufen am 1.10.2018 unter https://www.salzburg.gv.at/00201lpi/14Gesetzgebungsperiode/allgemeine_dokumente/zusammenfassung_der_beweisaufnahme.pdf (in der Folge zitiert als: Untersuchungsausschuss, Beweisaufnahme).

3 LPI (2018). Bericht des parlamentarischen Untersuchungsausschusses betreffend das Finanzmanagement des Landes Salzburg seit 2001 vom 24.4.2013, Nr. 399 der Beilagen zum Stenographischen Protokoll des Salzburger Landtages, 5. Session der 14. Gesetzgebungsperiode. Abgerufen am 1.10.2018 unter http://www.salzburg.gv.at/00201lpi/14Gesetzgebungsperiode/5Session/399.pdf (in der Folge zitiert als: Untersuchungsausschuss, Bericht an den Landtag).

4 Gespräch mit Herbert Prucher, Salzburg, 16.5.2018.

(„Maastricht-Kriterien“) geworden. Gelänge es, durch ein „aktives Schuldenmanagement“ die Zinsbelastung der Länder- und Gemeindehaushalte zu senken, würde das die Entwicklung der öffentlichen Ausgaben und damit auch der Schulden dämpfen.

Wie in anderen Bundesländern erfolgte Ende der 1990er-Jahre auch in Salzburg die Finanzierung des Budgetdefizits zunehmend mittels „innerer Anleihen“, indem vorübergehend nicht benötigte Eigenmittel (vor allem Mittel der Wohnbauförderung) zur Finanzierung des Landeshaushalts verwendet wurden. Nichtsdestoweniger war der Schuldenstand der Länder- und Gemeindehaushalte in den 1990er-Jahren deutlich gestiegen, wobei Salzburg die zweitniedrigste Zunahme aufwies.[5] Die Niedrigzinsphase der Jahre 1997 bis 1999 konnten einige Länder (darunter auch Salzburg) nutzen, um die Ausgaben für Zinsen zu senken, während in anderen Bundesländern die Zinsausgaben anstiegen. Der RH empfahl, „das Schuldenmanagement der Länder rasch zu verbessern und für mehrere Gebietskörperschaften zu koordinieren, um günstigere Marktkonditionen und eine langfristig wirkende Entlastung der öffentlichen Haushalte zu erreichen“.[6] Der RH regte auch an, „nach Schaffung der entsprechenden Voraussetzungen vermehrt den oft günstigeren Geldmarkt bei der Fremdfinanzierung in Anspruch zu nehmen“.[7] Anlässlich einer Prüfung der Gebarung der Landeshauptstadt Salzburg im Jahr 2003 befand der RH, dass das Schuldenportfolio der Landeshauptstadt hinsichtlich der Mischung zwischen variablen und fixen Zinssätzen gut gestreut sei und „anerkannte das professionelle Schuldenmanagement der Landeshauptstadt“. Er regte jedoch an, „bei Einhaltung der gebotenen Vorsicht die Möglichkeiten einer Verschuldung in fremder Währung bzw. einer Zinssatzbindung an fremde Währungen bis zu einer festgelegten Obergrenze gezielt zu nutzen“.[8]

„Anregungen“ des RH wie die obige wurden in der Folge von der Salzburger Landespolitik wohl nicht zu Unrecht als Aufforderung verstanden, ein aktiv(er) es Schuldenmanagement zu betreiben. Am 28.2.2002 wurde vom damaligen Landeshauptmann-Stellvertreter und Finanzlandesrat Wolfgang Eisl die Finanzabteilung zum Abschluss einer Vielzahl von Wertpapier- und Derivatgeschäften ermächtigt, darunter auch „börsliche und außerbörsliche Optionsgeschäfte auf Wertpapiere und sonstige Optionsgeschäfte, Finanz-Swaps, Forward

5 Rechnungshof (2002). Tätigkeitsbericht des Rechnungshofes in Bezug auf das Bundesland Salzburg, Verwaltungsjahr 2001, Wien, Z. 4.2.

6 Ebd., S. 14, Pkt. 16.2.

7 Ebd., S. 11, Pkt. 11.2.

8 Rechnungshof (2004). Wahrnehmungsbericht des Rechnungshofes: Landeshauptstadt Salzburg Teilgebiete der Gebarung, Reihe SALZBURG 2004/6, S. 7f., Pkt. 6.1. und Pkt. 6.2.

Rate Agreements, Zinsbegrenzungsgeschäfte (Interest Rate Cap, Floor uä) sowie flexible Devisentermingeschäfte."[9] Ein Jahr später wurde die Vollmacht auf den Abschluss „(s)onstige(r) strukturierte(r) Derivate einschließlich exotischer Zinsderivate" ausgedehnt und damit eine Art Generalklausel geschaffen, „weil unter den Begriff ‚strukturierte Derivate' die unterschiedlichsten Finanzkonstruktionen fallen".[10] Geschäftsbestätigungen, Abrechnungen und sonstige Schriftstücke seien „unter Verschluss" zuzustellen, um eine entsprechende Prüfung durch den Abteilungsleiter, aber auch den Ressortchef zu gewährleisten, und die handelnden Personen sollten nie allein, sondern immer nur mit einem Zweiten zeichnen können.[11]

Doch wurde tatsächlich mit der vom RH eingemahnten „gebotenen Vorsicht" vorgegangen, wenn die Vollmacht für MitarbeiterInnen der Finanzabteilung auch das Abschließen von „exotischen Zinsderivaten" umfasste? Und waren die vom RH geforderten „entsprechenden Voraussetzungen" – z. B. im Hinblick auf Personalausstattung und organisatorische Vorkehrungen – für das im Jahr 2002 startende aktive Schuldenmanagement gegeben? Zur Personalsituation etwa wird einerseits im RH-Bericht aus dem Jahr 2009 angeführt, dass es eine gezielte Aus- und Fortbildung der zuständigen Bediensteten der Finanzabteilung gab, um Derivat Geschäfte selbst durchführen zu können. Die für das Finanzmanagement zuständige Referatsleiterin, Monika Rathgeber, verfügte über mehrjährige Arbeitserfahrung in der Finanzabteilung. Andererseits gab aber ihr ebenfalls bevollmächtigter Mitarbeiter, der vor seinem Eintritt in die Finanzabteilung im Bildungsbereich tätig war, vor dem parlamentarischen Untersuchungsausschuss an, bis 2012 an insgesamt vier (!) Tagen bei einem Unternehmen zwar „Kurse gemacht", sonst aber keine Ausbildung in Richtung Finanzmanagement zu haben.[12] Der 2001 neu bestellte und mit Vollmacht ausgestattete Leiter der Finanzabteilung, Eduard Paulus, war zuvor in der Legistik und danach als Leiter der Abteilung Bildung, Familie und Gesellschaft im Amt der Salzburger Landesregierung tätig gewesen.

Richtlinien für den Abschluss und die Durchführung von Finanzgeschäften erhielten die Akteure in der Finanzabteilung erst nach mehreren Jahren im Juli 2007 von Landeshauptmann-Stellvertreter Finanzlandesrat Othmar Raus.[13] Die Richtlinien wurden im Wesentlichen auch von seinem Nachfolger Brenner übernommen und legten u. a. fest, dass Währungsrisiken nur eingegangen

9 Untersuchungsausschuss, Beweisaufnahme, S. 5 (s. Fn. 2).
10 Ebd.
11 Ebd.
12 Ebd., S. 30.
13 Ebd., S. 10.

werden dürfen, wenn damit unmittelbare Kosteneinsparungen im Vergleich zu Euro-Finanzierungen erreicht werden. Monatlich musste nun eine Risiko- und Barwertberechnung des Portfolios durch eine externe und unabhängige Stelle – die Wahl fiel auf das Risk Management Service der Deutschen Bank – erfolgen. Zur Abdeckung von finanziellen Risiken, die sich aus den Finanzgeschäften ableiten, sehen die Richtlinien auch die Einrichtung eines „Risikoausgleichs-Swaps" vor. Ebenfalls erst im Jahr 2007 wurde ein „Finanzbeirat" als Beratungsgremium eingerichtet, in dem der Leiter der Finanzabteilung des Landes den Vorsitz führte und dem auch die beiden für das Finanzmanagement operativ zuständigen MitarbeiterInnen in der Finanzabteilung angehörten. Weiters gehörten dem Beirat ein Vertreter des Dienstleisters, der das Controlling und die Risikoüberwachung durchführt, sowie zwei externe Finanzwirtschafts-Experten an.

3. VOM SCHULDENMANAGEMENT ZUM FINANZMANAGEMENT

Aus den Empfehlungen des Rechnungshofs konnte man zweifellos die Einrichtung eines aktiven Schuldenmanagements ableiten, mit dem Ziel, den Aufwand für die Bedienung der Schulden des Landes zu minimieren. Kann nun die Verwendung des Begriffs „Finanzmanagement" als Hinweis verstanden werden, dass es nicht mehr nur darum geht, für die Schulden des Landes Salzburg möglichst günstige Konditionen zu erreichen und den Schuldendienst zu optimieren, sondern auch darum, mit Finanzanlagen Kapitalerträge zu erzielen? Sollten Kapitalerträge womöglich auch mit Finanzmitteln erzielt werden, die zuerst durch Schuldenaufnahme beschafft werden mussten? Die Tätigkeit der Finanzabteilung entwickelte sich jedenfalls in die Richtung „Finanzmanagement".

Für das Finanzmanagement der Finanzabteilung stand auch eine entsprechende „Spielmasse" – zugegebenermaßen eine etwas saloppe Bezeichnung, aber angesichts der alsbald folgenden spekulativen Veranlagungen doch treffend – insbesondere in Form von zwei landeseigenen Fonds zur Verfügung. Einer davon ist der im Jahr 2003 gegründete „Versorgungs- und Unterstützungsfonds des Landes" (VUF), der in der Finanzabteilung einen eigenen Rechnungskreis bildete. In den VUF wurde ein großer Teil des Verkaufserlöses der Landesanteile an der Landeshypothekenbank eingebracht. Zweck des VUF war es, wie Wolfgang Eisl vor dem Untersuchungsausschuss erläuterte, die Kapitalertragssteuer auf Veranlagungserlöse zu vermeiden.[14] Als eigener

14 Ebd., S. 7.

Rechnungskreis wurde der VUF neben dem Budget geführt, und weil er über keine eigene Rechtspersönlichkeit verfügte, ging man in der Finanzabteilung davon aus, dass keine Verpflichtung zu einer offiziellen Darstellung der Gebarung dieses „Fonds“ bestand. Die Existenz des VUF konnte also relativ leicht verschleiert werden und für „Nicht-Eingeweihte“ war der VUF nur schwer greifbar. Wie groß der Kreis der „Eingeweihten“ war, konnte auch im Untersuchungsausschuss nicht restlos geklärt werden.[15]

Die Spielmasse wurde schließlich ab 2006 mit einer Novelle zum Wohnbauförderungsgesetz um den mit eigener Rechtspersönlichkeit ausgestatteten Landeswohnbaufonds wesentlich vergrößert und mit einem kräftigen „Hebel“ ausgestattet. Im Landeshaushaltsgesetz wurde die Regierung ermächtigt, zur Finanzierung der Ausgaben des Landeswohnbaufonds Anleihen oder Kredite aufzunehmen. Diese Schuldenaufnahmen wurden für das Land von der Österreichischen Bundesfinanzierungsagentur (OeBFA) durchgeführt. Praktischerweise wurden die finanzmarkt-relevanten Aktivitäten des Fonds von der Finanzabteilung des Landes wahrgenommen, womit der Landes-Wohnbaufonds in erheblichem Umfang Spielmasse für das Finanzmanagement generierte. Der angesprochene „Hebel“ wurde dahingehend eingesetzt, dass „(d)ie bei der OeBFA zum Zwecke der Wohnbauförderung beantragten Gelder … zu einem erheblichen Teil zweckwidrig für spekulative Veranlagungen eingesetzt“[16] wurden.

Im Klartext heißt das, dass Schulden aufgenommen wurden, die nicht dem eigentlichen Zweck des Landes-Wohnbaufonds entsprachen (nämlich der Wohnbaufinanzierung durch das Land), sondern dazu verwendet wurden, mit offenbar riskanten Finanzgeschäften Kapitalerträge zu erzielen. Im offiziellen Portfolio wollte man aber nicht alle diese Geschäfte aufscheinen lassen. Damit entstand ein „Schattenportfolio“, von dem nicht zweifelsfrei zu klären war, wer in der Landesverwaltung innerhalb und außerhalb der Finanzabteilung und wer auf der politischen Ebene außerhalb des Finanzressorts wann davon gewusst hat bzw. gewusst haben musste. Dieses Schattenportfolio kam dadurch zustande, dass entgegen den Richtlinien nicht alle durchgeführten Geschäfte tatsächlich an das Risk Management Service der Deutschen Bank AG in Frankfurt gemeldet wurden.[17]

Lange Zeit hat das Finanzmanagement erfolgreich Erträge erwirtschaftet. Bei einer Prüfung im Jahr 2009 stellte der RH fest, dass die (ihm damals bekannten) Derivativgeschäfte aus dem „offiziellen“ Portfolio zwischen 2002 bis

15 Ebd., S. 6f.

16 Ebd., S. 13.

17 Ebd., S. 27f.

2007 einen Gesamtertrag von 210,38 Mio. Euro lieferten, wovon 65,04 Mio. Euro dem Landeshaushalt zugeführt wurden. Damit konnte nahezu der gesamte Zinsaufwand für die Finanzschuld des Landes in den Jahren 2002 bis 2007 bedeckt werden.[18] Man ging davon aus, dass das Schuldenmanagement entsprechende Erträge abwerfen würde: Man rechnete schon bei der Budgeterstellung mit Erträgen aus dem Finanzmanagement in Millionenhöhe. In den Landesvoranschlägen und in den Rechnungsabschlüssen des Landes schlug sich das mit den in Tabelle 1 angeführten Zahlen nieder. Dabei wurde zwischen den Erträgen unterschieden, die aus Derivaten (zwischen 2006 und 2009 wurden jeweils 13 Mill. Euro veranschlagt), und solchen, die aus dem Landeswohnbaufonds generiert wurden (hier wurden im selben Zeitraum jeweils 4 Mio. Euro budgetiert). Danach kehrte sich das Verhältnis um und 2010 und 2011 wurden jeweils nur mehr 3 Mio. Erträge aus Derivaten, dafür aber jeweils 13 Mio. aus dem Wohnbaufonds budgetiert. In den meisten Jahren lagen die in den Rechnungsabschlüssen angeführten Erträge deutlich unter den budgetierten Erträgen, was die Vermutung nahelegt, dass in den Voranschlägen die Zinserträge etwas höher ausgewiesen wurden, um damit die Budgeterstellung zu erleichtern.

Tabelle 1: Erträge des Landes Salzburg aus dem Schuldenmanagement gemäß Landesvoranschlag (LV) und Landes-Rechnungsabschluss (RE)

	2004	2005	2006	2007	2008	2009	2010	2011	2012
Derivate									
LV	0	12.131.400	13.000.000	13.000.000	13.000.000	13.000.000	3.000.000	3.000.000	3.000.000
RE	14.051.522	12.979.248	10.864.080	10.358.300	3.096.700	13.000.000	2.631.406	4.763.650	0
Landes-Wohnbaufonds									
LV	0	0	4.000.000	4.000.000	4.000.000	4.000.000	13.000.000	13.000.000	3.000.000
RE	0	0	2.487.659	2.992.888	1.481.622	4.000.000	3.125.000	0	0
Insgesamt									
LV	0	12.131.400	17.000.000	17.000.000	17.000.000	17.000.000	16.000.000	16.000.000	6.000.000
RE	14.051.522	12.979.248	13.351.739	13.351.188	4.578.322	17.000.000	5.756.406	4.763.650	0

Quelle: Landesvoranschläge des Landes Salzburg, verschiedene Jahrgänge.

Darüber hinaus erscheint es wenig sinnvoll, die Zahlen der einzelnen Jahre eingehender analysieren oder kommentieren zu wollen. In der politischen Praxis habe nämlich die Budgetierung der Erträge aus dem Schuldenmanagement,

18 Rechnungshof (2009). Finanzierungsinstrumente der Gebietskörperschaften mit Schwerpunkt Land Salzburg, Wien (TZ 12).

wie Landeshauptfrau Burgstaller vor dem Untersuchungsausschuss angab, so funktioniert, dass bei den Budgetbesprechungen unter Anwesenheit der Regierungsmitglieder stets die abschließende Frage gestellt wurde, was denn die Finanzabteilung „einbringen“ könne. Es sei dann von der Finanzabteilung „immer irgendeine ein- bis zweistellige (Millionen-)Zahl genannt worden“.[19]

4. IMMER SCHNELLER DREHT SICH DAS RAD

Schon im März 2008 hatte eine Bank Landes-Finanzdirektor Paulus über eine „negative Performanceentwicklung“ bei einem der abgeschlossenen Geschäfte informiert. Der aktuelle, wenngleich (noch) nicht realisierte Verlust betrage bereits mehr als 85 % des Ausfallrisikos, welches mit 46 Mio. Euro begrenzt sei.[20] Offenbar war der Bank das Risiko zu hoch geworden und sie verlangte zusätzliche Sicherheiten, die aber von der Landes-Finanzabteilung nicht gegeben wurden. Eine andere Bank sprang ein – das Finanzmanagement des Landes hatte ja schließlich mit mehreren Dutzend (!) Banken gleichzeitig Geschäftsbeziehungen. Das Jahr 2008 war generell – wie im Protokoll der Sitzung des Finanzbeirats vom 18.2.2009 festgehalten wurde – durch die Finanzkrise geprägt und „sehr herausfordernd“. Der wirtschaftliche Erfolg (die „Performance“) des „offiziellen“ Optimierungsportfolios wies im Jahr 2008 einen Verlust von 316 Mio. Euro aus, wovon 88 Mio. Euro realisiert wurden und 228 Mio. Euro als unrealisierte Bewertungsverluste anfielen.[21] Um die Bedeutung der Größenordnung dieser Verluste ermessen zu können, sind diese Zahlen in Relation zum Umfang des Landeshaushalts zu sehen, der im Jahr 2008 bei 2,01 Mrd. Euro lag.[22] Die Verluste aus dem Jahr 2008, so Rathgeber vor dem Untersuchungsausschuss, waren „aus dem Landeshaushalt nicht ersichtlich“, sondern seien über die nächsten Jahre abgebaut worden.[23] Bis zum Jahr 2011 seien die Verluste wieder hereingebracht worden.

Ausdrücklich kritisierte der RH schon im Jahr 2009, dass die vom Land durchgeführten Derivativgeschäfte nicht nur Absicherungszwecken dienten. Unter Derivativgeschäften sind Finanzierungsinstrumente zu verstehen, „deren eigener Wert vom Marktpreis eines oder mehrerer anderer Finanztitel abgeleitet wird. Zu den Derivativgeschäften zählen insbesondere Swaps, Op-

19 Untersuchungsausschuss, Beweisaufnahme, S. 25 (s. Fn. 2).

20 Ebd., S. 12.

21 Ebd., S. 13.

22 Ordentlicher und außerordentlicher Haushalt; Landesrechnungsabschluss 2008.

23 Untersuchungsausschuss, Beweisaufnahme, S. 63 (s. Fn. 2).

tionen und Futures".[24] Auch war es bereits zu diesem Zeitpunkt (2009!) „für den RH nicht nachvollziehbar, dass Finanzschulden, Verwaltungsschulden und sonstige Schulden für vom Land verschiedene Rechtsträger, wie z.B. für den mit eigener Rechtspersönlichkeit ausgestatteten Landeswohnbaufonds, ... als Grundgeschäfte für Swaps des Landes herangezogen wurden."[25] Er empfahl, die Finanzierungsstrategie zu überdenken und insbesondere die bestehenden Risiken aus Derivativgeschäften deutlich zu verringern.[26]

Immer schneller hatte sich aber das Rad zu drehen begonnen: Eine Bestandsaufnahme durch den externen Dienstleister Ithuba Capital ergab, dass Anfang 2013 das Finanzmanagement 459 Positionen in seinem Portfolio hielt: 244 Wertpapiere, 35 Zinssicherungen durch Derivate, 54 Derivate im Optimierungsportfolio und 126 Refinanzierungen bzw. Darlehen. Die Wertpapiere wiesen ein Nominale von 1,424 Mrd. Euro auf, wovon die Hälfte fest oder variabel verzinste Anleihen oder Null-Coupon-Anleihen waren. Die andere Hälfte bestand aus „strukturierten Wertpapieren", darunter auch solche aus der finanztechnischen „Giftküche", die ein besonders hohes Verlustrisiko aufweisen, wie „range accrual Swaps". Gut die Hälfte der Wertpapiere war in Euro denominiert, rund ein Drittel in türkischen Lira, der Rest entfiel auf andere Währungen wie Russische Rubel, Brasilianische Real, Indonesische Rupiah, Malaysische Ringgit, Kasachische Tenge oder Vietnamesische Dong.[27] Das eingegangene Risiko und der Spekulationsgehalt der getätigten Wertpapiergeschäfte, Kredite und Absicherungsgeschäfte hatten im Laufe der Zeit so weit zugenommen, dass „das Ausmaß jedenfalls 2012 unüberschaubar wurde".[28]

5. Die finanzwirtschaftliche Aufarbeitung des Finanzskandals

5.1 Auf Notverkäufe folgt ein geordneter Portfolioabbau

Bereits 2008 im Zuge der Finanzkrise waren – auf Anweisung von Paulus – Derivatgeschäfte des Landes mit Verlust geschlossen worden.[29] Im Mai 2012 waren erste Ungereimtheiten im Finanzmanagement aufgetaucht, weil Rath-

---

24 Rechnungshof, Finanzierungsinstrumente der Gebietskörperschaften, S. 68 (s. Fn. 18).

25 Ebd., S. 85 (TZ 12.4.).

26 Ebd., S. 86 (TZ 14.2.).

27 Untersuchungsausschuss, Beweisaufnahme, S. 20 (s. Fn. 2); Salzburger Nachrichten (SN) Online (17.12.2016). Land holt sich 105 Millionen von Banken.

28 Untersuchungsausschuss, Beweisaufnahme, S. 19 (s. Fn. 2).

29 Ebd., S. 11.

geber gegen die Empfehlung des Finanzbeirats ein „Range-Accrual-Geschäft" verlängert hatte.[30] Einige Wochen später wurde eine offenbar von Rathgeber gefälschte bzw. von ihr als Kopie in ein Dokument eingefügte Unterschrift jenes zweiten Mitarbeiters der Finanzabteilung entdeckt, der ebenfalls über die Vollmacht zur Durchführung von Finanzgeschäften für das Land verfügte.[31] Im Juli schloss Rathgeber erneut ein nicht erlaubtes Finanzgeschäft ab, worauf ihr Brenner die Handlungsvollmacht für alle Finanzgeschäfte des Landes entzog. Die Personalabteilung wurde eingeschaltet, Rathgeber trat daraufhin einen längeren Urlaub an – den Banken gegenüber war „Burn out" die offizielle Sprachregelung – und sie fand sich nach der Rückkehr aus dem Urlaub von ihrer Funktion im Finanzmanagement des Landes entbunden.

Spätestens jetzt hatte sich die Kenntnis von Problemen im Finanzmanagement des Landes über die Finanzabteilung und das Finanzressort hinaus verbreitet, und es war nur eine Frage der Zeit, bis die Probleme an die Öffentlichkeit dringen würden. So berichtete z. B. der „Standard", der sich auf Informationen aus offenbar gut informierten Kreisen stützen konnte, am 19.10.2012, dass das Land Salzburg mit 1,7 Mrd. Euro in spekulativen Geschäften zur Währungs- und Zinsabsicherung (Swaps) engagiert sei.[32] Rasches Handeln war daher das Gebot der Stunde, um den Schaden gering zu halten – jedenfalls den Schaden für den Landesfinanzreferenten und die Finanzabteilung des Landes. Das Land stellte am 1.10.2012 in der Finanzabteilung Harald Kutschera ein, der zuvor als Mitarbeiter der Deutschen Bank mit dem bzw. für das Land Salzburg zahlreiche Geschäfte abgeschlossen hatte. Er kannte somit die Finanzabteilung des Landes bereits, wechselte nunmehr gleichsam auf die andere Seite und übernahm die Aufgabe, das Finanzmanagement des Landes zu durchleuchten und weiterzuführen. Nicht zuletzt aufgrund seiner Vorkenntnisse bemerkte er bereits nach kurzer Zeit, dass neben den 49 „offiziellen" Derivatgeschäften, die im monatlichen Portfolioreport der Deutschen Bank aufschienen, weitere 253 (!) Derivatgeschäfte existierten, die von Rathgeber nicht an die Deutsche Bank gemeldet worden waren.[33] Neben Rathgeber hatte ihr ebenfalls zeichnungsberechtigter Mitarbeiter diese Geschäfte abgezeichnet und Akten darüber geführt. Er hatte nach eigener Aussage vor dem Untersuchungsausschuss darauf vertraut, dass Rathgeber die Geschäfte auch tatsächlich an das Risk Management bei der Deutschen Bank weitermelden würde – was aber nicht der Fall war.[34]

30 Ebd., S. 66.

31 Ebd., S. 67.

32 Der Standard Online (19.10.2012). Salzburg hat noch 1,7 Milliarden Euro Derivate.

33 Untersuchungsausschuss, Beweisaufnahme, S. 77 (s. Fn. 2).

34 Ebd.

Bereits im Sommer 2012 wurden zahlreiche Geschäfte aufgelöst bzw. liefen aus. Mitte Oktober wurde von Brenner, Paulus und Kutschera einvernehmlich entschieden, die meisten Fremdwährungsgeschäfte und einen großen Teil der anderen Geschäfte „ohne Nachteil für den Rechnungsabschluss des Landes" aufzulösen. Bis Ende November wollte man ein Portfolio schaffen, „das die tatsächliche Geschäftssituation abbildet und den geltenden Richtlinien für das Finanzmanagement möglichst entspricht".[35] Im Zeitraum Oktober/November 2012 wurden dazu jedenfalls mehr als 200 Derivatgeschäfte kurzfristig gelöscht – es handelte sich um einen typischen Notverkauf. Der vom Land beauftragte Sachverständige, der Linzer Universitätsprofessor Meinhard Lukas, bemängelte, dass die Auflösung dieser Geschäfte ohne konkrete Strategie erfolgt und nicht ausreichend dokumentiert sei. Als Bewertungsgrundlage für die Auflösung von Geschäften seien ausschließlich Bewertungen der Banken herangezogen worden.[36] Auch der Rechnungshof merkte kritisch an, dass es keine schriftlich festgelegte Abbaustrategie gab und dass ihm keine Protokolle über Gespräche zwischen Landesfinanzreferent, Finanzabteilung und Finanzbeirat vorgelegt wurden. Die Abwicklung des Portfolios und somit die Entscheidung über die Auflösung der Einzelgeschäfte habe damit „im Ermessen eines einzelnen Mitarbeiters gelegen".[37]

All das deutet darauf hin, dass die rasche Auflösung der Geschäfte (insbesondere des Schattenportfolios) vorrangig das Ziel verfolgte, „das Ausmaß der richtlinienwidrigen Spekulationsgeschäfte zu vertuschen".[38] Die Aussagen darüber, wie groß der durch die Auflösung der Geschäfte im Oktober, November und Dezember 2012 für das Land entstandene Schaden war, gehen auseinander. Die nicht im Portfolioreport der Deutschen Bank Risk Management Service dargestellten Geschäfte umfassten ein Nominale von 7,7 Mrd. Euro.[39] Es war vorweg kaum abzuschätzen, wie hoch ein allfälliger Verlust infolge der Auflösung dieser Geschäfte für das Land Salzburg ausfallen würde. Eines der externen Mitglieder des Finanzbeirats merkte dazu an, dass man bei einem derartigen Volumen nicht lange überlege, „wie und ob und vielleicht doch nicht man löscht, sondern man geht erst einmal dran zu löschen".[40] Erst lange nach dem Aufbrechen des Finanzskandals wurden schließlich die beiden

35 Aus einem Aktenvermerk angefertigt von Paulus und Kutschera. Zit. nach: ebd., S. 78.

36 Ebd., S. 82.

37 Ebd., S. 83.

38 Ebd., S. 79.

39 Ebd., S. 80.

40 Utz Greiner, einer der beiden externen Experten im Finanzbeirat des Landes. Zit. nach: ebd., S. 81.

Fonds, aus denen die ursprüngliche Spielmasse für das Finanzmanagement stammte, nämlich der Versorgungs- und Unterstützungsfonds und der Landes-Wohnbaufonds, aufgelöst und in den Landeshaushalt überführt. So flossen allein im Jahr 2017 aus der teilweisen Auflösung des Landes-Wohnbaufonds Erträge in der Höhe von 135 Mio. Euro ins Landesbudget und trugen somit zur „Sanierung“ des Landeshaushalts bei.[41]

Die finanzwirtschaftliche Aufarbeitung des Finanzskandals war mit Landes-internen Ressourcen nicht zu bewältigen. So war etwa der Leiter der Finanzabteilung zunächst dienstfrei gestellt und dann pensioniert worden und die für das Finanzmanagement primär verantwortliche Referatsleiterin aus dem Landesdienst entlassen worden. Der Einsatz von externen Ressourcen in beträchtlichem Umfang war insbesondere zum Abbau des Finanzportfolios erforderlich. Damit wurde das Unternehmen Ithuba Capital beauftragt, das bis November 2014 „annähernd 99 Prozent der Wertpapiere und Derivate“[42] abbaute, wie Finanzreferent Christian Stöckl erklärte.

5.2 Vergleiche mit Banken verringern den Schaden

Neben der Auflösung des Portfolios bestand ein wesentlicher Teil der finanzwirtschaftlichen Aufarbeitung des Finanzskandals darin, dass die Finanzabteilung unter der neuen Leitung von Herbert Prucher zahlreiche Banken klagte, mit denen das Finanzmanagement des Landes vorher Geschäfte abgewickelt hatte. „Anfangs herrschte der Eindruck bei den Banken, die vom Land Salzburg kennen sich eh nicht aus. Bei denen liegt eh alles im Argen. Dieses Image wollte ich korrigieren“, wird er in den Salzburger Nachrichten zitiert.[43] Im Zuge der Vorbereitung der Klagen wurden insgesamt rund 40.000 Kontoauszüge ausgewertet. Im Zentrum der Klagen standen die Fragen, inwieweit von den Banken geprüft wurde, ob die für das Land handelnden Akteure auch über ausreichende Vollmachten verfügten und inwieweit die Banken ihrer Aufklärungspflicht gegenüber dem Kunden, der Finanzabteilung des Landes, nachgekommen waren. Dies ist besonders in jenen Fällen von Bedeutung, in denen riskante Geschäfte, die bereits einen erheblichen negativen Buchwert aufwiesen und bei denen das Land den Verlust nicht realisierten wollte, durch noch riskantere Geschäfte ersetzt wurden. Der Umfang der Informationspflichten hängt entscheidend davon ab, ob es sich beim Finanzmanagement eines österreichischen Bundeslandes um einen professionellen Akteur auf

41 SN Online (12.6.2018). Das Land hat noch 1,68 Milliarden Euro Schulden.

42 Zit. nach: SN Online (26.11.2014). Finanzskandal kostet wohl mehr als 400 Millionen Euro.

43 SN Online (17.12.2016). Land holt sich 105 Millionen von Banken.

dem Finanzmarkt handelt oder nicht. Eine Verletzung der Informationspflichten durch die Banken hätte jedenfalls Schadenersatzforderungen des Landes begründen können. Weil nun mögliche langwierige Prozesse in Verbindung mit regelmäßiger Medienberichterstattung vor allem für die Banken ein wenig wünschenswertes Szenario waren, kamen nach längeren Verhandlungen Vergleiche zwischen dem Land Salzburg und 16 Banken zustande, in denen sich die Banken zur (Rück-)Zahlung von insgesamt 117 Mio. Euro verpflichteten.[44]

5.3 Steuernachzahlungen und Strafzahlungen an die EU

Der Finanzskandal hatte auch eine steuerrechtliche Dimension: Schuldenmanagement ist steuerlich grundsätzlich unbedenklich, denn es zielt nicht auf das Generieren von Kapitalerträgen, sondern auf die Senkung der Ausgaben für den Schuldendienst. Das von der Finanzabteilung des Landes betriebene Finanzmanagement hatte aber das Erwirtschaften von Vermögenserträgen zum Ziel – und damit gelangte man in die Steuerpflicht. Nach einer Selbstanzeige bei der Finanzverwaltung stellte die Finanzverwaltung des Bundes dem Land zunächst eine Steuernachzahlung von insgesamt 73,6 Mio. Euro an vorenthaltener Kapitalertragssteuer und Körperschaftssteuer in Rechnung.[45] Mittlerweile wurden bereits 130 Millionen Euro an Steuern an den Bund bezahlt – eine endgültige Summe ist aufgrund von noch laufenden Verfahren noch nicht absehbar.[46] Weitere zehn Millionen Euro an zu viel ausbezahlten Katastrophenschutzgeldern sind bereits an den Bund rücküberwiesen.

Mit einiger Verzögerung ergab sich ein weiteres Problem, aus dem für das Land weitere finanzielle Konsequenzen resultieren. Nach dem Aufbrechen des Finanzskandals stellte sich heraus, dass der in den Jahren davor an Statistik Austria und in der Folge an Eurostat, die Statistikbehörde der Europäischen Union, gemeldete offizielle Schuldenstand der Republik nicht der tatsächlichen Höhe entsprach. Der Grund dafür war, dass man im Land Salzburg nach Aufbrechen des Finanzskandals mehrere Monate lang nicht wusste, wie hoch die Schulden des Landes wirklich waren. Die Schulden des Landes Salzburg sind aber Teil der gesamt-österreichischen Staatsverschuldung, und damit sind sie Teil der Grundlage für die Überprüfung der Schuldengebarung der Republik durch die Europäische Union. Eurostat ging davon aus, dass der gesamtstaatliche Schuldenstand Österreichs aufgrund der nicht gemeldeten Schulden des Landes Salzburg bis zu 0,5 Prozentpunkte höher sein könnte. Die

44 Gespräch Prucher, 16.5.2018.

45 SN Online (6.9.2013). Finanzskandal: Land soll 73,6 Mill. Steuern zahlen.

46 Gespräch Prucher, 16.5.2018.

EU-Kommission empfahl daher, aufgrund der Meldung falscher Zahlen die Republik Österreich mit der Zahlung von 29,8 Mio. Euro zu bestrafen.[47] Von österreichischer bzw. Salzburger Seite wurde eingewendet, dass dabei nicht ausreichend gewürdigt wurde, dass es sich um einen Kriminalfall und keine absichtliche Beschönigung von Daten handelt, sondern dass das Land selbst lange Zeit nicht gewusst habe, wie hoch der Schuldenstand ist. Zudem wurde darauf verwiesen, dass die Strafe im Vergleich zu ähnlich gelagerten Fällen relativ hoch sei. Es gelang schließlich, die Höhe der Strafe auf 26,8 Mio. Euro herunterzuverhandeln, was Finanzminister Hartwig Löger als einen „Achtungserfolg in einer sehr ärgerlichen Angelegenheit“[48] bezeichnete.

Der amtierende Salzburger Finanzreferent, Landeshauptmann-Stellvertreter Christian Stöckl, reagierte empört: „An Österreich wird wegen eines Kriminalfalls ein völlig überzogenes Exempel statuiert.“[49] Gleichzeitig wies er auch darauf hin, dass man die Zahlen rechtzeitig an die zuständige nationale Behörde Statistik Austria gemeldet habe und diese daher für die verspätete Meldung an Eurostat verantwortlich sei. Statistik Austria wiederum argumentierte, dass man nach dem 6.12.2012 kaum noch Ansprechpartner in der Salzburger Finanzabteilung gefunden habe. Das Land habe zwar vereinzelt Informationen an die Statistik Austria übermittelt, die aus Sicht des Landes „endgültigen“ Daten aber seien zu spät geliefert worden. Die Geldstrafe ist jedenfalls zunächst vom Bund zu bezahlen, wie hoch der vom Land Salzburg zu tragende Anteil daran ausfällt, wird aufgrund unterschiedlicher Sichtweisen betreffend die Mitverantwortung der dem Bund zuzurechnenden Statistik Austria wohl noch Gegenstand von Verhandlungen zwischen dem Bund und dem Land Salzburg werden.

Die Frage schließlich, wie viel denn der Finanzskandal das Land Salzburg gekostet hat, ist streng genommen nicht beantwortbar. Die Ausstiegskosten zum Zeitpunkt der Auflösung von strukturierten Finanzgeschäften sind nur begrenzt aussagekräftig, denn zum Zeitpunkt der Auflösung war ja nicht bekannt, wie sich die Preise bzw. die Werte dieser Geschäfte entwickeln würden. Eine grobe Schätzung zeigt, dass aus der Auflösung von Finanzgeschäften ein Verlust von rund 400 Mio. Euro entstand, dazu kommen Steuerzahlungen von 130 Mio. Euro und Aufwand für Portfolioabbau und Schadensbeseitigung, für umfassende und teilweise auch das laufende Geschäft betreffende Steuerberatung, für nationale und internationale Rechtsberatung u. Ä. von rund 18 Mio.

47 SN Online (23.2.2017). EU-Millionenstrafe: Wie gut stehen Salzburgs Chancen in Brüssel?

48 SN Online (9.5.2018). Land Salzburg muss mit Wien über die Bezahlung der EU-Millionenstrafe feilschen.

49 Ebd.

Euro. Dem stehen Einnahmen aus den mit den Banken erzielten Vergleichen von 117 Mio. Euro gegenüber, woraus sich eine Gesamtsumme von rund 430 Mio. Euro ergibt.[50]

6. DIE POLITISCHE AUFARBEITUNG BIS ZUM UNTERSUCHUNGSAUSSCHUSS

Nach Bekanntwerden des Finanzskandals setzte parallel zu seiner finanzwirtschaftlichen auch die politische Aufarbeitung ein. Zunächst versuchte Finanzlandesrat Brenner, sich als „Aufdecker und Aufräumer" zu positionieren, scheiterte aber aufgrund seiner Verwicklung in den Finanzskandal in dieser Rolle. Erst sein Kurzzeit-Nachfolger, der frühere SPÖ-Bürgermeister von Zell am See sowie Obmann und Geschäftsführer der Wohnbaugenossenschaft Bergland Georg Maltschnig, konnte diese Rolle bis zur Landtagswahl glaubwürdig ausfüllen. Parallel dazu arbeitete der parlamentarische Untersuchungsausschuss des Salzburger Landtages. Durch die WählerInnen erfolgte schließlich die „Aufarbeitung" des Finanzskandals in der vorgezogenen Landtagswahl 2013 mit dem in der Einführung skizzierten Ergebnis.

Die ersten politischen Reaktionen auf das Bekanntwerden des Finanzskandals fielen unterschiedlich aus. In einer ersten Reaktion stießen sich die in Opposition befindlichen Grünen – ebenso wie Landtagspräsident Simon Illmer – vor allem daran, dass Brenner die von ihm selbst als Verursacherin des Finanzskandals dargestellte Rathgeber als Expertin an den Budgetberatungen des Landtages teilnehmen ließ, obwohl er bereits davor von ihren Machenschaften im Finanzmanagement des Landes erfahren hatte.[51] Als Folge dieses Vertrauensbruches forderten sie daher den Rücktritt des Finanzlandesrats. So weit wollte die ebenfalls oppositionelle FPÖ (noch) nicht gehen (das wäre „ein Schuss aus der Hüfte"[52]), sie forderte aber eine lückenlose Aufklärung. Die ÖVP als Partner der SPÖ in der Landesregierung verlangte die Einsetzung eines parlamentarischen Untersuchungsausschusses. Landeshauptfrau Burgstaller verteidigte SPÖ-Finanzlandesrat Brenner. Dieser habe richtig gehandelt, indem er Prüfungen eingeleitet, externe ExpertInnen beigezogen, den Rechnungshof eingeschaltet, die Landesregierung und die Landtagsparteien informiert und Anzeige bei der Staatsanwaltschaft eingebracht habe.[53] Brenner

50 Gespräch Prucher, 16.5.2018.

51 SN Online (8.12.2012). Finanzskandal in Salzburg: Brenner im Schussfeld der Kritik.

52 FPÖ-Klubobmann Karl Schnell. Zit. nach: ebd.

53 Ebd.

selbst sprach in einem Interview[54] davon, dass er sich „sicher jetzt nicht davonstehlen" werde, sondern seine politische Verantwortung bestehe nun im Aufarbeiten des Skandals. „Ehrlicherweise ist es ja so, dass nicht der Rechnungshof aufgedeckt hat und auch nicht die Medien, sondern ich mit Mitarbeitern der Finanzabteilung", gab Brenner zu bedenken.[55]

Die mediale Debatte kreiste um mehrere Fragengruppen, von denen hier drei kurz beleuchtet werden. Klarerweise erregten die hohen Summen, die im Spiel waren, das öffentliche Interesse. Als wie immer geartete „Verluste" aus den Spekulationsgeschäften des Landes-Finanzmanagements wurde immer wieder die Zahl von 340 Mio. Euro genannt, wobei allerdings nicht klar war, worin diese Verluste bestünden – z. B. ob es sich um bereits realisierte Verluste handelt oder „nur" um Buchverluste. Auch Akteure aus der Bankenszene meldeten sich unter dem Schutz der Anonymität über die Medien zu Wort. Jeder in der Branche habe gewusst, dass das Land bei den Derivaten nicht im Plus liege, sagte ein hochrangiger Manager einer österreichischen Bank, bei der „das Land rund um 2008 und 2009 bei Derivatgeschäften 80 bis 90 Millionen Euro im Minus" war.[56]

Die zweite Gruppe von Fragen, die das mediale Interesse erweckten, kann man zusammenfassen unter: Wer wusste wann wovon oder musste zumindest davon gewusst haben. Die Regierungspartner schonten einander nicht. Die ÖVP verwies darauf, dass die Verantwortung für das Finanzressort seit vielen Jahren bei SPÖ-Landesräten lag (Brenner und davor Raus). Das war nun unbestreitbar der Fall, die SPÖ monierte aber, dass die Grundlagen für das Finanzmanagement unter dem ÖVP-Landesrat Wolfgang Eisl gelegt worden seien und das Übel von dort seinen Ausgang genommen habe. Zudem wurde unter dem Pseudonym einer „Salzburger Beamtenschaft" verbreitet, es sei in Salzburger Bankenkreisen „ein offenes Geheimnis, dass Haslauer als Stellvertretender Aufsichtsratsvorsitzender der Hypo über die Machenschaften der Referatsleiterin und die hohen Verluste bereits im Jahr 2008 Bescheid wusste".[57] Haslauer wies diese Anschuldigung postwendend und scharf zurück. In gleichem Maß, wie sich das Klima besonders zwischen den Regierungspartnern verschlechterte, stieg auch der politische Druck auf Brenner. Dieser kündigte schließlich am 14.12.2012 seinen Rücktritt für den 23.1.2013 an.[58]

Die dritte Gruppe von Fragen kreiste um den Verbleib der zentralen Akteure im Landesdienst, nämlich der für das Finanzmanagement zuständigen

---

54 SN Online (8.12.2012). Finanzskandal – Brenner: „Werde mich nicht davonstehlen".

55 Ebd.

56 SN Online (10.12.2012). Salzburger Finanzskandal: Nun packen die Banken aus.

57 SN Online (20.12.2012). „Beamtenschaft" hinterfragt Haslauers Rolle.

58 SN Online (14.12.2012). Finanzskandal: David Brenner verkündete Rücktritt.

Referatsleiterin (Rathgeber) und dem Leiter der Finanzabteilung des Landes (Paulus). Gegen Erstere wurde die Entlassung aus dem Landesdienst am 7.12.2012 mündlich und am 11.12.2012 schriftlich ausgesprochen. In einem von Rathgeber gegen das Land angestrengten Prozess wurde das Hineinkopieren von Unterschriften in Verträge vom Arbeitsgericht als eine derart schwerwiegende Verletzung der Dienstpflicht gewertet, sodass die Entlassung durch das Land gerechtfertigt war. Vorsorglich waren übrigens auf der Basis anderer bzw. neuer Entlassungsgründe vom Land vier weitere Entlassungen („Eventualentlassungen“) ausgesprochen worden.[59]

Der Leiter der Finanzabteilung wurde am 3.1.2013 mit der Begründung vom Dienst suspendiert, er habe früher als bisher bekannt von den Spekulationsverlusten gewusst, aber nichts gesagt.[60] Man habe alles vertuscht, denn aus den Protokollen des Finanzbeirats, dessen Vorsitzender Paulus war, gehe hervor, „dass man schon im Jahr 2009 wusste, dass große Millionenbeträge im Jahr 2008 verlorengegangen sind“.[61] Paulus kommentierte die Suspendierung als „ein charakterlich letztklassiges Verhalten unserer Spitzenpolitiker, das jeder sachlichen Grundlage entbehrt und rein der Medienjustiz der Kronenzeitung folgt.“[62] Die zuständige Disziplinarkommission hob die Suspendierung wegen eines formalen Mangels auf, weil die nötige Disziplinaranzeige fehlte und Paulus die Gründe für seine Suspendierung erst nach seiner Suspendierung mitgeteilt wurden.[63] Damit blieb er zwar weiter Leiter der Finanzabteilung, konnte aber keine Rolle mehr bei der weiteren Aufklärung und Aufarbeitung des Finanzskandals spielen. Mitte April 2013 wurde ein weiteres Disziplinarverfahren eingeleitet, weil Paulus in einem Rechnungshofbericht mehrfaches Fehlverhalten vorgeworfen worden war.[64] Daraufhin beantragte Paulus seine Pensionierung, die mit 1.6.2013 erfolgte. Eine weitere Bruchlinie wurde zwischen Paulus und der ÖVP bzw. deren Landesobmann Haslauer sichtbar. Haslauers Vorwurf, er sei von Paulus „in keiner Weise“ über die Vorgänge rund um die hochspekulativen Geschäfte des Landes informiert worden, hatte Paulus im ORF-Fernsehen als eine Aussage bezeichnet, die „an Scheinheiligkeit und Niedertracht nicht zu überbieten“ sei. Mit einer politischen Intrige würden Haslauer und ÖVP-Landesrat Sepp Eisl versuchen, dem scheidenden Finanzlandesrat Bren-

59 SN Online (11.3.2018). Finanzskandal: Rathgeber bereits fünfmal entlassen.
60 ORF Online (3.1.2013). Finanzskandal: Paulus suspendiert.
61 Personal-Landesrat Sepp Eisl. Zit. nach: ebd.
62 Zit. nach: Der Standard Online (4.1.2013). Burgstaller und Eisl servieren Finanz-Hofrat Paulus ab.
63 Kurier Online (14.2.2013). Finanzskandal: Paulus ist wieder im Amt.
64 SN Online (23.5.2013). Finanzskandal: Eduard Paulus geht mit 1. Juni in Pension.

ner zu schaden und so „vielleicht doch noch die Wahl mit diesem dreckigen Spiel zu gewinnen“.[65] Daraufhin wurde das jahrzehntelange ÖVP-Mitglied Paulus wegen „parteischädigenden Verhaltens“ aus der Partei ausgeschlossen.

Für den 23.1.2013 hatte einerseits Brenner seinen Rücktritt angekündigt, anderseits die ÖVP einen Neuwahlantrag. Somit war absehbar, dass spätestens im Mai 2013 vorgezogene Wahlen zum Salzburger Landtag angesetzt würden und somit für die Zeit zwischen Brenners Rücktritt und der Bildung einer neuen Regierung nach der Wahl die Position des Finanzreferenten neu zu besetzen sein würde. Der Posten stand gemäß Regierungsübereinkommen der SPÖ zu, doch es war klar, dass die Besetzung dieses Postens schwierig sein würde. Welcher (SPÖ-)Politiker würde sich schon bereitfinden, für den kurzen Zeitraum von nur ein paar Monaten aus dem Berufsleben auszusteigen und die wenig dankbare Rolle des „Aufräumers“ der Landesfinanzen zu übernehmen, um dann wieder aus der Regierung auszuscheiden? Ähnlich schwierig wäre es wohl auch gewesen, einen unabhängigen Experten für diese Kurzzeit-Position zu gewinnen, wie dies von der ÖVP gefordert wurde. Landeshauptfrau Burgstaller versuchte daher vorerst, die Position des Finanzlandesrats für die absehbar kurze Zeit von ein paar Monaten nicht zu besetzen.[66] Da die Salzburger Landesverfassung aber vorsieht, dass die Regierung aus sieben Mitgliedern besteht, musste dieser Versuch scheitern. Schließlich übernahm am 23.1.2013 Georg Maltschnig die wenig dankbare Aufgabe. Er fasse dieses Amt als „Auszeichnung und Auftrag zugleich“ auf und werde seine maximale Anstrengung erbringen.[67] Nach seiner Angelobung stellte er klar, das Amt nur so lange zu übernehmen, bis nach der Wahl eine neue Landesregierung ihre Tätigkeit aufnimmt.

In der gleichen Landtagssitzung hatte zuvor der scheidende Finanzlandesrat Brenner sowohl durch kritische Worte gegenüber dem Koalitionspartner als auch durch selbstkritische Anmerkungen aufhorchen lassen. In einer derartig schwierigen Situation wie in den letzten Wochen habe er geglaubt, dass die Landesregierung bei der Aufklärung des Finanzskandals an einem Strang ziehen würde, um für Stabilität im Land zu sorgen. „Erst das Land, dann die parteipolitischen Interessen. Aber leider ist das nicht automatisch so“,[68] kritisierte Brenner den Koalitionspartner, ohne die ÖVP beim Namen zu nennen. Unter dem Wettbewerb um die Schlagzeilen – an dem auch er mitgemacht habe – leide die eigentliche politische Arbeit; zudem bleibe kaum Zeit zum

65 ORF Online (24.1.2013). Kritik an ÖVP: Paulus ausgeschlossen.

66 SN Online (18.12.2012). Burgstaller will Brenner nicht nachbesetzen.

67 ORF Online (23.1.2013). Brenner offiziell zurückgetreten.

68 Ebd.

Fassen ruhiger Gedanken. Der Rücktritt und damit der Rückzug aus der Politik falle ihm schwer, aber es sei der richtige Schritt, nachdem er nun einen Beitrag zur Aufklärung geleistet habe. Abschließend bedankte sich Brenner bei den Oppositionsparteien FPÖ und Grüne, der eigenen Partei, seinem Nachfolger und seinem Team. Der Dank an den Regierungspartner ÖVP beschränkte sich auf „jene Momente, in denen wir konstruktiv gearbeitet haben, denn die hat es auch gegeben".[69] Am abschließenden Applaus nach Brenners Rede beteiligten sich die Abgeordneten der ÖVP nicht.

7. ERGEBNISSE DER POLITISCHEN AUFARBEITUNG IM UNTERSUCHUNGSAUSSCHUSS

In strukturierter Form erfolgte die politische Aufarbeitung des Finanzskandals bereits lange, bevor ein entsprechender Bericht des Rechnungshofs[70] vorlag, durch einen Untersuchungsausschuss des Salzburger Landtages mit dem Thema „Überprüfung des Finanzmanagements des Landes Salzburg seit 2001". Der Untersuchungsausschuss war von der ÖVP bereits am Tag nach dem Bekanntwerden des Finanzskandals beantragt worden, drei Tage später am 10.12.2012 stellte auch die FPÖ einen entsprechenden Antrag. Nach dem Beschluss über die Einrichtung eines Untersuchungsausschusses am 23.1.2013 wurden folgende Abgeordneten als Mitglieder des Untersuchungsausschusses nominiert:[71] Klubvorsitzender Roland Meisl, Landtagsabgeordnete (LAbg.) Ingrid Riezler (beide SPÖ), LAbg. Hans Scharfetter, LAbg. Christian Stöckl (beide ÖVP), LAbg. Lukas Essl, LAbg. Friedrich Wiedermann (beide FPÖ), Fraktionsvorsitzender Cyriak Schwaighofer und LAbg. Astrid Rössler (beide Grüne). Als Ersatzmitglieder wurden von der SPÖ LAbg. Hilde Eisl und LAbg. Nicole Solarz, von der ÖVP LAbg. Brigitta Pallauf und LAbg. Florian Kreibich und von der FPÖ Klubvorsitzender Karl Schnell und LAbg. Ernst Rothenwänder nominiert. Dem Untersuchungsausschuss gehörten weiters Richter Anton Wagner als Vorsitzender der Beweisaufnahme, Landesamtsdirektor Heinrich Marckhgott, Landeslegist Ferdinand Faber und Landtagsdirektor-Stellvertreter Wolfgang Kirchtag an. Außerdem nahm aus jedem Landtagsklub ein Mitarbeiter bzw. eine Mitarbeiterin an den Sitzungen teil.

---

69 Ebd.

70 Rechnungshof (2013). Land Salzburg – Finanzielle Lage, Reihe BUND 2013/9, Wien.

71 Untersuchungsausschuss, Beweisaufnahme (s. Fn. 2); Untersuchungsausschuss, Bericht an den Landtag (s. Fn. 3).

Die konstituierende Sitzung des Untersuchungsausschusses am 30.1.2013 leitete zunächst Landtagspräsident Simon Illmer. Für den Vorsitz stellten sich die Abgeordneten Rössler von den Grünen und Wiedermann von der FPÖ zur Wahl. Da zwei Wahlgänge keine Mehrheit brachten, entschied schließlich das Los für Rössler als Vorsitzende. Die vier Fraktionen übermittelten innerhalb weniger Tage Vorschläge für Beweisbeschlüsse, die Anhörung von Auskunftspersonen und Sachverständigen begann bereits am 20. Februar. Während die 22 Sitzungen des Untersuchungsausschusses nicht öffentlich waren, erfolgte die Anhörung von insgesamt 30 Auskunftspersonen und Sachverständigen in 13 öffentlichen Sitzungen. Am 17.4.2013 wurde das Ergebnis des Beweisaufnahmeverfahrens[72] dem Untersuchungsausschuss durch Richter Wagner übergeben. Auf der Grundlage dieser Beweisaufnahme formulierten die vier Fraktionen jeweils eine eigene Stellungnahme auf der Basis der Zusammenfassung des Beweisaufnahmerichters. Die vier Stellungnahmen bilden zusammen den „Bericht des parlamentarischen Untersuchungsausschusses betreffend das Finanzmanagement des Landes Salzburg seit 2001“.[73]

Aus Sicht der FPÖ zeigte die Landesregierung nur eine „zögerliche Bereitschaft“[74], den Finanzskandal in vollem Umfang aufzuklären. Auch die ÖVP monierte, dass die Vorlage von Akten durch die Finanzabteilung des Landes „nur äußerst schleppend und teilweise mangelhaft“[75] funktionierte. Sie fand es „besonders skurril“, dass für die Vorlage von Akten in der Finanzabteilung ausgerechnet ein Mitarbeiter zuständig war, der zuvor im Büro des ehemaligen Finanzlandesrats Brenner beschäftigt war.[76] Die Grünen wiesen ebenfalls auf „Interessenkollisionen von einzelnen Mitarbeitern“ hin, führten die Probleme bei der Bereitstellung von Akten aber auch auf Personalengpässe und die „chaotische Dokumentation des gesamten Finanzmanagements“[77] zurück.

Die Argumentationslinien in den Stellungnahmen der vier Fraktionen waren – nicht zuletzt vor dem Hintergrund der bevorstehenden Landtagswahlen – wenig überraschend und sollen hier kurz zusammengefasst werden.[78] Die beiden Regierungspartner SPÖ und ÖVP versuchen, sich die Schuld am

72 Untersuchungsausschuss, Beweisaufnahme (s. Fn. 2).

73 Untersuchungsausschuss, Bericht an den Landtag (s. Fn. 3).

74 Ebd., o. S. (S. 44).

75 Ebd., o. S. (S. 41).

76 Ebd.

77 Ebd., o. S. (S. 45).

78 Das im Untersuchungsausschuss auftauchende Thema der Übernahme von im Verlustbereich befindlichen Derivatgeschäften der Stadt Salzburg durch das Land Salzburg wird im Zusammenhang mit der strafrechtlichen Aufarbeitung des Finanzskandals im nächsten Abschnitt behandelt.

Finanzskandal gegenseitig in die Schuhe zu schieben. Die SPÖ betont, dass die im Jahr 2002 vom ÖVP-Finanzlandesrat Wolfgang Eisl ausgestellten Vollmachten „der Beginn für die überbordende Geschäftsgebarung im Budgetreferat waren“[79] und dass erst der SPÖ-Landesrat Raus „sehr ambitionierte Richtlinien“[80] für das Finanzmanagement geschaffen hat. Sie bezeichnet es als „äußerst lebensfremd“,[81] dass in der ÖVP nichts über den Finanzskandal bekannt gewesen sei. So gehörte doch ÖVP-Parteiobmann Haslauer von 1999 bis 2009 dem Aufsichtsrat der Landeshypothekenbank an (bis 2004 führte er dort den Vorsitz) und damit einer jener Banken, mit denen das Land in großem Umfang Veranlagungsgeschäfte durchgeführt habe. Zudem hätten im Amt der Salzburger Landesregierung alle „in die Affäre involvierten Abteilungsleiter … eine politische Nähe zur ÖVP“.[82] Darüber hinaus streicht die SPÖ in ihrer Stellungnahme Mängel bei den internen Abläufen und der Kontrolle (Finanzabteilung, Buchhaltung, Finanzbeirat, Rechnungshöfe) sowie die Rolle der zwei in der Finanzabteilung handelnden Akteure (Paulus und Rathgeber) hervor.

Die ÖVP-Stellungnahme sieht hingegen die politische Verantwortung ausschließlich bei der SPÖ und spricht konsequent vom „sozialdemokratischen Finanzressort“. Neben Brenner nimmt sie zunächst auch SPÖ-Landesrat Walter Blachfellner in die Kritik, der als für den Wohnbau Ressortzuständiger im Jänner 2006 an Rathgeber eine „Vollmacht für die Spekulation mit Wohnbaugeldern“[83] erteilt habe, in der Folge aber nie nachgefragt habe, woher denn das Geld für den Wohnbaufonds eigentlich komme.[84] Als letztendliche politische (Haupt-)Verantwortliche wird aber – wenig überraschend nach Brenners Abgang und angesichts der bevorstehenden Landtagswahl – die SPÖ-Parteivorsitzende und Landeshauptfrau Burgstaller gesehen. Schließlich habe diese als Landeshauptfrau „das Recht und die Pflicht, sich über Vorgänge im Rahmen der Landesverwaltung zu informieren und Missstände abzustellen“[85]. Brenners Aussage vor dem Untersuchungsausschuss, dass er in vielen Angelegenheiten ihre Zustimmung eingeholt habe, habe Burgstaller dort bestätigt und darauf verwiesen, dass sie damit erforderlichenfalls korrigierend eingreifen wolle.[86] Da es auszuschließen sei, dass die beiden „ausgerechnet über das

---

79 Untersuchungsausschuss, Bericht an den Landtag, o. S. (S. 5) (s. Fn. 3).

80 Ebd.

81 Ebd., o. S. (S. 4).

82 Ebd.

83 Ebd., o. S. (S. 20).

84 Ebd., o. S. (S. 21).

85 Ebd., o. S. (S. 38).

86 Ebd., o. S. (S. 27).

zentrale Finanzressort nie miteinander gesprochen haben wollen",[87] müsse Burgstaller entgegen ihren Aussagen daher bereits lange vor dem Dezember 2012 über die spekulativen Geschäfte Bescheid gewusst haben.

Die Stellungnahme der FPÖ fällt mit einem Umfang von drei Seiten knapp aus und hält fest, dass die im Beweisbeschluss formulierten Vermutungen weitgehend bestätigt wurden.[88] Die Ausschussarbeit insgesamt habe „ein erschütterndes Sittenbild der Salzburger Finanzpolitik ergeben"[89], zu dem auf politischer Ebene die Landesregierung und damit beide Regierungsparteien beigetragen hätten.

Die Grünen kritisieren vor allem, dass das Finanzressort des Landes öffentliche Gelder verwendet habe, „um damit regelrecht einen Hedgefonds zu betreiben!"[90] Die Spekulationsgeschäfte der Finanzabteilung seien politisch gewollt gewesen, denn die Regierung wurde durch die Landtagsmehrheit (also durch die Abgeordneten von SPÖ und ÖVP) ab 2006 im Rahmen des jährlichen Budgetbeschlusses ermächtigt, „zur Erzielung von Zusatzerträgen abgeleitete Finanzgeschäfte durchzuführen"[91]. Die Regierung habe in der Finanzabteilung bloß eine „Placebo-Kontrolle"[92] installiert, beim Wohnbaufonds mangle es ebenfalls an Kontrolle und in der Finanzabteilung an Qualifikation in der Führungsebene. Die im Untersuchungsausschuss aufgearbeitete Chronologie ergibt jedenfalls ein „fortgesetztes System von Fehlinformationen und Vertuschung".[93] Auch Haslauer wird in die politische Verantwortung genommen, denn er musste als „rechtskundiges und bankenerfahrenes Regierungsmitglied über Spezialwissen verfügen, das ihn allerspätestens ab 2008 – dem Höhepunkt der internationalen Finanzkrise – verpflichtet hätte, qualifiziert nachzufragen".[94] Auch das Krisenmanagement bei Personalagenden sei „fahrlässig"[95] gewesen. Mit Burgstaller und Brenner von der SPÖ sowie Haslauer und dem für Personalangelegenheiten zuständigen Landesrat Sepp Eisl von der ÖVP seien vier Regierungsmitglieder seit dem Sommer 2012 über den Konfliktfall um die Referatsleiterin Rathgeber, der zu dieser Zeit sämtliche Handlungsvollmachten entzogen worden waren, informiert gewesen.

87 Ebd.

88 Untersuchungsausschuss, Beweisaufnahme (s. Fn. 2).

89 Untersuchungsausschuss, Bericht an den Landtag, o. S. (S. 44) (s. Fn. 3).

90 Ebd., o. S. (S. 55).

91 Artikel IV des Haushaltsgesetzes; vgl. ebd., o. S. (S. 46).

92 Ebd., o. S. (S. 46).

93 Ebd., o. S. (S. 47).

94 Ebd., o. S. (S. 55).

95 Ebd., o. S. (S. 53).

Der Bericht des Untersuchungsausschusses wurde im Salzburger Landtag am 24.4.2013 – also zwei Wochen vor dem Termin der vorgezogenen Neuwahl – mit den Stimmen aller Parteien einstimmig zur Kenntnis genommen.[96] Die Landtagswahl vom 5.5.2013 stand klarerweise im Zeichen des Finanzskandals und seiner politischen Aufarbeitung. Sowohl Burgstaller als auch Haslauer hatten vor der Wahl ihren Rückzug aus der Politik für den Fall angekündigt, dass ihre Partei nicht als stimmenstärkste Partei aus den Wahlen hervorgehen würde. Beide Regierungsparteien verloren Stimmenanteile gegenüber der Landtagswahl 2009: jener der SPÖ brach von 39,4 % auf 23,8 % ein, jener der kleineren Regierungspartei ÖVP ging von 36,5 % auf 29,2 % zurück. Die WählerInnen machten somit wenig überraschend in erster Linie die SPÖ für den Finanzskandal verantwortlich, doch auch die ÖVP kommt keineswegs ungeschoren davon. Die FPÖ als die größere der beiden Oppositionsparteien steigerte ihren Stimmenanteil von 13 % auf 17 %, und die Grünen legten um fast 13 Prozentpunkte auf 20,2 % zu. Die Grünen profitierten offensichtlich von der unaufgeregten Vorsitzführung ihrer Spitzenkandidatin Rössler im Untersuchungsausschuss, was – pointiert formuliert – den Schluss zulässt, dass das Wahlergebnis nicht unwesentlich von einem Losentscheid (nämlich dem um den Vorsitz im Untersuchungsausschuss) beeinflusst wurde.[97] Landeshauptfrau Burgstaller erklärte noch am Wahlabend ihren Rückzug aus der Politik, und trotz des hohen Verlusts konnte die ÖVP als „Wahlsieger" gemeinsam mit den Grünen und der erstmals angetretenen Liste des Team Stronach die neue Regierung bilden.

8. DIE (STRAF-)RECHTLICHE AUFARBEITUNG DES FINANZSKANDALS

Während die finanzwirtschaftliche und die politische Aufarbeitung recht zügig vor sich gingen, dauerte es naturgemäß etwas länger, bis die strafrechtliche Aufarbeitung erste Ergebnisse zeigte. Offenkundig teilte die Justiz die facettenreiche Materie in Portionen auf, die juristisch und prozedural handhabbar erschienen. Das hatte zur Folge, dass die bislang durchgeführten Strafverfah-

96 Auf der Grundlage des Berichts des Untersuchungsausschusses erteilte der Landtag in dieser Sitzung auch eine Reihe von Aufträgen an die Landesregierung und beschloss eine Neustrukturierung des Landesrechnungshofes.

97 Dieses Faktum sollte man auch bei der Einschätzung des Abschneidens der Grünen bei der Landtagswahl 2018 bedenken: der Stimmenanteil ging zwar auf 9,3 % zurück, lag damit aber immer noch deutlich über den 7,3 % bei der Landtagswahl 2008.

ren nur Nebenschauplätze des Finanzskandals betrafen und nicht die Frage, ob bzw. welche Personen für die jahrelangen Spekulationen mit öffentlichen Geldern eine strafrechtliche Verantwortung trifft. Schließlich läuft auch noch ein Finanzstrafverfahren gegen das Land Salzburg und ehemalige Politiker, in dem es um die vermutete Hinterziehung von Körperschafts- und Kapitalertragssteuer aus den Spekulationsgewinnen geht. Kein Verfahren wurde bezüglich der Notverkäufe jener 253 Derivatgeschäfte eingeleitet, die im Herbst 2012 nach einem entsprechenden Beschluss des Finanzbeirates aufgelöst wurden, da aus Sicht der Wirtschafts- und Korruptionsanwaltschaft Hinweise auf einen Schädigungsvorsatz fehlten.[98]

8.1 Zwei Strafverfahren gegen Rathgeber

Im ersten Prozess im Zusammenhang mit dem Finanzskandal wurde Rathgeber im Februar 2016 wegen schweren Betrugs und Urkundenfälschung zu drei Jahren Haft verurteilt. Strafmildernd wirkte ein weitgehendes Geständnis, sodass nur ein Teil der Strafe unbedingt ausgesprochen wurde; für diesen Teil der Strafe wurde eine Fußfessel genehmigt. Der erste Anklagepunkt betraf fingierte oder in der Höhe verfälschte Schadensmeldungen an den Katastrophenfonds des Bundes in den Jahren 2009 bis 2012, wodurch rund zwölf Mio. Euro aus dem Katastrophenfonds ohne Vorliegen der dafür erforderlichen gesetzlichen Voraussetzungen an Gemeinden und das Land Salzburg geflossen sind. Schon die Anklage hielt fest, dass sich Rathgeber nicht bereichert hat, sondern Gemeinden und Land Salzburg die Begünstigten waren. Selbst der Staatsanwalt billigte Rathgeber zu, dass sie helfen habe wollen und aus Loyalität zu ihrem Arbeitgeber bei vielen Gelegenheiten „nicht ‚Nein' sagen"[99] konnte. Er charakterisiert sie als ein „absolutes Arbeitstier",[100] während rund um ihre Person nicht die gleiche Arbeitsmoral geherrscht habe. Weiters wurde Rathgeber wegen Urkundenfälschung verurteilt, da sie in zahlreichen Geschäftsbestätigungen von Finanzinstrumenten die erforderliche zweite Unterschrift eines Mitarbeiters der Finanzabteilung hineinkopiert hat.

Auch im zweiten Prozess im Oktober 2016 war Rathgeber die einzige Angeklagte. Ihr wurde vorgeworfen, im Mai und Juli 2012 zwei sogenannte „Range Accrual Swaps" entgegen einer anders lautenden Dienstanweisung verlängert zu haben. Obwohl das Land beim ersten Swap einen Gewinn von 1,35 Millionen Euro erzielte, wurde von der Staatsanwaltschaft eine Schadenssumme von

98 SN Online (5.2.2016). Finanzskandal: drei Jahre Haft für Monika Rathgeber.

99 Ebd.

100 Ebd.

837.000 Euro geltend gemacht. Diese komme dadurch zustande, dass die Bank eine Geschäftsabschlussprovision („Bankmarge") in den Preis einkalkuliere. Zur Art der durchgeführten Geschäfte sagte der Gerichtsgutachter Christian Imo, dass „(s)o etwas ... in einem Portfolio eines Landes nichts zu suchen" habe, was wiederum den Staatsanwalt zu der Aussage veranlasste, dass Stadt und Land Salzburg der Illusion erlegen seien, dass „das Geld auf Bäumen wächst und man es nur pflücken muss".[101] Für den Abschluss dieses, für das Land letztlich gewinnbringenden Geschäfts wurde Rathgeber jedenfalls schuldig gesprochen. Im zweiten Fall wurde sie freigesprochen, weil dieses Geschäft von einem Mitglied des Finanzbeirats nachträglich genehmigt worden war. Das Land Salzburg, das sich erst spät als Privatbeteiligte dem Prozess angeschlossen hatte, wurde auf den Zivilrechtsweg verwiesen. Auch in diesem zweiten Prozess betonte das Gericht, dass Rathgeber ohne persönlichen Bereicherungsvorsatz handelte, und es verhängte daher trotz des teilweisen Schuldspruchs keine Zusatzstrafe zur Strafe aus dem ersten Prozess. Die Staatsanwaltschaft legte Rechtsmittel ein, und tatsächlich hob der Oberste Gerichtshof im Oktober 2017 den erstinstanzlichen Freispruch auf, der in einem Geschäftsfall ergangen war.[102] Da Rathgeber nun in beiden angeklagten Geschäftsfällen als schuldig erkannt wurde, verhängte der OGH wegen Untreue eine Strafe von 18 Monaten Haft, davon sechs Monate unbedingt.

8.2 Der Prozess in der „Swap-Affäre"

Der dritte Prozess erfuhr unter der Bezeichnung „Swap-Affäre" eine besonders große mediale Aufmerksamkeit, denn nun standen neben einigen Beamten erstmals mit Bürgermeister Schaden auch ein amtierender und mit Raus ein ehemaliger Politiker vor Gericht. In Relation zum möglichen Gesamtschaden, der aus dem Finanzskandal resultierte, ging es hier um vergleichsweise bescheidene Schadenssummen. Bei der Causa handelte sich aber um eine gut abgrenzbare und bestens dokumentierte Materie, die zur Anklagereife gebracht werden konnte. Bereits im Untersuchungsausschuss des Landtages war die Übertragung von sechs negativ bewerteten Zins-Swap-Geschäften von der Stadt Salzburg auf das Land Salzburg im Jahr 2007 Thema gewesen. Es erschien als aufklärungsbedürftig, warum das Land der Stadt diese offensichtlichen Verlustgeschäfte abnahm und Kosten bei der Auflösung der Swaps übernahm, ohne dafür eine Gegenleistung zu erhalten oder zumindest zu verlangen. Die

101 SN Online (7.10.2016). Finanzskandal: Ein Schuldspruch und ein Freispruch für Rathgeber.

102 SN Online (11.10.2017). Aus Freispruch wurde Schuldspruch für Rathgeber: „Ich war in einem Dilemma gefangen".

Aussagen dazu waren im Finanzskandal-Untersuchungsausschuss jedenfalls widersprüchlich, sodass die Vorsitzende nach Abschluss der Ausschussarbeit eine entsprechende Sachverhaltsdarstellung an die Wirtschafts- und Korruptionsstaatsanwaltschaft übermittelte. Diese nahm sich der Causa unter anderem in mehreren und laut Medien-Schilderungen zum Teil spektakulären Hausdurchsuchungen im Schloss Mirabell, dem Amtssitz des Bürgermeisters der Landeshauptstadt Salzburg, an,[103] bei denen zahlreiche brisante E-Mails sichergestellt wurden.

Am 6.6.2017 wurde am Landesgericht Salzburg das Strafverfahren wegen Untreue bzw. Beteiligung daran gegen sieben Angeklagte eröffnet. Diese waren der Bürgermeister der Landeshauptstadt Salzburg, Heinz Schaden, der ehemalige Finanzlandesrat Othmar Raus, Monika Rathgeber, ein damaliger Mitarbeiter Rathgebers im Landesbudgetreferat, Eduard Paulus, der städtische Finanzdirektor Axel Maurer als damaliger Sachbearbeiter in der Finanzabteilung der Stadt sowie Magistratsdirektor Martin Floss, der 2007 Mitarbeiter im Büro Schadens war. Ihnen wurde vorgeworfen, durch die Übertragung von sechs verlustreichen Zinstauschgeschäften dem Land wissentlich einen Schaden von zumindest 4,8 Mio. Euro zugefügt zu haben. Die Anklagebehörde argumentierte, dass dem Bürgermeister und den anderen Akteuren der Stadt spätestens im Juni 2007 nach einem Bericht der Finanzabteilung das Ausmaß der (Buchwert-)Verluste klar geworden sei. Da Anfang März 2009 die Direktwahl des Bürgermeisters und die Wahl der Gemeindevertretung in der Stadt Salzburg anstand, suchte man nach einem „Ausweg aus der unangenehmen Geschichte", wie Oberstaatsanwalt Gregor Adamovic formulierte. Die Übertragung der Derivate an das Land wurde als dieser Ausweg gesehen, konnte man doch die Verluste damit unauffällig im Portfolio des Landes verstecken. Das Land spielte mit, gehörte doch der damalige Landes-Finanzreferent Raus der gleichen Partei an wie Bürgermeister Schaden. „Der Gemeinderat wurde wohl bewusst sehr unzureichend informiert" (was auch aus einem Bericht des Kontrollamts der Stadt Salzburg hervorgeht), und „von einer Übertragung sei nie die Rede gewesen".[104]

Als einzige bekannte sich – vielleicht etwas unerwartet – Rathgeber im Sinne der Anklage schuldig. Sie habe sich zwar gegen die Übernahme der verlustreichen Geschäfte gewehrt, dann aber doch widerwillig an der Übertragung mitgewirkt.[105] Es ist hier nicht der Platz, um näher auf den Prozess einzugehen,

---

103 SN Online (13.9.2013). Durchsuchung bei Schaden: „Haus auf den Kopf gestellt"; SN Online (26.9.2013). Finanzskandal: Wieder Razzia im Salzburger Magistrat.

104 SN Online (6.6.2017). Finanzskandal: Prozessauftakt mit einer kleinen Überraschung.

105 SN Online (7.6.2017). Finanzskandal-Prozess – Rathgeber: „Ich habe um jeden Euro gekämpft".

einige bemerkenswerte Aspekte sollen aber doch Erwähnung finden. Mit ihrem Geständnis setzte Rathgeber die übrigen Angeklagten unter Zugzwang, und es dauerte auch nicht lange, bis das gegenseitige Zuschieben von Schuld begann. Aus den Schilderungen des Prozesses in den Medien konnte man den Eindruck gewinnen, dass manche der Angeklagten die Tragweite ihrer Handlungen zumindest am Anfang nur unzureichend erkannt hätten. Wie bereits während des Vorverfahrens und des gesamten Hauptverfahrens brachten die Verteidiger eine Flut von Anträgen ein. Der Verteidigung gelang es, mithilfe eines Privatgutachters die Berechnungen des Gerichtsgutachters derart in Zweifel zu ziehen, dass die Richterin das Verfahren zu Ende führte, ohne sich weiter auf das Gutachten zu stützen. Daraufhin zweifelte Schadens Verteidiger die Kompetenz der Richterin und ihres Beisitzers an, da beide über keine Spezialausbildung im Wirtschaftsstrafrecht verfügten und es somit fragwürdig sei, das Verfahren ohne Gutachter fortzusetzen. Es sei daher offenzulegen, „über welche ‚Lebenserfahrung' die vorsitzende Richterin, ihr Beisitzer und die beiden Schöffen in Sachen Kapitalmarktwesen und Derivate verfügen".[106] Legendär ist schließlich die Aussage des ehemaligen Leiters der Finanzabteilung des Landes Salzburg über seinen Umgang mit zeitgemäßen Kommunikationsmitteln: Paulus habe seine E-Mails nicht selbst am Computer gelesen, sondern seine Sekretärin habe sie ihm ausgedruckt, weil er seine Augen schonen wolle.[107] Das habe er auch vor Sitzungen des Finanzbeirats so gehandhabt und somit habe er von der Tagesordnung jeweils erst kurz vor Sitzungsbeginn durch seine Mitarbeiterin Rathgeber erfahren.

Der Prozess endete mit Schuldsprüchen für alle Angeklagten. Schaden erhielt wegen Beihilfe zur Untreue eine Strafe von drei Jahren Haft, eines davon unbedingt. Raus bekam zwei Jahre Haft, davon sechs Monate unbedingt, Paulus zwei Jahre, davon sechs Monate unbedingt, Maurer drei Jahre, davon eines unbedingt, Floss, Rathgeber sowie ihr ehemaliger Mitarbeiter jeweils ein Jahr bedingte Haft. Während Rathgeber und ihr ehemaliger Mitarbeiter auf Rechtsmittel verzichteten, legten die anderen Verurteilten Berufung und Nichtigkeitsbeschwerde ein. Auch die Staatsanwaltschaft berief gegen drei Urteile – ihr erschien das Strafausmaß für Schaden, Raus und Paulus zu gering. Somit sind bislang lediglich die Urteile gegen Rathgeber und ihren Mitarbeiter rechtskräftig.

Die Verurteilung des amtierenden Bürgermeisters der Landeshauptstadt hatte klarerweise politische Auswirkungen. Bürgermeister Schaden trat – tief getroffen vom für ihn vollkommen unerwarteten und unverständlichen Urteil

106 SN Online (25.7.2017). Swap -Prozess: Verteidiger greifen Richterin an.

107 SN Online (10.6.2017). Finanzskandal: Das Gericht nimmt E-Mails unter die Lupe.

– am 20.9.2017 von seinem Amt zurück. Es ist nicht ohne Ironie, dass Schadens Politiklaufbahn, in der er viele Jahre als Finanzreferent mit der Konsolidierung der Finanzen der Landeshauptstadt befasst war, ausgerechnet durch eine Finanzaffäre abrupt beendet wurde, die letzten Endes den Finanzen der Stadt Salzburg zum Nutzen gereichen hätte sollen. Vizebürgermeister Preuner (ÖVP) übernahm zunächst vorübergehend das Bürgermeisteramt, ehe er sich am 10.12.2017 in der erforderlich gewordenen vorzeitigen Neuwahl in einer Stichwahl gegenüber dem SPÖ-Kandidaten Bernhard Auinger mit einem Vorsprung von 294 Stimmen denkbar knapp durchsetzen konnte.[108]

Ein politisch brisantes Problem, das für die Betroffenen das Potenzial hat, eine ihre wirtschaftliche Existenz bedrohende Dimensionen anzunehmen, sind die entstandenen Prozesskosten. Im Juli 2016 hatte der Stadtsenat noch die Übernahme der Prozesskosten für den Bürgermeister und die beiden Spitzenbeamten der Stadt beschlossen, die im Swap-Prozess zu den Angeklagten zählten. Eine Rückforderung der Ausgaben durch die Stadt war lediglich eine „Kann-Bestimmung“. Bereits am Tag nach Schadens Rücktritt korrigierte ein erweitertes Stadtratskollegium diesen Beschluss: im Falle einer rechtskräftigen Verurteilung müssen die drei nun sämtliche Prozesskosten – auch die bereits angefallenen 1,24 Mio. Euro – selbst tragen bzw. der Stadt refundieren.[109] Das Gremium war nunmehr der Überzeugung, keine andere Wahl als die Rückforderung der Prozesskosten zu haben, denn sonst würde man wegen Amtsmissbrauch (Preuner) bzw. Untreue (Bürgerlisten-Klubchef Helmut Hüttinger) eine Anklage zu befürchten haben. Was von den Neos als „ein großer Schritt zu Transparenz“ gesehen wurde, brachte Preuner mit „(w)ir müssen irgendwo unseren Popo in Sicherheit bringen“[110] auf den Punkt.

9. EINIGE SCHLUSSFOLGERUNGEN AUS DEM SALZBURGER FINANZSKANDAL

Die im Zuge des Salzburger Finanzskandals verlorenen Steuergelder in dreistelliger Millionenhöhe werfen zunächst einige grundsätzliche Fragen zur Rolle des Staates in Wirtschaft und Gesellschaft auf. So drängt sich die Frage

108 Stadt Salzburg (2018). Bürgermeisterwahl und Bürgermeisterstichwahl 2017. Abgerufen am 23.9.2018 unter https://www.stadt-salzburg.at/internet/politik_verwaltung/stadtpolitik/wahlergebnisse/buergermeisterwahlen_323171/buergermeisterwahl_und_buergermeister-sti_463863.htm.

109 SN Online (22.9.2017). Stadt wird Anwaltskosten von Heinz Schaden und Co zurückfordern.

110 Ebd.

auf, welche Arten von wirtschaftlichen Transaktionen die öffentliche Hand durchführen soll und in welchem Umfang das der Fall sein soll bzw. darf. Im konkreten Fall geht es darum, wie viel der Staat bei der Gestaltung seines Finanzmanagements riskieren darf und ob die Politik durch Wahlen eine demokratische Legitimation für das Eingehen von hohen finanziellen Risiken erhalten kann oder nicht. Die entscheidende Frage ist, ob eine (Landes-) Regierung vor die WählerInnen treten und erklären kann, dass man bereit ist Risiken einzugehen, um Gewinnchancen für den Landeshaushalt wahrnehmen zu können. Das mag vielleicht funktionieren, so lange alles gut geht, werden aber Risiken schlagend, ist es fraglich, ob die von politischer Opposition und Medien entsprechend „informierten" WählerInnen dafür noch Verständnis aufbringen. Soll daher eine Regierung, die davon ausgehen muss, für Verluste aus Finanzanlagen von den WählerInnen bestraft zu werden, auf mögliche Gewinne aus – natürlicherweise risikobehafteten – Finanzanlagen verzichten?

Diese Frage führt einerseits zur Problematik der Grenzziehung zwischen Geschäften, die zur Minimierung des Finanzschuldenaufwands dienen sollen, und spekulativen Veranlagungen, denen kein abzusicherndes Geschäft zugrunde liegt. Wesentlich dabei ist die Unterscheidung, ob es sich um ein (vertretbares) Absicherungsgeschäft oder um ein selbstständiges und auf Gewinnerzielung ausgerichtetes Finanzgeschäft handelt. Andererseits musste der einige Jahre lang beschrittene „Salzburger Weg" des Finanzmanagements zwangsläufig entweder in die Intransparenz (wie z. B. die Übernahme von Landeshaftungen, deren finanzielle Bedeutung als Eventualverbindlichkeit leicht heruntergespielt werden kann) und/oder in eine rechtliche Grauzone führen.

Finanzressort und Finanzmanagement des Landes begaben sich in die Grauzone, weil sie sich mögliche Gewinne nicht entgehen lassen wollten. Sie bauten dazu neben dem offiziellen Portfolio ein – natürlicherweise risikobehaftetes – „Schattenportfolio" auf, mit dem in den ersten Jahren tatsächlich hohe Buchwertsteigerungen erzielt wurden. Somit hätte theoretisch die Möglichkeit bestanden, zu einem günstigen Zeitpunkt aus manchen Geschäften gewinnbringend auszusteigen und den Erlös z. B. zur Tilgung von Finanzschulden des Landes zu verwenden. Es war aber sehr schwierig, (Buch-)Gewinne aus der Grauzone herauszuholen und in die offizielle Finanzgebarung des Landes zu überführen, weil man dann erklären müsste, dass diese Mittel aus einem Schattenportfolio stammen, das gar nicht existieren dürfte. Das erschien offenbar politisch zu riskant, sodass man die Transaktionen des Finanzmanagements in der „durchlaufenden Gebarung" im Landesrechnungsabschluss versteckte und es bei vergleichsweise kleinen Beträgen beließ, die unauffällig in die offizielle Gebarung des Landes einflossen. Diese Erhöhung des Ausgabenspielraums des

Landes durch das Erzielen von Anlageerträgen dürfte den informierten Akteuren durchaus recht gewesen sein.

Jedenfalls solange Kapitalerträge ins Budget einflossen, war der Anreiz gering, auf die Herkunft von im Budget ausgewiesenen Anlageerträgen einen kritischen Blick zu werfen. Besonders gering war er für die Abgeordneten der Regierungsparteien, da nach der Abschaffung des Proporzes in der Landesregierung 1998 ihre Bedeutung als in Koalitions-Sachzwänge eingebettete Mehrheitsbeschaffer für „ihre" Regierung gestiegen war. So gaben denn die Abgeordneten der Regierungsparteien SPÖ und ÖVP bei den Budgetbeschlüssen der Landesregierung mehrmals freie Hand beim Finanzmanagement. Es verdient schon besonders festgehalten zu werden, dass Abgeordnete mit sozialdemokratischen und christlich-sozialen Wurzeln der Regierung wiederholt die Erlaubnis erteilten, mit strukturierten Finanzgeschäften Gewinne zu erwirtschaften. Auf gut Deutsch: Sie erteilen die Erlaubnis zur Spekulation auf den Finanzmärkten! Nach erteilter Erlaubnis nahm man es mit der Kontrolle des Finanzmanagements nicht mehr so genau. Es mutet daher einigermaßen befremdlich an, wenn Abgeordnete aus Parteien, die vorher im Landtag der Regierung die Möglichkeit zu spekulativen Finanzgeschäften eröffneten, überrascht oder möglicherweise gar entsetzt darüber sind, dass diese Möglichkeiten tatsächlich – wenn auch zum Teil in überschießender Form – genutzt wurden. Es soll hier nicht argumentiert werden, dass man durch gezieltes Nachfragen illegale Geschäfte unmittelbar entdecken hätte können, wohl aber hätte genaueres Hinsehen die in die Finanzgeschäfte involvierten Akteure vermutlich wesentlich zurückhaltender agieren lassen. Die Opposition im Landtag war aufgrund der großen Regierungsmehrheit vergleichsweise schwach, sodass es für die Regierung ein Leichtes war, lästige Fragen stellende Abgeordnete mit oberflächlichen Antworten abzuspeisen oder zu belügen. Bei einigen Landtagsanfragen machte die Opposition letztere Erfahrung. So räumte Brenner vor dem Untersuchungsausschuss zu von den Grünen in den Jahren 2008 und 2012 im Landtag eingebrachten Anfragen ein, „dass manche Informationen in den Anfragebeantwortungen unrichtig gewesen seien".[111] Die Einrichtung eines Budgetdienstes nach dem Muster z. B. des österreichischen Parlaments könnte gerade in solchen Situationen die Landtagsabgeordneten bei ihrer Kontrolltätigkeit unterstützen. Im Februar 2015 waren sich alle Landtagsfraktionen noch darüber einig, dass ein derartiger Budgetdienst die Kontrollfunktion des Landtages stärken würde und daher wünschenswert wäre,[112] geschehen ist in diese Richtung aber nichts.

---

111 Untersuchungsausschuss, Beweisaufnahme, S. 60 (s. Fn. 2).

112 SN Online (18.2.2015). Landtag braucht Hilfe.

Dies leitet über zu Themen, die mit dem in Österreich praktizierten (Finanz-) Föderalismus zusammenhängen. Im Finanzmanagement sind zweifellos starke Spezialisierungs- und Größenvorteile wirksam, sodass bei der ökonomisch effizienten Abwicklung von komplexen Finanzgeschäften große Geschäftseinheiten Vorteile gegenüber kleineren haben. Diese Vorteile bestehen unter anderem darin, dass es für große Einrichtungen im Vergleich zu kleinen leichter ist, eine große Bandbreite an spezialisiertem Know-how zu entwickeln, und dass sie es leichter haben, das dafür erforderliche hoch entlohnte Personal entsprechend auszulasten. Gerade weil die Banken über ihre Finanzprodukte systematisch besser informiert sind als die KundInnen, ist die Entwicklung derartigen Know-hows wichtig, wenn man sich nicht den Banken ausliefern will. Aus dem Blickwinkel des (Finanz-)Föderalismus können daher kleine Einheiten – wie dies eben (kleine) Bundesländer sind – rasch an Grenzen stoßen, die es ihnen nicht erlauben, ökonomisch effizient und finanzwirtschaftlich effektiv zu agieren.

Für den österreichischen Finanz-Föderalismus hatte der Salzburger Finanzskandal letzten Endes sehr weitreichende Konsequenzen. Einerseits pochen die Länder auf ihre Autonomie in finanziellen Angelegenheiten, sollte aber andererseits als Ergebnis dieses autonomen Handelns ein Land an den Rand der Zahlungsunfähigkeit geraten, kann es auf ein „bail-out" – also die finanzielle Rettung – durch den Bund und damit durch die österreichischen SteuerzahlerInnen hoffen. Das wurde am Beispiel des Bundeslandes Kärnten deutlich, das nicht zuletzt unter Berufung auf seine Finanzautonomie Haftungen für die Landesbank Hypo Alpe Adria im bis zu zehnfachen Umfang seines Jahresbudgets übernommen hatte.[113] Auch wenn das Land Salzburg im Gegensatz zu Kärnten seine Probleme aus dem Finanzskandal aus eigener Kraft meistern konnte, ist doch festzuhalten, dass Autonomie beim Finanzmanagement nur so weit ökonomisch zu rechtfertigen ist, als sie mit den Möglichkeiten der autonomen Risikotragung übereinstimmt. Ist das nicht der Fall, ist das Finanzmanagement grundsätzlich anfällig für „Moral Hazard": das heißt, es gibt dann einen Anreiz, Risiken systematisch auf andere abzuschieben, die einspringen (müssen), wenn diese Risiken schlagend werden.

Mit der Einführung eines „Spekulationsverbotes" in den Bundesländern unter dem Eindruck des Salzburger Finanzskandals wurden nun die Möglichkeiten für Moral Hazard jedenfalls im Bereich des Finanzmanagements stark eingeschränkt. Während der Bund dafür eine Vereinbarung zwischen Bund und Ländern nach Abs. 15a des Bundes-Verfassungsgesetzes anstrebte, woll-

113 Auch derzeit haben die österreichischen Bundesländer Haftungen bis zum mehrfachen Umfang ihres jeweiligen Landesbudgets ausstehen.

ten manche Bundesländer eine derartige formelle Beschneidung der Länder-Finanzautonomie vermeiden und das „Spekulationsverbot" auf Länderebene festschreiben. In Salzburg legt der Artikel 10a der Landesverfassung[114] fest, dass die Finanzgebarungen des Landes, der Stadt Salzburg, der sonstigen Gemeinden und der Gemeindeverbände „risikoavers auszurichten" seien sowie vermeidbare Risiken auszuschließen, strategische Begleit- und organisatorische Kontrollmaßnahmen zu treffen und volle Transparenz herzustellen seien. Der Abschluss von derivativen Finanzinstrumenten ohne entsprechendes Grundgeschäft sowie die Aufnahme von Darlehen und sonstigen Krediten und von Anleihen zum Zweck mittel- und langfristiger Veranlagungen wird ausdrücklich für unzulässig erklärt. Genauere Spezifikationen und Einschränkungen, die in eine taxative Aufzählung von möglichen Geschäftstypen münden, werden im Salzburger Finanzgebarungsgesetz[115] und in einer Verordnung der Salzburger Landesregierung getroffen.[116] Der Bewegungsspielraum für das Finanzmanagement des Landes wurde dadurch drastisch eingeschränkt, wodurch einerseits wie beabsichtigt die Gefahr von Spekulationsverlusten deutlich reduziert wurde, andererseits aus dem Titel Finanzmanagement auch kaum mehr Kapitalerträge erzielt werden können.

Auch die Rolle der Rechnungshöfe auf Bundes- und Landesebene ist vor dem föderalen Staatsaufbau Österreichs zu sehen. Dem Bundesrechnungshof fiel bei seiner Kontrolle des Finanzmanagements des Landes Salzburg auf (und er bemängelte das auch), dass zahlreiche strukturierte Geschäfte ohne Absicherungscharakter durchgeführt wurden. Vom Landesrechnungshof wäre zu erwarten gewesen, dass er angesichts der im Landesvoranschlag ex ante budgetierten und im Landesrechnungsabschluss ex-post dargestellten jährlichen Zinserträge in zweistelliger Millionenhöhe energischer als Prüforgan auftritt. Der Landesrechnungshof hielt sich aber mit Prüfungen zurück – was dem Direktor des Landesrechnungshofs im Untersuchungsausschuss vor allem von den Grünen und interessanterweise auch von der für das Finanzressort zuständigen SPÖ angekreidet wurde – und begründete dies damit, dass im fraglichen Zeitraum bereits der (Bundes-)Rechnungshof verschiedene Aspekte des Landes-Finanzmanagements prüfte. Um die überprüften Verwaltungsdienststellen nicht mit Prüfungen zu überbelasten und aus Gründen der Prüfungsökonomie prüft nämlich der Landesrechnungshof in der Regel nicht parallel oder unmittelbar nach einer Prüfung des (Bundes-)Rechnungshofs (und umgekehrt). Von diesem Grundsatz wurde erst abgegangen, nachdem der Skandal aufge-

114 LGBl. Nr. 37/2013.

115 LGBl. Nr. 59/2013.

116 Salzburger Finanzgeschäfte-Verordnung, LGBl. Nr. 98/2013.

brochen war – dann prüften selbstverständlich alle Kontrollinstanzen gleichzeitig …

Gerade im Finanzmanagement sind nun aufgrund der langfristigen Bindungswirkung von strukturierten Finanzgeschäften begleitende Kontrollmechanismen besonders wichtig. Ein Rechnungshof kann eine derartige begleitende Kontrolle nicht leisten, denn im Falle einer „normalen" ex-post-Kontrolle würde sich der Rechnungshof – zumindest indirekt – selbst kontrollieren. Rechnungshofkontrollen können daher allenfalls im Nachhinein strukturelle Änderungen in den geprüften Verwaltungseinheiten bewirken, oft sind sie aber – wie gerade der Salzburger Finanzskandal zeigt – nur wenig effektiv. So gelang es einer einzelnen Mitarbeiterin des Finanzmanagements des Landes Salzburg – lange Zeit begleitet vom Nicht-genau-Hinsehen ihres Vorgesetzten – die auf Fragen des Finanzmanagements spezialisierten Prüferteams des (Bundes-)Rechnungshofs hinters Licht zu führen. Die Erwartungen an den vergleichsweise winzigen Landesrechnungshof, welcher über keine spezialisierte Expertise zur Kontrolle des Finanzmanagements verfügt, sollten daher bescheiden ausfallen. Die Entwicklung einer auf Fragen des Finanzmanagements spezialisierten Expertise im Landesrechnungshof wäre ineffizient (kann man in einem kleinen Bundesland derart spezialisierte und hoch zu entlohnende Personalressourcen sinnvoll auslasten?) und würde zudem einen entsprechenden politischen Willen erfordern (will die Landespolitik überhaupt mehr Ressourcen für die Kontrolle ihrer eigenen Tätigkeit durch einen unabhängigen Rechnungshof zur Verfügung stellen?).

Ein starkes Signal an das politisch-administrative System ging vom Urteil in der Swap-Affäre aus – auch wenn es noch nicht rechtskräftig ist. Ausmauscheln und intransparentes Vorgehen können sich als riskante Politik-Ingredienzien erweisen und massive strafrechtliche und finanzielle Konsequenzen für die handelnden Akteure in Politik und Verwaltung nach sich ziehen.

Die Frage, was das Finanzmanagement darf und tun soll, stellt sich heute nicht nur wegen des Spekulationsverbots anders dar als im Jahr 2012 und davor. So sind die Handlungsspielräume nunmehr auch durch eine engere Auslegung der Regeln des Maastricht-Vertrags eingeschränkt. Die Aufnahme von Geldern über den Kapitalmarkt erfolgt zwar weiterhin in Kooperation mit der Österreichischen Bundesfinanzierungsagentur (OeBFA). Doch während die OeBFA in der Vergangenheit sehr offen mit ihren Möglichkeiten umging und das Land Salzburg diese Möglichkeiten weidlich ausnutzte, ist jetzt für die Schuldenaufnahme des Landes über die OeBFA eine Genehmigung durch das Finanzministerium erforderlich. Auf der Veranlagungsseite werden die Möglichkeiten des Finanzmanagements auch durch die herrschende Zinssituation – auf größere Einlagen sind „Negativzinsen" zu bezahlen – eingeschränkt.

Für das Kontrollversagen und damit auch wesentlich für die Entstehung des Salzburger Finanzskandals verantwortlich war schließlich die unzureichende bzw. mangelhafte Aufbau- und Ablauforganisation in der Finanzabteilung des Amtes der Landesregierung und ihrem Umfeld. Die politische Verantwortung für derartige Organisationsfragen liegt bei der Landeshauptfrau und beim jeweiligen Ressortchef, innerhalb der Landesverwaltung wären diese Organisationsfragen ein zentraler Aufgabenbereich des Landesamtsdirektors gewesen. Seit dem Aufbrechen des Finanzskandals änderten sich die Abläufe in der Landesverwaltung markant. Durch die Umstellung des Rechnungswesens vom System der Kameralistik auf die doppelte Buchführung im Amt der Landesregierung wird es wesentlich schwieriger, Finanzströme zu verstecken. Diese Umstellung war seit Längerem geplant und wurde als Konsequenz aus dem Finanzskandal beschleunigt umgesetzt. Im Zuge der Einführung der SAP-Software wurde das Vier- bzw. Sechs-Augen-Prinzip im Finanzmanagement umfassend eingeführt. In der Finanzabteilung werden nunmehr – wiederum aus der Erfahrung des Finanzskandals heraus – verstärkt auch die steuerlichen Aspekte des Finanzmanagements betrachtet.

Die Aufbauorganisation wurde in den Jahren nach dem Aufbrechen des Finanzskandals ebenfalls grundlegend geändert. Die Landesbuchhaltung arbeitet zwar nach wie vor eng mit dem in der Finanzabteilung angesiedelten Finanzmanagement zusammen, wurde aber aus der Finanzabteilung herausgelöst und dem Landesamtsdirektor unterstellt. Innerhalb der Finanzabteilung des Landes wurde entsprechend den Vorgaben des Salzburger Finanzgebarungsgesetzes[117] und wie im privatwirtschaftlichen Finanzsektor üblich das „Frontoffice" des Finanzmanagements (Treasury/Markt) vom „Backoffice" (Risikomanagement/Marktfolge) getrennt und auf zwei Referate aufgeteilt. Und schließlich wurde der Finanzbeirat, in dem sich die zu Kontrollierenden selbst die Kontrolleure aussuchten und ihre Aufgaben selbst festgelegten[118], und in dem die externen Mitglieder die meiste Zeit mit der „Begutachtung Potemkinscher Dörfer"[119] befasst waren, ersatzlos gestrichen.

Abschließend gilt es aber festzuhalten, dass alle rechtlichen Regelungen, Re-Organisationsmaßnahmen und andere Vorkehrungen wirkungslos bleiben können, wenn im weitesten Sinne individuelles menschliches Versagen vorliegt. Dieses kann darin bestehen, dass innerhalb der Regierung bewusst fal-

---

117 Gesetz vom 24. April 2013 zur Sicherstellung einer risikoaversen Finanzgebarung im Land Salzburg (Salzburger Finanzgebarungsgesetz – S.FG), StF.: LGBl. Nr. 59/2013.

118 Untersuchungsausschuss, Bericht an den Landtag, Stellungnahme der ÖVP, o. S. (S. 24) (s. Fn. 3).

119 Greiner. Zit. nach: Untersuchungsausschuss, Beweisaufnahme, S. 81 (s. Fn. 2).

sche Sachinformationen verbreitet werden.[120] Oder dass Führungspositionen in Politik und Verwaltung mit dafür ungeeigneten Personen besetzt werden. Oder wenn große Fähigkeit, Ehrgeiz und mangelndes Unrechtsbewusstsein aufeinandertreffen, denn „(g)egen Genies hat man wenig Chancen".[121] Diese Beispiele (es ließen sich noch mehr davon anführen) illustrieren, dass die Ursachen des Salzburger Finanzskandals nicht nur bei den Politik-Mechanismen und in mangelhaften oder fehlenden rechtlichen Regelungen, Organisations- und Kontrollstrukturen zu suchen sind.

---

120 Z. B. legte Brenner in einer Besprechung im Juli 2009 anderen Regierungsmitgliedern eine Unterlage vor, die die Finanzsituation und das Anlageportfolio des Landes bewusst unrichtig darstellte. Vgl. ebd., S. 46ff.

121 Prucher. Zit. nach: SN Online, (10.10.2016). Finanzskandal: „Gegen Genies hat man wenig Chancen".

HERBERT PRUCHER/SEBASTIAN RATHNER/MATTHIAS STÖCKL

Wie Goldoptionen und Wetterderivate im Land Salzburg zur größten Verwaltungsreform der letzten Jahrzehnte geführt haben

1. EINLEITUNG

Verwaltungsreformen können in ihrer Ausgestaltung und Zielsetzung sehr unterschiedlich sein.[1] Sie können beispielsweise versuchen die Effektivität und Effizienz des Verwaltungshandelns zu steigern, die BürgerInnenorientierung zu erhöhen oder die Leistungsqualität zu verbessern. Möchte man dennoch versuchen eine allgemeine Definition für den Begriff Verwaltungsreform zu finden, können diese als geplante Veränderungen von aufbau- oder ablauforganisatorischen, finanziellen, rechtlichen, personellen und fiskalischen Strukturen der Verwaltung verstanden werden.[2]

Verwaltungsreformen haben in Österreich und Salzburg eine lange Tradition. Bspw. wurde im Zeitraum von 2006 bis 2008, auf Basis einer großen Unzufriedenheit unter den Führungskräften in der Salzburger Landesverwaltung, unter dem Titel „Aufgabenabbau in der Salzburger Landesverwaltung" ein umfassender Reformvorschlag erarbeitet, welcher zu einer Entlastung der MitarbeiterInnen in der Höhe von durchschnittlich 5 % hätte führen sollen. In einzelnen Teilbereichen hätte diese unter Einbindung aller Abteilungen entstandene Reform sogar zu einer Entlastung von bis zu 20 % geführt.[3] Durch die Entlastung sollten Spielräume für die Übernahme neuer Aufgaben geschaffen werden. Zu einer flächendeckenden Umsetzung der Reforminitiative ist es mangels eines politischen Konsenses nicht gekommen, allerdings sind die Ergebnisse des Projekts in die Koalitionsbildung 2013 eingeflossen.

Die vielleicht größte Salzburger Verwaltungsreform der letzten Jahrzehnte hat ihren Ursprung in der sogenannten „Salzburger Finanzcausa". Im Jahr

1 Sabine Kuhlmann/Hellmut Wollmann (2013). Verwaltung und Verwaltungsreformen in Europa: Einführung in die vergleichende Verwaltungswissenschaft, 1. Auflage, Wiesbaden, S. 44.

2 Jörg Bogumil (2006). Verwaltungsreform, in: Rüdiger Voigt/Ralf Walkenhaus (Hg.): Handwörterbuch zur Verwaltungsreform, 1. Auflage, Wiesbaden, S. 368–373, hier S. 368; Isabelle Proeller et al. (o. J.). Verwaltungsreform. Abgerufen am 27.03.2018 unter https://wirtschaftslexikon.gabler.de/definition/verwaltungsreform-49930/version-273156.

3 Herbert Prucher (2008). Interner Ergebnisbericht zum Projekt „Aufgabenabbau in der Salzburger Landesverwaltung", S. 4ff.

2012 wurden die gesamte Salzburger Landespolitik und Landesverwaltung von den Vorgängen rund um die Finanzabteilung des Amtes der Salzburger Landesregierung erschüttert. Die Leiterin des Budgetreferates hatte über viele Jahre hinweg Mittel des Landes in äußerst riskanten Finanzgeschäften veranlagt und wurde entlassen.[4] Die Stimmung und Kultur in der Abteilung war geprägt von großer Unsicherheit und das komplette Finanzwesen der Landesverwaltung war destabilisiert. Wie dramatisch die Situation war, zeigt beispielshaft die Tatsache, dass zeitweise kein vollständiger Überblick über die Verschuldung des Landes gegeben war. Zu gewissen Zeitpunkten war es einer aus öffentlichen Mitteln gespeisten Gebietskörperschaft also nicht möglich ihren eigenen Schuldenstand zu beziffern. Auch das Tagesgeschäft bzw. die Standardprozesse einer Finanzabteilung in der öffentlichen Verwaltung, bspw. der Budgetierungsprozess, der Umgang mit steuerrechtlichen Fragestellungen oder die finanzielle Bewertung von Regierungsanträgen funktionierten nur noch sehr eingeschränkt. Die mangelnde Dokumentation der vergangenen Jahre verschärfte diese Probleme noch zunehmend. Mitte des Jahres 2013 wurde die Finanzabteilungsleitung neu besetzt. Schnellstmöglich musste das Tagesgeschäft der Finanzabteilung wieder in geordnete Bahnen gelenkt bzw. saniert werden. Eine klare Aufgabenverteilung in den Referaten und Standard-Prozesse für die wichtigsten Bereiche wurden wieder etabliert, klare Kommunikationswege innerhalb der Abteilung wurden vereinbart und eine enge Kommunikation mit dem politischen Ressort eingeführt. Beispielsweise wurde in den Jahren nach der Finanzcausa auch ein umfassendes Steuer-Compliance-System für die gesamte Landesverwaltung entwickelt, welches zu einer dringend notwendigen Professionalisierung im steuerrechtlichen Bereich geführt hat.

Über das Tagesgeschäft hinaus mussten aber auch zwei sehr große, weitere Herausforderungen bewältigt werden: Einerseits hatte die Aufarbeitung der Vergangenheit höchste Priorität und andererseits musste die Zukunft neu geordnet und auch mittel- bis langfristig gestaltet werden.

Der vorliegende Beitrag skizziert wie die Bearbeitung dieser beiden Herausforderungen erfolgt ist, welche Ergebnisse letztendlich erzielt wurden und insbesondere welche Erfolgsfaktoren entscheidend waren.

Abschließend wird darauf hingewiesen, dass die Autoren dieses Beitrags – trotz größtmöglichem Bestreben, die Sachverhalte im Beitrag objektiv zu beschreiben – naturgemäß nur eine Innensicht darstellen können, da die Bearbeitung der nachfolgend beschriebenen Themenbereiche in den letzten Jahren zu ihren Arbeitsschwerpunkten zählte.

4 ORF Salzburg Online (1.5.2013). Fünf Monate im Finanzskandal.

2. AUFARBEITUNG DER VERGANGENHEIT ALS AUSGANGSPUNKT EINER VERWALTUNGSREFORM

2.1 Vorgehensweise bei der Aufarbeitung der Finanzcausa

Die Ausgangssituation nach Bekanntwerden des Salzburger Finanzskandals im Dezember des Jahres 2012 kann als äußerst schwierig und unübersichtlich bezeichnet werden. Weder der genaue Umfang der Finanzgeschäfte, deren Art, noch das mit ihnen verbundene Risiko, waren bekannt. Viele wissende MitarbeiterInnen mussten die Organisation verlassen oder orientierten sich freiwillig um. Der politische Druck, die Aufarbeitung voranzutreiben, und das Interesse der Medien waren außerordentlich groß. Für alle Beteiligten waren der Verlauf und der Ausgang der Aufarbeitung der Finanzcausa zunächst mit sehr großen Unsicherheiten behaftet.

Als erste Frage galt es zu klären, inwieweit die beteiligten Banken eine Mitverantwortung an den Ereignissen im Zusammenhang mit der Finanzcausa zu übernehmen hatten. Daher wurde mit beauftragten AnwältInnen – auf Basis bereits vorliegender Gutachten – die Rechtsposition des Landes Salzburgs geschärft: Das Land Salzburg war demnach der Auffassung, ihm stünden im Zusammenhang mit zahlreichen Finanzgeschäften Ansprüche aus ungerechtfertigter Bereicherung und Schadenersatzansprüche zu. Die behaupteten Ansprüche gegen diverse Banken wurden unter anderem mit der fehlenden Rechtsfähigkeit des Landes Salzburgs zum Abschluss spekulativer Finanzgeschäfte, der fehlenden Vertretungsmacht der damals für das Land Salzburg handelnden Personen sowie mit Beratungspflichtverletzungen durch die Banken begründet. Grundsätzlich schien es also nach diesem Austausch mit externen ExpertInnen nicht gänzlich unmöglich zu sein, einen Teil des entstandenen Schadens wieder gut zu machen. Die Strategie, die zu einer Schadenkompensation führen sollte, war allerdings erst zu entwickeln.

Man entschied sich letztlich dafür, dass ein studentisches Aufarbeitungsteam unter der Anleitung eines externen Experten alle bekannten Geschäftsbeziehungen des Landes Salzburg mit Banken genauer analysieren sollte. Der Umfang der bei der Aufarbeitung ausgewerteten Daten war enorm. Die bis dahin unsortierten Akten bestanden letztendlich aus ca. 500 Ordnern. Es wurden insgesamt über 140.000 Seiten und auch ca. 40.000 Kontoauszüge sortiert, zugeordnet und systematisch ausgewertet. Insgesamt ist das Land Salzburg mit 52 in der ganzen Welt beheimateten Banken Finanzpartnerschaften eingegangen und hat mit diesen Banken mehrere tausend Geschäfte abgeschlossen. Von den 52 Banken wurden jene ausgewählt, mit welchen aus Sicht der externen ExpertInnen und der internen EntscheidungsträgerInnen nähere Gespräche begonnen werden sollten (18 Banken). Ein wesentlicher Faktor war dabei, ob aus der entsprechenden Geschäftsbeziehung ein Schaden für das Land Salzburg entstanden war. Eine Bank musste ausgeschieden werden, da sie mittlerweile insolvent war und bei einer anderen „Institution" handelte es sich lediglich um eine Online-Trading-Plattform. Der Aufarbeitungsfokus wurde somit auf die verbleibenden 16 Banken gerichtet.

Unter den Geschäften befanden sich auch zahlreiche, hochriskante und für eine öffentliche Verwaltung aus heutiger Sicht höchst ungewöhnliche Geschäfte. Beispielsweise wurden im Zeitraum Januar bis Mai 2007 vom Land Salzburg an eine Bank Goldoptionen verkauft. Die Bank kaufte dabei das Recht am Laufzeitende zu einem fixierten Preis in südafrikanischen Rand eine festgelegte Menge Gold vom Land Salzburg zu erwerben. Es handelte sich hier um sogenannte Leerverkäufe. Dies bedeutet, dass das Land Salzburg das Gold zu keinem Zeitpunkt besessen hat. Salzburg setzte bei dieser Strategie im Jahr 2007 auf einen fallenden Goldpreis und vergrößerte durch den Handel mit südafrikanischen Rand auch sein Wechselkursrisiko. Entgegen den Erwartungen stieg der Goldpreis, weshalb zur vorzeitigen (Teil-)Auflösung der ursprünglichen Geschäfte gegenläufige Goldoptionen von der Bank gekauft werden mussten. Diese führten zu einem Verlust im hohen zweistelligen Millionenbereich. Im Vergleich zur Höhe dieses Verlustes spielte die ursprünglich für den Verkauf der Optionen erhaltene Prämie im hohen einstelligen Millionenbereich eine äußerst untergeordnete Rolle. Auch wenn diesbezüglich ausdrücklich kein Geschäftsabschluss zustande gekommen ist, sondern das folgende Geschäft dem Land Salzburg „nur" angeboten wurde, zeigt es, wie tief das Land Salzburg in die Welt der derivativen Finanzgeschäfte vorgedrungen war: Bei einem sogenannten „Wetterderivat" hätte das Land Salzburg zu Laufzeitbeginn eine Prämie eingezahlt. Die Höhe der Auszahlung hing vom Schneefall in Südvorarlberg ab. Je weniger Schnee im Beobachtungszeitraum bei den vier Vorarlberger Wetterstationen Lünersee, Obervermunt, St. Gallenkirch und Brand gefallen wäre, desto höher wäre die Auszahlung an das Land gewesen.

Darüber hinaus hat das Land Salzburg auch mit 30 verschiedenen Währungen gehandelt – darunter befanden sich viele exotische Währungen wie beispielsweise Malaysischer Ringgit, Indonesische Rupiah, Kasachischer Tenge oder Vietnamesischer Dong. Die nachfolgende interne Abbildung 1 gibt einen Überblick über die gehandelten Währungen bzw. deren Länder.

Nach der Analyse der Geschäftsbeziehungen und Aufbereitung entsprechender Unterlagen wurden die 16 ausgewählten Banken von den vom Land beauftragen RechtsanwältInnen aus Deutschland und Österreich kontaktiert. Je nach Geschäftsbeziehung war englisches, deutsches, liechtensteinisches oder österreichisches Recht anzuwenden. Primäres Ziel war es zunächst einen Verjährungsverzicht von den Banken zu erwirken, da das Land Salzburg durch

Abbildung 1: Vom Land Salzburg gehandelte Währungen

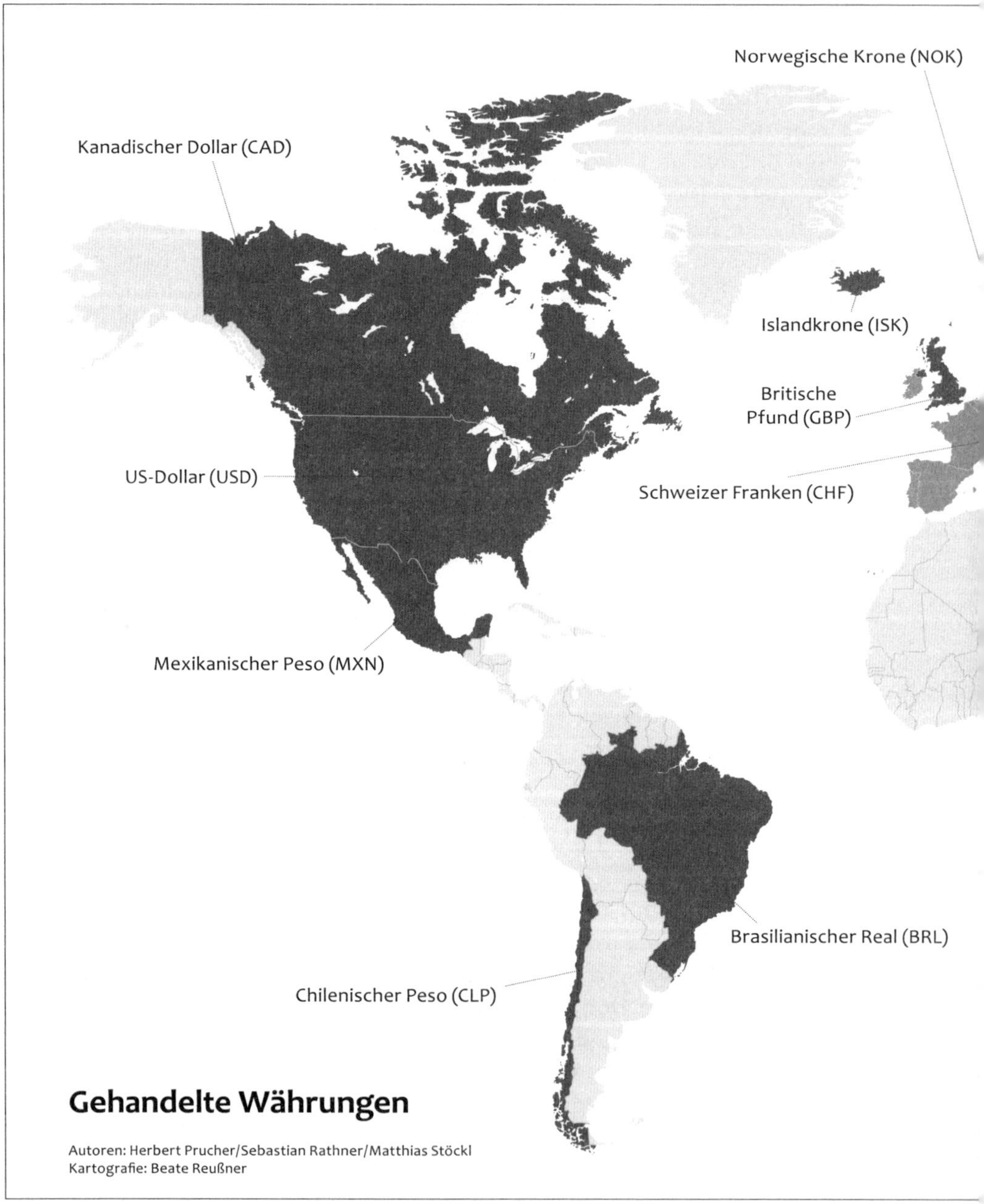

Quelle: Eigene Darstellung.

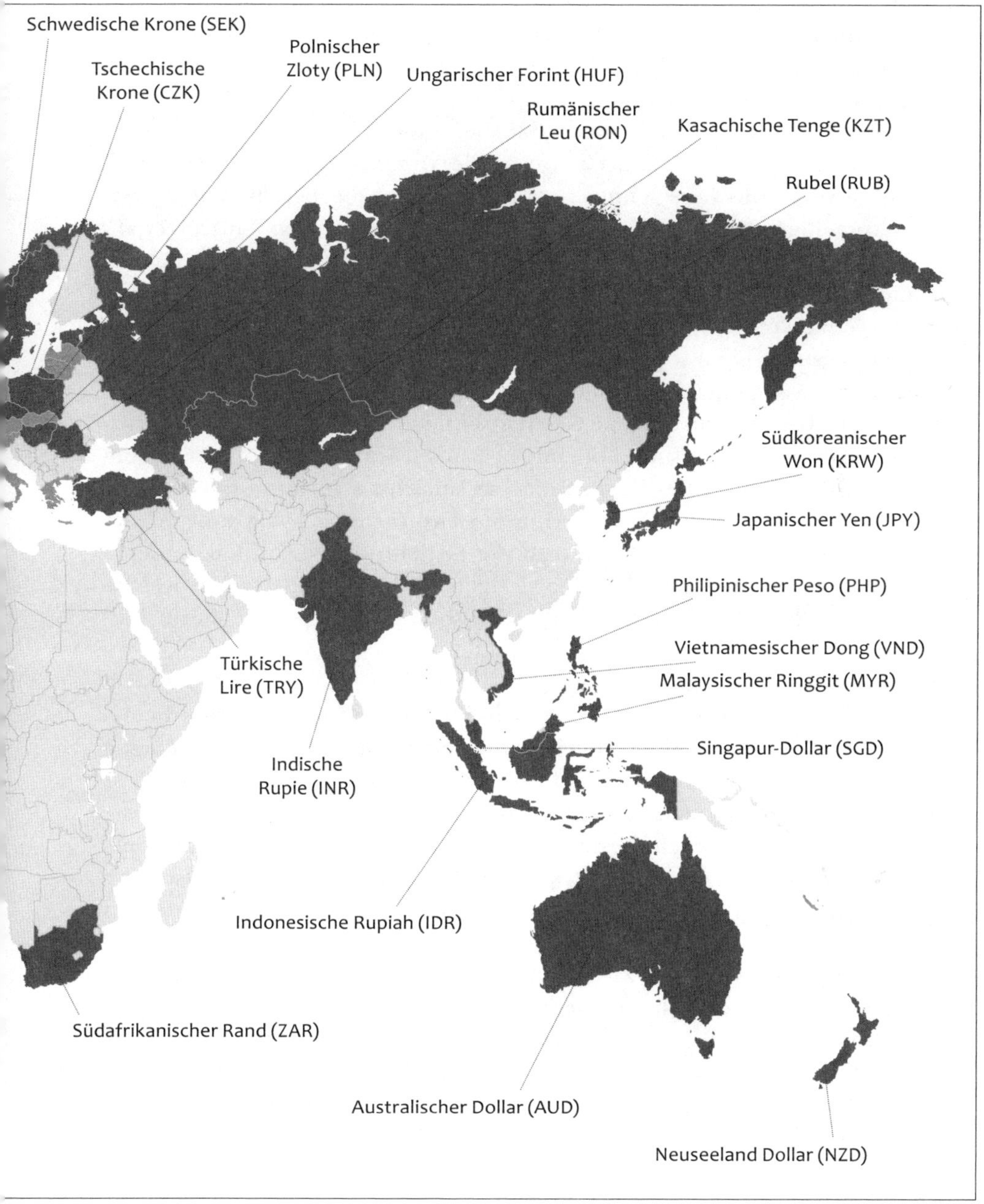
Schwedische Krone (SEK)
Tschechische Krone (CZK)
Polnischer Zloty (PLN)
Ungarischer Forint (HUF)
Rumänischer Leu (RON)
Kasachische Tenge (KZT)
Rubel (RUB)
Südkoreanischer Won (KRW)
Japanischer Yen (JPY)
Philipinischer Peso (PHP)
Vietnamesischer Dong (VND)
Malaysischer Ringgit (MYR)
Singapur-Dollar (SGD)
Türkische Lire (TRY)
Indische Rupie (INR)
Indonesische Rupiah (IDR)
Südafrikanischer Rand (ZAR)
Australischer Dollar (AUD)
Neuseeland Dollar (NZD)

eine Verjährung seine behaupteten Ansprüche jedenfalls verloren hätte. Damit sollten Klagen gegen die Banken abgewendet und darauf folgend in Vergleichsgespräche eingetreten werden. Durch Vergleiche sollten jahrelange, riskante und kostspielige Verfahren vor einem Gericht vermieden und zumindest ein Teil des entstandenen Schadens kompensiert werden.

Der Fokus lag zunächst auf den Geschäftsbeziehungen, die österreichischem Recht unterlagen, da bei diesen kurzfristig die Verjährung drohte.[5] Während eine Bank – vergleichsweise schnell – in dieser Phase die Bereitschaft zu Vergleichsgesprächen signalisiert hat, gaben andere Banken zwar einen Verjährungsverzicht ab, waren bezüglich Vergleichsgesprächen aber äußerst zurückhaltend. Eine Einigung mit diesen Banken erschien lange Zeit außer Reichweite. Zwei weitere Banken wählten den Weg, keinen Verjährungsverzicht abzugeben. Dem Land Salzburg blieb somit keine andere Option als gegen diese zwei Banken den Gerichtsweg einzuleiten und eine entsprechende Klage einzubringen.

Danach wurde der Fokus auf jene Geschäftsbeziehungen gerichtet, die internationalem Recht unterlegen sind. Mit einigen Banken konnten Gespräche begonnen werden. Die Haltung der Banken machte zunächst aber unmissverständlich klar, dass sie die vom Land ins Treffen geführten Ansprüche für völlig unberechtigt hielten. Gegen drei weitere Banken musste der Gerichtsweg beschritten werden.

In jeweils mehreren, teilweise langwierigen Verhandlungsrunden, welche in den Jahren 2014–2017 stattfanden und insbesondere die detaillierte Darlegung der Argumente des Landes beinhalteten, wurde mit den Banken an Vergleichsvereinbarungen gearbeitet.

Die AnwältInnen wurden nach einer grundsätzlichen Einigung über die wesentlichen Eckpunkte eines Vergleiches mit der Ausarbeitung des jeweiligen konkreten Vergleichstextes beauftragt.

Da das Thema „Finanzcausa“ nach wie vor als sehr sensibel galt, war höchste Transparenz beim Aufarbeitungsprozess ein besonders wichtiges Kriterium. Über den gesamten Prozess hinweg wurden daher die allgemeinen Fortschritte bei den Verhandlungen laufend in den Finanzberichten dem Landtag und der Landesregierung kommuniziert bzw. mit beiden Gremien diskutiert. Außerdem wurde einerseits vor der Zustimmung zu den Eckpunkten eines Vergleiches seitens der Finanzabteilung jeweils eine enge Abstimmung und Diskussion mit dem zuständigen Mitglied der Landesregierung, LH-Stv. Christian Stöckl, durchgeführt. Andererseits wurde nach der jeweiligen Ausarbeitung der konkreten Vergleichstexte eine Diskussion mit der Salzburger Landesregierung und dem Salzburger Landtag geführt und abschließend jeweils ein Beschluss

5 Hier und im weiteren Verlauf der Darstellung wird auf die Nennung von Bankennamen gänzlich verzichtet, da die Geheimhaltung mit den Banken verbindlich vereinbart wurde.

beider Gremien eingeholt. Erst danach konnte die offizielle Unterfertigung der Vergleiche seitens des Landes erfolgen.

Neben der Transparenz war auch die Diskretion nach außen ein entscheidender Faktor bei den Vergleichsverhandlungen. Dank der ausgezeichneten Kooperationsbereitschaft der beteiligten Personen aus Verwaltung und Politik konnte diese Anforderung der Banken erfüllt werden.

Nach äußerst komplexen, in einem internationalen Umfeld stattfindenden und drei Jahre andauernden Verhandlungen konnte letztlich mit allen ausgewählten nationalen und internationalen Banken, also auch mit jenen hinsichtlich derer zwischenzeitig ein Gerichtsverfahren anhängig war, entweder ein gerichtlicher oder ein außergerichtlicher Vergleich abgeschlossen werden, sodass insgesamt 16 Bankenvergleiche in den Jahren 2014–2017 zustande kamen.

2.2 Zusammenfassung der Ergebnisse der abgeschlossenen Vergleiche

In den Jahren 2014–2017 wurden aus diesen 16 Vergleichen Einnahmen in der Höhe von ca. € 117 Mio. für das Land Salzburg erzielt. Diese Einnahmen kompensierten einen Teil des entstandenen Netto-Schadens aus den 16 Geschäftsbeziehungen, welcher auf rund € 900 Mio. geschätzt wird. In dieser Summe sind die für das Land positiven Geschäfte mit diesen 16 Banken bereits eingerechnet. Die Schadensbeträge wurden von einem studentischen Aufarbeitungsteam, welches unter der Anleitung eines externen Experten stand, erarbeitet. Die Schadensberechnungen haben sich in Abstimmungen mit Experten und den Banken als valide Grundlage für Vergleichsgespräche herausgestellt. Von den € 900 Mio. ausdrücklich nicht abgezogen sind jene Gewinne, die aus den Geschäftsbeziehungen mit einer Vielzahl an anderen Banken entstanden sind. Da im Detail keine abschließende forensische Aufarbeitung der Finanzcausa erfolgt ist, können diese Gewinne nicht exakt beziffert werden. Sie dürften einer groben Schätzung nach bei € 400–500 Mio. liegen.

2.3 Externe Beratungsleistungen

Ein wesentlicher Erfolgsfaktor für die erfolgreiche Aufarbeitung der Finanzcausa war die Unterstützung von externen GutachterInnen, hervorragenden RechtsanwältInnen und BeraterInnen. Insbesondere die Unterstützung von Prof. Meinrad Lukas, der zunächst als Krisenmanager tätig war und später bei der Problemstrukturierung eine zentrale Rolle einnahm, muss in diesem Zusammenhang hervorgehoben werden. Den Zusatzeinnahmen aus den 16 Bankenvergleichen stehen Kosten für externe BeraterInnen für den Bereich Bankenvergleiche in den Jahren 2013–2017 in der Höhe von ca. € 6 Mio. (Stand:

Mai 2018) gegenüber. Die für diesen Betrag addierten Zahlungen wurden auch laufend in den Finanzberichten der letzten Jahre an den Landtag kommuniziert, was ebenfalls zur Transparenz beigetragen hat.

Letztlich kann in der Krise „Salzburger Finanzcausa" aber auch etwas Positives gesehen werden. So war sie mit Sicherheit der entscheidende Auslöser für eine längst fällige Reform des Finanzwesens der Salzburger Landesverwaltung. Durch die Finanzcausa ist jenes sehr große Ausmaß an Veränderungsdruck entstanden, welches für das Gelingen großer Reformen im öffentlichen Dienst, aber auch generell im Change-Management, so entscheidend ist.[6] Parallel zur Aufarbeitung der Geschehnisse der Vergangenheit wurde nämlich bereits 2014 im Rahmen des Projektes Haushaltsreform damit begonnen das Finanzwesen des Landes komplett neu auszurichten. Dieses die gesamte Landesverwaltung unmittelbar betreffende Projekt kann als eine der größten Verwaltungsreformen der Salzburger Landesverwaltung der letzten Jahrzehnte bezeichnet werden. Wie diese tiefgreifende fachliche Umstellung, die damit einhergehende Einführung einer neuen Buchhaltungssoftware und die anknüpfenden Prozess- und Organisationsänderungen im Amt der Salzburger Landesregierung in nur wenigen Jahren gelingen konnten, soll im folgenden Abschnitt dargestellt werden.

3. GESTALTUNG DER ZUKUNFT – HAUSHALTSREFORM

3.1 Einleitung

Traditionell sind die Rechenwerke der österreichischen Gebietskörperschaften seit vielen Jahrzehnten durch den Rechnungsstil der Kameralistik geprägt.[7] Dabei werden – vereinfacht ausgedrückt – die Einnahmen eines Rechnungsjahres den entsprechenden Ausgaben gegenübergestellt. So wird ersichtlich, ob eine Gebietskörperschaft mit den ihr zugeteilten Einnahmen das Auslangen gefunden hat oder, ob ein Haushaltsdefizit erwirtschaftet wurde. Besondere Bedeutung kommt in der Kameralistik der Plan- bzw. Aufgabenerfüllung zu. Dies soll durch eine Voranschlagsvergleichsrechnung, bei der die Planwerte (i. e. Budget- bzw. Voranschlagswerte) den Werten des Rechnungsabschlusses gegenübergestellt werden, erreicht werden.

In den vergangenen Jahren wurden von verschiedenen Seiten immer wieder Vorstöße unternommen, die Kameralistik durch eine an den Grundsätzen der dop-

6 John Kotter (2012). Leading Change, Boston, S. 37.

7 Eine ausführliche Darstellung des öffentlichen Rechnungswesens mit aktuellen Entwicklungen findet sich beispielsweise in Reinbert Schauer (2016). Rechnungswesen in öffentlichen Verwaltungen: Von der Kameralistik zur Doppik – Einführung und Standortbestimmung, 3. Auflage, Wien.

pelten Buchhaltung orientierten Rechnungslegung abzulösen. Dabei werden u.a. strukturelle Defizite im Bereich der Kameralistik als auslösendes Moment angeführt. Ein schwerwiegender Nachteil der Kameralistik, wie in der aktuell noch für die Gemeinden und Länder geltenden Voranschlags- und Rechnungsabschlussverordnung (VRV) 1997 festgelegt, ist beispielsweise die fehlende bzw. nur unvollständige Darstellung des Vermögens und damit des Werteverbrauchs bzw. der Werteschaffung einer Gebietskörperschaft. Eine gesetzlich verpflichtende, allerdings nicht vollständige Vermögens- und Schuldenrechnung sieht § 16 VRV 1997 beispielsweise nicht für Länder und Gemeinden, sondern nur für wirtschaftliche Unternehmungen und Betriebe mit marktbestimmter Tätigkeit von Gemeinden vor. Das im § 16 Abs. 1 VRV 1997 für wirtschaftliche Unternehmungen und Betriebe mit marktbestimmter Tätigkeit von Gemeinden dargestellte Bilanzschema spezifiziert zudem nur ein unvollständiges Mindestausweiserfordernis. Hier fehlen entscheidende Positionen (z.B. Rückstellungen, Eigen- bzw. Nettovermögen), die für vollständige Vermögensrechnungen unentbehrlich sind. Anlagennachweise, in denen über die Abschreibungen der periodengerechte Werteverbrauch des Anlagevermögens ersichtlich wird, sind gem. § 16 Abs. 2 VRV 1997 nur für sonstige Betriebe und betriebsähnliche Einrichtungen der Gemeinden vorgesehen. Den Ländern (einschließlich Wien) wird in Abs. 3 ein Wahlrecht für die Erstellung einer Vermögens- und Schuldenrechnung eingeräumt.

Neben den hier angeführten strukturellen Defiziten der Kameralistik erhöhten auch internationale Entwicklungen aufgrund der Finanz- und Wirtschaftskrise den Reformdruck Richtung Doppik auf die österreichischen Gebietskörperschaften. Maßgeblichen Einfluss auf die Rechnungslegung der Gebietskörperschaften üben in diesem Kontext beispielsweise zahlreiche EU-rechtliche Bestimmungen aus. Dazu zählen die Verordnungen und Richtlinien des sogenannten „Six-Packs",[8] „Two-Packs"[9] und des Europäischen Fiskalpak-

---

8 Der Six-Pack besteht aus:
- Verordnung (EU) Nr. 1175/2011 des Europäischen Parlaments und des Rates vom 16. November 2011 zur Änderung der Verordnung (EG) Nr. 1466/97 über den Ausbau der haushaltspolitischen Überwachung und der Überwachung und Koordinierung der Wirtschaftspolitiken;
- Verordnung (EU) Nr. 1177/2011 des Rates vom 8. November 2011 zur Änderung der Verordnung (EG) Nr. 1467/97 über die Beschleunigung und Klärung des Verfahrens bei einem übermäßigen Defizit;
- Verordnung (EU) Nr. 1173/2011 des Europäischen Parlaments und des Rates vom 16. November 2011 über die wirksame Durchsetzung der haushaltspolitischen Überwachung im Euro-Währungsgebiet;
- Richtlinie 2011/85/EU des Rates vom 8. November 2011 über die Anforderungen an die haushaltspolitischen Rahmen der Mitgliedstaaten;

tes, mit denen die Bestimmungen des Stabilitäts- und Wachstumspakt reformiert, erweitert und verschärft wurden.

Die darin vorgegebenen gesamtstaatlichen Haushaltsziele erhalten durch den Österreichischen Stabilitätspakt (ÖStP) 2012 auch für die Länder- und Gemeindeebene gesetzliche Bindungswirkung. Auf Bundesebene wurde diesen Entwicklungen frühzeitig durch die Bundeshaushaltsrechtsreform Rechnung getragen, welche die Einführung eines 3-Komponenten-Systems in Verbindung mit einer doppelten Buchhaltung und Elementen der Wirkungsorientierung zum Ziel hatte. Im Rahmen einer wirkungsorientierten Steuerung werden die Aufgaben der öffentlichen Haushalte nicht mehr über den (finanziellen) Input definiert, sondern es werden im Voraus zu erreichende Ziele bzw. Wirkungen festgelegt, die durch entsprechende Maßnahmen und ein Globalbudget erreicht werden sollen. Besondere Bedeutung kommt dabei der Wirkungs- bzw. Zielkontrolle zu. Mit der Einführung einer wirkungsorientierten Haushaltsführung im Bund wurden zentrale Anliegen des New Public Managements umgesetzt, das in der öffentlichen Verwaltung eine Abkehr von der Inputorientierung hin zu einer Outputorientierung propagiert.[10] Dieser Reformprozess fand durch den Beschluss des Bundeshaushaltsgesetztes (BHG) 2013 seinen formalrechtlichen Abschluss.[11]

- Verordnung (EU) Nr. 1176/2011 des Europäischen Parlaments und des Rates vom 16. November 2011 über die Vermeidung und Korrektur makroökonomischer Ungleichgewichte;
- Verordnung (EU) Nr. 1174/2011 des Europäischen Parlaments und des Rates vom 16. November 2011 über Durchsetzungsmaßnahmen zur Korrektur übermäßiger makroökonomischer Ungleichgewichte im Euro-Währungsgebiet.

9 Der Two-Pack besteht aus:
- Verordnung (EG) Nr. 472/2013 des Europäischen Parlaments und des Rates vom 21. Mai 2013 über den Ausbau der wirtschafts- und haushaltspolitischen Überwachung von Mitgliedstaaten im Euro-Währungsgebiet, die von gravierenden Schwierigkeiten in Bezug auf ihre finanzielle Stabilität betroffen oder bedroht sind;
- Verordnung (EU) Nr. 473/2013 des Europäischen Parlaments und des Rates vom 21. Mai 2013 über gemeinsame Bestimmungen für die Überwachung und Bewertung der Übersichten über die Haushaltsplanung und für die Gewährleistung der Korrektur übermäßiger Defizite der Mitgliedstaaten im Euro-Währungsgebiet;

10 Weiterführende Informationen zum New Public Management und zur Wirkungsorientierung in der öffentlichen Verwaltung findet der/die interessierte LeserIn beispielsweise in Bruno Schedler/Isabella Proeller (2011). New Public Management, 5. Auflage, Stuttgart; Norbert Thom/Adrian Ritz (2017). Public Management: Innovative Konzepte zur Führung im öffentlichen Sektor, 5. Auflage, Wiesbaden.

11 Benedikt Gamillscheg et al. (2014). Grundzüge des Haushaltswesens (Gruppe 1), Skriptum für die modulare Grundausbildung der Verwendungsgruppen A1 und A2 und der Entlohnungsgruppen v1 und v2. Abgerufen am 14.06.2018 unter https://www.oeffentlicherdienst.gv.at/vab/seminarprogramm/allgemeine_ausbildung_und_weiterbildung/SGA_28.pdf?63hw54, S. 25ff.

Nach den Reformschritten auf Bundesebene sollte die Kameralistik auch auf Ebene der Bundesländer und Gemeinden abgeschafft und durch ein an die Bundeshaushaltsreform angelehntes 3-Komponenten-System ersetzt werden. Maßgebliches Ziel dabei war die Sicherstellung der Vergleichbarkeit der Rechenwerke zwischen den verschiedenen Gebietskörperschaftsebenen. Dieses Vorhaben wurde im Jahr 2013 begonnen und endete nach zahlreichen Verhandlungsrunden im Oktober 2016 mit der Erlassung der VRV 2015 durch den Finanzminister im Einvernehmen mit dem Rechnungshof. Entgegen dem ursprünglichen Ziel, vergleichbare Rechenwerke für die Gebietskörperschaften bereitzustellen, enthält die VRV 2015 zahlreiche Abweichungen im Vergleich zum BHG 2013. Einen der wesentlichsten Unterschiede stellt dabei ein den Ländern und Gemeinden gewährtes Wahlrecht dar (§ 6 Abs. 3 VRV 2015). So können anstelle einer wirkungsorientierten Rechnungslegung in Verbindungen mit Globalbudgets die bisher bestehenden Haushaltsstrukturen weiterverwendet werden.

Fact-Box: 3-Komponenten-System und doppelte Buchführung[12]

Das 3-Komponenten-System besteht aus den Komponenten Ergebnisrechnung, Finanzierungsrechnung und Vermögensrechnung. Es handelt sich dabei um ein in sich geschlossenes und integriertes Rechnungswesen, bei dem jeder Geschäftsfall nach den Vorgaben der **doppelten Buchführung** (Doppik) zumindest auf zwei Konten (einmal im Soll, einmal im Haben) erfasst wird.

In der **Ergebnisrechnung** werden periodengerecht alle Aufwendungen und Erträge eines Rechnungsjahres gegenübergestellt. Die Ergebnisrechnung ist daher vergleichbar mit der Gewinn- und Verlustrechnung im betrieblichen Bereich und zeigt die jährliche Veränderung im Nettovermögen (i. e. Eigenkapital) einer Gebietskörperschaft. Es sind ein Ergebnisvoranschlag (Budget) und eine Ergebnisrechnung (Rechnungsabschluss) zu erstellen.

In der **Finanzierungsrechnung** werden systematisch alle Einzahlungen und Auszahlungen eines Geschäftsjahres, die zwischen dem 1.1. und 31.12. getätigt werden, erfasst. Die Finanzierungsrechnung zeigt die Veränderung des Stands an liquiden Mitteln und ist somit als direkte Cash-Flow-Rechnung ausgestaltet, die im betrieblichen Bereich keine Entsprechung hat. Sie besteht aus einem Finanzierungsvoranschlag (Budget) und einer Finanzierungsrechnung (Rechnungsabschluss). Die Finanzierungsrechnung kann am

---

12 Isabelle Proeller/Tobias Krause (o. J.). Neues Kommunales Rechnungswesen. Abgerufen am 14.06.2018 unter https://wirtschaftslexikon.gabler.de/definition/neues-kommunales-rechnungswesen-41027/version-264399; Henner Schierenbeck/Claudia B. Wöhle (2008). Grundzüge der Betriebswirtschaftslehre, 17. Auflage, München, S. 589.

ehesten mit dem bisherigen Rechnungsstil der Kameralistik verglichen werden, obwohl auch hier deutliche Abweichungen bestehen.

In der **Vermögensrechnung** erfolgt eine vollständige Darstellung aller Vermögenswerte (Aktiva und Passiva) einer Gebietskörperschaft und ist daher mit einer Unternehmensbilanz vergleichbar. Die Vermögensrechnung ist als jährliche Veränderungsrechnung ausgestaltet. Ausgangsbasis für die weitere Entwicklung des Vermögens bilden die Werte der Eröffnungsbilanz zum 1.1.2018.

In der ursprünglichen Fassung der VRV 2015 war vorgesehen, dass die Länder und Gemeinden mit über 10.000 EinwohnerInnen die Umstellung auf ein 3-Komponenten-System mit 1.1.2019 umzusetzen haben. Für Gemeinden mit unter 10.000 Einwohnerinnen wurde der Umstellungszeitpunkt mit 1.1.2020 festgelegt. Aufgrund einer Novelle zur VRV 2015, die mit Anfang des Jahres 2018 in Kraft getreten ist, wurde der Einführungszeitpunkt generell auf das Jahr 2020 verschoben.

Alle oben beschriebenen Entwicklungen treffen vollumfänglich auch das Land Salzburg. Dennoch kommt dem Land Salzburg unter den Bundesländern eine Sonderstellung zu, die dazu führte, dass die Umstellung auf ein 3-Komponenten-System mit doppelter Buchhaltung nicht wie ursprünglich vorgesehen im Jahr 2019, sondern bereits für das Rechnungsjahr 2018 durchzuführen war. Diese Sonderstellung ist durch den Finanzskandal des Jahres 2012 zu erklären.

Als direkte Konsequenz aus der Finanzcausa wurde am 24. April 2013 vom Salzburger Landtag mit Verfassungsmehrheit eine Änderung des Artikel 44 des Salzburger Landes-Verfassungsgesetzes (L-VG) 1999 (LGBl. Nr. 37/2013, kundgemacht am 14. Mai 2013) beschlossen, demgemäß das Land Salzburg – unabhängig von allen bundesrechtlichen Bestimmungen – ab 1.1.2018 ein 3-Komponenten-System auf Basis der doppelten Buchhaltung zu führen hat. Im Zusammenspiel mit der zu diesem Zeitpunkt absehbaren Entwicklung im Bereich der Voranschlags- und Rechnungsabschlussverordnung (und der 2017 im Rahmen des Projekts Haushaltsreform durchgeführten Reform des Salzburger Haushaltsrechts) waren damit die rechtlichen Grundlagen für eine umfassende Haushaltreform gelegt. Diese Entwicklungen führten schlussendlich dazu, dass das Land Salzburg als erstes Bundesland in Österreich mit 1.1.2018 erfolgreich seine Rechnungslegung auf ein 3-Komponenten-System mit doppelter Buchhaltung gemäß den rechtlichen Vorgaben der Voranschlags- und Rechnungsabschlussverordnung 2015 (VRV 2015) umgestellt hat.

Im anschließenden Abschnitt wird das Projekt Haushaltsreform und die damit verbundenen Konsequenzen für die Verwaltung des Landes im Detail beschrieben. Abschließend werden kurz die das Projekt Haushaltsreform begleitenden Verwaltungsreformen und Projekte dargestellt.

3.2 Projekt Haushaltsreform

Mit der politischen Festlegung, ein 3-Komponenten-System mit doppelter Buchhaltung unter Einhaltung der gesetzlichen Rahmenbedingungen für das Amt der Salzburger Landesregierung und alle rechtlich unselbstständigen Einheiten, die dem Land Salzburg zuzurechnen sind, zum 1.1.2018 einzuführen, wurde das Ziel des Haushaltsreformprojektes definiert. Neben dieser fachlichen Änderung einher ging auch die Entscheidung, das bisher bestehende, selbsterstellte kamerale Buchhaltungsprogramm durch die Einführungen einer standardisierten, modernen und zeitgemäßen Enterprise Ressource Planning (ERP) Software abzulösen.[13] Die Einführung einer neuen Software-Lösung in Verbindung mit der fachlichen Änderung im Rechnungswesen brachte auch strukturelle und organisatorische Änderungen sowie Standardisierungen der bisher bestehenden Bewirtschaftungsprozesse in den Abteilungen mit sich. Dies impliziert auch, dass das Haushaltsreformprojekt als eine weitreichende Verwaltungsreform bezeichnet werden kann.

Aufgrund des Projektumfangs und der damit verbundenen Laufzeit erfolgte eine Unterteilung des Gesamtvorhabens in mehrere, in sich geschlossene Projektphasen.

3.2.1 Phase 1: Grobkonzeption (April 2014 – August 2015)

Im Zuge der Aufarbeitung des Finanzskandals wurden im Amt der Salzburger Landesregierung grundlegende organisatorische Reformen in den Bereichen interne Revision und internes Kontrollsystem durchgeführt. Zusätzlich wurden in Arbeits- und Projektgruppen Vorarbeiten für die Haushaltsreform geleistet. Auf Basis dieser Vorarbeiten wurden ursprünglich drei getrennte Projektaufträge in den Bereichen IT, Buchhaltungswesen und Haushaltswesen (Budgetierung) durch den Landesamtsdirektor erteilt. Im Zuge der Einrichtung der Projektstrukturen wurde aber schnell deutlich, dass die Reform mit drei getrennten Projektaufträgen nicht umsetzbar war. Aufgrund zahlreicher personeller und inhaltlicher Überschneidungen konnte die Haushaltsreform nur über ein Gesamtprojekt erfolgreich gelingen. Im Nachhinein betrachtet stellt die daraufhin gewählte integrierte Vorgehensweise im Vergleich zu bisherigen, weitgehend erfolglosen Verwaltungsreformprojekten einen der entscheidenden Erfolgsfaktoren dar, der maßgeblich zu einem termingerechten Erreichen der Projektziele beitrug.

---

13 Mit ERP-Software-Lösungen können zahlreiche betriebliche Prozesse, wie beispielsweise der Wareneinkauf, die Logistik, der Vertrieb, die Lagerhaltung, das Personalwesen, die Kosten- und Leistungsrechnung mit der Finanzbuchhaltung verbunden und integriert abgebildet werden.

Nachdem mit der Änderung des L-VG 1999 der rechtliche Rahmen für die Durchführung des Haushaltsreformprojekts gelegt wurde, erfolgten weitere rechtliche Festlegungen. Mit Regierungsbeschluss vom 20.3.2014 wurde die Grobkonzeptionsphase (Konzeptionsprojekt) eingeleitet.

Durch diesen Regierungsbeschluss erfolgte bereits vor dem Start der eigentlichen Konzeptionsphase die Festlegung auf das zukünftige im Amt der Salzburger Landesregierung zu verwendende ERP-Produkt. Die Wahl fiel auf dabei auf die ERP-Lösung des Softwareherstellers SAP. Maßgeblich für die Wahl des SAP-ERP-Produktes als zukünftige ERP-Software für das Land Salzburg war der Umstand, dass SAP einerseits bereits in mehreren anderen Bundesländern und der Bundesverwaltung zum Einsatz kommt und andererseits über einen großen Funktionsumfang verfügt. Neben der Finanzbuchhaltung verfügt die SAP-ERP-Lösung über Möglichkeiten zur Abwicklung zahlreicher betrieblicher Prozesse. Dazu zählen beispielsweise die Kosten- und Leistungsrechnung, der Einkauf und das Personalwesen. Zudem konnte durch die frühzeitige Festlegung ein langwieriges Ausschreibungsverfahren vermieden werden, das die Einführung des 3-Komponenten-Systems und der neuen ERP-Software mit 1.1.2018 stark gefährdet hätte.

Als einer der ersten Schritte im Konzeptionsprojekt wurde eine professionelle Projektstruktur entwickelt. Dabei fungierte die Landesregierung als politische Auftraggeberin. Die Entscheidungskompetenz auf politischer Ebene wurde einer politischen Projektsteuerungsgruppe, bestehend aus einzelnen Mitgliedern der Landesregierung, übertragen. Diese Gruppe war für die Überwachung des Projektfortschrittes verantwortlich. In der politischen Projektsteuerungsgruppe fungierten der Landesamtsdirektor und der Leiter der Finanzabteilung als Verbindungsglied zwischen der Landesregierung und dem Amt der Salzburger Landesregierung.

Als oberste Entscheidungsinstanz auf Verwaltungsebene wurde eine Projektsteuerungsgruppe eingesetzt. Ihr gehörten neben dem Landesamtsdirektor die LeiterInnen der maßgeblich für die Umsetzung des Projektes verantwortlichen Organisationseinheiten (IT, Buchhaltung, Finanzabteilung) sowie der operative Projektleiter an. Der Leiter der Finanzabteilung leitete diese Projektsteuerungsgruppe und vertrat in der Projektsteuerungsgruppe zudem als AuftraggeberInnenvertreter die Landesregierung.

Für die operative Umsetzung der Haushaltsreform wurden MitarbeiterInnen der Landesinformatik, der Landesbuchhaltung und der Finanzabteilung in einem operativen Projektteam zusammengefasst, das durch den operativen Projektleiter geführt wurde.

Die Projektstruktur, die Projektorganisation und die Kommunikationswege wurden in einem Projekthandbuch dokumentiert. Durch eine stringente Terminplanung wurde sichergestellt, dass jede Ebene über den aktuellen Stand des Projektes zeitgerecht informiert wurde. Zudem wurden im Projekthandbuch explizit die (Nicht-)Inhalte, (Nicht-)Ziele und die Aufgaben und Verantwortungsbereiche der Projektrollen definiert. Aufgrund des für die Größe des Projektes kurzen Projektzeitraumes (3–4 Jahre) wurde beispielsweise dezidiert festgelegt, dass Elemente der wirkungsorientieren Haushaltsführung oder eine Kosten- und Leistungsrechnung nicht im Rahmen des Haushaltsreformprojektes umgesetzt werden sollten. Diese sollten erst in einem weiteren Entwicklungsschritt und unter der Voraussetzung eines stabilen externen Rechnungswesens eingeführt werden. Die von Anfang an streng organisierte und gelebte Projektstruktur mit klar definierten Verantwortlichkeiten und engen Terminvorgaben muss als zentrales Element für das erfolgreiche Umsetzen der Haushaltsreform angesehen werden.

Hauptaugenmerk in dieser ersten Projektphase lag auf der detaillierten und umfassenden Erhebung der bereits bestehenden Budgetierungs- und Buchhaltungsprozesse (IST-Analyse). Unter Berücksichtigung der Ergebnisse einer eingehenden Prozesskritik wurden daran anschließend die zukünftig geltenden SOLL-Prozesse konzipiert und mithilfe einer externen Beratungsfirma auf Umsetzbarkeit in SAP verifiziert.

In den ersten Monaten der Konzeptionsphase erfolgte der Aufbau der Projektstruktur und die Zuordnung und Erweiterung der notwendigen Personalkapazitäten. Zudem wurde mit der IST-Prozessanalyse in enger Zusammenarbeit mit den maßgeblich betroffenen Dienststellen begonnen. In der Landesinformatik erfolgten die ersten technischen Schulungen und die Installation eines SAP-Test- und Schulungssystems.

Bereits nach dieser ersten intensiven Arbeitsphase wurde deutlich, welchen Umfang das Haushaltsreformprojekt schlussendlich annehmen würde. Der ursprünglich für 30.11.2014 geplante Abschluss der Konzeptionsphase konnte unter diesen Umständen nicht eingehalten werden und musste nach hinten verschoben werden. Die Gründe für diese Verzögerungen sind im hohen Integrationsgrad der Haushaltsreform zu suchen, der anfangs nicht in diesem Maße abgeschätzt werden konnte.

So wurde in den Gesprächen mit den betroffenen Abteilungen beispielsweise schnell klar, dass sich neben der Einführung einer neuen ERP-Software auch aufgrund der fachlichen Umstellung auf ein 3-Komponenten-System wesentliche Bewirtschaftungsprozesse ändern würden. Zusätzlich mussten die Einführung der elektronischen Rechnungsbearbeitung, einer Anlagenbuchhaltung und die Erfassung des bestehenden Anlagevermögens in Zusammenarbeit mit den betroffenen Abteilungen neu konzipiert werden.

Der Umstieg auf ein 3-Komponenten-System setzt auch ein im Vergleich zur Kameralistik höheres Maß an buchhaltungsspezifischem Fachwissen in den Abteilungen voraus. Dieser Umstand wird in den Abteilungen zu Anpassungen in der Organisationsstruktur führen, da die Anzahl der mit Buchhaltungsagenden betrauten Personen reduziert wird. Außerdem soll es in sogenannten zentralen Rechnungsstellen zur Bündelung von Buchhaltungsfachwissen in den Abteilungen kommen. Diese Rechnungsstellen sollen einerseits Anlaufstellen für die in der Abteilung für das Rechnungswesen zuständigen MitarbeiterInnen sein und die Budgetplanung übernehmen. Andererseits sollen sie auch als AnsprechpartnerInnen für die erste und zweite Führungsebene in der Abteilung fungieren, damit diese ihre Finanzverantwortung besser wahrnehmen können. Um den dafür notwendigen Know-how-Transfer sicherzustellen, musste ein umfassendes Schulungskonzept für rund 1.000 MitarbeiterInnen entwickelt werden.

Zusätzlich sollte die Haushaltsreform auch für die Konsolidierungen der bestehenden Haushaltsstruktur, beispielsweise im Bereich der über die Jahre gewachsenen Ansatzstruktur, genutzt werden. Im Bereich der rechtlich unselbstständigen Einheiten, die dem Land Salzburg zuzurechnen sind, war aufgrund der Bestimmungen der VRV 2015 die Überprüfung diverser bestehender Rechtkonstruktionen vorzunehmen.

Die Zusammenschau aller hier schlussendlich nur beispielhaft angeführten Konzeptions- und Adaptierungserfordernisse macht deutlich, dass das Haushaltsreformprojekt als umfassende Verwaltungsreform klassifiziert werden muss. Da Veränderungsprozesse in der öffentlichen Verwaltung nicht immer nur positiv wahrgenommen werden, bestand von Anfang an die Notwendigkeit aktives Changemanagement zu betreiben. Dies wurde einerseits durch eine proaktive Informationspolitik in Richtung Landesregierung und Führungsebene bewerkstelligt, andererseits wurde versucht, betroffene MitarbeiterInnen in den Abteilungen möglichst früh aktiv in den Konzeptionsprozess einzubinden, um auf diesem Weg einen Know-how-Transferkanal in die Abteilungen einzurichten.

Schlussendlich konnte die Grobkonzeptionsphase im August 2015 erfolgreich abgeschossen werden. Zu diesem Zeitpunkt war ein funktionierendes SAP-Testsystem vorhanden, die Erhebung der IST-Prozesse war abgeschlossen, die neuen SOLL-Prozesse (z.B. Beschaffungs- und Bewirtschaftungsprozesse, Anlagenbuchhaltung, Vermögensbewertung, elektronische Rechnungsbearbeitung, Haushaltswesen) und die neue Haushaltsstruktur konzipiert sowie die Anforderungen für das zukünftige Berichtswesen erhoben. Am Ende der Konzeptionsphase lag somit ein klares Bild darüber vor, dass die Umstellung auf ein 3-Komponenten-System mit doppelter Buchhaltung mit SAP möglich ist. Somit waren zu diesem Zeitpunkt die notwendigen fachlichen Grundlagen für die nächste Projektphase vorhanden.

3.2.2 Phase 2: Basisarbeiten und Ausschreibung (September 2015 – März 2016)

Nach Abschluss des Grobkonzeptionsprojektes konnte der nächste Schritt in Angriff genommen werden. Für die Einführung von SAP wurde aufgrund des Umfangs und der Komplexität ein Implementierungspartner benötigt, der das sogenannte „Customizing" des SAP-Systems vornimmt. Dabei geht es kurz gesagt darum, das SAP-System auf Basis der Anforderungen der Landesverwaltung in den Bereichen Haushalts- und Buchhaltungswesen bestmöglich auszugestalten, um einen reibungslosen Betrieb zu gewährleisten. Neben den Implementierungsdienstleistungen sollten auch die notwendigen Fach- und IT-spezifischen Schulungsleistungen in der Ausschreibung enthalten sein.

Um eine möglichst friktionsfreie Ausschreibung durchführen zu können, wurde bereits im Frühsommer 2015 eine entsprechend qualifizierte Rechtsanwaltskanzlei mit der Begleitung der Ausschreibung der Implementierungs- und Schulungsleistungen beauftragt. Durch eine von Anfang an professionelle Begleitung sollte sichergestellt werden, dass der Ausschreibungsprozess möglichst ohne Einsprüche abgewickelt werden kann. Hierin bestand ein beträchtliches Projektrisiko, da Einsprüche zu massiven zeitlichen Verzögerungen des Projektes führen hätten können. In diesem Fall wäre der geplante Umstellungszeitpunkt gefährdet gewesen.

Parallel dazu wurde die Landesregierung über den Abschluss und die Ergebnisse des Grobkonzeptionsprojektes informiert. Dabei wurde im Besonderen auf die organisatorischen und strukturellen Änderungen beispielsweise in den Bereichen Haushaltswesen, laufende Bewirtschaftung, Anlagenbuchhaltung, Vermögensbewertung und Rechnungsbearbeitung, die das Amt der Salzburger Landesregierung betrafen, eingegangen. Zusätzlich wurde in Vorbereitung auf die Ausschreibung der Implementierungs- und Schulungsleistungen eine interne Kostenschätzung für diese Leistungen und den laufenden Betrieb inkl. Wartung von SAP in den Jahren 2015–2017 erstellt. In Summe wurde zu diesem Zeitpunkt von einem Projektvolumen in Höhe von rund € 5,42 Mio. ausgegangen. Aufbauend auf diesen Informationen erteilte die Landesregierung mit Regierungsbeschluss vom 1.10.2015 die Genehmigung für die Ausschreibung und die Implementierung von SAP.

Aufgrund der vorliegenden Kostenschätzung und dem damit verbundenen Leistungsvolumen wurden die Implementierungs- und Schulungsleistungen europaweit ausgeschrieben. Dabei diente das erarbeitete SOLL-Konzept als Leistungsverzeichnis. Am 8. Oktober 2015 erfolgte die Veröffentlichung der Ausschreibung, mit der die Bietererhebung begonnen wurde. Unter strenger Einhaltung aller im öffentlichen Vergaberecht vorgesehenen Fristen wurde am 23. März 2016 die Entscheidung über den Implementierungspartner öffentlich bekannt gegeben. Entgegen allen Erwartungen kam es in keiner Phase zu Einsprüchen. Nach Ablauf der letzten Einspruchsfristen wurde schlussendlich am 14. April 2016 die Rahmenvereinbarung für die Umsetzung der Implementierungs- und Schulungsleistungen unterzeichnet. Damit waren alle notwendigen Voraussetzungen für den plangemäßen Beginn der Implementierungsphase gegeben.

Unabhängig vom Ausschreibungsprozess wurden in dieser Projektphase vom operativen Projektteam zahlreiche Vorarbeiten für die Implementierung umgesetzt. So wurde beispielsweise mit der Überarbeitung der Haushaltsstruktur und des Kontenrahmens begonnen, ebenso wurde die Bereinigung der bisher bestehenden Geschäftspartner initiiert. Zusätzlich wurde mit der Erhebung des bestehenden Anlagevermögens für die Erstellung der Eröffnungsbilanz begonnen, wobei sich in diesem Bereich die Erhebung als sehr arbeitsintensiv herausstellte. Durch diese Vorgehensweise sollte sichergestellt werden, dass es im Zuge der Implementierung zu möglichst wenigen zeitlichen Verzögerungen kommt.

In dieser Projektphase wurde außerdem festgelegt, dass die gesamte SAP-Implementierung durch eine unabhängige, externe Qualitätssicherung begleitet werden sollte. Dazu wurde ein unabhängiger, direkt vom Land beauftragter SAP-Experte verpflichtet, der die vom Implementierungspartner vorgeschlagenen SAP-Lösungen auf laufende Umsetzbarkeit und Bestandsfestigkeit evaluieren sollte.

3.2.3 Phase 3: Implementierung (April 2016 – März 2018)

Nach erfolgreichem Abschluss der Ausschreibung begann im April 2016 mit der Implementierungsphase der entscheidende Abschnitt im Haushaltsreformprojekt. Aufgrund der Bedeutung dieser Phase wurde dafür nochmals ein im Vergleich zur Grobkonzeptionsphase leicht adaptiertes Projekthandbuch erstellt. Dabei blieb die grundlegende Projektstruktur bis auf geringe personelle Änderungen bestehen. Die Projektziele und -inhalte wurden exakter formuliert und es wurde auch aufgrund der zeitlichen Verzögerungen in der Grobkonzeption ein sehr detaillierter Projektzeitplan erstellt.

Die Implementierungsphase wurde inhaltlich in mehrere Abschnitte unterteilt. Anfangs sollte auf Basis des Grobkonzeptes in Zusammenarbeit mit dem Implementierungspartner bis Mitte November 2016 ein entsprechendes Feinkonzept erstellt werden. Ziel dabei war es, für die im Grobkonzept beschriebenen Prozesse und Anforderungen einen möglichen Umsetzungsweg in SAP zu finden. Dabei wurde schnell ersichtlich, dass die Umsetzung eines 3-Komponenten-Systems gemäß VRV 2015 einige Herausforderungen für SAP bereithielt. Beispielsweise war für jeden Geschäftsfall die korrekte Verbuchung in der Ergebnis-, Finanzierungs- und Vermögensrechnung sicherzustellen. Dafür mussten die Module der Finanzrechnung (FI), der Kostenrechnung (CO) und das Modul für die öffentliche Verwaltung (Public Sector Management [PSM]) in SAP vollständig integriert werden.

Nach Abschluss der Feinkonzeption wurden die Ergebnisse durch den Implementierungspartner in SAP umgesetzt. Gleichzeitig wurden die benötigten Stammdaten im SAP-System angelegt (z.B. Buchungskreise) bzw. auf Basis der bereits geleisteten Vorarbeiten in der Ausschreibungsphase ins SAP-System migriert (z.B. Kontenplan, Geschäftspartner). Anschließend konnten die entsprechenden Fach- und Funktionstests durchgeführt werden, um die vorgenommenen Einstellungen im System überprüfen zu können. Dafür wurde eine Vielzahl von standardisierten Geschäftsfällen in einem SAP-Testsystem verbucht und auf die korrekte Verarbeitung hin kontrolliert.

Neben diesen Entwicklungen wurde am Beginn der Implementierungsphase festgelegt, dass die grundlegenden Buchungsabläufe bereits vor dem offiziellen Produktivstart für Testzwecke in einer abgegrenzten Pilotdienststelle eingeführt werden sollten. Dafür wurde eine Dienststelle der Abteilung 4 (Lebensgrundlagen und Energie) des Amtes der Salzburger Landesregierung ausgewählt. In dieser Dienststelle werden die Förderungen des Güterwegerhaltungsverbandes (GWEV) und des Fonds zur Erhaltung ländlicher Straßen (FELS) abgewickelt. Sowohl der GWEV und der FELS eigneten sich aufgrund ihrer rechtlichen Selbstständigkeit und dem klar definierten Aufgabengebiet besonders gut als Pilotanwendung.

Bei der Implementierung des Pilotbetriebs sollten die gleichen Phasen durchlaufen werden, die auch für die Implementierung im Bereich der Kernverwaltung vorgesehen waren. Der Pilotbetrieb sollte vor allem dazu dienen, frühzeitig Einsichten in die Probleme und Herausforderungen des Produktivbetriebes zu erhalten, um gegebenenfalls noch Änderungen und Anpassungen in den Buchungsprozessen im Bereich Amt der Salzburger Landesverwaltung vornehmen zu können. Um diese Vorteile auch nutzen zu können, war die Produktivsetzung des Piloten bereits für Anfang 2017 vorgesehen. Dementsprechend war es notwendig, die Implementierungsphasen zeitlich zu verkürzen; eine Herausforderung, die aufgrund des geringeren Funktionsumfangs des Piloten schlussendlich erfolgreich bewerkstelligt werden konnte. Nach Abschluss der Feinkonzeption, der Implementierung, der Fach- und Funktionstests und der Integrationstests konnten die ersten Buchhaltungsbelege für den Piloten in einem SAP-Produktivsystem im Februar 2017 verbucht werden. Im Rückblick erwies sich die Entscheidung für die Durchführung einer Pilotanwendung als ein entscheidender Erfolgsfaktor, der maßgeblich zur zeitgerechten Einführung eines 3-Komponenten-Systems auf Landesebene beitrug.

Nach Abschluss der Fach- und Funktionstests im Bereich des Amtes der Salzburger Landesregierung und den daraus resultierenden Ergebnissen mussten aufgrund von unvorhergesehenen Komplikationen einige Buchungsprozesse und damit auch die Feinkonzeption entsprechend adaptiert und nochmals getestet werden. Schlussendlich konnte im Sommer 2017 mit etwas Verzögerung mit den Integrationstests begonnen werden. In dieser Phase wurden alle konzipierten Buchungsprozesse sowie die elektronische Rechnungsbearbeitung mit realen Daten an einem dem Produktivsystem bereits sehr ähnlichen SAP-System von Anfang bis Ende getestet. Diese Tests wurden – im Gegensatz zu den Fach- und Funktionstests – von MitarbeiterInnen des Amtes der Salzburger Landesregierung durchgeführt. Mit dieser Vorgehensweise erfolgte bereits zu einem frühen Zeitpunkt ein erfolgsentscheidender Know-how-Transfer an SchlüsselmitarbeiterInnen aus den verschiedensten Abteilungen des Amtes der Salzburger Landesregierung. In den Integrationstests wurde der korrekten Verbuchung von Geschäftsfällen besonderes Augenmerk geschenkt. Zusätzlich wurden die im System hinterlegten automatischen Kontrollmechanismen, wie beispielsweise die aktive Verfügbarkeitskontrolle oder das 6-Augen-Prinzip, ausführlich getestet.

Eine besondere Herausforderung in dieser intensiven Test- und Vorbereitungsphase stellte der Budgetierungsprozess 2018 dar. Aufgrund der rechtlichen Vorgaben war das Budget 2018 bereits auf Basis der neuen Haushaltsstrukturen und Kontenpläne zu erstellen. Das bedeutete auch, dass der Voranschlag 2018 in SAP zu erstellen war und folglich zu diesem Zeitpunkt die entsprechenden Stammdaten in SAP vorhanden sein mussten.

Den Ausgangspunkt für die Erstellung des Voranschlags 2018 bildete das von der Landesregierung bereits Ende 2016 beschlossene kamerale Doppelbudget 2017/18. Durch das Doppelbudget und den damit weitgehend entfallenden Budgetierungsprozess konnten die Dienststellen in der intensiven Umstellungsphase entlastet werden. So wurden Spielräume für die umfangreichen Umstellungsarbeiten geschaffen. Die vorliegenden kameralen Budgetwerte mussten aber entsprechend den neuen rechtlichen Vorgaben adaptiert werden, um dem Landtag einen Ergebnis- und Finanzierungsvoranschlag gemäß VRV 2015 vorlegen zu können. Dazu wurden die kameralen Budgetpositionen in einem ersten Schritt auf die neuen Haushalts- und Kontenstrukturen übergeleitet. Daran anschließend wurden einerseits kamerale Budgetsachverhalte, die in der Doppik keine Entsprechung aufweisen (z. B. kamerale Rücklagenbuchungen) entfernt. Andererseits wurden Sachverhalte ergänzt, die bisher in der Kameralistik nicht berücksichtigt wurden (z. B. Abschreibungen auf Anlagevermögen, Dotierung und Auflösung von Rückstellungen). Anschließend wurde der Landeshaushalt noch um Bereiche ergänzt, die bisher außerhalb des Landeshaushaltes geführt wurden, die aber aufgrund der Bestimmungen der VRV 2015 im Voranschlag darzustellen sind. Dazu zählen beispielsweise die Landwirtschaftsbetriebe sowie der Landesforstgarten. Nach Abschluss dieser Korrekturen mussten die Erläuterungen zum Voranschlag von den Dienststellen entsprechend adaptiert werden.

Das erste nach den Vorgaben der VRV 2015 erstellte Landesbudget wurde am 8. November 2017 mit dem Landeshaushaltsgesetz 2018 (LHG, LGBl. Nr. 13/2018) vom Salzburger Landtag beschlossen. Mit diesem Beschluss wurde auch der erste Kernprozess im Amt der Salzburger Landesregierung erfolgreich in SAP umgesetzt und abgeschlossen. Neben dem LHG 2018 wurde vom Salzburger Landtag auch das Allgemeine Landeshaushaltsgesetz 2018 (ALHG, LGBl. Nr. 10/2018 vom 8. November 2017) beschlossen, in dem zahlreiche neue Bestimmungen für den laufenden Vollzug im 3-Komponenten-System enthalten sind. Die Änderungen, die sich daraus ergeben sind im anschließenden Abschnitt ausführlicher beschrieben.

In der Implementierungsphase wurde auch ein detailliertes Schulungskonzept ausgearbeitet, das den fachlichen Wissenstransfer und damit einen möglichst problemlosen Umstieg auf die doppelte Buchhaltung vorbereiten sollte. Dazu wurden für jene Mitarbeiterinnen, die zukünftig mit SAP arbeiten würden, bereits ab dem Frühjahr 2017 fachspezifische Schulungen in der doppelten Buchhaltung angeboten. Darauf aufbauend erfolgten ab September 2017 rollenspezifische SAP-Schulungen, welche die betroffenen MitarbeiterInnen auf ihre zukünftigen Aufgabengebiete (z.B. Bewirtschaftung, Hauptbuchhaltung, Budgetierung) vorbereiten sollten. Neben diesen Schulungen wurden im Sinne eines umfassenden Changemanagements auch Schulungen und Informationsveranstaltungen für die Führungskräfte im Amt der Salzburger Landesregierung sowie für die Mitglieder des Landtages und die Mitarbeiterinnen der Landtagsklubs angeboten.

Mit dem Abschluss der Integrationstests, dem Beschluss des Voranschlags 2018 und den laufenden Schulungen trat die Implementierungsphase im Herbst 2017 in ihren entscheidenden Abschnitt. Im SAP-System wurden die letzten Einstellungen vorgenommen und Fehler korrigiert, zudem wurde die Zeit genützt, um den Produktiveinsatz final vorzubereiten. In dieser Phase wurde beispielsweise die Migration der offenen Rechnungspositionen (rund 2.300) und Geschäftspartner (rund 140.000) sowie mit der Eingabe noch fehlender Stammdaten (z.B. Daueraufträge) begonnen.

Der flächendeckende SAP-Produktivbetrieb konnte planmäßig mit 2.1.2018 aufgenommen werden. Seither laufen die Prozesse im Bereich der Kassa und des Zahlungsverkehrs, der elektronischen Rechnungsbearbeitung, der Budgetierung, der Bewirtschaftung, der Geschäftspartner- und Anlagenbuchhaltung und der Hauptbuchhaltung vollständig über SAP. Aufgrund der intensiven Testphasen und Schulungen verlief der Produktivstart insgesamt relativ ruhig. Es kam zu keinen Systemausfällen und das Land Salzburg war zu jedem Zeitpunkt zahlungsfähig. Dementsprechend kam es zu keinen Verzögerungen bei der Auszahlung, z. B. bei Sozialleistungen, Förderungen, Löhnen und Gehältern.

Um möglichst schnell auf Probleme bzw. Fehler im SAP-System reagieren zu können, wurde von der Landesbuchhaltung bereits Mitte Dezember 2017 eine zentrale Telefonhotline eingerichtet. Dieses Serviceangebot wurde ergänzt durch einen elektronischen Helpdesk sowie ein Ticketsystem, über das die Bearbeitung von Problemen zentral und effizient abgewickelt werden konnte. Anfangs mussten vor allem im Bereich der elektronischen Rechnungsbearbeitungen Fehlerbearbeitungen durchgeführt werden. Aufgrund der verhältnismäßig friktionsfreien Umstellung konnten die Unterstützungsangebote bereits Ende März 2018 zusammen mit der Implementierungsphase geschlossen und der Normalbetrieb aufgenommen werden.

Alle Projektphasen wurden seitens des Landes sehr weitgehend von bereits vorher bestehenden MitarbeiterInnen bearbeitet (es erfolgten nur wenige Neuaufnahmen für das Projekt). Diese MitarbeiterInnen zeichneten sich durch ihre außerordentliche Motivation, Gestaltungswillen und vor allem den Mut, bestehende Prozesse infrage zu stellen, aus und bildeten somit einen sehr wesentlichen Erfolgsfaktor für das Gelingen des Gesamtprojekts.

3.2.4 Phase 4: Konsolidierung (April 2018 – März 2019)

Mit dem erfolgreichen SAP-Produktivstart Anfang 2018 hat das Haushaltsreformprojekt einen entscheidenden Entwicklungsschritt nach vorne gemacht. Dennoch wurden im Laufe der Implementierungsphase diverse, nicht verpflichtende Anforderungen aus zeitlichen Gründen zurückgestellt, um den geplanten Produktivtermin nicht zu gefährden. Ebenso werden aktuell die Buchungen im Sozialbereich (z. B. Mindestsicherung, Behindertenhilfe, Jugendwohlfahrt, Sozialhilfe) noch nicht direkt in SAP abgewickelt. Die Abwicklung dieser Buchungen direkt in SAP wird in den kommenden Monaten noch eine sehr große Herausforderung werden. Hinzu kommen noch einige andere gesetzliche Verpflichtungen, die es im Jahr 2018 zu erfüllen gilt. Dazu zählen u. a. der Budgetierungsprozess 2019, die Vorlage der Eröffnungsbilanz zum 1.1.2018 und die Durchführung der Jahresabschlüsse 2017 für den FELS und den GWEV. Diese Aufgaben und weitere offene Punkte sollen im Rahmen der nächsten Projektphase bis März 2019 kontinuierlich umgesetzt und abgearbeitet werden. Am Ende dieser Konsolidierungsphase steht die Erstellung des Jahresabschlusses 2018 für das Amt der Salzburger Landesregierung gemäß den gesetzlichen Vorgaben der VRV 2015.

3.2.5 Fazit

Mit der Einführung eines 3-Komponenten-Systems gemäß VRV 2015 und einem neuen ERP-System wurde im Land Salzburg der erste große Schritt in Richtung eines modernen und zeitgemäßen Rechnungswesens getan. Damit wurde die Basis für weitere richtungsweisende Entwicklungen sowohl auf technischer als auch auf fachlicher Ebene gelegt. Die technische Weiterentwicklung von SAP steht nie still. Im Bereich der inhaltlichen Weiterentwicklung müssen nur Schlagwörter wie beispielsweise „verwaltungsgerechte Kosten- und Leistungsrechnung" und „Wirkungsorientierung" erwähnt werden, um die nächsten fachlichen Entwicklungsstufen anzudeuten.

Die Planungen für die Umsetzung der technischen als auch der fachlichen Herausforderungen wurden bereits begonnen und sollen im Rahmen eines Nachfolgeprojektes umgesetzt werden. Hinter all diesen Aktivitäten steht die ambitionierte Vision der Salzburger Landesregierung, die Salzburger Landesverwaltung zu einer der modernsten und effizientesten Verwaltungen Österreichs auszubauen und diese Position zu festigen.[14]

3.3 Begleitende Verwaltungsreformen und Projekte

Die Einführung eines neuen ERP-Systems in Verbindung mit der Einführung eines 3-Komponenten-Systems auf Basis der doppelten Buchführung wirkte auch in vielen anderen Bereichen der Verwaltung als Auslöser bzw. Katalysator für Struktur- und Prozessreformen. In diesem Abschnitt sollen kurz die wichtigsten Entwicklungen aufgezeigt werden, die zukünftig neben der Haushaltsreform Einfluss auf das Amt der Salzburger Landesregierung haben werden.

Eines der herausragenden Projekte in diesem Zusammenhang stellt die bereits erwähnte Einführung der elektronischen Rechnungsbearbeitung mit digitalen Genehmigungsschritten dar. Ab dem 1.1.2018 können Rechnungen, die an das Amt der Salzburger Landesregierung adressiert sind, auch schnell und kostengünstig per E.Mail gesendet werden. Diese, ebenso wie physisch eingegangene Rechnungen, werden in einem ersten Schritt revisionssicher digitalisiert und archiviert. Die für die weitere Bearbeitung notwendigen Informationen werden elektronisch ausgelesen und in die Buchungsmaske übernommen. Anschließend wird die Rechnung sachlich und rechnerisch geprüft, angewiesen und von MitarbeiterInnen der Landesbuchhaltung revidiert und zur Zahlung freigegeben. Durch diese Prüfungsschritte ist ein durchgängiges 6-Augen-Prinzip gewährleistet.

---

14 Landesmedienzentrum (2018). Koalitionsvertrag 2018–2023. Abgeschlossen zwischen ÖVP, Grünen und Neos, S. 88. Abgerufen am 14.6.2018 unter www.salzburg.gv.at/koalitionsvertrag.pdf.

Im 3-Komponenten-System stellt die Vermögensrechnung einen integralen Bestandteil dar. Daher ist es, im Gegensatz zur Kameralistik, erstmals notwendig, das dem Land Salzburg wirtschaftlich zuzurechnende Vermögen, aber auch alle Verbindlichkeiten zu erfassen und zu bewerten. Um dieses Ziel zu erreichen, wurde ein eigenes, mit Mitteln der Europäischen Union gefördertes Projekt zur vollständigen Erfassung des Landesvermögens aufgesetzt, das eng mit der Haushaltsreform verbunden ist. Die Ergebnisse dieses Projektes dienen als Ausgangswerte für die Eröffnungsbilanz zum 1.1.2018. Als besondere Herausforderungen hierbei stellte sich die Erfassung und Bewertung des Landesvermögens sowie die Berechnung der entsprechenden Abschreibungen und der gesetzlich zu bildenden Personalrückstellungen heraus.

Im Bereich des laufenden Haushaltsvollzugs brachte das gleichzeitig mit dem Voranschlag 2018 vom Landtag beschlossene Allgemeine Landeshaushaltsgesetz (ALHG) 2018 einige tiefgreifende Änderungen mit sich. Im Vergleich zu den bisher bestehenden gesetzlichen Regelungen wurde die finanzielle Verantwortung und Eigenständigkeit der Dienststellenleitung weiter ausgebaut. Dies führte bereits dazu, dass in den Abteilungen des Amtes der Salzburger Landesregierung zentrale Rechnungsstellen eingerichtet wurden. Diese Rechnungsstellen sollen der Dienststellenleitung, aber auch den MitarbeiterInnen bei fachlichen Fragen zum Rechnungswesen mit ihrem ExpertInnenwissen zur Verfügung stehen. Durch die Einrichtung dieser Stellen wird dem Umstand Rechnung getragen, dass durch die Einführung eines 3-Komponenten-Systems die fachlichen Anforderungen im Vergleich zur Kameralistik stark gestiegen sind.

Eine der größten Änderungen im laufenden Vollzug stellt die Einführung von umfassenderen Deckungsklassen dar. Deckungsklassen können in diesem Zusammenhang als Vorstufe zu Globalbudgets verstanden werden und ermöglichen unterjährig einen relativ freien Haushaltsvollzug. Innerhalb einer Deckungsklasse können die zur Verfügung stehenden Mittel frei disponiert werden, auf unterjährige Planänderungen kann daher flexibler reagiert werden. Durch diese Maßnahme werden die aktive Budgetbewirtschaftung und die finanzielle Verantwortung in den Dienststellen und der Abteilungsleiter weiter gestärkt.

Im ALHG 2018 wurden neben den bereits beschriebenen Änderungen auch die gesetzlichen Vorgaben zum bisherigen Subventionsbericht geändert. Für das Jahr 2018 werden erstmals ohne Ausnahme alle Transfers im Transferbericht dargestellt. Es kommt zu keiner Unterscheidung mehr zwischen sogenannten „Ermessens-“ und „Pflichtförderungen“. Der Begriff des Transfers umfasst dabei alle Geldleistungen, die vom Land Salzburg ohne konkrete Gegenleistung gewährt werden. Darin enthalten sind beispielsweise die Wohnbauförderungen, alle Umwelt- und Landwirtschaftsförderungen, aber auch alle Transfers im Bereich der sozialen Sicherheit. Grundsätzlich werden alle Transfers ab einer Betragsgrenze von 3.000 Euro personenbezogen ausgewiesen, außer es sind Rückschlüsse auf sensible Daten, soziale Verhältnisse bzw. Einkommenshöhen möglich. In diesen Fällen erfolgt nur ein kumulierter Ausweis auf Ebene der entsprechenden Förderung mit Angabe der Anzahl der Transferempfänger.

Die hier aufgezählten begleitenden Verwaltungsreformen und Projekte stellen keine abschließende Aufzählung dar. Einige Monate nach Einführung eines 3-Komponenten-Systems steht das Amt der Salzburger Landesregierung erst am Anfang vieler zukünftiger Entwicklungen, die sich aufgrund der Haushaltsreform ergeben werden.

4. FAZIT

Zusammenfassend können bezüglich der beiden Herausforderungen Aufarbeitung der Finanzcausa und der Haushaltsreform einige Erfolgsfaktoren genannt werden, die in Salzburg eine besonders wichtige Rolle eingenommen haben: Für das Gelingen einer Verwaltungsreform entscheidend ist, dass ein erhebliches Maß an Veränderungsdruck existiert und dieser von den EntscheidungsträgerInnen gemeinschaftlich anerkannt wird. Im Falle Salzburgs herrschte auf Basis der Finanzcausa große Einigkeit, dass eine umfassende Haushaltsreform unbedingt notwendig war. Als besonders wichtig hat sich auch eine integrierte und ganzheitliche Herangehensweise herausgestellt. So konnte die Haushaltsreform nur gelingen, weil die Themen Finanzen, Buchhaltung und IT eng miteinander verzahnt in einem Projekt behandelt wurden. Ganz entscheidend war, dass die Motivation der an den Reformen beteiligten MitarbeiterInnen als äußerst groß bezeichnet werden kann und insbesondere auch der Mut, bestehende Prozesse infrage zu stellen, sehr ausgeprägt war. Ebenso erwies sich das Arbeiten mit Pilotdienststellen als vorteilhaft, da so frühzeitig wichtige Lernerfahrungen gemacht werden konnten. Ein professionelles Projektmanagement mit klaren Verantwortlichkeiten und Entscheidungsebenen, kurzen Kommunikationswegen und strengen Termin- und Zeitplänen ist für solch große Aufgaben ohnehin unverzichtbar. Wichtig war auch, dass aufbauend auf der in der Projektarbeit verfolgten Projektkultur kritische Dinge offen und frühzeitig angesprochen wurden. So wurde wenig Zeit verloren und es konnte viel schneller über Lösungen nachgedacht werden. Letztlich kommt auch der Auswahl von fachlich herausragenden externen PartnerInnen eine entscheidende Rolle zu.

Diese mit Sicherheit nicht abschließende Aufzählung von Erfolgsfaktoren zeigt, welche Aspekte zum Gelingen der Aufarbeitung der Finanzcausa und der Haushaltsreform wesentlich beigetragen haben und diese Aspekte scheinen auch für andere Veränderungsvorhaben eine wesentliche Bedeutung zu haben.

FRANZ DOLLINGER

Raumordnung im Widerstreit politischer Interessen

Welche politische Ebene trägt die Verantwortung für den Titel „Europameister im Flächenverbrauch“?

Meinem Kollegen, Mentor und Freund Dr. Fritz Schindegger zu seinem 80. Geburtstag gewidmet.

1. EINLEITUNG

In der 15. Gesetzgebungsperiode des Salzburger Landtages (2013–2018) stand von Beginn an die Raumordnungspolitik von Land und Gemeinden im Zentrum vieler politischer Diskussionen. Die Entstehung eines „neuen Raumordnungsgesetzes“ wurde durch zahlreiche Berichte, Kommentare und Reportagen in regionalen und überregionalen Medien begleitet. Die Leserbriefseiten der Zeitungen waren zusätzlich phasenweise voll mit Reaktionen für und wider eine strengere Raumordnungsgesetzgebung bzw. konsequentere Gesetzesanwendung.[1] Allseits beklagt wurde in den Medien auf der einen Seite die Verschandelung der Landschaft,[2] die nicht mehr leistbaren Boden- und Wohnungspreise[3] sowie manche Auswüchse in der touristischen Infrastruktur[4] und auf der Gegenseite die Aushöhlung der Gemeindeautonomie und der Eingriff in Eigentumsrechte.[5]

Der Verfasser möchte in diesem Beitrag die wesentlichen politischen Auseinandersetzungen im Lichte der aktuellen raumordnungspolitischen Herausforderungen skizzieren. Die Novelle des Salzburger Raumordnungsgesetzes (ROG-Novelle) war nämlich ursprünglich nur ein Baustein in einem Gesamtvorhaben zur Änderung der Vollzugspraxis in Land, Regionen und Gemein-

1 Salzburger Nachrichten (SN) Lokalausgabe (8.6.2016). Leserbrief Friedrich M. Steger: „Hölle und Himmel“ der Raumordnung, S. 20; SN Lokalausgabe (24.12.2016). Johann Weiss: ROG knebelt Städte und Gemeinden, S. 28.

2 SN Lokalausgabe (23.3.2018). Leserbrief Gerlinde Bichler: Verschandelung der Landschaft, S. 20.

3 Salzburger-Fenster (7.6.2016). Warum ist die Stadt so teuer?, S. 6ff.

4 SN Lokalausgabe (24.3.2018). Ein Feriendorf sorgt für Ärger.

5 Kronen-Zeitung (24.7.2016). Geordneter Raum oder Willkür? S. 22; Kronen-Zeitung (24.7.2016). Kommentar: Jackpot und Enteignung, S. 22.

den. Neben einer umfassenden Novellierung des Raumordnungsgesetzes waren die Überarbeitung des Landesentwicklungsprogramms, die Erlassung von Sachprogrammen zu den Themen Freiraum, Touristische Infrastruktur, Naturgefahren und die Fertigstellung des in Bearbeitung befindlichen Sachprogramms „Raumordnung und Verkehr" politische Ziele der 2013 neu gewählten Landesregierung.[6] Warum schließlich neben der fachlichen Fertigstellung des Sachprogramms „Freihaltung von Verkehrs-Infrastrukturkorridoren" nur die Novelle zum ROG übrig geblieben ist, liegt hauptsächlich an unterschiedlichen Vorstellungen in Detailfragen, die erst nach langwierigen Verhandlungen zwischen den Koalitionspartnern und dem Gemeindeverband in Kompromisse gegossen werden konnten.[7]

Ludwig Stegmayer sieht das Land Salzburg mit der Einführung einer obligatorischen Befristung des neuauszuweisenden Baulandes in einer Vorreiterrolle in Sachen Raumordnungsgesetzgebung.[8] Diese Rolle hatte das Land Salzburg mindestens zweimal innegehabt, nämlich erstmals 1956 beim ersten Raumordnungsgesetz in Österreich und das zweite Mal bei der Einführung der obligatorischen Vertragsraumordnung im ROG 1992. Damit wurdeaber auch ein weiterer kräftiger Schritt zur weiteren Differenzierung des Systems der Raumplanung in Österreich gesetzt. Dies ist aus Sicht des Verfassers insofern bedauerlich, weil damit gesamtösterreichische Lösungen der zentralen Herausforderungen – Landschaftszersiedelung, überdurchschnittliche Flächeninanspruchnahme im Vergleich zu anderen europäischen Staaten[9], – steigende Kosten für Wohnraum sowie soziale und technische Infrastruktur[10] – weiter erschwert werden. Die Kernfrage, mit der wir uns aber hier beschäftigten wollen, ist folgende: Welche politische Ebene trägt in Österreich die Verantwortung für das offensichtliche Versagen des Raumplanungssystems?[11] Sind es die Gemeinden, die mit der Aufgabe „Örtliche Raumplanung" überfordert sind? Sind es

6 Landesmedienzentrum (2013). Arbeitsübereinkommen: Grundlagen für die Zusammenarbeit zwischen ÖVP, Grünen und Team Stronach, Schriftenreihe des Landesmedienzentrums (Salzburg-Dokumentationen, Nr. 122), Salzburg, S. 43ff. Abgerufen am 24.9.2018 unter https://www.salzburg.gv.at/politik_/Documents/arbeitsuebereinkommen2013.pdf.

7 Kronen Zeitung Online (31.5.2017). Ortschefs geben Novelle ihren Segen.

8 Ludwig Stegmayer (2018). Raumordnung – Salzburgs neue Wege, in: Baurechtliche Blätter, 21, S. 45–52, hier S. 42.

9 Wiener Zeitung Online (13.6.2017). Österreich ist Europameister beim Bodenverbrauch.

10 Z. B. Kindergärten, Schulen, Alten- und Pflegeheime, Soziale Dienste, Kanal- und Leitungsinfrastruktur.

11 Friedrich Schindegger (2009). Krise der Raumplanung – aus der Sicht der Praxis in Österreich, in: Mitteilungen der Österreichischen Geographischen Gesellschaft, 151, S. 159–170, hier S. 162–165.

die Länder, welche ihre Aufgabe „Überörtliche Raumplanung“ entweder kaum oder nur halbherzig wahrnehmen, oder ist es gar der Bund, welcher der Auffassung ist, dass die Raumordnung bei den Ländern ohnehin gut aufgehoben ist? Um diese Fragen zu beantworten, müssen wir die Entstehungsgeschichte der ROG-Novelle 2017 in die nationalen und regionalen Rahmenbedingungen einbinden. Dies gibt uns die einmalige Möglichkeit, die Schwachstellen des Systems der kooperativen Raumplanung in Österreich zu identifizieren und unsere Kernfrage zu beantworten.

2. DIE AUSGANGSSITUATION: ZERSIEDELUNG UND HOHE FLÄCHENINANSPRUCHNAHME

Die Siedlungsstruktur des Landes Salzburg ist trotz 60 Jahre Raumplanung und der Abschaffung der Einzelbewilligung für Wohnbauten im Grünland im Jahr 1993 dispers und man hat den Eindruck, dass sie immer noch von Individuallösungen dominiert ist. In den Medien und auch in der Öffentlichkeit[12] wird dazu immer wieder der Unterschied zum Freistaat Bayern ins Treffen geführt.[13] Dieser siedlungsstrukturelle Unterschied ist weitgehend in klaren überörtlichen Festlegungen im Landesentwicklungsprogramm Bayern sowie in bundesweit geltenden wirksamen städtebaulichen Instrumenten begründet. Derzeit wird jedoch seitens der bayerischen Staatsregierung im Rahmen einer Fortschreibung des Landesentwicklungsprogramms an einer Flexibilisierung des sogenannten Anschluss-Gebotes und auf Bundesebene auch an Verfahrenserleichterungen für neue Baulandausweisungen im Außenbereich gearbeitet. Begründet werden diese geplanten Aufweichungen bewährter Regelungen durch deutsche PolitikerInnen mit der Notwendigkeit von Gegenmaßnahmen im Kampf gegen den Verlust der Wettbewerbsfähigkeit unter Hinweis auf die raumordnungspolitische Situation in den Nachbarländern Österreich und Tschechien. Der Verfasser hat sich in einem Kommentar in einer Naturschutz-Zeitschrift kritisch zu diesen Vorhaben geäußert.[14]

An den Eckdaten der Bevölkerungs- und Haushaltsentwicklung für das Land kann man erkennen, dass der Zeitraum zwischen 1951 und 1991 für die

12 Z. B. FPS-Klubobmann Landtagsabgeordneter Karl Schnell in der aktuellen Stunde zum Thema „Raumordnung“ in der Haussitzung des Salzburger Landtages am 29.10.2014.

13 Der Standard (18.7.2012). Die Raumordnung und das Kuhfladenprinzip, S. 35.

14 Franz Dollinger (2017). Kommentar: Vom Ausfransen der Dörfer, in: ANLiegen Natur, 39(1), S. 45–48. Abgerufen am 24.9.2018 unter https://www.researchgate.net/publication/316513372_Kommentar_Vom_Ausfransen_der_Dorfer.

Entwicklung der Siedlungsstruktur entscheidend war. In diesem Zeitraum entstand die Siedlungsstruktur, die heute noch das Land prägt. Mit dem ROG 1956 wurden zwar Flächenwidmungspläne eingeführt und enorme kompakte Baulandausweisungen von den Gemeinden vorgenommen, jedoch wurde in vielen Gemeinden tatsächlich mehr mit dem Instrument der Ausnahmegenehmigung bzw. Einzelbewilligung gebaut. Die etwa 11.000 Einzelbewilligungen zwischen 1956 und 1993, davon mehr als die Hälfte für Wohnbauten im Grünland, setzten die schon bestehende Streusiedlungsstruktur des Landes fort. Die zahlreichen Siedlungssplitter im Außenbereich der Gemeinden bestehen also aus landwirtschaftlichen Bauten, dem Altbestand vor dem ROG, den Einzelbewilligungen bis 1993 und den sogenannten „Lückenschließungen im Grünland". Dies ist eine mögliche Erklärung dafür, wieso es so schwierig ist, Verständnis für die Versagung von Baulandwünschen an peripheren Standorten zu finden.

In Kombination mit den enormen Baulandausweisungen und den überdimensionierten Baulandüberhängen in den kommunalen Flächenwidmungsplänen der 1. und 2. Generation war dies die Hauptursache für die von vielen beklagte „Verschandelung der Landschaften".[15] Mit dem ROG 1992 hätte das Problem im Wesentlichen gelöst sein sollen. Die Einzelbewilligung für Wohnbau im Grünland wurde abgeschafft und die Gemeinden wurden verpflichtet, ihre Baulandreserven auf den 10-Jahres-Bedarf zurückzuführen. Heute – etwas mehr als 20 Jahre nach dem Inkrafttreten des ROG 1992 – lässt sich folgende Bilanz ziehen: Die Zahl der Einzelbewilligungen ist erwartungsgemäß wesentlich zurückgegangen und die wenigen Einzelbewilligungen für Wohnbauten, zum Beispiel in Gewerbegebieten, fallen nicht mehr in das Gewicht. Allerdings mutierte die Lückenschließung im Grünland zu einer Art Ersatzinstrument, diese ist aber aufgrund der beschränkten Anwendbarkeit nur mehr ein Randproblem.

Nach der Aufhebung der obligatorischen Vertragsraumordnung Ende 1999 und dem Wiederansteigen der Wohnungspreise in der Mitte des letzten Jahrzehnts kam es zu einem Wiederaufleben der medialen Raumordnungsdiskussion,[16] vor allem im Zusammenhang mit der Notwendigkeit zur Schaffung neuer Instrumente zur Baulandmobilisierung,[17] aber auch im Zusam-

---

15 Tarek Leitner (2012). Mut zur Schönheit: Streitschrift gegen die Verschandelung Österreichs, Wien, S. 208.

16 SN Sonderbeilage (17.12.2005). Auf der Suche nach Bauland, S. IV; SN (13.5.2006). Bauland dringend gesucht.

17 SN Lokalausgabe (4.10.2006). Leserbrief Gert Cziharz: Baulandsteuer – leider sehr spät, S. 16.

menhang mit der Diskussion über die Herausnahme von Flächen aus der Grünlanddeklaration.[18]

Nachdem im Rahmen der Ausarbeitung des ROG 2009 die von der SPÖ-Fraktion geforderte Einführung neuer baulandmobilisierender Maßnahmen (Infrastrukturkostenbeitrag) am politischen Kampfbegriff „Häuslbauer-Steuer" und an der Gegenforderung der ÖVP-Fraktion zur Einführung einer Stellplatzabgabe bei Einkaufszentren scheiterte,[19] versuchte die SPÖ-ÖVP Koalition in der 14. Gesetzgebungsperiode (2009–2013) einen neuen Anlauf in Richtung „befristetes Bauland". Leider konnte der im Jahr 2012 schon weitgehend fertiggestellte Abteilungsentwurf wegen der vorzeitigen Auflösung des Landtags nicht mehr einer politischen Beschlussfassung zugeführt werden.

Neben der Zersiedelung steht die immer noch steigende Inanspruchnahme von Flächen für Siedlungs- und Verkehrszwecke im Fokus vieler Untersuchungen: So hat das Umweltbundesamt durch eine Auswertung der Grundstücksdatenbank festgestellt, dass die gesamte Flächeninanspruchnahme in Österreich (inkl. Sportflächen und Abbauflächen) im Dreijahresschnitt 2010–2013 bei ca. 20,1 ha/Tag und damit um mehr als das 8-fache über dem Reduktionsziel der Nachhaltigkeitsstrategie der Bundesregierung lag.[20] Dieser Betrag konnte in den letzten Jahren zwar auf 14,7 ha/Tag reduziert werden, er liegt aber immer noch deutlich über dem Nachhaltigkeitsziel von 2,5 ha/Tag.[21]

Um herauszufinden, wie hoch das Innenentwicklungspotenzial der Salzburger Gemeinden wirklich ist, wurde im Rahmen gemeinsamer Raumforschungsprojekte, nämlich der Projekte „Innenentwicklungspotenziale in Salzburger Gemeinden" und „Wohnbaulandpotenziale 2.0", in Kooperation mit dem Forschungsstudio iSPACE der Research Studios Austria eine flächendeckende Erhebung der theoretischen Baulandpotenziale für das gesamte Land durchgeführt:[22] Die Projekte erbrachten das Ergebnis, dass im gesamten Land

18 SN Lokalausgabe (6.5.2006). Das Finale im Kampf ums Grünland, S. 2f.

19 SN Lokalausgabe (8.9.2006). S. 2f. (Anm. d. Verf.: Im Artikel „Streit um Strafsteuer" wurde im Kasten „Daten & Fakten" der Begriff „Häuslbauersteuer" geprägt und mit einer Karikatur illustriert.).

20 Bundesministerium für Land- und Forstwirtschaft, Umwelt und Wasserwirtschaft (Hg.) (2002). Österreichs Zukunft nachhaltig gestalten: Die Österreichische Strategie zur Nachhaltigen Entwicklung, Wien, 110 S. (siehe auch Anhang, S. 70.).

21 Umweltbundesamt (20.6.2018). Flächeninanspruchnahme. Abgerufen am 24.9.2018 unter http://www.umweltbundesamt.at/umweltsituation/raumordnung/rp_flaecheninanspruchnahme/.

22 Amt der Salzburger Landesregierung (2016). Salzburger Raumordnungsbericht 2011–2014: 7. Bericht über den Stand der Raumordnung im Land Salzburg, 2., überarbeitete und ergänzte Auflage, Salzburg, S. 57. Abgerufen am 24.9.2018 unter https://www.salzburg.gv.at/bauenwohnen_/Documents/rob2011-14-teil-01.pdf.

Salzburg aktuell 1.436 Hektar ungenutzter Baulandflächen zur Verfügung stehen, davon fast 900 Hektar unbebaute Parzellen.[23] Das Interessante dabei ist, dass davon etwa 80 % schon länger als 10 Jahre als Bauland ausgewiesen sind, also von den Gemeinden jederzeit entschädigungslos in Grünland zurückgewidmet werden könnten. Diese Zahl von landesweit ca. 900 Hektar unbebaute Baulandreserven sollte nun in der politischen Diskussion im Rahmen der ROG-Novelle 2017 eine wichtige Rolle spielen.[24]

3. EIN GEDANKENEXPERIMENT: WÄRE OHNE ROG ALLES BESSER VERLAUFEN?

Aus einem Leserbrief in den Salzburger Nachrichten:

> *Das Salzburger Raumordnungsgesetz mit der Oberaufsicht des Landes gehört sofort abgeschafft. Dieses Gesetz ist ein Knebelungsinstrument. (...) Man hätte dieses Gesetz überhaupt nie gebraucht. Vor 1960 gab es kein solches Gesetz und keine Raumordnung. Damals war alles besser. Die Grundstückspreise waren niedrig und die Gemeinden konnten sich frei entwickeln und mussten nicht wie Bittsteller bei studierten Raumplanern auftreten. (...) Im neuen Raumordnungsgesetz sollte den Städten und Gemeinden die volle Autonomie in Sachen Raumordnung wieder zurückgegeben werden.*[25]

Zu einem Rundumschlag gegen das Raumordnungsgesetz im Allgemeinen und gegen die Landesraumplanung im Besonderen holte ein ehemaliger Amtsleiter einer Salzburger Gemeinde nach der Vorstellung des Entwurfs für die ROG-Novelle 2017 in einem Leserbrief aus. Der Verfasser des Leserbriefes meinte, dass Salzburg ohne ROG besser gefahren wäre. Er begründet seine Hypothese damit, dass man vor 1960 überall bauen konnte. So hätte kein Mangel an Bauflächen bestanden und daher seien die Grundpreise niedrig gewesen. Er unterstellt damit, dass die Raumordnungsgesetze in Österreich Schuld an den heute zu hohen Baulandpreisen seien, weil die Einführung von Flächenwidmungsplänen das Ausmaß der potenziellen Bauflächen einschränkte.

---

23 Wolfgang Spitzer/Thomas Prinz (2016). Wohnbaulandpotenziale 2.0: Parametrisierung, Aktualisierung und landesweite Umsetzung der Modelle Wohnbaulandpotenziale und Wohnbaulandbedarf für das Amt der Salzburger Landesregierung, Abteilung 10 Wohnen und Raumplanung, Salzburg, S. 13.

24 SN Lokalausgabe (23.7.2016). Raumordnung: Wer nicht baut, zahlt, S. 2f.

25 SN Lokalausgabe (24.12.2016). ROG knebelt Städte und Gemeinden, S. 28.

Lassen wir uns nun auf dieses Gedankenexperiment ein. Diese Frage hat ja durchaus ihre Berechtigung. Schon der vor etwa zehn Jahren verstorbene britische Architekt Cedric Price sah die Nichtplanung als bessere Alternative zum offensichtlichen Versagen der Stadtplanung im suburbanen Raum.[26] Price verglich bekanntlich die Stadtentwicklung seit dem Mittelalter mit den Zubereitungsarten von Hühnereiern. Nach seiner „Theorie des Rühreis" entwickelte sich die Stadt vom gekochten Ei in einer harten Schale mit Dotter für die Zentrenfunktion und Eiweiß für die Wohnfunktion zum Spiegelei in der Phase der Moderne und zum Rührei in der Postmoderne.[27] Price war der Auffassung, dass staatliche Eingriffe nur zu suboptimalen Lösungen führen und nur durch die Abschaffung jeglicher Bodennutzungsbeschränkungen Tätigkeiten und Lebensweisen am jeweils geeignetsten Ort zur günstigsten Zeit ermöglicht werden.[28] Ob dies plausibel ist oder nicht, lässt sich anhand der Siedlungsentwicklung im Land Salzburg recht gut überprüfen:

Im Jahr 1951 hatte Salzburg 327.232 EinwohnerInnen, die in 93.569 Haushalten lebten. 10 Jahre später waren es 347.292 EinwohnerInnen in 102.467 Haushalten. 1956 dürften also etwa 340.000 EinwohnerInnen in ungefähr 100.000 Haushalten gelebt haben, von denen damals etwa 20 % noch zur Wirtschaftsgruppe Land- und Forstwirtschaft gehörten.[29] Salzburg befand sich im Übergang von einer Agrar- zu einer Industrie- und Dienstleistungsgesellschaft. Dies ist für unsere Frage nun von wesentlicher Bedeutung, da eine agrarisch geprägte Gesellschaftsform unbebaute landwirtschaftliche Flächen von selbst schützt und es daher dort kaum einer gesetzlichen Regelung dafür bedarf. Die Besiedelungskarte von Erich Seefeldner[30] aus dem Jahr 1951 zeigt uns bereits eine disperse Siedlungsstruktur, er selbst beschreibt sehr schön den Beginn der Zersiedelung des Landes, die mit dem Tourismus einhergeht, als „neue Art von Streusiedlung".[31] Das Land Salzburg verfügt im Jahr 2011 bereits über 223.443 Haushalte, also mehr als das Doppelte und in absoluten Zahlen ca. 125.000 mehr als zur Zeit des Inkrafttreten des ROG 1956.

Wenn wir nun annehmen, dass die übrigen Rahmenbedingungen inklusive der Bevölkerungs- und Haushaltsentwicklung gleich geblieben wären, dann

26 Cedric Price (1991). Das Ungewisse – die Freude am Unbekannten. Cedric Price im Gespräch mit Philipp Oswalt, in: Arch+, H. 109/110, S. 51–59.

27 Neue Zürcher Zeitung Online (8.2.2005). Wohnen und leben im Rührei.

28 Price, Das Ungewisse, S. 51. (S. Fn. 26).

29 Erich Seefeldner (1961). Salzburg und seine Landschaften: Eine geographische Landeskunde, Salzburg, S. 66 (Anm. d. Verf.: Im Jahr 1951 gehörten 21,9 % der Wohnbevölkerung der Wirtschaftsgruppe Land- und Forstwirtschaft an.).

30 Ebd., Fig.5, nach Seite 58.

31 Ebd., S. 51.

hätten sich die bis 2011 zusätzlichen 125.000 Haushalte jedenfalls nicht nach zweckmäßigen Gesichtspunkten der Raumordnung angesiedelt. Vielmehr wäre das dort erfolgt, wo immer ein/e GrundstückseigentümerIn verkaufsbereit gewesen wäre. Die Besiedelung wäre ungesteuert und zufällig verlaufen. Ein hervorragender Indikator dafür ist das räumliche Bild der Standorte der im Jahr 1993 mit dem ROG 1992 abgeschafften Einzelbewilligung für Wohnbauten im Grünland. Nun stellen wir uns diese Dynamik in der Relation 1:20 ungefähr vor. Statt ca. 6.000 hätten etwa 120.000 Haushalte durch Individualbewilligung ihren Wohnstandort genehmigt bekommen. Nehmen wir weiter an, dass auch Industrie und Gewerbe so hätten agieren können. Man kann sich das flächendeckende Durcheinander im Geiste wohl ausmalen. Auch wenn der Verfasser des Leserbriefs in seiner Antwort auf die Kritik von Architekt Gerd Cziharz[32] meinte, dass viele Leute kein Eigenheim oder ein Dach über dem Kopf hätten, wenn man die Zersiedelung nicht in Kauf genommen hätte,[33] ist anzunehmen, dass dieses Szenario bezüglich der Siedlungsentwicklung nicht besonders positiv zu bewerten wäre. Dies ist das erste Ergebnis unseres Gedankenexperiments. Es gibt aber auch ein kräftiges Gegenargument. Wenn es kein ROG gegeben hätte, dann hätte zum Beispiel die ehemalige Gemeinde Seekirchen Markt für ihre damaligen ca. 1.380 EinwohnerInnen[34] keinen eigenen Flächenwidmungsplan nach dem ROG 1968 ausgearbeitet, der fast nur aus Bauland bestand. Die Ursache für die überaus großzügige Baulandausweisung war das damalige Planungsparadigma, nach der „bei der Festlegung von Bauland darauf Bedacht zu nehmen ist, dass genügend Raum für eine aufgelockerte Bebauung und möglichst geringe Wohndichten gesichert wird.“[35] Noch vor der Vereinigung der beiden Gemeinden Seekirchen Markt und Seekirchen Land am 1. Juli 1974 wurde ein gemeinsamer Flächenwidmungsplan für die beiden Gemeinden ausgearbeitet, bei dem das gesamte Bauland der Gemeinde Seekirchen Markt vollständig übernommen wurde. Da aber die enormen Baulandreserven im Zentrum nicht zur Verfügung standen, fand der Großteil der weiteren Siedlungsentwicklung auf dem Gebiet der ehemaligen Gemeinde Seekirchen-Land bis 1.3.1993 im Wege von Einzelbewilligungen statt. Damit im Zusammenhang steht nun auch eine Einzelbewilligung im Bereich des Riedlwaldes, die später zu einer Baulandwidmung führte. Der Verfasser hat schon

32 SN Lokalausgabe (29.12.2016). Leserbrief Architekt Dipl.-Ing. Gert Cziharz, S. 20.

33 SN Lokalausgabe (07.01.2017). Leserbrief Johann Weiss, S. 28.

34 Seefeldner, Salzburg und seine Landschaften, S. 488 (s. Fn. 29).

35 Salzburger Raumordnungsgesetz (ROG) 1968, LGBl. Nr. 78/1968, § 14, Abs. 4.

früher gezeigt, dass genau dadurch der Ausbau der Westbahn im Bereich Seekirchen für Jahrzehnte verzögert wurde.[36]

Das zweite Ergebnis unseres Gedankenexperiments ist daher, dass die zentralen Lagen der Gemeinden besser ausgenutzt worden wären, weil die Grundeigentümer in den zentralen Lagen nicht in die für sie sehr angenehme und wertsteigernde Monopolsituation des „Baulandparadoxons" (siehe dazu Kapitel 6) gekommen wären. Die Siedlungsentwicklung wäre jedoch dennoch sehr dispers verlaufen und der Unmut über die ungeregelte Siedlungstätigkeit wäre vermutlich in den Siebziger- und Achtzigerjahren sehr massiv geworden und hätte möglicherweise zu einer Initiative auf Bundesebene geführt. Wir werden am Schluss des Beitrages noch einmal zu diesem Gedankenexperiment zurückkehren.

4. EINE UNGEWÖHNLICHE VORGANGSWEISE IM GESETZGEBUNGSVERFAHREN

Um es kurz auszudrücken: Die Entstehung der ROG-Novelle 2017 war etwas ungewöhnlich. Normalerweise arbeitet die Landeslegistik auf Grundlage eines Abteilungsvorschlags einen Entwurf aus, der einem Stellungnahmeverfahren unterzogen und dann in eine Regierungsvorlage umgearbeitet wird. Nach Zuweisung der Regierungsvorlage an den zuständigen Landtagsausschuss wird dieser im Ausschuss beraten und in einer abschließenden Plenarsitzung beschlossen.[37] Die politische Auseinandersetzung findet daher weitgehend im Zeitraum ab der Vorstellung des Entwurfs bis zur abschließenden Behandlung in einer Haussitzung des Landtages in den Landtagsausschüssen, in der Öffentlichkeit und in den Medien statt. Dies kann bei umfassenden Novellierungen, wie zum Beispiel bei der Entstehung des ROG 1992, auch einen längeren Zeitraum in Anspruch nehmen. Beim ROG 1992 wurde der Ressortentwurf am 13.5.1991 präsentiert, im Sommer 1991 von der Landeslegistik in einen Entwurf umgearbeitet, der im August 1991 dem Stellungnahmeverfahren und im Herbst 1991 einer gezielten Öffentlichkeitsarbeit unterzogen wurde. Im November 1991 wurde die Regierungsvorlage dem Landtag zugeleitet. Die Be-

36 Franz Dollinger (2006). Zum 50. Geburtstag des Salzburger Raumordnungsgesetzes: Eine Laudatio im Lichte aktueller Probleme und Herausforderungen, in: Herbert Dachs/Roland Floimair (Hg.): Salzburger Jahrbuch für Politik, Schriftenreihe des Landespressebüros (Serie „Sonderpublikationen", Nr. 180), Wien/Köln/Weimar, S. 72–102, hier S. 89f.

37 Land Salzburg (2018). Gesetzgebungsverfahren. Abgerufen am 29.9.2018 unter https://www.salzburg.gv.at/pol/landesrecht/verfahrendetail.

handlung im zuständigen Ausschuss erfolgte im Zeitraum von November 1991 bis Oktober 1992 und der Beschluss des Gesetzes erfolgte in der Haussitzung vom 21. Oktober 1992.[38]

Die Vorgangsweise war jedoch bei dieser Novelle anders: Die Politik hat schon bei den Vorbereitungsarbeiten die Federführung an sich gezogen, eine politische Arbeitsgruppe der Koalition eingerichtet und auf Grundlage des noch nicht fertig gestellten Amtsentwurfes den Ressortentwurf ausgearbeitet. Dabei kam es auch zur vorzeitigen Veröffentlichung von Zwischenergebnissen aus der politischen Runde zu einzelnen Themen, wie zum Beispiel bei der nun doch geplanten Einführung eines Infrastrukturkostenbeitrages[39] oder auch bei der Diskussion zur Einführung von Regelungen nach dem „Südtiroler Modell".[40] Dies steigerte die öffentliche Spannung sogar noch weiter und führte zu Reaktionen in der Öffentlichkeit in Form von Leserbriefen[41] und fachlichen Kommentaren,[42] aber wahrscheinlich auch zu innerparteilichen Auseinandersetzungen.Näheres dazu findet sich im folgenden Kapitel.

5. DIE ENTSTEHUNG UND DIE ZIELE DER ROG-NOVELLE 2017 IN DER 15. GESETZGEBUNGSPERIODE: BAULAND-MOBILISIERUNG, FORCIERUNG DER INNENENTWICKLUNG UND ZERSIEDELUNGSABWEHR

Ausgangsbasis für die Novelle war das Arbeitsübereinkommen der Landesregierung[43] für die 15. Gesetzgebungsperiode 2013–2018, in welchem neben den in Kapitel 1 bereits erwähnten Arbeitsaufträgen folgende maßgebliche Punkte für die ROG-Novelle festgehalten worden sind: Stärkung der Regionalplanung, neue Instrumente zur Baulandmobilisierung, Verringerung der Flächeninanspruchnahme durch die Siedlungstätigkeit und Vermeidung der Zersiedelung. Dies wurde in der Pressekonferenz von Landeshauptmann-Stellvertreterin Astrid

---

38 Ausführlich dokumentiert bei Christoph Braumann (1995). Generationenwechsel in der Raumplanung, in: Herbert Dachs/Roland Floimair (Hg.): Salzburger Jahrbuch für Politik 1995, Schriftenreihe des Landespressebüros (Serie Sonderpublikationen, Nr. 121), Salzburg, S. 101–130, hier S. 105–124.

39 SN Lokalausgabe (29.4.2015). Wer nicht bauen will, soll zahlen, S. 2f.

40 SN Lokalausgabe (22.5.2015). Eine Volkspartei greift zur Planwirtschaft, S. 2f.

41 Z.B. SN Lokalausgabe (18.8.2015). Leserbrief Gert Cziharz: Unterstützung für Raumordnung, S. 20.

42 SN Lokalausgabe (8.7.2015). In sechs Schritten den Raum neu ordnen, S. 6f.

43 Landesmedienzentrum, Arbeitsübereinkommen 2013, S. 43–45 (s. Fn. 6).

Rössler am 2. Oktober 2013 klar und deutlich präzisiert.[44] Die neue Ressortchefin kündigte in dieser Pressekonferenz einen Paradigmenwechsel bei der aufsichtsbehördlichen Kontrolle der Genehmigung von Teilabänderungen von Flächenwidmungsplänen der Gemeinden an und beauftragte die damalige Abteilung Raumplanung mit den Vorbereitungsarbeiten für eine Gesamtüberarbeitung des Landesentwicklungsprogramms (LEP), das seit dem Jahr 2003 unverändert geblieben ist und dessen 500 Meter bzw. 1.000 Meter Abstandsregelung zu Bus- bzw. Bahn-Haltestellen des Öffentlichen Verkehrs als Voraussetzung für neue Baulandausweisungen ohnehin in der permanenten Kritik vieler Gemeinden stand (kurz: ÖV-500-Meter-Regelung).[45] Zur inhaltlichen Präzisierung wurde eine gemeinsame Strategieklausur im November 2013 durchgeführt, bei der sich Ressort und Abteilung auf einen gemeinsam getragenen Fahrplan für die vorgeschlagenen Änderungen von ROG und LEP einigten. Im Ressort-Jour Fixe vom 25. Februar 2014 wurde schließlich eine Arbeitsgruppe der Abteilung mit der Ausarbeitung der ROG-Novelle gemäß dem Arbeitsübereinkommen beauftragt.

Der neue Wind im Vollzug führte schon bald zu ersten Konflikten zwischen Land und Gemeinden. Gegen mehrere negative Umwidmungsbescheide der Aufsichtsbehörde brachten die betroffenen Gemeinden Beschwerden beim Landesverwaltungsgericht ein, die allerdings zum Großteil zugunsten der Aufsichtsbehörde entschieden wurden. Die geänderte aufsichtsbehördliche Praxis führte in der ersten Jahreshälfte 2014 zu ersten schweren Auseinandersetzungen zwischen den Gemeinden und der Aufsichtsbehörde, die sich in Form von Resolutionen und Beschwerdebriefen an den Landeshauptmann und auch in einer dringlichen Landtagsanfrage der SPÖ manifestierten.[46] In den Resolutionen werden unzulässige Eingriffe in die Gemeindeautonomie, nicht nachvollziehbare Entscheidungen der Aufsichtsbehörde und lange Genehmigungsverfahren beklagt.[47]

---

44 Land Salzburg Online Pressemeldung (3.10.2013). Weichenstellung für zukünftige Raumplanung; SN Lokalausgabe (8.10.2013). Abgerufen am 24.9.2018 unter https://service.salzburg.gv.at/lkorrj/Index?cmd=search_ind; Lokalpatriot von Heinz Bayer: Horch! Da redet wirklich jemand über die Raumordnung! S. 16f.

45 Amt der Salzburger Landesregierung (Hg.) (2003). Salzburger Landesentwicklungsprogramm: Gesamtüberarbeitung 2003 (Entwicklungsprogramme und Konzepte, H. 3), Salzburg, S. 23f. Abgerufen am 24.9.2018 unter https://www.salzburg.gv.at/themen/bauen-wohnen/publikationen-bauen-wohnen.

46 Land Salzburg (10.8.2018). Beilage zum Protokoll des Salzburger Landtages, Nr. 669, 2. Session der 15. Gesetzgebungsperiode. Abgerufen am 24.9.2018 unter https://service.salzburg.gv.at/lpi/searchExtern.

47 Resolutionen der Regionalverbände Tennengau vom 27.5.2014 und Pongau vom 3.7.2014 zur verschärften aufsichtsbehördlichen Begutachtungspraxis nach der Pressekonferenz vom 3.10.2013.

EXKURS: LANDESENTWICKLUNGSPROGRAMM

Die belastete Partnerschaft zwischen Gemeinden, Regionalverbänden und Land wirkte sich auch auf das Ende Oktober 2013 eingeleitete 1. Hörungsverfahren zur Gesamtüberarbeitung des Landesentwicklungsprogramms (LEP) aus, bei dem eine Änderung und Verschärfung von 16 konkreten Maßnahmen vorgesehen war, einerseits um die Rolle der Aufsichtsbehörde zu stärken, andererseits um griffigere Regelungen einzuführen. Das Fehlen einer ausführlichen Strukturanalyse als Grundlage für den Vorhabensbericht gemäß § 8 Abs. 3 ROG 2009 in der damals geltenden Fassung wurde in den Stellungnahmen der Regionalverbände Salzburg Stadt- und Umgebungsgemeinden, Pinzgau und Oberpinzgau sowie der Stadtgemeinde Salzburg als schwerwiegender Verfahrensfehler gesehen, da der Umfang der vorgesehenen LEP-Änderung einer Gesamtänderung entspricht, die ein zweistufiges Verfahren und somit auch die Strukturanalyse voraussetzt. Dieser Argumentation wurde schließlich auch beigepflichtet und in Abstimmung mit dem Ressort wurden am 11. Juli 2014 eine vorgezogene Teilabänderung des LEP und die Ausarbeitung einer Strukturanalyse für eine anschließende Gesamtüberarbeitung angekündigt.[48]

Damit konnte sich die für das LEP zuständige Arbeitsgruppe der Abteilung (LEP-AG) auf die vorrangige Ausarbeitung einer Ersatzlösung für die ÖV-500-Meter-Regelung konzentrieren, die in Form eines Vorschlages zu einer automatisierten Vorabgrenzung von Siedlungsschwerpunkten für jede einzelne Gemeinde ausgestaltet wurde. Diese vorabgegrenzten Siedlungsschwerpunkte als Flächen hoher Standortqualität zur Ausweisung von Bauland sollten von den Gemeinden im Räumlichen Entwicklungskonzept übernommen und präzisiert werden.[49] Nachdem in den Salzburger Nachrichten, aber auch im Lokalfernsehen im Spätherbst 2014 kritische Berichte über dieses Vorhaben veröffentlicht wurden,[50] musste das ambitionierte Vorhaben bis zur politischen Klärung der weiteren Vorgangsweise eingestellt werden.

---

48 Land Salzburg Online Pressemeldung (11.7.2014). Salzburger Landesentwicklungsprogramm wird neu bearbeitet. Abgerufen am 24.9.2018 unter https://service.salzburg.gv.at/lkorrj/Index?cmd=search_ind.

49 Franz Dollinger/Gerlinde Born/Winfried Ginzinger/Christine Itzlinger/Johannes Lebesmühlbacher/Gabriele Lüftenegger/Thomas Prinz/Gabriel Seitlinger/Wolfgang Spitzer (2015). Siedlungsschwerpunkte: Ein Vorschlag zur Abgrenzung von Siedlungsschwerpunkten im Landesentwicklungsprogramm, Gutachterliche Stellungnahme (E-Papers zur Salzburger Raumplanung, Bd. 5), Salzburg, 49 S. + Kartenbeilagen in DIN A3. Abgerufen am 24.9.2018 unter https://www.researchgate.net/profile/Franz_Dollinger.

50 SN Lokalausgabe (14. 11.2014). Computer wird zum Ortsplaner, S. 2f; SN Lokalausgabe (14. 11.2014). Der Blechtrottel kann nicht die Lösung sein, S. 2f.

Die vorläufigen Ergebnisse der beauftragten Strukturanalyse Land Salzburg 2014/15 lagen Ende März 2015 vor und wurden wie geplant für den Raumordnungsbericht 2011–2014, sowie für die Ausarbeitung des Vorhabensberichts zur Weiterführung der LEP-Neuaufstellung verwendet. Anfang 2016 wurde die Strukturanalyse fertiggestellt[51] und es konnte die Wiederholung des 1. Hörungsverfahrens eingeleitet und auch die Arbeit an der vorgezogenen LEP-Teilabänderung fortgeführt werden.

Nach Auswertung des 1. Stellungnahmeverfahrens und Ausarbeitung des ersten Rohentwurfs für ein neues Landesentwicklungsprogramm im Herbst 2016 wurde die weitere Ausarbeitung Ende Februar 2017 unterbrochen. Ursache dafür war neben der vorrangigen Bearbeitung der ROG-Novelle ein Auftrag des Ressorts an das Österreichische Institut für Raumplanung (ÖIR) zur Erstellung einer Expertise zur Neuorganisation der Überörtlichen Raumplanung, die zum Ergebnis hatte, dass auch in den Normtext betreffend LEP eingegriffen werden soll und es wohl keinen Sinn macht, weiterzuarbeiten, wenn die gesetzlichen Vorgaben noch nicht geklärt sind.[52] Daher wurde die LEP-AG erst nach dem Beschluss der Novelle beauftragt, einen ersten Diskussionsvorschlag für ein LEP im Sinne der Novelle auszuarbeiten, der Grundlage für die Weiterarbeit in der nächsten Gesetzgebungsperiode sein soll.

Politische Diskussionen zur ROG-Novelle

Im Herbst 2014 kam es auch zu einem ersten politischen Schlagaustausch zwischen den Landtagsfraktionen im Rahmen der Ausarbeitung der ROG-Novelle. In der 2. Haussitzung der 3. Session des Salzburger Landtages vom 29. Oktober 2014 wurde auf Antrag der Grünen eine aktuelle Stunde zum Thema „Raumordnung: Versiegelung vermeiden, Bauen ermöglichen" abgehalten.[53] Dabei kündigte die Ressortchefin ein Rohkonzept für die zentralen Themen der Novelle, Baulandmobilisierung, Ortskernausweisung, Zweitwohnungen, Befristung von Sonderflächen und Verfahrensvereinfachungen bis Mitte November

51 Alois Fröschl/Manfred Köblmüller/Walter Riedler/Richard Schoßleitner/Gerhard Ainz/Eva Haslauer/Wolfgang Spitzer (2016). Bericht: Räumliche Strukturanalyse des Landes Salzburg 2014/15, Salzburg. Abgerufen am 24.9.2018 unter https://www.salzburg.gv.at/dienststellen/sonstige-einrichtungen/sir/sir-raumordnung/ro-grundlagenarbeiten/ro-raeuml-strukturanalyse.

52 Christof Schremmer/Gerhard Doblhamer/Wolfgang Neugebauer (2016). Fachgutachten überörtliche Raumplanung in Salzburg – Abgrenzung zu Aufgaben der örtlichen Raumplanung: Endbericht, Wien. Abgerufen am 24.9.2018 unter https://www.oir.at/files2/pdf/projects/Endbericht_Landesplanung_10_0.pdf.

53 Land Salzburg Online (10.8.2018). Protokoll des Salzburger Landtages, 2. Session der 15. Gesetzgebungsperiode.

2014 an. In der anschließenden Diskussion standen die Themen Baulandmobilisierung durch einen Infrastrukturkostenbeitrag, Auswüchse im Tourismus, Wohnungsleerstand und Zweitwohnungen, der Vergleich in der Siedlungsentwicklung mit Bayern, die Verkehrsproblematik im Zentralraum und die Einkaufszentren auf der grünen Wiese im Vordergrund.

Als der angekündigte Rohentwurf jedoch Ende November immer noch nicht vorlag, reagierte die SPÖ bei der nächsten Landtagssitzung am 17. Dezember 2014 mit einer umfassenden Landtagsanfrage, im Rahmen derer Beantwortung die Ressortchefin mehrere neue wesentliche Themen der in Arbeit befindlichen Novelle ankündigte, nämlich die befristete Widmung, Siedlungsschwerpunkte, Stärkung der Ortskerne, Freiraumschutz bis zur Energieraumplanung.[54]

Am 10. April 2015 präsentierte der SPÖ-Klubvorsitzende Walter Steidl gemeinsam mit dem Planungsausschuss-Vorsitzenden der Stadt Salzburg Michael Wanner, dem Raumordnungssprecher der SPÖ Roland Meisl und dem Landtagsabgeordneten und Bürgermeister von St. Margarethen Gerd Brand die Vorschläge der SPÖ für ein neues Raumordnungsgesetz. Die zentralen Forderungen darin waren die Einführung einer Vertragsraumordnung-Neu, eine Infrastrukturabgabe auf gewidmete, erschlossene, aber unbebaute Grundstücke, die Befristung der Widmungen auf 10 Jahre, eine verpflichtende Anwendung von Vorbehaltsflächen für den förderbaren Wohnbau, die Reduzierung von Leerständen insbesondere in der Landeshauptstadt, den Entfall der Zustimmung der Grundverkehrskommission beim Erwerb von Grünland für Gemeinden, Gemeinnützige Wohnbaugenossenschaften und die Land-Invest und mehrere Verfahrensvereinfachungen.[55] Die Reaktionen in den Medien waren allerdings äußerst bescheiden: Nur der ORF berichtete von der Pressekonferenz am gleichen Tag.[56] Möglicherweise war der bereits aufflammende Konflikt um die CIMA-Studie zur Erweiterung des Europarks in Taxham eine Ursache für die mediale Zurückhaltung. Am 14. April 2015 kündigte die Landesregierung ein Moratorium gegen neue EKZ-Widmungen bis zur Verabschiedung neuer Regelungen in der geplanten ROG-Novelle an und teilte mit, dass es für sechs der 20 vorliegenden Ansuchen zur Erweiterung von Verkaufsflächen von Handelsgroßbetrieben keine Genehmigung mehr geben wird, darunter die drei Großprojekte „Designer-Outlet-Center Wals“, Möbelmarkt Lutz und Euro-

---

54 Land Salzburg Online (10.8.2018). Beilage zum Protokoll des Salzburger Landtages, Nr. 515, 3. Session der 15. Gesetzgebungsperiode, S. 6.

55 SPÖ Salzburg (10.4.2015). Presseunterlage: Raumordnung – Klare Regeln und Baulandmobilisierung. Vorschläge der Salzburger SPÖ für neues Raumordnungsgesetz.

56 ORF-Salzburg Online (10.4.2015). SPÖ nimmt Bodenspekulation ins Visier.

park und nur für sechs Standortverordnungen die Genehmigung in beantragter Form erteilt werden wird.[57] Kritisiert wurde dieses Moratorium neben den davon betroffenen Konzernen von den kommunalen Interessensvertretungen, SPÖ und FPÖ in Stadt und Land, der Arbeiterkammer und der Gewerkschaft der Privatangestellten, dem Bürgermeister der Stadtgemeinde Salzburg, aber auch von einzelnen ÖVP-Bürgermeistern in den Landgemeinden. Der Präsident des Salzburger Gemeindebundes richtete eine gemeinsame Resolution mit dem Städtebund an die gesamte Landesregierung.[58] Auch die Reaktionen in den Medien waren äußerst ambivalent.[59] Besonders kritisiert wurde die nicht mehr mögliche Erweiterung des Europarks in Salzburg-Taxham. Im Wahlkampf für die Landtagswahl 2018 sollte dies in der Folge eine wichtige Rolle spielen. Da die SPÖ an der Erweiterung des Europarks festhielt und die ÖVP bezüglich dieser Erweiterung eine Meinungsänderung nicht ausschloss, wurde eine Klarstellung zu diesem Projekt im Rahmen der Regierungsvereinbarung zwischen ÖVP, Grünen und Neos erwartet.[60] Das war dann allerdings nicht der Fall.

Mit einem Positionspapier der Flachgauer Bürgermeisterkonferenz an die Klubobleute der Landtagsfraktionen reagierten die BürgermeisterInnen des politischen Bezirks Salzburg-Umgebung auf die Vorhaben des Ressorts zum ROG und LEP.[61] Diese Vorhaben wurden vom Ressort in allgemein verständlicher Form in einer Arbeitsunterlage zusammengefasst, die als Informationsgrundlage für die im Frühjahr und Frühsommer 2015 durchgeführten Regionalforen diente.[62] Die Flachgauer BürgermeisterInnen kritisierten im Positionspapier diese Vorhaben und forderten Verbesserungen.

57 Land Salzburg Online Pressemeldung (14.4.2015). Stärkung der Regionen und Sicherung der Nahversorgung.

58 Schreiben des Salzburger Gemeindeverbandes und des Österreichischen Städtebundes vom 20.4.2015 zum Genehmigungsstopp von weiteren Einkaufszentren.

59 SN Lokalausgabe (15.4.2015). Salzburg steigt beim Europark auf die Bremse; SN Lokalausgabe (16.4.2015). Investoren herrschen über leere Hallen; SN Lokalausgabe (18.4.2015). Dieser Schuss ging nach hinten los, S. 4f; Kronen-Zeitung (21.2.2015). Glosse: „Geben Sie Einkaufsfreiheit!“; KOBUK.at Online (26.4.2015). Wie die „Krone“ für Spar ein Bundesland unter Druck setzt (Anm. d. Verf.: Beachte dort den Kommentar des Krone-Chefredakteurs vom 26.4.2015).

60 Landesmedienzentrum (2018). Koalitionsvertrag 2018–2023 vom 25. Mai 2018. Abgeschlossen zwischen ÖVP, Grünen und Neos. Abgerufen am 24.9.2018 unter https://www.salzburg.gv.at/politik_/Documents/Koalitionsvertrag2018.pdf.

61 Positionspapier der Flachgauer Bürgermeisterkonferenz zur aktuellen Raumordnungsdiskussion vom 27. April 2015 und zu den Änderungsabsichten von ROG und Landesentwicklungsprogramm.

62 Land Salzburg Online Pressemeldung (17.4.2015). Dialog Raumplanung gestartet; Land Salzburg Online Pressemeldung (3.6.2015). Positive Zwischenbilanz nach fünf Raumplanungs-Dialogen.

Die sechs politischen Eckpunkte des Gesetzesentwurfes standen eigentlich bereits Anfang Juli 2016 fest und darüber wurde in den Medien auch ausführlich berichtet.[63] Es verwunderte viele, warum es dann noch weitere fast sechs Monate dauerte, bis der Entwurf in die Begutachtung geschickt werden konnte. Die Antwort darauf ist einfach: Es mussten viele Detailregelungen nicht nur zwischen den Koalitionspartnern, sondern auch mit dem Gemeindeverband ausverhandelt werden, der nach eigener Darstellung zwar voll hinter dem ausgearbeiteten Entwurf stand, aber darauf hinwies, dass sich viele Gemeinden dennoch überfahren fühlten.[64] Ob das ausverhandelte Korsett gegen eine weitere Zersiedelung[65] wirksam sein wird, kann allerdings erst die Zukunft zeigen und hängt insbesondere auch von den erst auszuarbeitenden Folgeinstrumenten wie eben dem Landesentwicklungsprogramm ab, das nun, nach weiteren Verzögerungen, innerhalb der kommenden Legislaturperiode ausgearbeitet werden soll.

Die fachliche und politische Beurteilung des Gesetzesentwurfes vom Dezember 2016 fiel auch in der medialen Berichterstattung und in den 61 Stellungnahmen sehr heterogen aus. Gerhard Doblhamer, ehemaliger Leiter der Raumplanungsabteilung der Stadtgemeinde Salzburg, sah richtige Akzente, erinnerte die Landesregierung jedoch an Handlungsbedarf im Gesetzesvollzug.[66] Tarek Leitner, ZiB-Moderator und Verfasser einer Streitschrift gegen die Verschandelung Österreichs,[67] kritisierte die Macht der BürgermeisterInnen insbesondere am Beispiel der zahlreichen Einzelhandels-Agglomerationen[68] und der aus München stammende und seit mehreren Jahren in Salzburg lehrende Sozialgeograph Andreas Koch hielt die vorgeschlagenen Fristen für die Baulandbefristung und für das Inkrafttreten des Infrastrukturbeitrages für wenig ambitioniert.[69] Die „Kronen-Zeitung" lobte den Entwurf des Gesetzes wegen ausgewogener Kompromiss-Lösungen und der weitgehenden Berücksichtigung der kommunalen Interessen,[70] die Salzburger Nachrichten lobten die inhaltlichen Fortschritte im Vergleich zum geltenden Recht und stellten die wesentlichen Ergebnisse in einer Berichtsserie in der Lokalausgabe dar. Die

63 SN Lokalausgabe vom 23., 25. und 26.7.2016; Kronen-Zeitung vom 24.7.2016.

64 SN Lokalausgabe (25.7.2016). Gemeinden fühlen sich überfahren, S. 2f.

65 SN Lokalausgabe (22.12.2016). Ein Korsett gegen weitere Zersiedelung, S. 2f.

66 SN Lokalausgabe (3.6.2017). Die neue Raumordnung setzt richtige Akzente. S. 2.

67 Leitner, Mut zur Schönheit (s. Fn. 15).

68 SN Lokalausgabe (30.1.2017). Hilft neues Gesetz genug gegen Verschandelung?, S. 1ff.

69 SN Lokalausgabe (4.3.2017). Da werden Spekulanten nur milde lächeln, S. 6f.

70 Kronen-Zeitung (21.12.2016). Gemeinden setzten sich durch, S. 24; Kronen-Zeitung (21.12.2016). Glosse von Hans Peter Hasenöhrl: Die Vernunft und der Respekt vor dem Eigentum, S. 24.

politischen Parteien hielten sich bei der Vorstellung des Entwurfs noch sehr zurück und sendeten wohlwollende oder kritische Signale über die Medien ihrer Teilorganisationen.[71] In der Fachwelt wurde die Novelle zwar als Schritt in die richtige Richtung gesehen, dem allerdings noch Konkretisierungen bei der Anwendung folgen müssen. Die Zukunft wird weisen, wer recht gehabt hat. Oder, wie es Thomas Auinger in der Lokalausgabe der Salzburger Nachrichten vom 8. März 2017 als Standpunkt ausgedrückt hat:[72] „Erst der Praxistest zeigt, ob die Wende gelingen kann."

Nun zu den 61 Stellungnahmen: Es ist nicht möglich, die einzelnen Standpunkte hier darzulegen. Kurz zusammengefasst sei jedoch angemerkt, dass sich die Landwirtschaftskammer äußerst kritisch zum Vorhaben äußerte,[73] die Arbeiterkammer Teilen ausdrücklich zustimmte[74] (z.B. Baulandbefristung), andere Teile jedoch ablehnte (z.B. Verschärfung der Einkaufszentren-Bestimmungen) und die Wirtschaftskammer auch eine sehr kritische Stellungnahme mit vielen detaillierten Änderungsvorschlägen abgab.[75] Etwas verwunderlich war die kritische und 16 Seiten lange Stellungname des Salzburger Gemeindeverbandes zu einem Entwurf,[76] der laut Pressemeldungen in enger Abstimmung mit dem Gemeindeverband ausgearbeitet[77] und der sogar in der Zeitschrift des Gemeindeverbandes lobend vorgestellt wurde.[78]

Die erste Jahreshälfte 2017 war nach Abschluss des achtwöchigen Stellungnahmeverfahrens hauptsächlich der Ausarbeitung der Regierungsvorlage gewidmet. Diese lag schließlich im Mai 2017 vor und wurde in der 6. Plenarsitzung des Landtages vom 31. Mai 2017 dem zuständigen Ausschuss zugewiesen. Der Verfassungs- und Verwaltungsausschuss befasste sich am 21. Juni 2017 mit der Regierungsvorlage. Nach der Zusammenfassung der wesentlichen Eckpunkte

71 Salzburger Bauer (22.12.2016). Endspurt für neues Raumordnungsgesetz, S. 5.

72 SN Lokalausgabe (8.3.2017). Standpunkt von Thomas Auinger, S. 3.

73 Stellungnahme der Landwirtschaftskammer Salzburg vom 15.2.2017 zum Entwurf des Gesetzes, mit dem das Salzburger Raumordnungsgesetz 2009 sowie das Anliegerleistungsgesetz geändert werden.

74 Stellungnahme der Kammer für Arbeiter und Angestellte Salzburg vom 13.2.2017 zum Entwurf des Gesetzes, mit dem das Salzburger Raumordnungsgesetz 2009 sowie das Anliegerleistungsgesetz geändert werden.

75 Stellungnahme der Wirtschaftskammer Salzburg vom 10.2.2017 zum Entwurf des Gesetzes, mit dem das Salzburger Raumordnungsgesetz 2009 sowie das Anliegerleistungsgesetz geändert werden.

76 Stellungnahme des Salzburger Gemeindeverbandes vom 13.1.2017 zum Entwurf des Gesetzes, mit dem das Salzburger Raumordnungsgesetz 2009 sowie das Anliegerleistungsgesetz geändert werden.

77 Kronen-Zeitung (21.12.2016). Gemeinden setzten sich durch, S. 24; SN Lokalausgabe (21.2.2017). Gemeinden haben das letzte Wort in der Raumordnung.

78 Günther Mitterer (2017). Kommentar: Raumplanung ist Gemeindesache, in: Kommunal – Das Magazin des Österreichischen Gemeindebunds, 2, S. 19.

der Novelle durch den Berichterstatter, den Landtagsabgeordneten Josef Scheinast (Grüne) und ergänzenden Bemerkungen durch die ressortzuständige Landeshauptmann-Stellvertreterin Astrid Rössler über die Entstehung der Novelle und zu einigen inhaltlichen Details, ging der Landtagsabgeordnete Wolfgang Mayer (ÖVP) auf inhaltliche Details der Zweitwohnungsregelungen und der Baulandmobilisierung ein und verteidigte die langen Übergangsfristen beim Infrastrukturkostenbeitrag. FPS-Klubobmann Karl Schnell gab eine Rückschau auf die Entwicklungen seit dem ROG 1992 und sah, im Unterschied zu Bayern, im Land Salzburg überbordende Eigeninteressen in der Raumordnung. In weiterer Folge sah er kaum vernünftige Lösungsansätze zur Abwehr von Zweitwohnungen und Apartmenthäusern. Der Raumordnungssprecher der SPÖ, der Landtagsabgeordnete Roland Meisl, wies auf die Bereitschaft seiner Fraktion zur konstruktiven Mitarbeit hin und sah in der Einführung befristeter Widmungen und in den Vereinfachungen von Verfahrensbestimmungen positive Ansätze. Allerdings sah er im Infrastrukturkostenbeitrag einen verwässerten Kompromiss und glaubte, dass die Novelle in näherer Zeit keine Mobilisierung von Bauland bewirken wird. Nach einer Antwort des Landtagsabgeordneten Hans Scharfetter (ÖVP) an Klubobmann Karl Schnell (FPS) und einigen kleinen Ergänzungen durch den Landtagsabgeordneten Wolfgang Mayer (ÖVP) und den Landeslegisten Paul Sieberer wurde die ROG-Novelle im Landtagsauschuss mehrheitlich beschlossen.

In der Haussitzung vom 28.6.2017 wurden noch einmal in der aktuellen Stunde die politischen Positionen zur ROG-Novelle 2017 präsentiert. Als Thema der aktuellen Stunde wurde auf Antrag der Grünen „Salzburgs neue Raumordnung – Das Ende der Baulandspekulation" festgelegt. Dabei feierten die VertreterInnen der Koalitionsparteien den erzielten Kompromiss als „Schlüsselgesetz für die nächsten Generationen."[79] Die VertreterInnen der Opposition, Landtagsabgeordneter Roland Meisl (SPÖ), Klubobmann Karl Schnell (FPS) und Klubobmann Helmut Naderer (Team Stronach) hoben, wie teilweise schon im Landtagsausschuss, die Vor- und Nachteile aus ihrer Sicht hervor. Am Nachmittag wurde die ROG-Novelle 2017 ohne weitere Debatte mehrheitlich angenommen.[80]

Das Inkrafttreten der Novelle mit 1.1.2018 – für den Großteil der Änderungen – war aus Sicht der Abteilung Wohnen und Raumplanung eine sehr ambitionierte Zielvorgabe, weil diese kurze Zeit der Legisvakanz für die Ausarbeitung der zahlreichen Durchführungs-Verordnungen äußerst knapp bemessen war.

79 Land Salzburg Online (10.8.2018). Protokoll des Salzburger Landtages, 5. Session der 15. Gesetzgebungsperiode, S. 686.
80 Ebd., S. 726.

Noch dazu musste eine erste Reparaturnovelle[81] in dieser Zeit erarbeitet und im Landtag beschlossen werden, weil Übergangsbestimmungen zu einigen laufenden Verfahren der überörtlichen und örtlichen Raumplanung fehlten und diese ihre Rechtsgrundlage verlieren würden (z.B. auch das vor der Verbindlicherklärung stehende Sachprogramm „Freihaltung von Verkehrs-Infrastrukturkorridoren" und mehrere Teilabänderungen von Flächenwidmungsplänen).

Folgende Lehre können wir aus dem Gesetzgebungsverfahren der ROG-Novelle zur Beantwortung der eingangs gestellten Frage ziehen: Vor Beginn eines derartig ambitionierten Gesetzgebungsverfahrens sollte eine gemeinsame Definition der zu behebenden Missstände, mit einer Ursachenanalyse,[82] von den Koalitionspartnern gemeinsam, mit wichtigen Stakeholdern aus Interessensvertretungen und Fachdienststellen, durchgeführt werden. Dies ist Voraussetzung dafür, dass alle das Gleiche meinen, wenn zum Beispiel das Ziel „Vermeidung der Zersiedelung" ins Auge gefasst wird.

6. DAS BAULANDPARADOXON, BAULANDMOBILISIERUNG UND INNENENTWICKLUNG

Benjamin Davy führte den Begriff des Baulandparadoxons in die Literatur ein.[83] Er stellte in einem Artikel fest, dass in den meisten Gemeinden eine paradoxe Situation am Baulandmarkt besteht: Obwohl einerseits eigentlich zu viel Bauland vorhanden ist, steigen die Bodenpreise und die GrundeigentümerInnen horten die Baulandreserven. Infolgedessen ist faktisch zu wenig Bauland vorhanden und die Gemeinden widmen daher neues Bauland in der Peripherie und fördern damit eine legale Zersiedelung. Diese Zersiedelung wiederum verursacht hohe Kosten für die Gemeinden und schränkt die Entwicklungsmöglichkeiten erheblich ein. Es ist daher offensichtlich, dass der Markt beim Bauland das Angebot und die Nachfrage nicht regeln kann und daher Marktversagen gegeben ist. Die Lösung dieses Problems kann daher nur darin liegen, dass die Gemeinden die Verfügbarkeit der Grundstücke sicherstellen, bevor Grünland in Bauland umgewidmet wird.[84]

---

81 Land Salzburg, Landesgesetzblatt (LGBl.) Nr. 96/2017.

82 Walter L. Schönwandt/Katrin Voermanek/Jürgen Utz/Jens Grunau/Christoph Hemberger (2013). Komplexe Probleme lösen: Ein Handbuch, Berlin (E-Book), 4757 Pos.

83 Benjamin Davy (1996). Baulandsicherung: Ursache oder Lösung eines raumordnungspolitischen Paradoxons?, in: Zeitschrift für Verwaltung, 21 (2), S. 193–208, hier S. 187f.

84 Benjamin Davy (2000). Das Bauland-Paradoxon. Wie planbar sind die Bodenmärkte?, in: Klaus Einig (Hg.): Regionale Koordination der Baulandausweisung, Berlin, S. 61–78, hier S. 63ff.

Aus verschiedenen Gründen müsste auch der Schutz der Außenbereiche, insbesondere vor Zersiedelung, ein wichtiges kommunalpolitisches Ziel sein. Dieses wichtige Ziel wurde nun auch in der ROG-Novelle 2017 mit dem neuen Raumordnungsgrundsatz „Vorrang für die Siedlungsentwicklung nach Innen und Vermeidung von Zersiedelung“ als Vorgabe für die Raumordnungsbehörden verankert.[85]

„Innenentwicklung vor Außenentwicklung“ ist daher das Credo, das wir aus diesem Grundsatz ableiten können. Wie hängt nun die Innenentwicklung mit der Außenentwicklung zusammen? Nach Gerlind Weber sind beide Entwicklungen kommunizierende Gefäße,[86] weshalb sich die Frage stellt, wie die Nachfrage nach Bausubstanz von der „grünen Wiese“ auf den brachgefallenen Baubestand in raumplanerischen Gunstlagen gelenkt werden kann bzw. wie es erreicht werden kann, bereits gewidmete Flächen in Gunstlagen zu mobilisieren? Die Lösung beschreibt die emeritierte BOKU-Professorin anhand der sogenannten Baulandtreppe. Anhand zahlreicher „Stolpersteine“ für jede der einzelnen Reifestufen erläutert sie das Baulanddilemma, vom Grünland, über das Bauerwartungsland, zum gewidmeten Bauland. Den Begriff „Bauerwartungsland“ gibt es zwar nicht in der Rechtsordnung, er ist jedoch dennoch in der Realpolitik vorhanden und es werden darunter diejenigen Flächen verstanden, die im Räumlichen Entwicklungskonzept für eine Verbauung langfristig vorgesehen sind. Es folgt das gewidmete, aber noch nicht erschlossene Bauland, dann das unbebaute und erschlossene Bauland und schließlich bebautes und brachgefallenes Bauland. Das Bauerwartungsland bezeichnet sie als „Kampfzone“ zwischen Baulandausweisung und Grünlanderhaltung.[87]

Die Baulandtreppe in absteigender Richtung zeigt, welche Maßnahmen in welcher Reihenfolge gesetzt werden sollten, um eine möglichst sparsame Bodenverwendung für Bauzwecke zu gewährleisten und wie gleichzeitig Ordnung in die bestehenden, verschwenderischen, oft chaotischen Siedlungsformationen gebracht werden kann.[88] Da im Land Salzburg – zumindest theoretisch – das Bauland bereits auf den absehbaren Bedarf der nächsten zehn Jahre reduziert ist, muss der Schwerpunkt für den Salzburger Landesgesetzgeber wohl darin liegen, die bereits vorhandenen Potenziale zu nutzen und zuerst brach-

---

85 Salzburger Raumordnungsgesetz (ROG) 2009, LGBl. Nr. 30/2009 in der Fassung LGBl. Nr. 96/2017, § 2 Abs. 2 Ziff. 3.

86 Gerlind Weber (2016). Mehr quantitativer Bodenschutz! Aber wie?, in: Salzburg Institut für Raumordnung und Wohnen – SIR-Mitteilungen und Berichte, Bd. 36, S. 7–18, hier S. 11. Abgerufen am 24.9.2018 unter https://www.salzburg.gv.at/bauenwohnen_/PublishingImages/dienststellen/sonstige-einrichtungen/sir/mb36_innenteil.pdf.

87 Ebd., S. 9.

88 Ebd., S. 12.

gefallenes Bauland der Nutzung zuzuführen. In diesem Sinne hat der Salzburger Gesetzgeber mit der ROG-Novelle zweifellos seine Hausaufgaben erledigt und einen Schritt in die richtige Richtung gesetzt.

7. DIE WESENTLICHEN ÄNDERUNGEN DER ROG-NOVELLE 2017 IM BEREICH ALLGEMEINES UND ÜBERÖRTLICHE RAUMPLANUNG

Im Abschnitt 1 wurden die Raumordnungsziele und -grundsätze aktualisiert und im neuen § 5 wurden zentrale Begriffe definiert, unter anderem auch die Begriffe „Siedlungsschwerpunkte" und „Dauersiedlungsraum", die im Zusammenhang mit schon länger geplanten überörtlichen Festlegungen stehen. Richard Schmidjell und Winfried Ginzinger weisen im Gesetzeskommentar bezüglich des Dauersiedlungsraums auf Widersprüche zwischen der nun erfolgten Legaldefinition, die auch Waldflächen nicht grundsätzlich ausschließt, und der bisherigen Praxis im Bereich der Raumforschung hin:[89] Im Salzburger Raumordnungsbericht 2011–2014 erfolgte nämlich eine davon abweichende Definition des Dauersiedlungsraums, in Anlehnung an die Definition der Statistik Austria. Gemäß dieser Definition erfolgte die Berechnung des Anteils von Baulandflächen bezogen auf den Dauersiedlungsraum einer Gemeinde. Dies ist für die konkrete Anwendung nicht unerheblich: Da in der ROG-Novelle die Zulässigkeit der Bauland-Widmungskategorie „Gebiete für Beherbergungsgroßbetriebe" an die Lage im Dauersiedlungsraum gebunden wurde, ist die konkrete Abgrenzung des Dauersiedlungsraums für die Beurteilung der Zulässigkeit erforderlich. Nur genau dazu trifft die Legaldefinition nun keine konkreten Vorgaben und bleibt hinsichtlich der Waldflächen sogar unklar. Hier sind Diskussionen zwischen Gemeinden und Aufsichtsbehörde vorprogrammiert.

Im Abschnitt Überörtliche Raumplanung wurden die Aufgaben der „Überörtlichen Raumplanung" (Landes- und Regionalplanung) definiert und damit die Zuständigkeit der Träger der überörtlichen Raumplanung festgelegt. Dies könnte insofern bedeutende Konsequenzen haben, weil damit der Gesetzgeber nach Auffassung von Schmidjell und Ginzinger eine klare Abgrenzung der Regelungen zwischen Landesentwicklungsprogramm und Regionalprogrammen vorgenommen hat.[90] Das Landesentwicklungsprogramm dürfe da-

89 Richard Schmidjell/Winfried Ginzinger (2018). Salzburger Raumordnungsgesetz 2018: Gesetzestext/Kommentar/Informationen/Anmerkungen, Wien, S. 27.

90 Ebd., S. 54f.

mit zum Beispiel bei der Festlegung von Betriebsstandorten zwar den Bedarf für die jeweilige Region vorsehen, nicht jedoch die Lage und die Verteilung innerhalb der Region. „Dies ist Aufgabe der Regionalplanung" stellen sie dazu fest.[91] Hierzu gibt es allerdings unterschiedliche Meinungen bei den Verantwortlichen, die erst ausdiskutiert werden müssen. Der § 7 (Raumforschung) wurde im Wesentlichen belassen, neu festgeschrieben wurden die Erhebung von Zustands- und Entwicklungsindikatoren und die Straffung des Raumordnungsberichts. Umfassend geändert wurden die Instrumente der Landes- und Regionalplanung. Das Landesentwicklungsprogramm (LEP) ist nun das alleinige und zentrale Instrument der Landesplanung, die Sachprogramme wurden abgeschafft. Dafür wurden für das LEP neue Mindestinhalte festgelegt. Diese wurden systematisch mit den Mindestinhalten von Regionalprogrammen und Räumlichen Entwicklungskonzepten verbunden, um eine funktionstüchtige und kooperative Festlegung auf überörtlicher und örtlicher Ebene zu ermöglichen. Neu eingeführt wurde auch eine Evaluierungsverpflichtung für alle Entwicklungsprogramme nach 15 Jahren, im § 12 Änderung von Entwicklungsprogrammen.

Die Neuregelung der Standortverordnung sieht vor, dass sie bei zentrenrelevantem Warensortiment nur dann in Betracht kommt, wenn das Vorhaben mit der zentralörtlichen Funktion der Gemeinde im Einklang steht und keine nachteiligen Auswirkungen auf die Orts- und Stadtkerne zu erwarten sind. Erhöhte Schwellenwerte, je nach Zentralität, gelten für bereits rechtmäßig bestehende Betriebe in gekennzeichneten Stadt- und Ortskerngebieten, in Siedlungsschwerpunkten oder wenn sich das Projekt in einem gemeinsamen Bau mit Wohnungen befinden, deren Wohnnutzfläche in Summe den erhöhten Schwellwert überschreitet. Der Entfall der Kennzeichnung in Gewerbegebieten ist ebenfalls Teil der Neuregelung.

Bei der Regionalplanung wurde die verpflichtende Erstellung von Regionalprogrammen wieder eingeführt und es wurde eine an das LEP orientierte Festlegung von Mindestinhalten für die Regionalprogramme getroffen. Neu eingeführt wurde das Instrument der überörtlichen Bausperre, um „die Durchführung von überörtlichen Planungen für linienhafte Infrastrukturprojekte nicht zu erschweren oder unmöglich zu machen." Die Bausperre ist zeitlich auf drei Jahre befristet und kann einmal um ein Jahr verlängert werden (auf maximal vier Jahre).

---

91 Ebd., S. 55.

8. DIE WESENTLICHEN ÄNDERUNGEN IM BEREICH DER ÖRTLICHEN RAUMPLANUNG

Bei der fakultativen Vertragsraumordnung nach § 18 ROG 2009 erfolgte eine Klarstellung, welche die Rechte der GrundeigentümerInnen stärkt. Wenn zwischen der Gemeinde und den betroffenen GrundeigentümerInnen Einvernehmen über die im Hinblick auf den Verwendungszweck notwendigen und angemessenen Inhalte einer Vereinbarung bestehen, ist die Gemeinde nun zum Vertragsabschluss verpflichtet (Kontrahierungszwang). Dies wird nach Auffassung einiger RechtsexpertInnen allerdings dazu führen, dass die Gemeinden aufgrund verfassungsrechtlicher Unklarheiten die Anwendung vermeiden werden.[92]

Schon seit dem ROG 2009 ist das Räumliche Entwicklungskonzept das strategische und zentrale Planungsinstrument jeder Gemeinde. Es wurde inhaltlich, inklusive der verpflichtenden Abgrenzung von Siedlungsschwerpunkten, geändert und erweitert. In den Siedlungsschwerpunkten können Raumeinheiten zur Sicherstellung einer städtebaulichen Ordnung festgelegt werden. Für diese ist ein gesamthafter Bebauungsplan der Grundstufe aufzustellen und sie werden als „städtebauliche Planungsgebiete" bezeichnet. Die im § 5 Ziff. 14 entsprechend der Stellungnahme der Wirtschaftskammer getroffene Legaldefinition des Begriffs „Siedlungsschwerpunkte" unterscheidet sich jedoch von den bisherigen Definitionen im Sachprogramm „Standortentwicklung für Wohnen und Arbeiten im Salzburger Zentralraum" und den Vorschlägen zur kooperativen Abgrenzung von Siedlungsschwerpunkten im Landesentwicklungsprogramm. Schon allein deshalb ist hier eine Anpassung der überörtlichen Planungen erforderlich geworden, aber auch die nach dem Sachprogramm bereits abgegrenzten Siedlungsschwerpunkte in jenen Gemeinden, die bereits ein Räumliches Entwicklungskonzept nach dem ROG 2009 beschlossen haben, müssen diese nun neu abgrenzen.[93]

Eine der wesentlichsten Änderungen ist die Einführung befristeter Widmungen für neu auszuweisendes Bauland. Dies ermöglicht eine 10-Jahre-Befristung, ausgenommen Baulandneuwidmungen für Gebiete für Handelsgroßbetriebe, Gebiete für Beherbergungsgroßbetriebe und Sonderflächen, bei denen die Frist auf fünf Jahre verkürzt werden kann (mit einmaliger Verlängerungsmöglichkeit um fünf Jahre). In Verbindung mit dem ebenfalls in dieser

92 Schmidjell/Ginzinger, Salzburger Raumordnungsgesetz 2018, S. 89f (s. Fn. 89); Stellungnahme der Arbeiterkammer vom 13.2.2017 zum Entwurf des Gesetzes, mit dem das Salzburger Raumordnungsgesetz 2009 sowie das Anliegerleistungsgesetz geändert werden.

93 Schmidjell/Ginzinger, Salzburger Raumordnungsgesetz 2018, S. 38f. (s. Fn. 89).

Novelle eingeführten Infrastrukturkostenbeitrag erhofft sich der Gesetzgeber mittelfristig das „Ende der Baulandspekulation“, wie es plakativ in einer Pressemeldung zu lesen war.[94] Wie Ludwig Stegmayer ableitet, ist die Verpflichtung zur Befristung des seit 1.1.2018 neu ausgewiesenen Baulandes ein neuer Weg in der österreichischen Raumplanung. Er kommt in seiner Untersuchung über die verfassungsrechtliche Zulässigkeit zu einem positiven Ergebnis.[95]

Umfassende Änderungen gibt es auch bei den Zweitwohnungsbeschränkungen, die allerdings erst am 1.1.2019 in Kraft treten werden. Hier wurde auf das Meldesystem umgestellt und festgelegt, dass die Nutzung von Wohnungen als Zweitwohnungen außerhalb von Zweitwohnungsgebieten in Zweitwohnungs-Beschränkungsgemeinden und in von den Gemeinden festzulegenden Zweitwohnungsgebieten verboten ist. Zweitwohnungs-Beschränkungsgemeinden sind jene Gemeinden, bei denen der Anteil an Nicht-Hauptwohnsitz-Wohnungen am gesamten Wohnungsbestand den Wert von 16 % übersteigt. Daran knüpft sich eine Folge von Bestimmungen, wobei zur Abwehr von unrechtmäßigen Zweitwohnnutzungen auch eine gerichtliche Zwangsversteigerung ermöglicht worden ist. Ein mögliches Problem sieht der Verfasser in der Regelung, dass die Zweitwohnungs-Beschränkungsgemeinden alle fünf Jahre durch Verordnung der Landesregierung festzustellen sind. Dabei ist es durchaus vorstellbar, dass dieser Schwellwert überschritten wird, da im § 31 Abs. 1 festgelegt ist, dass „auf Antrag einer Gemeinde (…) der Prozentsatz gemäß der Ziff. 1 erhöht werden kann, wenn dies den überörtlichen strukturellen Entwicklungszielen nicht zuwiderläuft.“ Über die Medien wurden bereits die ersten Anträge dieser Art von Gemeinden im Pinzgau angekündigt, um dem aus ihrer Sicht „bürokratischen Aufwand“ beim Nachweis illegaler Zweitwohnsitze auszuweichen.[96] Von der Wirtschaftskammer wurde die Umstellung auf das melderechtliche Regime im Stellungnahmeverfahren zum Entwurf kritisiert, weil es die InländerInnen im Vergleich zu den EU-AusländerInnen diskriminiert. Jede/r EU-AusländerIn kann nämlich in Österreich ohne Konsequenzen einen Hauptwohnsitz anmelden, da es dafür keine europarechtlichen Regelungen gibt.

Die Bestimmungen gegen die Zweckentfremdung von Wohnungen wurden ebenfalls verschärft und präzisiert. Als Zweckentfremdung gilt die Verwendung

94 SN Lokalausgabe (15.12.2016). Raumordnung: Das ist das Ende der Baulandspekulation, S. 2.

95 Ludwig Stegmayer (2018). Raumordnung – Salzburgs neue Wege, in: Baurechtliche Blätter, 21, S. 45–52, hier S. 47ff.

96 SN Lokalausgabe (8.1.2018). Zweitwohnsitze: „Gemeinden wollen das Limit kippen“, S. 2. (Anm. d. Verf.: Der Mittersiller Bürgermeister Wolfgang Viertler wurde darin wie folgt zitiert: „Vor allem ist der Nachweis und die Sanktionierung von illegalen Zweitwohnsitzen für die Gemeinden fast nicht möglich, bringt aber einen enormen bürokratischen Aufwand.“).

einer Wohnung für touristische Beherbergungen. Zum Zweck der Überwachung dieser Bestimmungen wurde festgelegt, dass den damit betrauten Organen der Zutritt zum Objekt zu ermöglichen ist bzw. es wurde die Gemeinde ermächtigt, sich bei Versorgungs- und Entsorgungsunternehmen, bei Postdiensten oder Zustelldiensten die erforderlichen Daten zu besorgen.

Bei den Bestimmungen für Handelsgroßbetriebe erfolgten Präzisierungen und Klarstellungen, wobei die bestehenden fünf Kategorien Verbrauchermärkte, C&C-Märkte, Fachmärkte, Bau-, Möbel- oder Gartenmärkte und Einkaufszentren unverändert blieben, jedoch für die Kategorie „Einkaufszentren" festgelegt wurde, dass bei dieser die höchstzulässige Verkaufsfläche für den Anteil an Verbrauchermärkten gesondert festzulegen ist. Damit soll in Zukunft verhindert werden, dass eine bestehende Widmung für ein multifunktionales Einkaufszentrum für einen großflächigen Verbrauchermarkt verwendet wird.

Weitere Änderungen erfolgten beim Zonieren von Gewerbegebieten, beim Kennzeichnen von Stadt- und Ortskernen und Flächen für Apartmenthäuser und bei Vorbehaltsflächen für den förderbaren Miet- und Eigentumswohnbau. Ebenso neu eingeführt wurde die Widmungskategorie „Gebiete für den förderbaren Wohnbau", deren Ausweisung nur in Siedlungsschwerpunkten zulässig ist. Weiters neu sind diverse Klarstellungen bei den Sonderflächen, die Erhöhung der zulässigen Geschoßfläche bei Einzelbewilligungen für Mehr-Generationen-Häuser auf 375 m^2 sowie die Verkürzung von Fristen bei den verfahrensrechtlichen Bestimmungen. Kritisch wird von der Aufsichtsbehörde insbesondere die 1-Monats-Fallfrist bei der aufsichtsbehördlichen Kenntnisnahme von Flächenwidmungsplan-Teilabänderungen auf Grundlage eines neuen Räumlichen Entwicklungskonzepts nach dem ROG 2009 i.d.g.F. gesehen.

Bezüglich der Zulässigkeit der Widmung von Gebieten für Beherbergungsgroßbetriebe wurde mit der Novelle die Regelung eingeführt, dass in Zukunft eine Neuausweisung solcher Flächen außerhalb des Dauersiedlungsraums nicht mehr zulässig ist. Auf die Problematik der unklaren Definition des Begriffes „Dauersiedlungsraum" im § 5 ROG 2009 i.d.g.F. wurde bereits weiter oben ausführlich hingewiesen. Da diese Regelung zum Teil dem Vorschlag der Abteilung aus dem Jahr 2007 zur Änderung des Landesentwicklungsprogramms entspricht, wird sie als konsequente Neuregelung begrüßt, sofern es gelingt in Kooperation mit den Gemeinden eine klare, gemeinsam getragene Abgrenzung des Dauersiedlungsraums zustande zu bringen. Gelingt dies nicht, sind im Anlassfall schwerwiegende Auseinandersetzungen zu befürchten.

Einen erheblichen Mobilisierungseffekt für das brachliegende Bauland insbesondere in zentralen Lagen erhofft sich der Gesetzgeber durch die Einführung eines Infrastruktur-Bereitstellungsbeitrages (§ 77b ROG 2009 i.d.g.F.).

Gegenstand dieser Abgabe sind „unbefristete unverbaute Baulandgrundstücke, die ab dem 1. Jänner 2018 seit mehr als fünf Jahren als Bauland der Widmungskategorien gemäß § 30 Abs. 1 Z 1 bis 5 und 9 ausgewiesen sind.“[97] Diese Verpflichtung wird allerdings erst ab 1.1.2023 wirksam und im Falle des Eigenbedarfs überhaupt erst nach 15 Jahren.[98] Man darf daher gespannt sein, ob diese Regelung etwa zur Mitte des nächsten Jahrzehnts ihre Wirkung entfalten wird können.

9. ZUM ABSCHLUSS: FORTFÜHRUNG DES GEDANKENEXPERIMENTS „SALZBURG OHNE ROG“ UND WER TRÄGT NUN DIE VERANTWORTUNG FÜR DAS RAUMORDNUNGS-DILEMMA?

Wir kehren nun zu unserem Gedankenexperiment „Salzburg ohne ROG“ zurück: Hätten sich Landtag und Landesregierung in den 1950er-Jahren nicht mit der Ausarbeitung eines ROG beschäftigt,[99] dann hätte die Landesregierung wohl auch nicht beim Verfassungsgerichtshof (VfGH) angefragt, ob dies zulässig sei. Dann hätte es auch das VfGH-Erkenntnis von 1954 nicht gegeben und es hätte die unter der ÖVP-Alleinregierung 1966–1970 begonnene Initiative zur Einführung der Österreichischen Raumordnungskonferenz in den Siebzigerjahren unter den SPÖ-Alleinregierungen möglicherweise zu einem Bundesraumordnungsgesetz geführt, das zwar vielleicht nur als Rahmengesetz ausgestaltet worden wäre, aber eine Kompetenzklärung zwischen Bund und Land hätte herbeiführen müssen. So war es aber nicht.

Um die Situation der österreichischen Raumplanung infolge des VfGH-Erkenntnisses von 1954 zu beschreiben, soll das hilfreiche Bild von der „Baustelle Raumplanung“ aus einem Beitrag des Verfassers wieder verwendet werden:Das Gebäude der Raumplanung in Österreich besteht aus verschiedenen Türmen, die von unterschiedlichen ArchitektInnen geplant und verschiedenen BaumeisterInnen errichtet wurden. Es gibt keinen einheitlichen Gesamtbauplan, sondern jede/r macht, was er/sie für zweckmäßig erachtet.[100]

---

97 Salzburger Raumordnungsgesetz (ROG) 2009, LGBl. Nr. 30/2009 in der Fassung LGBl. Nr. 96/2017, § 77b, Abs. 2.

98 Schmidjell/Ginzinger, Salzburger Raumordnungsgesetz 2018, S. 257 (s. Fn. 89).

99 Christoph Braumann (2006). 50 Jahre Raumplanung in Salzburg. 50 Jahre Salzburger Raumordnungsgesetz (= Materialien zur Raumplanung, Bd. 19), Salzburg, S. 39f.

100 Franz Dollinger (2015). Raumplanung oder: Warum Österreich 9 verschiedene Planungssysteme und Bauordnungen „braucht“, in: Alfred Kyrer/Michael A. Populorum (Hg.): Über Politische Kultur in Österreich oder: Die Eier legende Wollmilchsau, Salzburg und Bergheim, S. 251–291, hier S. 257f.

Der Verfasser hat dazu damals festgestellt, dass bei einem konkreten Bauvorhaben in einer solchen Situation es einfacher und billiger wäre, das gesamte Gebäude abzureißen und durch ein neues zu ersetzen. Warum also sollte das beim Gebäude der Raumplanung in Österreich nicht genauso sein? Besonders, wenn wir ahnen, dass die Gebäudegeometrie der Raumplanung noch um eine Dimension komplizierter ist, als die einer herkömmlichen Gebäudearchitektur. Bis vor kurzem war der Verfasser der Ansicht, dass ein evolutionärer Weg zur Veränderung des Systems möglich sein müsste.[101] Da sich der Verfasser jedoch mittlerweile der Hypothese von Peter Weichhart[102] von der „Unreformierbarkeit der österreichischen Raumplanung" anschließt, können wir auch die eingangs gestellten drei Fragen vereinfacht beantworten: Es gibt keine alleinschuldige politische Ebene für das Dilemma im System der österreichischen Raumplanung, sondern im Sinne von Peter Weichhart nur einen unreformierbaren Geburtsfehler.[103] Das System der österreichischen Raumplanung war leider noch nicht ausgereift, als es in den Landtagen beschlossen wurde. Die zuständigen Gebietskörperschaften bemühen sich zwar redlich, die Instrumente für ihre Zwecke richtig anzuwenden und weiterzuentwickeln, sie scheitern jedoch an der zersplitterten Kompetenzlage für viele konkrete Problemstellungen (z.B. Einkaufszentren, Baulandmobilisierung, Betriebsansiedlungen etc.).

Ähnlich ist es bei der raumplanerischen Vision von der kompakten Siedlung in einem mehr oder weniger hexagonalen Netz hierarchischer Standorte der Versorgungsgüte. Hier versteckt sich die Utopie der Idealstadt. Wie Barbara Zibell in ihrer beispielhaften Dissertation an der ETH-Zürich über „Chaos als Ordnungsprinzip im Städtebau" nachgewiesen hat, sind die Idealstädte ohne wirkliches Leben.[104] Das Leben spielt sich in Form fraktaler Entwicklung am Rande der Idealstädte ab. Der Verfasser lädt nun zu einer abschließenden kurzen Exkursion nach Friaul-Julisch-Venetien ein:

Südöstlich von Udine liegt die Idealstadt Palmanova. Das reale Leben spielt sich dort in einem Outlet-Center und den Siedlungen im Bereich der Autobahnabfahrt nach Grado ab. Daher ist die Siedlungsstruktur eines Staates bzw. Landes nicht die Ursache für gesellschaftliche Entwicklungen, sondern um-

---

101 Ebd.

102 Peter Weichhart (2012). Das Versagen der Raumplanung. Versuch einer Diagnose aus der Außensicht, in: RAUM – Österreichische Zeitschrift für Raumplanung und Regionalpolitik, 86, S. 40–43.

103 Ebd., S. 40.

104 Barbara Zibell (1995). Chaos als Ordnungsprinzip im Städtebau. Ansätze zu einem neuen Planungsverständnis (= ORL-Bericht 99/1995), Zürich, S. 48.

gekehrt das Abbild unserer von der individuellen Mobilität geprägten Gesellschaft. Das Szenarien-Projekt der ÖROK zeigte uns, dass wir lernen müssen, mit diesen Effekten der Siedlungsentwicklung konstruktiv umzugehen.[105] Es kann nämlich nicht unser Ziel sein, die raumplanerischen Ideale durch gesellschaftlichen Zusammenbruch, Wirtschaftskrisen und Mobilitätseinschränkungen zu erreichen.[106] Wir können uns daher diesen Idealen nur annähern und werden weiterhin mit Chaos in der Raumentwicklung leben müssen.[107] Es sei denn, Bund, Länder und Gemeinden entschließen sich in einem gemeinsamen Krafttakt für eine umfassende Reform des Gesamtsystems der Raumordnung in Österreich. Davon ist jedoch unter den aktuellen politischen Rahmenbedingungen nicht auszugehen.

105 Helmut Hiess/Markus Gruber/Harald Payer/Marianne Penker/Manfred Schrenk/Heidrun Wankiewicz/Kristina Zumbusch (2009). Szenarien der Raumentwicklung Österreichs 2030: Regionale Herausforderungen & Handlungsstrategien (= ÖROK-Schriftenreihe, Nr. 176/II). Wien.

106 Ebd., S. 108f.

107 SN Wochenendbeilage (5.3.2016). Chaos im Raum.

MARKUS PAUSCH

Politische Gleichheit in der Salzburger Demokratie

Transparenz, Repräsentation und Partizipation

1. EINLEITUNG

Politische Gleichheit ist ein wichtiges Prinzip in jeder Demokratie. Es meint nicht die sozio-ökonomische Dimension von Gleichheit, sondern den gleichen Zugang aller StaatsbürgerInnen zu Informationen (Transparenz), zu politischen Ämtern (Repräsentation) und die gleiche Mitsprache bei politischen Entscheidungsprozessen. Aus demokratietheoretischer Perspektive zählt es in Kombination mit Freiheit zu ihren entscheidenden und wesensimmanenten Faktoren. Wo Freiheit oder politische Gleichheit nicht gegeben sind, kann auch nicht von einer Demokratie gesprochen werden. In der Politikwissenschaft, insbesondere der Politischen Theorie, herrscht weitgehende Übereinkunft über die maßgebliche Bedeutung dieser beiden Prinzipien. Die wichtigsten Instrumente zur Messung von Demokratie und Demokratiequalität legen folgerichtig auch großen Wert auf eine auf Indikatoren basierende Evaluation von Freiheit und Gleichheit in einem Staat. So wendet das Demokratiebarometer als eines der ausgefeiltesten Instrumente für diese beiden Prinzipien um die 70 Indikatoren an. Hinzu kommt das Prinzip der Kontrolle, das unter anderem Gewaltenteilung und Oppositionsmöglichkeiten beinhaltet.[1] Die meisten der Analysen von Demokratiequalität und deren Freiheits-, Gleichheits- und Kontrollaspekten beziehen sich auf Nationalstaaten. Dennoch können sie weitgehend auch auf subnationale Einheiten angewandt werden. Für das Bundesland Salzburg wurde dies in Anlehnung an das Demokratiebarometer, ein von schweizerischen und deutschen Politologen entwickeltes Messinstrument von Demokratiequalität,[2] in einem Projekt zwischen 2014 und 2016 versucht.[3] Für

1 Marc Bühlmann/Wolfgang Merkel/Lisa Müller/Heiko Giebler/Bernhard Weßels (2012). Demokratiebarometer: ein neues Instrument zur Messung von Demokratiequalität, in: Zeitschrift für Vergleichende Politikwissenschaft, 6, Supplement 1, S. 115–159, hier S. 118.

2 Website: www.democracybarometer.org.

3 Markus Pausch (Hg.) (2017). Lebensqualität und Innovation im Bundesland Salzburg, Projektbericht des gleichnamigen Projekts, gefördert vom Bundesland Salzburg, Salzburg. Siehe auch www.lq-inno.at.

den vorliegenden Artikel werden die Ergebnisse zur Gleichheit herausgegriffen, vertiefend analysiert und aktualisiert.

Die für das Bundesland relevanten rechtlichen Grundlagen bilden die österreichische Bundesverfassung und das Salzburger Landes-Verfassungsgesetz. Sie geben den groben Rahmen vor. Die nationalstaatliche Demokratie Österreichs hat das Prinzip Gleichheit vor allem in Artikel 7 festgeschrieben:

> **Artikel 7.** *(1) Alle Staatsbürger sind vor dem Gesetz gleich. Vorrechte der Geburt, des Geschlechtes, des Standes, der Klasse und des Bekenntnisses sind ausgeschlossen. Niemand darf wegen seiner Behinderung benachteiligt werden. Die Republik (Bund, Länder und Gemeinden) bekennt sich dazu, die Gleichbehandlung von behinderten und nichtbehinderten Menschen in allen Bereichen des täglichen Lebens zu gewährleisten.*
> *(2) Bund, Länder und Gemeinden bekennen sich zur tatsächlichen Gleichstellung von Mann und Frau. Maßnahmen zur Förderung der faktischen Gleichstellung von Frauen und Männern insbesondere durch Beseitigung tatsächlich bestehender Ungleichheiten sind zulässig.*
> *(3) Amtsbezeichnungen können in der Form verwendet werden, die das Geschlecht des Amtsinhabers oder der Amtsinhaberin zum Ausdruck bringt. Gleiches gilt für Titel, akademische Grade und Berufsbezeichnungen.*
> *(4) Den öffentlich Bediensteten, einschließlich der Angehörigen des Bundesheeres, ist die ungeschmälerte Ausübung ihrer politischen Rechte gewährleistet.*[4]

Das Salzburger Landesverfassungsgesetz erwähnt Gleichheit nicht nur in Hinblick auf das Wahl- und Stimmrecht, sondern explizit auch im 2. Abschnitt (Aufgabe und Grundsätze des staatlichen Handelns) in Artikel 9. Dort heißt es, dass zu den Aufgaben und Grundsätzen des staatlichen Handelns des Landes Salzburg auch „die Schaffung von Chancengleichheit und Gleichberechtigung für alle Landesbürger, insbesondere für Frauen“,[5] gehöre. Diese Passagen der grundlegenden Rechtstexte, auf denen das Bundesland Salzburg gegründet ist, zeigen die wichtige Bedeutung des Prinzips der Gleichheit auf und deuten auf besonders sensible und bisher unzureichend gewährleistete Bereiche hin, etwa die Gleichstellung zwischen Männern und Frauen oder jene von Menschen mit und ohne Behinderungen.

---

4 Rechtsinformationssystem des Bundes (RIS) (2018). Art. 7 Bundes-Verfassungsgesetz (B-VG). Abgerufen am 12.4.2018 unter https://www.ris.bka.gv.at/GeltendeFassung.wxe?Abfrage=Bundesnormen&Gesetzesnummer=10000138.

5 RIS (2018). Art. 9 Landes-Verfassungsgesetz (L-VG) Salzburg 1999. Abgerufen am 12.4.2018 unter https://www.ris.bka.gv.at/GeltendeFassung.wxe?Abfrage=LrSbg&Gesetzesnummer=10001123.

Die Messung der Gleichheit erfolgt – dem Demokratiebarometer folgend – durch eine Subkategorisierung in drei Bereiche: Transparenz, Partizipation und Repräsentation. Transparenz soll gewährleisten, dass alle BürgerInnen den gleichen Informationsstand bzw. gleichen Zugang zu Informationen haben. Partizipation kann dann als gleich gelten, wenn es gleiche Partizipationsbedingungen und möglichst gleiche tatsächliche Partizipation verschiedener Bevölkerungsgruppen gibt. Repräsentation ist in der repräsentativen Demokratie schließlich der Idee geschuldet, dass die Zusammensetzung der gewählten Parlamente sowie anderer politischer und gesellschaftlicher Einrichtungen die Gesellschaft in ihrer Vielfalt widerspiegeln muss.

2. TRANSPARENZ IN SALZBURG: DEFIZITÄR UND AUSBAUFÄHIG

Transparenz bedeutet im politischen Zusammenhang die Offenheit oder Einsehbarkeit des politischen Prozesses. Dies beinhaltet nicht nur die Transparenz von Entscheidungsverfahren, sondern auch die von Finanzierungen, Interessen und Netzwerken. In der politischen Theorie wird darauf hingewiesen, dass völlige Transparenz allen menschlichen Tuns weder realistisch noch wünschenswert ist.[6] Die Herausforderung, die aber schon seit den Überlegungen von Jean-Jacques Rousseau für demokratische Gemeinwesen genannt wird, besteht darin, „ein direktes, unzweifelhaftes und ungestörtes Verhältnis zwischen Bürgern herzustellen".[7] Dies kann nur gelingen, wenn in Angelegenheiten von öffentlichem Interesse auch Gleichheit im Zugang zu Information sowie Nachvollziehbarkeit von Entscheidungen im politischen Prozess besteht. Dahinter steht auch die Annahme, dass Intransparenz zu Korruption, Machtmissbrauch und Betrug und damit zu ungleichen Machtverhältnissen und ungleichen Möglichkeiten der Einflussnahme führen kann.[8] Für die Funktion Transparenz gelten laut Demokratiebarometer die Absenz von Geheimhaltung, gewisse Transparenzvoraussetzungen und Informationszugang als wichtigste Indikatoren.

6 Jürgen Habermas (1968). Strukturwandel der Öffentlichkeit: Untersuchungen zu einer Kategorie der bürgerlichen Gesellschaft, 3. Auflage, Neuwied am Rhein/Berlin.

7 Nico Stehr/Cornelia Wallner (2010). Transparenz: Einleitung, in: Stephan A. Jansen/Eckhard Schröter/Nico Stehr (Hg.): Transparenz: Multidisziplinäre Durchsichten durch Phänomene und Theorien des Undurchsichtigen, Wiesbaden, S. 9–19, hier S. 10.

8 Ebd.

2.1 Amtsgeheimnis und Parteienfinanzierung

Geheimhaltung schadet der Idee des gleichen Informationszugangs für alle und steht zur Transparenz im Widerspruch. Gerade in diesem Bereich hinkt die österreichische Demokratie im internationalen Vergleich hinterher. Diese Schwächen der gesamtösterreichischen Gesetzgebung wirken sich auch auf das Bundesland Salzburg aus. Das Amtsgeheimnis, das in einer Demokratie dazu dienen sollte, sensible Daten vor dem Zugriff anti-demokratischer Kräfte zu schützen, ist in Österreich besonders streng formuliert und ausgelegt. So gibt es nach wie vor ein relativ striktes Amtsgeheimnis, das seit 1925 in Art. 20 Abs. 3 des österreichischen Bundes-Verfassungsgesetzes verankert ist und auch für Salzburg Gültigkeit hat:

> *Alle mit Aufgaben der Bundes-, Landes- und Gemeindeverwaltung betrauten Organe sowie die Organe anderer Körperschaften des öffentlichen Rechts sind, soweit gesetzlich nicht anderes bestimmt ist, zur Verschwiegenheit über alle ihnen ausschließlich aus ihrer amtlichen Tätigkeit bekannt gewordenen Tatsachen verpflichtet, deren Geheimhaltung im Interesse der Aufrechterhaltung der öffentlichen Ruhe, Ordnung und Sicherheit, der umfassenden Landesverteidigung, der auswärtigen Beziehungen, im wirtschaftlichen Interesse einer Körperschaft des öffentlichen Rechts, zur Vorbereitung einer Entscheidung oder im überwiegenden Interesse der Parteien geboten ist (Amtsverschwiegenheit).*[9]

Sowohl aktive als auch ehemalige Beamte und Beamtinnen, die dieses Amtsgeheimnis verletzen, können mit bis zu drei Jahren Freiheitsentzug bestraft werden.

Das Land Salzburg hat zwar mit einem Gesetz über Auskunftspflicht, Dokumentenweiterverwendung, Datenschutz, Landesstatistik und Geodateninfrastruktur bereits wichtige Schritte in Hinblick auf mehr Transparenz geschaffen und ist damit weiter gegangen als andere Bundesländer. In § 15 über die Erleichterung des Zugangs zu Dokumenten und Transparenz ist festgehalten, dass öffentliche Stellen praktische Vorkehrungen zur Erleichterung des Zugangs zu Dokumenten zu treffen haben. Sie können dafür Informationsstellen und Auskunftspersonen benennen.[10] Dennoch bleibt die Rechtslage verhältnismäßig defizitär.

---

9 RIS (2018). Art. 20 Abs. 3 B-VG. Abgerufen am 12.4.2018 unter https://www.ris.bka.gv.at/GeltendeFassung.wxe?Abfrage=Bundesnormen&Gesetzesnummer=10000138.

10 Salzburger Landesgesetz über Auskunftspflicht, Dokumentenweiterverwendung, Datenschutz, Landesstatistik und Geodateninfrastruktur, ADDSG-Gesetz, StF: LGBl. Nr. 73/1988.

Problematisch und vom Rechnungshof immer wieder kritisiert bleibt auch das österreichische Parteiengesetz in Hinblick auf die Transparenz der Finanzierung. Zwar gab es im Jahr 2012 eine Verschärfung der Regelungen, diese blieb aber hinter den Erwartungen von ExpertInnen zurück. So gibt es bis heute keine Sanktionen, wenn eine Partei ihre Spenden nicht offenlegt oder nicht an den Rechnungshof meldet. Dieser ist von sich aus nicht berechtigt, die Parteien aus eigener Initiative zu prüfen. Parteien müssen auch ihre Vermögenslage nicht offenlegen, und die Einkommensquellen von Abgeordneten werden unzureichend aufgeschlüsselt. Die Bagatellgrenze von 5.000 Euro bei Inseraten in Medien verhindert Klarheit bei der Vergabe von Werbeaufträgen. Schließlich sind auch Lücken in der Nachvollziehbarkeit von Lobbying und das Fehlen von Cooling-Off-Phasen beim Wechsel von PolitikerInnen in die Privatwirtschaft zu beklagen.[11] Parteien und Parlamentsklubs müssten jedenfalls laut dem Politikwissenschafter Hubert Sickinger einer stärkeren Kontrolle und auch Sanktionierung unterliegen.[12] „Somit verfügt der Rechnungshof über keine Befugnisse für eine echte Finanzkontrolle. Damit ist ein wesentliches Ziel des Parteiengesetzes, nämlich die umfassende Transparenz hinsichtlich der Finanzierung aller Parteien, nicht erreicht."[13]

2.2 Intransparenz fördert Korruptionsverdacht

Je transparenter ein System ist, desto geringer ist seine Anfälligkeit für Korruption. In der Salzburger Politik gab es in den letzten Jahren mehrere aufsehenerregende Fälle, in denen die Wirtschafts- und Korruptionsstaatsanwaltschaft Ermittlungen einleitete und es auch zu Verurteilungen und Rücktritten kam. Dazu zählen der Salzburger Finanzskandal, der 2013 zum Rücktritt des für Finanzen zuständigen Landeshauptmann-Stellvertreters David Brenner und zu vorgezogenen Landtagswahlen führte,[14] die (nicht rechtskräftige) Verurteilung des Salzburger Bürgermeisters Heinz Schaden wegen Beihilfe zu Untreue 2017 und dessen damit verbundener Rückzug aus der Politik sowie der Verdacht auf Vorteilsannahme und die damit einhergehenden und 2018 eingelei-

11 Magdalena Reinberg-Leibel (2014). Lobbying in Österreich: Wer vertritt wessen Interessen? Was dürfen wir darüber wissen? Transparency International Austrian Chapter, Wien. Abgerufen am 26.6.2018 unter https://www.ti-austria.at/2014/12/03/lobbying-in-oesterreich.

12 Salzburger Nachrichten (SN) Online (1.9.2017). Viele Schwächen und Schlupflöcher bei Parteienfinanzierung.

13 Rechnungshof (2016). Bericht des Rechnungshofs, Wien, S. 34. Abgerufen am 26.6.2018 unter http://www.rechnungshof.gv.at/fileadmin/downloads/_jahre/2016/berichte/teilberichte/bund/Bund_2016_24/Bund_2016_24_1.pdf.

14 Die Presse Online (21.4.2018). Der fast schon vergessene Salzburger Finanzskandal.

teten Ermittlungen gegen den ehemaligen Landesrat für Wohnbau Hans Mayr, der aufgrund der Vorwürfe ebenfalls zurücktrat.[15] Gerade aus diesen aktuellen Entwicklungen heraus steigt der Druck zur Erhöhung der rechtlichen Transparenz-Grundlagen in Salzburg beträchtlich. Dennoch blieben Konsequenzen wie etwa eine vom Land Salzburg organisierte Kampagne für mehr Korruptionsbewusstsein oder die Einführung eines Verhaltenskodex bisher aus.[16]

Neben den genannten Problemen im Bereich der Transparenz sind für den Salzburger Landtag aber auch positive Aspekte zu vermerken, etwa die 2008 eingeführten Live-Übertragungen von Landtagssitzungen im Internet und der Web-Auftritt des Landtags und der Landesregierung, der im Vergleich zu anderen Bundesländern auf einem aktuellen Stand ist und übersichtliche Informationen bietet.[17]

Im Bereich der Informationsfreiheit stellt das genannte Amtsgeheimnis jedoch weiterhin eine deutliche Einschränkung dar. Den Medien und der Öffentlichkeit können Informationen über gewisse Sachverhalte mit Verweis auf dieses Amtsgeheimnis vorenthalten werden. Im internationalen „Right to Information"-Rating schneidet Österreich deshalb besonders schlecht ab und wird hart kritisiert.[18]

Politische Eingriffe in die Berichterstattung von privaten oder öffentlich-rechtlichen Medien sind in Salzburg nicht dokumentiert, jedoch wird die Bereitschaft zur transparenten Kommunikation unter den politischen Eliten von ExpertInnen als mäßig eingestuft.[19]

3. REPRÄSENTATION: AUFHOLBEDARF BEI FRAUEN UND MINDERHEITEN

Die Widerspiegelung der gesellschaftlichen Verhältnisse in einem Parlament bzw. in den politischen Entscheidungsgremien und in den öffentlichen Institutionen eines Staates oder einer Region wird als Repräsentation bezeichnet. Für die Qualität und Legitimität einer Demokratie ist es wichtig, dass die verschiedenen relevanten Bevölkerungsgruppen sichtbaren und gleichen Zugang

---

15 SN Online (18.1.2018). Nach Rücktritt: Mayr-Partei legte Spenden nur teilweise offen.

16 Rechnungshof, Bericht, S. 34 (s. Fn. 13).

17 Land Salzburg (2018). Der Salzburger Landtag in Bild und Ton. Abgerufen am 24.9.2018 unter https://www.salzburg.gv.at/pol/landtag/landtagsvideo-2.

18 Access Info Online (2018). Search results for: Austria. Abgerufen am 20.12.2016 unter https://www.access-info.org/?s=Austria&lang=en.

19 Reinberg-Leibel, Lobbying in Österreich (s. Fn. 11).

zu Ämtern und Entscheidungsprozessen haben. In der politischen Theorie unterscheidet man verschiedene Möglichkeiten und Definitionen der Repräsentation. Hanna Pitkin definiert vorerst ganz allgemein: „Representation means the making present of something which is nevertheless not literally present".[20] Für politische Einheiten und vor allem Demokratien fügt sie dann das Konzept des „standing for" hinzu. „Standing for" – also für etwas oder jemanden stehen – bedeutet, dass die Repräsentierten den sie Repräsentierenden zugestehen, sie tatsächlich zu repräsentieren.[21] Dies kann über deskriptive Ähnlichkeit erfolgen, d.h., dass eine Gruppe mit gewissen Merkmalen von Personen mit ebendiesen Merkmalen vertreten wird. Jane Mansbridge hat dies in der Frage „Should blacks represent blacks and women represent women?" zugespitzt und mit einem eingeschränkten Ja beantwortet.[22] Dies sollte dann der Fall sein, wenn der Repräsentationskontext von einem historischen Unterdrückungsverhältnis geprägt ist und die RepräsentantInnen nur dann einen Zugang zur Gruppe der zu Repräsentierenden aufbauen können, wenn sie deren volles Vertrauen genießen. Demokratiepolitisch kommt hinzu, dass das Sichtbarwerden einer historisch unterdrückten oder ausgegrenzten Personengruppe in einer mächtigen Position bzw. in einer bedeutenden Institution nur durch einen Vertreter/eine Vertreterin dieser selbigen Gruppe gewährleistet ist. Mansbridge nennt dies den Beweis für die „ability to rule".[23]

Die Empirie der nationalstaatlichen Demokratie zeigt, dass das Ideal gleicher Repräsentation in der Realität kaum je erreicht wird. Unterrepräsentiert sind in so gut wie allen europäischen Demokratien in erster Linie die Frauen. Sie stellen in der Regeln einen Bevölkerungsanteil von 50 % und darüber, sind in Parlamenten, Regierungen und anderen Institutionen sowie in Führungsgremien der Privatwirtschaft aber viel seltener vertreten als Männer. Auch beeinträchtigte Menschen oder Menschen mit Migrationshintergrund sind weniger oft in den Institutionen der repräsentativen Demokratie zu finden als in der Gesamtbevölkerung.[24]

Zur Analyse der Repräsentation wird auf Basis des Demokratiebarometers zwischen substanzieller und deskriptiver Repräsentation unterschieden. Zur substanziellen Repräsentation werden die Sitzzahl im Landtag pro Einwohne-

---

20 Hanna Fenichel Pitkin (1967). The Concept of Representation, Berkeley/Los Angeles, S. 144.

21 Ebd., S. 92.

22 Jane Mansbridge (1999). Should Black represent Black and Women represent Women? A Contingent Yes, in: The Journal of Politics, 61 (3), S. 628–657, hier S. 630–631.

23 Ebd., S. 628.

24 Andreas M. Wüst/Dominic Heinz (2009). Die politische Repräsentation von Migranten in Deutschland, in: Marcus Linden/Winfried Thaa (Hg.): Die politische Repräsentation von Fremden und Armen, Baden-Baden, S. 200–217, hier S. 200–201.

rIn gezählt sowie die konstitutionellen Möglichkeiten direkter Demokratie.[25] Die deskriptive Repräsentation beschreibt die Anteile gewisser Bevölkerungsgruppen in den Institutionen wie Parlamenten oder Parteien.

3.1 Starke Verfassung mit Einschränkungen im passiven Wahlrecht

Im Salzburger Landtag sind 36 Sitze bei einer EinwohnerInnen-Zahl von 549.263 (Stand 1.1.2017) zu vergeben. Das heißt, dass auf eine/n Abgeordnete/n ca. 15.257 EinwohnerInnen des Bundeslands Salzburg kommen. Aus Perspektive der Demokratiequalität ist ein möglichst geringes Vertretungsverhältnis wünschenswert, wodurch kleinere politische Entitäten meist im Vorteil sind. Salzburg hat dahingehend also sowohl im internationalen Regionenvergleich als auch relativ zu anderen österreichischen Bundesländern ein günstiges Verhältnis vorzuweisen.[26] Innerhalb Österreichs ist das Vertretungsverhältnis nur in Vorarlberg (ca. 11.000) und im Burgenland (ca. 8.000) noch günstiger, während etwa ein/e Landtags-Abgeordnete/r in Niederösterreich fast 30.000 Personen vertritt.

Ein weiterer Indikator für die substanzielle Repräsentation sind die verfassungsmäßigen Möglichkeiten der direktdemokratischen Einflussnahme. Die Salzburger Landesverfassung sieht Volksabstimmungen, Volksbegehren und Volksbefragungen vor. In Art. 5 der Landesverfassung bekennt sich Salzburg außerdem ausdrücklich zu Instrumenten der partizipativen Demokratie und zu deren Förderung.[27] Empirisch betrachtet wurde in der Geschichte Salzburgs über die längste Zeit kaum von diesen Möglichkeiten Gebrauch gemacht. In den letzten Jahren aber zeigt sich tatsächlich eine größere Bereitschaft vonseiten der Landtagsabgeordneten, über alternative Beteiligungsformen nachzudenken und diese zu fördern. So wurde von 2013 bis 2016 eine Enquete-Kommission eingesetzt, um über eine Demokratiereform zu diskutieren. In mehreren Sitzungen wurden Themen wie eine Wahlrechtsreform und Maßnahmen zur Erhöhung des Frauenanteils in der Politik diskutiert. Ein besonderes Augenmerk legte man auf das Instrument der BürgerInnen-Räte, bei denen zufällig ausgewählte BürgerInnen über Landes- und Gemeindepolitik beratschlagen.[28] Das dahingehende Engagement des Landtags kann durchaus als

25 Bühlmann et al., Demokratiebarometer, S. 15 (s. Fn. 1).

26 Pausch, Lebensqualität und Innovation, S. 123 (s. Fn. 3).

27 Art. 5 L-VG (s. Fn. 5).

28 Landtags-Informationssystem (LPI) (2018). Antrag der Landtagspräsidentin et al. vom 3.2.2016, Nr. 216 der Beilagen zum Stenographischen Protokoll des Salzburger Landtages (4. Session der 15. Gesetzgebungsperiode). Abgerufen am 26.6.2018 unter https://www.salzburg.gv.at/00201lpi/15Gesetzgebungsperiode/4Session/216.pdf.

demokratiepolitischer Fortschritt und als positiver Aspekt für die substanzielle Repräsentation betrachtet werden.

Ein weiterer Indikator für die substanzielle Repräsentation in einer Demokratie ist die Frage nach dem Zugang der Wohnbevölkerung zum Wahlrecht. Dabei spielt das aktive Wahlrecht in den Bereich der Partizipation hinein und wird unter dem Aspekt des gleichen Zugangs beleuchtet (siehe Kap. 3.1). Das passive Wahlrecht ist eine Frage, die für die Repräsentation von Interesse ist. So reicht es in Gesellschaften mit hoher Zuwanderung nicht aus, lediglich darauf zu achten, ob die passiv Wahlberechtigten gleiche Zugangschancen zu Ämtern haben. Für die Qualität einer Demokratie ist es eine starke Einschränkung, wenn viele Menschen der Wohnbevölkerung gesetzlich von diesen Möglichkeiten ausgeschlossen sind.[29] Das Bundesland Salzburg weist den dritthöchsten Anteil von Menschen mit ausländischer Staatsbürgerschaft in Österreich auf. Über 13 % der hier lebenden erwachsenen Wohnbevölkerung haben keinen österreichischen Pass und damit auch kein Wahlrecht auf Bundes- und Landesebene. In absoluten Zahlen betrifft dies über 70.000 Menschen.[30] Die in dieser Zahl enthaltenen EU-AusländerInnen machen ca. die Hälfte davon aus und können sich zumindest auf kommunaler Ebene in Salzburg in Gemeinderäte wählen lassen.[31] Dass dies für Nicht-EU-AusländerInnen auch bei langer Wohnsitzdauer nicht möglich ist, bedeutet eine Einschränkung der substanziellen Repräsentation und eine Minderung der Demokratiequalität. Allerdings müsste für eine Wahlrechtsreform in den Ländern oder Kommunen die österreichische Bundesverfassung geändert werden. Das Bundesland Salzburg hat hier also – selbst wenn es eine Änderung herbeiführen wollte – keine gesetzgebenden Kompetenzen und könnte nur durch politischen Druck agieren.

3.2 Männliche Dominanz trotz Aufholprozess von Frauen, Minderheiten schwach

Die deskriptive Repräsentation zeigt die konkreten Vertretungsverhältnisse nach verschiedenen Kriterien. Das Geschlecht spielt hierbei eine besonders wichtige Rolle. Empirisch ist bekannt, dass trotz einem Anteil der weiblichen Bevölkerung von etwa 50 % an der Gesamtbevölkerung ihre Repräsentation in politischen Institutionen deutlich geringer ist.

29 Rainer Bauböck (2017). Drei demokratische Inklusionsprinzipien, in: Österreichische Zeitschrift für Politikwissenschaft, 46(1), S. 75–81, hier S. 80.

30 Statistik Austria (2018). Bevölkerung nach Alter und Bundesland – insgesamt. Abgerufen am 26.06.2018 unter https://www.statistik.at/web_de/statistiken/menschen_und_gesellschaft/bevoelkerung/bevoelkerungsstruktur/bevoelkerung_nach_alter_geschlecht/index.html.

31 Peter Kurz/Evelyn Putz (2018). Bevölkerung Land Salzburg: Stand und Entwicklung, Salzburg.

Abbildung 1: Frauenanteil in österreichischen Landtagen (Stand: Jänner 2017)

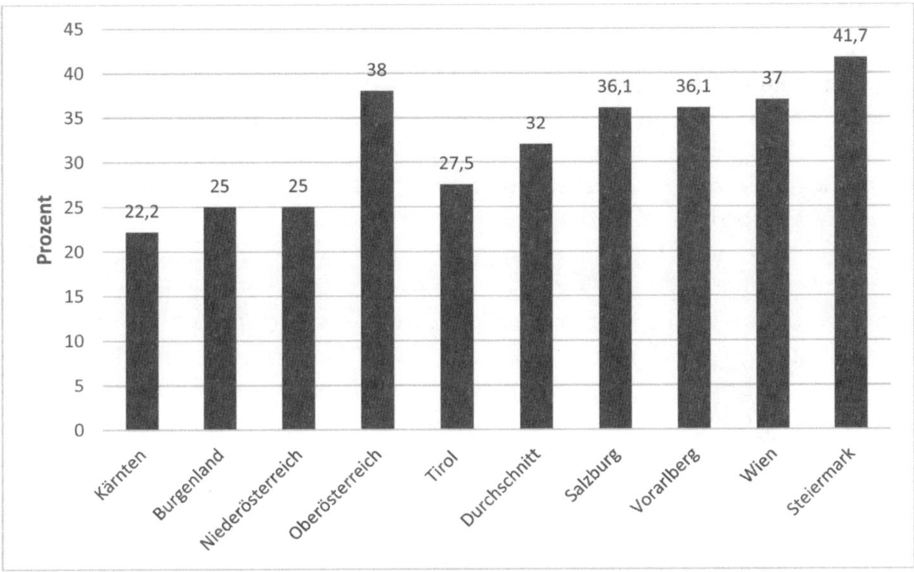

Quelle: Eigene Berechnung nach Websites der Landtage.

Im Salzburger Landtag waren mit Stand 2017 unter 36 Abgeordneten 13 Frauen. Das entspricht einem Anteil von ca. 36 % (siehe Abbildung 1). Damit liegt Salzburg über dem Durchschnitt der österreichischen Bundesländer und auch knapp über der Quote im Nationalrat (35,52 %).[32] Vergleicht man die Zahlen mit Parlamenten anderer Länder, so schneidet Salzburg relativ gut ab. In Europa liegen nur in den skandinavischen Ländern die Frauenanteile in Parlamenten konstant höher. In Salzburg waren in der jüngeren Vergangenheit auch Führungspositionen im Landtag mit Frauen besetzt. Brigitta Pallauf von der ÖVP war bis zum Rücktritt des Landesrats Hans Mayr Landtagspräsidentin, ehe sie selbst in die Landesregierung wechselte. Zweite Präsidentin des Landtags war in derselben Legislaturperiode Gudrun Mosler-Törnström von der SPÖ. In der Landesregierung befanden sich bis zum Ausscheiden von Mayr unter sieben Mitgliedern nur zwei Frauen (Astrid Rössler und Martina

32 Republik Österreich/Parlament (2018). Frauenanteil im Nationalrat. Abgerufen am 26.6.2018 unter https://www.parlament.gv.at/SERV/STAT/PERSSTAT/FRAUENANTEIL/frauenanteil_NR.shtml.

Berthold, beide von den Grünen). Nach dem Wechsel von Pallauf in die Landesregierung lag der Frauenanteil dort bei über 42 %. Die 2018 angelobte Landesregierung besteht aus zwei Frauen. Brigitta Pallauf wurde wieder zur Landtagspräsidentin gewählt. In der FPÖ steht mit Marlene Svazek eine Frau an der Spitze einer Partei. Wenn also auch nach wie vor eine klare Dominanz von Männern in der Politik erkennbar ist, zeigt sich doch, dass Frauen in politischen Spitzenpositionen eine bedeutende Rolle spielen.

Abbildung 2: Anzahl der Frauen im Salzburger Landtag nach politischen Parteien

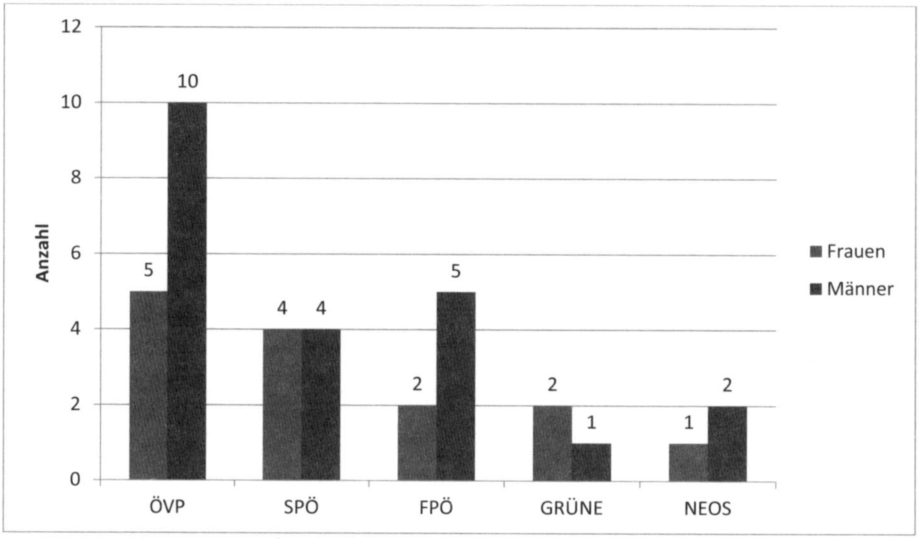

Quelle: Website des Salzburger Landtags 2018.

Abbildung 2 zeigt, dass das Verhältnis zwischen Männern und Frauen im Salzburger Landtag (Stand: Juni 2018) bei ÖVP und FPÖ deutlich zugunsten der Männer ausfällt und bei der SPÖ ausgeglichen ist. Die Grünen haben zwei weibliche und einen männlichen Abgeordneten. Bei den NEOS gestaltet sich das Verhältnis umgekehrt.

Der Anteil der weiblichen Personen an der Spitze von Gemeinden ist in Salzburg hingegen der geringste in ganz Österreich. Nur fünf von 119 Gemeinden (d.h. 4,2 %) hatten 2018 eine Bürgermeisterin. In ganz Österreich werden von 2.100 Gemeinden 160 von Frauen regiert, was einem Anteil von 7,6 %

entspricht. Die meisten weiblichen Bürgermeisterinnen gibt es in Niederösterreich mit 62 oder einem Anteil von 10,8 %.

Abbildung 3: Anteil der Bürgermeisterinnen an allen Gemeinden pro Bundesland

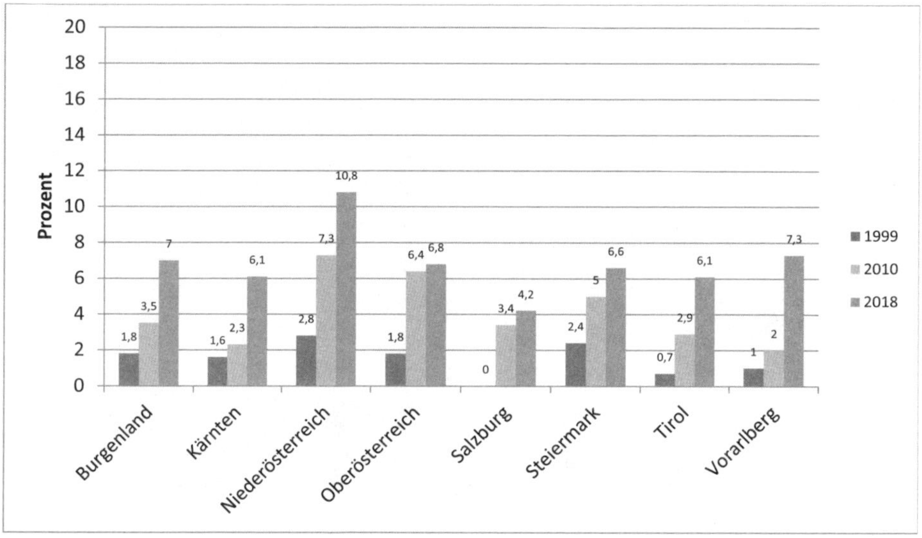

Quelle: Website des Gemeindebunds 2018.

Insgesamt zeigt Abbildung 3 den immer noch sehr geringen Anteil an Bürgermeisterinnen in allen österreichischen Bundesländern. Es fällt dennoch auf, dass der Anteil seit 1999 überall gestiegen ist. Gab es im Bundesland Salzburg 1999 noch keine einzige Frau als Bürgermeisterin, so sind es 2018 immerhin fünf. Verglichen mit anderen Bundesländern ist dieser Wert allerdings der schlechteste. Bei den Gemeinderätinnen liegt der Anteil österreichweit bei ca. 25 %.[33] Aktuelle Aufschlüsselungen zu den Bundesländern liegen dahingehend nicht vor.

Auch die Diversität der ethnischen Herkunft bzw. des Migrationshintergrunds und der Religionszugehörigkeit bildet sich in den Institutionen der österreichischen Demokratie und Gesellschaft kaum ab. Die Zugangschancen für diese Minderheiten sind gering. In den meisten Parteien der meisten Land-

33 Nähere Informationen dazu auf der Website des Gemeindebundes: https://gemeindebund.at/gemeindebund-buergermeisterinnen-anteil-immer-noch-zu-gering.

tage werden Personen mit Migrationshintergrund oder muslimischer Religion selten oder gar nicht auf wählbaren Plätzen aufgestellt. Dies gilt auch für Salzburg. Im Salzburger Landtag saßen mit Stand April 2018 zwar zwei Abgeordnete, die im Ausland geboren wurden, jedoch keine Angehörigen von Sprachminderheiten oder religiösen Minderheiten.[34]

Abbildung 4: Alter der Abgeordneten im Salzburger Landtag

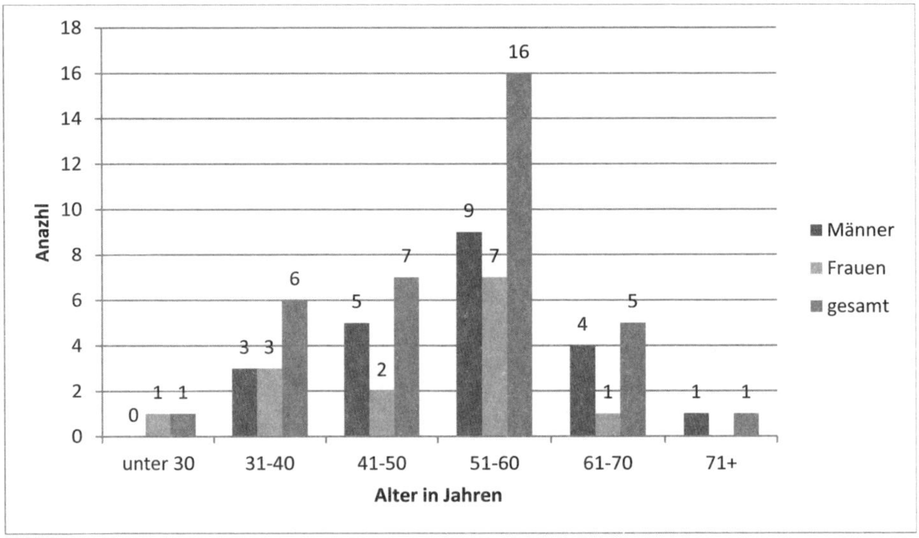

Quelle: Website des Salzburger Landtags 2018.

Abbildung 4 zeigt, dass die am stärksten vertretene Altersgruppe der Abgeordneten im Salzburger Landtag am Ende der Legislaturperiode 2013–2018 jene zwischen 51 und 60 Jahren ist. Das entspricht einem Anteil von 44 %. Ein Abgeordneter ist über 70 und eine Abgeordnete unter 30 Jahre alt. Das Durchschnittsalter der Abgeordneten zum Salzburger Landtag beträgt ca. 51 Jahre. Das entspricht fast genau dem Durchschnittsalter der Wählerinnen und Wähler in Salzburg, das im April 2018 bei 50,4 Jahren lag.[35] Dennoch kann man nach dem Prinzip der deskriptiven Repräsentation kritisch anmerken, dass zu wenige Junge und zu wenige Alte im Salzburger Landtag vertreten sind. Dies

34 Recherchiert auf den Seiten des Salzburger Landtages und den personenbezogenen biographischen Angaben auf Wikipedia.

35 Kurz/Putz, Bevölkerung Land Salzburg, S. 17 (s. Fn. 31).

bedeutet zwar nicht notwendigerweise, dass deren Interessen nicht repräsentiert werden, aber sie tun dies jedenfalls nicht wie andere Altersgruppen selbst.

Die Funktion der Repräsentation der Gesellschaft wird aufgrund all dieser Daten nur eingeschränkt und in unterschiedlichem Ausmaß erfüllt. Sowohl was die Geschlechter als auch was den ethnischen Hintergrund betrifft, können die Institutionen der repräsentativen Demokratie nicht als Spiegel der pluralistischen Gesellschaft bezeichnet werden. Die Alterszusammensetzung hat sich im Langzeittrend ausdifferenziert. Waren in den Nachkriegsjahrzehnten vorwiegend ältere Männer führend in der Berufspolitik tätig, so finden sich heute trotz eines viel beklagten Nachwuchsproblems auch jüngere Personen in Spitzenfunktionen. Die über 70-Jährigen sind in Parlamenten und Regierungen hingegen kaum repräsentiert.

4. PARTIZIPATION: WEITGEHEND GLEICHE RECHTE, UNGLEICHE NUTZUNG

Demokratie ist auf die Partizipation ihrer BürgerInnen angewiesen. Je weniger Partizipationsmöglichkeiten diese haben bzw. je weniger sie ihre Partizipationsrechte nutzen, umso schwächer die Qualität der Demokratie. Der Faktor Partizipation wird im Demokratiebarometer in zwei Subkategorien unterteilt: die Gleichheit der Partizipation vor dem Gesetz sowie die Gleichheit der effektiven Partizipation. „Weil es unter der Annahme normativer demokratischer Gleichheit keine unabhängigen Kriterien für den Ausschluss bestimmter Individuen von politischen Entscheidungen geben kann, wird argumentiert, dass alle Individuen, die von einer politischen Entscheidung betroffen sind, auch die Möglichkeit haben müssen, an dieser Entscheidung teilzuhaben.“[36] Diesem Gedanken folgend soll niemand aufgrund sozialer Merkmale oder zu geringer Ressourcen an politischer Partizipation gehindert werden, und zwar an all ihren Formen, den konventionellen (v. a. Wahlen) als auch den unkonventionellen oder alternativen (Demonstrationen, Petitionen etc.).

4.1 Inklusives Wahlrecht mit gewissen Einschränkungen

Die Gleichheit der Partizipation hängt zuerst davon ab, wer über ein Wahlrecht verfügt. Wie bereits im Kapitel zur Repräsentation unter 2.1 beschrieben, ist sowohl das aktive als auch das passive Wahlrecht an die österreichische Staatsbür-

---

36 Democracy Barometer (2018). Konzept. Abgerufen am 26.6.2018 unter www.democracybarometer.org/concept_de.html.

gerschaft, auf kommunaler Ebene an die EU-Bürgerschaft gekoppelt. Je höher der Anteil von Personen ohne österreichische Staatsbürgerschaft, desto geringer auch die Gleichheit der Partizipation. In Salzburg betrifft dies, wie erwähnt, etwa 13 % der erwachsenen Bevölkerung. Die Demokratiequalität ist dadurch eingeschränkt, da ein relevanter Anteil der Wohnbevölkerung auf Landes- und Bundesebene sowie Drittstaatsangehörige auch auf Gemeinde-Ebene nicht wählen können. Von dieser Einschränkung abgesehen verfügt Salzburg aber wie ganz Österreich über ein relativ inklusives Wahlrecht. 2005 beschloss Salzburg als drittes Bundesland nach Wien und dem Burgenland die Senkung des Wahlalters auf 16 Jahre. Trotz dieser vergleichsweise niedrigen Altersbegrenzung bleibt ein gewisser Teil der Bevölkerung von vornherein vom Wahlrecht ausgeschlossen. Dies betrifft, wie erwähnt, neben den unter 16-Jährigen all jene Personen, die zwar in Salzburg leben, aber nicht über die österreichische Staatsbürgerschaft verfügen. Davon kommen 19,9 % aus Deutschland, 6,8 % aus Kroatien, 5,7 % aus Ungarn und 4,2 % aus Rumänien (siehe Abbildung5).

Abbildung 5: Anteil von Personen mit ausländischer Staatsbürgerschaft in Salzburg 2018

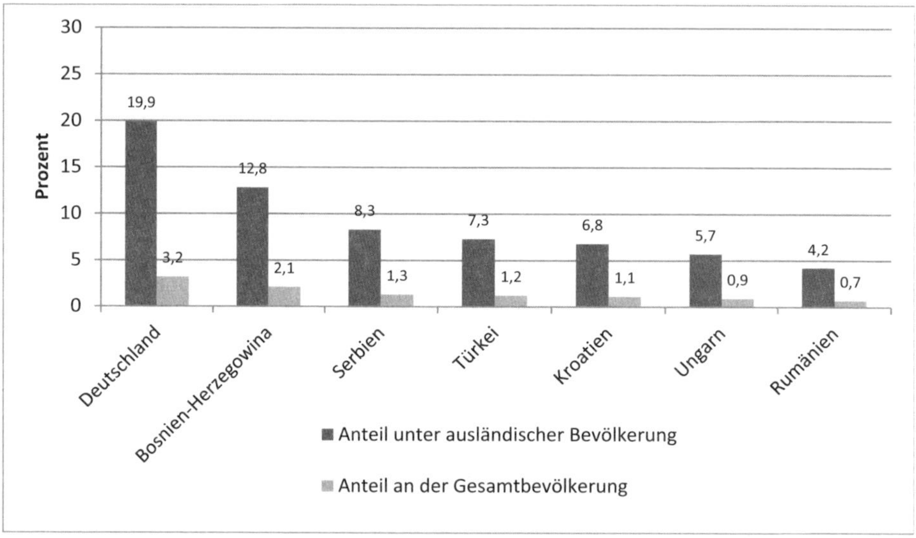

Quelle: Kurz/Putz, Bevölkerung Land Salzburg, S. 14 (s. Fn. 31).

Die wichtigste Herkunftsgruppe der ausländischen Bevölkerung im Bundesland Salzburg ist mit großem Abstand jene der Deutschen, gefolgt von Personen aus Bosnien-Herzegowina, Serbien und der Türkei. Mit Kroatien, Ungarn und Rumänien folgen einige Herkunftsländer, aus denen v. a. im Jahr 2015 Geflüchtete zugewandert sind, die in Salzburg einen Asylantrag stellten. Von diesen Personen stammen ca. 2.600 aus Syrien und ca. 2.400 aus Afghanistan. Für die Frage der politischen Partizipation spielt dies insofern eine Rolle, als diese Personen aufgrund ihres Aufenthaltsstatus auch unterschiedlich ausgeprägte Rechte der politischen Beteiligung genießen. EU-AusländerInnen verfügen ab dem ersten Tag ihrer Anmeldung über das kommunale Wahlrecht, Menschen aus EU-Drittstaaten haben demgegenüber unabhängig von ihrer Wohnsitzdauer kein Wahlrecht in Österreich. Alle diese Gruppen können aber das Recht auf freie Meinungsäußerung wahrnehmen. Einschränkungen gibt es faktisch jedoch auch hierbei. So wird aus Interviews mit Geflüchteten aus Afghanistan deutlich, dass diese bei der Anmeldung von Demonstrationen auf Schwierigkeiten stoßen, weil ihnen unterschiedliche Rechtsauskünfte erteilt werden oder ihnen von Behörden abgeraten wird, ihr Demonstrationsrecht wahrzunehmen.[37]

Die Einschränkungen in den Rechten auf politische Partizipation sind zum Teil nachvollziehbar. So gilt es als unumstritten, dass eine gewisse Wohnsitzdauer als Mindestkriterium zulässig und sinnvoll ist, bevor jemand ein zumindest kommunales Wahlrecht erhält.

Die Gleichheit der Partizipation hängt auch davon ab, wie sehr unkonventionelle Formen der Beteiligung rechtlich möglich und gesellschaftlich akzeptiert sind. Unkonventionelle oder alternative Formen der politischen Partizipation wie Demonstrationen, Petitionen usw. sind in Salzburg wie in ganz Österreich rechtlich durch das Prinzip der freien Meinungsäußerung verankert. Ihre Akzeptanz in der Bevölkerung ist jedoch weit geringer als jene von Wahlen (siehe Abbildung 6). Ob dies mit einer passiven politischen Kultur zu tun, wird breit diskutiert.[38] Unkonventionelle Partizipationsformen werden zwar ebenso wie Wahlen eher von Gebildeten wahrgenommen, jedoch dreht sich die Alterszugehörigkeit um. Besonders bei Demonstrationen zeigt sich, dass es die Jüngeren sind, die dieser Partizipationsform etwas abgewinnen können, während die Älteren sie mehrheitlich ablehnen. Zwar sind die dazu zur Verfügung stehenden Daten (siehe Abbildung 6) schon zehn Jahre alt, aber es ist davon auszugehen, dass sich in dieser Dekade keine gravierenden Veränderungen ergeben haben.

---

37 Gespräch mit einem Asylwerber, Salzburg, 18.3.2018.

38 Bernhard Riederer (2006). Passive BürgerInnen: Staatsbürgerschaftsverständnis, Partizipation und Demokratie, in: SWS-Rundschau, 46(4), S. 373–393, hier S. 397.

Abbildung 6: Partizipationsbereitschaft bei Demonstrationen (in Prozent)

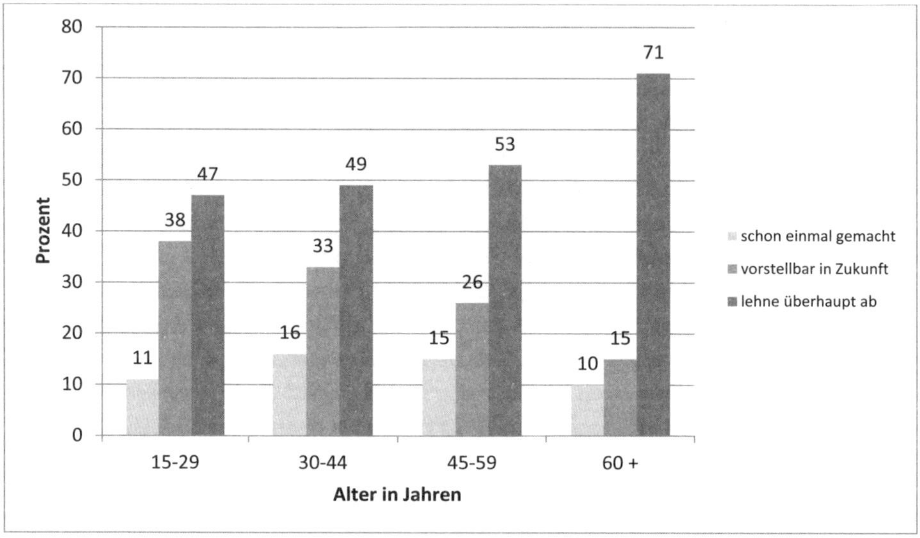

Quelle: ZfZ/IFES (2008). Lebensqualität: Repräsentative Umfrage für Österreich und Salzburg, Wien/Salzburg, S. 10–11.

Die Grafik zeigt, dass sich jüngere Menschen zwischen 15 und 29 Jahren zu 38 % vorstellen konnten, an einer Demonstration teilzunehmen, und ca. 47 % Demonstrationen überhaupt ablehnten. Bei den über 60-Jährigen erhöht sich der Anteil der Ablehnenden auf über 70 %. Selbst wenn man mit einem Kohorteneffekt rechnet, bleibt eine große Ablehnung in der älteren Bevölkerung auch für heute noch wahrscheinlich.

2008 lehnten über alle Altersgruppen hinweg 55 % die Teilnahme an Demonstrationen überhaupt ab und nur 10 % hatten schon einmal demonstriert. Am Land ist die Akzeptanz deutlich geringer als in der Stadt. Die kritische Haltung gegenüber Demonstrationen und anderen alternativen Beteiligungsformen schränkt die Gleichheit der Partizipation insofern ein, als es gesellschaftlich und durch sozialen Druck schwieriger wird, sich dahingehend zu betätigen.

4.2 Effektive Partizipation mit soziodemographischen Diskrepanzen

Die tatsächliche Beteiligung nach verschiedenen soziodemographischen Merkmalen spiegelt die Akzeptanz von politischen Partizipationsformen wider. Folgerichtig zeigt sich die höchste Beteiligung bei Wahlen. Bildung, Einkommen, Alter und Geschlecht sollten sich idealerweise nicht auf das Partizipationsverhalten auswirken. Seit es Untersuchungen dazu gibt, weisen die empirischen Daten der Demokratieforschung aber ganz klare Diskrepanzen aus.[39] So differiert die Wahlbeteiligung zwischen Menschen mit höherem formalem Bildungsabschluss und solchen mit einem niedrigeren besonders stark. Je höher der formale Bildungsabschluss, desto höher die Wahlbeteiligung. Formalbildung ist in der Tat der stärkste Indikator für politische Partizipation.[40]

Die Geschlechtszugehörigkeit wirkt sich nicht nur – wie gezeigt – auf die Repräsentation in den Institutionen der Demokratie aus, sondern auch auf die Partizipation an Wahlen.[41] Ähnliches gilt für das Alter und das Einkommen. Insgesamt kann festgehalten werden, dass ältere Menschen eher zur Wahl gehen als jüngere, Männer eher als Frauen sowie formal Gebildete eher als formal weniger Gebildete. Hinzu kommt ein Land-Stadt-Gefälle. So ist die Beteiligung im ländlichen Raum in der Regel höher als in der Stadt. Ältere, gebildete, wohlhabende Männer, die in einer Landgemeinde leben, haben die höchste Wahrscheinlichkeit, an einer Wahl teilzunehmen. Junge, weniger gebildete Frauen mit geringem Einkommen, die in der Stadt leben, haben statistisch betrachtet die geringste Wahrscheinlichkeit, zur Wahl zu gehen.

Die effektive Partizipation bei Wahlen in Salzburg unterliegt einem stetigen Wandel. Dabei gibt es je nach Wahlebene große Unterschiede zu verzeichnen. Am geringsten fällt die Beteiligung bei Wahlen zum Europäischen Parlament aus. Hier liegt man konstant unter 50 %. Aus demokratiepolitischer Perspektive ist dies bedenklich, da die Legitimation von politischen Entitäten bei so geringen Beteiligungswerten leidet. Verhältnismäßig gut ist die Situation bei Nationalratswahlen, die regelmäßig die höchsten Werte verzeichnen. Zuletzt ist auch die Beteiligung an Wahlen zum Bundespräsidenten wieder gestiegen. Das Partizipationsniveau bei Landtags- und Gemeinderatswahlen liegt unter den nationalen Werten, ist in Salzburg aber noch in einem stabilen Bereich mit über (Landtag) bzw. um die (Gemeinden) zwei Dritteln angesiedelt. Der Langzeittrend der sinkenden Beteiligung ist hier aber doch deutlich und wirkt sich negativ auf die Gleichheit der Partizipation aus. Diese verschlechtert sich mit der Verringerung der Wahlbeteiligung, weil es empirisch die immer gleichen Gruppen sind, die sich zunehmend aus dem Politischen zurückziehen

39 Gabriel Almond/Sydney Verba (1980). The Civic Culture: Political Attitudes and Democracy in Five Nations, Princeton; Pascal Perrineau/Luc Rouban (Hg.) (2007). La politique en France et en Europe, Paris.

40 Zur Partizipation im Bundesland Salzburg siehe Stefan Wallys Beitrag in diesem Jahrbuch.

41 Diese und die folgenden Aussagen beziehen sich auf Daten aus ZfZ/IFES 2008, S. 10 f.

und geringeres Vertrauen aufweisen, also formal weniger Gebildete und einkommensschwache Personen.[42]

5. KONKLUSION: HERAUSFORDERUNGEN FÜR DIE GLEICHHEIT IN DER SALZBURGER DEMOKRATIE

Politische Gleichheit ist ein wichtiges Prinzip in jeder Demokratie. Sie kann empirisch analysiert werden, in dem man sich Indikatoren für Transparenz, Repräsentation und Partizipation im Vergleich zwischen verschiedenen politischen Einheiten oder im Zeitvergleich ansieht. Im vorliegenden Artikel wurde dies für das Bundesland Salzburg mit Rückgriff auf die Ergebnisse eines größeren Forschungsprojekts versucht, sofern die Daten es zuließen. Dabei zeigt sich, dass es in allen drei Bereichen Mängel mit unterschiedlicher Trendrichtung gibt.

Die Transparenz hat sich in den letzten Jahren zwar deutlich verbessert, ist aber noch weit von einem Idealzustand entfernt. Hauptproblem bilden das unzureichende Parteienfinanzierungsgesetz sowie das weiterhin bestehende Amtsgeheimnis. Das Land Salzburg könnte dem mit einer/m Informationsbeauftragten und eigens gesetzten Regeln für mehr Transparenz, etwa der Einführung eines strengen Lobby-Registers u. Ä., entgegentreten.

Die Repräsentation der Politik entwickelt sich im Langzeittrend ebenfalls hin zum Positiven, ist aber nach wie vor aus Perspektive mehrerer Gruppen unzureichend. Frauen sind noch immer nicht gleich repräsentiert, wobei Mängel hier in erster Linie in der Gemeindepolitik zu beklagen sind. Menschen mit Migrationshintergrund bzw. VertreterInnen von sprachlichen, ethnischen oder religiösen Minderheiten haben schlechte Chancen, in ein politisches Amt zu kommen. Hier bedarf es bewusster Förderungen, etwa durch die Listenerstellung von Parteien, aber auch durch die Besetzung von Ämtern im öffentlichen Dienst. Auch Menschen mit Behinderungen sind in den Institutionen der Salzburger Demokratie nicht ausreichend sichtbar.

Während sich bei Transparenz und Repräsentation bei allen Problemen langfristig gewisse Verbesserungen erkennen lassen, ist im Bereich der Partizipation der gegenteilige Trend erkennbar. Die Beteiligungsraten sinken v. a. bei Landtags-, Gemeinderats- und Europawahlen. Die Bereitschaft, sich in Parteien oder in politischen Ämtern selbst zu engagieren, ist ungleich verteilt. Das alles führt zu einer überproportionalen Beteiligung der einkommensstärkeren

---

42 ZfZ/IFES (2008). Lebensqualität: Repräsentative Umfrage für Österreich und Salzburg, Wien/Salzburg, S. 12; Pausch, Lebensqualität und Innovation, S. 142 (s. Fn. 3).

und besser gebildeten Bevölkerungsgruppen. Alternative Partizipationsformen können dies bis dato nicht ausgleichen. Die neuen Medien, in die ein großer Teil des politischen Diskurses hineinverlagert wird, scheinen zuletzt eher ein Bereich der Frustartikulation, des Hate Speech und der Fake News als einer der kritischen und deliberativen Öffentlichkeit zu sein. Die Gleichheit der Partizipation erhöht sich durch Facebook, Twitter und Co. nicht automatisch, auch wenn sich die Möglichkeit, sich politisch zu artikulieren, durch diese Instrumente verbessert hat. Die potenziell positiven Effekte werden aber durch negative und demokratiegefährdende Tendenzen überlagert. Das betrifft die Salzburger Politik wie alle anderen Ebenen auch.

Die Möglichkeiten, dem entgegenzuwirken und die Gleichheit der Salzburger Demokratie zu verbessern, liegen zwar nur zum Teil in den Händen der Landespolitik, aber der Handlungsspielraum ist dennoch beträchtlich. Neben Maßnahmen zur Verbesserung der Transparenz und Repräsentation kann die bewusste Einbeziehung von Personengruppen mit erschwertem Zugang zu Ämtern oder die Stärkung der politischen Bildung zu einer Verbesserung der Demokratiequalität beitragen.

FRANZ WIESER

Flüchtlingskrise in Salzburg aus der Perspektive des Landes Salzburg

1. EINLEITUNG

Im Herbst 2015 war Österreich mit einer großen Fluchtbewegung konfrontiert. Bis zu 10.000 Menschen haben binnen eines Tages Salzburg in Richtung Deutschland durchquert. Anfangs stellte die Bundesrepublik Deutschland dafür Sonderzüge zur Verfügung und in weiterer Folge kam es zu Grenzkontrollen und langen Wartezeiten für die Flüchtlinge, die wieder ausreisen wollten. Salzburg entwickelte sich in dieser Zeit zu einem Nadelöhr der Fluchtbewegung und war für viele die letzte Hürde, bevor sie mit der Bundesrepublik Deutschland das Ziel ihrer oft monatelangen Reise erreicht hatten.

In diesem Kapitel[1] wird beleuchtet, wie in Salzburg diese krisenhafte Situation gemanagt wurde und vor allem, wie die Behörden von Stadt und Land sowie die Hilfs-, Rettungs- und Einsatzkräfte, gemeinsam mit vielen ehrenamtlichen und freiwilligen HelferInnen, versuchten, die Situation zu meistern. Aus einer sich zu Beginn laufend ändernden Krisenlage hat sich ein routinierter Einsatz über rund ein halbes Jahr entwickelt, der gemeinsam von Stadt und Land Salzburg durchgeführt wurde. Ein wesentliches Ziel neben der Betreuung und Versorgung der Flüchtlinge war es, das öffentliche Leben in der Stadt aufrechtzuerhalten. Dazu gehörte vor allem die Erhaltung der Funktionsfähigkeit des Bahnhofs, des Zugverkehrs und des Alltagslebens in der Stadt. Politisch galt es auch, die Kontakte mit den Verantwortlichen in Bayern zu intensivieren, um einen möglichst guten Kommunikationsfluss sicherzustellen. Durch diese Zusammenarbeit der Sicherheitsbehörden und zwischen der bayerischen und Salzburger Politik konnten Probleme, welche die temporäre Wiedereinführung der Grenzkontrollen mit sich brachte, zumindest abgefedert werden.

An dieser Stelle sei auch darauf hingewiesen, dass der Autor des folgenden Beitrags das Landes-Medienzentrum in Salzburg leitet und als Basisinformation und Quelle vor allem die Landeskorrespondenz (LK) verwendet. Mittels LK informieren Regierung, Amt der Landesregierung und Landtag unparteiisch über wichtige Themen und Ereignisse.

1 Nicht im Fokus dieses Kapitels steht das zivile Engagement, welches im Beitrag von Ursula Liebing und Josef P. Mautner im vorliegenden Jahrbuch behandelt wird.

2. AUSGANGSSITUATION IM SOMMER 2015 IN ZAHLEN

Der Sommer 2015 verläuft zu Beginn ruhig. Keine größeren Katastrophen oder Unwetter suchen Salzburg heim. Im Gegenteil, in der Stadt Salzburg und im gesamten Land läuft der Sommertourismus auf Hochtouren. Die spätsommerlichen Medienberichte vom Keleti-Bahnhof in Budapest über gestrandete Flüchtlinge und deren schwierige Situation werden zwar wahrgenommen, aber kaum jemand ahnt, dass noch vor dem Sommerende Salzburg zu einem Dreh- und Angelpunkt einer Flüchtlingsbewegung werden sollte. Ende August 2015 beginnt sich in Ungarn die Flüchtlingskrise dramatisch zuzuspitzen. Der Keleti-Bahnhof rückt in den letzten Augusttagen des Jahres 2015 in den Blickpunkt der europäischen Öffentlichkeit. Hunderte Flüchtlinge sind dort gestrandet und werden von der Weiterfahrt nach Westeuropa abgehalten. Zu diesem Zeitpunkt deutete in Salzburg noch nichts darauf hin, dass in den darauffolgenden Wochen und Monaten mehr als 400.000 Schutzsuchende via Salzburg nach Deutschland weiterreisen würden.

Abbildung 1: Entwicklung der Asylanträge (2013–2017)

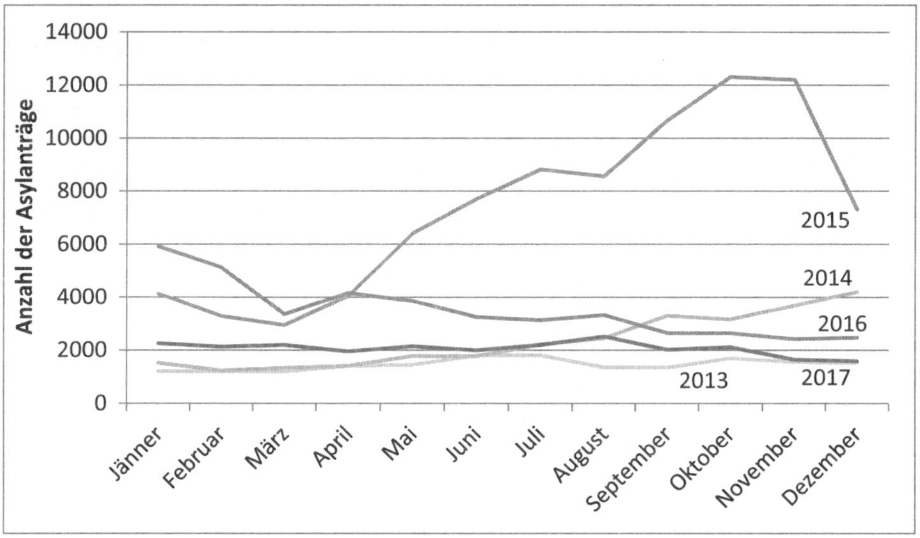

Quelle: Bundesministerium für Inneres (2018). Jahresstatistiken Asylwesen 2013–2017. Abgerufen am 28.9.2018 unter https://www.bmi.gv.at/301/Statistiken.

Am 4.9.2015 entschließen sich die deutsche Bundeskanzlerin Angela Merkel und der österreichische Bundeskanzler Werner Faymann, den Flüchtlingen die Einreise zu gewähren. Via Internet und Social Media konnte man diese Ereignisse quasi live verfolgen. Einige Tage zuvor kamen bereits mehrere hundert Menschen mit Zügen nach Österreich und reisten nach Deutschland weiter. Insgesamt haben im August 2015 mehr als doppelt so viele Menschen um Asyl in Österreich angesucht wie in den Jahren davor (siehe Abbildung 1). In den Monaten September, Oktober und November waren es jeweils mehr als 10.000 Personen. Die Asylstatistik des Innenministeriums zeigt, wie dramatisch sich die Lage zugespitzt hat. Insgesamt sind im Jahr 2015 die Anträge auf Asyl in Österreich im Vergleich zum Jahr 2014 um 315 % gestiegen.[2]

Aber nicht nur die Zahl der Asylansuchenden ist stark angestiegen, sondern es kam in den Jahren 2016 und 2017 dazu, dass mehr als 500.000 Transitflüchtlinge durch Österreich gewandert sind, und 200.000 überschritten von Salzburg aus die Grenze nach Deutschland.

3. BEGINN DER FLÜCHTLINGSKRISE – EIN LAND AM PRÜFSTAND

Die ersten rund 2.000 Flüchtlinge[3] aus Ungarn, die den Grenzübertritt schafften, haben Salzburg am letzten Augusttag 2015 erreicht. Sie wurden im Amt der Salzburger Landesregierung als Vorboten einer möglichen Flüchtlingsbewegung gewertet. Aus diesem Grund hat der Salzburger Landeshauptmann Wilfried Haslauer die Stabsstelle Sicherheit und Katastrophenschutz in der Fachgruppe Präsidium umgehend mit der Erstellung eines Notunterbringungsplans beauftragt. Diese Dienststelle bleibt auch in den Wochen und Monaten darauf ein wesentlicher Dreh- und Angelpunkt des Krisenmanagements. Ressortchef Landeshauptmann Haslauer ordnete an, dass unter Einbeziehung der Behörden, der ÖBB sowie den Einsatz-, Hilfs- und Rettungsorganisationen eine temporär nutzbare Notunterkunft für in Salzburg gestrandete Schutzsuchende mit einer Gesamtkapazität von rund 500 Betten vorbereitet werden soll. Zusätzlich umfasste der Auftrag noch die Erstellung eines Not-Unterbringungsplans, im Wege der Leitstellen von Rotes Kreuz, Polizei und Feuerwehr und Organisationen sowie der Einsatz-, Hilfs- und Rettungsorganisationen.[4]

---

2 Österreichisches Parlament (2017). Budgetbelastungen durch die Flüchtlingsmigration, Wien, S. 5. Abgerufen am 9.8.2018 unter https://www.parlament.gv.at/ZUSD/BUDGET/2017/BD_-_Anfragebeantwortung_zu_den_Budgetbelastungen_durch_die_Fluechtlingsmigration.pdf.

3 Salzburg24.at (31.8.2016). Ein Jahr Flüchtlingskrise in Salzburg: Das ist passiert.

4 Land Salzburg (2015). Not-Unterbringungsplan des Landes Salzburg für die temporäre Unterbringung von in Salzburg gestrandeten Flüchtlingen, Salzburg.

Anhand der Aufzählung der bereits von Beginn an involvierten Organisationen und Dienststellen erkennt man, welche Komplexität und welcher Umfang dem beginnenden Kriseneinsatz zugrunde lagen. Es wurden der Migrationsstab des Innenministeriums, das Österreichische Rote Kreuz, die ÖBB Infrastruktur AG, die ÖBB Notfallleitstelle Salzburg, der Landesfeuerwehrverband Salzburg, die Berufsfeuerwehr Salzburg, die Landesalarm- und Warnzentrale, die Landespolizeidirektion Salzburg, das Militärkommando Salzburg, das Büro des Landeshauptmannes Wilfried Haslauer, das Büro der Landesrätin Martina Berthold, das Büro des Landesrats Josef Schwaiger, die Landessanitätsdirektion, die Stabsstelle Katastrophenschutz beim Land Salzburg, das Referat 3/03 Soziale Absicherung und Eingliederung des Landes, das Magistrat Salzburg, das Stadtpolizeikommando Salzburg und die Gemeinde Bergheim bereits in den ersten Stunden der Koordinationsarbeit miteinbezogen. Mit Fortdauer des Einsatzes kamen viele weitere Stellen, (ehrenamtliche) Organisationen und Einrichtungen hinzu.[5]

Der Salzburger Notunterbringungsplan hatte zum Ziel, dass gestrandete Flüchtlinge in Salzburg temporär versorgt werden. Im ersten Schritt wurden binnen weniger Tage 400 Betten in der Straniakstraße in einem Notquartier aufgestellt.[6] In weiterer Folge wurden auf dem Salzburger Hauptbahnhof ebenfalls temporäre Ruhezonen für durchreisende Schutzsuchende eingerichtet. Bereits am 5. September, am ersten Höhepunkt der Transitbewegung, wurden am Hauptbahnhof 520 Betten[7] zur Überbrückung kurzer Wartezeiten und Aufenthalte von den Rettungs- und Einsatzkräften aufgestellt. Formal wurde der Not-Unterbringungsplan von Landesrat Schwaiger in Kraft gesetzt, der vonseiten der Salzburger Landesregierung in den ersten Tagen mit der politischen Koordination des Einsatzes betraut wurde. In einem Pressestatement fasste Landesrat Schwaiger die Ausgangslage zusammen:

> *Wir stellen uns aus jetziger Sicht darauf ein, dass Flüchtlinge nur mit kurzem Aufenthalt durchreisen oder einige Stunden am Salzburger Hauptbahnhof auf ihre Anschlusszüge nach Deutschland warten. … Als weiteres Szenario sind wir auf gestran-*

---

5 Ebd.

6 Ebd.

7 Landeskorrespondenz (LK) (5.9.2015). Bisher alle Züge nach Deutschland weitergeführt. In der Landeskorrespondenz werden Berichte des Landes Salzburg laufend veröffentlicht. Die Verantwortung für die Publikation liegt beim Landes-Medienzentrum und dieses wiederum ist Teil des Amtes der Salzburger Landesregierung. Alle veröffentlichten Informationen stehen unter https://service.salzburg.gv.at/lkorrj/Index?cmd=search_ind allen interessierten BürgerInnen zur Verfügung.

dete Flüchtlinge vorbereitet. Sollten die Menschen länger als zwölf Stunden in Salzburg bleiben, haben wir temporäre Notunterkünfte vorbereitet.[8]

Der Not-Unterbringungsplan wurde bis dato nicht außer Kraft gesetzt und kann nach wie vor reaktiviert werden.

In der Landesregierung selbst kümmerte sich der Landeshauptmann als für Sicherheit zuständiges Regierungsmitglied federführend um die Themen, die durch Transitflüchtlingsbewegung ausgelöst wurden. In den Zuständigkeitsbereich von Martina Berthold als Integrations-Landesrätin fiel die Organisation der Unterbringung von Flüchtlingen, die in Salzburg um Asyl angesucht hatten. Während der urlaubsbedingten Abwesenheit von Landeshauptmann Haslauer und Landeshauptmann-Stellvertreterin Astrid Rössler koordinierte Landesrat Schwaiger die Arbeiten vonseiten der Salzburger Landesregierung.

4. EREIGNISSE IM ZEITRAFFER

Von Tag zu Tag spitzte sich in Salzburg die Lage mehr und mehr zu. Neben Wien und Linz entwickelte sich die Mozartstadt zu einem Hotspot der Transitflüchtlingsbewegung. Der Salzburger Hauptbahnhof wurde zu einem Nadelöhr der Fluchtbewegung. Zwischen den großen Bahnhöfen von Wien und München gelegen, war der weitaus kleinere Salzburger Bahnhof mit einer bisher noch nie dagewesenen Anzahl von Bahnfahrern konfrontiert. Zusätzlich musste die Einsatzführung sehr sensibel vorgehen, da sich der Bahnhof mitten in der Stadt befand und es erklärtes Ziel war, den normalen PendlerInnenverkehr soweit wie möglich aufrechtzuerhalten. Hier ergaben sich in den nachfolgenden Wochen einige schwierige Situationen. Zusätzlich gingen die Sommerferien zu Ende und mit Mitte September startete wieder das Schuljahr. Dies hatte zur Folge, dass wieder mehr Berufstätige und vor allem viele SchülerInnen tagtäglich in die Landeshauptstadt pendeln mussten.

5. PERMANENTER KRISENSTAB EINGERICHTET

In dieser Situation wurde im Herbst 2015 von rund 70 MitarbeiterInnen der Landes- und Stadtverwaltung täglich, im Rahmen des Hilfseinsatzes, ein abgestimmtes Verwaltungshandeln erarbeitet. Ausgeführt wurden die Arbeiten gemeinsam mit Polizei, Rettungs-, Hilfs- und Einsatzorganisation sowie dem

8 LK (3.9.2015). Land Salzburg hilft in humanitärer Sondersituation.

Österreichischen Bundesheer. Eine besondere Herausforderung in der Einsatzführung stellte die laufende Abstimmung mit den „Freiwilligen" dar, die oft ohne konkrete Organisationszugehörigkeit „helfen" wollten. Hierbei hatten in Salzburg Organisationen wie die Caritas oder auch „Bauern helfen Bauern" die Rolle eines Verbindungsgliedes zwischen ehrenamtlichen Engagements und den Einsatz- und Rettungsorganisationen. Darüber hinaus beteiligten sich Religionsgemeinschaften, Privatinitiativen und zivile Hilfsgemeinschaften oft spontan an der Betreuung der reisenden Flüchtlinge. Abgewickelt wurde der Einsatz von Ende August 2015 bis Ende März 2016 nach dem System der integrierten Einsatzführung. Die Inhalte der Staatlichen Krisen- und Katastrophenschutzmanagement-Strategie[9] wurden in Österreich von Bund und Ländern zum Standard für die Zusammenarbeit von Behörden, Rettungs-, Hilfs- und Einsatzorganisationen im Katastrophen- und Krisenfall erklärt. Diese Art der Krise war aber weder in Landes- noch in Bundesgesetzen wirklich vorgesehen. In den Szenarien ging man in der Vergangenheit eher von Naturkatastrophen, Terroranschlägen oder auch Umweltbedrohungen aus. Flüchtlingsströme, die akut auftreten, wurden bis zum Herbst 2015 nicht in die Planungen einbezogen. Auch ein Mitgrund, warum in den ersten Wochen viel Abstimmung und Kommunikation zwischen den einzelnen Organisationseinheiten und Behörden notwendig war. Binnen weniger Stunden mussten offene Fragen nach temporären Unterkünften, Verpflegung oder auch medizinischer Versorgung geklärt werden. Die erste Antwort in Salzburg war der vorhin genannte „Notunterbringungsplan" für flüchtende Menschen, der von der Salzburger Landesregierung im Umlauf beschlossen wurde. Er war die erste Grundlage, auf der die Verwaltung aufbauen konnte, und wurde in den Wochen danach adaptiert.

6. BIS ZU 10.000 FLÜCHTLINGE PASSIEREN SALZBURG AN EINEM TAG

Die Weiterreise der Flüchtlinge von Salzburg nach Bayern bzw. auch in den Norden Deutschlands verlief in den ersten Tagen sehr zügig. Alleine am Samstag, dem 5. September 2015, haben rund 9.500 Schutzsuchende Salzburg in Richtung der Bundesrepublik Deutschland passiert.[10] Eine besondere Herausforderung für die Logistik stellte Anfang September die nicht funktionierende Kommunikation zwischen Ungarn und Österreich dar. In Salzburg war man

9 Bundesministerium für Inneres (2018). Staatliches Krisen- und Katastrophenschutzmanagement (SKKM). Abgerufen am 26.9.2018 unter https://www.bmi.gv.at/204/skkm/start.aspx.

10 LK (5.9.2015). Rund 9.500 Flüchtlinge passierten Salzburg.

somit, wie auch in allen anderen betroffenen Bundesländern, immer wieder damit konfrontiert, dass Hunderte Personen unangekündigt quasi aus dem Nichts aufgetaucht sind. In weiterer Folge wurden neben der Bahn vor allem auch Bustransporte direkt von den Grenzorten im Burgenland Richtung Salzburg und Oberösterreich organisiert. Am 6. September kamen 17 Reisebusse mit rund 540 Menschen in Salzburg an. Diese Flüchtlinge mussten in die Logistikkette in Salzburg integriert werden. Es mussten zum Beispiel Korridore für Aus- und Einstiege neu organisiert werden oder auch die Hilfsorganisationen waren gefordert, weitere Ausgabestellen, beispielsweise für Kleidung, zu organisieren. Um den Menschen Sicherheit und Orientierung zu vermitteln, wurden in Salzburg bereits in den ersten Tagen des Einsatzes im Land befindliche DolmetscherInnen am Bahnhof eingesetzt. Deren Aufgabe war es, die neu ankommenden Menschen darüber zu informieren, was hier genau auf sie zukommen werde. Vor allem in den ersten Tagen waren viele Flüchtlinge aufgrund der Vorkommnisse in Ungarn sehr verunsichert und taten sich schwer, Behörden zu vertrauen. So wurde den ungarischen Behörden vorgeworfen, dass sie beispielsweise Schutzsuchenden in Ungarn suggeriert hätten, dass sie ein Sonderzug nach Österreich bringen würde. Tatsächlich wurden die Flüchtlinge jedoch in ein ungarisches Aufnahmelager gebracht.[11] Dem Einsatzteam war es wichtig, dass vor allem der alltägliche Zugverkehr in Salzburg funktionierte und dass das Alltagsleben der einheimischen Bevölkerung nicht zu sehr eingeschränkt werden musste. Was die Abläufe am Salzburger Hauptbahnhof betraf, konnte mit Montag, 7. September, wieder weitgehender Normalbetrieb hergestellt werden.[12] Auch in ganz Österreich kehrte man nach diesem Ausnahmewochenende wieder zum normalen Zugfahrplan zurück. Selbst der Schienenverkehr nach Ungarn wurde wieder aufgenommen, nachdem am vorangegangenen Wochenende die Kommunikation mit der ungarischen Bahn nicht geklappt hatte.[13]

7. FUNKTIONSFÄHIGKEIT DES SALZBURGER HAUPTBAHNHOFS ERHALTEN

Die Koordination der Einsatzbeteiligten folgte tagtäglich den vereinbarten Abläufen. Am frühen Vormittag waren die Einsatzleiter bei einer Videokonferenz und Lagebesprechung mit dem Innenministerium in der Landespolizeidirek-

11 ORF Salzburg Online (3.9.2015). „Kein Lager, kein Lager".

12 LK (6.9.2015). Hauptbahnhof Salzburg stellt auf Regelbetrieb um.

13 Austria Presse Agentur (APA) (7.9.2015). Flüchtlinge – ÖBB kehrten zum regulären Fahrplan zurück.

tion. Gegen 11 Uhr wurde die aktuelle Lage in Salzburg beraten, und es wurden notwendige Entscheidungen im Krisenstab gefällt. Der Einsatzstab hatte sein Quartier direkt am Hauptbahnhof, wenige Minuten von den Bahnsteigen entfernt, aufgeschlagen. Am späteren Nachmittag wurden alle Informationen noch einmal kurz besprochen und die Abend- bzw. Nachtstunden koordiniert. Rund um Mitternacht, bis ca. 2 Uhr in der Früh, wurden die Vorkehrungen für den nächsten Tag getroffen, um diesen starken Zustrom an Flüchtlingen und die damit einhergehenden Maßnahmen rechtzeitig in die Wege zu leiten und um den Betrieb am Bahnhof nicht zu gefährden.

8. GROSSER HILFSEINSATZ DURCHGEFÜHRT

Nicht nur für den Einsatzstab und die Verwaltung, sondern vor allem auch für die Hilfs- und Rettungskräfte war dieser Einsatz von Ende August 2015 bis Ende März 2016 eine riesige Herausforderung. In den ersten Wochen waren am Salzburger Hauptbahnhof täglich bis zu 100 haupt- und ehrenamtliche MitarbeiterInnen im und vor dem Bahnhof tätig. Aufgrund der hohen Personenanzahl war es wichtig, dass die notwendige medizinische Versorgung gewährleistet wurde und vor allem auch Möglichkeiten, sich auszuruhen, geschaffen wurden. Viele Menschen waren nach den Strapazen der langen Flucht müde und ausgelaugt. Das Rote Kreuz hatte am Südtiroler Platz vor dem Hauptbahnhof ein aufblasbares und beheiztes Zelt aufgestellt, um vorrangig Frauen mit Babys und Kleinkindern eine kurze Ruhepause zu ermöglichen. Direkt angebaut wurde auch eine Sanitärstation, um Menschen schnell behandeln oder auch untersuchen zu können. Ziel war es, das Notwendigste den Betroffenen unkompliziert zur Verfügung zu stellen. So wurden etwa am Sonntag, dem 6. September, zwölf Paletten an Nahrungsmitteln, Wasser, Kleidung sowie Hygieneartikeln ausgegeben. Besonders gefragt war auch Kindernahrung.[14]

Durch die umfassende Koordination und die gute Zusammenarbeit konnte dieser größte humanitäre Hilfseinsatz des Landes Salzburg der vergangenen Jahrzehnte ohne schwere Zwischenfälle abgewickelt werden. Wie schnell es zu heiklen, gefährlichen Situationen kommen kann und wie angespannt die Lage war, haben die Einsatzkräfte am 14. September erlebt, als in der Bahnhofsgarage eine größere Menge an Wartenden aufbrach und Richtung Ausgang stürmte. Gemeinsam gelang es DolmetscherInnen und Polizeikräften in dieser panischen Situation schlimme Unfälle zu verhindern und wieder Ordnung herzustellen. Ausgelöst wurde diese Unruhe wahrscheinlich durch das Gerücht,

14 LK (7.9.2015). Hilfsorganisationen im Dauereinsatz für Flüchtlinge.

dass am Bahnsteig ein leerer Personenzug zur Weiterreise nach Deutschland bereitstünde. An diesem Montag waren mehr als 1.000 Flüchtlinge am Bahnhofsgelände untergebracht.[15]

9. AUTOBAHNMEISTEREI WIRD ZU FLÜCHTLINGSCAMP

In der Woche vor diesem 14. September musste der Einsatz und vor allem die Unterbringung der flüchtenden Menschen auf dem Salzburger Hauptbahnhof neu geregelt werden, denn mit dem einsetzenden Herbstwetter und vor allem dem Schulbeginn war es notwendig, die Bahnhofspassage aus Sicherheitsgründen wieder freizubekommen, um ein ungehindertes An- und Abreisen von SchülerInnen und PendlerInnen nach der Ferienzeit sicherzustellen. Der gesamte Einsatz war ein Balanceakt, um auf der einen Seite die Flüchtlingsbewegung sicher abzuwickeln und auf der anderen Seite immer auch den Betrieb am Hauptbahnhof aufrechtzuerhalten. Es wurde in Abstimmung zwischen Stadt und Land Salzburg die Einrichtung eines Notquartiers in der Bahnhofsgarage beschlossen. Parallel dazu wurde auch bekannt, dass die Bundesrepublik Deutschland bei der Einreise stichprobenartige Grenzkontrollen durchführte.[16] Dies wiederum hatte zur Folge, dass die Weiterreise der Flüchtlinge nicht mehr so rasch erfolgte wie in den ersten Tagen, und somit musste der Krisenstab in Salzburg Szenarien entwickeln, die einen Aufenthalt der Menschen auch für mehrere Stunden oder in weiterer Folge auch Tage ermöglichten. Jede Veränderung der Lage brachte auch Verunsicherung bei den Flüchtlingen mit sich. Bei einem Pressegespräch am 14. September um 20.45 Uhr wiesen Salzburgs Landeshauptmann Wilfried Haslauer und der Salzburger Bürgermeister Heinz Schaden darauf hin, dass die Planungen sehr schwierig waren und sich die Entwicklungen oft unvorhersehbar gestalteten. Die beiden Politiker erklärten:

> *In den vergangenen Tagen wurde auf dem Salzburger Hauptbahnhof täglich ein Zustrom zwischen 7.000 und 10.000 Flüchtlingen bewältigt, die Unterbringung in der Nacht hat funktioniert. Wir müssen jedoch für noch schwierigere Situationen gerüstet sein. Die Lage ändert sich beinahe stündlich, was alle vor eine riesige Herausforderung stellt.*[17]

15 APA (14.9.2015). Flüchtlinge – Gedränge am Bahnhof in Salzburg forderte Polizeieinsatz.

16 APA (13.9.2015). Flüchtlinge – Stichprobenartige Kontrolle bei Bad Reichenhall.

17 Zit. nach: LK (14.9.2015). Flüchtlingsstrom: Lage ändert sich beinahe stündlich.

Durch die längere Verweildauer in Salzburg konnte nicht mehr länger die Bahnhofsgarage, die für eine kurzfristige Pause gedacht war, als Flüchtlingsquartier genutzt werden. Somit haben Behörden und Einsatzkräfte nach einer neuen Möglichkeit gesucht, um die geordnete Weiterreise der Flüchtlinge sicherzustellen. Die deutschen Behörden haben nach gut einer Woche die Zahl der Sonderzüge gesenkt und Flüchtlinge später vermehrt an den Grenzübergängen übernommen. Für den Einsatz in Salzburg hatte dies zur Folge, dass ein weiteres Mal die Logistik neu aufgestellt werden musste. Anstatt die Flüchtlinge zuerst am Hauptbahnhof zu betreuen und dann zum Grenzübergang Saalbrücke zu bringen und dort nach einigen Stunden Aufenthalt den deutschen Behörden zu übergeben, wurde beschlossen, in Liefering, in der ehemaligen Autobahnmeisterei, einen Notstützpunkt einzurichten.[18] Diese Maßnahme hatte zum Ziel, die Zuführung von flüchtenden Personen an die Grenze bei Freilassing reibungslos sicherzustellen und vor allem den Salzburger Hauptbahnhof zu entlasten. Dort warteten am 16. September rund 1.200 Flüchtlinge auf die Weiterreise nach Deutschland. Die deutschen Behörden haben in der Regel zwischen 50 und 100 Personen in der Stunde von Österreich übernommen. Für die Flüchtlinge selbst konnten durch die neuen örtlichen Gegebenheiten die Wartezeiten erträglicher gestaltet werden und vor allem für die notwendige Versorgung stand mehr Raum zur Verfügung. Das ehemalige ASFINAG-Gelände wurde zu einem Flüchtlingscamp mit einem großen Schlaflager, mit Kleiderausgabe, mit Versorgungszelt, mit Hygienebereichen usw. ausgebaut. Auch direkt am Grenzübergang Saalbrücke wurde ein Versorgungsbereich eingerichtet, um die Wartezeit zum Grenzübertritt überbrücken zu können. Im Zollamtsbereich wurden insbesondere für Frauen und Kinder rund 150 Betten aufgestellt.[19]

Zu einem Wendepunkt für die betroffenen Organisationen in Salzburg kam es am 26. September. An diesem Tag wurde bekannt, dass am nächsten Tag der letzte Sonderzug von Salzburg Richtung Deutschland fahren werde. Am selben Tag hat Salzburgs Landeshauptmann einen Planungsstab für die Grenze eingesetzt. Parallel zum laufenden Einsatzstab wurden in dieser Planungseinheit Lösungen entwickelt, um den andauernden Flüchtlingsstrom auch ohne die bisherigen Sonderzüge bewältigen zu können. An der Grenze zu Freilassing haben sich zu diesem Zeitpunkt rund 800 Personen aufgehalten, in der Tiefgarage am Hauptbahnhof befanden sich 700 Flüchtlinge, in der Bahnhofspassage etwa 300.[20]

---

18 LK (16.9.2015). Not-Stützpunkt in Lieferung soll Bahnhof entlasten.

19 LK (21.9.2015). Flüchtlingsstrom hält weiter an.

20 LK (26.9.2015). Planungsstab für Situation an der Grenze eingerichtet.

Das Land reagierte auf die veränderten Rahmenbedingungen. Die Flüchtlingsunterkünfte an der Staatsgrenze und in Liefering wurden weiter optimiert. Insgesamt konnten in der ehemaligen Autobahnmeisterei ab 1. Oktober rund 1.000 Personen untergebracht werden.[21] Mit Unterstützung von Freiwilligen und NGOs konnte der Krisenstab in den folgenden Tagen und Wochen einen „Routinebetrieb" aufbauen. Alle ankommenden Flüchtlinge erhielten im Camp Verpflegung, notwendige ärztliche Versorgung sowie Kleidung und wurden rechtzeitig an die Grenze gebracht, und dort erfolgte eine geordnete Übergabe an die deutschen Behörden. Dieser Betrieb wurde bis Mitte März 2016[22] aufrechterhalten. Insgesamt passierten von Spätsommer 2015 bis zur Stilllegung des Flüchtlings-Camps am Gelände der ehemaligen Autobahnmeisterei rund 350.000 Schutzsuchende Salzburg in Richtung Deutschland. Bis zur vorläufigen Stilllegung haben mehr als 1.000 Freiwillige, teilweise in einem Vier-Schichtbetrieb, mehr als 150.000 Tonnen Kleidung, Hygieneartikel und Lebensmittel ausgeteilt. Im Detail wurden täglich bis zu 1.500 Menschen versorgt. Bundesheer, Rotes Kreuz, Samariterbund und Malteser haben 28.000 Menschen direkt versorgt und 575 Krankentransporte durchgeführt.[23] Massive Auswirkungen hatte die Entwicklung der Fluchtbewegung nicht nur auf den Katastrophenstab des Landes, sondern auch auf die interne Organisation.

10. LANDESVERWALTUNG REAGIERT MIT NEUER ORGANISATION

Durch die Notwendigkeit schneller Entscheidungen in einer vielschichtigen Problemlage wurde zur Bewältigung der Krise und zur Erarbeitung von Lösungen eine projekthafte Organisation eingerichtet. Durch diese Strukturmaßnahme konnten interne Fachleute gemeinsam mit externen PartnerInnen auf gleicher Ebene und in spezifischen Teams arbeiten. Im Regelfall arbeiten die MitarbeiterInnen in ihren Dienststellen und im Verbund mit der Abteilung bzw. in Kooperation mit anderen Abteilungseinheiten. Dies hat den Vorteil, dass hohes Fachwissen in den vorgesehenen Prozessen eingebracht und fachspezifische Programme, Pläne usw. erarbeitet werden. Durchaus auch in Zusammenarbeit mit anderen Abteilungen, die an ähnlichen Problemstellungen oder Materien arbeiten. Die Flüchtlingskrise berührte aber nahezu alle Kernbereiche der Verwaltung. Von der Finanzplanung, über das Personalmanage-

21 LK (1.10.2015). Logistik für Flüchtlinge wird weiter ausgebaut.

22 LK (15.3.2016). Infrastruktur für Flüchtlings-Transit geht auf „Stand-by"-Modus.

23 LK (30.3.2016). Abschied vom Camp ASFINAG.

ment, die Integrations- und Asylbereiche, die Sozialagenden, die innere Sicherheit bis hin zu sämtlichen Rechtsvorschriften.

Aufgrund dieser speziellen und so vielfältigen Anforderungen hat Landesamtsdirektor Sebastian Huber das Projekt „Transitflüchtlinge" in Auftrag gegeben. Dieses Projekt startete im Jänner 2016, beinhaltete im Wesentlichen die Themen Projektmanagement, Organisation, Finanzierung, Recht, Bau/Infrastruktur und Öffentlichkeitsarbeit. Im Projektteam waren Land Salzburg, Stadt Salzburg, Österreichisches Bundesheer, Landesfeuerwehrverband Salzburg, Landespolizeidirektion, Landesgruppe Salzburg des Österreichisches Roten Kreuzes und die Bezirkshauptmannschaft Salzburg Umgebung vertreten. Im Alltag mussten von den Einsatzkräften täglich viele Entscheidungen getroffen werden. Diese innovative Vorgehensweise ermöglichte eine straffe und direkte Bearbeitung der täglichen Herausforderungen, die sich im Alltag bzw. im Betrieb des Camps stellten. Stark erschwert wurden die Planungs- und Organisationsarbeiten durch die sich ständig veränderte Anzahl an Personen, die nach Salzburg kamen. Oft musste binnen weniger Stunden die Neuaufnahme von mehreren hundert Personen vorbereitet werden. Durch strukturierte Art der Organisation der Zusammenarbeit wurde das Ziel verfolgt, auftretende Probleme auf „kurzem Weg" abzuarbeiten und mit allen wesentlichen EntscheidungsträgerInnen abzustimmen. Im Rahmen der Projektarbeit wurden begleitende Maßnahmen (Weiterentwicklung der Abläufe im Flüchtlings-Camp usw.) und wesentliche Grundlagen und Rahmenbedingungen, beispielsweise in den Bereichen Finanz, Recht, Personal usw., geschaffen. Im Projekt wurden die Gesamtkosten für „Transitflüchtlinge" in den Jahren 2015, 2016 und 2017 mit insgesamt knapp 5 Millionen Euro für Salzburg errechnet. Bedeckt wurden diese Ausgaben für die Jahre 2015 und 2016 durch das Bundesministerium für Inneres und 2017 durch den Finanzausgleich. Offiziell beendet wurde das Projekt „Transitflüchtlinge" im Mai 2017.[24]

11. VERSUCHTE RÜCKKEHR ZUR TAGESORDNUNG

Im Alltagsleben der SalzburgerInnen war die Flüchtlingskrise anfangs vor allem durch die mediale Berichterstattung und punktuell an der Grenze zu Freilassing und am Salzburger Hauptbahnhof präsent. Spätestens im Frühjahr 2016, als der Fluchtweg über den Balkan mit der Schließung der Balkanroute nahezu verunmöglicht und mit der Türkei ein Abkommen über die Rückführung bzw. Betreuung von Flüchtlingen getroffen wurde, sanken auch die Zah-

24 Land Salzburg (2017). Projektbericht Transitflüchtlingskrise, Salzburg.

len der ankommenden Flüchtlinge in Salzburg stark. Daraufhin folgte mit der Schließung des Camps in der Autobahnmeisterei, mit der Beendigung des Kriseneinsatzes und dem Abbau der Einrichtungen am Salzburger Hauptbahnhof der vorläufige Schlusspunkt des Kriseneinsatzes. Die Nachwehen dieser Fluchtbewegung sind in Salzburg jedoch bis in die Gegenwart zu spüren. Die Auswirkungen sind vielfältig und reichen von der Einführung von (temporären) Grenzkontrollen, vor allem am Autobahn-Grenzübergang Walserberg, bis hin zu einer anhaltenden Diskussion in der Bevölkerung.

12. GRENZKONTROLLEN SIND DER WIRTSCHAFT EIN DORN IM AUGE

Am Höhepunkt der Flüchtlingskrise hat die Bundesrepublik Deutschland die Kontrollaktivitäten an der Grenze stark erhöht und zeitweise, nahezu lückenlose, Kontrollen eingeführt. Im Sommer 2015 sahen die bayerischen Behörden, trotz stark steigender Flüchtlingsströme, in Grenzkontrollen nur eine „ultima ratio", also einen letzten Ausweg.

> *Am Wochenende sprach Bayerns Innenminister Joachim Herrmann noch von einem ‚riesigen' Problem an der Grenze zu Österreich, am Montag war man im dortigen Innenministerium um Schadensbegrenzung bemüht. Die Zahlen sprechen dennoch für sich: „Alleine zwischen 1. und 16. August erreichten Bayern 22.500 Flüchtlinge", sagte ein Sprecher auf APA-Anfrage. Eingereist seien sie großteils über Österreich. … Dennoch sind Kontrollen an der Grenze zu Österreich für den Sprecher des bayerischen Innenministeriums nur ‚ultima ratio'. „Minister Herrmann, der noch bei einem Besuch seiner österreichischen Kollegin Johanna Mikl-Leitner (ÖVP) Anfang August die ‚gute Kooperation mit Österreich' lobte, habe auch nie deren Widereinführung [sic!] gefordert", sagte Platzer. Ziel sei vielmehr gewesen, „darauf hinzuweisen, dass die Polizei in Bayern an der Grenze der Belastbarkeit arbeitet und wir mehr Personal von der Bundespolizei benötigen."*[25]

Wenige Tage später meldeten nationale und internationale Medien, dass Bayern bzw. die Bundesrepublik Deutschland verstärkte Kontrollen bis hin zu Grenzschließungen vorbereiten würden. Am 13. September um 17.30 Uhr hat die Bundesrepublik Deutschland Grenzkontrollen in Kraft gesetzt. Bereits am Vormittag meldete die Austria Presse Agentur nach Erscheinen eines „Bild am Sonntag"-Artikels, dass 2.100 deutsche PolizistInnen in den österreichischen

25 APA (17.8.2015). Flüchtlinge – Grenzkontrollen für Bayern nur ‚ultima ratio'.

Grenzraum verlegt werden würden. Am selben Abend stellte der deutsche Innenminister Thomas de Maiziere auch noch klar, dass die Grenzkontrollen keiner Befristung unterzogen würden. Die deutsche Politik sah sich zum Handeln gezwungen, und wie dramatisch die Lage eingeschätzt wurde, zeigt der folgende Ausschnitt aus einer Medieninfo des Freistaates Bayerns.

> *„Es war jetzt nach acht Tagen einer zusätzlichen Völkerwanderung dringend notwendig, dieses Signal zu geben", sagte der bayerische Ministerpräsident (Horst Seehofer; Anm. d. Verf.). Er habe der Bundeskanzlerin am Samstag um 13.26 Uhr die Bitte nach Grenzkontrollen übermittelt. Bereits um 17.39 Uhr hätten die Koalitionspartner in einem Gespräch dann zugestimmt. … Seehofer sagte weiter: „Wir haben in der Flüchtlingspolitik im Freistaat Bayern derzeit einen Ausnahmezustand. Es sind alle Regeln mehr oder weniger außer Kraft. Es gibt keine Ordnung, kein System, und das ist in einem Rechtsstaat eine bedenkliche Sache."*[26]

Auf Salzburger Seite lösten diese Kontrollen vor allem im Bereich der Wirtschaft große Befürchtungen und Widerstand hervor. Gerade den TouristikerInnen war die Wiedereinführung von quasi Grenzbalken ein Dorn im Auge. In wirtschaftlicher Hinsicht waren viele PendlerInnen und vor allem FrächterInnen von diesen plötzlichen Anhaltungen an der Grenze betroffen. Im Jahr 2017 errechneten ExpertInnen für die Salzburger FrächterInnen ein tägliches Minus von etwa 560.000 Euro und einen geschätzten jährlichen Gesamtverlust von rund 140 Millionen Euro.[27] Relativ entspannt konnten schlussendlich TouristikerInnen im Frühjahr 2016 Bilanz ziehen und vermeldeten eine sehr gute Wintersaison.[28] Entgegen anfänglicher Befürchtungen brachten die Grenzkontrollen keine großen Einbußen mit sich. Im Gegenteil, die Wintersaison 2015/16 brachte für Salzburg insgesamt ein neues Rekordergebnis und einen Zuwachs an Nächtigungen von 5,2 Prozent. Erstmals konnte in diesem Winter die Marke von 15 Millionen Übernachtungen überschritten werden.[29] Auch die Tourismusstatistik für den gesamten Beobachtungszeitraum von November 2015 bis Oktober 2016 weist einen Zuwachs von 1,48 Millionen Euro aus. Dies wiederum stellte im 10-Jahresvergleich die höchste Steigerung dar.[30]

---

26 APA (13.9.2015). Flüchtlinge – Bayern-Minister: Kontrollen gegenwärtig nicht befristet.

27 ORF Salzburg Online (22.6.2017). Grenzkontrollen: „560.000 Euro Schaden pro Tag".

28 APA (20.4.2016). Ski amade schloss Saison trotz Wetters und Grenzkontrollen mit Plus.

29 Salzburg24.at (24.5.2016). Wintersaison 2015/16: Neuer Nächtigungsrekord für Salzburger Tourismus.

30 Land Salzburg (2017). Das Tourismusjahr 2015/2016 in Zahlen, Salzburg, S. 3.

13. INSGESAMT 8.000 PENDLERINNEN DURCH KONTROLLEN BETROFFEN

Für die PendlerInnen, die im deutsch-österreichischen Grenzgebiet arbeiten, stellte sich die Lage beschwerlicher dar. Dort kam es regelmäßig zu langen Wartezeiten. Laut Landesstatistik pendelten im Herbst 2015 täglich rund 6.000 Menschen von Bayern nach Österreich und 2.000 in die entgegengesetzte Richtung.[31] An den Übergängen am Walserberg oder bei Freilassing kam es öfter zu Wartezeiten von einer Stunde und mehr. Verschärft wurde die Situation im September 2015 dadurch, dass auch keine Züge von Salzburg nach München abgefertigt wurden. Wie ein Beispiel aus den Salzburger Nachrichten zeigt, haben Menschen durchaus kreative Wege gefunden, um die Situation zu meistern.

> *Wenn der Musiklehrer Markus Hofmann von seinem Wohnort in Salzburg in seine Musikschule nach Bernau am Chiemsee fahren will, nimmt er einige Umwege in Kauf. Erst steigt er in die S-Bahn nach Liefering. Von dort geht er zu Fuß über die Grenze. „Es gibt zwar die Buslinie 24, die auch fahren würde", sagt er. Aber der Bus brauche für die Strecke von zwei Kilometern oft 45 Minuten. Markus Hofmann schafft das in 15 Minuten. „Je nachdem, wie groß der Pulk an Wartenden an der Grenze ist." Am Freilassinger Bahnhof steigt er in den Meridian-Zug Richtung München.*[32]

Zu Beginn der Grenzkontrollen wurden die täglichen Wege für viele zu echten Spießrutenläufen, wenn man sich die Stau- und Wartezeiten vor Augen hält. Durch die Überprüfungen an den Grenzen, die mehr und mehr zur Routine wurden, haben sich die meisten Betroffenen an die neuen Umstände gewöhnt. Die Grenzkontrollen wurden nach der Einsetzung im September 2015 laufend verlängert und sind nach wie vor ein zentrales Thema in den Gesprächen zwischen den Nachbarstaaten Österreich und Deutschland.[33] Der neue bayerische Ministerpräsident Markus Söder hat im März 2018 angekündigt, dass der Freistaat Bayern die eigene Grenzpolizei um 1.000 zusätzliche Stellen aufstocken wird. Ziel dieser Maßnahme ist es, die Grenzen zu Österreich und Tschechien abzusichern.[34]

31 Land Salzburg (2018). Email-Mitteilung der Landesstatistik vom 18.5.2018.

32 Salzburger Nachrichten (25.9.2015). Grenzkontrollen bei Freilassing halten die Pendler auf.

33 APA (15.2.2018). Flüchtlinge – Bayern und Österreich wollen Grenzkontrollen beibehalten.

34 APA (23.3.2018). Bayern bekommt eigene Grenzpolizei – Eigenständige Kontrollen geplant.

14. QUARTIERE GEFUNDEN – INTEGRATION WIRD ZUM DAUERTHEMA

Neben den wirtschaftlichen und sicherheitspolitischen Auswirkungen hat vor allem die Suche nach Quartieren die Öffentlichkeit sehr stark beschäftigt. Im Zuge der Transitflüchtlingskrise waren in Salzburg im Jänner 2016 – laut Asylreport des Landes Salzburg – 4.826 Asylsuchende in der Grundversorgung gemeldet. Das entsprach damals einem Anteil von 0,88 % der Bevölkerung. Im Vergleich dazu waren es im August 2015, zu Beginn der Migrationsbewegung, 2.685 Asylsuchende. Im Mai 2018 weist das Reporting 2.658 AsylwerberInnen in der Grundversorgung aus. Dieser Bereich weist derzeit in etwa den Stand vor der großen Flüchtlingskrise aus.[35]

In der Unterbringung von Flüchtlingen hat das Bundesland Salzburg beschlossen, dass vor allem in kleine und mittelgroße Unterkünfte investiert werden soll. Man erwartet sich dadurch eine höhere Akzeptanz in der Aufnahmegesellschaft und mehr Unterstützung von den Gemeinden. Als zu Beginn des Jahres 2018 der österreichische Innenminister den Vorschlag machte, Asyl-Großquartiere zu schaffen, gab es dazu aus Salzburg dementsprechend Widerstand. In Salzburg hielten sich zu diesem Zeitpunkt 2.401 Personen in 145 Quartieren des Landes auf. Also im Durchschnitt 17 Personen in einem Quartier.[36] Die Integration von Asyl- oder subsidiär Schutzberechtigten ist für die Gesellschaft aber eine Herausforderung der kommenden Jahrzehnte. Die Salzburger Landesregierung hat dazu im Jahr 2017 ein Bündel an Integrationsmaßnahmen vorgestellt, die Flüchtlingen den Einstieg in Gesellschaft und Berufsleben erleichtern sollen. Der Maßnahmenkatalog umfasst ein Screening des Ausbildungsstatus der ankommenden Flüchtlinge genauso wie Deutschkurse oder Vorbereitungslehrgänge zum Einstieg in bestimmte Berufsfelder. Die Einführung bzw. der Beginn dieses Salzburger Wegs der Integration zeigt auch die Schwerpunktverlagerung, die sich im Jahr 2016 bereits abzeichnete und 2017 vorerst vollzogen hat. Die primäre Herausforderung besteht nicht mehr darin, Quartiere für neuankommende Flüchtlinge zu finden, sondern es geht seit dem „Abreißen" des Flüchtlingsstroms in den Gemeinden vor allem um Fragen der Integration. Um für beide Seiten eine gewisse Verbindlichkeit zu schaffen, unterzeichnen der/die jeweilige Asyl- oder subsidiär Schutzberechtigte die sogenannte „Charta und Vereinbarung zur Integrationspartnerschaft".

35 Asylreporting des Landes Salzburg. Die Daten werden wöchentlich aktualisiert im Internet unter https://www.salzburg.gv.at/themen/soziales/asyl/asylreporting zur Verfügung gestellt.

36 Salzburg24.at (12.12018). Kritik an Herbert Kickl: „Lassen uns den Salzburger Weg nicht mutwillig zerstören".

Im Wesentlichen beinhaltet diese ein Bekenntnis zu den österreichischen Gesetzen, den Menschenrechten und Grundregeln des Zusammenlebens. Jede/r UnterzeichnerIn verpflichtet sich dazu, die deutsche Sprache zu lernen, sich über die Grundwerte der österreichischen Gesellschaft zu informieren und sich weiterzubilden, und erklärt seine/ihre Bereitschaft, einem Beruf nachzugehen. Im Gegenzug dazu bietet das Land nach Möglichkeit Deutschkurse und berufliche Qualifizierungsmöglichkeiten, Überbrückungshilfen zur Selbsterhaltungsfähigkeit und Informationen zu Grundwerten der österreichischen Gesellschaft an.[37] Landesrätin Martina Berthold sah diese Partnerschaft als wichtige Etappe einer gelingenden Integration:

> *Mit einer positiven Asylentscheidung können die Menschen bei uns neu beginnen. Die Charta der Integrationspartnerschaft ist eine wichtige Zwischenstation auf dem Integrationsweg. Soziale Sicherheit, Meinungs- sowie Religionsfreiheit und Gleichstellung von Frauen und Männern sind zentrale Grundlagen unserer Gesellschaft. Für das Zusammenleben in den Gemeinden und Städten ist es wichtig, dass unsere neuen Nachbarinnen und Nachbarn über unsere verfassungsrechtliche Basis informiert werden und diese eingehalten wird.*[38]

Diese Entwicklung zeigt klar, dass sich im Laufe des Jahres 2017 der Fokus eindeutig weg vom ersten Bewältigen des „Ankommens“ hin zur Integration mit all ihren Herausforderungen und Schwierigkeiten entwickelt hat. Es soll dort progressiv angesetzt werden, wo Schutzsuchende Hilfe brauchen.

Das Koalitionsübereinkommen der Regierung Haslauer II[39] lässt darauf schließen, dass auch in den kommenden Jahren auf den bisherigen Maßnahmen aufgebaut werden wird und der o. a. „Salzburger Weg der Integration“ seine Fortsetzung findet. Evaluiert werden soll die Integrationsplattform.[40] Politisch verantwortlich zeichnet in der neuen Salzburger Landesregierung für das Thema die NEOS-Landesrätin Andrea Klambauer. Wenn man im Internet bei NEOS das Thema Integration nachschlägt,[41] dann spricht sich die Partei

---

37 Land Salzburg (2017). Charta und Vereinbarung zur Integrationspartnerschaft. Abgerufen am 15.5.2018 unter http://service.salzburg.gv.at/lkorrj/XBeilage?cmd=dateiAusliefern&klasse=beilagen.ABeilagen&beilagenid=761&nachrid=56648.

38 Zit. nach: LK (9.6.2016). Der Salzburger Weg der Integration.

39 Land Salzburg (2018). Koalitionsvertrag 2018–2023. Abgerufen am 2.7.2018 unter https://www.salzburg.gv.at/politik_/Documents/Koalitionsvertrag2018.pdf.

40 Land Salzburg (2018). Integrationsplattform. Abgerufen am 1.7.2018 unter https://www.salzburg.gv.at/themen/gesellschaft/integration/integrationsplattform-salzburg/ueber-uns.

41 NEOS (2018). Gutes Zusammenleben verlangt klare Regeln. Abgerufen am 9.8.2018 unter https://ichtuwas.neos.eu/manifest/integration.

für klare Regeln für ein gutes Zusammenleben aus. Sie stellt die Bereiche Sprache und Bildung als elementaren Hebel dar. Der Integration am Arbeitsmarkt gibt die Partei der neuen Salzburger Integrations-Landesrätin eine besondere Bedeutung und sie spricht sich auch für ein österreichweit koordiniertes Vorgehen aus.

15. RESÜMEE: WENN NORMALITÄT ZU EINEM ERSTREBENSWERTEN ZIEL WIRD

Es waren zum Teil verstörende Bilder, die Österreich in den September-Tagen des Jahres 2015 aus Ungarn und davor aus dem Mittelmeer erreicht haben. Viele Menschen haben gespürt, dass da gerade Dinge passieren, die so nicht vorgesehen waren und die Europäische Union überforderten. Der Hauptstadtbahnhof Keleti wurde so etwas wie der Dreh- und Angelpunkt, wo sich SchlepperInnen und Flüchtlinge arrangierten oder viele einfach versuchten, mit Bahnkarten Richtung Österreich oder Deutschland aufzubrechen. Mit der Sperre des Bahnhofs für Flüchtlinge am 1. September begannen für viele BeobachterInnen und politisch Verantwortliche bange Stunden. Das Thema „Flüchtlinge" war wieder in Mitteleuropa angekommen und ganz nahe vor der Haustür virulent. Via Social Media konnte man quasi live mit dabei sein und den Verlauf dieser humanitären Notsituation hautnah miterleben. In diesen Stunden wurde der Druck, der sich auf der Flüchtlingsroute aufgebaut hatte, für Europa auf einen Schlag sichtbar. Man konnte sehen, dass man hier weit von Normalität entfernt war. Viele flüchtende Menschen haben sich einfach nach einem Alltag in Frieden gesehnt oder ein Land gesucht, wo es ihnen vermeintlich wirtschaftlich besser gehen würde und sie ein „normales" Leben führen könnten. Die Bilder aus den Flüchtlingslagern haben auch in den Aufnahmegesellschaften den Alltag nicht unberührt gelassen. Die Grenzöffnung führte dazu, dass der Rhythmus der „westlichen" Welt wahrnehmbar gestört wurde. Die Analyse zu Beginn hat belegt, dass die Entwicklung und die Veränderung vorübergehend eine rasante war. Die Aufnahmegesellschaften waren auf diese Dynamik nicht vorbereitet. In Österreich nahm man Anleihe an der staatlichen Katastrophenbekämpfung (SKKM) und hat mit den Systematiken zur Bekämpfung großer Krisenereignisse versucht, Übersichtlichkeit in die Reisebewegung zu bringen. Im Bundesland Salzburg wurde ebenfalls umgehend die Stabstelle Katastrophenschutz mit der Ausarbeitung eines Notfallplans beauftragt. Die Analyse hat auch gezeigt, dass neben den behördlichen Strukturen zivilen Hilfsorganisationen eine tragende Rolle in der Bewältigung der Ereignisse zukam, wenngleich auch deutlich sichtbar wurde, dass eine umfassende Kommunikation notwendig ist, um diese beiden Welten miteinander zu verbinden. Mit den Modalitäten des Staatlichen Krisen- und Katastrophenschutzmanagement steht ein Instrument zur Verfügung, das österreichweit die Einbindung aller „betroffenen" Organisationen ermöglicht. Eine Sonderrolle kommt den öffentlichen Ämtern in solchen Situationen zu. Dort sollen die staatlichen Vorgaben mit den zivilen Anforderungen in Einklang gebracht werden. Salzburg hat eine schlanke Struktur mit flacher Hierarchie geschaffen, um die Anforderungen eines komplexen Krisenereignisses abarbeiten zu können. Eine der zentralen Anforderungen an diesen Stab war es, einen routinemäßigen Ablauf an neuralgischen Punkten sicherzustellen. Also ein Stück Normalität selbst in der Krisensituation zu schaffen.

Auch für Menschen, die auf der Flucht waren, wurde versucht, so etwas wie Alltägliches zu ermöglichen, z. B. für die Kinder in der Bahnhofsgarage, die in einer „Kinderbetreuung" ein paar unbeschwerte Momente erlebt haben. In den Transitflüchtlingslagern wurde der Alltag strukturiert und versucht Standards für das Zusammenleben aufrecht zu erhalten. Die betroffenen Flüchtlinge wurden immer dann aus ihrem „Lebensrhythmus" gerissen, wenn sich eine Änderung der sich im Fluss befindlichen „Reise", wie die Einführung der Grenzkontrollen, abzeichnete. Wenn die Flüchtlingsbewegung ins Stocken kam, war dies aber auch für die Behörden bzw. den Einsatzstab immer mit Unsicherheiten verbunden und es entwickelte sich umgehend großes Bestreben, wieder Ordnung und damit Berechenbarkeit herzustellen.

Im privaten Bereich stand die Rückkehr zur Tagesordnung an vorderster Stelle. Bis heute fordern FrächterInnen die Abschaffung der Grenzkontrollen, um den Zustand des freien Warenverkehrs wiederherstellen zu können. Gerade das Thema der Grenzkontrollen hat auf den Alltag dies- und jenseits der Grenze eine große Auswirkung. Rund 8.000 PendlerInnen merkten dadurch, dass das, was bis dahin europäische Normalität war, zwischen Österreich und Deutschland im Augenblick unerreichbar schien.

Die Zahl der ankommenden Asylsuchenden ist derzeit, wie oben dargestellt, in einer Höhe, die der vor der großen Flüchtlingsbewegung ähnelt. Mit dem „Salzburger Weg" signalisiert das Land Salzburg sowohl der Bevölkerung im Land wie auch den ankommenden Menschen, dass mit der operativen Umsetzung eines Maßnahmenplans beiden Seiten die Rückkehr ins „alte Leben" ermöglicht werden kann. Der neue Koalitionsvertrag 2018–23, abgeschlossen zwischen ÖVP, Grünen und NEOS, sagt dazu, dass an diesem Weg festgehalten werden wird.

URSULA LIEBING/JOSEF P. MAUTNER

„… es war für uns alle eine Selbstverständlichkeit zu helfen.“

Fluchtbewegungen 2015 in Salzburg – menschenrechtliche und zivilgesellschaftliche Perspektiven

Mit uns Flüchtlingen hat sich die Bedeutung des Begriffs ‚Flüchtling‘ gewandelt, … so dass das Wort Flüchtling, das einst einen fast Ehrfurcht gebietenden Klang hatte, die Vorstellung von etwas zugleich Verdächtigem und Unglückseligem … erregt.[1]

1. EINLEITUNG

Dieser Artikel bietet eine Darstellung und Reflexion jener Fluchtbewegungen, die 2015 in Salzburg stattfanden. Die Darstellung erfolgt aus einer zivilgesellschaftlichen Perspektive. Sie geht von den Wahrnehmungen und Erfahrungen der MitarbeiterInnen von Nichtregierungsorganisationen und von Engagierten in Netzwerken aus. Sie sind z. T. bereits seit vielen Jahren in der kommunalen und regionalen Menschenrechtsarbeit in Salzburg und in diesem Kontext auch in der „Flüchtlingsarbeit“ aktiv. Seit dem Jahr 2000 ist in Salzburg das zivilgesellschaftliche Netzwerk „Plattform für Menschenrechte“ aktiv. Es dokumentiert vor dem normativen Hintergrund der in der „Genfer Konvention über die Rechtsstellung der Flüchtlinge“, in der „Allgemeinen Erklärung der Menschenrechte“ und der „EU-Grundrechtecharta“ festgelegten Grund- und Menschenrechte Menschenrechtsverletzungen, Zugangsbeschränkungen zu Grundrechten und Lebenssituationen besonders verletzlicher Gruppen im Bundesland Salzburg. Eine besonders vulnerable Personengruppe, deren Situation die Plattform im jährlich erscheinenden Salzburger Menschenrechtsbericht[2] dokumentiert, sind die Geflüchteten. Seit zwei Jahren wird diese Dokumentation durch die Ergebnisse der Salzburger Flüchtlingsforen ergänzt, in denen Geflüchtete selbst über ihre Lebenssituation berichten. Dieses kontinu-

---

1 Hannah Arendt (1986). Wir Flüchtlinge, in: Hannah Arendt: Zur Zeit: Politische Essays, München, S. 7–21, hier S. 7; Hannah Arendt (1989). Gäste aus dem Niemandsland, in: Hannah Arendt: Nach Auschwitz, Berlin, S. 150–153, hier S 151.

2 Die Berichte können über die Homepage der Salzburger Plattform für Menschenrechte abgerufen werden. Siehe: http://www.menschenrechte-salzburg.at/home.html.

ierliche Monitoring bildet den Hintergrund für die im Folgenden beschriebenen Beobachtungen und Reflexionen.[3] Im Anschluss an grundsätzliche Überlegungen zu Flüchtlingsstatus und Asylinstituten und zu den Auswirkungen der rechtlichen Rahmenbedingungen werden in neun Abschnitten wesentliche Problembereiche aus der Perspektive der Lebenssituationen von Geflüchteten vor dem normativen Hintergrund der Menschenrechte beschrieben. Die Fluchtbewegungen 2015 werden in den Kontext der langjährigen Entwicklungen im Asylbereich eingeordnet.

2. FLÜCHTLINGSSTATUS UND ASYLINSTITUTE – GRUNDSÄTZLICHE ÜBERLEGUNGEN

Fragen des Flüchtlingsstatus und der Asylgewährung sind spätestens seit den 1990er-Jahren Gegenstand kontrovers geführter Debatten in der österreichischen Gesellschaft, was sich nicht zuletzt auch in den zahlreichen Änderungen der entsprechenden fremden- und asylrechtlichen Gesetzesmaterien niederschlägt. 2015 haben diese Diskussionen noch einmal deutlich an Schärfe und Heftigkeit zugenommen.

Einer Reflexion über die Fluchtbewegungen, von denen 2015 auch Salzburg mit betroffen war, müssen daher Überlegungen zu den beiden Begriffen vorangestellt werden. Art. 1, Abschnitt A 2 der Genfer Konvention über die Rechtsstellung der Flüchtlinge umfasst eine allgemeine und für die Unterzeichnerstaaten gültige Beschreibung des Flüchtlingsstatus – vor allem im Hinblick auf die anzuerkennenden Fluchtgründe:

> *Als Flüchtling im Sinne dieses Abkommens ist anzusehen, wer sich (...) aus wohlbegründeter Furcht, aus Gründen der Rasse, Religion, Nationalität, Zugehörigkeit zu einer bestimmten sozialen Gruppe oder der politischen Gesinnung verfolgt zu werden, außerhalb seines Heimatlandes befindet und nicht in der Lage oder im Hinblick auf diese Furcht nicht gewillt ist, sich des Schutzes dieses Landes zu bedienen; oder wer staatenlos ist, sich infolge obiger Umstände außerhalb des Landes seines gewöhnlichen Aufenthaltes befindet und nicht in der Lage oder im Hinblick auf diese Furcht nicht gewillt ist, in dieses Land zurückzukehren.*[4]

3 Eine Quelle für die menschenrechtliche Situation der Geflüchteten 2015 auf gesamtösterreichischer Ebene bietet der Menschenrechtsbefund 2015 der „Österr. Liga für Menschenrechte“: Medien-Servicestelle Neue Österreicher/innen Online (10.12.2015). Österreichischer Menschenrechtsbefund.

4 UNHCR Österreich (14.3.2017). Genfer Flüchtlingskonvention und New Yorker Protokoll. Abge-

Ob und inwieweit diese Beschreibung – vor allem mit ihrer Beschränkung auf die „wohlbegründete Furcht vor Verfolgung“ – noch den verbreitetsten Ursachen der großen Fluchtbewegungen der Gegenwart gerecht werden kann, ist Gegenstand breiter internationaler Debatten gewesen und soll hier nicht weiter vertieft werden.[5] Jedenfalls ist auch in Österreich die Debatte um Flüchtlingsstatus und Asylgewährung nach 2015 teilweise in die entgegengesetzte Richtung gekippt und die Legitimität des jedem und jeder einzelnen Geflüchteten im Sinne der Genfer Konvention zustehenden Individualrechtes auf Asyl wurde infrage gestellt, etwa in der Debatte um „Asylobergrenzen“. In Reaktion auf das Jahr 2015 mit 90.000 Asylanträgen wurde von der österreichischen Bundesregierung im Jänner 2016 eine „Obergrenze“ für 2016 von 37.500 und für das Jahr 2017 eine weitere Begrenzung auf 35.000 festgelegt.[6]

Diesem Trend einer sukzessiven Verengung des zwischenstaatlich wie nationalstaatlich festgeschriebenen Rechts auf Asyl steht die humanistische und religiöse Tradition der europäischen Geschichte entgegen, in der es seit der Antike Asylinstitute nicht nur auf staatlicher, sondern immer auch auf gesellschaftlicher Ebene gegeben hat und mit dem „Kirchen- und BürgerInnenasyl“ auch noch immer gibt.[7]

Gerade vor diesem Hintergrund scheint es uns wesentlich, den Begriff des Asyls nicht auf seine aktuelle und derzeit immer enger werdende rechtliche Basis zu reduzieren, sondern zumindest in Umrissen auch seine religiösen und sozialen Zusammenhänge, seine kulturellen und gesellschaftlichen Facetten zu beleuchten. Denn das Asyl, als Institut der garantierten Schutzgewährung, ist in den Facetten seiner Semantiken und seiner Anwendung wesentlich ausdifferenzierter als das jeweilige im Fremden- und Asylrecht der europäischen Staaten festgelegte Verständnis. Wir werden deshalb im Anschluss an unsere Darstellung der Fluchtbewegungen 2015 in Salzburg aus menschenrechtlicher und zivilgesellschaftlicher Sicht auf die Dimension von BürgerInnen- und Kirchenasyl auf zivilgesellschaftlicher Ebene zu sprechen kommen – im Sinne einer kritischen Ergänzung, nicht eines prinzipiellen Widerspruchs zu rechtsstaatlichen Verfahren.

---

rufen am 1.10.2018 unter http://www.unhcr.org/dach/at/ueber-uns/unser-mandat/die-genfer-fluechtlingskonvention.

5 Mit Bezugnahme auf die internationalen Fluchtbewegungen 2015 hat die Hilfsorganisation „medico international“ die häufigsten Fluchtursachen in 5 Kategorien eingeteilt und versucht, sie annähernd quantitativ zu erfassen: Medico International (20.7.2016). Warum Menschen fliehen. Abgerufen am 1.10.2018 unter https://www.medico.de/warum-menschen-fliehen-16487/.

6 Siehe z. B. Der Standard Online (20.1.2016). Obergrenze bis 2019 fixiert, Umsetzung völlig offen.

7 Siehe dazu den Abschnitt „Perspektive Kirchenasyl?“ am Schluss dieses Beitrages.

3. RECHTLICHER STATUS VON GEFLÜCHTETEN 2015

Die heute weithin als „Ausnahmesituation“ angesehenen Fluchtbewegungen 2015 wiesen zwar spezifische Charakteristika auf, die sich von der Situation davor und danach deutlich unterschieden, wie etwa die außergewöhnlich große Zahl von Flüchtenden, die auf dem Weg nach Deutschland oder in die skandinavischen Länder durch Salzburg gereist sind.[8] Gleichzeitig zeigen sich aber deutliche Kontinuitäten in den Fluchtbewegungen wie in der Flüchtlingspolitik: Auch vor 2015 hat es einen Transit durch Salzburg in Richtung nördliches Europa gegeben, wie es ihn noch heute gibt. Defizite in der Aufnahme und Versorgung von Asylwerbenden, die in Salzburg um Schutz angesucht haben, sind, ebenso wie die damit zusammenhängenden menschenrechtlichen Problemlagen, im Jahr 2015 nicht völlig neu aufgetreten, wurden jedoch in besonderer Schärfe sichtbar, nicht zuletzt weil das „Dublin“-System ausgesetzt war.

Die menschenrechtlichen Problemlagen, die die flüchtenden Menschen betreffen, hängen unter anderem davon ab, mit welchem aufenthaltsrechtlichen oder asylrechtlichen „Status“ sie in Salzburg aufhältig sind: als sogenannte „Transitflüchtlinge“, als Antragstellende im Zulassungsverfahren, als AsylwerberInnen, deren Antrag auf internationalen Schutz inhaltlich geprüft wird, als anerkannte Flüchtlinge nach der Genfer Flüchtlingskonvention, als subsidiär Schutzberechtigte, als „Illegalisierte“ oder als de facto nicht Abschiebbare. Von diesem Status hängt die Frage der behördlichen und politischen Zuständigkeit für die Versorgung und die Aufnahmebedingungen der Menschen ab: Die sogenannten Transitflüchtlinge reisten ohne offiziell dokumentierten Aufenthaltstitel durch Österreich und Salzburg, in der Versorgung engagierten sich Stadt Salzburg, Land und Bund. Mit dem Einbringen eines Antrags auf internationalen Schutz (Asylantrag) beginnt das Zulassungsverfahren, in dem geprüft wird, ob Österreich für die inhaltliche Prüfung des Antrags auf Asyl zuständig ist bzw. in das Verfahren eintritt oder ob ein anderes europäisches Land aufgrund einer vorherigen Registrierung zuständig ist (Dublin-Verfahren). Während des Zulassungsverfahrens sind die Bundesbehörden für die Grundversorgung der Asylsuchenden zuständig. Sobald eine Zulassung zum Asylverfahren erfolgt, ist für die Versorgung und Umsetzung von Mindeststandards der Aufnahme das Bundesland zuständig, dem der oder die Asylsuchende zugewiesen wird. Die Zuweisung erfolgt nach einer zwischen Ländern und Bund verein-

8 Laut Schätzungen des BM.I zogen dieses Jahr rund 600.000 Flüchtlinge durch Österreich, um in ein anderes EU-Land weiterzureisen. In Salzburg sollen von Ende August bis Ende Dezember 2015 rund 300.000 Transitflüchtlinge durchgereist sein. Quelle: Medien-Servicestelle Neue Österreicher/innen Online (22.12.2015). Asyl & Flucht im Jahr 2015 – Ein Rückblick.

barten „Quote“, deren Erfüllung immer wieder Gegenstand politischen Streits ist.[9] Vom Verfahrensausgang hängt schließlich ab, ob und gegebenenfalls zu welchen staatlichen Leistungen oder Sozialtransfers die Betroffenen und ihre Angehörigen Zugang haben.

Ein „Asylantrag“[10] durchläuft mehrere behördliche Stationen: Ein Antrag auf internationalen Schutz konnte 2015 bei jeder Polizeidienststelle eingebracht werden. Der/Die AsylwerberIn wurde in Salzburg in der Regel beim Polizeilichen Anhalte-Zentrum (PAZ) registriert, wo eine erste Einvernahme stattfand. Der Antrag wurde sodann von der für Dublin-Verfahren zuständigen Abteilung in der Erstaufnahmestelle West weiterbearbeitet und schließlich, sofern er zugelassen wurde, inhaltlich beim Bundesamt für Fremdenwesen und Asyl (BFA) bearbeitet.

4. PREKÄR UND VULNERABEL: DIE SITUATION DER „TRANSITFLÜCHTLINGE“

Salzburg war 2015 besonders zwischen Ende August und Dezember einer der zentralen Knotenpunkte für den Transit von Geflüchteten auf ihrem Weg nach Deutschland oder in die skandinavischen Länder. Die Situation der Durchreisenden war vor allem deshalb besonders prekär und vulnerabel, weil für sie keinerlei rechtliche und zunächst auch keinerlei organisatorische Basis existierte. Sie waren ohne Visa eingereist und für die Zeit ihrer Durchreise „illegal“ aufhältig. Somit gab es keine formale Zuständigkeit staatlicher Stellen für die Versorgung der Durchreisenden, denn der Zugang zur Grundversorgung des Bundes setzt das Stellen eines Antrags auf internationalen Schutz voraus. Hinzu kam das praktische Problem, dass illegal aufhältige Personen nicht „amtsbehandelt“ werden konnten, ohne sie zugleich zu erfassen und zu registrieren – was aber die Zuständigkeit Österreichs im Rahmen der Dublin-Verordnung nach sich gezogen hätte. In dieser rechtlichen Dilemmasituation musste eine Versorgung in knappen Zeiträumen improvisiert werden, was nur durch den massiven Einsatz vorhandener sowie spontan entstandener ehren-

9 Vereinbarung zwischen dem Bund und den Ländern gemäß Art. 15a B-VG über gemeinsame Maßnahmen zur vorübergehenden Grundversorgung für hilfs- und schutzbedürftige Fremde (Asylwerber, Asylberechtigte, Vertriebene und andere aus rechtlichen oder faktischen Gründen nicht abschiebbare Menschen) in Österreich (Grundversorgungsvereinbarung – Art. 15a B-VG) StF: BGBl. I Nr. 80/2004 (NR: GP XXII RV 412 AB 448 S. 55. BR: AB 7028 S. 707).

10 Bundesministerium für Inneres (2018). Das Asylverfahren. Abgerufen am 1.10.2018 unter https://www.bmi.gv.at/301/Allgemeines/Asylverfahren/start.aspx.

amtlicher Strukturen bewältigt wurde. In den letzten vier Monaten 2015 reisten ca. 300.000 Menschen durch Salzburg weiter nach Deutschland.[11]

Auch VertreterInnen und Mitgliedsorganisationen der Plattform für Menschenrechte gehörten zu jenen, die mit Beginn des „Transits" Ende August aktiv wurden und Durchreisende auf dem Salzburger Bahnhof vor allem mit Wasser, Babynahrung und Hygieneartikeln versorgten. LandespolitikerInnen und Stadtpolitik wurden zwar schnell auf die prekäre Situation im Bahnhof und den Versorgungsbedarf aufmerksam, doch war die vor allem über Social Media vernetzte Zivilgesellschaft in Hinblick auf Unterstützungsbereitschaft und unbürokratische Mobilisierung dem „offiziellen" Salzburg in den ersten Tagen deutlich überlegen. Hunderte, teilweise Tausende Durchreisende wurden täglich auf dem Bahnhof versorgt, vor allem auch mithilfe vieler Freiwilliger, darunter zahlreicher mehrsprachiger SalzburgerInnen, aber auch in Salzburg lebender Asylwerbender mit Deutschkenntnissen, die täglich Stunden auf dem Bahnhof verbrachten, um die Versorgung der Züge mit den „Transitflüchtlingen" auf der Durchreise nach Deutschland zu gewährleisten. Als Deutschland nach wenigen Tagen begann, die Menschen, die um Asyl ansuchen wollten, bei der Einreise zu registrieren, wurde in Salzburg die Notunterbringung von Menschen für eine oder zwei Nächte ein immer dringlicheres Problem. Zunächst wurde die Bahnhofsgarage als Notquartier eingerichtet und Notschlafmöglichkeiten in Moscheegemeinden und Kirchen in Bahnhofsnähe genutzt. Später wurde das Gebäude der ASFINAG in der Nähe des Grenzübergangs Freilassing als Notschlafmöglichkeit für Transitflüchtlinge eingerichtet, da die Weiterreise nicht mehr wie zunächst mit Zügen, sondern über das alte Zollhaus und den Grenzübergang Freilassing zu Fuß bzw. mit Bussen erfolgte.

Innerhalb weniger Tage entstanden im Spätsommer 2015 neue zivilgesellschaftliche Vernetzungen wie „Train of Hope" oder „Helferz", die, später gemeinsam mit den „klassischen" Ehrenamtsorganisationen wie Caritas, Rotes Kreuz oder der während des Jugoslawienkriegs entstandenen Hilfsorganisation „Bauern Helfen Bauern", unverzichtbare PartnerInnen für die Versorgung der „Transitflüchtlinge" wurden. Auch viele muslimische Gruppierungen engagierten sich: Warmes Essen wurde zunächst in Moscheegemeinden gekocht und durch die Muslimische Jugend Österreichs verteilt; später traf aufgrund des großen internationalen Echos auf die Salzburger Transitsituation auch ein mobiles Kochteam der Londoner Hilfsorganisation „Muslim Hands" in Salzburg ein, das mehr als 100.000 Essen spendete und zubereitete. Mit der zunehmenden Verstetigung der Krisensituation wurde schließlich das Bundesheer herangezogen, um eine reibungslose Notversorgung zu gewährleisten.

11 ORF Salzburg Online (30.12.2015). 2015: Salzburg als Drehscheibe für Flüchtlinge.

Die in diesem Zuge entstehenden Netzwerke boten motivierten SalzburgerInnen, die „etwas tun wollten“, schon allein wegen ihrer schnellen Kommunikation eine einfache Möglichkeit, sich im Rahmen der Transitsituation am Bahnhof, am alten Zollgebäude oder in der ASFINAG bei der Versorgung der Durchreisenden zu engagieren. Auch die Zusammenarbeit der Netzwerke mit den „großen“ Einsatzorganisationen wie auch die Aufteilung der Zuständigkeiten funktionierte nach gewissen Anlaufschwierigkeiten schließlich gut. Allerdings wurden mit dem Andauern der Transitsituation die Grenzen der rein ehrenamtlichen Organisationsform und Arbeitsweise deutlich: So zeichnete sich bald ab, dass man zusätzliche bezahlte Ressourcen für die Koordination wie auch die Mitarbeit in den Krisenteams benötigen würde und dass auf Dauer die Leistungen der SprachmittlerInnen nicht nur unbezahlt stattfinden konnten. Es entwickelte sich ein Konflikt um langsam anlaufende und im Regelfall zu knappe staatliche Ressourcen. Dieser blieb zunächst weitgehend im Hintergrund und wurde „intern“ ausgetragen. Im November 2015 eskalierte jedoch der Konflikt um die DolmetscherInnen: Vor allem jene, die von Anfang an am Bahnhof und dann in der ASFINAG tätig waren und teilweise als Asylwerbende nicht einmal das nötige Geld für Fahrscheine hatten, kämpften um Fahrtkostenerstattung, um die Anerkennung ihrer ehrenamtlichen Tätigkeit und teils um Honorare. Die Zahl der sogenannten Transitflüchtlinge war schon deutlich rückläufig, als beim Roten Kreuz schließlich eine bezahlte Koordinationsstelle für die DolmetscherInnen in der ASFINAG eingerichtet wurde.

Im öffentlichen Diskurs wurde in diesen letzten Monaten des Jahres 2015 der Begriff der „Salzburger Willkommenskultur“ geprägt. Er zeichnete ein Bild der Vorgänge, durch das manche wesentlichen Fakten unterbelichtet blieben: Im Hintergrund blieb z. B., dass es nicht zuletzt dem unbezahlten Engagement der vielen SalzburgerInnen „mit Migrationshintergrund“ zu danken war, dass die Versorgung und Kommunikation mit den Transitflüchtlingen am Bahnhof, in der Parkgarage und später in der provisorischen Notunterkunft der ASFINAG verhältnismäßig gut funktionierte. Ein besonderes Element der „Salzburger Willkommenskultur“ war eben auch, dass wenigstens zum Teil muslimische Geflüchtete mit Halal-Essen versorgt wurden. Und: Das unglaubliche ehrenamtliche Engagement vieler SalzburgerInnen substituierte und kaschierte einen vielfach nur halbherzigen politischen Willen, rasch, effizient und vor allem in ausreichendem Umfang Ressourcen für eine menschenwürdige Versorgung der Durchreisenden zur Verfügung zu stellen.

Im Dezember 2015 wurden die ASFINAG-DolmetscherInnen und weitere ehrenamtliche Salzburger DolmetscherInnen mit der „Rose für Menschenrechte" der Plattform für Menschenrechte ausgezeichnet.[12] Im März 2016 wurde das Transitcamp in der ASFINAG geschlossen. Stadt und Land Salzburg wurden im Jahr 2016 mit einem Qualitäts-Sonderstaatspreis ausgezeichnet.[13]

5. UNZUREICHENDE BETREUUNG, AKUTER MANGEL: BUNDESBETREUUNG UND LANDESQUARTIERE

Für alle, die 2015 nicht nach Deutschland weiterreisen wollten, sondern in Salzburg einen Antrag auf internationalen Schutz nach der Genfer Konvention stellten, begann das Zulassungsverfahren.[14] Bereits in der ersten Jahreshälfte 2015 herrschten allerdings in ganz Österreich in den sogenannten „Erstaufnahmezentren" katastrophale Bedingungen, die sich im Laufe des Jahres weiter verschlechterten.[15] Das System der drei zentralen Erstaufnahmezentren befand sich in der Umstrukturierung. Die Erstaufnahmezentren sollten durch dezentrale Verteiler-Zentren ersetzt werden. In der Stadt Salzburg betrieb die Firma ORS Service GmbH im Auftrag des Bundesministeriums für Inneres ab Mitte Mai 2015 eine provisorische Erstunterbringung in Form einer vieldiskutierten Zeltstadt in der Alpenstraße.[16] Im Juli 2015 wurde die Schwarzenberg-Kaserne für Flüchtlinge, die sich nach Einbringen des Asylantrags im Zulassungsverfahren und somit in Bundesbetreuung befanden, zur Verfügung gestellt und bis 2017 für AsylwerberInnen in Bundesbetreuung genutzt, zuletzt vor allem für

---

12 Plattform für Menschenrechte (2018). Die Rose der Menschenrechte. Abgerufen am 1.10.2018 unter http://www.menschenrechte-salzburg.at/die-rose-der-menschenrechte.html.

13 Landeskorrespondenz (16.6.2016). Qualitäts-Staatspreis für Flüchtlings-Einsatz.

14 In der zweiten Jahreshälfte 2015 wurden laut Statistik des Innenministeriums in ganz Österreich knapp 60.000 Asylanträge neu gestellt. Quellen: Bundesministerium für Inneres (2015). Vorläufige Asylstatistik Dezember 2015. Abgerufen am 1.10.2018 unter https://www.bmi.gv.at/301/Statistiken/files/2015/Asylstatistik_Dezember_2015.pdf; Bundesministerium für Inneres (2015). Asylstatistik 2015. Abgerufen am 1.10.2018 unter https://www.bmi.gv.at/301/Statistiken/.

15 Der Österreichische Menschenrechtsbefund 2015 stellte fest: „Im Sommer konnten sowohl Erwachsene als auch Minderjährige keine Unterkunft mehr in der Erstaufnahmestelle Traiskirchen finden, viele der Flüchtlinge mussten im freien Gelände kampieren und waren auf die Hilfe und Versorgung von Ehrenamtlichen angewiesen. Menschenunwürdige und menschenrechtsverletzende Zustände in Traiskirchen wurden bereits in Berichten von ‚Amnesty International' und ‚Ärzte ohne Grenzen' dokumentiert." Quelle: Medien-Servicestelle Neue Österreicher/innen Online (10.12.2015). Österreichischer Menschenrechtsbefund 2015: Kritik und Empfehlungen.

16 Ursula Liebing (2015). Beobachtungen aus dem Zeltlager Alpenstraße, in: Plattform für Menschenrechte: Salzburger Menschenrechtsbericht 2015, S. 24–26. Abgerufen am 2.10.2018 unter http://www.menschenrechte-salzburg.at/fileadmin/menschen/user/dokumente/2015_12_10_MR_Bericht.pdf.

„Unbegleitete Minderjährige Flüchtlinge (UMF)". Das ehemalige Hotel „Kobenzl" auf dem Gaisberg sollte schon im Januar 2015 zunächst als Bundesquartier und dann ab Jahresmitte als Verteilerzentrum in Betrieb gehen – auch hier betreut durch die Firma ORS.

Erstmals wurde damit 2015 die ORS auch in Salzburg tätig (eine Tochterfirma der Schweizer Gesellschaft ORS Service AG). ORS ist ein wirtschaftliches Unternehmen, das seit 2012 alle Bundesquartiere betreut und dessen Geschäftsmodell vor allem „höchste Effizienz in der Verwendung öffentlicher Mittel" bei der Betreuung von AsylwerberInnen und Flüchtlingen vorsieht.[17]

Die Errichtung der Zeltstadt wurde von polarisierten öffentlichen und medialen Diskussionen begleitet: Es wurde zur Diskussion gestellt, ob denn ein reiches Land wie Österreich nicht eine feste Unterkunft zur Verfügung stellen könne oder es wirklich nötig sei, Flüchtlinge durch Zeltunterkünfte abzuschrecken. Die Qualität der Unterbringung in der Zeltstadt stand von Anfang in der Kritik: Schlaflager, fehlende Privatheit, fehlende Wetterfestigkeit und Möglichkeit der Temperaturregulierung, unzureichende Essensversorgung, fehlender Zugang Außenstehender sowie fehlende Rechtsberatung wurden bemängelt. Zudem gab es keine Betreuung durch SozialarbeiterInnen, keine Angebote zur Tagesstrukturierung, keine Unterstützung z.B. für besonders verletzliche Flüchtlinge. Zu Beginn wurde nicht einmal eine zentrale „Anschlagtafel" für Informationen installiert. Auch die Unterbringung in der Kaserne in Wals zog rasch Kritik nach sich, da die Betreiberfirma ORS Service GmbH auch dort lediglich eine Basisversorgung bot. Eine quantitativ und qualitativ ausreichende Betreuung war in diesen Bundesquartieren nicht vorgesehen, auch als absehbar wurde, dass sich infolge der gestiegenen Zahl von Flüchtlingen und des Aussetzens der Dublin-Verfahren die Aufenthaltsdauer oft über viele Monate hinziehen würde.

Nicht zuletzt aufgrund der öffentlichen Kritik an den Mängeln bei der Unterbringung, Versorgung und Betreuung in den von ORS betreuten Quartieren und der dadurch sichtbar gewordenen Bedürftigkeit der Geflüchteten entstanden – zunächst vor allem rund um die Zeltstadt in der Alpenstraße – spontan Aktivitäten der Hilfsbereitschaft: Über Netzwerke und Social Media organisierten junge SalzburgerInnen Kleiderspenden-Flohmärkte im nahen Park, Moscheegemeinden holten Flüchtlinge zu Ramadan-Feiern ab oder versorgten sie mit Essen zum Fastenbrechen. Das neu gegründete Netzwerk „Refugees Welcome Salzburg" organisierte Begegnungs- und Austauschmöglichkeiten und engagierte sich in der politischen Lobbyarbeit. Die Hilfsorganisation „Bauern Helfen Bauern" erhielt schließlich offiziell Zutritt zu den Zelten in der Alpen-

17 ORS Service GmbH Online (https://www.orsservice.at).

straße. Auch um die Kaserne in Wals entstanden ehrenamtliche Strukturen mit Angeboten zum Deutschlernen und zur Begegnung. Die Leitung reagierte auch auf Kritikpunkte, die von den Geflüchteten selbst in den Flüchtlingsforen der Plattform für Menschenrechte vorgebracht wurden. Im September wurde dann die Sporthalle Riedenburg als winterfestes Ersatz-Notquartier zur Verfügung gestellt und die Flüchtlinge aus der Alpenstraße nach und nach dorthin umgesiedelt.

Im Bereich der Landesgrundversorgung brachten zwei Faktoren die zuständigen Behörden des Landes 2015 in eine schwierige Situation: zum einen die bisher schon untererfüllte Quote[18] bei der Unterbringung in der Grundversorgung und zum andern die steigenden Zahlen von Menschen im Asylverfahren. Die Caritas hatte im Sommer 2015 einen Aufruf gestartet, für die steigende Zahl der AsylwerberInnen Privatwohnungen zur Verfügung zu stellen. Dieser Aufruf hatte vor allem im Umfeld von Pfarren einigen Erfolg, war aber bei weitem nicht ausreichend, sodass sowohl Innergebirg als auch in der Stadt bzw. im Großraum Salzburg dringend weitere Quartiere gesucht wurden – und natürlich auch QuartiersbetreiberInnen. Das Land Salzburg mietete daher zunehmend gewerbliche Quartiere unterschiedlicher Größe an. Infolge der gestiegenen Nachfrage war schnell zu beobachten, dass gewerbliche Quartiere und Wohnmöglichkeiten für Flüchtlinge dem Land zu immer ungünstigeren Bedingungen angeboten wurden: Etliche EigentümerInnen gewerblicher Immobilien schlossen in der damaligen Situation Verträge mit dem Land ab, die ihnen mittelfristig gute Einkommen garantierten.[19] Zudem entschied sich eine steigende Zahl von Sozialorganisationen, in den Bereich der Flüchtlingsbetreuung einzusteigen, so, dass sich auch die Zahl der NGOs, die Flüchtlingsquartiere betrieben – sei es für unbegleitete Minderjährige, sei es für Erwachsene – vervielfachte. Zum Jahresende hatte sich die Zahl der Quartiere für die Landesgrundversorgung auf 153 verdreifacht.[20] In Spitzenzeiten gab es in Salzburg fast 200 Flüchtlingsquartiere.

18 Das Land Salzburg wies in den Jahren 2007 bis 2012 jeweils eine untererfüllte Quote bei der Flüchtlingsunterbringung von 8,88 bis 18,04 % auf. Quelle: Rechnungshof Österreich (2013). Flüchtlingsbetreuung der Länder Salzburg, Steiermark und Wien. Abgerufen am 1.10.2018 unter https://www.rechnungshof.gv.at/berichte/ansicht/fluechtlingsbetreuung-der-laender-salzburg-steiermark-und-wien.html. Im September 2014 hatte das Land Salzburg wieder aufgeholt und lag dennoch bei einem Minus von 8,74 %.

19 Salzburger Fenster Online (30.8.2016). Salzburg: Fürstliche Mieten für leere Asylquartiere.

20 ORF Salzburg Online (25.12.2015). Zahl der Flüchtlingsquartiere verdreifacht.

6. „ORGANISIERTE OBDACHLOSIGKEIT“: DIE AUFNAHMESITUATION IM ZULASSUNGSVERFAHREN

Trotz der Zunahme von Unterbringungsmöglichkeiten für Flüchtlinge im Land Salzburg entstand spätestens ab dem Sommer 2015 eine Situation der „organisierten Obdachlosigkeit“: Die Plätze in der Bundesbetreuung reichten nicht aus, damit jede/r, der/die einen Antrag auf internationalen Schutz gestellt hatte, auch eine Notunterkunft erhielt. Die Plattform für Menschenrechte dokumentierte im Rahmen des Monitoring zunächst Einzelpersonen und in der Folge auch Familien, die nach der Stellung eines Antrags auf internationalen Schutz bei einer Polizeidienststelle mit einem (nur in deutscher Sprache verfassten) Hinweisschreiben weggeschickt wurden. Das Schreiben enthielt die lapidare Information „Eine Quartierzuweisung erfolgt an dieser Stelle nicht“. Die auf dem Informationsblatt angegebene Telefonnummer war nur tagsüber und nur mit deutschsprachigen Auskunftspersonen besetzt.

Informelle Netzwerke privater UnterkunftsgeberInnen, Moscheegemeinden, Kirchengemeinden und private Netzwerke von Bekannten und Verwandten Geflüchteter waren für Asylsuchende, die keinen Platz in der Bundesbetreuung erhielten, somit oft die einzige Möglichkeit, ein Dach über den Kopf zu bekommen. Die ASFINAG wurde mehr und mehr zu einer Notunterkunft für Familien, die bereits einen Asylantrag eingebracht hatten – ein Faktum, das allerdings einen politischen Konflikt nach sich zog, da es sich ja um eine improvisierte Notunterkunft für Menschen im Transit und nicht um ein Bundesquartier handelte. Ab Anfang November 2015 sollte die ASFINAG nicht mehr länger für Menschen zur Verfügung stehen, die bereits einen Asylantrag eingebracht hatten. Hunderten von Menschen drohte der Verlust ihrer ohnehin nur provisorischen Übernachtungsmöglichkeit. Zudem beschränkten sich die Probleme ja nicht nur auf die Frage der Unterkunft – mit der Unterbringung verknüpft waren auch die Basisversorgung mit Nahrung, Hygieneartikeln etc., die medizinische Versorgung von Menschen, die durch die Strapazen der Flucht auch gesundheitlich beeinträchtigt waren, der Zugang zu Information und Dolmetsch und vieles mehr. Gerade im Hinblick auf die Gesundheitsversorgung von Akutfällen leisteten die Salzburger Landeskliniken (SALK) im Sommer und Herbst 2015 unbürokratische Hilfe für Transitflüchtlinge und richteten auf dem Höhepunkt der Transitbewegungen sogar regelmäßige Bereitschaftsdienste für Dolmetschende in den Ambulanzen ein.

Die Aufnahmesituation in Salzburg insgesamt[21] war gerade für all jene problematisch, die aufgrund mangelnder Plätze während des Zulassungsverfahrens

21 Ursula Liebing/Fatma Özdemir-Bagatar (2015). Versorgungsmängel für Menschen, die in Salz-

nicht in ein offizielles Quartier aufgenommen wurden, sondern mehr oder weniger provisorisch privat unterkommen mussten: Es gab für privat Wohnhafte keine organisierte Betreuung, und es gab keine Leistungen – z. B. keinen Zugang zu Krankenversicherung oder zu Information und Rechtsberatung, kein Geld für Lebensmittel oder Miete. „Privates Wohnen" in der Phase des Zulassungsverfahrens war schlicht nicht vorgesehen. Eine regionale Anlaufstelle für die Betreuung dieser Personen gab es ebenfalls nicht, sodass Asylwerbende und die Menschen, die sie unterstützten, oft im Kreis geschickt wurden und auch hier wieder auf informelle Netzwerke angewiesen waren. Zudem herrschte zu diesem Zeitpunkt völlige Unsicherheit im Hinblick auf den Vollzug der Dublin-Verordnung, die die Zuständigkeiten für Asylverfahren innerhalb der Europäischen Union regelt.

Die enorme Prekarität im Hinblick auf die Lebenssituation im Zulassungsverfahren resultierte nicht nur aus der zunehmenden Zahl Asylsuchender, sondern auch aus der Dezentralisierung der Erstaufnahme und den unzureichenden gesetzlichen Regelungen. Darüber hinaus fehlte gerade in diesem Bereich offensichtlich auch der politische Wille, schnell auf die Situation der Obdachlosigkeit zu reagieren. Zumindest eine regionale Anlaufstelle für die akuten Fragen der Bundesbetreuung hätte eine gewisse Grundorientierung für alle Beteiligten anbieten können. Die private Wohnsituation war ja für viele Menschen keine freie Entscheidung, die mit einem „bewussten" Verzicht auf Grundversorgungsleistungen einherging, sondern durch die Umstände erzwungen und durch engagierte Menschen aus der Zivilgesellschaft ermöglicht.

7. HERAUSFORDERUNG ASYLVERFAHREN

Das Asylverfahren selbst stellt für Menschen, die um internationalen Schutz ansuchen, eine große Herausforderung und oft auch Hürde dar. Die gesellschaftlichen und politischen Debatten der letzten Jahrzehnte finden in den häufigen Änderungen im Bereich des Fremdenrechtes ihren Niederschlag. Allein das Asylgesetz 2005 verzeichnet seit dem Inkrafttreten mittlerweile 18 (!) Änderungen und Novellierungen – ohne dass in dieser Zählung die Änderungen in den anderen zugehörigen Materien, wie z. B. Fremdenpolizeigesetz oder Niederlassungs- und Aufenthaltsgesetz, berücksichtigt wären. So fällt es selbst ausgewiesenen Fremdenrechts-ExpertInnen schwer, einen Überblick über diese Rechtsmaterie zu bewahren.

burg um Asyl ansuchen: Dringender Handlungsbedarf!, in: Plattform für Menschenrechte: Salzburger Menschenrechtsbericht 2015, S. 31–33 (s. Fn. 16).

Hinzu kamen und kommen regelmäßig behördliche Umstrukturierungen und geänderte Zuständigkeiten: Die Salzburger Regionaldirektion des Bundesamtes für Asyl und Fremdenwesen (BFA) hatte erst im Januar 2014 die Arbeit aufgenommen und die Umstellungen und Umstrukturierungen im ersten Halbjahr 2014 nach einigen Softwareproblemen abgeschlossen.[22]

Welchen Zugang zu Informationen über den Ablauf des Asylverfahrens ein/e AsylwerberIn erhielt, hing 2015 letztlich vom Zufall ab: Zwar war das Einbringen eines Antrags auf internationalen Schutz bei jeder Polizeidienststelle bzw. jedem Organ des öffentlichen Sicherheitsdienstes möglich, wo grundlegende Daten erhoben und die Fingerabdrücke des/der Asylwerbenden abgenommen werden. Aber nicht alle Polizeidienststellen waren auf die Einbringung eines solchen Antrags vorbereitet oder hatten Informationsblätter vorrätig. Offizielle Informationen zum österreichischen Asylsystem und zum Verfahrensablauf lagen zwar bereits leicht verständlich und in zahlreichen Sprachen über sogenannte „Infoboxen“ in den ehemaligen Erstaufnahmezentren vor, wurden jedoch erst im Lauf des Jahres in ein leicht verständliches Ablaufschema zum Asylverfahren integriert, das ab 2016 auch im Internet (auf Deutsch und Englisch) verfügbar war und vor allem Ehrenamtlichen den Einblick erleichterte. Mehrsprachige und niederschwellig zugängliche Informationen standen zunächst nicht öffentlich zur Verfügung. Eine Innsbrucker NGO veröffentlichte 2016 mehrsprachige Informationsvideos über den Ablauf von Asylverfahren in Österreich.[23] Da viele Asylsuchende 2015 gar nicht erst in ein professionelles Betreuungssystem gelangten, sondern ausschließlich von Ehrenamtlichen im privaten Umfeld betreut wurden, konnten somit verlässliche Informationen oft nur schwer beschafft werden. Zusammenfassend lässt sich feststellen, dass die Informationspolitik der handelnden Behörden 2015 insgesamt wenig proaktiv war.

In Salzburg wurde 2015 auf Initiative und im Rahmen eines Projekts des Diakonie Flüchtlingsdienstes ein Netzwerk von ehrenamtlichen „RechtsberaterInnen“ aufgebaut (SABERA – SalzburgerInnen beraten Asylwerbende), die eine Basisqualifizierung im Bereich des Asylrechts erhielten, um in Einzelberatungen Geflüchteten und gegebenenfalls auch UnterstützerInnen eine Basisinformation über den Ablauf eines Asylverfahrens und die zentralen Fra-

22 Fatma Özdemir (2014). Bundesamt für Fremdenwesen und Asyl (Regionaldirektion Salzburg) – mein Fazit für das 1. Halbjahr 2014, in: Plattform für Menschenrechte: Salzburger Menschenrechtsbericht 2014, S. 29–30. Abgerufen am 1.10.2018 unter http://www.menschenrechte-salzburg.at/fileadmin/menschen/user/dokumente/2014_09_15_MR_Bericht.pdf.

23 Plattform Asyl – Für Menschenrechte (2018). Videowegweiser. Abgerufen am 1.10.2018 unter http://www.plattform-rechtsberatung.at/videowegweiser/.

gestellungen der Einvernahmen zu vermitteln.[24] Kostenlose und unabhängige Rechtsberatung durch JuristInnen wurde in Salzburg im erstinstanzlichen Verfahren schon seit Jahren nicht mehr in nennenswertem Umfang angeboten, und ein/e AnwältIn ist nur für jene zugänglich, die sich das auch leisten können. Nur am BFA stand zu feststehenden Sprechzeiten eine Rechtsinformation zur Verfügung, die jedoch häufig völlig überlaufen war.

Die Plattform für Menschenrechte organisiert seit 2016 in regelmäßigen Abständen sogenannte „Flüchtlingsforen", in denen Geflüchtete selbst zur Sprache kommen.[25] Sie formulieren dort zu verschiedenen Themen und Bereichen ihre Kritik, Anliegen und Forderungen, die von der Plattform dokumentiert und an verantwortliche Stellen (Ressortzuständige, private QuartiersbetreiberInnen oder Betreuungsorganisationen) herangetragen werden. In den Flüchtlingsforen gaben Flüchtlinge immer wieder zu Protokoll, dass sie sich über das Asylverfahren überhaupt nicht informiert fühlten. Ihnen fehle der Einblick in seine Bedeutung, seine Abläufe und eine Information darüber, welche Sachverhalte dort vorzubringen wären. Als Informationsquellen dienten ihnen vor allem die individuellen Erfahrungen anderer AsylwerberInnen in ihrem jeweiligen Verfahren.

Bei der ersten Einvernahme im Polizeilichen Anhalte-Zentrum (PAZ) werden in der Regel Dolmetschende hinzugezogen. Diese Schnittstelle stellt einen großen Problembereich dar, der sich von der Ersteinvernahme weg durch das ganze Asylverfahren hin fortsetzt: Denn die Qualität der Übersetzung ist entscheidend für die korrekte Darstellung des Sachverhalts. Von Asylsuchenden wird häufig moniert, dass sie bei genauer Lektüre der Protokolle feststellen mussten, dass Inhalte abgeändert, verkürzt oder auch schlicht falsch übersetzt worden waren. Immer wieder erheben Flüchtlinge auch den Vorwurf der Benachteiligung durch Dolmetschende, etwa aufgrund konkurrierender ethnischer oder religiöser Zugehörigkeiten (wenn z.B. ein Dolmetsch, der schiitischer Moslem ist, für einen alevitischen Kurden übersetzt). In der Befragungssituation besteht keine Möglichkeit der Überprüfung des Protokolls für die Asylsuchenden: Das Protokoll wird in deutscher Sprache angefertigt, der/die Dolmetschende übersetzt die Niederschrift noch einmal zurück in die Ausgangssprache, in der das Gespräch geführt wurde, und dann wird unterzeichnet.

---

24 SABERA wurde im Juni 2018 offiziell eingestellt.

25 Die Salzburger Flüchtlingsforen wurden u.a. über Facebook bei den Salzburger Geflüchteten beworben. Im Salzburger Freien Radio (Radiofabrik) findet sich ein Bericht vom 1. Salzburger Flüchtlingsforum. Quelle: Cultural Broadcasting Archive (5.6.2016). Refugees Speak Out! Bericht vom 1. Salzburger Flüchtlingsforum. Abgerufen am 1.10.2018 unter https://cba.fro.at/317421.

Das Problem der unzureichenden Qualität der Übersetzungen trat nicht erst 2015 auf. Wir beobachten es vielmehr im Monitoring der Plattform bereits seit vielen Jahren. Nach welchen Kriterien Dolmetschende angesichts fehlender standardisierter Ausbildungen ausgewählt werden, wie die Qualität des Dolmetschens seitens der Behörden überprüft und sichergestellt wird und wie mit Kritik an einzelnen Dolmetschenden oder am System des Dolmetschens umgegangen wird, bleibt intransparent. Wer eine/n Dolmetscher/in am BFA ablehnt, muss mit einer Verschiebung der Einvernahme zumindest um mehrere Monate rechnen – was viele Befragte abschreckt, auch wenn sie dem Dolmetschenden misstrauen oder Verständnisprobleme, z. B. aufgrund von Dialektfärbungen, haben.

Ein erster systematischer Schritt wurde in Salzburg 2016 gesetzt: Damals wurde erstmals ein Qualifizierungslehrgang für Dolmetschende im Asylverfahren nach Salzburg gebracht: QUADA, eine Qualifikation, die der UNHCR und Volkshochschulen speziell für Dolmetschende im Asylverfahren konzipiert haben.[26] Ohnehin besteht im österreichischen Bildungssystem das Problem, dass „Dolmetscher" keine geschützte Berufsbezeichnung ist und es keine akademische Dolmetsch-Qualifizierung für die in Asylverfahren häufig benötigten Sprachen Arabisch, Dari, Farsi, Somalisch oder Kurdisch gab und gibt. Für die Dolmetsch-Tätigkeit beim BFA ist auch keine Zulassung als Gerichts-DolmetscherIn erforderlich.

Was von vielen NGOs seit Jahren immer wieder gefordert wird, eine Aufzeichnung der Einvernahmen und Befragungen, um im Zweifel auf ein akustisches Protokoll zurückgreifen zu können, wird aus Gründen des Datenschutzes abgelehnt. Schriftliche Protokolle der Einvernahmen können von den AsylwerberInnen nicht mitgenommen und vor der Unterzeichnung durch Dritte überprüft werden. Fehler in der Übersetzung zu einem späteren Zeitpunkt im Verfahren geltend zu machen ist schwierig.

Ohnehin ist die Situation der Einvernahme gerade für Menschen mit traumatischen Erfahrungen oft so angstbesetzt, dass sie wider besseren Wissens allem zustimmen – aus Angst, sich Nachteile einzuhandeln. Besonders schutzbedürftige Personen, z. B. Folteropfer, traumatisierte Menschen etc., müssten eigentlich laut einer internationalen Vereinbarung, dem sogenannten „Istanbul Protokoll",[27] von geschulten Fachpersonen und unter besonders geschütz-

26 Volkshochschule Salzburg (2018). Lehrgang für DolmetscherInnen im Asylverfahren. Abgerufen am 1.10.2018 unter https://www.volkshochschule.at/sprachen/dolmetscherinnen-lehrgang/.

27 Zum „Istanbul-Protokoll siehe http://www.istanbulprotocol.info/index.php/de/. Die vollständige englische Version des „Istanbul Protocol" findet sich unter https://www.ohchr.org/Documents/Publications/training8Rev1en.pdf. Abgerufen am 12.09.2018.

ten Umständen befragt werden.[28] Diese Vorgaben werden in der Praxis jedoch nicht umgesetzt. Ebenso wenig wird in der Regel berücksichtigt, dass Traumatisierungen auch zu Dissoziationen, Lücken und fehlender Logik in den Schilderungen traumatischer Ereignisse führen können.

Ein weiteres Problem speziell im Kontext der Ersteinvernahme liegt darin, dass die Angaben zu Fluchtgründen, die hier gemacht werden, im inhaltlichen Verfahren eigentlich keine Rolle spielen dürften, da es bei der Ersteinvernahme nicht um die Darlegung von Fluchtgründen, sondern um die Ermittlung der Fluchtroute geht. Und: Zu diesem Zeitpunkt sind Asylantragstellende in der Regel überhaupt nicht informiert darüber, welche Fakten für das folgende Asylverfahren relevant sind. In der Praxis werden vorläufige Angaben zu den Fluchtgründen in der polizeilichen Einvernahme protokolliert und in der Folge immer wieder auch im inhaltlichen Asylverfahren herangezogen – im späteren Erstinterview beim BFA, wo es um die inhaltlichen Fluchtgründe geht, werden Asylwerbenden häufig einzelne Aussagen oder ganze Passagen aus dem Protokoll der Ersteinvernahme vorgehalten.

Ein weiteres Problem gab es 2015 speziell beim Zugang zum Verfahren. Denn mit der oben erwähnten Versorgungslücke im Zulassungsverfahren ging ein weiteres Problem für die Abwicklung des Asylverfahrens einher: Wer keine Meldeadresse hatte und nur eine Zustelladresse bekannt geben konnte (z.B. weil er/sie nur provisorisch privat beherbergt wurde, nicht aber regulär eine Unterkunft fand), riskierte die Einstellung seines Verfahrens. Für die Behörde galt nämlich, so hat die Plattform für Menschenrechte in mehreren Fällen dokumentiert, bereits als untergetaucht, wer nicht im Abgleich mit dem Zentralen Melderegister gefunden wurde, wenn z.B. ein Dublin-Bescheid zugestellt werden sollte. Wurde nun eine Person im Melderegister nicht gefunden, wurde die Einstellung des Verfahrens geprüft, sprich eingeleitet – sogar wenn der Betreffende einer 48-Stunden-Meldeauflage bei der Polizei nachkam! In den dokumentierten Fällen hatten die betreffenden AsylwerberInnen ihrerseits alle Auflagen erfüllt, eine Zustelladresse angegeben und sich regelmäßig bei der Polizei gemeldet, während sie auf den Verfahrensfortgang bzw. die Zulassung zum Verfahren warteten.

Auch auf diese Situation wurde nicht mit einer entsprechenden Maßnahme, z.B. der Einrichtung einer Ersatzmeldeadresse, wie sie bei Obdachlosen von Betreuungseinrichtungen angeboten wird, reagiert. Man wartete ab, dass die Zahl der Neuankömmlinge zurückging.

28 Andreas Frewer/Holger Furtmayr (2009). Das Istanbul-Protokoll und die Dokumentation von Folter, in: Andreas Frewer/Holger Furtmayr/Kerstin Krása/Thomas Wenzel (Hg.): Istanbul-Protokoll: Untersuchung und Dokumentation von Folter und Menschenrechtsverletzungen, Göttingen, S. 155–167.

8. BELASTUNGSFAKTOREN IM VERFAHREN

Belastend für die Menschen ist nach der Zulassung zum Asylverfahren besonders die Verfahrensdauer und das lange Warten: Oft erfolgt erst nach einem Jahr oder noch später die erste Einvernahme – und das, obwohl die MitarbeiterInnenzahl im BFA aufgestockt wurde. Die zulässige Bearbeitungszeit (die Säumnisfrist) wurde angesichts der hohen Zahlen aus dem Jahr 2015 auf 15 Monate erhöht. Für die Asylwerbenden jedoch war die Belastung durch lange Wartezeiten oft kaum aushaltbar: Denn häufig warten Angehörige in Krisengebieten darauf, unterstützt und selbst in Sicherheit gebracht zu werden.

Belastend war und ist auch das Angewiesensein auf die staatliche Grundversorgung, deren Höhe deutlich unter dem Bedarf liegt und eine gesellschaftliche Teilhabe in wesentlichen Bereichen (z. B. selbstständiges Wohnen) nicht erlaubt, sowie die erzwungene Untätigkeit. Der eingeschränkte Arbeitsmarktzugang für Asylwerbende geht auf einen Erlass aus dem Jahr 2004 zurück.[29] Nur wenigen Asylsuchenden gelingt es, zu einer Arbeit oder zu einer gemeinnützigen Tätigkeit zu kommen, viele stehen aber unter dem Druck, ihren zurückgebliebenen Angehörigen Geld zukommen zu lassen. Ein regulärer Arbeitsmarktzugang für Asylsuchende nach drei Monaten könnte hier Abhilfe schaffen – vorausgesetzt, Menschen werden auch arbeitsrechtlich abgesichert und nicht z. B. aufgrund fehlender Deutschkenntnisse in prekären Hilfstätigkeiten ausgebeutet. Durch den Ausbau der gemeinnützigen Beschäftigung im Jahr 2016 versuchte das Land gegenzusteuern.[30] Ein Koordinationsprojekt, das Gemeinden bei der Umsetzung beraten und unterstützen hätte sollen, kam jedoch nicht zur Umsetzung.

Die Lebenssituation während des Asylverfahrens blieb daher auch 2015 und im Folgejahr trotz aller ehrenamtlichen Unterstützung geprägt von Marginalisierung, massiven finanziellen Einschränkungen, meist beengten oder prekären Wohnsituationen, vom fehlenden Zugang zum Arbeitsmarkt und auch zur psychotherapeutischen Versorgung. All dies war und ist kontraproduktiv für eine nachhaltige Integration und für eine Eigeninitiative, die durch das erzwungene Angewiesensein auf staatliche Versorgung und private Unterstützung eher behindert als gefördert wird.

---

29 A&W-Blog (1.4.2015). Der Zugang zum Arbeitsmarkt von AsylwerberInnen. Abgerufen am 1.10.2018 unter https://awblog.at/der-zugang-zum-arbeitsmarkt-von-asylwerberinnen/.

30 Land Salzburg (2018). Gemeinnützige Beschäftigung für Asylwerbende. Abgerufen am 20.2012018 unter https://www.salzburg.gv.at/themen/soziales/asyl/arbeit-und-asyl/gemeinnuetzige-beschaeftigung.

9. GRUNDVERSORGUNG IM BUNDESLAND SALZBURG

Über die Unterbringung in den organisierten Quartieren im Land Salzburg (Grundversorgungsquartiere des Landes) wurde auch schon vor dem Jahr 2015 in mehreren Menschenrechtsberichten der Plattform sowie im Monitoring häufig berichtet. Die Qualität der Unterbringung hängt in hohem Maße vom Engagement und von der Qualifikation der QuartierbetreiberInnen ab sowie von ihrer Fähigkeit, mit den gesellschaftlichen Gruppen vor Ort ein ehrenamtliches Umfeld von UnterstützerInnen zu fördern und einzubinden. Denn mit den Mitteln, die staatlicherseits zur Verfügung gestellt werden, lässt sich eine dichte und sozial-integrative Betreuung nicht realisieren.[31]

Hier gab es im Jahr 2015 eine deutlich positive Entwicklung, die mit der Zunahme der Quartiere einherging: Mehr und mehr Menschen engagierten sich rund um Salzburger Flüchtlingsunterkünfte mit Sachspenden, mit Aktivitäten wie Sprachtrainings, der Begleitung von Flüchtlingen, Nachbarschaftshilfe, Unterstützung bei Behördenwegen, Lernpatenschaften und mehr. In manchen Orten gab es Unterstützernetzwerke, noch bevor ein Quartier überhaupt eröffnet wurde. In vielen Gemeinden hat sich 2015 das Klima zunächst ganz entscheidend zum Positiven gewandelt, wodurch die Aufnahmesituation für die Menschen deutlich verbessert wurde. Aber auch Ehrenamtlichkeit braucht Koordination und Qualifikation – vor allem wenn sie nachhaltig und in gleichbleibender Qualität geleistet werden soll. Die Ressourcen hierfür standen nicht überall zur Verfügung. In Salzburg gründeten mehrere Einrichtungen, wie Caritas, Diakonie, St. Virgil, Katholische Aktion und Plattform für Menschenrechte, 2016 ein Bildungsnetzwerk, „Flucht – Asyl – Integration", das sich vor allem die Weiterbildung und Qualifikation von Ehrenamtlichen in der Flüchtlingsbetreuung zum Ziel gesetzt hat. Das Netzwerk führt seither einen Lehrgang für Ehrenamtliche durch, mit einer Basisqualifikation für das Engagement in der Betreuung und Begleitung von Geflüchteten. Entsprechend den Bedürfnissen der Teilnehmenden verlagerte sich der Schwerpunkt der Inhalte nach der Umsetzung der ersten Lehrgänge von der Betreuungssituation im Verfahren hin zur längerfristigen Begleitung bei Integrationsprozessen nach der Anerkennung. Ergänzend werden Informationsveranstaltungen zu speziellen Themen angeboten.[32] Das Netzwerk

---

31 Im „Vertragsentwurf für organisierte Quartiere" des Landes Salzburg aus dem Jahr 2016 ist ein Personalschlüssel von einer Wochenstunde pro BewohnerIn vorgesehen. Der dort aufgelistete Tagsatz, den QuartiersbetreiberInnen erhalten, beträgt (ohne Verpflegung) 12 bzw. 14,50 Euro. Quelle: Land Salzburg (2018). Organisierte Quartiere. Abgerufen am 2.10.2018 unter https://www.salzburg.gv.at/themen/soziales/asyl/Quartiersuche/organisierte-quartiere.

32 St. Virgil Salzburg (2018). Lehrgang „Kraftakt und Bereicherung – weil Integration uns alle an-

arbeitet seit Längerem auch mit dem Land Salzburg (Abteilung Grundversorgung) sowie mit dem Integrationsfonds zusammen.

In Hinblick auf die Qualität der Unterkünfte unternahm das Land nach dem Rückgang der Zahl der Asylwerbenden erste Schritte zur Festlegung von Standards der Betreuung und Unterbringung, die für Vertragsverlängerungen von Quartieren einzuhalten waren. Zudem wurde regelmäßig zum Austausch und zur Vernetzung von QuartiersgeberInnen eingeladen – ein wichtiger Schritt der Qualitätssicherung, der von Vorgängerregierungen jahrelang abgelehnt worden war. Auch die über die Flüchtlingsforen der Plattform direkt von den AsylwerberInnen bereitgestellten Informationen, Bedarfe und Forderungen wurden seitens des Landes zur Qualitätssicherung herangezogen. Darüber hinaus wurden regelmäßige Steuerungsgremien eingerichtet, um den Informationsfluss zwischen Behörden und NGOs zu verbessern. Ehrenamtliche wurden und werden im Rahmen sogenannter Integrationsforen über gesetzliche Änderungen und Maßnahmen für Asylwerbende und Anerkannte Flüchtlinge informiert.[33]

10. DEUTSCHLERNEN IM ASYLVERFAHREN – ZUGANG ZU BILDUNG

Eine positive Entwicklung gab es im Bereich des Zugangs zu Bildung und zum Spracherwerb. Beginnend mit 2015 ist es im Land Salzburg gelungen, flächendeckend ein Deutschkursangebot für Asylwerbende bis zum Sprachniveau A2, teilweise sogar darüber hinaus, zu etablieren: Personen in der Grundversorgung sind mittlerweile in Salzburg verpflichtet, einen Deutschkurs zu besuchen, der ihnen in allen Regionen kostenlos angeboten wird. Darüber hinaus bietet die Universität Salzburg über das MORE-Programm ebenfalls Deutschkurse an;[34] überhaupt kam es 2015 zu einer gewissen Öffnung der Universitäten für geflüchtete Studierende und angehende AkademikerInnen. Zudem wurden zusätzliche Kursangebote für Pflichtschulabschlüsse geschaffen sowie der Zugang zu Lehrstellen in Mangelberufen für AsylwerberInnen unter 25 Jahren ermöglicht. Allerdings sind beispielweise UMF oder Kinder aus Familien Asylwerbender von der 2017 neu eingeführten „Ausbildungspflicht“ für

geht“. Abgerufen am 1.10.2018 unter https://www.virgil.at/bildung/veranstaltung/kraftakt-und-bereicherung-weil-integration-uns-alle-angeht-17-0162/.

33 Land Salzburg (2018). Salzburg hilft. Abgerufen am 1.10.2018 unter https://www.salzburg.gv.at/themen/gesellschaft/integration/salzburghilft.

34 Universität Salzburg (2018). More4Refugees. Abgerufen am 1.10.2018 unter https://www.uni-salzburg.at/index.php?id=202723&MP=202723-202733.

Jugendliche bis zum 18. Lebensjahr ausgenommen. In jüngster Zeit (Frühjahr 2018) wird zudem immer wieder von Fällen berichtet, in denen AsylwerberInnen mit Negativbescheid trotz aufrechter Lehrverhältnisse abgeschoben werden, und zahlreiche Asylwerbende konnten mittlerweile aufgrund negativer Bescheide den Pflichtschulabschluss nicht fertigstellen.

In Ergänzung zu den verpflichtenden „offiziellen" Deutschkursen hat sich in Salzburg eine Vielzahl ergänzender Angebote zum Deutschlernen entwickelt, meist von Ehrenamtlichen getragen. Ehrenamtliche, die den Spracherwerb unterstützen wollten, wurden seit Ende 2015 im Rahmen eines Projektes des Diakoniewerks bei der Konzeption und Umsetzung von Sprachtrainings unterstützt. Sprachtrainings und ergänzende Angebote sind vor allem für jene Geflüchteten wertvoll und notwendig, die aus verschiedenen Gründen mit Barrieren im Zweitsprachenerwerb zu kämpfen haben, da auf sie in den Kursen nur bedingt Rücksicht genommen werden kann. Ein Beispiel sind die Deutschlernangebote im „ABZ – Haus der Möglichkeiten", die meist von Studierenden von „Deutsch als Fremdsprache/als Zweitsprache" durchgeführt wurden, in Kooperation mit Geflüchteten, die bereits selber über gute Deutschkenntnisse verfügen.[35]

Ein Spezifikum in Salzburg ist die Verknüpfung von Sprachkenntnissen auf Niveau A1 mit der Erlaubnis, während des Asylverfahrens nicht im organisierten Quartier, sondern privat zu wohnen: Wer privat wohnen möchte, benötigt in Salzburg mittlerweile ein A1-Zertifikat. Während die Intention hinter dieser Bestimmung durchaus nachvollziehbar scheint, ist es doch problematisch, wenn Menschen, denen kognitive Voraussetzungen für den Erwerb von A1 fehlen oder die aufgrund von massiven Bildungsbenachteiligungen im Herkunftsland Deutsch auf Niveau A1 nur sehr langsam erlernen, das „Privileg" des „privat Wohnens" auf längere Zeit vorenthalten wird und sie auf diese Weise möglicherweise doppelt benachteiligt werden.

11. Zur Situation von unbegleiteten minderjährigen Flüchtlingen (UMF)

In einer besonders prekären und deshalb auch besonders schützenswerten Situation befanden und befinden sich unbegleitete Minderjährige im Asylverfahren.[36] Auch hier zeigten sich 2015 in rasch und improvisiert eingerichteten

35 Maria Sojer-Stani (2015). Deutsch lernen im ABZ, in: Plattform für Menschenrechte: Salzburger Menschenrechtsbericht 2015, S. 54–56 (s. Fn. 16).

36 Christine Dürnfeld (2015). Betreuung von psychisch stark belasteten UMF.s in Salzburg, in: Plattform für Menschenrechte: Salzburger Menschenrechtsbericht 2015, S. 51–53 (s. Fn. 16).

Quartieren häufig Probleme in der Versorgung und sozialpädagogischen Unterstützung sowie in der Aufsicht für die Jugendlichen. In den Jugendämtern als den Obsorgeträgern fehlten die Ressourcen für eine entsprechend qualitätsvolle und individuelle Unterstützung dieser rasch wachsenden Personengruppe. Nur wenn Träger auch Eigen- oder Spendenmittel für die Betreuung einsetzten, gelang es, ein den Bedürfnissen einigermaßen angepasstes Unterbringungs- und Betreuungsangebot zu verwirklichen. Seitens der Kinder- und Jugendanwaltschaft (KIJA) wurde in dieser Situation ein Patenschaftsprojekt für jugendliche Flüchtlinge ins Leben gerufen, in dem – wiederum mithilfe Ehrenamtlicher – Kinder und Jugendliche aus Flüchtlingsfamilien und UMF begleitet und durch die KIJA qualifiziert und unterstützt werden.[37]

Neben der im Vergleich zu österreichischen Jugendlichen deutlich weniger intensiven Versorgung und Betreuung haben UMF das Problem, dass gegen die Ergebnisse einer behördlichen Altersfeststellung keine gesonderten Rechtsmittel eingelegt werden können: Hierfür müssen die Bescheide im Asylverfahren abgewartet werden. Minderjährige, deren Alter zu Unrecht korrigiert wurde, geraten als vermeintlich Volljährige somit in die deutlich schlechtere Unterbringungssituation von Erwachsenen und profitieren nicht von den Rechtsvertretungsmöglichkeiten, die UMF zur Verfügung stehen.[38]

12. SUBSIDIÄRSCHUTZ UND ILLEGALISIERTE: DIE MENSCHENRECHTLICHEN PROBLEMLAGEN AUSSERHALB DES ASYLVERFAHRENS ODER NACH ABSCHLUSS DES VERFAHRENS

Menschenrechtliche Problemlagen zeigten und zeigen sich auch außerhalb der Asylverfahren oder nach deren Abschluss. Zu erwähnen ist hier die Gruppe jener Geflüchteten, denen ein sogenannter Subsidiärschutz zuerkannt wurde. Subsidiär Schutzberechtigten wird zwar kein Flüchtlingsstatus im Sinne der Genfer Konvention zuerkannt, jedoch Schutz, weil ihnen Gefahr oder ein ernsthafter Schaden drohen würde, müssten sie in ihr Herkunftsland zurückkehren.[39] In Salzburg ist die Situation der subsidiär Schutzberechtigten besonders

37 Es handelt sich um das „Open Heart-Patenschaftsprojekt“. Quelle: Kinder- und Jugendanwaltschaft Salzburg (26.11.2015). open.heart – Patenschaftsprojekt. Abgerufen am 1.10.2018 unter https://www.kija-sbg.at/home/projekte/uebersicht/artikel/openheart-patenschaftsprojekt.html.

38 Fatma Özdemir-Bagatar (2015). Rechtliche und faktische Probleme bei der Altersfeststellung von minderjährigen Asylwerbern, in: Plattform für Menschenrechte: Salzburger Menschenrechtsbericht 2015, S. 52–54 (s. Fn. 16).

39 Help.gv.at (2018). Subsidiär Schutzberechtigte. Abgerufen am 1.10.2018 unter https://www.help.gv.at/Portal.Node/hlpd/public/content/99/Seite.990027.html; Zur Situation subsidiär Schutz-

prekär, da ihnen vom Land kein Zugang zu „Bedarfsorientierter Mindestsicherung (BMS)" gewährt wird und sie auch nach dem Abschluss des Verfahrens in der Grundversorgung bleiben müssen, solange sie keiner Erwerbstätigkeit nachgehen können. Diese Ungleichbehandlung und massive Schlechterstellung ist aus menschenrechtlicher Sicht nicht nachvollziehbar und sollte dringend geändert werden.[40]

Darüber hinaus war gerade 2015 auch die Gruppe jener Geflüchteten relativ groß, die de facto nicht legal hier waren und deren „illegaler" Aufenthalt in Salzburg – inoffiziell – geduldet wurde. Dazu gehörten z.B. all jene „Transitflüchtlinge", die beim Versuch, die Grenze zu überqueren, von den deutschen Behörden abgewiesen wurden und in Salzburg keinen Asylantrag stellen wollten, weil sie eigentlich zu Verwandten in Nordeuropa unterwegs waren. Eine kleine Gruppe von Menschen, insbesondere auch aus nordafrikanischen Ländern, war sich der Ausweglosigkeit eines Asylantrags bewusst. Teilweise hatten Personen schon (mehrfach) andernorts negative Asylbescheide erhalten und befanden sich in Europa seit Jahren in „illegalisierten" Situationen. „Refugees in Orbit" ist die Bezeichnung für diese Situation der Perspektivlosigkeit, die oft über Jahre andauert.[41]

Eine weitere besonders verletzliche Gruppe sind Geflüchtete, die, nachdem in einem österreichischen Asylverfahren negativ beschieden wurden, als de facto nicht abschiebbare Menschen im Land blieben, die jedoch z.B. aufgrund fehlender Mitwirkung im Verfahren nicht einmal eine Duldungskarte erhalten.

Gemeinsam ist diesen „illegalisierten" Menschen, dass sie aufgrund der völligen Rechtlosigkeit keinerlei Anspruch auf staatliche Leistungen haben und in massiver Prekarität und Vulnerabilität leben.

13. WAS BLEIBT?

Diese kursorische Darstellung der Situationen, Problembereiche und Maßnahmen ließe sich um viele weitere Aspekte ergänzen und sie erhebt nicht den

---

berechtigter in Österreich siehe den UNHCR-Bericht auf: UNHCR Österreich (2018). Subsidiär Schutzberechtigte in Österreich. Abgerufen am 1.10.2018 unter http://www.unhcr.org/dach/wp-content/uploads/sites/27/2017/03/Bericht_subsidiaerer_Schutz.pdf.

40 Philip Czech (2014). Diskriminierung von subsidiär Schutzberechtigten im Sozialrecht, in: Plattform für Menschenrechte: Salzburger Menschenrechtsbericht 2014, S. 23–25. (s. Fn. 22).

41 Plattform für Menschenrechte (2016). Am Beispiel: Kein Ort. Nirgends – Die Geschichte eines Jungen aus Nordafrika, der von einem (besseren) Leben träumte, in: Salzburger Menschenrechtsbericht 2016, S. 48–49. Abgerufen am 2.10.2018 unter http://www.menschenrechte-salzburg.at/fileadmin/menschen/user/dokumente/2016_12_01_Menschenrechts-Bericht_Web.pdf.

Anspruch auf Vollständigkeit. Betrachtet man die häufig als „Flüchtlingskrise“ bezeichneten Fluchtbewegungen in Salzburg im Jahr 2015 in einem größeren Kontext und in der zeitlichen Kontinuität vorangegangener Jahre, so wird unseres Erachtens deutlich: Spezifisch für das Jahr 2015 war die Herausforderung der Versorgung der Transitflüchtlinge und die große Zahl obdachloser Asylwerbender, die in der Zuständigkeit der Bundesbetreuung gewesen wären. Darüber hinaus jedoch waren viele Probleme bereits in den vorangegangenen Jahren bekannt und virulent und unter anderem durch die Plattform für Menschenrechte in ihrem Monitoring und in den Berichten dokumentiert und dargestellt worden. Durch die steigende Zahl von Flüchtlingen 2015 haben diese Probleme jedoch eine neue Dimension erhalten und sich verschärft.

Für das Verhältnis zwischen staatlicher und zivilgesellschaftlicher Verantwortung in der Aufnahme und Versorgung von Geflüchteten möchten wir zusammenfassend feststellen: Durch das rasche und umfassende Engagement von Ehrenamtlichen, quer über alle ideologischen, religiösen und Parteigrenzen hinweg, ist nicht nur die Bewältigung der Situationen erst ermöglicht worden, es ist auch ein neues Selbstbewusstsein der Freiwilligen gewachsen. Dies hat z. B. auch in der Kontroverse um die Beurteilung der Situation am Hauptbahnhof in einem Brief an Landeshauptmann Wilfried Haslauer seinen Ausdruck gefunden:

> *Wir sind ehrenamtliche Helfer und Helferinnen aus dem gesamten Bundesland Salzburg, welche von der ersten Nacht (30. August 2015) bis heute aktiv sind, um Menschen auf der Flucht zu unterstützen – sei es damals mit „Soforthilfe“ am Bahnhof, an der Grenze, in der Asfinag oder inzwischen bei der täglichen Integrationsarbeit in den Gemeinden des Landes. Nachdem in jener Nacht auf Montag bis zu 2.000 Flüchtlinge am Salzburger Hauptbahnhof gestrandet sind, war es für uns alle eine Selbstverständlichkeit zu helfen und die Gestrandeten zumindest mit dem Notwendigsten zu versorgen. In einer Situation, die in dieser Form niemand voraussehen oder planen konnte, hat das spontane Zusammenspiel zwischen Organisationen und Zivilgesellschaft ausgezeichnet funktioniert, das verdient Respekt. Wir finden: Darauf kann Salzburg mehr als stolz sein.*[42]

Anlass für diese Kontroverse zwischen den Ehrenamtlichen aus der Zivilgesellschaft und dem Land Salzburg war die – nachträgliche – Beschreibung der Ereignisse rund um den Salzburger Hauptbahnhof im Sommer 2015 – in ei-

42 Die Stellungnahme ist mit 21.10.2016 datiert und wurde von 32 ehrenamtlichen HelferInnen erstunterzeichnet, wobei „die Liste am 23.10. geschlossen wurde; weitere Mitunterzeichner folgten im Artikel per Presseaussendung“.

ner Stellungnahme des Landes vom 5.10.2016 zur Notverordnung – als „Beeinträchtigung“ des öffentlichen Raumes und „aufgeschaukelte Situation“.[43] Bereits damals zeichnete sich ab, was sich später noch vertiefen sollte: ein deutlicher Widerspruch in der nachträglichen Wahrnehmung und Beurteilung der als solche etikettierten „Krisensituation“ und der zivilgesellschaftlichen (Selbst-)Wahrnehmung, die auch eine politische Positionierung bedeutet. In dem Brief der Ehrenamtlichen an den Landeshauptmann heißt es weiter:

> *Abschließend ist es uns wichtig zu betonen, dass wir die Anzeichen für eine tatsächliche Notsituation nicht wahrnehmen. Aus unserer Sicht ist es eher so, dass sowohl mit der geplanten ‚Sonderverordnung' als auch mit der Stellungnahme des Landes Salzburg den BürgerInnen unseres Landes bewusst ein Gefühl der Unsicherheit vermittelt und gleichzeitig nach außen hin eine scheinbare Überforderung bezüglich der aktuellen Situation konstruiert wird. Wir halten das für brandgefährlich!*

Eine weitere Feststellung betrifft die Handlungsebene: Ehrenamtliches Engagement kann und soll die staatliche Versorgung ergänzen und die Aufnahme von Geflüchteten erleichtern. Aber zivilgesellschaftliches Engagement kann – schon aufgrund des bestehenden Rechtssystems! – staatliches Handeln nicht ersetzen und fehlenden politischen Willen zu solchem Handeln nicht kompensieren. Das großartige zivilgesellschaftliche Engagement im Jahr 2015, das in den Folgejahren zwar zurückgegangen ist, aber – insgesamt betrachtet – auch jetzt noch deutlich höher liegt als in früheren Jahren, kann heute ebenso wenig wie damals über den fehlenden gesamtpolitischen Willen hinwegtäuschen, gesetzliche und strukturelle Vorkehrungen zu treffen, damit die mittlerweile wieder stark gesunkene Zahl von flüchtenden Menschen nicht nur notdürftig untergebracht wird. Als Menschenrechtsplattform legen wir unser Augenmerk vor allem darauf, ob der Anspruch auf internationalen Schutz in raschen, fairen und qualitätsgesicherten Verfahren geprüft und berücksichtigt wird. Dieser Anspruch wie auch der Rechtsschutz im Verfahren ist aus menschenrechtlicher Sicht oft nur unzureichend umgesetzt. Am Beispiel des Umgangs mit Schutzsuchenden aus Afghanistan, die im Jahr 2015 die größte Gruppe waren,[44] wird sichtbar, dass es politische Vorgaben und Vereinbarungen sind, die die Pra-

43 In der Konstruktion solcher – teils nachträglich gebildeter – Wahrnehmungsbilder spielen, neben dem offiziellen politischen Diskurs, die medialen Diskurse eine wesentliche Rolle. Siehe dazu: Ricarda Drüeke/Katharina Fritsche (2015). Geflüchtete in den Medien – Medien für Geflüchtete, in: Medienjournal, 4, S. 12–18.

44 Grundversorgungsinfo.net (24.3.2018). Asylstatistik 2017. Abgerufen am 1.10.2018 unter https://grundversorgungsinfo.net/2018/03/23/asylstatistik-2017/.

xis der Asylentscheidungen beeinflussen: Die Anerkennungs-Quoten afghanischer Flüchtlinge sind auf weniger als 40 % gesunken, und Österreich schiebt nach Afghanistan ab – und dies, obwohl sich, nach Einschätzung z. B. der Menschenrechtsorganisation Amnesty International, die Sicherheitslage in Afghanistan verschlechtert hat und Rückschiebungen als refoulement zu werten sind – d. h., sie setzen Abgeschobene dem Risiko schwerer Menschenrechtsverletzungen aus.[45]

Im Bereich Integration erfolgte infolge der Flüchtlingskrise zumindest eine gewisse Budgetaufstockung, wie auch im Bereich der Sprachkursförderungen. Auch in anderen Politikbereichen, wie z. B. der Schulbildung, erfolgte eine gewisse interkulturelle Öffnung durch Mobile Krisenteams, SprachhelferInnen etc. Auch die Einrichtung einer Integrationsplattform durch das Land als „Teilhabestruktur“ für MigrantInnen ist sicher ein Schritt in die richtige Richtung.[46] Dennoch: Eine überzeugte, dezidiert menschenrechtlich orientierte und von allen Seiten getragene Integrationspolitik könnte überzeugender gestaltet werden. In einem Masterplan Integration könnten die verschiedenen Maßnahmen gebündelt, priorisiert und konsequent umgesetzt sowie Integration als Querschnittsmaterie in allen Politikbereichen verankert werden.

Bereits 2016 begann ja auf Bundesebene eine politische Diskussion um die weitere Verschärfung und Einengung des Asylrechts. Die Integration von Asylwerbenden und anerkannten Flüchtlingen ist nun dezidiert kein politisches Ziel mehr, vielmehr sehen wir uns einer Politik der Isolierung und Abschreckung gegenüber. Bereits die Verschärfung des Asylrechts und die Einführung eines „Asyls auf Zeit“, das Fremdenrechts-Änderungsgesetz 2017, führten dazu, dass die Rechtsunsicherheit für die geflohenen Menschen vergrößert und der Rechtsschutz weiter abgebaut wurde. Die Verschärfungen des Familiennachzugs werden nur dazu führen, dass sich noch mehr Menschen und mehr Familien auf den gefährlichen Weg machen und vor immer höheren Zäunen und schwierigeren Zugangswegen stehen. In der österreichischen Bundespolitik seit 2016 vermissen wir als Menschenrechtsplattform ein klares Bekenntnis zum Recht auf Asyl, das sich in der Ausgestaltung und Umsetzung eines grund-

45 Amnesty International (5.10.2017). Afghanistan: Forced back to danger: Asylum-seekers returned from Europe to Afghanistan. Abgerufen am 1.10.2018 unter https://www.amnesty.org/en/documents/asa11/6866/2017/en/; Ursula Liebing (2015). Aktuelle menschenrechtliche Problemlagen – Themenschwerpunkt Flucht und Asyl, in: Plattform für Menschenrechte: Salzburger Menschenrechtsbericht 2015, S. 17–22 (s. Fn. 16).

46 Ursula Liebing/Josef P. Mautner (2015). „Integrationsplattform“ statt Integrationsbeirat für das Bundesland Salzburg: Chance zu aktiver Teilhabe oder Beschäftigungstherapie?, in: Plattform für Menschenrechte: Salzburger Menschenrechtsbericht 2015, S. 57–60 (S. Fn. 16).

rechtsorientierten Asylgesetzes sowie einer grundrechtsorientierten Asylpraxis niederschlägt.

Im Kontext dieser Situation stellt sich – gerade auch auf Seiten der betreuenden Haupt- und Ehrenamtlichen und angesichts der Verzweiflung der Betroffenen – immer häufiger die Frage nach einer angemessenen zivilgesellschaftlichen Antwort auf die Herausforderungen, die diese Verschärfungen und politisch motivierten Engführungen menschenrechtlicher Verpflichtungen mit sich bringen. Die Akzeptanz der zahlreichen UnterstützerInnen und ehrenamtlich Engagierten in Salzburg für negative Verfahrensausgänge schwindet, weil viele die Entscheidungen der Behörden nicht nachvollziehen können. Auch Salzburger Unternehmen und Interessensvertretungen melden sich mittlerweile öffentlich zu Wort.[47]

Eine mögliche Antwort liegt in der Ausgestaltung ziviler Asylinstitute, die im kritischen Dialog und in Auseinandersetzung mit der aktuellen rechtsstaatlichen Praxis und gleichzeitig in einer ehrwürdigen religiös-historischen Tradition stehen: Sanctuary Cities, BürgerInnenasyle und Kirchenasyle.

14. PERSPEKTIVE KIRCHENASYL?

Das Wort „Asyl" hat einen griechischen Ursprung. Es leitet sich vom griechischen „asylon" ab, das als Adjektiv mit „unberaubt" bzw. „unverletzt" und als Substantiv mit „Zuflucht" bzw. „Heiligtum" übersetzt werden kann. In einem engeren religionsgeschichtlichen und ethnologischen Sinn bedeutet Asyl „Orte, Zeiten und/oder Personen, die über die Eigenschaft/Fähigkeit verfügen, Schutzsuchenden – Flüchtlingen, Fremden, Marginalisierten, Personen in existentieller Bedrängnis – Sicherheit vor Verfolgung und Repression zu gewähren."[48] Der Anlass für diese Verfolgung oder Repression tritt dabei zunächst in den Hintergrund. Ein Institut der Schutzgewährung in ritualisierter Form auszuformulieren und zu praktizieren galt und gilt weithin als Zeichen ausgeprägten ethischen Bewusstseins und zivilisatorischer Reife in einer Gesellschaft. Zahlreiche Motive und Textpassagen in der antiken Literatur markieren das Institut des Asyls als Unterscheidungsmerkmal zwischen Zivilisation und Barbarei.

In der europäischen Kulturtradition gibt es zwei klassische Bezugspunkte für die Tradition des Asyls: das Erste Testament, also die biblischen Schriften

47 ORF Salzburg Online (5.3.2018). Aufenthaltsrecht für Asylwerber mit Lehre?

48 Bertram Turner (2005). Asyl und Konflikt von der Antike bis heute: Rechtsethnologische Untersuchungen, Berlin, S. 21.

des Judentums, die ebenso Eingang in die Heiligen Schriften des Christentums gefunden haben, sowie die griechische Antike.

Das christliche Asylrecht bildet sowohl Fortsetzung als auch Weiterentwicklung der antiken Formen. Als die heidnischen Kultstätten ihre Asylfunktion einbüßten, wurde diese mit allen ritualisierten Formen auf die christlichen Gotteshäuser übertragen, gleichzeitig wurden aber neue sakrale Schutzgarantien institutionalisiert. Der Heiligenkult war der neue Ort ausdifferenzierter Schutzfunktionen und die Weihe einer konkreten Kirche an eine/n Heilige/n übertrug dessen/deren Schutzfunktion auf den Raum der Kirche. Rechtlich konkretisierte sich diese Schutzfunktion in der „intercessio“, im Interventions- und Mediationsrecht der Bischöfe, das gleichzeitig als eine Interventionspflicht betrachtet wurde![49]

Das Kirchenasyl hatte aber auch seine eng gefassten Grenzen: Es betraf in der Praxis zum größten Teil verfolgte Schuldner und sorgte für einen lebbaren Schuldenausgleich. Kaum geschützt durch das Kirchenasyl waren die christlichen SklavInnen von christlichen EigentümerInnen, da deren Eigentumsrecht in der Regel als das höhere Gut betrachtet wurde. Außerdem galt das Kirchenasyl nur für ChristInnen und nicht für Juden/Jüdinnen. Dennoch kommt ihm in der europäischen Geschichte eine Modellfunktion für die Entwicklung eines universalen Schutzinstitutes in Form des Asylrechts zu.

In der punktuellen Wiederbelebung des Kirchenasyls vor allem in Deutschland,[50] als – nicht nur symbolische – Widerstandshandlung gegen als illegitim empfundene Abschiebungen, wird sichtbar, dass die ideelle Universalität des Asylrechts der fortschreitenden Eingrenzung beim rechtlichen wie faktischen Vollzug der Asylgesetze entgegensteht. Das Kirchenasyl ist mittlerweile keine gesellschaftliche Randerscheinung mehr. Seine qualitative wie quantitative Bedeutung als kritische Ergänzung rechtsstaatlicher Verfahren in einer Demokratie hat seit 2015 massiv zugenommen.[51] Christliche Kirchengemeinden gewähren, nach eingehender Prüfung und festgelegten Kriterien, Personen Zuflucht, denen durch eine Abschiebung Verfolgung oder gar Lebensgefahr im Herkunftsland droht oder für die eine Abschiebung eine massive familiäre,

49 Ebd.; Lienhard Delekat (1967). Asylie und Schutzorakel am Zionheiligtum, Leiden.

50 Wolf-Dieter Just (1993). Kirchenasyl und ziviler Ungehorsam: Ein Ratgeber, Hamburg; Wolf-Dieter Just/Beate Sträter (Hg.) (2003). Kirchenasyl: Ein Handbuch, Karlsruhe.

51 Ökumenische Bundesarbeitsgemeinschaft Asyl in der Kirche (2018). Aktuelle Zahlen: Kirchenasyle bundesweit. Abgerufen am 1.10.2018 unter https://www.kirchenasyl.de/aktuelles/. Für z. B. März 2018 sind 414 Fälle von Kirchenasyl ausgewiesen, 611 Personen wurden dadurch geschützt. Im November 2017 waren durch die Bundesarbeitsgemeinschaft 350 Fälle mit 530 geschützten Personen registriert worden. Im März 2017 wurden im Kirchenasyl in Deutschland 308 Fälle mit 511 Betroffenen geschützt.

soziale und psychische Belastung bedeutet. Kirchenasyl wird den Asylbehörden gemeldet. Die Abschiebung wird – auf der Basis einer Verfahrensabsprache zwischen dem deutschen Bundesamt für Migration und Flüchtlingswesen (BAMF) und den deutschen Kirchenleitungen aus dem Jahr 2015 – üblicherweise ausgesetzt, bis der Fall überprüft ist. Einen gesetzlichen Schutz gibt es allerdings für die Betroffenen im Kirchenasyl nicht.[52]

In Salzburg möchte die Plattform für Menschenrechte gemeinsam mit religiösen, kirchlichen sowie zivilgesellschaftlichen Organisationen die Diskussion über eine spezifisch salzburgische Ausformung eines Kirchenasyls führen. Ein solches Kirchenasyl sollte ergänzt werden durch eine im Land Salzburg angesiedelte „Härtefallkommission", die sich für eine neuerliche Überprüfung von negativ beschiedenen Asylanträgen einsetzt. Dies gilt vor allem für Fälle, in denen es begründete Zweifel gibt, ob Asylverfahren fair und mängelfrei durchgeführt werden konnten oder Verfahrenshindernisse aufgetreten sind, die nicht durch die AntragstellerInnen verschuldet waren. Oder in denen die Rückschiebung oder Abschiebung – sei es in ein europäisches Drittland oder ins Herkunftsland – eine unzumutbare Belastung oder Härte, eine besondere Verletzlichkeit oder Gefährdung für die Betroffenen bedeuten würde.

15. SCHLUSSFOLGERUNGEN

Abschließend möchten wir nochmals festhalten: Die Fluchtbewegungen des Jahres 2015 haben zwar durch die außergewöhnliche Zahl von „Transitflüchtlingen", die Salzburg in Richtung nördliches Europa durchquert haben, eine spezifische Situation im Hinblick auf deren Weitertransport sowie ihre kurzfristige Unterbringung und Verpflegung geschaffen. In der Folge davon stieg zwar auch die Zahl der in Salzburg gestellten Asylanträge, diese ist jedoch mit dem Ende des massenhaften Transits von Geflüchteten auch wieder deutlich zurückgegangen. Andererseits müssen wir – vor dem Hintergrund unserer langjährigen Beobachtung und Dokumentation der Menschenrechtssituation von Geflüchteten in Salzburg – feststellen, dass die überwiegende Zahl der Problemlagen, die 2015 auftraten, bereits vorher virulent waren und nach wie vor aktuell sind. Sie haben nur durch die sprunghaft angestiegene Zahl von Flüchtenden an Schärfe und Quantität zugenommen. Spezifisch für die Situation 2015 waren die in Salzburg neu errichteten Erstaufnahmelager bzw. -zentren für jene Geflüchteten, die in Salzburg um Asyl angesucht haben und deren

52 Focus.de Online (2.4.2016). 611 Flüchtlinge bekommen Schutz: Kritik an Kirchenasyl wächst, nun wehren sich Geistliche.

Ansuchen im Hinblick auf die Aufnahme in ein Asylverfahren in Österreich geprüft wurden.

Desiderate, die auch 2018 noch weiterbestehen, sind die Professionalisierung und Qualitätskontrolle im Bereich der Grundversorgung einschließlich eines Beschwerdemanagements, die professionalisierende Verstetigung und Qualifizierung des freiwilligen Engagements einschließlich der Sicherstellung ausreichender und adäquater Unterstützungsstrukturen, Mitsprache- und Mitgestaltungsmöglichkeiten der Geflüchteten im Sinne des „Empowerment“, Ausbau der gemeinnützigen Beschäftigung (jedenfalls solange kein adäquater Zugang zum Arbeitsmarkt möglich ist) und vor allem ein konsequentes Aufholen der Defizite in den Zugängen zu Information und Beratung und zum effektiven Rechtsschutz in Hinblick auf die Asyl-Verfahren. Die Zielrichtung der Bundespolitik deutet jedoch mit dem weiteren Abbau von Rechtsschutz und der fortgesetzten Verschärfung fremdenrechtlicher Vorgaben in die genau entgegengesetzte Richtung: Ausgrenzung und Desintegration der Schutzsuchenden sind die Folgen eines solchen politischen Programms, das so zum Verwirklichungsmotor seiner eigenen negativierenden Behauptungen wird – „so dass das Wort Flüchtling, das einst einen fast Ehrfurcht gebietenden Klang hatte, die Vorstellung von etwas zugleich Verdächtigem und Unglückseligem ... erregt“ (vgl. das einleitend zitierte Motto von Hannah Arendt).

REINHARD HOFBAUER

Armut in Salzburg

Messung, Ausmaß, Hintergründe

1. EINLEITUNG

Im November 2017 berichtete Statistik Austria aus ihrer Studie „Wie geht's Österreich?": Die ÖsterreicherInnen befinden sich auf sehr hohem Wohlstandsniveau und nur Luxemburg, Irland und die Niederlande liegen beim BIP pro Kopf in Kaufkraftstandards besser als Österreich. Zudem wird die Lebenszufriedenheit als „stabil hoch" eingeschätzt.[1] Wenig später vermeldete die Tageszeitung „Der Standard" unter Verweis auf Daten der Statistik Austria: „Wachstumskaiser war Salzburg. Beim Bruttoregionalprodukt je Einwohner liegt Salzburg mit 48.700 Euro erstmals vor Wien mit 48.600 Euro."[2]

Beide Meldungen zusammen erwecken den Eindruck, als lebten die SalzburgerInnen auf einer Insel der Seligen. Hohes Wohlstandsniveau, hohe Zufriedenheit und höchste Einkommen pro Kopf.

Angesichts der erfreulichen Leistungsfähigkeit Salzburgs als Wirtschaftsstandort soll hier die Gegenfrage gestellt werden, wie leistungsfähig die Gesellschaft bei der Umwandlung ökonomischer Erfolge in individuellen Wohlstand ist, ob der wirtschaftliche Erfolg in der Pro-Kopf-Betrachtung sich auch in guten Lebensbedingungen für alle Köpfe des Landes niederschlägt. Das reale BIP pro Kopf drückt die Wirtschaftsleistung eines Landes in Bezug zu dessen Bevölkerung aus. Steigt der Wert des Indikators, so steigen die materiellen Möglichkeiten der EinwohnerInnen, die am BIP über die Arbeits- und Vermögenseinkommen teilhaben. Über die Verteilung dieser Einkommen sagt der Indikator freilich nichts aus. Daher ist die Frage interessant, wie viele EinwohnerInnen Salzburgs haben so viel weniger, dass sie vielleicht sogar als arm bezeichnet werden können? Gibt es Armut überhaupt noch in Salzburg? Dieser Beitrag geht der Frage nach, was heute als arm oder armutsgefährdet gilt, wie viele Menschen im Bundesland Salzburg davon betroffen sind und was die wesentlichen

1 Statistik Austria Online (2017). Wie geht's Österreich? Abgerufen am 24.9.2018 unter http://www.statistik.at/web_de/statistiken/wohlstand_und_fortschritt/wie_gehts_oesterreich/index.html.

2 Der Standard Online (6.12.2017). Salzburg überholt Wien bei Wirtschaftsleistung pro Kopf.

Ursachen dafür sind. Nicht zuletzt ist die Frage interessant, wie erfolgreich der Sozialstaat bei der Verhinderung von Armut ist und wie der politische Diskurs über mögliche Hilfen für Arme oder von Armut Bedrohte in der vergangenen Legislaturperiode verlaufen ist.

2. ARMUT, SOZIALE AUSGRENZUNG, TEILHABE

Wer ist arm? Bettler, Obdachlose? Sind es diejenigen, die für eine Sozialwohnung registriert sind? BezieherInnen der Mindestsicherung oder diejenigen, die bei Tafeln ausgespeist werden? Wer arm ist, lässt sich mit „objektiven" wissenschaftlichen Methoden nicht beantworten. Die Definition von Armut ist immer das Ergebnis sozialer Wertsetzungen. Diese sozialen Wertsetzungen berühren das „soziale Bewusstsein" der Gesellschaft,[3] also die vorherrschenden Vorstellungen von Gerechtigkeit und die gesellschaftlichen Toleranzgrenzen für Ungleichheit.

Gegen eine oberflächliche Sicht auf die Armut hat sich in der Sozialforschung in den vergangenen Jahrzehnten ein Blick etabliert, der nicht mit öffentlich sichtbarer Not, sondern mit Begriffen wie Armutsgefährdung oder sozialer Ausgrenzung operiert. „Teilhabe" dient dabei als Gegenbegriff zu Ausgrenzung. Während die meisten Menschen in Österreich ihre Lebensweise als unverzichtbare Selbstverständlichkeit ansehen, wird Armut als eine erzwungene Einschränkung dieser scheinbaren Selbstverständlichkeiten des Alltagslebens begriffen. Armut zeigt sich an einem Mangel an Ressourcen. In diesem Sinne geht von Armut eine „ausschließende" Wirkung aus und von ihr betroffene Menschen erweisen sich als unzureichend in die Gesellschaft eingebunden. Auch die grundlegende Armutsdefinition der Europäischen Kommission bewertet Personen und Gesellschaftsgruppen als arm, „die über so geringe Mittel verfügen, dass sie von der Lebensweise ausgeschlossen sind, die in dem Mitgliedsstaat, in dem sie leben, als Minimum annehmbar ist."[4]

Wie kann die Zahl der Armen nun festgestellt werden, wenn Armut sich nicht einfach erfassen und beschreiben lässt? Wo endet Teilhabe an der Gesellschaft und ihren Erträgen, wo beginnt soziale Ausgrenzung?

Zur Bestimmung von Armut bzw. der Zahl der Armen konnte lange Zeit nicht auf die amtliche Statistik zurückgegriffen werden. Erst in den vergan-

---

3 Abram De Swaan (1993). Der sorgende Staat: Wohlfahrt, Gesundheit und Bildung in Europa und den USA der Neuzeit, Frankfurt/New York, S. 277.

4 Kommission der Europäischen Gemeinschaften (1991). Schlussbericht des zweiten europäischen Programms zur Bekämpfung der Armut 1985–1989, Brüssel, S. 4.

genen 10 bis 15 Jahren hat sich eine Armutsberichterstattung entwickelt, die nicht nur offiziell anerkannt – wenn auch nicht unumstritten – ist, sondern auch in öffentlichem Auftrag durch die statistischen Behörden stattfindet. Grundlage dafür ist vor allem eine europaweit durchgeführte Befragung zur Einkommens- und Lebenssituation der Menschen (Statistics on Income and Living Conditions / „EU-SILC"). Die Daten dieser Befragungen und ergänzenden Erhebungen bilden einerseits die Basis für eines der Kernziele der Europa-2020-Strategie, zu denen sich Österreich und die EU im Jahr 2010 verpflichtet haben. Dieses Kernziel, nämlich Armut und soziale Ausgrenzung zu reduzieren und damit die Teilhabe am gesellschaftlichen Leben für mehr Menschen zu ermöglichen, wird mit den drei Indikatoren Armutsgefährdung, materielle Deprivation und Erwerbslosigkeit gemessen.

Darüber hinaus wurden im Auftrag des österreichischen Sozialministeriums ergänzende „Nationale Indikatoren für soziale Eingliederung" entwickelt, die das Europa-2020-Ziel der Reduktion von Armut und sozialer Ausgrenzung ergänzen sollen und mittels derer ein möglichst breites Abbild der Situation der sozialen Integration und Teilhabe in Österreich vermittelt werden soll.[5]

Diese ergänzenden Indikatoren sind den Bereichen Lebensstandard, Wohnraum, Erwerbsleben, Bildungschancen, Gesundheit und soziale Beziehungen zugeordnet. Die Auswahl dieser Kernbereiche für gesellschaftliche Teilhabe bringt zum Ausdruck, was es benötigt, um nicht arm, sondern sozial integriert zu sein: Teilnahme am Erwerbsleben, ausreichendes Einkommen, ausreichend leistbaren Wohnraum, Zugang zu Bildungsmöglichkeiten, wenig gesundheitliche Einschränkungen sowie tragfähige soziale Beziehungen. Für jeden einzelnen Indikator wird ein Mindeststandard festgelegt, dessen Unterschreitung ein Problem anzeigt.

Wie die Definition der Armut selbst sind auch die Indikatoren für Armut und soziale Ausgrenzung nicht sakrosankt. Sie weisen durchaus Schwächen auf, bilden aber eine solide Grundlage für einen Blick auf die Armutsgefährdung im Zeitverlauf und auch im Vergleich mit anderen Regionen.

Die drei Indikatoren der Europa-2020-Strategie sowie die ergänzenden „Nationalen Indikatoren für soziale Eingliederung" beinhalten im Anschluss an den modernen Armutsbegriff damit drei unterschiedliche Zugänge zur Messung der Armut: Armutsgefährdung, Mindestlebensstandard und Mangel an Aktivierungsressourcen. Keiner der Zugänge kann die Vielschichtigkeit eines

5 Statistik Austria (2015). Eingliederungsindikatoren 2014: Studie der Statistik Austria im Auftrag des Bundesministeriums für Arbeit, Soziales und Konsumentenschutz, Wien. Abgerufen am 24.9.2018 unter https://www.sozialministerium.at/site/Service_Medien/Infomaterial/Downloads/Kennzahlen_fuer_soziale_Inklusion_in_Oesterreich.

Lebens in Armut mit seinen Konsequenzen allein voll erfassen; jeder der drei Ansätze wirft aber ein erhellendes Licht auf Umfang und Zusammensetzung des Kreises der in Armut lebenden oder von ihr gefährdeten Menschen.

Für Österreich werden Zahlen zur Armut auf der Grundlage der Befragungs- und Erhebungsergebnisse seit rund einem Jahrzehnt von der Statistik Austria veröffentlicht und auch diskutiert. Für kleine Bundesländer wie Salzburg sind die Stichprobengrößen der Erhebungen für verlässliche Aussagen zur Entwicklung für viele Indikatoren zu gering. Durch Sonderauswertungen der Statistik Austria mit Stichprobenvergrößerungen sind nun verlässlichere Aussagen möglich geworden.[6] Im Folgenden wird über eine Auswahl dieser Armuts- und Ausgrenzungsindikatoren berichtet und um weitere administrative Daten ergänzt, um Hintergründe und Ursachen der Armuts- und Ausgrenzungsgefährdung in Salzburg weiter auszuleuchten.

3. ARMUTSGEFÄHRDUNG, MATERIELLE DEPRIVATION, GERINGE ERWERBSINTEGRATION

„Armutsgefährdung" ist die bekannteste Kennzahl und ein Leitindikator in der Armutsforschung und -berichterstattung. Was wird unter Armutsgefährdung verstanden? Armutsgefährdung ist ein finanzielles Haushaltsmerkmal, d. h. die Nettobezüge und bezogenen Transferleistungen aller Haushaltsmitglieder eines Jahres werden berücksichtigt, alle geleisteten Transferleistungen (z. B. Alimente) und Steuern werden abgezogen. Um den Lebensstandard von Haushalten mit unterschiedlicher Größe und Struktur annähernd vergleichbar zu machen, werden Einkommensbeträge durch Konsumäquivalente standardisiert.[7] Die Armutsgefährdungsquote bezeichnet dann den Anteil der Personen mit einem Haushaltseinkommen unter der Armutsgefährdungsschwelle. Die Schwelle wird jährlich neu berechnet und entspricht 60 % des Medianäquivalenzeinkommens (mittleres Haushaltseinkommen). Die Armutsgefährdungsschwelle beträgt im Jahr 2016 € 1.185 monatlich für einen Ein-Personen-Haushalt und dieser Wert erhöht sich um den Faktor 0,5 pro weitere erwachsene

6 Reinhard Hofbauer (2017). Soziale Inklusion, in: Markus Pausch (Hg.): Lebensqualität und Innovation im Bundesland Salzburg, Salzburg, S. 49–94; Caritasverband der Erzdiözese Salzburg (2017). Armut und soziale Ausgrenzung von älteren Personen (50+). Abgerufen am 24.9.2018 unter https://www.caritas-salzburg.at/fileadmin/storage/salzburg/webseite/aktuell/Kampagnen/Inlandskampagne_2017/Altersarmut-Studie-Buggler.pdf.

7 Statistik Austria (2009). Armutsgefährdung in Österreich (Sozialpolitische Studienreihe, Bd. 2), Wien, S. 40. Abgerufen am 24.9.2018 unter http://www.studienreihe.at/cms/Z02/Z02_2/bisherige-studien?d=Touch.

Person im Haushalt und um den Faktor 0,3 pro Kind (unter 14 Jahre) im Haushalt. Von „Armutsgefährdung“ und nicht von „Armut“ wird gesprochen, weil die Definition zum einen auf Haushaltseinkommen abzielt und keine Vermögen, Vermögensauflösungen oder Schulden berücksichtigt, zum anderen, weil auch ein finanziell armer Haushalt nicht zwingend arm sein muss, wenn ihm andere Ressourcen zur Verfügung stehen.

Wie viele Menschen sind nun in Salzburg in diesem Sinn einkommensarm? Im Durchschnitt der Jahre 2014–2016 waren in Salzburg rund 11 % der Haushalte oder 60.000 Personen finanziell armutsgefährdet. Damit ist der Anteil armutsgefährdeter Personen geringer als im Österreichvergleich mit einem Anteil von rund 14 %. In den vergangenen Jahren ist die Armutsgefährdung als Folge eines geringen Einkommens leicht zurückgegangen, betrifft aber dennoch ganz klar mehr als eine kleine Minderheit.

Diese Armutsgefährdungsquote sagt etwas darüber aus, wie viele Haushalte wenig haben, aber nichts darüber, wie stark die Einkommen aller Haushalte auseinanderliegen, wie stark damit die Einkommensungleichheit ist.[8] Schaut man auf den Quartilsabstand der Haushaltseinkommen,[9] so zeigt sich, dass sich dieser Abstand vergrößert hat. Im Jahr 2008 betrug das Einkommen des dritten Einkommensviertels 181 % des untersten Einkommensviertels, 2016 betrug es 186 %. Die Einkommensverteilung ist also nicht nur bei den Personeneinkommen, sondern auch bei den Haushaltseinkommen ungleicher geworden.[10]

Im Zusammenhang mit finanzieller Armutsgefährdung ist natürlich die Frage interessant, was die monetären Sozialleistungen dazu beitragen, die Armutsgefährdungsquote zu reduzieren. Immerhin verwendet Österreich rund 30 % seines BIP für Sozialausgaben („Sozialquote“). Mittelmäßig, könnte man sagen. Nur mit ihren Arbeitseinkommen (ohne Berücksichtigung von Pensionen) wären im Jahr 2016 23 % der SalzburgerInnen unter der Armutsgefährdungsschwelle geblieben, nach Berücksichtigung der monetären So-

8 Die Armutsgefährdungsquote hat beschränkte Aussagekraft, denn sie berücksichtigt keine Lebenshaltungskosten und sie ändert sich auch nicht, wenn alle Haushalte Tausend Euro zusätzlich bekommen.

9 25 % der Haushalte verfügen über weniger als … Euro, 75 % der Haushalte haben weniger als … Euro.

10 Statistik Austria (2009). Tabellenband EU-SILC 2008. Einkommen, Armut und Lebensbedingungen, Wien. Abgerufen am 24.9.2018 unter http://www.studienreihe.at/cms/Z02/Z02_2/bisherige-studien?d=Touch; Statistik Austria (2017). Tabellenband EU-SILC 2016: Einkommen, Armut und Lebensbedingungen, Wien. Abgerufen am 24.9.2018 unter https://www.sozialministerium.at/cms/site/attachments/7/0/0/CH3434/CMS1493709119968/tabellenband_eu-silc_2016.pdf.

zialleistungen[11] sind es mit 10,3 % etwas weniger als die Hälfte.[12] Monetäre Sozialleistungen haben damit in Österreich zwar ein beträchtliches Umverteilungspotenzial, dennoch ist – wie die Armutsgefährdungsquote zeigt – der österreichische Sozialstaat nur bedingt darauf ausgerichtet, Armut zu vermeiden oder gar zu verhindern.

Abbildung 1: Armuts- und Ausgrenzungsgefährdung im Salzburg-Österreich-Vergleich (in Prozent)

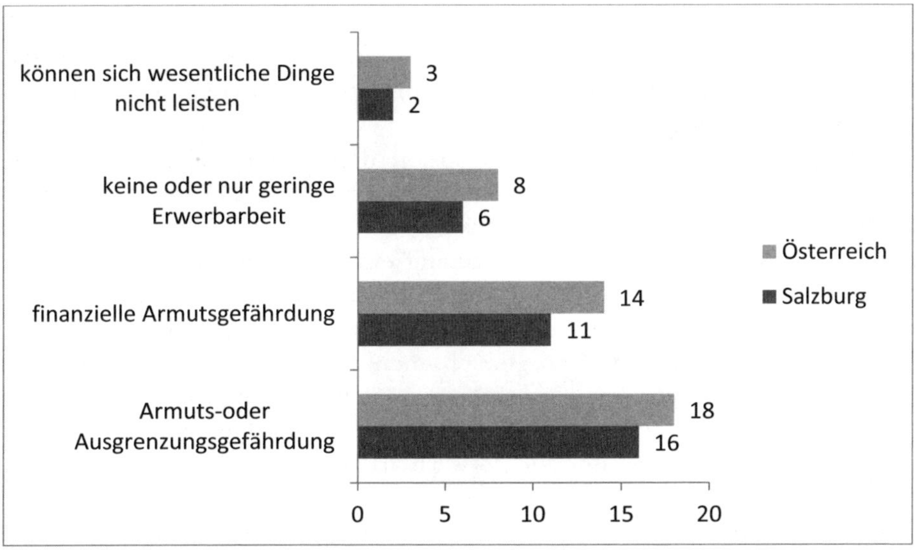

Quelle: Statistik Austria (2017). Tabellenband EU-SILC 2016. Einkommen, Armut und Lebensbedingungen, Wien. Eigene Darstellung.

Weil das Einkommen eines Haushalts Armutslagen nur bedingt erfassen kann, wird ergänzend dazu erhoben, ob sich ein Haushalt wesentliche und übliche Ausgaben, die für die meisten Menschen einer Gesellschaft selbstverständlich sind, leisten kann („materielle Deprivation"). Erfasst werden dazu neun typi-

11 Monetäre Sozialleistungen sind z. B. Familienbeihilfen, Arbeitslosengeld oder Stipendien. Im Gegensatz dazu können universelle Sozialleistungen (öffentliche Schulen, Krankenhäuser etc.) von allen Haushalten unabhängig vom Einkommen, besonderen Bedarfen oder erworbenen Ansprüchen genützt werden, was Einkommensschwächeren mehr nützt.

12 Statistik Austria (2017). Tabellenband EU-SILC 2016. Einkommen, Armut und Lebensbedingungen, Wien, S. 74.

sche Haushaltsausgaben (regelmäßige Zahlungen zeitgerecht leisten können, unerwartete Ausgaben bis zu € 1.160 finanzieren können, einmal jährlich auf Urlaub fahren können, sich gesund ernähren können, die Wohnung angemessen heizen können, sich keinen PKW, kein Handy, keine Waschmaschine oder Fernseher leisten können).[13]

Rund 13.000 Personen sind in Salzburg nicht in der Lage, sich mindestens vier der neun angegebenen regelmäßig anfallenden Ausgaben leisten zu können und gelten als von erheblicher materieller Deprivation betroffen. Das entspricht einem Anteil von 2 %, gegenüber 3 % in Österreich.

Der Zusammenhang zwischen der Höhe des Haushaltseinkommens und einer Lebenssituation mit Einschränkungen ist nahezu linear; je niedriger das Einkommen, das dem Haushalt zur Verfügung steht, desto häufiger wird angegeben, dass ein Mangel besteht.

Einkommen aus Arbeit ist für die meisten Menschen ein wirksamer Schutz gegen Armut. Der Anteil der Personen in Haushalten mit keiner oder niedriger Erwerbsintensität ergänzt den Blick auf Armuts- oder Ausgrenzungsgefährdung. Niedrige Erwerbsintensität bedeutet eine maximale Erwerbsintensität von 20 % der vollen Erwerbstätigkeit. Der Indikator bringt die zentrale Bedeutung zum Ausdruck, die in unserer Gesellschaft der Erwerbsarbeit zukommt. Erwerbsarbeit soll im historisch gewachsenen österreichischen Gesellschafts- und Sozialmodell nicht nur ein ausreichendes Einkommen schaffen, an der Erwerbsarbeit hängt auch in wichtigen Bereichen die Qualität der sozialen Absicherung für die Fälle der Nichterwerbsarbeit (im Alter, bei Unfällen, bei Arbeitslosigkeit, teilweise bei Krankheit).

Im Bundesland Salzburg leben im Durchschnitt der Jahre 2014–2016 rund 30.000 Personen in Haushalten mit keiner oder niedriger Erwerbstätigkeit, das entspricht einer Quote von 6 %.[14] Die Quote liegt unter dem gesamtösterreichischen Vergleichswert von 8 %. Geringe Erwerbstätigkeit korreliert eng mit der Entwicklung der Arbeitslosenrate, steigt daher zwischen 2011 bis 2015 an und sinkt 2016 mit dem Anspringen der Konjunktur und der damit verbundenen niedrigeren Arbeitslosigkeit auf 6 %.[15]

Fasst man die Werte der drei dargestellten Indikatoren zur Reduktion von Armut und Ausgrenzung der Europa-2020-Strategie zusammen, die eine das Leben einschränkende Lebenslage jeweils aus einem anderen Blickwinkel dar-

13 Ebd., S. 18.

14 Caritasverband der Erzdiözese Salzburg, Armut und soziale Ausgrenzung von älteren Personen, S. 9 (s. Fn. 6).

15 Wert nur für das Jahr 2016, bei erhöhter Schwankungsbreite von plus/minus 3,8 %, Wahrscheinlichkeit 95 %.

stellen (deutlich niedrigeres Haushaltseinkommen, sich übliche Ausgaben nicht leisten können, keine oder nur geringe Erwerbstätigkeit), dann waren zwischen 2014 und 2016 im Bundesland Salzburg rund 82.000 Personen oder 16 % der Gesamtbevölkerung von einer der drei Einschränkungen betroffen. Österreichweit waren es 18 % der Gesamtbevölkerung. Bis 2015 zeigt sich weder in Österreich noch in Salzburg eine statistisch signifikante Änderung. Im Jahr 2016 sinkt dieser Wert vor allem aufgrund der rückläufigen Arbeitslosigkeit in Salzburg auf 14 %.[16]

Für rund 10.000–15.000 Personen, das sind 2–3 % der Salzburger Bevölkerung, gilt, dass mindestens zwei der drei Indikatoren zutreffen.

4. ARMUTSGEFÄHRDUNG DURCH ZU GERINGE EINKOMMEN

Wie viel Geld wäre nötig, um alle armutsgefährdeten Haushalte in Salzburg über die Armutsgefährdungsschwelle zu heben? Während die Quote der Armutsgefährdeten nur angibt, wie hoch der Anteil der Menschen mit geringen Einkommen ist, gibt die Armutsgefährdungslücke Auskunft über die Intensität und das Ausmaß der Armutsgefährdung. Dabei wird die Differenz zwischen den Haushaltseinkommen und der Armutsgefährdungsschwelle aller Haushalte zusammengezählt. Der Wert ist umso höher, je mehr Menschen betroffen sind und je größer ihr Abstand zur Gefährdungsschwelle ist. Im Bundesland Salzburg lag die Einkommensarmutslücke im Durchschnitt der Jahre 2013 bis 2015 bei 165 Mio. €, das entspricht 0,7 % des Bruttoregionalprodukts. Die „Lücke" liegt unterhalb des österreichischen Vergleichswerts von 1,1 % des BIP.[17]

Eine Größenordnung von 165 Mio. € entspricht mehr als einem Drittel der gesamten Sozialausgaben des Landes und beträgt etwa das Vierfache der Ausgaben für das zentrale Instrument der Armutsbekämpfung im Land, die Mindestsicherung. Das macht deutlich, dass die Mittel des Landes Salzburg allein für eine wirksame Reduktion der finanziellen Armutsgefährdung nicht ausreichen, ohne andere gesetzliche Aufgaben zu vernachlässigen. Die subsidiär angelegte Sozialpolitik der österreichischen Bundesländer ist schlicht nicht zur Kompensation armutsgefährdender Marktlöhne ausgerichtet.

Während das Land also mit den Folgen von finanzieller Armut in der Mindestsicherung unmittelbar konfrontiert ist, verfügt es über keinen wirksamen

16 Wert nur für das Jahr 2016, bei erhöhter Schwankungsbreite von plus/minus 3,8 %, Wahrscheinlichkeit 95 %.

17 Hofbauer, Soziale Inklusion, S. 68 (s. Fn. 6).

Hebel zur Beseitigung oder Reduktion der häufigsten Ursache der Armutsgefährdung – zu geringe Markteinkommen.

Höhere Arbeitslöhne, insbesondere Mindestlöhne, wären zur Armutsbekämpfung aber ein zentraler Hebel.[18] In Österreich gibt es fast keinen gesetzlichen Mindestlohn, der „Mindestlohn" wird von den Sozialpartnern in Kollektivverträgen verhandelt, ist daher das Ergebnis eines Interessen- und Machtkonflikts zwischen ArbeitnehmerInnen und ArbeitgeberInnen in der jeweiligen Branche.

Vergleicht man die gesamten Bruttoeinkommen der Salzburger ArbeitnehmerInnen mit denen vor 10 Jahren, dann liegen sie 2016 um rund 22 % höher.[19] Im selben Zeitraum (2006–2016) ist das Bruttoregionalprodukt Salzburgs um 37 % gewachsen.[20] Bedenkt man, dass das regionale BIP nichts anderes als Einkommen (in Form von Abschreibungen, Zinsen, Löhnen und Gewinnen) ist, belegt das, dass die Erträge des wirtschaftlichen Wohlstands anderen Einkommensarten als den Lohneinkommen deutlich stärker zugeflossen sind.

In bestimmten Salzburger Niedriglohnbranchen, wie der Hotellerie und Gastronomie, wurden in den vergangenen Jahren zwar teils deutliche Mindestlohnsteigerungen erreicht, dennoch liegen „die Bezahlungen nach Kollektivvertrag im Tourismus auf einem Niveau, von dem kein Mensch heute leben kann."[21] Auch in vielen anderen Berufsgruppen mit oft kleinbetrieblicher Struktur und schwachem gewerkschaftlichen Organisationsgrad (z. B. FloristInnen, Angestellte bei bestimmten freien Berufen, Reinigungs- oder Beförderungsgewerbe) liegen die Mindestlöhne an oder unterhalb der Armutsgefährdungsschwelle. Wer allein in einem Haushalt lebt oder keine/n weitere/n VerdienerIn im Haushalt hat, ist damit armutsgefährdet.

Schaut man auf die durchschnittlichen Lohneinkommen aller ArbeitnehmerInnen, wird im Bundesland Salzburg mit € 1.516 netto (14x im Jahr, 2016) im Österreichvergleich schlecht verdient. Nur in Tirol, dem stärksten Tourismusland Österreichs, wird noch weniger verdient (€ 1.455).[22] Ursächlich für

---

18 Zu beachten ist folgende Überlegung, die sich aus der „Konstruktion" der Armutsgefährdungsquote ergibt: Steigen die Mindestlöhne stärker als die mittleren Einkommen, könnte sich die Armutsgefährdungsschwelle nach oben verschieben, wodurch höhere Mindestlöhne zu einer höheren Armutsgefährdungsquote führen könnten.

19 Real bedeutet das einen Einkommenszuwachs von durchschnittlich 1,9 %.

20 Statistik Austria Online (2018). Bruttoregionalprodukt zu lfd. Preisen (eigene Berechnungen auf der Grundlage einer statcube-Auswertung).

21 Zeit Online (4.3.2018). Nie wieder Alpenglühen – Man dumpt sich gemeinsam nach unten.

22 Statistik Austria (2017). Lohnsteuerstatistik 2016, Wien. Abgerufen am 24.9.2018 unter http://www.statistik.at/web_de/statistiken/wirtschaft/oeffentliche_finanzen_und_steuern/steuerstatistiken/lohnsteuerstatistik/index.html.

die geringen Durchschnittslöhne der Salzburger ArbeitnehmerInnen ist der hohe Dienstleistungsanteil, insbesondere der Anteil der Tourismusbeschäftigten[23] sowie ein hoher Teilzeitanteil an der Gesamtbeschäftigung. Zudem drückt der rasante Wandel der Arbeitsgesellschaft – der in den letzten Jahren eine höhere Sockelarbeitslosigkeit, mehr Jobwechsel, mehr prekäre Beschäftigungsverhältnisse mit sich gebracht hat – auf die Durchschnittslöhne. Im Jahr 2016 waren von den rund 286.000 Beschäftigten im Bundesland, mit 49,4 %, bereits weniger als die Hälfte in einem ganzjährigen Vollzeitbeschäftigungsverhältnis.[24] Bei einer Zunahme der Beschäftigungsverhältnisse nehmen jene Erwerbssituationen zu, in denen keine durchgängige Einbindung in den Arbeitsmarkt (zufolge von Arbeitslosigkeitsepisoden, befristeter Beschäftigung usw.) gegeben ist.[25]

Niedrige Einkommen betreffen freilich nicht nur aktiv Erwerbstätige, sondern vor allem auch arbeitslose Menschen, denn die Höhe des Arbeitslosengeldes beträgt 55 % des Nettoeinkommens sowie – bei zu niedrigem Einkommen – einem Aufschlag auf die Höhe des Ausgleichszulagen-Richtsatzes. Wegen der schwachen konjunkturellen Entwicklung, von der sich auch Salzburg nicht abkoppeln konnte, ist die Zahl der Arbeitslosen von rund 11.900 im Jahr 2012 auf rund 14.900 im Jahr 2016 gestiegen.[26]

Dass Arbeitslosigkeit und Armutsgefährdung leicht zusammenfallen können, zeigt sich schon an der durchschnittlichen Höhe des Arbeitslosengelds. Es lag 2016 in Salzburg bei € 993 und damit deutlich unterhalb der Armutsgefährdungsschwelle für einen Ein-Personen-Haushalt. Weil Armutsgefährdung ein Haushaltsmerkmal ist, kann nicht einfach davon gesprochen werden, dass Arbeitslose prinzipiell armutsgefährdet wären. Aber für eine durchschnittliche arbeitslose Person in einem Ein-Personen-Haushalt trifft das zu.

Die rechtliche Kompetenz, Menschen in den Arbeitsmarkt zu integrieren, fällt in Österreich dem Arbeitsmarktservice (AMS) zu. Das betrifft nicht nur die Arbeitsvermittlung, sondern auch die Aufgabe, arbeitslosen oder arbeitssuchenden Personen, durch Qualifizierung oder sonstige beschäftigungsfördernde Maßnahmen im Rahmen der aktiven Arbeitsmarktpolitik, eine nachhaltige und dauerhafte Beschäftigung zu ermöglichen (AMS-Gesetz, § 38a).

---

23 Nicht nur die Löhne sind in der Branche niedrig und liegen, auch teilzeitbereinigt, bei lediglich zwei Drittel aller Löhne, auch der Anteil der ArbeitnehmerInnen liegt im Tourismus um knapp 6 % höher als im österreichischen Durchschnitt.

24 Statistik Austria (2017). Lohnsteuerstatistik 2016, Wien.

25 Thomas Horvath/Helmut Mahringer/Florian Preisig (2014). Strukturanalyse des Salzburger Arbeitsmarkts (Wifo-Monografien 2014), Wien, S. 16.

26 AMS (2018). Arbeitsmarktprofil 2012 Salzburg. Abgerufen am 24.9.2018 unter http://www.arbeitsmarktprofile.at/.

Die Mittel für die aktive Arbeitsmarktpolitik wurden in den vergangenen Jahren angesichts steigender Arbeitslosigkeit auch in Salzburg erhöht. Auch „Transitarbeitsplätze", die vorwiegend vom AMS finanziert werden und für arbeitsmarktferne und langzeitbeschäftigungslose Menschen zeitlich befristete und bezahlte Arbeitsplätze zur Verfügung stellen, mit dem Ziel, sie wieder in eine dauerhafte Beschäftigung am regulären Arbeitsmarkt zu bringen, wurden in Salzburg ausgeweitet. Mit der Aktion 20.000 wurde ein arbeitsmarktpolitisch innovatives Instrument eingeführt, um ältere Langzeitarbeitslose über die Beschäftigung in kommunalen und gemeinnützigen Betrieben wieder in den Arbeitsmarkt zu integrieren.

Einkommensarmut bedroht NotstandshilfebezieherInnen noch deutlicher als Arbeitslose. Die Notstandshilfe beträgt etwas über 90 % des Arbeitslosengeldbezugs und die durchschnittliche Höhe der Notstandshilfe betrug 2016 in Salzburg € 747. Die Zahl der NotstandshilfebezieherInnen stieg in Salzburg von 2.996 im Jahr 2012 auf 4.723 im Jahr 2016, eine Steigerung um 58 %.

Einkommensarmut betrifft auch PensionistInnen. In Salzburg gab es 2016 rund 10.800 AusgleichszulagenbezieherInnen, das bedeutet, dass das eigene (Haushalts-)Pensionseinkommen nicht ausgereicht hat, um die „Mindestpension" von € 1.308 (Richtwert für Ehepaare) bzw. € 872 (Richtwert für Alleinstehende) zu erreichen.[27] Unter Heranziehung des eigenen Haushaltseinkommens wird mit der Ausgleichszulage auf die Richtwerte aufgestockt. Gegenüber 2012 ist der Anteil der AusgleichzulagenbezieherInnen von 9,8 % auf 8,7 % gesunken.[28]

Die hier beschriebenen Entwicklungen bei den Einkommen für ArbeitnehmerInnen, Arbeitslosen, NotstandshilfebezieherInnen und PensionistInnen sind Personeneinkommen, keine Haushaltseinkommen, die für die Armutsmessung maßgeblich sind. In der Zusammenschau bieten sie aber wichtige Hintergrundinformationen über die Ursachen der Einkommensarmut Salzburger Haushalte.

5. AKTIVIERUNGSRESSOURCEN

Zur Überwindung einer Armutslage ist es wichtig, dass Haushalte über jene Ressourcen verfügen, die normalerweise notwendig sind, um sich aus einem Leben in Armut aus eigener Kraft zu befreien. Zu diesen „Aktivierungsressour-

27 Hauptverband der Sozialversicherungsträger (2018). Zahlen, Daten, Fakten. Abgerufen am 24.9.2018 unter http://www.hauptverband.at/cdscontent/?contentid=10007.693676.

28 Ebd.

cen“ zählen insbesondere Bildung, Freiheit von Erwerbseinschränkungen, Wohnbedingungen oder die Qualität sozialer Beziehungen. Eine Armutslage kann ohne diese Ressourcen nur schwer überwunden werden.

Im Bundesland Salzburg gab es zwischen 2013 und 2015 rund 5.000 Personen, die nur teilzeitbeschäftigt oder nicht erwerbstätig waren, weil keine geeignete Betreuungseinrichtung für Kinder oder pflegebedürftige Erwachsene zur Verfügung stand, was einem Anteil von rund 1,9 % der 18–59-jährigen Männer und Frauen mit Teilzeitbeschäftigung oder keiner Erwerbstätigkeit entspricht. Der schnellere Ausbau von Pflege- und Betreuungsinfrastruktur würde diesen Menschen den Zugang zur gewünschten Erwerbsarbeit ermöglichen.

Bildung kommt für eine vollwertige Teilhabe an den gesellschaftlichen Möglichkeiten eine vorrangige Bedeutung zu. Bildungskarrieren beginnen in der frühen Kindheit. Eine wichtige Maßnahme ist die 2017 in Kraft getretene Ausbildungspflicht für Jugendliche bis 18 Jahren. Rund 3.800 Jugendliche sind in Salzburg weder in Ausbildung, Beschäftigung noch Schulung.[29] Es handelt sich dabei um eine sehr heterogene Gruppe mit sehr unterschiedlichen Problemlagen und Bedürfnissen.

Trotz der seit Jahrzehnten zunehmenden Bildungsmobilität ist die Wahrscheinlichkeit, einen weiterführenden Bildungsabschluss zu erreichen, nach wie vor stark vom Bildungsstand der Eltern abhängig. Bildung wird, wie der Sozialstatus, in hohem Ausmaß vererbt. Fast ein Drittel der Kinder aus bildungsfernen Familien (Eltern haben keinen weiterführenden Schulabschluss erlangt) erreichen keinen weiterführenden Schulabschluss, während dies nur für 8 % der Kinder aus Familien mit zumindest einem Elternteil mit weiterführendem Abschluss der Fall ist. Vergleicht man den aktuellen Bildungsstand von 25–59-jährigen SalzburgerInnen mit dem ihrer Eltern, dann zeigt sich zwischen Personen aus bildungsfernen Familien und Personen, deren Eltern eine weiterführende Ausbildung absolviert haben, ein Unterschied von 28 Prozentpunkten, während soziale Bildungsunterschiede in Gesamtösterreich mit 23 Prozentpunkten deutlich niedriger liegen.[30]

Auch hinsichtlich der Bildungsaktivität der über 16-jährigen Bevölkerung liegt das Bundesland Salzburg hinter dem Österreichschnitt. Zwischen 2013

---

29 Arbeiterkammer Salzburg (2017). Jugendmonitor 2017. Die Lage der Jugendlichen im Bundesland Salzburg, S. 40. Abgerufen am 24.9.2018 unter https://media.arbeiterkammer.at/sbg/pdf/Jugendmonitor_2017.pdf; Johann Bacher/Christina Koblbauer/Heinz Leitgöb/Dennis Tamesberger (2015). Jugendliche weder in Beschäftigung, Ausbildung noch in Training: Ein Bundesländervergleich in Österreich, Johannes Kepler Universität Linz, S. 24.

30 Statistik Austria (2015). Eingliederungsindikatoren 2014: Studie der Statistik Austria im Auftrag des Bundesministeriums für Arbeit, Soziales und Konsumentenschutz, Wien, S. 47; Hofbauer, Soziale Inklusion, S. 78 (s. Fn. 6).

und 2015 gab es durchschnittlich jährlich rund 106.000 Personen ab 16 Jahren, die in den letzten zwölf Monaten einen Kurs oder eine Ausbildung (für Beruf oder Freizeit) besucht haben. Gegenüber dem Jahr 2009 ist die Zahl der Bildungsaktivitäten konstant. Dieser Wert liegt mit 28,5 % unterhalb des österreichischen Vergleichswerts von 32,5 %. Im österreichischen Durchschnitt sind die gesamten Bildungsaktivitäten in den vergangenen Jahren kontinuierlich angestiegen.

Intakte soziale Beziehungen sind eine Schlüsselressource, um der Armuts- und Ausgrenzungsgefahr zu entkommen.[31] Die Salzburger Bevölkerung berichtet mit überwiegender Mehrheit über tragfähige soziale Beziehungen. Auf die Frage, ob es im sozialen Nahkreis jemanden gibt, den man um Hilfe bitten kann, antworten 95 % der Befragten mit „Ja". Mehr als zwei Drittel der Salzburger Bevölkerung fühlen sich auch überhaupt nicht von der Gesellschaft ausgeschlossen. Für 13,3 % trifft die Aussage „Ich fühle mich von der Gesellschaft ausgeschlossen" eher nicht zu, 10 % antworten teils/teils, knapp 6 % antworten ,,eher ja", und für 2,5 % trifft die Aussage voll und ganz zu. Personen mit geringerer Ausbildung und geringerem beruflichen Status fühlen sich etwas häufiger ausgeschlossen. Inklusionsfördernde tragfähige soziale Beziehungen sind aber in allen sozialen Schichten Salzburgs vorhanden und hängen nicht vom Sozialstatus ab.[32]

Gerade für eine Gesellschaft, die den normativen Individualismus hochhält und den Einzelnen zum Gestalter seines eigenen Lebens erklärt, wäre es wichtig, Menschen nicht nur mit rechtlichen Möglichkeiten, sondern mit den tatsächlich erforderlichen kulturellen und sozialen Ressourcen auszustatten, damit gegebene oder drohende Armutslagen durch eigene aktive Beiträge selbst überwunden werden können. Zu oft sind in Salzburg diese aber durch Betreuungs- oder Pflegeerfordernisse gehemmt, Bildungsaktivitäten enden häufiger als im Österreichvergleich unnötig früh oder in traditionellen Bahnen. Gerade in einem dienstleistungsorientierten Land wie Salzburg, mit seinen vielfältigen Verdienstmöglichkeiten, dürften zudem schichtspezifische kulturelle Muster der Ausbildungswahl sowie der Arbeits- und Lebensgestaltung einer weitergehenden Ausschöpfung der eigenen Aktivierungspotenziale häufig entgegenstehen.

---

31 Die Dimension der sozialen Beziehungen wird durch die Indikatoren „Tragfähigkeit sozialer Beziehungen" und „Deprivation" durch direkte Befragung gemessen.

32 Hofbauer, Soziale Inklusion, S. 78 (s. Fn. 6).

6. PROBLEME BEIM WOHNEN

(Zu) hohe Wohnkosten sind angesichts der Miet- und Kaufpreise in Salzburg ein seit Jahrzehnten wiederkehrendes Thema und wurden zuletzt auch im Landtagswahlkampf 2018 thematisiert. Nach EU-Definition ist die Wohnkostenbelastung spätestens dann kritisch, wenn der gesamte Wohnungsaufwand 40 Prozent des jährlich verfügbaren Haushaltseinkommens übersteigt. Gemessen an ihrem Haushaltseinkommen waren zwischen 2013 und 2015 6,7 % der SalzburgerInnen durch zu hohe Wohnkosten belastet, in absoluten Zahlen betrifft das 35.000 Personen. Der weitaus größte Teil der überbelasteten Personen zählte zur Gruppe der Armuts- oder Ausgrenzungsgefährdeten.[33]

Neben den Wohnkosten stellen auch Überbelag und ein schlechter Wohnungsstandard ein Problem dar. 16 % der Salzburger Bevölkerung sind von Überbelag[34] betroffen, damit liegt der Wert ähnlich hoch wie in ganz Österreich. In der Gruppe der von Armut und Ausgrenzung Betroffenen ist der Anteil mit 29,4 Prozent annähernd doppelt so hoch.[35] Von schlechtem Wohnstandard (kein eigenes WC, Schimmel, dunkle Wohnräume etc.) waren dagegen zuletzt nur mehr rund 1,4 % der Bevölkerung betroffen. Die Entwicklung ist hier deutlich rückläufig, was für den insgesamt hohen Wohnstandard in Salzburg spricht.

Hohe Wohnpreise treffen zwar Haushalte mit geringen Einkommen härter, am unteren Ende der Versorgung stehen aber Personen, die in Haushaltsbefragungen bzw. Haushaltserhebungen gar nicht vorkommen und die auch lange kaum im Blick der Sozialverwaltung waren. Dabei handelt es sich um obdachlose Personen, aber auch um Menschen, die in Einrichtungen mit begrenzter Aufenthaltsdauer, in Übergangswohnungen, bei Freunden, in Pensionszimmern, Wohnwägen etc. wohnen. Wohnbedarfserhebungen gehen für den Zeitraum zwischen 2011 bis 2017 von einem Anstieg wohnungsloser Menschen im Bundesland Salzburg von 1.100 auf 1.800 Personen aus.[36] Wohnungslose sind in Salzburg zu mehr als zwei Drittel männlich und ganz überwiegend im Salzburger Zentralraum zu Hause. Die meisten von ihnen sind im öffentlichen

---

33 Sonderauswertung Statistik Austria für Salzburg 2013–2015.

34 Als überbelegt zählt ein Haushalt, wenn die Wohnfläche weniger als 16 m² beträgt, im Mittel weniger als 8 m² pro Wohnraum zur Verfügung stehen oder die Anzahl der Wohnräume im Verhältnis zur Zahl der Personen im Haushalt zu gering ist.

35 Statistik Austria (2015), Eingliederungsindikatoren 2014, S. 28 (s. Fn. 30).

36 Angela Schoibl/Heinz Schoibl (2017). Partizipative Wohnungslosenhilfeplanung im Bundesland Salzburg (Kurzfassung), Salzburg, S. 3.

Stadtbild aber nicht sichtbar, weil sie bei Verwandten, Freunden usw. Unterschlupf finden.

Hohe Wohnpreise haben generelle, aber auch salzburgspezifische Ursachen: In Ballungszentren steigt die Bevölkerungszahl, ebenso werden die Haushalte kleiner, was den Wohnraum verknappt. Nach 2010 floss angesichts der Niedrigzinspolitik zudem anlagesuchendes Kapital in hohem Maß in Immobilienwerte, was im Bezirk Salzburg-Umgebung etwa Preissteigerungen für eine durchschnittliche gebrauchte Eigentumswohnung von 16 % zwischen 2012 bis 2016 zur Folge hatte.[37]

Wohnungseigentum ist daher in den vergangenen Jahren nicht nur für einkommensschwache Haushalte immer weniger erreichbar geworden. Das von manchen Parteien angesichts hoher Mietpreise favorisierte Wohnungseigentum (FPÖ-Wahlkampf-slogan 2018: „Eigenheim statt Mietenwucher") bleibt für diese Haushalte trotz Förderungen eine weit entfernte Illusion. Die hohen Wohnpreise in Salzburg haben aber auch spezifische Ursachen: Ein wichtiger Unterschied zu anderen Ballungsräumen liegt an dem geringen Anteil an gemeinnützigen Hauptwohnsitzwohnungen (mit ihrem Prinzip der kostendeckenden gegenüber marktüblichen Miete) sowie Gemeindewohnungen. In der Stadt Salzburg liegt ihr Anteil bei lediglich 22 %, während der Anteil in Wien bei 43 % und in Linz sogar bei 54 % liegt.[38]

Wie haben sich die Mietpreise entwickelt? Der Immobilienpreisspiegel der ImmobilientreuhänderInnen zeigt für den Zeitraum 2012–2017 für Salzburg einen geringeren Anstieg der Mietpreise als der Preise für Eigentumswohnungen, allerdings bei sehr hohem Ausgangsniveau. Mit einer durchschnittlichen Miete inklusive Betriebskosten von € 9,04 pro m2 liegt Salzburg deutlich vor der Bundeshauptstadt Wien mit € 7,68 oder Linz mit € 6,86.[39]

Wurden zu wenige Wohnungen gebaut, um den steigenden Bedarf zu decken? Das trifft nur zum Teil zu: Für den 10-Jahres-Zeitraum bis 2011 zeigen die Zahlen zum Wohnungsbestand, dass weit mehr als die Hälfte des entstandenen Wohnraums nicht für Hauptwohnsitzwohnungen verwendet wurde. Somit wurde nicht zu wenig gebaut, um den ungedeckten Wohnbedarf zu bedienen, sondern vielfach wurden Neben- und Zweitwohnsitze errichtet. Zudem wird in Salzburg viel gewidmetes Bauland nicht bebaut. Die grüne Raumordnungsrefe-

---

37 Wirtschaftskammer Österreich (2012–2017). Immobilien-Preisspiegel 2012–2017 (Fachverband der Immobilien- und Vermögenstreuhänder), Wien.

38 Ebd.

39 Statistik Austria (2016). Mikrozensus: Wohnkosten für Hauptmietwohnungen. Abgerufen am 24.9.2018 unter https://www.statistik.at/web_de/statistiken/menschen_und_gesellschaft/wohnen/wohnkosten/index.html.

rentin Astrid Rössler schätzte 2017: „150.000 Menschen könnten dort wohnen, wo wir derzeit Reserven brachliegen haben.“[40]

Ebenso ist der Wohnungsleerstand ein Problem. Das Salzburger Institut für Raumordnung und Wohnen kam in einer Untersuchung des Wohnungsleerstands[41] allein in der Stadt Salzburg für das Jahr 2015 auf 4.800 nicht genutzte Wohnungen, von denen 3.500 als für den Wohnungsmarkt auch mobilisierbar eingeschätzt wurden.[42] So vielfältig die Ursachen von Wohnungsleerständen sind (schlechter Bauzustand, Kurzzeitvermietung, Festspielwohnung, Spekulationsobjekt ...), so vielfältig sind auch die möglichen Maßnahmen zu ihrer Mobilisierung.[43] Selbst wenn keine einzelne dieser Maßnahmen das Problem des Wohnungsleerstands beseitigt, hat die Landesregierung aus ÖVP, Grünen und Team Stronach „Maßnahmen zur Mobilisierung von leer stehendem Wohnraum“ angekündigt,[44] aber keine diesbezüglichen Maßnahmen ergriffen.

Einen wichtigen Hebel der Landespolitik zur Steuerung einer leistbaren Wohnversorgung stellt auch die Wohnbauförderung dar. Dazu wäre allerdings eine deutlichere Bevorzugung der Mietenförderung gegenüber der Eigentumsförderung erforderlich gewesen. Tatsächlich brachte die 2015 durchgeführte Reform der Wohnbauförderung eine massive Steigerung der Zusicherungen in der Eigentumswohnungsförderung, mit unausgewogen hohen Zuschüssen und erheblichen Mitnahmeeffekten.[45] Ab 2015 ist die Eigentumsförderung gleichsam aus dem Ruder gelaufen, indem die avisierten Zahlen aus dem Wohnbauförderungsprogramm um 100 % überschritten wurden, womit die Mietwohnungsförderung 2016 sogar übertroffen wurde.

Dagegen wurde mit der aus Wohnbauförderungsmitteln finanzierten erweiterten Wohnbeihilfe in der vergangenen Legislaturperiode 2013–2018 ein subjektbezogenes Förderungsinstrument in Geltung gebracht, das einen wichtigen sozialpolitischen Meilenstein darstellt. Mit der Wohnbauförderungsnovelle 2015 wurden erstmals auch einkommensschwache MieterInnen des nichtgeförderten Wohnungsmarkts mit befristeten Mietverträgen in die Wohn-

40 ORF Salzburg Online (28.6.2017). Neues Gesetz: Illegale Vermietung im Visier.

41 Auf Grundlage von Haupt- und Nebenwohnsitzen sowie von Stromverbrauchsdaten.

42 Inge Straßl/Walter Riedler (2015). Wohnungsleerstand in der Stadt Salzburg: Zahlen – Gründe – Mobilisierungsmaßnahmen (Salzburger Institut für Raumordnung und Wohnen), Salzburg, S. 33.

43 Etwa Leerstandsabgaben, Vermietungsgarantien, Grundsteuererhöhungen usw.

44 Arbeitsübereinkommen 2013 bis 2015 zwischen ÖVP, Grünen und Team Stronach (Schriftenreihe des Landes-Medienzentrums, Salzburg Dokumentationen Nr. 122), Salzburg, S. 41.

45 Wolfgang Amman (2017). Bewertung des Salzburger Modells der Wohnbauförderung. Vortrag anlässlich der Fachtagung „Ist die Salzburger Wohnbauförderung nachhaltig?“, 8. November 2017, Salzburg.

beihilfe einbezogen. Mehr als 21 Mio. Euro wurden 2016 aufgewendet, um jene einkommensschwachen Haushalte zu unterstützen, deren Wohnaufwand im Verhältnis zu ihrem Haushaltseinkommen unzumutbar hoch ist, wobei nun, zu rund 6.500 Haushalten in gemeinnützigen Wohnungen, auch rund 2.650 MieterInnen am freien Wohnungsmarkt Unterstützung erhalten.[46] Obwohl die erweiterte Wohnbeihilfe mit einem festgesetzten Mietwertzins (2017: € 7,71 je m2) gedeckelt ist, der deutlich unter den durchschnittlich zu zahlenden Mietpreisen im Bundesland liegt, beträgt die Wohnbeihilfe durchschnittlich mehr als € 200 monatlich je Förderfall.[47]

7. MINDESTSICHERUNG ALS LETZTES SOZIALES NETZ UND ÖFFENTLICHE ERREGUNG

Etwa 85 % der gesamten Sozialausgaben in Österreich sind zentralstaatlich geregelt. In die Kompetenz der Länder, Gemeinden und Städte fallen ein Teil des Gesundheitswesens, die Wohnbauförderung, ein Großteil der sozialen Dienste, Kinderbetreuungseinrichtungen sowie die „Bedarfsorientierte Mindestsicherung".

In der Legislaturperiode 2013 bis 2018 wurde eine Reihe von Maßnahmen ergriffen, um die soziale Inklusion von Menschen mit besonderen Hilfsbedarfen zu erleichtern, z. B. die erstmalige Einführung von „Persönlicher Assistenz" für Menschen mit Behinderungen, ein weiterer Ausbau der Wohn- und Betreuungsplätze für Menschen mit Behinderungen sowie ein Ausbau der mobilen Leistungen, Qualitätsverbesserungen im Pflegebereich und weitere Angebote für kleine Personengruppen mit speziellen Betreuungsbedarfen. Viele dieser Maßnahmen wurden gemeinsam von sozialen Dienstleistern und SozialexpertInnen entwickelt.

Auf Initiative des Salzburger Netzwerks gegen Armut und soziale Ausgrenzung haben VertreterInnen sozialer Dienstleistungseinrichtungen sowie weitere SozialexpertInnen die sozialpolitischen Maßnahmen der Legislaturperiode 2013 bis 2018 im Vorfeld der Landtagswahl 2018 bewertet.[48] Als relativ positiv wurden die Bereiche Kinder- und Jugendhilfe, Flucht und Asyl, Integra-

46 Land Salzburg (2017). Wohnbauförderung Jahresbericht 2016, S. 7. Abgerufen am 24.9.2018 unter https://www.salzburg.gv.at/statistik_/Documents/Publikationen %20Statistik/statistik-Wohnbaufoerderung-jahresbericht-2016.pdf.

47 Ebd.

48 Salzburger Netzwerk gegen Armut und soziale Ausgrenzung (2018). Analyse der sozialen Maßnahmen der Salzburger Landesregierung 2013–2018. Abgerufen am 24.9.2018 unter https://issuu.com/armutsbg/docs/salzburgsozial2013_2018.

tion bzw. Arbeit und Beschäftigung genannt. Durchschnittlich wurden die Politikbereiche Frauen und Gleichstellung bzw. Wohnbauförderung eingeschätzt. Etwas kritischer wurde der Bereich psychosoziale Versorgung beurteilt und weniger gut schnitten die Themenbereiche Mindestsicherung, Wohnungslosenhilfe, Inklusion, Pflege und Menschenrechte ab.

Dem Land Salzburg kommt im „Armenwesen" nach der österreichischen Bundesverfassung nur die Ausführungsgesetzgebung (Art. 12 Abs. 1 Z 1 B-VG) und Vollziehung zu, die Grundsatzgesetzgebung dagegen dem Bund, der diese aber bis in dieses Jahrtausend nie ausgeübt hat. Eine bundeseinheitlich geregelte Mindestsicherung (mittels einer erstmals 2008 abgeschlossenen Bund-Länder-Vereinbarung nach Art. 15a B-VG) mit österreichweit einheitlichen Mindeststandards ist 2017 wegen unterschiedlichen Vorstellungen über die Höhe dieser Mindeststandards nicht verlängert worden. So ist das Salzburger Mindestsicherungsgesetz 2010, das aus dem Sozialhilfegesetz entstand, bis heute in Kraft.

Diese Salzburger Mindestsicherung ist keineswegs als letzter „Ausweg" für Arbeitsunwillige konzipiert, um auf Kosten der SteuerzahlerInnen über die Runden zu kommen. Im Gegenteil: Auch die Mindestsicherung ist als letztes Auffangnetz des österreichischen Sozialstaats auf die Teilnahme am Erwerbsleben als zentraler gesellschaftlicher Inklusionsinstanz ausgerichtet. So heißt es schon im § 1 der Zielbestimmung des Salzburger Mindestsicherungsgesetzes: „Ziel dieses Gesetzes ist die Vermeidung und Bekämpfung von Armut und sozialer Ausschließung von Menschen, die dazu der Hilfe der Gemeinschaft bedürfen"[49] – das gilt aber eben nicht bedingungslos, sondern „unter Förderung einer dauerhaften (Wieder-)Eingliederung dieser Personen in das Erwerbsleben."[50]

Die Leistungen der Mindestsicherung sollen die Hilfesuchenden befähigen, von weiterer Hilfe unabhängig zu werden, und hängen davon ab, dass sich Hilfesuchende um eine Erwerbstätigkeit bemühen. Finanzielle Leistungen werden nur gewährt, wenn eigenes Einkommen und Vermögen, mit Ausnahme von Hausrat und zur Ausübung der zur Erwerbstätigkeit erforderlichen Gegenstände, eingesetzt werden.[51]

Die Mindestsicherung geht von einem behördlich festgesetzten Bedarfsniveau, dem sogenannten „Mindeststandard",[52] aus und deckt die Differenz zwi-

---

49 §1 Salzburger Mindestsicherungsgesetz (MSG), Sbg. LGBl. Nr. 124/2017.

50 Ebd.

51 Darin besteht ein wichtiger Unterschied zur Notstandshilfe.

52 € 744 für die erste erwachsene Person, je weiterer erwachsener Person 75 % dieses Betrags, für minderjährige Personen 21 %.

schen den verfügbaren eigenen Mitteln und dem Mindeststandard ab. Dem Lebensunterhalt dient in der Mindestsicherung ein Anteil von 75 % des aus der Ausgleichszulage abgeleiteten Mindeststandards. Die restlichen 25 % sind bei Erwachsenen als Wohnbedarf zweckgewidmet. Weil mit diesen Summen in Salzburg der tatsächliche Wohnbedarf nicht gedeckt werden kann, war es erforderlich, darüber hinaus eine ergänzende Wohnbedarfshilfe vorzusehen. Diese deckt zusätzlich anfallende Wohnkosten, wie Miete und Betriebskosten, bis zu einem, je nach Bezirk unterschiedlich definierten, höchstzulässigen Wohnungsaufwand ab.

Das Salzburger Mindestsicherungsgesetz 2010 ging in einigen Punkten über die Vorgaben der ursprünglich in einer Art. 15a-B-VG-Vereinbarung festgehaltenen bundesweiten Regelungen hinaus. So wird Kindern als auch erwachsenen Haushaltsangehörigen ein höherer Prozentsatz des Mindeststandards für alleinstehende Erwachsene gewährt, als bundesweit als Minimum verlangt wurde. Auch wurde die erweiterte Wohnbeihilfe, eine Leistung, die nicht aus dem Sozialbudget, sondern aus der Wohnbauförderung finanziert wird, von der Anrechnung auf die Mindeststandards der Mindestsicherung ausgenommen. Letztere Bestimmung wurde allerdings befristet in Geltung gesetzt, wodurch eine Verlängerung mitsamt dazugehörigen Debatten und Rechtsunsicherheit verbunden war.

Der öffentliche politische Diskurs um die Mindestsicherung als letztes Auffangnetz gegen Armut und Ausgrenzung war vor allem seit dem Flüchtlingszustrom 2015/16 stark von der Angst geprägt, dass Flüchtlinge auf der Suche nach besseren Lebensbedingungen in Länder mit gut ausgebauten Sozialsystemen einwandern, diese ausnützen und damit deren finanzielle Tragfähigkeit überfordern. Diese Angst war sachlich zwar teils wenig begründet, weil von den Leistungen der Mindestsicherung schutzbedürftige Fremde, allen voran AsylwerberInnen, ausdrücklich ausgenommen sind[53] und diese lediglich Anspruch auf eine geringe Grundversorgung haben.

Der angstgeschürte Diskurs knüpfte aber an ein schon historisches Motiv im Umgang mit Ansprüchen und Leistungen einer letzten Hilfe für Hilfsbedürftige an. Bereits das ehemalige Salzburger Sozialhilfegesetz zählte zu den ersten Gesetzen, die Ansprüche für AusländerInnen weitgehend ausgeschlossen haben. Auch hatte es im Bundesländervergleich den umfassendsten Einkommens- und Vermögensbegriff bzw. die geringsten Ausnahmen von der Pflicht des Einsatzes der eigenen Mittel, bevor Unterstützung gewährt wurde. Schon im ehemaligen Sozialhilfegesetz „wehte der scharfe Wind der Unterstellung, dass soziale Bedürftigkeit meist selbstverschuldet sei und dass man nur genug

53 §4 Abs. 3 MSG, Sbg. LGBl. Nr. 124/2017.

Druck machen müsse, damit Notlagen überwunden werden können."[54] Schon damals ging es weniger um nachhaltige Sparmaßnahmen, „sondern um den erhobenen Zeigefinger, gleichsam nach dem Motto: Seid ja immer brav und fleißig, sonst seid ihr von sozialer Ausschließung betroffen."[55]

Ab 2016 standen vor allem die Deckelung der Mindestsicherung bei € 1.500, nach dem Vorbild Oberösterreichs wie Niederösterreichs sowie die Verschärfung der Sanktionsregeln, auf der politischen Agenda. Die BefürworterInnen geringerer Leistungen und strengerer Sanktionen waren in Salzburg vor allem in der Freien Partei Salzburg (FPS) des früheren FPÖ-Landesparteivorsitzenden Karl Schnell zu finden. Sie argumentierten mit einer Kostenexplosion durch die höheren Zuwanderungszahlen, höherem Missbrauch durch die MindestsicherungsbezieherInnen sowie der dadurch gefährdeten Finanzierungsfähigkeit des Sozialsystems insgesamt. Sie forderten dagegen den Mindestsicherungsbezug an einen 5-jährigen Aufenthalt im Bundesland zu binden, „um Mindestsicherungstourismus kinderreicher Familien" zu unterbinden.[56] Die Bedrohung durch Missbrauchs- und Kostenexplosion wurde publizistisch auch durch die auflagenstarke Kronen-Zeitung befeuert.[57]

Gegen Verschärfungen der bestehenden Mindestsicherungsregeln wandten sich die ressortzuständigen Grünen sowie die SPÖ mit dem Argument, dass Kürzungen der Mindestsicherung die Schwächsten der Gesellschaft treffen, worunter sich viele österreichische Haushalte mit vielen Kindern finden. Die ÖVP als mandatsstärkste Partei blieb in dieser Frage indifferent und verwies auf die Notwendigkeit einer bundeseinheitlichen Lösung.[58] Im weiteren politischen Prozess bis zum Ende der Legislaturperiode kam es zwar zu keinen Kürzungen der Leistungshöhen, aber doch zu Verschärfungen bei Sanktionen, so wurden etwa Leistungskürzungen des AMS ohne eigene behördliche Prüfung in die Mindestsicherung übernommen.

---

54 Walter Pfeil (2013). Weichenstellungen im Salzburger Soziallandesrecht – Salzburg als Vorreiter der Sozialpolitik?, in: Karin Gföllner (Hg.): Weichenstellungen im Land Salzburg (Schriftenreihe des Landesmedienzentrums, Serie „Salzburger Landtag", Nr. 22), Salzburg, S. 31–43, hier S. 34.

55 Ebd.

56 Salzburger Nachrichten Lokalausgabe (27.6.2016). Landtag: Weniger Geld für Flüchtlingsfamilien, S. 3.

57 Z. B.: Neue Kronen Zeitung Online (28.6.2015). Mindestsicherungs-Fall regt auf: Sechsköpfige Familie erhält rund 2000 € pro Monat; Neue Kronen Zeitung Online (09.11.2017). Aus Mindestsicherung: Asylberechtigte schickten Millionen in ihre Heimat.

58 ÖVP-Klubobfrau Daniela Gutschi anlässlich der Debatte zum dringlichen Antrag der FPS am 9.11.2016 betreffend Kürzung der Mindestsicherung. Quelle: Land Salzburg (31.8.2018). Beilage zum Protokoll des Salzburger Landtages, Nr. 110, 5. Session der 15. Gesetzgebungsperiode. Abgerufen am 1.10.2018 unter https://service.salzburg.gv.at/lpi/searchExtern.

Die Zahl der durch die Mindestsicherung unterstützen Personen erhöhte sich von 7531 Personen im Jahr 2013[59] auf 8843 Personen im Jahr 2016. In diesem Zeitraum stiegen die Ausgaben für die Mindestsicherung um 9,1 Mio. € oder 26 %. Im selben Zeitraum stiegen die Gesamtausgaben für Soziales um 123 Mio. € oder 44 %, also wesentlich stärker, wobei 2016 allein rund 54 Mio. € für die Grundversorgung ausgegeben wurden. Deutliche Ausgabensteigerungen zeigen sich dabei in allen Kernbereichen des Sozialressorts, bei der Pflege (+26 Mio €), der Behindertenhilfe (+17 Mio €) und der Kinder- und Jugendhilfe (+8 Mio €).

Der steigende Aufwand für Soziales kommt auch im steigenden Anteil der Sozialausgaben an den Gesamtausgaben des Landes von 10,6 % im Jahr 2012 auf 12,9 % im Jahr 2016 zum Ausdruck.

Welche Personengruppen beziehen Mindestsicherung? In soziodemografischer Betrachtung wohnen MindestsicherungsbezieherInnen zu rund 60 % im Bezirk Salzburg Stadt, zu 40 % in den anderen Bezirken des Landes, ein Verhältnis, das in den letzten Jahren unverändert geblieben ist. Knapp 60 % der BezieherInnen sind österreichische StaatsbürgerInnen, der Anteil der Asylberechtigten ist von 12 % im Jahr 2013 auf 24 % im Jahr 2016 gestiegen.[60] Mit Blick auf die Haushaltsgröße verteilten sich die unterstützten Personen zu je 40 % auf Allein- und Mitunterstützte und zu 20 % auf Hauptunterstützte, wobei etwas mehr als die Hälfte der Hauptunterstützten Alleinerziehende (mit minderjährigen Kindern) waren. Bei den Mitunterstützten waren im Jahr 2016 drei Viertel der Kinder unter 18 Jahren.[61]

Die in der öffentlichen Debatte im Fokus der Aufmerksamkeit stehenden Höchstgrenzen wurden überwiegend nicht erreicht. Nur zu etwa 30 % wird die Mindestsicherung in voller Höhe bezogen, 70 % der BezieherInnen sind sogenannte „Aufstocker", das heißt, die Differenz zwischen den eigenen Einkommensquellen und dem „Mindeststandard" wurde als Aufzahlung abgedeckt.

Damit zeigt sich ein recht breites Spektrum an Ursachen für den Mindestsicherungsbezug: Ein gutes Drittel der MindestsicherungsbezieherInnen verfügt über gar kein Einkommen, knapp 1.300 SalzburgerInnen oder rund 25 % beziehen Arbeitslosengeld oder Notstandshilfe, die aber nicht ausreichen und aufgestockt werden. Diese beiden Gruppen machen auch den Zuwachs der letzten Jahre aus. PensionistInnen (16 %) und Menschen mit Einkommen aus einem Beruf (14 %) bilden mit rund 1.500 Personen in Salzburg eine Gruppe,

59 Durch eine Systemumstellung sind die Jahre vor 2013 nicht vergleichbar.

60 Land Salzburg – Abteilung Soziales (2017). Sozialbericht 2016, S. 42. Abgerufen am 24.9.2018 unter https://www.salzburg.gv.at/soziales_/Documents/Publikationen/Sozialbericht_2016.pdf.

61 Ebd., S. 41–46.

für die das primäre Einkommen eigentlich zum Leben ausreichen sollte und die nicht auf ein zweites Netz angewiesen sein sollte. Ihr Anteil ist in den letzten Jahren unverändert. Schaut man auf das Alter der Mindestsicherungsbeziehenden, so befinden sich fast vier Fünftel im Haupterwerbsalter (zwischen 21 und 60 Jahren), 5 % waren jünger als 21 Jahre, rund 17 % älter als 60 Jahre. Der Anteil der über 60-jährigen MindestsicherungsbezieherInnen ist damit geringer als ihr Anteil an der Gesamtbevölkerung.

Das Profil der MindestsicherungsbezieherInnen verweist damit auf die wesentlichen strukturellen Ursachen des Anstiegs der MindestsicherungsbezieherInnen. Diese liegen bei fehlenden Arbeitsplätzen und nicht existenzsichernden Beschäftigungen, bei steigenden Wohnkosten, einer wachsenden Zahl von Menschen mit physischen und psychischen Beeinträchtigungen oder fehlender Unterstützung bei der Betreuung von Angehörigen.

8. FAZIT

Der Anteil der von Armut und sozialer Ausgrenzung bedrohten SalzburgerInnen an der Gesamtbevölkerung ist in der Legislaturperiode 2013–2018 im Wesentlichen unverändert geblieben, allenfalls gegen Ende durch die wiedererstarkte Konjunktur etwas zurückgegangen. 13.000 SalzburgerInnen können sich wesentliche Dinge des Alltags nicht leisten, 60.000 sind aufgrund ihres geringen Einkommens armutsgefährdet.

Für einige Gruppen hat sich die Situation punktuell durch sozialpolitische Maßnahmen verbessert. Langzeitarbeitslosen wurde mit der Aktion 20.000 eine Chance auf den beruflichen Wiedereinstieg eröffnet, allerdings wurde diese Maßnahme 2018 von der neuen ÖVP-FPÖ Bundesregierung sistiert. Die Ausbildungspflicht für Jugendliche wird den frühzeitigen Ausstieg aus der Ausbildung und damit ihren Lebenschancen in vielen Fällen verhindern. Mit der erweiterten Wohnbeihilfe wurde vielen SalzburgerInnen eine Erleichterung bei den Lebenshaltungskosten verschafft. Zudem gab es für Menschen mit spezifischen Hilfsbedarfen Verbesserungen.

Kann man damit zufrieden sein? Der Salzburger Soziallandesrat Heinrich Schellhorn meinte 2016: „Sozialleistungen sind dazu da, Menschen dabei zu unterstützen, verschiedene Lebenssituationen zu bewältigen."[62] Sozialleistungen sollten mehr „leisten" als Lebensbewältigung oder die Sicherstellung der Versorgung. Sozialausgaben sollten einen Beitrag leisten, um die strukturellen

62 Land Salzburg – Abteilung Soziales (2017). Sozialbericht 2016, Salzburg, S. 1 (Vorwort) (s. Fn. 60).

Ursachen der sozialen Ungleichheit anzugehen. Eine dauerhafte und nachhaltige Reduktion der Armut ist eine langfristige Angelegenheit und kann nur gelingen, wenn den Armutsgefährdeten die vorhandenen Möglichkeiten und Chancen der Gesellschaft nicht nur formal offenstehen, sondern von diesen auch in Teilhabe umgewandelt werden. Um die Teilhabe von armuts- und ausgrenzungsgefährdeten Menschen nachhaltig zu verbessern, bedürfte es eines langfristigen Masterplans mit einem abgestimmten Vorgehen aller politisch zuständigen Ebenen.

Dazu müssten die Entstehungsbedingungen der Armuts- und Ausgrenzungsgefährdung stärker in den Blick genommen werden. Große Probleme entstehen meist dann, wenn Menschen aus dem System der Erwerbsarbeit herausfallen. Vielfach sind krankheitsbedingte Erwerbshindernisse ursächlich, vielfach fehlen andere Unterstützungsleistungen für die Aufnahme oder Fortführung einer Erwerbsarbeit, häufig reicht aber auch trotz Erwerbsarbeit das Einkommen nicht aus.

Auch in Salzburg wird Armutsgefährdung oft vererbt und Armutskarrieren beginnen im Elternhaus. Gegenmaßnahmen müssten frühkindliche Hilfen umfassen und eine stärkere Entwicklung der Potenziale ausgrenzungsgefährdeter Personen in den Ausbildungseinrichtungen ermöglichen, zudem Hilfen zum beruflichen Einstieg und zur beruflichen Weiterentwicklung. Letzteres gilt in besonderem Maße auch für Asylberechtigte.

Ein „zweiter Arbeitsmarkt" mit eigenen Spielregeln könnte jenen Menschen helfen, für die die Anforderungen des ersten Arbeitsmarkts nicht zu erfüllen sind. Ein armutsfester Arbeitsmarkt müsste Arbeitsverhältnisse mit Einkommen über der Armutsgefährdungsschwelle sicherstellen, die auch in der Pension ausreichen.

Salzburg liegt bei vielen Indikatoren der Armut und sozialen Ausgrenzung etwas besser als der österreichische Schnitt, bei wenigen schlechter. Damit könnte man sich zufrieden geben. Ein anspruchsvolleres Ziel wäre es, das höchste BIP pro Kopf zur nachhaltigen Reduktion von Armut und sozialer Ausgrenzung zu nutzen.

HELMUT P. GAISBAUER

Bettelverbote und Armutsdebatte in Salzburg

1. EINFÜHRUNG

Das Betteln ist ein soziales Phänomen, das von einer Vielzahl von ökonomischen, politischen, religiösen, juristischen, gesellschaftlichen und kulturellen Verbindungen durchwoben ist. Die Praxis des Bettelns kann daher aus der gleichen Menge von Sicht- und Bewertungsebenen behandelt werden.[1] Bemühungen, das Betteln systematisch ein- und abzugrenzen und damit letztgültig in Bewertungssysteme einordnen zu können, sind daher zum Scheitern verurteilt. Wichtige Scheidelinien sieht Helmut Bräuer, der Doyen der historischen Armutsforschung, hinter folgenden Fragen verborgen: Was ist am Bettel Betrug? Was ist Zuschreibung von außen? Besonders intensiv aber scheinen daneben die Bezüge zu Armut, Arbeit, Haben und Gesellschaftsstruktur sowie zu Marginalisierung und Disziplinierung zu sein.[2] Ergänzend wären hier zu nennen: die Bezüge zu Fremdheit, Ethnie und Zugehörigkeit.[3] Das Leben als BettlerIn ist ein Zustand oder/und eine erzwungene Lebensform, zugleich ist die Bettlerin, der Bettler Produkt und Objekt einer Palette von Aktivitäten – von der Barmherzigkeit über die Disziplinierung, Demütigung, Marginalisierung und Kasernierung bis zur Vernichtung.[4]

Wo Betteln als einzige Möglichkeit zur Erzielung eines notwendigen Einkommens praktiziert wird, verweist es auf eine verfestigte Armutslage der bettelnden Person und auf ihre soziale Ausgrenzung auf gesellschaftlicher Ebene. Wer solcherart auf das Betteln angewiesen ist, steht sozial gesehen im Abseits und ist aus dem Kreis der „ehrbaren Gesellschaft" ausgeschlossen. Wer betteln muss, kann nicht auf verbriefte soziale Rechte und soziale Gerechtigkeit

1 Helmut Bräuer (2015). Zur langen Geschichte des Umgangs mit dem Bettel, in: Johannes Dines/ Helmut P. Gaisbauer/Michael König/Clemens Sedmak/ P. Virgil Steindlmüller (Hg.): Betteln fordert heraus, Wien, S. 179–89, hier S. 179.

2 Ebd.

3 Stefan Benedik/Barbara Tiefenbacher/Heidrun Zettelbauer (2013). Die imaginierte „Bettlerflut": Temporäre Migrationen von Roma/Romnija: Konstrukte und Positionen, Klagenfurt/Celovec.

4 Helmut Bräuer (2015), Bettel; Helmut P. Gaisbauer (2015). Nulltoleranz: Armut und Repression, in: Clemens Sedmak (Hg.): Toleranz: Vom Wert der Vielfalt, Darmstadt, S. 109–132.

pochen, sondern ist von der „Spendenfreudigkeit“ und Barmherzigkeit von Fremden abhängig.

Seite Mitte der 1990er-Jahre nimmt Betteln in dieser Form wieder vermehrt öffentlichen Raum auch in Österreich ein und stellt Gesellschaft wie Politik vor große Herausforderungen. Mit der schrittweisen Öffnung der Grenzen für BürgerInnen der ehemals kommunistischen Länder jenseits des so genannten „Eisernen Vorhanges“ fanden zunehmend auch besonders an den gesellschaftlichen Rand gedrängte Personen Möglichkeiten vor, auf der Suche nach Einkommen in die wohlhabenden Regionen im westlichen Europa auszuweichen.[5] Die auffälligste Gruppe unter jenen, die als BettlerInnen versuchen, Einkommen zu lukrieren, sind Angehörige der Volksgruppe der Roma. Diese Volksgruppe erleidet seit Jahrhunderten harte soziale Ausgrenzung, Stigmatisierung und Verfolgung. Und Roma wurden – generell gesprochen – auch die ersten Opfer des Umbaus der Wirtschaft und des Rückbaus des Sozialstaates in ihren Heimatländern.[6] Daneben sind auch viele Menschen anderer kultureller Identität – darunter auch Einheimische – aus verschiedensten Gründen auf Almosen auf der Straße und auf Suppenküchen, Tafeln und Kleiderausgaben angewiesen. Sie alle bilden den sichtbaren Teil jener Menschen, die mitten unter uns, in teils gravierender Armut und Not leben. Viele andere Betroffene bleiben öffentlich unsichtbar und leben in verdeckter Armut.[7]

2. ENTWICKLUNG DER REGELUNGSTATBESTÄNDE MIT FOKUS AUF SALZBURG

2.1 Das absolute Bettelverbot im Landessicherheitsgesetz 1979

In Österreich sind die Maßnahmen zur Regulierung des Bettelns nicht einheitlich auf Bundesebene, sondern auf Landesebene geregelt. Aus diesem Grunde gelten in den einzelnen Bundesländern unterschiedliche Verordnungen gegen Bettelei. Zu unterscheiden sind dabei grundsätzlich generelle von spezifischen

5 Norbert Mappes-Niediek (2015). Die Wiederkehr der Bettler: Hinter der Armutszuwanderung aus Südosteuropa steckt kein Geheimnis,in: Johannes Dines/Helmut P. Gaisbauer/Michael König/Clemens Sedmak/P. Virgil Steindlmüller (Hg.): Betteln fordert heraus, Wien, S. 77–86.

6 Barbara Tiefenbacher/Marion Thuswald (2015). „Die U-Bahn habe ich in drei, vier Tagen gelernt“: Selbstorganisiertes Betteln: Erfahrungen und Sichtweisen von bettelnden Menschen in Wien und Graz, in: Johannes Dines/Helmut P. Gaisbauer/Michael König/Clemens Sedmak/P. Virgil Steindlmüller (Hg.): Betteln fordert heraus, Wien, S. 105–119, hier S. 106–109.

7 Helmut P. Gaisbauer (2015). Wenn Scham zum Luxus wird: Betteln als Ausdruck absoluter Armut inmitten des Wohlstands, in: Johannes Dines/Helmut P. Gaisbauer/Michael König/Clemens Sedmak/P. Virgil Steindlmüller (Hg.): Betteln fordert heraus, Wien, S. 25–38.

Bettelverboten. Generelle oder so genannte absolute Bettelverbote untersagen das Betteln an sich. Spezifische – oder qualifizierte – Bettelverbote dagegen stellen entweder bestimmte Formen des Bettelns unter Strafe, konkret etwa das Betteln unter Mitwirkung von Minderjährigen, oder beschränken das Verbot anderweitig, z. B. zeitlich oder örtlich.[8]

Bis 1975 galt in Salzburg, wie im restlichen Bundesgebiet auch, der aus der Zeit der Monarchie in Strafgesetzbuch übernommene Vagabundageparagraph von 1885, der drastische Strafen für Hausieren, Betteln und die so genannte Landstreicherei vorsah. Im Zuge der Neukodifizierung des Strafrechts unter Justizminister Christian Broda wurde dieser Paragraph zunächst ersatzlos gestrichen. Das Land Salzburg war neben Tirol jedoch eines der ersten Länder, das unmittelbar reagierte und 1979 ein uneingeschränktes Bettelverbot im Rahmen einer Novellierung des Sicherheitspolizeigesetzes einführte.[9] Ab 1979 galt demnach:

> *(1) Wer an einem öffentlichen Ort oder von Haus zu Haus von fremden Personen unter Berufung auf wirkliche oder angebliche Bedürftigkeit zu eigennützigen Zwecken Geld oder geldwerte Sachen für sich oder andere erbittet, begeht eine Verwaltungsübertretung und ist mit einer Geldstrafe bis zu 500 € und für den Fall der Uneinbringlichkeit mit Ersatzfreiheitsstrafe bis zu einer Woche zu bestrafen.*
> *(2) Bei Vorliegen von Erschwerungsgründen kann auch der Verfall des Erbettelten oder daraus Erlösten ausgesprochen werden.*[10]

Lange Jahre war der tatsächliche Vollzug dieses allgemeinen Bettelverbots nicht Gegenstand öffentlicher Aufmerksamkeit. Vereinzelte Hinweise lassen vermuten, dass das Instrument der Exekutive vor allem dazu diente, bettelnde Menschen in ihrem Auftreten zu disziplinieren, nicht aber um Betteln systematisch zu verhindern.[11] Vergleichbares dürfte für andere österreichische Regionen und Kommunen gelten.[12] Erst mit dem verstärkten Auftreten von bettelnden Menschen aus mittelosteuropäischen Anrainerstaaten und einem entsprechend verstärkten Strafhandeln der Exekutive wurde nach und nach wieder

---

8 Anton Waltl (2011). Bettelverbote in Österreich: Staatliche Regulierungsstrategien des Bettelwesens, Diplomarbeit, Universität Salzburg, S. 58.

9 Ingeborg Haller (2012). Kommentar: Kein neues Bettelverbot für Salzburg!, in: Plattform für Menschenrechte (Hg.): Salzburger Menschenrechtsbericht 2012, Salzburg, S. 54–55, hier S. 54.

10 LGBl. Nr. 57/2009 vom 29.05.2009.

11 SN Lokalausgabe (09.07.2004). Die nehmen mir meine Kunden weg.

12 Zur Auflistung der rechtlichen Situation in Österreich aus dem Jahre 2011 siehe: Robert Buggler (2011). Bettelverbote – Grundrechtsverletzung per Gesetz, in: Plattform für Menschenrechte (Hg.): Salzburger Menschenrechtsbericht 2011, Salzburg, S. 61–63.

offenbar, dass in vielen österreichischen Regionen und Städten Bettelverbote verschiedenster Art in Kraft waren. In Salzburg findet die erste nachhaltige Politisierung des Themas Betteln im Frühjahr 2010 statt. Das im Zuge dieser Entwicklungen deutlich verstärkte Strafhandeln der Exekutive und die diese Entwicklungen begleitende mediale Berichterstattung bewogen schließlich den Grazer Pfarrer Wolfgang Pucher zu einem Eingreifen in die Salzburger Vorgänge.[13] Pfarrer Pucher hatte in Graz schon lange Jahre Erfahrung mit der politischen (und auch juristischen) Auseinandersetzung zum Betteln gesammelt und unterstützte eine Klage gegen das absolute Bettelverbot in Salzburg vor dem österreichischen Verfassungsgerichtshof (VfGH).

2.2 Grundrechtspolitische Einsprüche

Bettelverbote richten sich explizit gegen Menschen, denen aufgrund ihrer Armutslage und ihrer sozialen Randständigkeit de facto jede substanzielle Möglichkeit verwehrt ist, selbstständig für ihre Rechte eintreten und diese notfalls auch vor Gericht verteidigen zu können. Neben den finanziellen Ressourcen fehlen häufig solche der „bürgerlichen Etabliertheit", die erst den notwendigen Zugang zu Dienstleistungen des Rechtsschutzes bieten. Hierzu ließen sich ein fester Wohnsitz vor Ort, entsprechende sprachliche, kulturelle und staatsbürgerliche Bildung ebenso zählen wie eine ausreichend etablierte staatsbürgerliche Identität als Rechtssubjekt. Das Fehlen dieser Ressourcen und Bedingungen weist auf eine radikale rechtspolitische Verwundbarkeit („Vulnerabilität") hin, die kaum je thematisiert wird. Erste Ansätze für solcherart verstandene politische Dimensionen von Armut und sozialer Ausgrenzung liegen vor.[14] Im österreichischen Kontext fanden und finden Betroffene in dieser rechtspolitisch entscheidenden Zwangslage Unterstützung bei unterstützenden Netzwerken wie der „Bettellobby" in Wien (und mittlerweile auch in anderen Bundesländern), der „Plattform für Menschenrechte" in Salzburg oder bei der Vinzenzgemeinschaft Eggenberg und Pfarrer Pucher in Graz. Diese Netzwerke unterstützen Betroffene dabei, Bescheide zu beeinspruchen, die von den ExekutivbeamtInnen nicht selten im Hinblick auf die offensichtliche Unkundigkeit und Hilflosigkeit der Betroffenen in eklatanter Weise überzogen oder auf Grundlage unhaltbarer Anschuldigungen ausgestellt worden sind.[15]

---

13 Neue Kronen Zeitung Online (27.10.2010). Armenpfarrer klagt gegen Salzburger Bettelverbot.

14 Helmut P. Gaisbauer (2018). Armut als Beraubung von Handlungsfähigkeit, in: Gunter Prüller-Jagenteufel/Rita Perintfalvi/Hans Schelkshorn (Hg.): Macht und Machtkritik: Beiträge aus feministisch-theologischer und befreiungstheologischer Perspektive, Mainz, S. 34–46.

15 Plattform für Menschenrechte (2016). Überblick Urteile der Landesverwaltungsgerichte, in:

Ein Beispiel dazu: Die Exekutive stellte einen Strafbescheid wegen „aufdringlichen Bettelns“ aus, weil ein Bettler, ruhig am Boden sitzend, vorbeigehende Passanten unter Entgegenstrecken eines Pappbechers um Geld gebeten hat. Das Landesverwaltungsgericht hob diesen Bescheid am 18.02.2015 auf; allein im Laufe der nächsten beiden Monate folgten drei weitere erfolgreich vor Gericht beeinspruchte Bescheide.[16]

Darüber hinaus können Einsprüche aber auch die Verfassungsmäßigkeit der Rechtsgrundlage betreffen und damit die – im Gang durch den Instanzenzug – auch höchstrichterliche Bestätigung oder Aufhebung zum Ziel haben, so im Falle des Einspruches gegen das absolute Bettelverbot in Salzburg.

Die erste – erfolgreich – beim VfGH vorgebrachte Klage gegen ein absolutes Bettelverbot datiert aus dem Jahre 2007 und betraf das im Frühjahr 2006 erlassene absolute Bettelverbot der steirischen Gemeinde Fürstenfeld.[17] Dieses Verbot richtete sich explizit gegen ein so genanntes „stilles organisiertes Betteln“. Es ging damit über die landesgesetzlichen Regelungen hinaus, die zwar qualifizierte Formen wie so genanntes „aggressives Betteln, organisiertes Betteln oder Betteln mit Kindern“ unter Strafe stellten, nicht aber so genanntes „stilles Betteln“.[18] Der VfGH hob das absolute Bettelverbot von Fürstenfeld im Dezember 2007 tatsächlich auf.[19]

Im Oktober 2010 beeinspruchte die Vinzenzgemeinschaft schließlich auch das Salzburger Bettelverbot. Pfarrer Pucher begründete den Einspruch damit, dass auch für Salzburg und Tirol dieselben menschenrechtlichen Standards für bettelnde Menschen gelten müssten wie im restlichen Europa. Salzburg (und nicht Tirol) wurde gewählt, weil Salzburg Graz näherliege und die Kontakte dorthin stärker seien.[20] Zeitgleich unternahm die steirische Landesregierung einen Anlauf, um das seit 2005 geltende Bettelverbot im Landessicherheitsgesetz dahingehend auszuweiten, Betteln generell zu verbieten und gleichzeitig den Kommunen die Möglichkeit einzuräumen, Bereiche zu definieren, in denen stilles Betteln erlaubt sei. Im Juni 2011 wurde eine solche Novellierung beschlossen; auch gegen diese Regelung erhob ein Betroffener Einspruch und rief mit Unterstützung der Vinzenzgemeinschaft den VfGH an. Anfang 2013 hob der VfGH das novellierte steirische (absolute) Bettelverbot auf. In diesem

---

Salzburger Menschenrechtsbericht 2016, Salzburg, S. 73–89; Heinz Schoibl (2016). Mit Recht (?) gegen Armut und Armutsbetroffene, in: Plattform für Menschenrechte (Hg.): Salzburger Menschenrechtsbericht 2016, Salzburg, S. 60–67.

16 Plattform für Menschenrechte, Überblick, S. 73 (s. Fn. 15).

17 ORF Steiermark Online (24.3.2006). ÖVP und BZÖ: Fürstenfeld erlässt generelles Bettelverbot.

18 Ebd.

19 Der Standard Online (11.1.2011). „Verpfuschtes Gesetz“ soll Nagl aus der Patsche helfen.

20 Neue Kronen Zeitung Online (27.10.2010). Armenpfarrer klagt gegen Salzburger Bettelverbot.

Fall war die alte Rechtslage mit dem Verbot bestimmter Formen des Bettelns wiederherzustellen.

Bereits Ende Juni 2012 erkannte der Verfassungsgerichtshof die Salzburger Bestimmungen als verfassungswidrig. Das Urteil des Höchstgerichts wurde von BeobachterInnen als bemerkenswert und folgenreich eingeschätzt. Überraschend war nämlich, dass sich das Verfassungsgericht nicht wie bis dahin zu diesem Thema auf formalrechtliche Punkte beschränkt hatte, sondern deutlich darüber hinausgegangen ist. Der VfGH hat nicht nur über die Verfassungsmäßigkeit des Verbots geurteilt, sondern er hat auch dargelegt, warum bestimmte Formen des Bettelns zu erlauben seien – und diese damit erstmals grundrechtlich geschützt.[21]

Wie begründet der VfGH nun den grundrechtlichen Schutz von stillem Betteln? Der Gerichtshof legt im Erkenntnis vom 30.6.2012 dar, dass ein Ersuchen um Almosen eine zulässige Form freier Meinungsäußerung darstellt.[22] Damit ist es durch das entsprechende Grundrecht in der Europäischen Menschenrechtskonvention geschützt, vorausgesetzt, dass seine Ausübung nicht zulasten von Rechten anderer Personen erfolgt. Das Gericht stellte fest, dass diese Form der Meinungsäußerung im öffentlichen Raum zumutbar sei, weil diesem „eine Begegnung mit anderen Menschen immanent“ ist und darüber hinaus eine Beschränkung in einer demokratischen Ordnung nicht notwendig sei. Das könne freilich nicht als Freibrief jeglicher Form des Bettelns ausgelegt werden, sondern gilt für das so genannte „stille Betteln“.[23] Als strafwürdige Formen von „qualifiziertem Betteln“ nannte der VfGH – ohne nähere Definition – aggressives und aufdringliches Betteln, Betteln mit Kindern und abhängigen Personen sowie die Organisation von Betteln:[24]

> *Wie der Verfassungsgerichtshof in dem Erkenntnis vom 30. Juni 2012,* G132/11, *dargetan hat, ist aus verfassungsrechtlicher Sicht nicht zu beanstanden, dass der Landesgesetzgeber bestimmte Formen der Bettelei verbietet, insbesondere, wenn diese Formen in besonderem Maße das Gemeinschaftsleben stören und bzw. oder dies zum Schutz bestimmter Personengruppen (wie etwa Kindern) geboten ist. In diesem Sinne hat der Verfassungsgerichtshof jedenfalls keine Bedenken gegen ein Verbot aggressiven und organisierten Bettelns, ist dies doch zur Hintanhaltung von bestimmten uner-*

21 Klaus Starl (2015). Betteln und Bettelverbote aus menschenrechtlicher Sicht, in: Johannes Dines/Helmut P. Gaisbauer/Michael König/Clemens Sedmak/P. Virgil Steindlmüller (Hg.): Betteln fordert heraus, Wien, S. 191–200, hier S. 192.

22 VfGH-Erkenntnis vom 30.6.2012, Geschäftszahl 155/10.

23 Ebd.

24 Schoibl, Mit Recht, S. 61f. (s. Fn. 15).

wünschten Erscheinungsformen der Bettelei ein geeignetes und auch sonst sachlich zu rechtfertigendes Mittel.[25]

Solche „qualifizierte Formen“ des Bettelns waren schon länger Gegenstand von Verboten in anderen Bundesländern.[26]

2.3. Novellierung des Salzburger Sicherheitspolizeigesetzes

Der Salzburger Landesgesetzgeber nahm das Erkenntnis des Verfassungsgerichtshofs zur Kenntnis und novellierte Ende 2012 mit den Stimmen von ÖVP, SPÖ und FPÖ sowie gegen die Stimmen der Grünen den § 29 des Landessicherheitsgesetzes.[27] Der VfGH hatte eingeräumt, dass qualifizierte Formen des Bettelns nicht schutzwürdig sind. Außerdem hielt der VfGH fest, dass ein gehäuftes Auftreten von bettelnden Menschen in sensiblen Zonen des öffentlichen Raums einen örtlichen Missstand verursachen könnte, und ermächtigte damit Gemeinden, für bestimmte Zeiten und/oder Örtlichkeiten bettelfreie Zonen auszuweisen, wenn dies zur Wahrung der öffentlichen Ordnung geboten ist.[28]

Das Land Salzburg hat auf dieser Grundlage mit 27.12.2012 folgende Novellierung beschlossen:

(1) Eine Verwaltungsübertretung begeht, wer
1. in aufdringlicher oder aggressiver Weise, wie durch Anfassen, unaufgefordertes Begleiten oder Beschimpfen, bettelt;
2. unter Mitwirkung einer unmündigen minderjährigen Person in welcher Form auch immer bettelt;
3. eine andere Person zum Betteln, in welcher Form auch immer, veranlasst oder Betteln organisiert;
4. entgegen einer Verordnung gemäß Abs 2 bettelt.

(2) Durch Verordnung der Gemeinde kann auch ein nicht unter Abs 1 fallendes Betteln an bestimmten öffentlichen Orten untersagt werden, wenn auf Grund der dort zu erwartenden Anzahl an bettelnden Personen und der örtlichen Verhältnisse zu be-

---

25 VfGH-Erkenntnis vom 30.6.2012, Geschäftszahl 155/10.

26 Ferdinand Koller (Hg.) (2012). Betteln in Wien. Verfassungsrechtliche Überlegungen zur Einführung des Verbots des „gewerbsmäßigen Bettelns“, Wien/Berlin/Münster.

27 Salzburger Landtag (2012). Protokoll der Haussitzung vom 31.10.2012. Abgerufen am 24.9.2018 unter https://service.salzburg.gv.at/lpi/searchExtern.

28 Schoibl, Mit Recht, S. 62 (s. Fn. 15).

fürchten ist, dass die Benützung des öffentlichen Orts durch andere Personen erschwert wird, oder sonst ein durch ein solches Betteln verursachter Missstand im Sinn des Art 118 Abs 6 B-VG bereits besteht oder unmittelbar zu erwarten ist. Vor Erlassung einer solchen Verordnung ist der Landespolizeidirektion Gelegenheit zur Stellungnahme zu geben.[29]

Die Aufhebung des absoluten Bettelverbots durch den VfGH im Juni 2012 war ein bedeutendes Thema in der öffentlichen Debatte. Sie eröffnete die wohl markanteste Phase dieser Debatte um den Umgang mit bettelnden Menschen in Salzburg. Die wahlpolitischen Rahmenbedingungen begünstigten eine starke Zuspitzung der Auseinandersetzung – im März 2014 fanden die nächsten Wahlen zum Gemeinderat der Stadt Salzburg statt. Das Thema des Umgangs mit dem Betteln war eines der dominanten (Vor-)Wahlkampfthemen. Die ÖVP unter ihrem Stadtparteichef Vizebürgermeister Harald Preuner besetzte das Thema einer weitgehenden Verdrängung der bettelnden Menschen aus der Stadt. Preuner war als Vizebürgermeister zuständig für öffentliche Ordnung. Die Vizebürgermeisterin Anja Hagenauer, SPÖ, wiederum war als Sozialstadträtin ebenfalls von Amts wegen mit der Frage nach dem richtigen Umgang mit den BettlerInnen befasst. Vizebürgermeister Preuner verfolgte einen aus menschenrechtlicher Perspektive betrachtet betont harten Kurs gegen das so genannte „Bettelunwesen". Das Thema fand sich gar als eines der Schlüsselthemen der ÖVP-Plakatkampagne wieder, im Zuge derer Salzburg zur „Stadt der organisierten Bettlerbanden" stilisiert wurde.[30] Die Stadt-FPÖ forderte – die VfGH-Judikatur ignorierend – eine Rückkehr zum generellen Bettelverbot.[31] Die SPÖ setzte zu dieser Zeit, vor allem unter Themenführerschaft der Vizebürgermeisterin Anja Hagenauer, noch deutlich auf sozialpolitische Lösungen unter Einbindung von zivilgesellschaftlichen Akteuren. Die Bürgerliste und die NEOS trugen diese Linie mit.[32]

2.4 Sektorales Bettelverbot Stadt Salzburg

Der VfGH hat in seinem Erkenntnis die Möglichkeit eingeräumt, unter gewissen Voraussetzungen doch auch stilles Betteln zu verbieten. Auf Grundlage dieses Spruches wurden in der Folge in Salzburg, Tirol, Vorarlberg und Oberösterreich Verordnungsermächtigungen zur Festlegung von Bettelverbotszonen

29 LGBl. Nr. 94/2012 vom 27.12.2012.

30 Die Presse Online (25.02.2014). Salzburg: Bettler als Wahlkampfschlager.

31 Ebd.

32 Ebd. Eine detaillierte Darstellung der Positionen folgt in Abschnitt 3.

erlassen. Auf diesen Ermächtigungen basierende Verordnungen existieren seit Mitte 2016 in Innsbruck, Bregenz, Bludenz und Dornbirn, als so genannte sektorale Bettelverbote.

In Salzburg bestand diese Möglichkeit seit der oben angeführten Novellierung Ende 2012. Die ÖVP hatte sich in der Wahlkampfauseinandersetzung stark für die Nutzung dieser Möglichkeit und die Einführung eines sektorales Bettelverbots eingesetzt. Die FPÖ setzte sich für ein „generelles Bettelverbot" in der Altstadt, vor Schulen und Seniorenheimen, ein.[33] Die SPÖ, NEOS und die Grünen hielten im Gemeinderat dagegen eine Lösung ohne sektorales Verbot für sinnvoll. Noch im Frühjahr 2014 war die ÖVP mit einer Durchführungsverordnung zu einem sektoralen Bettelverbot in Teilen der Innenstadt im Salzburger Gemeinderat am Widerstand der SPÖ und der Bürgerliste gescheitert.[34] Die SPÖ hatte mit der Vizebürgermeisterin auch nach den Gemeinderatswahlen im März 2014 weiter auf sachliche Lösungen ohne zusätzliches Verbot gesetzt, etwa mit der Einberufung eines Runden Tisches, der sich in zwei Gruppierungen um sozial- und ordnungspolitische Lösungen bemüht hatte.[35]

Dieser Aushandlungs- und Bearbeitungsprozess zog sich noch etwa ein Jahr dahin. Im März 2015 häuften sich jedoch Berichte über „Bettlerlager" unter den Brücken der Stadt; der mediale und politische Druck auf die SPÖ nahm stark zu.[36] Die sozialpolitischen Maßnahmen waren zu diesem Zeitpunkt noch nicht umsetzungsreif oder erst in Umsetzung begriffen und konnten daher den Druck nicht spürbar verringern.[37] Anfang April 2015 schließlich wurde der durchaus spektakuläre Meinungsumschwung innerhalb der Stadt-SPÖ bekannt.[38] Argumentiert wurde er von Bürgermeister Heinz Schaden mit dem Überhandnehmen der Probleme durch die Übernachtungen der BettlerInnen in Parks, unter Brücken usw. und der entsprechenden Stimmung in der Bevölkerung.[39] Nach einer langen Zeit der politischen Diskussionen und dem dabei vollzogenen Wandel der Position der SPÖ erließ der Gemeinderat der Stadt Salzburg unter Zustimmung der MandatarInnen der SPÖ, der ÖVP und der FPÖ auf Basis § 29 Abs (2) des Salzburger Landessicherheitsgesetzes (LShG)

33 Salzburg24 Online (29.01.2014). Gemeinderatswahlen: FPÖ startet mit viel Kritik in Wahlkampf.

34 Josef P. Mautner (2014). Ein „Runder Tisch" zur Armutsmigration in Salzburg, in: Plattform für Menschenrechte (Hg.): Salzburger Menschenrechtsbericht 2014, Salzburg, S. 42–49, hier S. 43. Abgerufen am 24.9.2018 unter http://www.menschenrechte-salzburg.at/publikationen/menschenrechts-berichte.html.

35 Kathpress Online (5.5.2017). Caritas besorgt um Verbleib Betroffener.

36 ORF Salzburg Online (3.3.2015). Gitter als Sperren gegen Bettler.

37 Kathpress Online (5.5.2017). Caritas besorgt um Verbleib Betroffener.

38 ORF Salzburg Online (1.4.2015). Teilweises Bettelverbot in Diskussion.

39 Ebd.

schließlich am 20. Mai 2015 eine kommunale Bettelverbotsordnung mit dem Wortlaut:

> *In der Stadt Salzburg ist auch ein nicht unter § 29 Abs. 1 Z 1 bis 3 des Salzburger Landessicherheitsgesetzes fallendes Betteln an den in der Folge angeführten öffentlichen Orten und Zeiträumen untersagt:*
> - *In der Linzergasse, am Platzl, in der Getreidegasse samt Durchgängen in Richtung Griesgasse und in Richtung Universitätsplatz, im Sterngässchen, im Badergässchen, am Rathausplatz, in der Judengasse, auf der Staatsbrücke, auf dem Makartsteg und am Kommunalfriedhof im Zeitraum von 8.00 Uhr bis 19.00 Uhr entsprechend der planlichen Darstellung (Anlage A und B), die einen integrierten Bestandteil dieser Verordnung bildet.*
> - *Auf dem Schrannenmarkt, dem Grünmarkt und dem Lehener Wochenmarkt im Zeitraum von 7.00 Uhr bis 14.00 Uhr entsprechend der planlichen Darstellung (Anlage D), die einen integrierten Bestandteil dieser Verordnung bildet.*
> - *Am Rupertikirtag und am Christkindlmarkt Altstadt im Zeitraum von 10.00 Uhr bis 19.00 Uhr entsprechend der planlichen Darstellung (Anlage C und E), die einen integrierten Bestandteil dieser Verordnung bildet.*[40]

Die FPÖ hatte im Zuge dieser Diskussionen und Positionierungen auch weiterhin keinen Erfolg mit einem Zusatzantrag zur Ausweitung der Bettelverbotszonen auf Schulen, Kindergärten, Seniorenheime und Friedhöfe sowie der Einrichtung einer Stadtwache zur Überwachung des Verbots.[41] Die Stadt-SPÖ musste sich anlässlich dieser Beschlussfassung heftiger Kritik stellen – vonseiten der Mandatare der Grünen und der Neos und nicht zuletzt aus den eigenen Reihen, wie Alt-Landeshauptmannstellvertreter Wolfgang Radlegger oder der ehemaligen Klubchefin Ricky Veichtlbauer im Landtag.[42]

Sowohl Vizebürgermeister Preuner als auch die für Soziales zuständige Vizebürgermeisterin Hagenauer betonten, dass ordnungspolitische Maßnahmen nur im Paket mit sozialpolitischen Schritten funktionierten. Sie verwiesen darauf, dass die Sozialmaßnahmen, die nach einem Runden Tisch im Jahr zuvor empfohlen worden waren, in der Zwischenzeit mehrheitlich umgesetzt gewesen seien. Darunter die Finanzierung eines Sozialarbeiters/einer Sozialarbeiterin, ein Notquartier für 50 BettlerInnen, zu dessen Suche die Caritas beauftragt war, der so genannte „Virgilbus“, als medizinische Grundversorgung für Menschen ohne Zugang zum Gesundheitssystem sowie 25.000 Euro für ein

40 Amtsblatt der Landeshauptstadt Salzburg vom 01.06.2015, S. 6.

41 Der Standard Online (04.05.2015). Salzburg führt sektorales Bettelverbot ein.

42 Der Standard Online (20.05.2015). Salzburg: Bettler werden aus Altstadt vertrieben.

Hilfsprojekt in Rumänien.[43] Dazu betonten die beiden PolitikerInnen, dass Salzburg alleine die Probleme der Armut in Südosteuropa nicht lösen könne.[44]

Bereits kurz nach Inkrafttreten der Verordnung wurden trotz intensiver Bestrebungen durch Hilfsorganisationen, bettelnde Menschen rechtzeitig zu informieren, die ersten Strafverfügungen wegen Bettelns in der Verbotszone erlassen. Die Betroffenen erhielten Geldstrafen, meist im Bereich von 100 € bis 150 €. Zusätzlich wurde das erbettelte Geld für verfallen erklärt. Allein im Jahr 2015 wurden so knapp 50 Anzeigen betreffend Übertretung des sektoralen Bettelverbots erstattet.[45]

2.5 Sektorales Bettelverbot im Lichte der VfGH-Rechtssprechung

Die Salzburger Plattform für Menschenrechte hatte sich ganz besonders gegen die Einführung der Verordnung eingesetzt und stellte in Reaktion darauf einen aus privaten Spenden finanzierten Rechtshilfefonds auf, um eine höchstgerichtliche Klärung der aus ihrer Sicht infrage stehenden Gesetzmäßigkeit der Verordnung finanzieren zu können. Nachdem 15 Beschwerden das sektorale Bettelverbot betreffend erstinstanzlich abgelehnt worden waren, wurde Beschwerde an das Landesverwaltungsgericht Salzburg erhoben. Auch dieses Gericht hatte keine Bedenken hinsichtlich der Gesetzmäßigkeit und sah auch keine Verletzung des Rechts auf Meinungsfreiheit. Gegen dieses Erkenntnis schließlich wandte sich eine Klägerin, unterstützt durch eine Anwältin der Plattform, an den Verfassungsgerichtshof.[46] Im Juli 2017 erkannte der VfGH schließlich die Gesetzeswidrigkeit der Verordnung betreffend das Bettelverbot in der Altstadt.[47] Der Verfassungsgerichtshof argumentierte, dass in der Altstadt die normierten Voraussetzungen für die Bettelverbots-Verordnung nicht vorlagen. Er betonte zwar, dass bei beengten Örtlichkeiten mit dichtem Fußgängerverkehr zeitlich und örtlich begrenzte Bettelverbote erlassen werden könnten. Den zeitlichen – von 8 Uhr morgens bis 19 Uhr abends – wie örtlichen Anwendungsbereich der Verordnung, der bedeutende Teile der Salzburger Innen-

43 Der Standard Online (04.05.2015). Salzburg führt sektorales Bettelverbot ein.

44 Ebd.

45 Fatma Özdemir-Bagatar/Alina Kugler (2016). Bettelverbot und Bettelverbotszonen in Salzburg, in: Plattform für Menschenrechte (Hg.): Salzburger Menschenrechtsbericht 2016, Salzburg, S. 70–72, hier S. 71.

46 Ebd.

47 Özdemir-Bagatar, Fatma (2017). Bettelverbot in der Stadt Salzburg – Fortsetzung, in: Plattform für Menschenrechte (Hg.): Salzburger Menschenrechtsbericht 2017, Salzburg, S. 37–39, hier S. 38.

stadt umfasste, hielt das Gericht jedoch nicht für sachlich gerechtfertigt.[48] Der Verfassungsgerichtshof stellte klar, dass auch bei räumlich beengten Verhältnissen still bettelnde Personen nicht schlechthin ausgegrenzt werden können, da sie ebenso wie andere PassantInnen oder TouristInnen diese öffentlichen Orte zu ihrem selbstgewählten Zweck nutzen dürfen. Auch Beschwerden von TouristInnen oder Geschäftsleuten seien kein Kriterium für ein Bettelverbot.[49]

Mit dem Erkenntnis hatte der VfGH große Teile der Verordnung des Salzburger Gemeinderats vom Mai 2015 als verfassungswidrig erkannt. In der Zwischenzeit hatte der Gemeinderat aber in einer neuerlichen Verordnung 2016 die Verbotszonen bereits ausgeweitet, was zu einer paradoxen Situation führte: „Vom VfGH aufgehoben war nun die bereits nicht mehr in Kraft befindliche Fassung der Verbotszone von 2015. Damit blieb – rein formaljuridisch – die in der Verordnung 2016 definierte Verbotszone gültig. Dennoch war allen Akteuren klar, dass mit dem Erkenntnis des VfGH auch diese Zonenverordnung als verfassungswidrig zu betrachten ist."[50] Mit Beschluss vom 25. Oktober 2017 änderte der Salzburger Gemeinderat nunmehr in Reaktion auf das VfGH-Urteil abermals die Verordnung. Eingeschränkt wurde darin die zeitliche Geltung des Verbots in den Altstadt-Bereichen auf nunmehr 11 bis 17 Uhr, vor Kirchen und in der Franziskanergasse wurde stilles Betteln wieder erlaubt.[51] KritikerInnen sahen in dieser Verordnung nicht mehr als eine kosmetische Korrektur, die an der bisher bestehenden – grundrechtswidrigen – Verbotszone kaum etwas änderte.[52] Im Frühjahr 2018 waren wiederum mehrere Beschwerden gegen die neue Verordnung angestrengt worden. Zum Zeitpunkt des Verfassens dieses Beitrags (Juli 2018) war unklar, wann die ersten Fälle den VfGH erreichen würden. Die Salzburger Regelungen stehen im Zusammenhang mit den Verboten in anderen Bundesländern. Im nächsten Abschnitt folgt ein Einblick in deren Regelungen.

---

48 Ebd.

49 Ebd.

50 Josef P. Mautner (2018). „Dann werden uns die Bettler überschwemmen!" Reaktionen der Politik auf die Aufhebung der Verbotszonenverordnung und die Forderungen der Plattform für Menschenrechte für deren grundrechtliche „Sanierung", in: Plattform für Menschenrechte (Hg.): Salzburger Menschenrechtsbericht 2017, Salzburg, S. 40–44, hier S. 42.

51 Verordnung des Gemeinderates der Landeshauptstadt Salzburg vom 25.10.2017 betreffend Betteln in der Stadt Salzburg gemäß § 29 Abs. 2 Salzburger Landessicherheitsgesetz, Amtsblatt der Landeshauptstadt Salzburg 20/2017 vom 31.10.2017, S. 4f. Abgerufen am 24.9.2018 unter https://www.stadt-salzburg.at/internet/service/aktuell/amtsblaetter.htm.

52 Mautner, „Dann werden uns die Bettler überschwemmen!", S. 43 (s. Fn. 50).

3. ENTWICKLUNGEN IN DEN ANDEREN BUNDESLÄNDERN

Die Entwicklungen in den einzelnen Bundesländern gingen von einer Tendenz zur Normierung, d. h. der Einführung von qualifizierten Bettelverboten in den meisten Bundesländern, beginnend mit Graz und Wien, zu Versuchen, absolute Bettelverbote auf kommunaler Ebene durchzusetzen. Im Lichte der höchstgerichtlichen Rechtsprechung mussten entsprechende Versuche wieder zurückgenommen werden. Ein durchgängiges in Tabelle 1 ersichtliches Muster sind die qualifizierten Tatbestände von Betteln mit Kindern, aggressivem Betteln, organisiertem Betteln und gewerblichem Betteln. Auffällig sind die deutlich höheren Strafsätze im Bereich organisierten/gewerblichen Bettelns, die in manchen Bundesländern angedroht werden.

Tabelle 1: Übersicht über Bettelverbote auf Landesebene

Bundesland	**Bettelverbote auf Landesebene**	**Temporäre/sektorale Bettelverbote durch kommunale Verordnungen**	**Strafrahmen**
Burgenland	Keine Verbote auf Landesebene	Eisenstadt; zusätzlich: • aufdringliches Betteln • Mitführen oder Veranlassen von Kindern zum Betteln	Geldstrafe bis zu € 1.100 oder Ersatzfreiheitsstrafe bis zu 6 Wochen
Kärnten	§ 27 Landessicherheitsgesetz: • aufdringliches oder aggressives Betteln • Mitführen oder Veranlassen von Kindern zum Betteln • gewerbsmäßiges Betteln • Betteln als Beteiligte(r) einer organisierten Gruppe		Geldstrafe bis zu € 700 oder Ersatzfreiheitsstrafe bis zu 2 Wochen
Niederösterreich	§ 1a Polizeistrafgesetz: • aufdringliches oder aggressives Betteln • Mitführen oder Veranlassen von Kindern zum Betteln • gewerbsmäßiges Betteln • Betteln an bestimmten öffentlichen Orten entgegen einer Verordnung der Gemeinde • Betteln als Beteiligte(r) einer organisierten Gruppe		Geldstrafe bis zu € 1.000 oder Ersatzfreiheitsstrafe bis zu 2 Wochen

Bundesland	**Bettelverbote auf Landesebene**	**Temporäre/sektorale Bettelverbote durch kommunale Verordnungen**	**Strafrahmen**
Oberösterreich	§ 1a Polizeistrafgesetz: • aufdringliches oder aggressives Betteln • Mitführen von Kindern zum Betteln • gewerbsmäßiges Betteln • Betteln als Beteiligte(r) einer organisierten Gruppe • Betteln an bestimmten öffentlichen Orten entgegen einer Verordnung der Gemeinde • Veranlassen zum Betteln oder Organisieren von Betteln	Linz	Geldstrafe bis zu € 720 oder Ersatzfreiheitsstrafe bis zu 1 Woche Geldstrafe bis zu € 14.500 oder Ersatzfreiheitsstrafe bis zu 6 Wochen
Salzburg	§ 29 Landessicherheitsgesetz: • aufdringliches oder aggressives Betteln • Mitwirken von Kindern beim Betteln • Betteln an bestimmten öffentlichen Orten entgegen einer Verordnung der Gemeinde • Veranlassen zum Betteln oder Organisieren von Betteln	Stadt Salzburg	Geldstrafe bis zu € 500 oder Ersatzfreiheitsstrafe bis zu 1 Woche Geldstrafe bis zu € 10.000 oder Ersatzfreiheitsstrafe bis zu 2 Wochen
Steiermark	§ 3a Landessicherheitsgesetz: • aufdringliches Betteln • Mitführen oder Veranlassen von Kindern zum Betteln		Geldstrafe bis zu € 2.000
Tirol	§ 10 Landespolizeigesetz: • aufdringliches oder aggressives Betteln • aktives Mitwirken oder Veranlassen von Kindern beim Betteln • gewerbsmäßiges Betteln • Betteln an bestimmten öffentlichen Orten entgegen einer Verordnung der Gemeinde	Innsbruck, Seefeld	Geldstrafe bis zu € 500 oder Ersatzfreiheitsstrafe bis zu 1 Woche

Bundesland	**Bettelverbote auf Landesebene**	**Temporäre/sektorale Bettelverbote durch kommunale Verordnungen**	**Strafrahmen**
	• Veranlassen zum Betteln oder Organisieren von Betteln		Geldstrafe bis zu € 5.000 oder Ersatzfreiheitsstrafe bis zu 2 Wochen
Vorarlberg	§ 7 Landessicherheitsgesetz: • aufdringliches oder aggressives Betteln • Mitführen oder Veranlassen von Kindern beim Betteln • Betteln als Beteiligte(r) einer organisierten Gruppe • Betteln an bestimmten öffentlichen Orten entgegen einer Verordnung der Gemeinde • Veranlassen zum Betteln oder Organisieren von Betteln § 8 Landessicherheitsgesetz: • Betteln von Haus zu Haus ohne Bewilligung	Bregenz, Bludenz, Dornbirn, Feldkirch	Geldstrafe bis zu € 700 Geldstrafe bis zu € 10.00 Geldstrafe bis zu € 700
Wien	§ 2 Landessicherheitsgesetz: • aufdringliches oder aggressives Betteln • Mitführen oder Veranlassen von Kindern zum Betteln • gewerbsmäßiges Betteln • Betteln als Beteiligte(r) einer organisierten Gruppe		Geldstrafe bis zu € 700 oder Ersatzfreiheitsstrafe bis zu 1 Woche

Quelle: Plattform für Menschenrechte (Hg.): Salzburger Menschenrechtsbericht 2016, S. 68f (Stand: Ende 2016).

Aber auch für die höchstgerichtlich bestätigten Verbote qualifizierten Bettelns zeigen sich schwerwiegende Fragen. Die mangelnde Bestimmtheit der solchen Verboten und Einschränkungen zugrundeliegenden Terminologie ist mehrfach problematisiert worden. Sie stellt, so eine gut begründete Rechtsmeinung, einen eklatanten Verstoß gegen das Legalitätsprinzip dar. Dies gilt für die Normierung der Verbote „organisierten Bettelns"[53] ebenso wie für „gewerbsmäßiges

53 Barbara Cargnelli-Weichselbaum (2016). Sichtbare Armut durch bettelnde Menschen – aktuelle

Betteln“[54]. In den Erläuterungen zu den entsprechenden Gesetzen zeige sich ein mangelndes „Problembewusstsein der Länder hinsichtlich des Erfordernisses der Abgrenzung der Bettelverbotsregelungen vom gerichtlich strafbaren Tatbestand des Menschenhandels einerseits […] und andererseits [der Wille], ‚organisiertes‘ Betteln ohne nachvollziehbaren Unwertgehalt zu bestrafen.“[55]

Zur Verdeutlichung sei hier stellvertretend auf den Begriff des organisierten Bettelns eingegangen. Stefan Benedik zeigt, wie generell im öffentlichen Diskurs über bettelnde Menschen ein zunächst neutral wirkender Begriff wie „organisiert“ in einer ganz bestimmten Weise gedeutet wird, sozusagen auf Grundlage von unausgesprochenen Vorannahmen in bestimmter Weise „sprechend“ wird.[56] Selbstverständlich, so führt Benedik aus,

> *organisieren sich BettlerInnen für Fahrgemeinschaften, Quartiere, Verpflegung – sofern sie fern der Heimat sind. Das ist aber – scheinbar ganz selbstverständlich – nicht gemeint, wenn von ‚organisiertem Betteln‘ gesprochen wird. ‚Organisation‘ wird stattdessen als gleichbedeutend mit ‚krimineller Organisation‘ gehandhabt. Auch der Rassismus hinter dieser Gleichsetzung ist kaum versteckt: In den öffentlichen Diskussionen wird unausgesprochen vorausgesetzt, dass es sich bei den BettlerInnen um migrierende ‚Roma‘ handeln würde. Unterstellt wird dann, dass eine Organisation bei einer solchen Gruppe nur kriminell sein könne, ohne dass das näher erklärt oder gar bewiesen werden müsste. Entsprechend lassen jene Formulierungen, die im Zusammenhang mit Betteln verwendet werden, jede Neutralität vermissen.*[57]

So macht etwa die Prämisse einer kriminellen Struktur aus AutolenkerInnen, die Fahrgelegenheiten zur Verfügung stellen, gleichsam notwendig zu „Anführern“ und „Bandenbossen“. In der Praxis bedeutet dies, dass die Exekutive auf Grundlage solcher unklaren Tatbestände einen übergroßen Interpretationsspielraum hat. Die eklatant hohen Strafandrohungen verschärfen die oben

---

Fragestellungen zu Bettelverboten aus verfassungsrechtlicher Perspektive, in: Journal für Rechtspolitik, 24, S. 85–106.

54 Barbara Weichselbaum (2012). Betteln in Wien: Verfassungsrechtliche Überlegungen zur Einführung des Verbots des „gewerbsmäßigen Bettelns“, in: Ferdinand Koller (Hg.): Betteln in Wien: Fakten und Analysen aus unterschiedlichen Wissenschaftsanalysen, Wien/Berlin/Münster, S. 33–58.

55 Cargnelli-Weichselbaum, Sichtbare Armut, S. 99 (s. Fn. 53).

56 Stefan Benedik (2015). „Bettlerhauptstadt“: Bedrohungs- und Feindbilder in der Berichterstattung über Armutsmigrant_innen, in: Katharina Scherke (Hg.): Spannungsfeld „Gesellschaftliche Vielfalt“: Begegnungen zwischen Wissenschaft und Praxis, Bielefeld, S. 75–96, hier S. 78.

57 Stefan Benedik (2015). Betteln als Ausnahmezustand – von der Erfindung einer Gefahr und der Kriminalisierung von Armut, in: Plattform für Menschenrechte (Hg.): Salzburger Menschenrechtsbericht 2015, Salzburg, S. 67–73, hier S. 76.

problematisierte Unschärfeproblematiken dieser Tatbestände in sozialer wie in rechtspolitischer Hinsicht. Ein weiteres Beispiel kann dies verdeutlichen: So wurde ein Ehepaar aus Rumänien wegen organisierten Bettelns bestraft, weil sich diese gemeinsam von ihrem Schlafplatz in die Innenstadt begaben, um dort zu betteln. Dass sie sich auf dem Weg dorthin miteinander unterhielten (was von den amtshandelnden Polizisten mangels Rumänischkenntnissen nicht einmal verstanden werden konnte), wurde zum Beleg für den Vorwurf, dass sie sich mit dem Ziel des Bettelns abgesprochen und damit den Tatbestand der Organisation des Bettelns erfüllt hätten.[58] Dieser Tatbestand legitimiert in Salzburg eine Geldstrafe von bis zu 10.000 €.

4. DER POLITISCHE UND MEDIALE DISKURS ZUM „BETTELN" IN SALZBURG

Generell gilt, dass der mediale und politische Diskurs über den Umgang mit bettelnden Menschen regelmäßig von AkteurInnen angetrieben wurde, die sich für einen restriktiven Umgang mit bettelnden Menschen aussprachen und auf ordnungs- und sicherheitspolitische Instrumente zur Eindämmung bzw. forcierten Verdrängung setzten. In Salzburg ist das vor allem der ressortzuständige langjährige ÖVP-Vizebürgermeister Harald Preuner im Zusammenwirken mit den Spitzen der polizeilichen Exekutive auf kommunaler und auf Landesebene sowie – aufgrund ihrer stark skandalisierenden Berichterstattung zum Thema – Boulevardzeitungen, allen voran die Bundesland-Ausgabe der Neuen Kronen Zeitung.[59] Der Rückhalt für diese Positionen in der Bevölkerung dürfte nicht unerheblich gewesen sein. Leider gibt es dafür keine verlässlichen Daten. In einer deutlich später durchgeführten Umfrage im Auftrag des Nachrichtenmagazins profil im Jahr 2015 sprachen sich jedoch 74 % der Befragten für ein generelles Bettelverbot aus, nur 24 % lehnten ein solches ab.[60]

Die wesentlichen AkteurInnen im politischen und medialen Diskurs sind auf der Seite der BefürworterInnen eines sozialpolitisch und menschenrechtlich sensiblen Umgangs mit den bettelnden Menschen im Bereich der Stadtpolitik vor allem PolitikerInnen der Bürgerliste (Ingrid Haller), der NEOS

---

58 Schoibl, Mit Recht, S. 62. (s. Fn. 15).

59 Ricarda Drüeke/Elisabeth Klaus/Martina Thiele (2015). Die Mediendebatte über Bettler_innen in Salzburg, in: Clemens Sedmak/Helmut P. Gaisbauer/Elisabeth Kapferer/Gottfried Schweiger/Stefan Selke (Hg.): Lesebuch Soziale Ausgrenzung II: Alltagswelten – Alltagserfahrungen, Wien, S. 107–111, hier S. 108.

60 Profil Online (9.5.2015). Umfrage: Mehrheit für generelles Bettelverbot.

(Klubobmann Sebastian Huber) und bis zum Schwenk in der grundsätzlichen Positionierung im Frühjahr 2015 die PolitikerInnen der SPÖ (v.a. Vizebürgermeisterin Anja Hagenauer).

4.1 Befürwortung von restriktiven sicherheitspolitischen Maßnahmen

Eine Analyse der Presseberichterstattung zeigt, dass eine erstmalige Politisierung von Betteln und die vermehrte Anwesenheit von bettelnden Notreisenden zwar im Gemeinderats- und Landtagswahlkampf 2004 (Wahltag: 7. März 2004) durch die FPÖ versucht wurde, zu diesem Zeitpunkt jedoch ohne Resonanz blieb. Sowohl prominente ProponentInnen der ÖVP als auch solche der SPÖ sprachen sich gegen die FPÖ-Forderung nach einem strengeren Vorgehen gegen bettelnde Personen im Bereich Salzburg Stadt aus.[61] Das Thema wurde von der Presse nicht aufgenommen.[62]

Der erste Wandel der ÖVP-Linie erfolgte unmittelbar nach den aus ÖVP-Sicht enttäuschend verlaufenen Wahlen zum Gemeinderat 2004 in der Stadt Salzburg. ÖVP-Obmann Karl Gollegger ortete im vermehrten Betteln und der damit einhergehenden „Belästigung vor allem der Altstadtbesucher" im Juli 2004 ein „Sicherheitsproblem".[63] Das Bedrohungsbild wurde sprachlich durch die Verwendung von Begriffen wie „ausländische Banden" und „organisierte Bettlerbanden" aufgebaut; damit rechtfertigte der Vizebürgermeister dann auch das notwendige Mittel: Die Polizei sollte „hart vorgehen" und „energisch durchgreifen", schließlich wäre das Betteln laut „Landes-Polizeistrafgesetz" generell verboten. Jedenfalls wäre die Stadt durch ein solches Durchgreifen vor Schaden durch eine fremde Gefahr zu schützen gewesen: „Die ausländischen Banden schaden der Stadt."[64]

Worin die politischen Motive für diesen harten Positionswechsel des Vizebürgermeisters lagen, ist unklar, es liegt jedoch die Vermutung nahe, dass der Kommunalpolitiker in einer politisch schwierigen Phase, in der ihm von internen KritikerInnen „Orientierungs- und Konzeptlosigkeit" vorgeworfen worden war,[65] versuchte, das Thema Betteln für die Stadt-ÖVP neu zu besetzen. Die Salzburger Nachrichten greifen das Thema auf und titeln „Bettler-Banden unterwegs" und berichten unter Berufung auf die Polizei, dass die „Anführer ganze Trupps von ‚Berufs-Bettlern' aus Tschechien, der Slowakei und Rumänien an

61 Salzburger Nachrichten (SN) Online (13.2.2004). Als echter „Roter" bestätigt; SN Online (23.2.2004). Präsidentin wählt schwarz; SN Online (1.3.2004). Laut Wahltest.

62 Falter Online (07.08.2002). Presseschau.

63 Neue Kronen-Zeitung (01.07.2004). Gollegger: Mehr Polizei gegen Bettlerbanden, S. 10.

64 Ebd.

65 Der Standard Online (07.07.2004). Salzburger Stadt-VP feuert Mandatarin.

die Salzach […] kutschieren. Dort schwärmen die Bettel-Touristen aus, um am Abend von ihrem Chef abgeholt zu werden."[66] Im Lokalteil derselben Ausgabe wird ein einheimischer Bettler den organisierten Banden „aus dem Ostblock [sic]" gegenübergestellt: „Sonnige Gemüter wie Kurtl machen den Behörden am wenigsten Kopfzerbrechen." Laut Polizei habe Salzburg seit Monaten „ein Problem mit aggressiv vorgehenden, gut organisierten Bettlerbanden." Leider gebe es keine Beweise, „aber wir wissen, dass vor allem Sinti und Roma aus der Slowakei in Kleinbussen nach Salzburg gekarrt werden. Oft kommen sie nur für einen Tag, und werden im Stadtzentrum ausgesetzt. Der Chef der Bande geht von einem zum anderen zum Geldabsammeln."[67] Begleitende Versuche, solcherart vermutete Hintermänner oder „Bandenchefs" zu ermitteln, blieben erfolglos.[68] Im November desselben Jahres berichtet die Kronen Zeitung von einem „Schlag gegen eine professionelle Bettlerbande." Hier wird das Betteln unter Verwendung von Begriffen wie „Beute", „mit ‚Mitleidsmasche' […] in Salzburg ordentlich abkassiert" auf die Ebene eines Kriminalstücks reduziert. „Wochenlang warteten die Kriminalisten vergeblich auf den großen ‚Abkassierer'." Schließlich stießen die Kripo-Beamten in Zivil auf die gesammelten Almosen aus mehreren Monaten, die die BettlerInnen am Salzachkai versteckt hielten. Lapidarer Schlusssatz: „Die Einnahmen wurden beschlagnahmt, da Bettelei nach dem Salzburger Landespolizeistrafgesetz verboten ist."[69]

Tabelle 2: Presseberichte 2006–2018

Berichtsjahr	**Anzahl der Beiträge**	**Berichtsjahr**	**Anzahl der Beiträge**
2006	27	2012	181
2007	25	2013	149
2008	18	2014	686
2009	30	2015	405
2010	87	2016	210
2011	70	2017/18	145
Summe			2033

Quelle: www.genios.de; Stichwortsuche: „Betteln+Salzburg"; Basis sind österreichische Tageszeitungen und politische Magazine, nicht jedoch die zunehmend bedeutsamen und z. T. ebenfalls stark gegen bettelnde Menschen kampagnisierenden Gratiszeitungen.

66 SN Lokalausgabe (09.07.2004). Bettler-Banden unterwegs, S. 1.

67 SN Lokalausgabe (09.07.2004). Die nehmen mir meine Kunden weg, S. 4.

68 Ebd.

69 Neue Kronen-Zeitung (22.11.2004). Polizei fasste Profi-Bettlerbande, S. 12.

Ende 2004 löste Harald Preuner, Karl Gollegger an der Spitze der Stadt-ÖVP ab. Das Thema des Bettelns tritt bis zum Jahr 2010 wieder deutlich in den Hintergrund. Eine quantitative Analyse der Presseberichterstattung (siehe Tabelle 2) zeigt für die Salzburger Diskussion seit 2010 stetig steigende Bezugnahmen und Veröffentlichungen. Im Jahr 2012, dem Jahr, in dem der Verfassungsgerichtshof das absolute Bettelverbot in Salzburg aufhob, erreicht sie einen ersten Höhepunkt mit 181 gelisteten Beiträgen. Von 2012 an zeigt die Analyse einen regelrechten „Hype“ mit 2014 als Kulminationspunkt und über 680 Presseberichten über das Thema Betteln in Salzburg, was die hohe Bedeutung des Themas für den Gemeinderatswahlkampf widerspiegelt.

Die inhaltliche Analyse zeigt einen Wandel in der Berichterstattung und öffentlichen Meinungsbildung im Frühjahr 2010. Von April weg mehren sich Beiträge im Stile einer zunehmend skandalisierenden Berichterstattung. Wie in allen länger geführten öffentlichen Debatten sind auch für das Sprechen über Betteln unausgesprochene Vorannahmen entscheidend, die vorausgesetzt werden, ohne dass sie erklärt werden müssen.[70] Im Falle der 2010 neu einsetzenden Salzburger Berichterstattung hatten über die Jahre hinweg bereits die Berichte über die Diskussionen in Graz und in Wien die entsprechenden Vorannahmen eingeführt und verfestigt. Eine solche Annahme ist Betteln als Problem. Mit einem solchen Zugang wird die Aufmerksamkeit ex ante nicht auf die Probleme gelenkt, die Armut verursachen oder aus der Lebenslage Armut für die einzelne betroffene Person folgen. Stattdessen werden kurzerhand und explizit die Armen zum Problem erklärt.[71] Die medialen Verzerrungen durch die eingesetzten Sprachbilder zielen dann nicht auf Einzelpersonen ab, sie inszenieren nicht eine einzelne Bettlerin oder einen einzelnen Bettler als Gefahrenquelle. Zugrunde liegt all diesen Vorstellungen eine extrem verallgemeinerte Sicht auf Kollektive, bei der alle BettlerInnen als eine einheitliche, zusammengehörende Erscheinung dargestellt werden. Der am häufigsten eingesetzte Überbegriff, um die BettlerInnen als einheitliche Gruppe darzustellen, lautet „organisierte Bettlerbanden“.[72]

Die Kronen Zeitung titelte im April 2010: „Bettlerbanden aus Rumänien machen nun Salzburg unsicher,“[73] der Stadtkommandant der Salzburger Polizei fordert folgerichtig „rigorose Maßnahmen gegen die Mitglieder dieser Ost-

70 Benedik, Betteln als Ausnahmezustand, S. 69 (s. Fn. 57).

71 Benedik, Bettlerhauptstadt, S. 78 (s. Fn. 56).

72 Benedik, Betteln als Ausnahmezustand, S. 72 (s. Fn. 57); vgl. dazu die Erläuterungen zu „organisiertem Betteln“ unter Abschnitt 3.

73 Neue Kronen Zeitung Online (29.04.2010). Bettlerbanden aus Rumänien machen nun Salzburg unsicher.

Mafia," wie die Zeitung weiter berichtet, und er „warnt auch vor Mitleid: Das ist hier fehl am Platz."[74] In derselben Ausgabe berichtet die Zeitung über ein Stadtteilgespräch, in dem laut Bericht ein Pfarrer aus Lehen „Alarm schlug" und sich „empörte: ‚Neulich klopfte sogar einer beim Pfarramt an'." Solcherart medial auch von kirchlicher Seite legitimiert, setzt die Verfolgung durch die Exekutive auf rigorose Maßnahmen in der Bekämpfung dieses kriminalisierten Tuns: „Wenn wir jemanden auf frischer Tat erwischen, nehmen wir ihn sofort mit auf die Dienststelle. Es gibt eine Anzeige. Beim zweiten Mal ist eine Geldstrafe fällig. Beim dritten Mal wandern sie hinter Gitter."[75]

Mit der Aufhebung des Salzburger Bettelverbots Ende Juni 2012 kam eine besondere Dynamik in die Situation in der Stadt Salzburg. Einerseits mehrten sich Klagen von Anrainern von Parks und anderen öffentlichen Orten, in denen Gruppen von BettlerInnen ihre Nachtlager aufschlugen; die Kronen Zeitung verwendete Sprachbilder der Überschwemmung, Hunderte Bettler aus Rumänien strömten in die Stadt.[76] Andererseits klagten Polizei und Magistrat darüber, der Handhabe zur Eindämmung dieser Entwicklung entledigt worden zu sein.[77] Der ressortzuständige Vizebürgermeister Preuner begann von nun an, sich vehement für ein erneuertes Verbot qualifizierter Formen des Bettelns und ein sektorales Bettelverbot einzusetzen, um den aus seiner Sicht „unhaltbaren Zustand" zu beenden.[78] Die öffentliche Debatte erreichte von diesem Zeitpunkt an vor allem in den Boulevardzeitungen und in anderen Medienformaten eine extreme Reichweite und begann sich gleichsam aufzuschaukeln.

Die tatsächliche Zahl von anwesenden ArmutsmigrantInnen in der Stadt dürfte deutlich geschwankt haben. Folgende Zahlen wurden zu anderen Zeitpunkten festgestellt: Eine entsprechende durch den „Runden Tisch Menschenrechte" kommissionierte Studie von Helix Austria kam Mitte 2013 zum Ergebnis, dass im Erhebungszeitraum Februar/März 2013 mehr als 120 ArmutsmigrantInnen aus den neuen EU-Mitgliedsstaaten sich zum Zweck des Bettelns, der Schwarz- oder Sexarbeit in Salzburg aufhielten; mit ihnen waren insgesamt 39 minderjährige Kinder mit nach Salzburg gekommen.[79] Im Mai

---

74 Neue Kronen Zeitung (12.04.2010). Die Polizei startet neuerlich eine „Aktion scharf" gegen Bettler-Mafia, S. 1.

75 Neue Kronen Zeitung (12.04.2010). Bettler blitzte beim Pfarrer ab, S. 10.

76 Neue Kronen Zeitung Online (03.06.2012). Hunderte Bettler aus Rumänien in Salzburg unterwegs; Neue Kronen Zeitung Online (12.06.2012). Anrainer-Protest: Bettler müssen weg aus unserem Park!

77 Neue Kronen Zeitung Online (18.08.2012). Im Park von Lehen hausten 38 Bettler.

78 Ebd.

79 Heinz Schoibl (2013). Helix – Forschung und Beratung: Notreisende und Bettel-MigrantInnen

2015 kam das Magistrat der Stadt Salzburg in einem Amtsbericht zur Argumentation für die Einführung des sektoralen Bettelverbots bei einer zweitägigen Zählung auf eine Zahl von 337 ArmutsmigrantInnen.[80]

Abseits der Fragen der tatsächlichen Zahl anwesender ArmutsmigrantInnen in der Stadt kann inhaltlich, so analysiert Stefan Benedik, eine stete Radikalisierung der Meinungen über Betteln in Medien und Politik ab 2012 beobachtet werden. Auf ihrem Tiefpunkt führte diese Radikalisierung dazu, dass auf Facebook sogar gefordert wurde, BettlerInnen in Mauthausen zu vergasen.[81] Sie mündete schließlich im Frühjahr 2014 darin, dass die improvisierten Quartiere von BettlerInnen angezündet und diese auf offener Straße gewalttätig angegriffen wurden.[82] Die Auseinandersetzung über Betteln in der Stadt Salzburg zeigt so auch dramatisch deutlich, dass Diskussionen untrennbar mit Handlungen verbunden sind; zu diesem Zeitpunkt waren schon zwei Jahre lang solche Übergriffe auf Roma im Land Salzburg aktenkundig gewesen. Dies ist jener Zeitraum, in dem Betteln auch zu einem zentralen politischen Thema geworden war.[83]

4.2 Befürwortung von sozialpolitischen Maßnahmen

Jene PolitikerInnen, die sich gegen eine forcierte Abwehrpolitik aussprachen, sahen sich in ihrer grundsätzlichen Positionierung bestärkt durch zivilgesellschaftliche Akteure, die sich des Themas des Umganges mit bettelnden Menschen angenommen hatten – mit einer Bandbreite von Handlungsebenen von der positiven Gestaltung der öffentlichen Debatte, im Sinne rationaler Auseinandersetzung, bis zur tätigen Hilfe für notleidende bettelnde Menschen. Im Besonderen sind hier die Plattform für Menschenrechte zu nennen, das Friedensbüro Salzburg, einzelne öffentlich engagierte WissenschafterInnen sowie „Armut hat Platz – Plattform für ArmutsmigrantInnen". Sie waren andererseits mit einer stark polarisierten Öffentlichkeit konfrontiert, in der die Befürwortung restriktiver Maßnahmen zum Teil deutlich überwog.

Die Plattform für Menschenrechte in Salzburg griff seit 2009 das Thema „Umgang mit bettelnden Menschen in Salzburg" auf und musste dabei immer wieder über markante Rechtsverletzungen berichten. Von Beginn an war es dabei auch Anspruch der Plattform, die öffentliche Debatte um die menschen-

in Salzburg: Erhebung der Lebens- und Bedarfslagen, Salzburg.

80 News Online (04.05.2015). Stadt Salzburg: Sektorales Bettelverbot.

81 SN Online (2.5.2014). Hasstiraden gegen Bettler: Polizei ermittelt weiter.

82 Der Standard Online (8.4.2014). Brandanschläge auf Roma-Lager in Salzburg.

83 Benedik, Betteln als Ausnahmezustand, S. 76 (s. Fn. 57).

rechtliche Perspektive zu bereichern und der Radikalisierung der Meinungen gut begründete Argumente entgegenzuhalten. 2010 und 2011 folgen weitere Berichte zur Aufklärung über die rechtliche Situation in anderen Bundesländern, über den Diskurs und seine Bezüge zu menschenrechtlichen Themen sowie Aktivitäten zur Gründung einer Projektgruppe „Betteln", die sich für die Abschaffung des Bettelverbotes, ein Ende der Kriminalisierung von bettelnden Menschen und einen differenzierten Umgang mit dem Thema „Betteln" in der öffentlichen Debatte einsetzen wollte. Sie „erinnerte" die Stadt Salzburg, daran, dass sie als „Menschenrechtsstadt" einen offenen und an Grundrechten orientierten Zugang zum Thema Betteln verfolgen müsse. Dies beinhalte unter anderem eine offizielle Information zum Thema (Factsheet); eine empirisch-wissenschaftliche Erhebung zur Bettelmigration in Salzburg.[84]

Ausgangspunkt der Vernetzung dieser Akteure war eine Informationsveranstaltung des Salzburger Friedensbüros im Jahr 2010 anlässlich der Klagsbestrebungen der Vinzenzgemeinschaft und des Pfarrers Pucher; in weiterer Folge suchte die Gruppe das sachliche Gespräch mit den verantwortlichen StadtpolitikerInnen und BeamtInnen. Im weiteren Verlauf wuchsen die gemeinsamen Aktivitäten bis hin zur Veranstaltung einer zweitägigen Tagung im Bildungshaus St. Virgil unter dem Titel „Betteln. Eine Herausforderung" im Mai 2014, in der sich rund 300 TeilnehmerInnen aus Wissenschaft, Politik, Verwaltung, Zivilgesellschaft und aus Betroffenenkreisen tiefgehend mit dem Thema auseinandersetzten.[85]

Diskurse und Ergebnisse dieser Tagung wurden von ProponentInnen von „Armut hat Platz – Plattform für ArmutsmigrantInnen" in Kooperation mit dem Zentrum für Ethik und Armutsforschung der Universität Salzburg um weitere Perspektiven ergänzt und als wissenschaftlicher Sammelband herausgegeben.[86]

Die SPÖ-Vizebürgermeisterin Anja Hagenauer hat in der Zeit der härtesten Auseinandersetzungen und direkt im Anschluss an die durch das Friedensbüro und das Bildungshaus St. Virgil veranstaltete Tagung „Betteln. Eine Herausfor-

---

84 Ingeborg Haller (2011). Wir brauchen eine Bettellobby für Salzburg, in: Plattform für Menschenrechte (Hg.): Salzburger Menschenrechtsbericht 2010, Salzburg, S. 44–45; Maria Sojer-Stani (2012). Gegen das Bettelverbot in Salzburg: die Projektgruppe „Betteln", in: Plattform für Menschenrechte (Hg.): Salzburger Menschenrechtsbericht 2011, Salzburg, 70–72; hier: S.72.

85 Desirée Summerer (2015). Die Tagung „Betteln. Eine Herausforderung": Ein Modell des zivilgesellschaftlichen Umgangs mit einem fordernden Thema, in: Johannes Dines/Helmut P. Gaisbauer/Michael König/Clemens Sedmak/P. Virgil Steindlmüller (Hg.): Betteln fordert heraus, Wien, S. 201–210.

86 Johannes Dines/ Helmut P. Gaisbauer/ Michael König/Clemens Sedmak/P. Virgil Steindlmüller (Hg.): Betteln fordert heraus, Wien.

derung" im Mai 2014 einen Runden Tisch einberufen. Dieser hatte zum Ziel, die Ideen der Tagung aufzugreifen und „auf einer sachlichen Ebene ohne Bewertung zu diskutieren."[87] Nach einer ersten Runde mit 38 Institutionen und Organisationen beschloss die Sozialstadträtin die Einrichtung zweier Arbeitsgruppen, die bis Ende Juni Lösungen für die Bereiche „Ordnungspolitik" und „Sozialpolitik" erarbeiten sollten.[88] Die Stadt-FPÖ lehnte diese Arbeitskreise wenig überraschend ab, weil sie dezidiert nur auf ordnungspolitische Maßnahmen setzen wollte.

Die „AG Ordnungspolitik" sollte prüfen, wie weit bisher diskutierte ordnungspolitische Maßnahmen grundrechtlich und juristisch haltbar, aber auch sozial sinnvoll sind. Geprüft werden sollten unter anderem Maßnahmenvorschläge, wie eine Verordnung, die ein sektorales generelles Bettelverbot in der Stadt vorsieht oder eine Beschränkung der Zahl von Bettelnden über ein Anmeldesystem. Die „AG Soziales" sollte die zuvor diskutierten sozialen Maßnahmen zu einer Unterbringung, einer Not-Gesundheitsversorgung und einer rechtlichen wie sozialarbeiterischen Beratung, wie Betreuung von ArmutsmigrantInnen, auf ihre Durchführbarkeit prüfen.[89] Dieser Runde Tisch hat bei aller Konfrontation tatsächlich auch zu ersten wichtigen Lösungsschritten geführt: die grundsätzliche Finanzierungszusage von Stadt und Land zu einem von der örtlichen Caritas geführten Haus mit Nächtigungsmöglichkeiten für in etwa 50 Notreisende („Haus Franziskus") und die Finanzierung von Streetwork für eine aufsuchende Sozialarbeit zur Ansprache und Betreuung von bettelnden Menschen jenseits der Ordnungskräfte.[90] Diese ebenfalls politisch zu verantwortenden Maßnahmen standen der Einführung des sektoralen Bettelverbots im Mai 2015 gleichsam balancierend gegenüber.

5. SOZIAL- UND ORDNUNGSPOLITISCHE AKZENTE

5.1 Strafhandeln

Der Salzburger Exekutive wurde von KritikerInnen eine besonders rigide Strafpraxis vorgeworfen. Im Salzburger Menschenrechtsbericht 2009 stand etwa unter dem Titel „Armut – eine Verwaltungsübertretung" die Kritik an einem feindseligen und gnadenlosen Klima der Abwehr bettelnder Menschen, vermittelt durch die Exekutive und die Kaufleute der Altstadt, im Mittelpunkt eines

87 ORF Salzburg Online (15.5.2014). Hilfe für Bettler und Einheimische.
88 ORF Salzburg Online (19.5.2014). Bettler: Runder Tisch sucht Maßnahmen.
89 Mautner, „Runder Tisch", S. 42 (s. Fn. 34).
90 Mautner, „Dann werden uns die Bettler überschwemmen!", S. 44 (s. Fn. 50).

Beitrags. Im Zuge der anstehenden Fußball-EM 2012 stünde eine Überschwemmung der Stadt mit „Bettlerbanden" zu befürchten, die Exekutive begriff ihr Vollzugshandeln schon sehr früh als ein „Verscheuchen" derartiger Gruppen.[91] Diese Linie – durch das zu dieser Zeit noch aufrechte allgemeine Bettelverbot gedeckt – bestätigt auch der Landespolizeikommandant in einem Interview: „Faktum ist […] wir wollen's nicht tolerieren, speziell im Sommer während der Festspielzeit, weil viele Gäste da sind und das einfach kein gutes Bild macht, wenn in der Getreidegasse oder sonst in der Altstadt gebettelt wird."[92]

Nach Einführung des qualifizierten Bettelverbots wurden viele Strafbescheide ausgestellt, die bei gerichtlicher Überprüfung wieder aufzuheben waren,[93] oder – so die begründete Vermutung – aufzuheben gewesen wären, hätte die betroffene Person Einspruch erhoben. Dieses Faktum spricht für eine generelle Linie der Exekutive, möglichst viel Druck auf die bettelnden Menschen auszuüben und sie so zum Abreisen zu zwingen.

Eine solche Linie scheint zwar durch den druckvollen öffentlichen Diskurs und die Positionierung von Teilen der Stadtregierung grundsätzlich legitimiert, rief jedoch zurecht entsprechende Kritik vonseiten der Plattform für Menschenrechte und weiterer NGO's hervor. Schon die geltende Rechtslage, die mit fragwürdigen, nur schwer ausreichend genau zu fassenden Rechtsbegriffen arbeitet – ein österreichisches Spezifikum im legistischen Umgang mit dem Bettel[94] – wurde als „freizügig auslegbares" Instrument für „ausuferndes Strafhandeln" seitens der Exekutive gewertet.[95] Beim „Runden Tisch" zur Armutsmigration berichtete ein Teilnehmer von einem dort „unbedingten und schonungslos zur Schau gestellten Strafwillen" einiger Anwesenden; die Exekutive saß mit am Tisch.[96]

---

91 Robert Buggler (2009). Armut – eine Verwaltungsübertretung. Oder: Vom Betteln in Salzburg und anderswo, in: Plattform für Menschenrechte (Hg.): Salzburger Menschenrechtsbericht 2009, Salzburg, S. 57–59, hier S. 59.

92 Ulli Gladik (2011). Große Busse, dunkle Hintermänner: Salzburger Bettlerphobien: Die Polizei im Kompetenztest, in: Plattform für Menschenrechte (Hg.): Salzburger Menschenrechtsbericht 2011, Salzburg, S. 67–70.

93 Plattform für Menschenrechte (2016). Überblick Urteile der Landesverwaltungsgerichte, in: Salzburger Men-schenrechtsbericht 2016, Salzburg, S. 73–89, hier S. 74f.; Schoibl, Mit Recht, S. 65f. (s. Fn. 15).

94 Barbara Weichselbaum (2012). Betteln in Wien: Verfassungsrechtliche Überlegungen zur Einführung des Verbots des „gewerbsmäßigen Bettelns", in: Ferdinand Koller (Hg.): Betteln in Wien: Fakten und Analysen aus unterschiedlichen Wissenschaftsanalysen, Wien/Berlin/Münster, S. 33–58.

95 Schoibl, Mit Recht, S. 62 (s. Fn. 15).

96 Ebd., S. 64 (s. Fn. 15).

5.2 Infrastrukturelle Abwehrmaßnahmen

Während die beschlossenen Hilfsmaßnahmen, wie etwa eine ganzjährig geöffnete Notschlafstelle, noch auf sich warten ließen, setzte die Kommunalpolitik vor allem auf infrastrukturelle Abwehrmaßnahmen, durch bauliche Veränderungen unter Brücken und an anderen Schlafstellen der obdachlosen Notreisenden, wie etwa das Anbringen von Gittern, die Platzierung von Fahrradcontainern unter überdachten Brückenrandbereichen oder den Aufbau von befestigten Böschungen unter Brücken. Diese baulichen und infrastrukturellen Maßnahmen dürften in Summe dem/der SteuerzahlerIn beachtliche Kosten verursacht haben.

Dazu finanziert die Stadt Salzburg ab der Ausweitung der Bettelverbotszonen 2016 zusätzlich einen Wachdienst, der dem Vernehmen nach jährlich knapp 110.000 € kostet, um die bettelnden Menschen von nicht legalen Übernachtungsplätzen zu vertreiben und fernzuhalten. Im Vergleich dazu finanziert die Stadt Streetwork zur sozialen Betreuung der ArmutsmigrantInnen, zur Mediation bei Konflikten und zur Begleitung bei Amtshandlungen, im Ausmaß von 37.000 € im Jahr.[97] Mehrere Fälle von nächtlichen Vertreibungen von Schlafplätzen – z. B. bei nächtlichen Kontrollen um 2 Uhr morgens – mit der Auflage, bei strömenden Regen den (trockenen) Ort zu verlassen, sind dokumentiert. Hier ist die polizeiliche und kommunale Strategie des „Ungemütlichmachens“ deutlich illustriert.[98]

5.3 Hilfsangebote

Mit großem Einsatz der beteiligten zivilgesellschaftlichen AkteurInnen und unter finanzieller Beteiligung von Stadt und Land Salzburg konnte mit dem Haus Franziskus eine ganzjährige Notschlafstelle eingerichtet werden, die 50 der knapp 80 verfügbaren Schlafplätze für Notreisende für jeweils 14 Tage zur Verfügung stellt. In diesem Rahmen kann auch ein weiteres Hilfsangebot genutzt werden: der Virgilbus, mit dem ein Team von freiwilligen ÄrztInnen ein regelmäßiges Angebot an medizinischer Basisversorgung an bestimmten Standorten zu festgesetzten Zeiten leistet. Zu den weiteren Hilfsmaßnahmen zählen die oben erwähnte soziale Begleitung durch Streetwork, regelmäßige Vernetzungs- und Austauschtreffen („Bettel-Café“) mit Angeboten zur Information, vor allem auch in Hinblick auf die geltende Rechtslage und auf Rechtshilfe

---

97 Der Standard Online (25.05.2016). Salzburg geht mit Härte gegen Bettler vor.

98 Alina Kugler (2016). Notreisende zwischen basalen und sozialen Grundrechten, in: Plattform für Menschenrechte (Hg.): Salzburger Menschenrechtsbericht 2016, Salzburg, S. 79–81, hier S. 80.

durch den Rechtshilfefonds der Plattform für Menschenrechte oder der durch die Stadt herausgegebene mehrsprachige Leitfaden für bettelnde Menschen in Salzburg („Unsere wichtigsten Regeln für Bettler").[99] Diese Hilfsangebote wurden mit Zustimmung aller im Gemeinderat vertretenen Parteien mit Ausnahme der FPÖ beschlossen und damit auch von der ÖVP unter Vizebürgermeister Preuner mitgetragen. Viele dieser Hilfsangebote wären jedoch ohne den engagierten Einsatz von zivilgesellschaftlichen AkteurInnen wohl kaum in dieser Form zustande gekommen.

6. KONKLUSION

Die Analyse der medialen und politischen Auseinandersetzung zur Frage des Umganges mit fremder Armut und dem Betteln in Salzburg offenbart die offensichtlichen Schwierigkeiten kommunaler Politik, konstruktiv mit dieser doch einschneidenden Wiederkehr von sichtbarer Armut umzugehen. Patentlösungen stehen nicht zur Verfügung. Die sonst häufig erfolgreiche Kompromisskultur des politischen Abtausches läuft angesichts der massiven Probleme der ArmutsmigrantInnen und der fehlenden kommunalen „Bearbeitungsstruktur" solcher existenzieller Probleme und angesichts einer stark polarisierten öffentlichen Meinung weitgehend ins Leere. Während einerseits zu konstatieren ist, dass im Zuge der Debatte eine enorm druckvolle Entwicklung hin zur Legitimierung und Durchsetzung von Politiken der Abwehr und Abschreckung von BettlerInnen Platz gegriffen hat, sind andererseits die positiven Schritte, die im Sinne einer basalen Unterstützungsstruktur in Salzburg zu werten sind, umso mehr hervorzuheben. Aus Sicht der Armutsforschung zeigt sich ein grundsätzliches Dilemma: Während einerseits Armut häufig ein dramatisches Phänomen gleichsam im sozialen und gesellschaftlichen Untergrund darstellt und die Forschung um Öffentlichkeit für die Anliegen der Betroffenen bemüht ist, ist die Politisierung von – in diesem Fall: sichtbarer – Armut kein geeigneter Weg, um sachlich gute, angemessene und die Menschenwürde der betroffenen Personen so weit als möglich schützende Umgangsformen zu gestalten. Armut bleibt ein nur schwer zu bearbeitendes Feld, das sich einfachen Lösungen entzieht.

99 Stadt Salzburg Online (2015). Unsere wichtigsten Regeln für Bettler.

Stellungnahmen der Parteien

Bilanz und Perspektiven

Österreichische Volkspartei (ÖVP) – Wolfgang Mayer (Landesgeschäftsführer, Abgeordneter zum Landtag)

Wie beurteilen Sie die auch in der Salzburger Bevölkerung weit verbreitete skeptische Haltung gegenüber politischen Parteien? Was können/sollen die Parteien Ihrer Ansicht nach dagegen tun?

Ich erlaube mir, generell der der Frage innewohnenden These einer „weit verbreiteten skeptischen Haltung gegenüber den politischen Parteien in der Salzburger Bevölkerung" zu widersprechen. Sie mag für den Zeitraum rund um den sogenannten Salzburger Finanzskandal gegolten haben, die empirischen Daten ergeben aber ein diametral anderes Bild. Wir messen regelmäßig in repräsentativen Umfragen (n=800) die Grundstimmung im Bundesland Salzburg, insbesondere die Zufriedenheit mit der Landespolitik. Diese erreichte im März 2018 einen Rekordwert. 84 Prozent der SalzburgerInnen waren mit der Landespolitik sehr oder einigermaßen zufrieden. Eher nicht zufrieden waren lediglich neun Prozent und überhaupt nicht zufrieden nur drei Prozent.

Die Salzburger Volkspartei ist überzeugt, dass ein sachlicher Stil, der auf Kooperation statt Konflikt ausgerichtet ist – verbunden mit messbaren Ergebnissen in der politischen Arbeit –, die Zufriedenheit mit der Landespolitik erhöht. Bürgernähe, ein ordentlicher politischer Stil und eine vernünftige, konsequente Politik mit Hausverstand sind der Schlüssel gegen Politikverdrossenheit.

Wenn Sie eine Bilanz der abgelaufenen Legislaturperiode 2013–18 ziehen, was waren die größten Herausforderungen für Ihre Partei und wie bewerten Sie Ihre Bemühungen, diese zu meistern?

Die größte Herausforderung in der Legislaturperiode 2013–18 war zweifelsohne die Ordnung der Finanzen nach dem Finanzskandal. Fakten und Zahlen belegen, dass diese Herausforderung ordentlich bewältigt worden ist: Das Spekulationsportfolio wurde komplett abgebaut, die Bankenvergleiche erfolgreich abgeschlossen und es gelang, den Schuldenberg des Landes Salzburg um eine halbe Milliarde Euro abzutragen. Als erstes Bundesland in Österreich hat Salzburg auf die Drei-Komponenten-Budgetierung umgestellt und verfügt somit über die modernste Finanzverwaltung.

Die Wohnbauförderung wurde auf neue Beine gestellt, die Verwaltung reformiert, nachhaltige Impulse in den Wirtschafts- und Arbeitsmarkt bzw. den Tourismus gesetzt, eine Deregulierungsoffensive gestartet. Das riesige Impulsprogramm wirkt, Salzburg nimmt am Arbeitsmarkt nachhaltig die Führungsrolle im Bundesländervergleich ein. Der Talentecheck wurde umgesetzt, eine Breitbandinitiative gestartet, ein neues Raumordnungsgesetz erarbeitet. In der Vermögensauseinandersetzung konnten wir einen wichtigen Etappensieg erzielen und zahlreiche Gebäude und Vermögensgegenstände wieder in Landesbesitz holen.

Wir haben uns zu Beginn der Legislaturperiode 2013–18 mit dem Koalitionspartner auf ein sehr umfangreiches Arbeitsübereinkommen verständigt. Dieses arbeiten wir konsequent ab und sind dabei auf einem sehr guten und herzeigbaren Weg. Einmalig in Österreich haben wir den Umsetzungsstand aller Vorhaben mit einem „Ampelsystem“ transparent gemacht und für alle nachvollziehbar ins Internet gestellt. Von den insgesamt 432 Vorhaben haben wir also etwa 83,2 Prozent erledigt, einige Projekte sind noch in Umsetzung. Wir sind aber auch so selbstbewusst und selbstkritisch, dass wir offen kommunizieren, dass wir einige Projekte nicht weiterverfolgen werden bzw. nicht umsetzen können.

Was ist aus Ihrer Sicht das wichtigste politische Thema für das Bundesland Salzburg in den kommenden Jahren? Welche Strategie scheint Ihnen am zielführendsten, um dieses Thema erfolgreich zu bewältigen?

Nachdem in den vergangenen Jahren unter anderem wichtige Schritte bei der Konsolidierung des Haushaltes gesetzt wurden, prägt ein ambitioniertes, gemeinsames Ziel den neuen Koalitionsvertrag: Salzburg in weiteren zentralen Zukunftsfragen an die Spitze zu führen sowie die Lebensbedingungen für seine BürgerInnen weiter zu verbessern.

In einem über 100 Seiten starken Koalitionsvertrag zeichnet die neue Landesregierung ein klares Bild, wie Salzburg, das jetzt bereits in Kerndaten – wie die geringste Arbeitslosigkeit, höchstes Wirtschaftswachstum, größter Zuwachs bei den Auslandsinvestitionen und dergleichen – an der Spitze Österreichs steht und sich in den Top-30-Regionen Europas befindet, weiter zukunftsfit gestaltet werden kann. 2023 soll unser Bundesland in weiteren entscheidenden Zukunftsfeldern an der Spitze stehen. Die Kernthemen sind Bildung, Mobilität, soziale Sicherheit und Zusammenhalt, Digitalisierung, gesunde Finanzen und die Stärkung der Regionen.

Für unsere Arbeit gelten drei Grundprinzipien: umfassende Nachhaltigkeit aus Verantwortung gegenüber einer intakten Umwelt und den kommenden Generationen; größtmögliche Transparenz und Partizipation als solide Basis für Vertrauen und Verständnis zwischen BürgerInnen sowie Politik; finanzielle Stabilität als Grundvoraussetzung einer zukunftsfitten Politik ohne neue Schulden sowie einen vollständigen Abbau der Landesschulden bis 2042. Als Regierung gehen wir in unserer Zusammenarbeit einen Weg der Mitte. Der Weg, auf dem wir Salzburg nach vorne führen und die hohe Qualität unseres Bundeslandes als Lebens-, Arbeits- und Innovationsstandort weiter ausbauen, ist gekennzeichnet von Verantwortung und Vernunft.

Sozialdemokratische Partei Österreichs (SPÖ) – Alexander Neunherz (Leiter des Karl-Renner-Instituts Salzburg)/Hannes Mathes (Landesgeschäftsführer)

Wie beurteilen Sie die auch in der Salzburger Bevölkerung weit verbreitete skeptische Haltung gegenüber politischen Parteien? Was können/sollen die Parteien Ihrer Ansicht nach dagegen tun?

Das vergangene Krisenjahrzehnt ist auch an der Salzburger Bevölkerung nicht spurlos vorübergegangen. Umfragereihen zeigten in der letzten Legislaturperiode einen weitverbreiteten Zukunftspessimismus. Vor allem die jüngere Mittelschicht machte und macht sich viele Gedanken über das Leben. Im Vordergrund steht dabei die Frage, welche Zukunft ihre Kinder einmal haben werden.

Der Großteil der SalzburgerInnen sucht nach sozialer, wirtschaftlicher und innerer Sicherheit als Grundlage für ein gutes Leben – besonders in der Mitte der Gesellschaft. Doch die Mittelschicht schrumpft und ist ökonomisch unter Druck. Nicht wenige davon sind von Abstiegsängsten geplagt.

Der deutsche Soziologe Oliver Nachtwey beschreibt in seinem Buch „Die Abstiegsgesellschaft" diesen Effekt, bei dem man gegen eine Rolltreppe anlaufen muss, um keinen sozialen Abstieg zu erleiden. Dieser ständige Kampf führt schlussendlich zu sozialen Konflikten und Ressentiments (auch gegenüber politischen Parteien).[1] Nachtwey knüpft mit seinen Aussagen an Ulrich Beck an. Dieser sprach Mitte der 1980er-Jahre noch vom „Fahrstuhleffekt" und dem dazugehörigen Aufstieg aller Bevölkerungsgruppen.

Noch besorgniserregender sind die Entwicklungen bei den unteren Gesellschaftsschichten, die vielfach entkoppelt und demoralisiert erscheinen. Sie le-

1 Oliver Nachtwey (2017). Die Abstiegsgesellschaft: Über das Aufbegehren in der regressiven Moderne, 6. Auflage, Berlin, S. 126f.

ben beispielsweise weniger gern in Salzburg, gehen in einem geringeren Ausmaß wählen und haben kaum noch Erwartungen an die politischen Parteien.[2] Die Chancen auf sozialen Aufstieg sind zudem gering, besonders in einem Hochpreisland wie Salzburg.

Die Sozialdemokratie an sich muss sich dabei den Vorwurf gefallen lassen, in den vergangenen Jahren zu sehr vom Partikularismus getrieben worden zu sein und auf die tief greifenden Verunsicherungen großer Bevölkerungsteile nicht ausreichend reagiert zu haben. Es muss daher gelingen, die eigene Filterblase zu verlassen und jene Probleme anzusprechen, die große Teile der Menschen bewegen.

Wenn Sie eine Bilanz der abgelaufenen Legislaturperiode 2013–18 ziehen, was waren die größten Herausforderungen für Ihre Partei und wie bewerten Sie Ihre Bemühungen, diese zu meistern?

Die Salzburger SPÖ fand sich in der abgelaufenen Legislaturperiode erstmals seit 1945 in der Oppositionsrolle wieder. Verkleinerte Handlungsspielräume und eingeschränktere Personalressourcen machten dabei eine Restrukturierung der Partei nötig. Dazu wurde ein Change-Management-Prozess eingeleitet, um die weitere Handlungsfähigkeit zu gewährleisten.

Der Gang in die Opposition machte auch eine inhaltliche Neuausrichtung der Partei unabdingbar. Für die Salzburger Sozialdemokratie eröffnete sich dadurch die Chance, in der neuen Rolle das auszuarbeiten, wofür die Partei in den kommenden zehn bis fünfzehn Jahren stehen soll.

In unruhigen Zeiten brauchen die Menschen einen politischen Partner an ihrer Seite, der verlässlich ist. Einen Partner, der klare Ziele verfolgt und Handschlagqualität mitbringt. Dazu wurden entsprechende Konzepte entwickelt, etwa im Bereich der Wohn- und Lebenskosten, bei der regionalen Notarzt- und Gesundheitsversorgung oder um jungen Familien ein sicheres und gutes Leben zu ermöglichen.

Trotz der Bemühungen in organisatorischer und inhaltlicher Hinsicht konnte der aus der Finanzcausa resultierende Vertrauensverlust bei der Landtagswahl 2018 noch nicht rückgängig gemacht werden. Die Skandalisierung dieser Ereignisse traf und trifft die SPÖ am stärksten – so blickt eine Mehrheit der SalzburgerInnen (besonders die Mittelschicht) nach wie vor sehr skeptisch auf die wirtschaftliche und budgetäre Lage des Bundeslandes.[3]

---

2 INTEGRAL, Tel./Online-Repräsentativbefragung der wahlberechtigten Bevölkerung in Salzburg ab 16 Jahren, n=700, Mai 2017.

3 Ebd.

Was ist aus Ihrer Sicht das wichtigste politische Thema für das Bundesland Salzburg in den kommenden Jahren? Welche Strategie scheint Ihnen am zielführendsten, um dieses Thema erfolgreich zu bewältigen?

Salzburg muss ein Land sein, das den Menschen Rückhalt bietet, gutes Leben ermöglicht und umfassende Sicherheit garantiert.

Das letzte Jahrzehnt war von Krisen geprägt, die vor allem an den einkommensschwächeren Bevölkerungsschichten nicht spurlos vorübergegangen sind. So ist es nicht verwunderlich, dass der Wunsch, „Halt im Leben zu finden", für einen Großteil der Bevölkerung das derzeit wichtigste Lebensthema ist.[4] Daran wird sich auch in den kommenden Jahren nichts ändern.

Die Mitte der Gesellschaft wünscht sich Stabilität und umfassende Sicherheit. Die Sozialdemokratie muss das Thema Sicherheit wieder offensiv ansprechen und einen anderen Blickwinkel darauf ermöglichen. Bereits viel zu lange verwendeten Rechtskonservative diesen Begriff, um Stimmung im eigenen Land zu machen. Hier gilt es dagegenzuhalten, denn es gibt keine linke oder rechte Sicherheit, es gibt nur eine umfassende Sicherheit.[5] Diese ist ein hohes Gut. Wir alle möchten uns sicher fühlen, egal ob bei der Finanzierbarkeit unseres Lebens, bei Krankheit und Notfällen oder bei der Frage, wie eine bestmögliche Zukunft unserer Kinder aussehen kann.

Die Politik muss hierfür die Rahmenbedingungen schaffen, etwa mit einem umfassenden Gesundheits- und Sozialsystem, das die breite Mehrheit bis ins hohe Alter vor Risiken schützt. Sie muss in der Lage sein, im Hochpreisland Salzburg das Leben für alle Menschen leistbar zu machen – vor allem bei den Wohnpreisen. Zudem muss die Integrationspolitik als die zentrale Herausforderung der kommenden Jahre wahrgenommen und neu ausgerichtet werden.

Freiheitliche Partei Österreichs (FPÖ) – Marlene Svazek (Landesparteivorsitzende, Klubobfrau im Landtag)

Wie beurteilen Sie die auch in der Salzburger Bevölkerung weit verbreitete skeptische Haltung gegenüber politischen Parteien? Was können/sollen die Parteien Ihrer Ansicht nach dagegen tun?

Aus meiner Sicht ist die Problematik einer gerade im Westen weit verbreiteten Politikverdrossenheit sehr vielschichtig und lässt sich auch nicht auf politische Parteien reduzieren. Sie ist wohl vielmehr ein Resultat aus Vertrauensverlusten,

4 profil Online (27.4.2017). Bernhard Heinzlmaier: Achtung SPÖ-Linke!

5 Margaretha Kopeinig (2017). Hans Peter Doskozil: Sicherheit neu denken, Wien, S. 127f.

Unzufriedenheit, politischen Skandalen, einem gewissen Ohnmachtsgefühl, was Veränderung durch Wahlen betrifft, und unterschiedlichen Erwartungshaltungen. Die Wahlbeteiligung bei der Salzburger Landtagswahl betrug im Jahr 2018 65 Prozent. Ein Wert, der uns auch in Salzburg zum Nachdenken anregen sollte, wenngleich dies die vierte Wahl innerhalb relativ kurzer Zeit war und wohl auch eine gewisse Wahlmüdigkeit ein nicht ganz auszuschließender Faktor gewesen sein könnte. Mitverantwortlich waren wohl auch zahlreiche Reformversuche und Reformankündigungen in den letzten Jahren, die allerdings nie stattgefunden haben, und der Ton zwischen Regierungsparteien, der ein gemeinsames Miteinander und somit den Willen zur Veränderung vermissen hat lassen. Die problematischste Entwicklung, die sich aus meiner Sicht vor allem nach den Landtagswahlen 2018 nochmals verstärkt hat, ist das Empfinden der WählerInnen, dass Wahlen ohnehin nichts verändern könnten, weil sich immer wieder dieselbe Konstellation ergibt. Ein Umstand, der sich nach den Nationalratswahlen 2017 durch eine neue schwarz-blaue Regierung etwas gebessert haben könnte, in Salzburg aber mit der abermaligen schwarz-grünen Landesregierung unter Einbeziehung der NEOS eine Fortsetzung gefunden hat. Die Reaktionen, die uns nach dieser Entscheidung erreicht haben, waren von dem Tenor eines gewissen Ohnmachtsgefühls und eben dieser Annahme, Wahlen würden ohnehin nichts verändern, weshalb man künftig keine Stimme mehr abgeben würde, geprägt. Ich glaube, dass Parteien an sich diesem allgemeinen Trend natürlich etwas entgegensetzen, aber ihn nicht gänzlich aufhalten können. Aus meiner Sicht kommt es vor allem auf den Ton zwischen Regierungsparteien an, auf spürbare Reformen und Veränderungen für die Bevölkerung, vor allem aber auch auf die Tatsache, dass die WählerInnen am politischen Prozess teilhaben können und nicht nur alle fünf Jahre ihre Wahlentscheidungen treffen dürfen. Die direkte Demokratie ist zwar kein Allheilmittel, könnte die Bindung zwischen Politik und Bevölkerung aber wieder intensivieren und Politik auch wieder stärker in den Lebensalltag vieler Menschen einbinden, wodurch automatisch auch das Vertrauen gestärkt werden kann. Politische Parteien und MandatarInnen haben darüber hinaus eine Verantwortung, das Klischee von PolitikerInnen als „die da oben" zu entkräften, den Kontakt zu WählerInnen zu suchen, Anliegen aufzunehmen, sich Diskussionen und Debatten zu stellen und somit das Bild in Richtung „einer von uns" zurechtzurücken.

Wenn Sie eine Bilanz der abgelaufenen Legislaturperiode 2013–18 ziehen, was waren die größten Herausforderungen für Ihre Partei und wie bewerten Sie Ihre Bemühungen, diese zu meistern?

Die größte Herausforderung für die Freiheitliche Partei Salzburg war mit Sicherheit die im Jahr 2015 stattgefundene Abspaltung des damaligen Klubobmanns Karl Schnell von der FPÖ und die damit einhergehende Tatsache, dass die FPÖ nur noch mit einer Abgeordneten im Salzburger Landtag vertreten war, ihren Landtagsklub verloren hat und vor einer Neuaufstellung und Neuausrichtung der Partei stand. Diese Herausforderung hat der FPÖ aber die Chance geboten, einen Erneuerungs- und Verjüngungsprozess, der längst überfällig war, einzuleiten. Geprägt war diese Zeit auch vor allem von der fehlenden politischen Relevanz innerhalb der politischen Landschaft in Salzburg und den fehlenden parlamentarischen Mitgestaltungsmöglichkeiten. Die FPÖ musste sich deshalb über außerparlamentarische Bemühungen in den politischen Prozess einbringen und auch die neuen Kräfte, insbesondere die neue Landesparteiführung, so in der medialen Öffentlichkeit positionieren, um Bekanntheit und politische Relevanz zu erlangen. Zudem war es notwendig, die Marke FPÖ wieder mit einer Person zu verknüpfen und das Profil der Partei zu erneuern und zu schärfen. Mit der Nationalratswahl 2017 konnte die FPÖ wieder zwei Abgeordnete nach Wien entsenden und sich ab dann auch parlamentarisch betätigen. Die Landtagswahl 2018 war mit Sicherheit das größte Ziel, auf das sich die Partei innerhalb dieser drei Jahre vorzubereiten hatte, das letztlich auch das Ergebnis des Einzugs von sieben Abgeordneten in den Salzburger Landtag und einer Bundesrätin brachte.

Was ist aus Ihrer Sicht das wichtigste politische Thema für das Bundesland Salzburg in den kommenden Jahren? Welche Strategie scheint Ihnen am zielführendsten, um dieses Thema erfolgreich zu bewältigen?

Auf Salzburg werden in den nächsten fünf Jahren ähnliche Herausforderungen zukommen wie auf ganz Österreich. Salzburg ist allerdings im Bundesländervergleich sehr stark geprägt von hohen Lebenserhaltungskosten und immer weiter steigenden Wohn- und Grundpreisen. Der Anteil dieser Kosten am Nettoeinkommen erhöht sich stetig, während diese Einkommen nur wenig bis gar nicht steigen. Wohnraum wird zudem immer knapper, weil Salzburg nur zu einem geringen Teil auch besiedelbar ist und unsere Ansprüche an Wohnraum in den letzten Jahren ebenso permanent steigen. Es wird daher auch einen Gesamtentwicklungsplan bzw. eine Vision für Salzburg brauchen, wo sich dieses Bundesland hinsichtlich Wohnraum und Wohnangebot hin entwickeln möchte. Die Frage wird sein, inwieweit auf demographische Entwicklungen einer immer älter werdenden Bevölkerung bzw. immer weniger große Familienverbände Rücksicht genommen werden muss und kann und wohin sich die Bevölkerung in den nächsten Jahrzehnten entwickelt, um langfristig und nachhaltig zu planen. Es wird verschiedene Hebel geben, über die das Land Salzburg nachdenken muss. Beispiele dafür wären eine weitere Verdichtung, wo möglich, und die Eindämmung von eingeschossigen Kaufhäusern, die vor allem im Stadtteil große Parkplatzflächen nutzen, die wiederum Bauland reduzieren und unnötig blockieren. Die Planungs- und Errichtungskosten inklusive die Anforderungen an Wohnraum müssen einer Prüfung und Entrümpelung unterzogen werden. Der soziale Wohnbau muss sich wieder stärker auf seine Gemeinnützigkeit besinnen und Wohnen für niedrigere Einkommen anbieten bzw. sich im Preis deutlich vom privaten Wohnungsmarkt unterscheiden. Bauland muss durch eine verantwortungsvolle Raumordnungsstrategie mobilisiert werden. Das Thema Wohnen betrifft aber letztlich nicht nur die Landesebene, sondern bedarf der Zusammenarbeit zwischen Gemeinden (vor allem BürgermeisterInnen), dem Land und dem Bund. Der Bund ist zuständig für das Mietrecht und letztlich auch für das Steueraufkommen, das sich wiederum auf die Nettoeinkommen auch der SalzburgerInnen auswirkt.

Die Grünen – Rudi Hemetsberger (Landesgeschäftsführer)

Wie beurteilen Sie die auch in der Salzburger Bevölkerung weit verbreitete skeptische Haltung gegenüber politischen Parteien? Was können/sollen die Parteien Ihrer Ansicht nach dagegen tun?

Einer aktuellen Umfrage zufolge glauben 81 % der ÖsterreicherInnen, dass Parteien wichtig für die Demokratie sind. Allerdings wären nur 4 % der Befragten aktuell bereit, sich in einer Partei zu engagieren. Die Skepsis gegenüber Parteien ist also messbar.

Aus meiner Sicht gibt es dafür verschiedene Ursachen. Zunächst einmal hat „die Politik" generell kein besonders gutes Image. Das zeigt sich beispielsweise in Befragungen, in denen die Beliebtheit von bzw. das Vertrauen in Berufe abgefragt werden. Hier rangieren PolitikerInnen regelmäßig auf dem letzten Platz, während z. B. ÄrztInnen oder Feuerwehrleute abwechselnd an der Spitze liegen.

Hinzu kommt, dass die letzten Jahre bzw. Jahrzehnte der österreichischen Innenpolitik entweder von Stillstand oder von größeren und kleineren Skandalen oder auch Korruptionsfällen geprägt waren. Man denke hier beispielsweise an die immer noch gerichtsanhängige Privatisierung der BUWOG, das Milliardengrab der HYPO-Alpe-Adria, die BAWAG-Affäre oder auch den Salzburger Finanzskandal.

Und letztlich sind es sicher auch die Parteien selbst, die zur Skepsis ihnen gegenüber beitragen. Einerseits durch mangelnde Transparenz (partei-)politischer Entscheidungen, andererseits durch den auch hierzulande zu beobachtenden Trend, den politischen Wettbewerb mit zunehmender Härte zu führen. Das äußert sich u. a. in sogenanntem Negative- oder Dirty-Campaigning – zuletzt zu beobachten bei der Silberstein-Affäre im Nationalratswahlkampf 2017.

Insofern ist es naheliegend – als Partei –, bei sich selbst zu beginnen. Parteien können dafür sorgen, dass ihre politischen Entscheidungsprozesse transparent ablaufen. Parteien können durch interne Regelungen erhöhte Rechenschaftspflichten für „ihre" PolitikerInnen herstellen. Und Parteien können auch die politische Kommunikation gestalten. Diese kann aggressiv und untergriffig gestaltet werden, aber auch sachlich und konstruktiv.

In Salzburg wurden die politischen Auseinandersetzungen in den letzten Jahren in einer sachlichen und konstruktiven Art und Weise geführt. Dieser sogenannte Salzburger Stil wurde sowohl innerhalb der Regierung als auch im Zusammenwirken von Regierung und Landtag, insbesondere zwischen Regierungs- und Oppositionsparteien, praktiziert.

Wenn Sie eine Bilanz der abgelaufenen Legislaturperiode 2013–18 ziehen, was waren die größten Herausforderungen für Ihre Partei und wie bewerten Sie Ihre Bemühungen, diese zu meistern?

Die größte Herausforderung war anfangs sicher das enorme Wachstum zu bewältigen. Wir GRÜNEN stellten vor der Landtagswahl 2013 zwei der 36 Abgeordneten im Salzburger Landtag. Nach der Landtagswahl und den Regierungsverhandlungen stellten wir sieben Abgeordnete zum Salzburger Landtag, eine Bundesrätin und drei Regierungsmitglieder. Entsprechende Kommunikations- und Organisationsstrukturen mussten binnen kürzester Zeit geschaffen und MitarbeiterInnen dafür gefunden werden. Weiters mussten zahlreiche Aufsichtsräte oder Beiräte beschickt werden. Diese ersten Aufgaben wurden gut bewältigt, und in relativ kurzer Zeit konnte eine arbeitsfähige Struktur aufgebaut werden.

Politisch betrachtet bestand die größte Herausforderung zunächst in der Aufarbeitung des Finanzskandals. Für uns GRÜNE war es wichtig, dass die notwendigen Spar- und Strukturmaßnahmen nicht auf Kosten der Umwelt oder der sozialen Sicherheit gehen würden. Das ist gelungen.

In weiterer Folge waren es große legistische Vorhaben, die allesamt eine Trendwende in ihrem jeweiligen Bereich einleiteten. Zu nennen wären beispielhaft das Kinder- und Jugendhilfegesetz, das (aufgrund bundespolitischer Entwicklungen noch nicht beschlossene) Kinderbildungs- und Betreuungsgesetz oder auch das über die Grenzen Salzburgs hinaus vielbeachtete Raumordnungsgesetz. Gerade Letzteres ist sicherlich ein Herzstück der Regierungsbeteiligung der Grünen, auch weil es gelungen ist, unter Einbindung aller relevanten Stakeholder eine Novelle zu beschließen, die höchsten raumplanerischen Ansprüchen gerecht wird. Auch diese Herausforderungen konnten gut bewältigt werden.

Die größten Reibungsflächen ergaben sich aber zweifelsohne aufgrund von Maßnahmen, die im Bereich der Vollziehung lagen. Die Durchführung des Verfahrens zur 380-kV-Leitung, die notwendige Einführung von Tempo 80 als Maßnahme des Gesundheitsschutzes auf der Westautobahn, aber auch ein restriktiver Vollzug im Bereich der Raumordnung mit dem Ziel, sparsamer mit dem knappen Gut Boden umzugehen, führten zu intensiven öffentlichen Debatten. Nicht unumstritten war zu Beginn der Regierungsperiode auch der Paradigmenwechsel in der Behindertenpolitik. Im Sinne der Inklusion wurden die Pläne zum Umbau der Provinzenz-Einrichtung Schernberg grundlegend verändert. Ausdauer und Beharrlichkeit waren auch beim flächendeckenden Ausbau der Kinderbetreuung gefragt. Die Vorbereitung des 1. Salzburger Kulturentwicklungsplanes wiederum stieß auf große Zustimmung und Bereitschaft, sich einzubringen.

Eine der größten Herausforderungen war aber sicherlich die Bewältigung der Fluchtbewegungen ab dem Jahr 2015 durch und nach Österreich. Alleine zwischen September und Dezember 2015 wurden in Salzburg 250.000 bis 300.000 durchreisende Menschen versorgt. Parallel dazu mussten Quartiere für jene Menschen gefunden werden, die in Österreich um Asyl angesucht haben, und Integrationsangebote, vor allem Deutschkurse, aufgebaut werden. Zu erwähnen ist hierbei das enorme und freiwillige Engagement der Zivilbevölkerung sowie zahlreicher NGOs, die hier Großartiges geleistet haben.

In Summe haben die dafür zuständigen Regierungsmitglieder alle diese Aufgaben gut bewältigt. Dass sich das nicht im Wahlergebnis des Jahres 2018 niedergeschlagen hat, ist bedauerlich, aber selbstverständlich zu akzeptieren. Selbstkritisch müssen wir hier erkennen, dass wir in der Politikvermittlung den nötigen Ansprüchen nicht gerecht werden konnten.

Was ist aus Ihrer Sicht das wichtigste politische Thema für das Bundesland Salzburg in den kommenden Jahren? Welche Strategie scheint Ihnen am zielführendsten, um dieses Thema erfolgreich zu bewältigen?

Es gibt eine Reihe von Themen, die sich – je nach Blickwinkel – mit entsprechender Dringlichkeit darstellen. Insgesamt stehen wir mit dem menschengemachten Klimawandel vor einer riesigen Herausforderung für die gesamte

Menschheit. Die sich daraus ergebenden Notwendigkeiten werden uns auch in Salzburg intensiv beschäftigen. Ein Schwerpunkt wird hier im Bereich der Mobilität liegen. Hier braucht es eine Trendwende. Sowohl im Management der Mobilitätsbedürfnisse als auch beim Ausbau des Angebotes im Öffentlichen Verkehr. Eine wesentliche Rolle wird auch die Frage der Energiegewinnung spielen, die in den nächsten fünf Jahren unter Grüner Ressortführung bearbeitet wird.

Vordringlich für uns Grüne wird außerdem die Absicherung des sozialen Netzes, auch vor dem Hintergrund eines demografischen Wandels, sein. Das Thema Pflege wird dabei eine besondere Bedeutung haben.

Die Strategie zur Bewältigung dieser Aufgaben wird – wie in der Vergangenheit auch – auf einem konstruktiven und sachlichen Zugang sowie dem Anspruch nach möglichst breiten Partizipationsangeboten basieren.

NEOS – Andrea Klambauer (Landesrätin)

Wie beurteilen Sie die auch in der Salzburger Bevölkerung weit verbreitete skeptische Haltung gegenüber politischen Parteien? Was können/sollen die Parteien Ihrer Ansicht nach dagegen tun?

Die verbreitete skeptische Haltung gegenüber politischen Parteien, und PolitikerInnen generell, ist ein europaweites Problem, und steht für einen Verlust des Vertrauens in die demokratischen Institutionen unseres Landes. Dieses Vertrauen ist aber unabdingbar für eine funktionierende Demokratie, denn BürgerInnen müssen davon ausgehen können, dass die Politik Lösungen für die Probleme der Gesellschaft anbieten kann. Dieses Vertrauen wiederherzustellen muss also zu den wesentlichen Zielen von politischen Parteien gehören. Zentral dabei ist, der Bevölkerung das Gefühl zurückzugeben, dass das Handeln der politischen Parteien die Interessen der BürgerInnen widerspiegelt. Dafür müssen Parteien zwei wichtige Dinge umsetzen:

Erstens, PolitikerInnen müssen glaubwürdig handeln. Dafür braucht es Konsistenz und Beständigkeit in politischen Positionen und Forderungen, welche sich nicht nur nach kurzfristigen, oftmals machtorientierten, Gegebenheiten richten. Dazu gehört auch, in politisch schwierigen Situationen zu seinen Überzeugungen zu stehen.

Zweitens, Parteien müssen für eine Stärkung der eigenen Legitimation die Distanz zwischen sich und der Bevölkerung überwinden. Dabei sollten sie sich für die direkte Beteiligung von BürgerInnen öffnen und sie in parteiinterne Prozesse einbinden. NEOS geht dabei seit Beginn den Weg einer BürgerInnenbewegung, bei der Menschen mit dem Mut und Willen zur Veränderung auf vielen Ebenen eingebunden sind. Dabei werden große Teile des Programms in Zusammenarbeit mit BürgerInnen aus ganz Österreich erarbeitet, und alle InteressentInnen können in öffentlichen Vorwahlprozessen auf allen politischen Ebenen kandidieren. Partizipation ist also der beste Weg, um Demokratie zu entdecken, und gleichzeitig eine große Chance für politische Parteien, das Vertrauen der Bevölkerung zurückzugewinnen.

Wenn Sie eine Bilanz der abgelaufenen Legislaturperiode 2013–18 ziehen, was waren die größten Herausforderungen für Ihre Partei und wie bewerten Sie Ihre Bemühungen, diese zu meistern?

Diese Frage wurde ausgeklammert, da die Partei erstmals im Landtag bzw. der Landesregierung vertreten ist.

Was ist aus Ihrer Sicht das wichtigste politische Thema für das Bundesland Salzburg in den kommenden Jahren? Welche Strategie scheint Ihnen am zielführendsten, um dieses Thema erfolgreich zu bewältigen?

Als erstmalig in der Landesregierung vertretene politische Partei ist es leicht, in der Vergangenheit Versäumnisse zu suchen. Mein Anspruch ist es hingegen, mit konstruktivem Geist und Offenheit in die Zukunft zu blicken und die konkreten Aufgaben, die unser Land und unsere Gesellschaft an uns stellen, zu meistern. Unter den konkreten politischen Herausforderungen im Bundesland Salzburg zählt die Schaffung oder Ermöglichung leistbaren Wohnraums auch weiterhin zu den wichtigsten Aufgaben, ist Wohnen doch ein Grundbedürfnis und eine der Voraussetzungen für ein selbstbestimmtes Leben. Hierfür gibt es neben dem dringenden Reformbedarf der bundesgesetzlichen Grundlagen auf Landesebene drei wesentliche Stoßrichtungen: Einerseits die Wohnbauförderung, die mit einem Volumen von rund 140 Millionen Euro ihren Beitrag für die Schaffung von Wohnraum leistet. Hier wurden bereits erste Schritte gesetzt, um sie sozial treffsicherer und ökologisch steuernder zu gestalten. Weit größere Hebel für das Ziel der Schaffung leistbaren Wohnraums sind die bautechnischen Vorschriften, allen voran die bundesweiten ÖNORMEN, welche den Stand der Technik definieren. Teuerungen im Wohnbau ergeben sich neben der auf Landesebene nicht beeinflussbaren Konjunktur in der Baubranche insbesondere aus überbordenden technischen Vorschriften, die keinerlei signifikanten Mehrwert für die BewohnerInnen stiften. Dritter Aspekt ist der der Raumplanung und Flächenwidmung. Der Bedarf an Wohnraum wird weiter steigen, der Trend zur Urbanisierung verstärkt sich jährlich. Somit ist es im Sinne des langfristigen und generationengerechten Umgangs mit der endlichen Ressource Boden geboten, bestehende Strukturen zu verdichten.

Das Grundbedürfnis Wohnen steht in einem Spannungsfeld verschiedenster Regelungssysteme und Ebenen. Sowohl die Salzburger Landesregierung als auch die Gemeindevertretungen und die Bundesregierung werden an einem Strang ziehen müssen, um einen zukunftsfähigen Wohnungsmarkt zu erhalten.

Erste Schritte wurden bereits gesetzt. Die Salzburger Landesregierung hat sich in ihrem Regierungsprogramm dazu bekannt, ihren Beitrag für erschwinglichen Wohnraum zu leisten und wird dieses Ziel weiterhin stetig verfolgen.

Team Stronach/Salzburger Bürgergemeinschaft – Hans Mayr (Landesrat a.D.)

Wie beurteilen Sie die auch in der Salzburger Bevölkerung weit verbreitete skeptische Haltung gegenüber politischen Parteien? Was können/sollen die Parteien Ihrer Ansicht nach dagegen tun?

Die politischen Parteien – vor allem die etablierten – sind selber an dieser Skepsis in der Bevölkerung schuld. Es ist nahezu eine globale Entwicklung, politische MitbewerberInnen mit „Fake News" zu beschädigen. Die Bevölkerung erhält immer wieder die Botschaft, dass es den PolitikerInnen nicht um „Bürgernähe" und um „Sachpolitik" geht, sondern rein darum, Macht zu erringen und Macht zu erhalten. Meine Person und auch die Salzburger Bürgergemeinschaft wurden von den MitbewerberInnen offenbar sehr ernst genommen. Viel zu spät bemerkte ich, dass seit Anfang 2017 eine Kampagne gegen uns gefahren wurde. Ab Mitte November 2017 habe ich mich immer wieder darüber gewundert, welche Informationen über diverse Medien verbreitet wurden. In meiner Zeit in der Landesregierung musste ich zwei Misstrauensanträge über mich ergehen lassen – in anonymer Abstimmung natürlich. Die Anzeigen bei der Staatsanwaltschaft gegen mich, wegen angeblich unkorrekt verbuchter Spenden an SBG, waren natürlich – anonym. Ein Politiker, der über Jahre 70 Stunden pro Woche arbeitet, ein Politiker, dem Ideologien zweitrangig sind und Sacharbeit vorrangig ist, bei dem ganz normale BürgerInnen jederzeit und rasch einen Termin bekamen – an die 3.000 in fünf Jahren – ja, so ein Politiker passte einfach nicht in das Bild des Politikers/der Politikerin der Altparteien, zu denen inzwischen auch die Grünen zählen. Menschen, die sich in Kammern, Bünden und in der Gewerkschaft hochdienen, dann als Dankbarkeit in politische Positionen gehievt werden, um natürlich mit ihrer Politik vor allem im gefälligen Gegenzug wiederum Kammern, Bünde und Gewerkschaft zu bedienen, damit sie danach wieder beruflich versorgt werden – das sind „typische" PolitikerInnen. Ein Hans Mayr und die neu gegründete, unbekümmert und frei von Kammer- und Lobbyzwängen auftretende Salzburger Bürgergemeinschaft hatten in diesem Bild keinen Platz.

Die etablierten Parteien werden gegen diese Entwicklung nichts unternehmen. Es ist Ihnen offenbar ganz egal, dass die Politikverdrossenheit, welche sich massiv in sinkender Wahlbeteiligung ausdrückt, fortschreitet. Hauptsache, die eigene Macht und viele Positionen werden gesichert. Medien spielen perfekt mit, weil sie ja von den großzügigen Parteienförderungen aus Steuermitteln profitieren, ebenso aus den Inseratenschaltungen der landes- und bundesnahen Unternehmungen. So sind wir eben in einer gekauften Demokratie angekommen.

Wenn Sie eine Bilanz der abgelaufenen Legislaturperiode 2013–18 ziehen, was waren die größten Herausforderungen für Ihre Partei und wie bewerten Sie Ihre Bemühungen, diese zu meistern?

In meiner Verantwortung als Mitglied der Landesregierung habe ich alles versucht, dass diese historisch erste „Dreierkoalition" in der österreichischen Geschichte funktioniert. Sehr oft ist es mir gelungen in Sachthemen zwischen Schwarz und Grün zu vermitteln. In meinem Verantwortungsbereich waren vor allem das Verkehrsressort und auch der Salzburger Verkehrsverbund sehr herausfordernd. Der Salzburger Verkehrsverbund war zum Zeitpunkt des Regierungswechsels 2013 in einem desaströsen Zustand! Die Kundenbeschwerden nach dem Fahrplanwechsel im Juli 2013 stapelten sich. Die Gesprächsbasis zwischen den Gemeinden und den Regionalverbänden war völlig zerschlagen. Geschäftsführer und Prokurist des Verkehrsverbundes waren in ihren neuen Aufgaben völlig überfordert. Der Aufsichtsrat unter meiner Federführung war infolge gezwungen, die Geschäftsführung auszutauschen. In den ersten beiden Jahren waren prioritär folgende Aufgaben zu erfüllen:

- Organisatorische Maßnahmen, damit aus der Clearingstelle ein kundenorientiertes Mobilitätsdienstleistungsunternehmen wird.
  Beispiele:
  - Errichtung einer Planungsabteilung, die in Kooperation mit den Gemeinden und Regionalverbänden die notwendigen Ausschreibungen koordiniert
  - Errichtung einer Rechtsabteilung
  - Errichtung einer Marketingabteilung

Infolge ist uns viel Positives gelungen: Super s´cool card, Cityticket, Studentcard oder das Edelweißticket erfreuen sich höchster Beliebtheit in der Bevölkerung. Die S3 wurde in den Pinzgau verlängert. Im Flachgau verkehren seit Ende 2017 Schnellbusse über die Autobahn, Neumarkt wurde zum Bahnknoten mit Railjet-Haltestelle ausgebaut. Die neue Zufahrt in Bad Vigaun mit moderner Haltestelle, die Autobahnabfahrt Hagenau, die Verkehrslösung in Saalfelden oder die hochwassersichere Hubbrücke in Mittersill sind einige Beispiele meiner Verkehrspolitik.

Die neue Wohnbauförderung ist ein Volltreffer geworden. Seit Wilfried Haslauer (dem Älteren) war ich der erste „nichtsozialistische" Landesrat seit Jahrzehnten. Mit vielen ExpertInnen aus der Bau- und Finanzierungsbranche, aus den Kammern und aus der Verwaltung wurde ein völlig neues und transparentes Fördersystem entwickelt. Dass dieses System den SozialdemokratInnen nicht Recht war, weil dem Eigentum wieder ein richtiger Wert zugemessen wurde, habe ich über die ganze Regierungsperiode zu spüren bekommen. Doch mit Inkrafttreten der Wohnbauförderung 2015 gab es infolge einen wahren Bauboom. Die Arbeitslosenziffern, vor allem in der Baubranche, haben sich im zweistelligen Bereich verbessert.

Herausforderung „Team Stronach": Es begann alles sehr vielversprechend. Erst zwei Monate vor der Landtagswahl im Jahr 2013 habe ich mich mit dem damaligen Geschäftsführer Stefan Wehinger geeinigt, dass ich als Spitzenkandidat für das Team Stronach antreten werde. Stefan Wehinger war ein Profi. Ich hatte das Gefühl, dass tatsächlich eine neue und erfolgreiche Bewegung entstehen wird. Der Wahlkampf war bis zu jenem Zeitpunkt erfolgreich, wo plötzlich wenige Wochen vor der Landtagswahl in Salzburg, bei der Tiroler Landtagswahl, zwei zerstrittene Gruppen getrennt als Team Stronach in Tirol antreten wollten. Wehinger traf eine klare Entscheidung, welche Frank Stronach in seiner unberechenbaren, erratischen Art völlig überraschend widerrufen hat. Es kam zum Bruch zwischen Wehinger und Stronach – das war der Beginn vom Ende der vielversprechenden politischen Bewegung vom Team Stronach. Frank Stronach, oftmals gesteuert von wendigen und windigen Einflüsterern und persönlich Vertrauten und höchst empfänglich für Schmeicheleien jeder Art, war hauptverantwortlich für den Niedergang. Auf sein Wort konnte man ab diesem Zeitpunkt nicht mehr vertrauen, nach und nach verließen gute Kräfte die Partei und politische Glücksritter wie Helmut Naderer, Robert Lugar oder Waltraud Dietrich bekamen Oberwasser. Stronach selbst entwickelt sich im Nationalratswahlkampf – beobachtbar in vielen TV-Auftritten – zum „politischen Kasperl".

Obwohl die Zusammenarbeit zwischen Naderer und mir ab Oktober 2013 nicht mehr möglich war, hat sich der Landtagsklub Team Stronach für Salzburg bis Dezember 2015 an das Regierungsübereinkommen gehalten. Letztlich waren einige Aktionen von Klubobmann Naderer ausschlaggebend, dass im Dezember 2014 die Zusammenarbeit mit dem Team Stronach beendet wurde. Aus der „Dreier-Koalition“ wurde eine „Zweier-Koalition“ mit mir als parteifreiem Landesrat. Im Dezember 2016 verließen schließlich auch Otto Konrad und Gabi Fürhapter das Team Stronach. Die wichtigste Leistung der Legislaturperiode war, dass die Mehrheitsverhältnisse im Landtag immer zugunsten der Dreier-Regierungskoalition hielten. Nach den haltlosen Anschuldigungen zum Jahreswechsel 2017/2018 gegen mich und meine Partei bin ich am 30. Jänner 2018 als Landesrat zurückgetreten. Die Schmutzkampagne gegen mich war weder für mich und meine Familie noch meine Freunde in der Salzburger Bürgergemeinschaft weiter zumutbar. Manche JournalistInnen führten mich vor wie einen Schwerverbrecher, jede Verhältnismäßigkeit war verloren gegangen. Erst später erhielt ich auch die traurige Bestätigung, dass nicht nur politische Gegner, sondern auch „besonders gute Freunde“ aus den Reihen der Regierungsparteien hinter dieser Machenschaft standen, was aber drei Monate vor der Landtagswahl nicht verwundern durfte.

Was ist aus Ihrer Sicht das wichtigste politische Thema für das Bundesland Salzburg in den kommenden Jahren? Welche Strategie scheint Ihnen am zielführendsten, um dieses Thema erfolgreich zu bewältigen?

a) Landeshaushalt
Die Kosten für Krankenanstalten, im Sozialbereich und im Gesundheitswesen wachsen jährlich in besorgniserregendem Ausmaß an. Die Gefahr, dass für Regierungen zukünftig wenig bis kein Spielraum für die restlichen Bereiche übrig bleibt, ist sehr groß.

b) Mobilität
Landesrat Stefan Schnöll (ÖVP) will offenbar den von mir eingeschlagenen Weg fortsetzen. Trotzdem ist der Aufholbedarf in Salzburg riesengroß. Die Vorgängerregierungen haben in der Mobilität völlig versagt. Ein günstiges landesweites Ticket ist ebenso wichtig, wie eine kontinuierliche Verbesserung im Angebot. Bahn und Busse müssen einfach länger und dichter fahren. Bleibt abzuwarten, ob Schnöll das nötige Kleingeld von seinem Parteikollegen und Finanzlandesrat Christian Stöckl erhalten wird.

c) Leistbares Wohnen
Es ist davon auszugehen, dass die von mir konzipierte Wohnbauförderung in den Grundzügen erhalten bleibt. Wenn das Budget für Einfamilienhäuser um etwa 5 Mio. Euro aufgestockt wird (von derzeit gesamt rund 140 Mio. Euro Förderungen im Wohnbau), so funktioniert das Fördersystem perfekt. Trotz-

dem ist die beste Wohnbauförderung zu wenig, um leistbares Wohnen möglich zu machen. Realeinkommen, Raumordnungsverträge, Baudichte, Baugesetze, Normen und Größe der Einheiten sind bestimmende Faktoren für leistbares Wohnen. Hier gilt es mutige Schritte zu setzen.

d) Nicht die Politik ist schmutzig, sondern leider zu viele PolitikerInnen

Es wird sich zeigen, ob die Koalition fünf Jahre lang halten wird. Die ganze Regierung ist auf eine schwarze, selbstbewusste Macht ausgerichtet, was Sprengstoff im Verhältnis zu den beiden anderen Koalitionsparteien in sich birgt, wenn das Selbstbewusstsein in Übermut oder gar Überheblichkeit vor allem der mittleren Funktionärsschicht ausartet. Und die beiden „Schellhorns" müssen erst zeigen, ob sie so verlässliche Regierungspartner sind, wie es Rössler (GRÜNE) und Mayr waren. Allein die Konstellation bei den NEOS wird für Sprengstoff sorgen. Landesrätin Andrea Klambauer (NEOS) wird erst zeigen müssen, ob sie der Aufgabe gewachsen und nicht nur verlängerter Arm und Sprachrohr von Sepp Schellhorn ist. Der wiederum wird zeigen müssen, dass er den Spagat Opposition auf Bundesebene und Regierungspartner auf Landesebene zum Wohle Salzburgs beherrscht. Und der grüne, vom Habitus und Inhalt her sehr bürgerliche Landesrat Heinrich Schellhorn wird aufpassen müssen, dass die Grünen unter ihm nicht völlig erodieren, sonst ertönt rasch der Ruf der verbleibenden Grünen Basis nach Austritt aus dieser Koalition.

Chronik 2010–2018

21. Juni 2010:
Mit der Installaton von insgesamt 36 **Pollern** an 14 Einfahrten zur Fußgängerzone sorgt die Stadt Salzburg für den Aufreger des Jahres. Im Laufe der Jahre kamen weitere hinzu.

1. Juli 2010:
Das **Rauchen** in Räumen der Gastronomie ist ab sofort nur noch in baulich getrennten Bereichen erlaubt.

9. November 2010:
Landesrätin Doraja **Eberle** zieht sich aus der Politik zurück. Tina Widmann wird ihre Nachfolgerin.

30. November 2010:
Heinrich **Schmidinger** wird als Rektor der Universität Salzburg im Amt bestätigt.

10. Dezember 2010:
Der mittels internationalem Haftbefehl gesuchte Ex-Premier Kroatiens, Ivo **Sanader**, wird im Lungau verhaftet.

27. Jänner 2011:
Nach 16 Monaten Bauzeit beginnt der Probebetrieb der heftig umstrittenen **380-kV-Salzburgleitung** zwischen St. Peter (OÖ) und Elixhausen.

8. März 2011:
Das Siegerprojekt der **neuen Justizanstalt in Puch** wird bekanntgegeben.

29. Juni 2011:
Mit der Unterzeichnung des Kaufvertrags durch die Schweighofer Gruppe erhält die **Halleiner Papierfabrik** in ihrer mehr als 100-jährigen Geschichte erstmals österreichische Eigentümer.

1. Juli 2011:
Vom Land Salzburg werden zum letzten Mal Mitarbeiterinnen und Mitarbeiter in den **Beamtenstand** erhoben, also pragmatisiert. Am 1. Dezember folgt die Stadt Salzburg diesem Beispiel.

6. Juli 2011:
Cornelia **Schmidjell** löst Erika Scharer als Landesrätin in der Landesregierung ab.

1. Oktober 2011:
Astrid Rössler löst den fast 13 Jahre amtierenden Landessprecher der Grünen, Cyriak **Schwaighofer**, als neue Landessprecherin ab.

1. Oktober 2011:
Heinrich **Schmidinger** wird für die Periode bis 31. Dezember 2015 Vorsitzender der Österreichischen Universitätenkonferenz.

5. März 2012:
Mit der **Citybuslinie A** startet ein neuerlicher Versuch, die Salzburger Altstadt mit einem öffentlichen Verkehrsmittel zu erschließen.

11. März 2012:
Mit dem Abriss der Plattenbauten der Universität an der **Akademiestraße** starten die Bauarbeiten für den dritten und letzten Teil des Sportzentrums Mitte in Salzburg-Nonntal. 4,5 Millionen Euro werden dafür investiert.

20. Mai 2012:
Der **Dalai Lama**, Oberhaupt der tibetischen Exilregierung und Friedensnobelpreisträger, trifft in der Stadt Salzburg zu einem zweitägigen Besuch ein.

6. Dezember 2012:
Finanzreferent LH-Stv. David Brenner informiert die Öffentlichkeit mit der Nachricht, dass dem Land bei **Finanzspekulationen** ein Minus von rund 340 Millionen Euro droht.

3. Jänner 2013:
Der Finanzabteilungsleiter des Landes Salzburg, Eduard **Paulus**, wird suspendiert. Die Disziplinarkommission hebt die Suspendierung aus formalrechtlichen Gründen Mitte Februar wieder auf. Paulus wird vorgeworfen, die Landesregierung über Jahre hinweg nicht über die Finanzverluste informiert zu haben.

23. Jänner 2013:
David Brenner tritt aufgrund des Finanzskandals zurück. Georg **Maltschnig** wird neuer Finanz-Landesrat. Landesrat Walter Steidl übernimmt die Funktion

als Landeshauptmann-Stellvertreter. Nach Beratung im Verfassungs- und Verwaltungsausschuss beschließt der Salzburger Landtag einstimmig Neuwahlen.

30. Jänner 2013:
Konstituierende Sitzung des **Finanz-Untersuchungsausschusses**: Astrid Rössler von den Grünen wird zur Vorsitzenden gewählt. Der U-Ausschuss wird bis 22. April 22 Sitzungen abhalten.

5. Mai 2013:
Bei der **Landtagswahl** erobert die ÖVP (29,1 Prozent) die Nummer eins und den Landeshauptmann-Sessel wieder von der SPÖ (23,5 Prozent) zurück. Beide Parteien müssen nach dem Finanzskandal aber ihr schlechtestes Ergebnis in der Zweiten Republik hinnehmen. Die Grünen erreichen ihr mit Abstand bestes Ergebnis (20,1 Prozent) und schaffen erstmals den Sprung in die Landesregierung. Dritter Partner in der Regierung ist das Team Stronach, das beim erstmaligen Antreten gleich den Einzug in den Landtag schafft (8,4 Prozent).

2. Juli 2013:
Das **Kraftwerk Sohlstufe Lehen** wird nach drei Jahren Bauzeit und Baukosten von 85 Millionen Euro in Probebetrieb genommen. Am 13. September erfolgt der reguläre Betrieb.

1. Juni 2014:
Rund 500 Personen kommen zur Verhandlung zur Umweltverträglichkeitsprüfung für die **380-kV-Leitung** in die Salzburg Arena. Am 14. Dezember 2015 genehmigt das Land Salzburg die umstrittene Leitung. Am 17. Juli 2017 kommt es zur Berufungsverhandlung vor dem Bundesverwaltungsgericht in Wien.

11. November 2014:
Das Landesverwaltungsgericht bestätigt die Suspendierung von Bezirkshauptfrau Rosmarie **Drexler**. Mitte August wurden Drexler und der Strafamtsleiter von der Dienstbehörde des Landes Salzburg suspendiert.

12. Dezember 2014:
Die **Verlängerung der Lokalbahn bis Ostermiething** wird offiziell eröffnet.

4. März 2015:
Die flexible **Temporegelung 80/100 km/h** auf dem Abschnitt der Westautobahn bei Salzburg-Liefering startet. Da der Jahresgrenzwert für Stickstoffdioxid an dieser Stelle seit Jahren überschritten wurde, musste das Land Salzburg

Strafzahlungen leisten. Mit der Temporegelung sollen Luftschadstoffe und Lärmemissionen deutlich reduziert werden. Der „80er“ sorgt für kontroverse Meinungen in der Bevölkerung.

1. April 2015:
Das neue **Wohnbauförderungsgesetz** tritt in Kraft. Das System der Wohnbauförderung wird damit grundlegend reformiert. An die Stelle von Darlehensförderungen treten einmalige, nicht rückzahlbare Zuschüsse. Weitere Eckpunkte sind die Öffnung des geförderten Mietwohnbaus für gewerbliche Bauträger sowie für juristische und natürliche Personen, die Ausweitung der erweiterten Wohnbeihilfe auf befristete Mietverhältnisse, die verstärkte Berücksichtigung klimarelevanter und ökologischer Gesichtspunkte, die Festlegung von Maßnahmen zum Zweck der Verringerung des Mietzinses bei den sogenannten Altmieten sowie die Bereitstellung von Mitteln zur Mobilisierung von Wohnbaulandflächen.

28. April 2015:
Spatenstich für den Neubau der **Bezirkshauptmannschaft Hallein**. Auf dem ehemaligen Bahnhofsareal der Stadt Hallein wird auf insgesamt 6.200 Quadratmetern ein moderner Bau errichtet: Neben dem Neubau der Bezirkshauptmannschaft für rund 90 Arbeitsplätze entstehen 33 geförderte Startwohnungen und Mietwohnungen. Weiters entstehen Büroflächen von 52 bis 915 Quadratmetern und eine Fläche für einen Nahversorger im Erdgeschoß. Am 15. November 2016 wird die neue Bezirkshauptmannschaft mit einem Tag der offenen Tür offiziell eröffnet.

9. Juni 2015:
Parteiobmann **Karl Schnell** wird aus der FPÖ ausgeschlossen und gründet daraufhin die FPS. Fünf der sechs FPÖ-Abgeordneten im Landtag schließen sich Schnell an.

1. September 2015:
Die **Flüchtlingssituation** erreicht ihren Höhepunkt. Bis 22. März 2016 werden rund 400.000 Menschen auf der Flucht ihre Route über Salzburg genommen haben. An Spitzentagen wurden sogar mehr als 10.000 Flüchtlinge gezählt. Der Einsatz der Hilfsorganisationen, aber auch von zahllosen Helferinnen und Helfern aus der Zivilbevölkerung hat europaweit Vorbildwirkung.

1. Jänner 2016:
Das neue **Gehaltssystem** für den Landesdienst tritt in Kraft. Es wird transparenter und gerechter, die Einkommenskurve wird abgeflacht. Es enthält maximal neun Gehaltsstufen. Der Unterschied vom Einstiegsgehalt bis zum Endgehalt beträgt nur mehr rund 30 Prozent. Deutlich höhere Einstiegsgehälter sind ebenfalls ein Merkmal der Gehaltsreform.

7. Jänner 2016:
LAbg. Gabriele Fürhapter tritt aus Partei und Klub Team Stronach aus. Nach den Austritten von Otto Konrad und Hans Mayr aus dem Team Stronach wenige Wochen zuvor verbleibt **Helmut Naderer** als einziger Abgeordneter des Team Stronach. Mitte Dezember beendeten ÖVP und Grüne in Salzburg ihre Koalition mit dem Team Stronach. Der Informationsaustausch zwischen der Regierung und Naderer wird künftig zwischen Naderer und Landesrat Josef Schwaiger auf Basis des Arbeitsübereinkommens stattfinden.

1. Jänner 2017:
Mit der Übernahme der Landesklinik Hallein in die **Salzburger Landeskliniken (SALK)** setzt die Landesregierung einen weiteren wichtigen Schritt zur Neuordnung der Gesundheits-Landschaft. Ein Jahr zuvor übernahmen die SALK bereits das Krankenhaus Tamsweg, und die Krankenhäuser Zell am See und Mittersill wurden zum Tauernklinikum zusammengelegt.

22. März 2017:
Das letzte Mal vor dem Umbau des Landtagstraktes tagt der Landtag im **Chiemseehof**. Der Landtag wird seine Sitzungen vorübergehend im Rathaus der Stadt Salzburg abhalten. Geplant ist, den Umbau im ersten Quartal 2019 abzuschließen.

28. Juni 2017:
Der Landtag beschließt mehrheitlich das neue **Raumordnungsgesetz**. Es bringt vereinfachte und schnelle Raumordnungsverfahren, mobilisiert dringend benötigtes Bauland und stärkt die Ortskerne. Den Gemeinden werden wirksamere Werkzeuge zur Bekämpfung von illegalen Zweitwohnsitzen in die Hand gegeben. Neue Baulandwidmungen werden nur noch befristet auf einen Zeitraum von zehn Jahren gewidmet.

27. Juli 2017:
Nicht rechtskräftige Schuldsprüche für alle sieben Angeklagten beim **Swap-Strafprozess** zum Salzburger Finanzskandal: Bürgermeister Heinz Schaden

erhielt drei Jahre Haft, davon eines unbedingt, zwei Jahre Haft für Ex-Landeshauptmann-Stellvertreter Othmar Raus, davon sechs Monate unbedingt.

3. November 2017:
Das Land Salzburg beschließt den Kauf von drei historischen Gebäuden in **Bad Gastein** am Straubingerplatz: das Hotel Straubinger, das Badeschloss und das Postgebäude. Noch vor Weihnachten sind alle formellen Schritte für die Übernahme abgeschlossen.

29. Dezember 2017:
Das Land Salzburg verfügt ab sofort über ein zusammenhängendes, taktisch nutzbares **Digitalfunk-Netz** für alle Einsatzorganisationen und Sicherheitsbehörden.

1. Jänner 2018:
Die Buchhaltung des Landes wird auf komplett neue Beine gestellt: Der Umstieg auf das **Buchhaltungssystem** SAP ist das Herzstück der großangelegten Haushaltsreform des Landes. Dabei werden die gesamte Finanzgebarung neu ausgerichtet und der Landeshaushalt auf Basis der doppelten Buchhaltung (Doppik) geführt.

15. Jänner 2018:
Landesrat Hans Mayr kündigt seinen Rücktritt für 30. Jänner an. Ihm wird vorgeworfen, als Wohnbau-Landesrat für seine Partei (Salzburger Bürgergemeinschaft Sbg) Spenden, Kredite und Bürgschaften von Baufirmen angenommen zu haben. Am 31. Jänner übernimmt Brigitta Pallauf seine Position in der Landesregierung.

25. Jänner 2018:
Die Landesregierung entscheidet, das neue **Dienstleistungszentrum** am derzeitigen Standort des Bürgerzentrums am Salzburger Hauptbahnhof zu errichten. Geprüft wird noch, ob es einen Neubau oder eine Kernsanierung geben wird.

23. Februar 2018:
Land Salzburg und Salzburg AG unterzeichnen eine Kooperationsvereinbarung für den **Breitband**- und Infrastrukturausbau vor allem in den ländlichen Regionen. Bis 2030 werden 250 Millionen Euro investiert. Die Vereinbarung ist ein Teil der Breitband-Offensive des Landes. Bereits im Juni 2017 wurden Pläne für den Glasfaser-Ausbau in 15 Gemeinden in Höhe von rund 10,9 Millionen Euro mithilfe der Breitband-Milliarde des Bundes präsentiert. In den

beiden vorangegangenen Jahren wurde für mehr als 90.000 Haushalte die Versorgung mit Breitband-Internet deutlich verbessert.

12. März 2018:
Der **Kulturentwicklungsplan** des Landes ist fertig. Das 60 Seiten umfassende Werk enthält 77 Maßnahmen zur Weiterentwicklung des Kulturstandortes Salzburg. Mehr als 600 Menschen haben in einem zweijährigen Prozess mitgearbeitet.

22. April 2018:
Bei der **Landtagswahl** verteidigt die ÖVP ihre Nummer-eins-Position deutlich (37,8 Prozent). Dahinter sichert die SPÖ (20 Prozent) Platz zwei vor der FPÖ (18,8 Prozent) und den Grünen (9,3 Prozent) ab. NEOS erreicht beim ersten Antritt 7,3 Prozent.

11. Juni 2018:
Erstmals stellen sich alle Regierungsmitglieder einzeln vor Angelobung den zukünftigen Abgeordneten zum Salzburger Landtag einem verpflichtenden Hearing.

13. Juni 2018:
Die neue Regierung wird im Landtag angelobt. Die ÖVP hat sich mit den Grünen und erstmals mit NEOS auf eine **Koalition** geeinigt. Wilfried Haslauer wird für weitere fünf Jahre zum Landeshauptmann gewählt. Mit Maria Hutter, Stefan Schnöll (beide ÖVP) und Andrea Klambauer (NEOS) gibt es drei neue Gesichter in der Landesregierung.

Stand 4.6.2018
Gerhard Scheidler
Franz Wieser

Kurzbiographien Salzburger Jahrbuch für Politik 2018

Berger, Ernestine, Mag.rer.soc.oec., mehrjährige Berufstätigkeit in der strategischen Unternehmensberatung, seit 1992 Leitung des IGF-Institut für Grundlagenforschung mit dem Schwerpunkt qualitative Meinungsforschung und Wahlanalysen. ernestine.berger@igf.at

Dirninger, Christian, Mag.phil., Dr.phil., em.ao.Univ.-Prof. für Wirtschafts- und Sozialgeschichte an der Universität Salzburg. christian.dirninger@sbg.ac.at

Dollinger, Franz, Dr.phil., Univ.-Doz. für Geographie, Leiter der Stabsstelle für Raumforschung und grenzüberschreitende Raumplanung in der Abteilung Wohnen und Raumplanung des Landes Salzburg. franz.dollinger@salzburg.gv.at

Gaisbauer, Helmut P., Mag.phil., Dr.phil., Senior Scientist am Zentrum für Ethik und Armutsforschung der Universität Salzburg mit einem Forschungsschwerpunkt zu absoluter Armut in wohlhabenden Gesellschaften. Seit 2017 außerdem Präsident des internationalen forschungszentrums für soziale und ethische fragen, ifz in Salzburg. helmut.gaisbauer@sbg.ac.at

Fallend, Franz, Mag.phil., Dr.phil., Senior Scientist am Fachbereich Politikwissenschaft und Soziologie der Universität Salzburg, seine Forschungsschwerpunkte sind österreichische Politik, Föderalismus, Parteien und Populismus. franz.fallend@sbg.ac.at

Heinisch, Reinhard, Dr.phil., ist Professor für Österreichische Politik in vergleichender Perspektive an der Universität Salzburg, wo er auch den Fachbereich Politikwissenschaft und Soziologie leitet. Von 1986 bis 2009 lebte und arbeitete er in den USA, wo er zuletzt eine Professur an der University of Pittsburgh innehatte. In seiner Forschung und zahlreichen internationalen Publikationen beschäftigt sich Reinhard Heinisch mit dem Populismus, den politischen Parteien und der Demokratie. reinhard.heinisch@sbg.ac.at

Hofbauer, Reinhard, Mag.phil., 2007–2017 wissenschaftlicher Mitarbeiter und Lehrbeauftragter der FH Salzburg. Projekte, Forschung, Lehre und Publikationen zu Regionalökonomie, Wohlfahrtsstaat, Lebensqualität. Seit 2018 wirtschaftspolitischer Referent der AK Salzburg. r.hofbauer@wasi.tv

Kriechbaumer, Robert, Mag.phil, Dr.phil, em.ao.Univ.-Prof. für Neuere Österreichische Geschichte an der Universität Salzburg und Em.Prof. an der Pädagogischen Hochschule Salzburg. Vorsitzender des Wissenschaftlichen Beirates des Forschungsinstituts für politisch-historische Studien der Dr.-Wilfried-Haslauer-Bibliothek. robert.kriechbaumer@sbg.at

Liebing, Ursula, Diplom-Psychologin sowie staatl. geprüfte Übersetzerin und Dolmetscherin. Langjährige Evaluierungs-Tätigkeit im Bereich der Entwicklungszusammenarbeit. Projektleiterin bei Frau & Arbeit gGmbH Salzburg, im Koordinierungsteam der Plattform für MR Salzburg, aktuell verantwortlich für den Bereich Flucht und Asyl. ursula.liebing@menschenrechte-salzburg.at

Mautner, Josef P., Dr.phil., Literaturwissenschaftler und Theologe; freier Schriftsteller, Geschäftsführer in der Katholischen Aktion; seit 1990 Arbeit mit Migrant*innen und Flüchtlingen; 1999–2006 Sprecher der Plattform für Menschenrechte Salzburg. josef.mautner@ka.kirchen.net

Mühlböck, Armin, Mag.phil., Dr.phil., Senior Scientist am Fachbereich für Politikwissenschaft und Soziologie an der Universität Salzburg, Forschungsschwerpunkte: Österreichische Politik, Demokratieentwicklung, Wahlen, Wahlbeteiligung auf lokaler und regionaler Ebene. armin.muehlboeck@sbg.ac.at

Pausch, Markus, Dr.phil., Prof. am Studiengang Soziale Arbeit der Fachhochschule Salzburg, Mitglied des UNESCO-Netzwerks zur Prävention von anti-demokratischem Extremismus. Forschungsschwerpunkte: Demokratie, Partizipation und Europäische Union. markus.pausch@fh-salzburg.ac.at

Prucher, Herbert, Dr.iur., HR, seit 1980 Tätigkeit beim Amt der Salzburger Landesregierung. 1989 bis 2013 Leiter der Sozialabteilung und 2013 bis 2018 Leiter der Finanzabteilung. herbert.prucher@salzburg.gv.at

Rathner, Sebastian, Dr.rer.oec., wechselte nach einer Tätigkeit in der Sozialabteilung des Landes Salzburg im November 2013 in die Finanzabteilung, in der die Aufarbeitung der Finanzcausa und die Haushaltsreform zu seinen Arbeitsschwerpunkten zählten. Seit September 2018 ist er in der Landesamtsdirektion als Programmleiter für die Verwaltungsreforminitiative „LandSalzburg@2022" tätig. sebastian.rathner@salzburg.gv.at

Scherrer, Walter, Dr.phil., ao. Univ.-Prof. für Volkswirtschaftslehre an der Universität Salzburg; Leiter von Universitätslehrgängen (u. a. Master of Business

Administration – MBA) an der SMBS – University of Salzburg Business School; Gastlehre an ausländischen Universitäten (u. a. Bologna, Fudan/Shanghai, Ljubljana). walter.scherrer@sbg.ac.at

Stöckl, Matthias, Dr.rer.soc.oec., seit September 2012 im Landesdienst tätig, wechselte nach seiner Tätigkeit als Prüfer im Landesrechnungshof im März 2014 in die Finanzabteilung und ist maßgeblich am Haushaltsreformprojekt beteiligt. matthias.stoeckl@salzburg.gv.at

Wally, Stefan, Mag.phil. MAS, wissenschaftlicher Mitarbeiter in der Robert-Jungk-Bibliothek für Zukunftsfragen, Lehrbeauftragter an verschiedenen Universitäten. Forschungsschwerpunkte: Partizipation, Zukunftsforschung, Politische Theorie. stefan.wally@jungk-bibliothek.org

Wieser, Franz, Mag.phil, MBA, nach einer Tätigkeit im ORF Landesstudio Salzburg erfolgte 2008 der Wechsel ins Amt der Salzburger Landesregierung. Seit 2015 ist er Chefredakteur und Leiter des Landes-Medienzentrums. franz.wieser @salzburg.gv.at